地方分権20年のあゆみ

地方自治制度研究会 編集

ぎょうせい

はしがき

平成五年夏、衆議院・参議院の両院において「地方分権の推進に関する決議」が行われました。それから二〇年を経過した平成二五年、この間に地方分権推進に深く関わった研究者や実務者にお集まりいただいて、これまでの地方分権改革の流れを議論し、記録に残しておくべきではないかということが持ち上がりました。関係者の方々にお話ししたところ、ご快諾いただき、長時間にわたる座談会を開催することができました。

座談会の参加者は、私どもの判断でこれまでの地方分権改革に深く携わった方々にお願いしました。この座談会については、平成二五年秋に企画し、同年末から平成二六年にかけて、地方分権改革の時期ごとに参加者を入れ替えながら数回にわたって開催しました。その模様は月刊地方自治の平成二六年二月号から八月号に「巻頭座談会　地方分権の二〇年を振り返って」として掲載され、地方自治関係者の間で話題になりました。本書は、この内容をもとにさらに加筆修正し、座談会の内容を理解しやすくするために関係資料を付け加えて書籍としたものです。

今後さらに地方分権改革に取り組んでいくため、また、地方自治制度を時代の要請に合ったものに常に見直していくためには、過去の歴史や経験に学ぶことが非常に有益だと考えます。現にこれまで地方制度改革を行う際には、市制・町村制の考え方、戦後地方制度改革の考え方などをしっかりと踏まえた上で進められてきました。座談会を整理しこのような書籍の形で刊行することが、これまでの地方分権改革の経験を末永く共有していくことにつながるのではないかと期待しています。

もともとは「機関委任事務制度を知らない若者が多くなった」とか「関与の一般法主義ということが通じなくなっている」などという慨嘆と「今のうちに語り継いでおかなければ、様々な知見や経験が失われてしまう」という危機感から企画した座談会でした。いざ関係者が久しぶりに会すると、一瞬で当時に戻って議論が進められ、様々な記憶がつながっていき、深い意味が再発見されていくことになりました。私どもも、この座談会を企画実施した者として、すばらしい瞬間に立ち会う醍醐味を味わわせていただきました。書籍の形になって、改めてこの座談会を開催して良かったと感じている次第です。手前みそですが、これまでの地方分権の歩みを理解するための、体系的で分かりやすい座談会になったのではないかと自負しています。

この書籍の刊行に当たって、地方分権改革、地方自治制度改革にとって、次の一〇年、二〇年が実り多いものとなって、「地方分権の三〇年」や「地方分権の四〇年」に、さらにこのような座談会が開催できるといいなと夢想しています。

最後にご多忙の中、長時間の座談会にお付き合いをいただいた参加者の皆様に感謝申し上げますとともに、膨大な音声記録をこのような分かりやすい形にまとめ上げた諸君の作業について触れさせていただくことをお許しいただいてはしがきとさせていただきます。

地方自治制度研究会

平成二七年三月

目　次

第1部　第一次地方分権改革期

出席者

（國學院大學法科大学院教授）磯部力

（東京大学名誉教授）大森彌

（成蹊大学法科大学院教授）小早川光郎

（東京大学名誉教授）神野直彦

（地方公共団体情報システム機構理事長
東京大学名誉教授）西尾勝

（地方公務員共済組合協議会会長
元自治事務次官）松本英昭

（救急振興財団理事長
元総務省消防庁長官）中川浩明

（後藤・安田記念東京都市研究所常務理事
元総務省大臣官房審議官）西村清司

司会

（前総務省大臣官房審議官）山﨑重孝

（前総務省自治行政局行政経営支援室長）小川康則

（敬称略）

はじめに

山﨑　ただいまより座談会を開会させていただきます。本編に先立ちまして、ご参加いただきました先生方に、当時のお立場も含めまして自己紹介、近況、地方分権の動向に関する所感等をまずお話しいただきたいと存じます。よろしくお願いいたします。

それでは、西尾先生、お願いいたします。

西尾　私が地方分権に参画したのは、まだ東京大学法学部長の任期の途中でした。平成五年一〇月に、地方六団体が設置した地方自治確立対策協議会のもとに、地方分権推進委員会という委員会がつくられまして、そこに委員として参加せよという要請を受けました。当時、文部省通達で、大学の管理職にある者は政府の審議会に属してはならぬとされていたのですけれども、この委員会は政府外の機関でしたので、その対象外だろうとお引き受けしました。

次に、平成六年四月に第二四次地方制度調査会が発足しまして、その委員に任命されました。このときはもう既に学部長を退いておりましたので、参加することができました。その後、平成六年五月に、内閣の行政改革推進本部に地方分権部会を新たに設置することとなり、民間からの本部専門員の一人に任命されました。

それから、平成七年の地方分権推進法に基づく地方分権推進委員会に委員として参加いたしまして、

西尾　勝氏
（地方公共団体情報システム機構理事長）

〔主な経歴〕
昭和49年　東京大学法学部教授
平成11年　国際基督教大学教授
平成26年より現職
〔主な委員歴（分権関係）〕
平成６年～　第24次～第30次地方制度調査会委員等
平成６年　行政改革推進本部地方分権部会本部専門員
平成７年　地方分権推進委員会委員
平成19年　地方分権改革推進委員会委員等

六年間活動させていただきましたが、そこからしばらく分権改革からは遠ざかっておりました。後につくられた地方分権改革推進委員会（平成一九年〜）で、最初は増田寛也さんが委員長代理に就任されておられたところ、第一次安倍内閣の発足と同時に増田さんが総務大臣に起用され委員会から抜けられました。自分が空いた空席を誰かで埋める立場に立たれた増田さんから就任してくれないかという要請を受けて、二年目から後半の二年間、委員兼委員長代理という役割を務めさせていただきました。

分権改革関係はそれだけですけれども、その間ずっと第二四次地方制度調査会では、委員、その後は特別委員、また臨時委員と、その都度肩書を変えて終始参加してきたという経歴でございます。

山﨑　ありがとうございます。それでは、大森先生、お願いいたします。

大森　私は平成七年一〇月に地方分権推進委員会に設置された、くらしづくり部会の専門委員になりました。その前の年の平成六年に、当時の厚生省の高齢者介護・自立支援システム研究会の座長を引き受けていまして、そちらの活動にも力を入れていました。くらしづくり部会に専門委員として参加した後で私が困ったのは、平成八年一二月に東京大学教養学部の学部長選挙がありまして、学部長に選ばれたことでした。学部長に選ばれると、基本的に外の委員などを引き受けてはいけないことになっていました。そこで、大学の執行部に、分権委員会の専門委員になることだけは認めてほしいとお願いし、厚生省の委員をはじめ他のものは全て辞めました。そのことを西尾先生にお電話して相談した覚えがありますが、

大森　彌氏
（東京大学名誉教授）

〔主な経歴〕
昭和59年　東京大学教養学部教授
平成12年　千葉大学法経学部教授
平成17年　千葉大学を退職
〔主な委員歴（分権関係）〕
平成７年　地方分権推進委員会専門委員
（くらしづくり部会長）

できるだけのことをやればいいというご趣旨のお返事でした。それで続けることになりました。

私は、くらしづくり部会で部会長になりましたが、私の記憶では、部会は事実上棚上げになったと思います。部会のメンバーの皆さん方はこれにご不満でしたが、委員会全体としての意見集約という点では成功だったのではないかなと思っています。当時は委員会の委員だけの会議があり、部会との合同会議があり、そういった会議の前には懇談会の場を設けていました。懇談会には委員長と委員と両部会長と参与三人が入り、それから事務局長、次長、参事官三人が同席して、そこで重要なことについて相談していました。例えば、中間報告から答申には全て〝分権型社会の創造〟という文言が共通して入っていますが、これは懇談会で決めたと思います。中間報告に「この際機関委任事務制度そのものを廃止する決断をすべきである」という文言を入れる際に、反対論もある中で、全国市長会会長でもあった桑原敬一委員が「これでいい」とおっしゃって決まったということがありましたが、あれも懇談会の場だったと思います。それ以降も重要な事項の検討には懇談会を開いていました。

私は、地方分権推進委員会の活動が終了した以降は分権関係の政府の委員会に参加していませんから、第一次分権改革が私の公式の任務であったと思います。

山崎　ありがとうございます。それでは、磯部先生、お願いいたします。

磯部　私は参与という肩書で、平成八年四月から、行政関係検討グループに関わりました。委員会には既に地域づくり部会とくらしづくり部会という二つの部会が置かれていましたが、これらは結構大きな会議で、委員のほかに専門委員の方がずらりといらしたわけですけれども、それほど頻繁に開かれるものではありませんでした。中間報告以降、この部会とは別に、検討グループというものが設けられることになり、最初、行政関係検討グループと補助金・税財源検討グループの二つが置かれ、少し遅れて地方

磯部　力氏
（國學院大學法科大学院教授）

〔主な経歴〕
昭和60年　東京都立大学法学部教授
平成16年　立教大学法学部教授
平成22年より現職
〔主な委員歴（分権関係）〕
平成８年　地方分権推進委員会参与
平成８年～　第25次、第26次地方制度調査会委員

行政体制等検討グループができました。行政関係検討グループと地方行政体制等検討グループには、委員、専門委員のほかにさらに参与が四人加わることになり、私と小早川さんとそれから後に最高裁判事をされました藤田宙靖さん、そして行政学の森田朗さんが参与ということになりました。

行政関係検討グループの運営にあたっては、随時、西尾、成田両先生や参与数人で事前の準備や検討を行いました。委員会ではいわゆる膝詰談判と称される各省との折衝がありましたが、その前提としての大変な準備作業や勉強をそこで行った記憶がございます。

委員会では、機関委任事務制度をどうするのか、制度廃止後の事務処理のあり方をどうするのか等を巡りさまざまな議論をいたしましたが、この議論は、言ってみれば我々の立っている足下の土俵そのものを変えてしまう話なわけです。たしか森田朗さんが最初に使われた比喩なのですが、これをコンピューターに喩えて言うと、一つひとつの個別法というソフトを変更する話ではなくて、いちばん基本のＯＳ（オペレーションシステム）を取り替える話であるということになります。これまで運用してきた一つの法律を使い慣れたワープロソフトに喩えるとしますと、それはそもそも機関委任事務制度という古いＯＳにぴったり適合するようにできておりまして、ある意味で非常にうまく動いていたわけですから、何をいまさら分権というわけのわからない新ＯＳに変えてまで苦労する必要があるのだという議論が、いざとなると非常に説得力がありました。いわゆる膝詰談判は各省のエース級の方たちとの対決でしたから、相手方の堂々たる名調子の理屈を聞いていると、不覚ながら時にはなるほどという気持ちがしてしまうことがある。事務局参事官であった西村清司常務が「端で聞きながらハラハラした」とどこかに書いておられますが、多分そうだったろうなと思います。このエリート官僚たちの議論の仕方というものは、学者の議論とは質も次元もちょっと違うわけでして、優れた官僚の実力というものを十分拝見して非常に勉強になるとともに、すごいものだなという印象も持ちました。

今日は同窓会のような顔ぶれを拝見して、実になつかしく思っている次第でございます。

山﨑　ありがとうございます。それでは、神野先生、お願いいたします。

神野　私は、地方消費税の創設の際に当時の自治省の仕事に携わり、国民福祉税を地域福祉税だとか言っていた頃から分権という言葉を使い始めておりました。それが終わったあたりに、委員会事務局次長の石井隆一さんが大学に来られて、税財政関係の専門家として専門委員に加わってくれないかというお話をいただきました。委員会に参加して、くらしづくり部会に所属し、最初の会議で大森先生とお話をした記憶がございます。また、当時委員会事務局の参事官補佐だった末宗徹郎さんと一緒に作業したり、そのとき、隣で大森先生が参事官補佐の河内隆さんと作業されていた光景も思い出します。

記憶に残っているのは、夜中の打合せで、私が機関委任事務の廃止と補助金をリンクさせる案に関す

神野　直彦氏
（東京大学名誉教授）

〔主な経歴〕
平成４年　東京大学経済学部教授
平成８年　東京大学大学院経済学研究科教授
平成21年　関西学院大学人間福祉学部教授
平成22年　関西学院大学を退職
〔主な委員歴（分権関係）〕
平成７年　地方分権推進委員会専門委員
平成10年～　第26次～第28次地方制度調査会委員
平成13年　地方分権改革推進会議委員
平成21年～　地域主権戦略会議委員
平成25年～　地方分権改革有識者会議座長

る資料を出したところ、諸井委員長から「今回は泣いてくれ」「今回の勧告は機関委任事務の廃止だけでいくから、税財源は切り離す」と言われたことがありました。あれはいい案で、もし税財源を切り離さないでやっていれば、補助金の整理がうまくいったはずなのですけれども。

　後に地方分権改革推進会議（平成一三年〜）に参加しましたが、あの会議は分権に役立ったのかわかりません。そこで私は反旗をひるがえした経験が一度あり、その後は政府ではなく知事会の方の分権関係の会議に入っていました。現在は、内閣府の地方分権改革有識者会議の座長を務めさせていただいております。

山﨑　ありがとうございます。今後もいろいろと面白いエピソードが出ると思います。小早川先生、お願いします。

小早川　私は今も大学で行政法を教えておりまして、その際に、機関委任事務については、もうどこの教科書にもほとんど何も書かれてないのですが、やはり知っておかなければいけないと言って、ある程度時間をとって説明をします。『行政判例百選』の二冊には、二百何件の最高裁判決が載っていますが、そのかなりの部分は機関委任事務制度を前提にした事件です。今の学生がそれを知らずに読んでいるとどこかでボロが出ると思いまして、教えることにしています。

　昔の話に戻りますと、委員会の参与を仰せつかる前は、地方自治についての関心はありましたが、地

小早川　光郎氏
（成蹊大学法科大学院教授）

〔主な経歴〕
昭和58年	東京大学法学部教授
平成３年	東京大学大学院法学政治学研究科教授
平成22年より現職	

〔主な委員歴（分権関係）〕
平成８年	地方分権推進委員会参与
平成13年〜	第27次、第28次地方制度調査会委員等
平成19年	地方分権改革推進委員会委員
平成21年〜	地域主権戦略会議委員
平成25年〜	地方分権改革有識者会議座長代理

方分権の側面についてはあまり関心がありませんでした。田中二郎先生の行政法の教科書にも地方自治の分野は題材としては出てきますが、地方分権の観点は全くありません。先生自身は地方分権に積極的でおられたと思いますけれども、それが行政法理論の中では全然融合していなかった。後に、大森先生から「行政法学者がこの作業で変わってくれた」とお褒めの言葉をいただいたこともありましたが、当時は、私としては、行政手続法の制定（平成五年）があり、関心と仕事はそちらの方に向いておりました。

あるとき、成田頼明先生から、立ち話で「今度、機関委任事務が廃止の方向になるかもしれない。ついては、少し手伝ってもらうかもしれない」と初めて聞かされました。成田先生も当時の私が地方分権にあまり関心がないことはご存じだったと思いますが、今から考えれば、この先行政法の使い手が必要であるということで、行政関係検討グループに参与が駆り集められたということだったと思います。当初は、赤紙が来て召集されたことに自分としては納得していなかったのですが、行政関係検討グループに向けた準備作業を経て、グループヒアリングで各省と膝詰談判をやっているうちにだんだんと面白くなりました。制度設計論も面白いし、各省の伝統的なドグマと対決して議論を戦わせる、そういう議論も大好きですので、大変ではありましたけれども、それなりに楽しくやっておりました。

諸井委員長のことが先ほども話に出ましたが、部会等で私が案の説明をするときに、私は結構面白い話のつもりで報告しているのですが、法律の議論になりますと、委員長は途中からあくびをして、「俺は法律家にならんでよかった」とおっしゃる。すると、その辺で大体議論が収まる、ということが何回かございました。

委員会では、フラストレーションなしに好きなことをやらせていただきましたが、その後、いろいろなところに引き続き顔を連ねることになりました。一例を挙げると、第一次分権の最後の課題・宿題であった「義務付け・枠付け」の担当者としてずっと、民主党時代も含めて、現在に至るまで携わっています。しかし、第一次分権の頃のあの緊張と面白さというのは、その後はそれほど体験できていない気はいたします。

山﨑　ありがとうございます。次に松本会長、お願いします。

松本　私は、平成元年四月に自治省の行政課長になり、その後一時期は財政局の審議官や総務審議官等であった時期がありますけれども、そうした時期を除けば、行政課長に就任して以降、分権一括法が通ってしばらく経つまでずっと地方分権に携わってきました。ここにいらっしゃる先生方は、西尾先生をはじめ、第一次分権改革に携わられた先生方ですから、委員会の話等は先生方でお話しいただければと思います。それ以前の話になりますと、表に出ている話が非常に限られていますので、今日はその辺のことも話してみたいと思います。

山﨑　それでは、中川理事長お願いいたします。

松本　英昭氏
（地方公務員共済組合協議会会長）

〔主な経歴（分権関係）〕

昭和39年	自治省採用
平成元年	自治省行政局行政課長
平成２年	自治省大臣官房審議官（行政・共済担当）
平成７年	自治省行政局長
平成10年	自治事務次官
平成11年	退官

〔主な委員歴（分権関係）〕

平成13年～	第27次、第28次地方制度調査会委員（専門小委員長）

中川　私は衆・参の地方分権決議が行われました平成五年の四月に行政課長になりまして、それから大臣官房審議官を含め二年と少し分権の仕事に携わりました。そして地方分権推進委員会が平成七年七月三日にスタートした直後に異動しましたから、地方分権推進委員会を立ち上げる前までさまざまなことを見てまいりました。当時世間は分権の施策を盛り上げてくれるような良い雰囲気であったように思います。委員会の五年間の活動で新しい世紀には日本は分権国家になるのだというようなことまで言われて

おりました。

その後、局長として行政局に戻りましたときには、もう分権一括法はできておりましたが、市町村合併についてもう少しネジを巻けと各方面から言われており、今までの進め方との違いをどう説明するか苦労した記憶がございます。また、西尾先生はじめ皆さんにご迷惑をかけましたが、地方分権推進法の一年延長を提案しました。ゴールが来たと思ったら、一年先に延びたと言われました。今になってみますと、それが良かったのかどうかわからないのですが、結局、委員会には六年間活動していただきました。

中川　浩明氏
（救急振興財団理事長）

〔主な経歴（分権関係）〕
- 昭和43年　自治省採用
- 平成５年　自治省行政局行政課長
- 平成６年　自治省大臣官房審議官（行政・共済担当）
- 平成11年　自治省行政局長
- 平成13年　総務省消防庁長官
- 平成14年　退官

本日は、委員会が発足するまでのことについて重点的にお話ししたいと思います。

山崎　ありがとうございます。それでは、最後に西村常務お願いします。

西村　私は、平成七年の委員会発足時の事務局参事官でした。事務局で第四次勧告まで、ほぼ三年間、先生方と一緒に仕事をさせていただきました。それ以前にも、松本会長が行政課長だった際に課長補佐を務めていましたので、その頃、若干分権に携わっており、また、平成六年四月に福井県総務部長から東京に帰ってきてからは、中川行政課長の下、当時の細川内閣で進められていた与党の分権プロジェクトチームに三か月ばかり対応しました。ちょうど与党が入れ替わる時期で、国会議員の先生方の中にも地方分権を進めようとする方がいらっしゃるのだなと感じていました。

それから一年間は消防庁で救急救助課長をしていましたが、突然、地方分権推進法が国会で通ったら準備室に行けと言われました。平成六年五月一九日

西村　清司氏
（後藤・安田記念東京都市研究所常務理事）

〔主な経歴（分権関係）〕
昭和49年　自治省採用
平成７年　総理府地方分権推進委員会事務局参事官
平成14年　総務省大臣官房審議官（地方行政・地方公務員制度、選挙担当）
平成15年　郵政事業庁総務部総括専門官（特命担当）
同　年　退官

に地方分権推進委員会の準備室が発足して、当時の自治省からは石井隆一次長と私を含む四人が派遣され、とりあえず委員会の立ち上げ準備をするところから始まりました。

後ほどいろいろとお話ししたいと思いますけれども、委員会では第四次勧告までずっと先生方に本当にご無理を申し上げ、ご尽力いただいたその成果として今の到達点があるのだろうと思います。

この一〇年ほど地方分権の世界から離れていました。時々若い人たちと地方分権関係の話に花を咲かせているのですが、そこで、「地方事務官制度も分権改革で廃止したのだよね」という話をしたら、まだ入省後数年の人たちから「地方事務官って、どういう事務官なのですか」と質問されました。彼らにとっては地方事務官制度というのはそもそも理解の外にあるのだなと驚きました。先生方のご努力で、改革してきたことを、こうした場できちんと跡づけておくことは大事なことだろうなと思った次第です。

山﨑　どうもありがとうございました。

司会：山﨑　重孝氏
［主な経歴（分権関係）］
平成６年　自治省行政局振興課課長補佐
平成８年　自治省行政局行政課課長補佐（平成10年より理事官）
平成14年　総務省自治行政局行政体制整備室長
平成17年　総務省自治行政局合併推進課長
平成22年　総務省自治行政局住民制度課長
平成23年　総務省自治行政局行政課長
平成25年　総務省大臣官房審議官（地方行政・個人番号制度、地方公務員制度、選挙担当）

司会：小川　康則氏
［主な経歴（分権関係）］
平成５年　自治省行政局行政課（平成７年より主査）
平成16年　総務省自治行政局行政課課長補佐（平成18年より理事官）
平成23年　総務省自治行政局行政経営支援室長

1　衆・参「地方分権の推進に関する決議」

決議に至る経緯（分権前史）

山﨑　それでは座談会の本編に移らせていただきたいと存じます。

現在に連なる分権改革については、起点を平成五年の衆議院・参議院両院の「地方分権の推進に関する決議」に求める見方が一般的ですが、それ以前にも政党等から各種の提言がなされていたと聞きます。また、政府においても「第三次臨時行政改革推進審議会」（第三次行革審、鈴木永二会長・宇野收会長代理）が置かれ、地方分権に関する議論がこれまでになく進められてきました。改めて分権決議に至る経過についてお聞きしたいと存じます。

松本　平成五年の衆・参両院の「地方分権の推進に関する決議」と平成七年の「地方分権推進法」の関係は、平成二年の衆・参両院の「国会等の移転に関する決議」と平成四年の「国会等の移転に関する法律」の関係と同じになっています。これは何も偶然ではなく、なぞったわけです。この辺の経緯は押さえておく必要があります。国会等の移転に関する法律には、その前文に、国会等の移転と併せ、「地方分権その他の行財政の改革等を推進することにより、自主的で創造的な地域社会の実現を図っていくことが肝要」と書いています。

当時、地方分権のない国会等移転は無意味だという意見もかなりみられました。どうしてそういう意見が出てきたのか、その大本をたどる必要があります。それは、昭和六二年の「第四次全国総合開発計画」（四全総）です。四全総は多極分散型国土の形成を目指すということで、そのために地域主導による地域づくりを推進するとされたのです。私はその前に国土庁で課長をしていました。当時の「第三次全国総合開発計画」（三全総）は定住構想を掲げておりましたが、次の四全総の目標は何だということで、この多極分散型国土の形成ということが、識者

・担当者の中で出ておりました。私も「国土審議会」（国土審）に関する会議をできるだけ傍聴させていただきました。それが取りまとめられたのが昭和六二年です。当時の国土審の会長の安藤太郎氏が報告にあたり、中曽根総理に「地方分権の観点に立った、国と地方の役割分担の検討を進めること」としています。つまり、地方分権と多極分散型国土の形成及び国会等の移転は密接に関連することと受け止められていたわけです。

そうした背景の中、当時、次期総理の有力候補であった竹下登さんが『素晴らしい国・日本―私の「ふるさと創生論」』を出版されたわけです。そして、ふるさと創生で人口に膾炙した「地方が知恵を出し国が支援する」ということを謳ったわけです。

昭和六二年一一月、竹下内閣で〝七奉行〟の一人の梶山静六さんが初めて自治大臣に入閣されました。梶山さんは、ふるさと創生について竹下さんと連絡を密に取っておられましたので、「ふるさと創生の理念の実現には財源と権限が必要だ」「財源はわかるが権限とは何だ」というご下問があったわけです。事務当局は、累代の地方制度調査会答申等の資料をもって説明したのですが、「この中で特に重要で緊急に必要なものを選んでこい」と言われ、そこで第二一次地方制度調査会に諮ることとしたのです。それが、昭和六三年五月の「地方公共団体への国の権限移譲等についての答申」になり、さしあたり緊急に措置すべき一六項目を挙げたわけです。ところが、このやり方は各省庁から強く批判されました。竹下内閣が昭和六二年一一月に誕生して答申が翌年五月です。おそらく実質的な議論に入ったのは昭和六三年の年明けですから、きわめて短期間での取りまとめとなり、猛烈な反発にあったのです。

梶山さんは、「これでは『ふるさと創生』と関連付けて実現できるものにはならない。各省を巻き込まなければならない」と判断され、竹下総理と話されて、当時の「第二次臨時行政改革推進審議会」（第二次行革審）に急遽諮問して、国と地方の関係の改革について審議することとなったわけです。それが昭和六三年一二月です。私はちょうどこの審議が実質的に始まる頃に行政課長になりましたので、ずっと関係していました。

当時、行革審の事務局は、総務庁の出身者が中心となって各省庁との調整をし、自治省は地方公共団体側との関係を担って二人三脚で原案をまとめていました。二人三脚ですから、必ずしも自治省の言うことが通るとは限らず、ある程度妥協しながらやっていたことは事実です。ただ、この国と地方の関係の審議では、国と地方の関係のあるべき姿、地方分権の総体的論議をしたわけです。それまでの地方制度調査会は、事務配分等を扱ってきましたが、あまり実現していないのです。そうした経緯もあって、意欲的な取組が期待されたわけで、地方分権の全体像を語ろうとするものとしては、政府レベルの審議会としては初めてと言えるのではないかと思います。平成元年一二月に出された「国と地方の関係等に関する答申」の総論の部分には、「地方分権の新たな次元を目指し、これまでの官主導でどちらかと言えば中央集権型であった意思形成や資源配分のパターンを個人、地域等が主体的に参加し決定していくものに改め、自由で幅広い選択を可能にする社会の構築を進めるべき」旨が記述されております。この頃には、先ほど申し上げた「多極分散型国土の形成」のスローガンと、竹下さんの「ふるさと創生」の理念がもう先行していましたから、それが反映されています。

この総論の部分はきわめて時宜を得たものであったことがうかがえます。ただ、具体的な内容とか手法になりますと、これは従来型で、閣議決定によることとされました。関係した私もそうでなければまとまらないのかなと思いましたが、その後の対処の仕方も従来型で、改革推進要綱を作成して着実に推進することとだけされ、改革をどう推進するかという道程（ロードマップ）は示されておりません。そして、「地方制度に関する事項についてさらに専門的・具体的検討を地方制度調査会等において行う」こととされました。こういった経緯で終わりました。

しかし、この第二次行革審答申の総論で示された地方分権推進の理念、趣意、基本的スタンスは、それまでは行政改革との関連で取り上げられることが多かった地方分権論議の幅を広め、論議に拍車をかけることになりました。

ここで若干説明を加えておきますが、それより以前のこととしては、昭和三〇年代後半に「第一次臨時行政調査会」（第一次臨調）があって、さらに、昭和五〇年代後半に「第二次臨時行政調査会」（第二次臨調）、いわゆる土光臨調がありました。「増税なき財政再建」をスローガンとして、行政改革の視点から規制改革と地方分権を取り上げましたが、昭和五八年三月の最終答申「行政改革に関する第五次答申」にも「地方行財政の場において『選択と負担』の仕組みが明確に位置付けられるべき」と書かれており、よく言われている行政改革路線の延長としての地方分権の考え方が中心でした。この考え方はしばらくの間、経済界、経団連に引き継がれていきます。経団連は、規制緩和に触れずして国・地方の間の議論をしても意味がないとまで言っていたのです。これは後々まで続きますが、後で申し上げますように、経団連は後に少し変わります。

この頃の各方面での地方分権論議の中で、いち早くパラダイム転換に近い考え方を出して議論していたのが、日本青年会議所だったと思います。日本青年会議所は平成二年一〇月に「地方分権へのいざない」を公表しています。

比較的地方の立場に近い考え方を示していたのは、昭和六一年の経済同友会の「地域の活性化のための地方行財政のあり方：地方自主権の拡大と地域経営の確立」で、地方の権限拡大と地域経済の立場で、国は国際化等に必要な機能を果たし、地方のことは産業も含め地方自治体が行うということを述べています。そして、各ブロック等の地方経済団体です。各ブロックの地方経済団体は地方の経済同友会がリードしている場合が多いので、地方の立場が反映するわけです。

それから、地方団体関係では、全国知事会が当初

「府県政懇談会」で地方分権を取り上げておりまして、平成三年から論議を始めています。これが取りまとめられたのが分権決議の後の平成五年七月の「地方自治確立基本法の制定を目指して」です。そして、後に平成六年九月に地方六団体の「地方分権推進に関する意見書」「地方分権推進要綱」につながります。

さて、次に政党ですけれども、私の知る限り、地方分権の問題にある程度早い時期から組織的に対応していたのは日本社会党ではなかったかと思います。後で述べますように、平成四年に、社会党は「地方分権を推進する国会決議の提案」や、「地方分権推進基本法」の制定を提唱しております。このような組織的な対応をしていた社会党政審の動きを私も知っています。

それから自民党には二つの場がありまして、一つは政調の地方行政調査会。首長出身の先生、それから地方議会出身の先生が中心になり意見交換していました。もう一つ、各派閥の勉強会でも地方分権を勉強しようということで取り上げておられました。

研究者、有識者、メディア、これはたくさんあります。ここにいらっしゃる先生方のお名前は当然ですけれども、それは省略させていただいて、単行本になった人ですと、恒松制治さんの『連邦制のすすめ―地方分権から地方主権へ』、平松守彦さんの『地方からの発想』、大前研一さんの『平成維新』、岩国哲人さんの『出雲からの挑戦』、それから細川護熙さんの『鄙《ひな》の論理』（岩国哲人氏と共著）。こういった方々です。このようになって、「地方分権の混声合唱」といわれるようになりました。

いよいよ地方分権決議に近づきますけれど、経済同友会が平成四年一二月に「地方活性化への提言」を出し、それから「政治改革推進協議会」（民間政治臨調）が平成五年に「地方分権に関する緊急提言」を出し、さらに経団連が「二一世紀に向けた行政改革に関する基本的考え」を平成五年二月に出しました。経団連のこの基本的考え方では、「今日の行き過ぎた中央依存型の経済社会構造を是正し、地方分権の推進をはかる必要がある」「国・地方の関係について、その抜本改革の道程を示すことが肝要である」「このような、新しいシステムの確立に向けて、『地方分権基本法』（仮称）を制定し、地方分権を着実に進めていくべきである」としています。第二次臨調の行革路線を貫いていた経団連の考え方から変わってきているわけです。

結局、これらのことが国会の地方分権推進決議に向かって後押ししたのだろうと思います。ただ、地方分権決議をしようではないかということを言い出したのは、平成二年の国会等移転決議がやはり参考にされていると思います。

この当時、地方分権の推進の戦略として、特定の区域に限った特例措置を定めて先導的に先行事例をまずつくり、それを突破口として地方分権を進めようという「地方分権特例制度」（パイロット自治体）が提唱されました。私は、ヨーロッパのスウェーデンを中心とするフリー・コミューン制度を勉強して、突破口として戦略的に使えると思い、「先進政策モデル都市構想」を提案しておりました。この構想については然るべきところに然るべく話をしておりましたが、細川護熙さんが部会長であった第三次行革審の豊かなくらし部会で提唱されたパイロット自治体制度の端緒となったと思っています。それは、先進的な構想をもって先行的に実現をしようとするところに一定の権限と財源を与えることを考えていて、第二次答申まではそうした考え方が多少は残っていました。ところが平成四年六月の「国際化対応・国民生活重視の行政改革に関する第三次答申」になったら、もう換骨奪胎ですね。制度の改正はしない、もっぱら運用でやるという、まことに矮小化したものになりました。それが地方分権特例制度として平成四年一二月に閣議決定されます。

いずれにしても、国会で地方分権決議をしてもらおうという動き、これは国会等移転決議を参考にしていることは間違いありません。私が知っている限り、決議をすることをはっきり提起しているのは、平成四年一二月の社会党の「自立する地方―地方分権推進法とプログラムの試み」です。ここにはっきりと、「地方分権を推進する国会決議」と書いています。「中央省庁などの抵抗を排除し、地方分権を確固としてすすめるために、まず、その決意を込めて衆・参両院は『地方分権を推進する決議』を行うことを提案します。首都機能移転のための基本法である『国会等の移転に関する法律』が国会で成立をみましたが、その法律にも地方への権限の移譲と的確に関連させ、多極分散と一体化することが明記されています」と、こう書かれています。

国会決議を行うことについての受け止め方は、これを本当に地方分権推進の道程の中に位置付けて法律の制定を見通していくという考え方が一つ。もう一つは、どうせ政治的パフォーマンスではないかといった程度の考え。全体的には後者の人たちが多かったと思いますが、竹下内閣後とはいえ、竹下さんの「ふるさと創生」のことは周知されていましたから、面と向かってだめだとは言えないので、決議ならいいではないかと。それで決議に至ったという雰囲気だったと思います。これは国会で衆・参両院とも全会一致で決議されています。エピソードを一つご紹介いたしますと、後に国会の先生方に地方分権の説明をしていたとき、ある国会議員が正直に「国会等移転決議？　地方分権決議？　そんなものはいつでも廃止決議をするよ」と、こうなのです。決議を真摯に受けとめた向きと、どうせ決議は決議にすぎないと考えていた人がいたことは間違いないと思います。

決議の中では、「地方分権を積極的に推進するための法制定をはじめ、抜本的な施策を総力をあげて断行していくべきである」とありますが、この「法制定をはじめ」の部分には私も関わっています。なぜかと言えば、例のパイロット自治体制度のことがありまして、法制定と明示しないと、またどのような方向に持って行かれるかわからないということで、相応の関係方面に話をしました。

国会決議を踏まえ、抜本的な地方分権を推進するための基本的な法律づくりとなり、民間政治臨調の

「地方分権基本法」、経団連の「地方分権基本法」、社会党の「地方分権推進法」、民社党の「地方分権推進基本法」、全国知事会の「地方自治確立基本法」というような具合で構想が出てきました。

山﨑　中川理事長は、分権決議前の平成五年四月に自治省行政課長にご着任になりましたが、決議までの経緯につきまして、いかがでしょうか。

中川　決議の経緯やさらに遡った時点での動きについては松本会長のお話を繰り返しませんが、私は当時、松本会長の話でも出てまいりました平成二年一一月の「国会等の移転に関する決議」が国会議員の意識の中でかなり大きなウエイトを占めているという認識を持っておりました。その二年後、平成四年一二月に「国会等の移転に関する法律」が議員立法で成立し、前文に加え、その第四条に「地方分権の総合的かつ計画的な推進」が、今後の行財政の抜本的な改革の一つであるということを、わざわざ書いておりますす。したがって、この平成二年の当時から国会議員の中に、地方分権は今後取り組むべき大きな課題だという認識が強まっていたということは事実だと思います。地方分権推進決議を行うことを検討する際には、この国会等移転決議が行われたことを常に前提としてお話をされておりました。

具体的にはやはり、当時野党であった社会党の分権プログラムがきっかけになったことは間違いないと思います。これは分権決議の半年前の平成四年一二月ということになりますが、「国会等の移転に関する決議」と同じようにその頃から地方分権についても決議をしようという考えがかなり広まっていたということは事実です。

山﨑　西尾先生、研究者の立場から、分権決議に対する受け止めはいかがでしょうか。

西尾　当時私は学部長をやっていて、専ら大学の中に埋没していましたので、あまり関心を持っておりませんでしたけれども、地方分権に携わるようになってから、経過はいろいろ勉強しましたので、決議が大きな始まりなのだなということは認識しました。どこに今回の分権改革のスタート台を求めるかについて、衆・参両院の分権決議とするのが私は一番妥当だろうと思いますけれど、一番早いスタート台としては、朝日新聞の田嶋義介さんという記者が『朝日総研レポート』に評論を書いておられて、それは松本会長からお話があった第二次行革審を挙げておられます。第二次行革審から国と地方の関係が行革の一つのテーマになり出したという、そこに起点を求めるべきだというのが彼の説だったと覚えています。

もう一つ、私自身は第二次臨調以来の行政改革の流れとは別に、平成元年のリクルート事件を契機に政治改革運動が始まりますので、行政改革の流れと政治改革の流れがちょうど合流した時点に出てきたのが、この地方分権改革だという捉え方をしています。

政治改革の流れから言えば、平成元年に自民党が「政治改革大綱」を策定していらっしゃいます。その次に、平成四年五月の日本新党「新党結党宣言」ですね。細川護熙さんが結党宣言を出しておられますが、言葉をちょっと引用しますと、「明治以来の集権的国家システムとその中枢にある中央官僚制に根差した巨大な構造障壁を除去しない限り、生活優先の社会の建設も国際協調、国際貢献するための日本経済の体質改善も不可能だ」というような宣言を出していらっしゃいます。

この宣言を出しただけではなく、その次の参議院選で飛躍的な進出を、新党にしてはきわめて顕著な進出を果たしました。これに他の政党は大きな衝撃を受け、その年に社会党が「自立する地方―地方分権推進法とプログラムの試み」を出していますし、翌年に公明党と民社党が法律案をつくっている。それで一番最後に自民党が、平成元年に策定した「政治改革大綱」の中に地方分権の確立という一項目を掲げており、自民党としてもそれをさらに具体化するために地方行政部会で議論を始めたというような流れの中で、この衆・参の超党派の決議に至ったという感じでした。流れとしては、自民党は腰が重かったのですが、最後のところは社会党と自民党がまず合意したということが基本になり、超党派決議になったということです。

分権決議のポイント

山崎　平成五年六月の衆・参分権決議は、地方分権改革を国政における一大改革テーマに位置付ける決定的な出来事でした。中川理事長は、分権決議の文案の取りまとめまでを実際にお近くでご覧になっておりましたが、このあたりの状況をお聞かせください。

中川　私が行政課長になった平成五年四月の時点で、国会で何かやろうという感じはそれほど強くありませんでした。その後、大型連休明けから動きが強まります。地方分権問題の所管委員会は地方行政委員会でしたが、そこで自民党の理事がリードしたのではないかと思います。当時から野党等は、新時代を支える改革のキーワードとして「政治改革」を大きく掲げていましたが、同時に併せて「国会等の移転」と「地方分権」が時代を変える大きなカギだということを常々述べていたと思います。ちなみに、その頃、自民党内では一部議員の離党の動きが強まっており、その理事も後日離党しております。

平成五年五月の連休明けから地方行政委員会で分権決議の議論が始まりましたが、社会党が強く主張し自民党も賛成したことから、結果的に一か月でまとまりました。決議の文案は地方行政委員会の理事の間で協議をしましたが、議論の対象になったのは二点でございます。一点目は前段の部分にあります「さまざまな問題を発生させている東京への一極集中を排除」と「中央集権的行政のあり方を問い直す」の部分でありました。この前者の方の「一極集中を排除」は、国会等の移転決議のときに一度使っているので、それほど大きな問題にはならなかったのですが、後者の方の「中央集権的行政のあり方を問い直す」というのは、従来の行政を否定するものではないかということで、一部には強い反対もありましたが、先ほどの理事のリードもあり、これは採用されたところであります。

二点目は、「地方分権を積極的に推進するための法制定」であります。分権のための具体的な手法をどうするかについては、実はイメージがはっきりしていませんでした。国会等の移転決議では、「政府においては、右の趣旨を体し、その実現に努力すべきである」と政府に下駄を預ける形で結んでいますが、結果的にみると余り具体化していないということもあり、分権決議においては、具体的な策として、「法制定」を入れようということになりました。これは社会党の提言が生きた形になったのではないかと思います。

ただ、誰もその時点で閣法、政府提案になるとは思っていませんでした。通常、決議の後には所管大臣が決意を述べるのですが、自治大臣も「政府としても、今後とも地方分権のより一層の推進に全力を尽くしてまいる所存でございます」といった程度しか発言していません。したがって、我々当事者としても閣法ですぐ取り組むという感じには受け止めておりませんでした。当時の自治大臣は宮沢内閣の村田敬次郎大臣ですが、大臣からも具体的な検討をすぐ始めろという指示もありませんでした。

参議院ではさしたる議論は実はなくて、決議もまるで衆議院そのままですが、それでは主体性がないと、確か二文字か三文字か違えているはずです。本当に見比べなければわからないようなところです。

ただ、当時、衆議院の本会議での決議とすることに一部意見がありまして、当時の議会運営委員会の委員長は「地方行政委員会の決議でいいではないか」と、本会議での決議に賛成というわけではありませんでした。結局、地方行政委員会の理事の間の議論の結果、国会決議ということになりました。決議は全党賛成で、衆・参両院ともほぼ一致した決議になったということであります。

2　細川内閣の取組

当時の経緯

山﨑　平成五年八月に細川内閣が発足し、細川内閣・羽田内閣と続く一つの時代がありました。平成五年八月に発足した細川内閣は本格的な地方分権を標榜する内閣でしたが、直ちに地方分権推進法の立案に着手することはありませんでした。

一方で、第三次行革審は、分権決議の後の平成五年一〇月に「最終答申」を出し、従来よりも明確に「地方分権の推進」を提言しました。政府として一年を目途に、分権推進の大綱を策定し、大綱方針に沿って分権推進に関する基本的な法律を策定することとなりました。

細川総理に続く羽田総理は、平成六年四月二八日に第二四次地方制度調査会を発足させ、同年一一月二二日に「地方分権の推進に関する答申」を得るプロセスを経ました。細川元総理は最近、あるシンポジウムで「地方分権にかける思いが沸々とあったが、しかし地方制度調査会に分権答申をいただく手続を経なければならなかった」と回顧をされておりました。当時のさまざまな動きにつきまして、中川理事長からお伺いしたいと思います。

中川　分権決議のあった平成五年六月に宮澤改造内閣の不信任決議案が可決され、七月一八日に衆議院総選挙が行われ、同月二九日に自民党と共産党を除く八党派が党首会談を行い、日本新党の細川護熙さんを首班指名候補に指名しました。その際に、「年内の政治改革実現」、これが一番のポイントですが、その他の基本政策を盛り込んだ「八党派覚え書き」を確認しております。協議すべき当面の重要政策課題として一二項目が掲げられており、その一つとして、「地方分権を進める法的措置を講じ、地方自治に基づく民主政治の健全な発展、東京一極集中の是正、魅力ある地域社会づくりに努める」ということが合意文書に入れられました。細川さんは第三次行革審で「パイロット自治体」を提唱しましたけれども、本人としては挫折感を味わっておられたので、総理になった以上は地方分権を進めたいという気持ちも強かったと思いますし、西尾先生もおっしゃったように、日本新党自体が進んだ考え方を出していましたので、これが細川内閣の基本政策の中に入るのはごく当然だと思いました。今から考えますと、細川内閣ができなければ、法制定を政府が行うことを宣言することは難しかったのではないかという気がします。この時点で我々も政府提案の法案ということを覚悟したといいますか、意識したところでございました。

平成五年八月に入り、細川さんは内閣をスタートさせましたが、当初は政治改革問題を重点的に扱い、ほぼ半年以上、他の政策が日の目を見ることはありませんでした。しかし、そうもいかないということで、同年一〇月の第三次行革審の最終答申を受けた平成六年二月の閣議決定では、国・地方の関係等の改革に関する大綱方針を「平成六年度内」を目途に策定すると明記しました。その後、羽田政権が四月二八日に発足して、その一か月後の五月二四日に行政改革推進本部に地方分権部会が設置されました。これが政府としての大綱方針の検討機関ということになるわけです。行政改革推進本部は、本来政府の機関なのですが、今もよくあるように、民間の先生方・学識経験者八人を専門員に入れて検討しました。設置当初は、熊谷弘官房長官が指揮を執っておられましたが、その一か月後の六月三〇日にはもう村山政権になり、形としては村山政権に引き継がれたということになりました。

同時にもう一つの陣立てとして、四月二八日の羽田内閣発足と同日に、第二四次地方制度調査会が発足しています。その際には、『地方分権の推進』『市町村合併に関する制度等』『その他最近の社会経済情勢の変化に即応した地方行財政制度のあり方』について審議されたい」「地方分権の推進については、大綱方針に反映させることができるよう、年内の早い時期に中間報告をいただけるようお願いしたい」と、総理から諮問されています。

松本　平成五年六月の分権決議の段階では地方分権に対する意識は、言ってみれば非常に〝カオス〟状態で、それぞれが独自の理解をしていました。しかし、細川内閣発足後の平成五年一〇月に出された第三次行革審の最終答申では、「地方分権に関する新たな推進体制を整備し、地方自治体を含む関係者の意見を踏まえつつ、地方分権推進の基本理念、取り組むべき課題と手順等を明らかにした地方分権に関する大綱方針を今後一年程度を目途に策定すべきである」「地方分権推進に関する基本的な法律の制定を目指すべきである」と明確に書いています。これで今までのカオスの状態が晴れたわけです。これがその後の地方分権推進法をつくる動きを決めたのです。

ただ、中川理事長のおっしゃるとおり、細川さんは、思いはともかくとして、政治改革で精いっぱいでした。次の羽田さんのときは動きになりませんでした。やはり、地方分権を現実のものにしたのは自民党・社会党・さきがけ（自社さ）政権です。野中広務さんが自治大臣に、五十嵐広三さんが官房長官に、そして山口鶴男さんが総務庁長官になられ、地方分権の推進にとって願ってもない布陣になりました。

しかし、細川内閣の官邸が全く地方分権にかかわれなかったというわけではありません。このことは、第二四次地方制度調査会の委員選定にあたって、その人選を非常に気にされていたことに表れております。今までのように役人ＯＢを多く入れてはだめだと。地方制度調査会を舞台に地方分権を進められるという考えを持っておられたようですね。

3　「地方分権の推進に関する大綱方針」の策定

行革本部地方分権部会

山崎　平成六年五月、「地方分権の推進に関する大綱方針」の策定に向けて、政府の「行政改革推進本部」の中に「地方分権部会」が設置されました。西尾理事長も本部専門員として参画され、当時の貝原俊民兵庫県知事、栗原勝浜松市長、筑波大学の岩崎美紀子助教授、それから一橋大学の石弘光教授、連合の鷲尾悦也事務局長等も参画されました。部会が取りまとめた意見は、従来の審議会等における議論とは様相を異にし、かなり踏み込んだものでした。この意見に至るまでの様子等をお聞かせください。

西尾　この頃の動きを時系列で申し上げますと、まず、平成五年一二月に地方六団体が地方自治確立対策協議会を立ち上げ、その下に設置された地方分権推進委員会が自治体側の意見書を策定すべく一番早くスタートしています。意見書は、平成六年九月に「地方分権の推進に関する意見書―新時代の地方自治―」としてまとめられました。次に、内閣の行政改革推進本部地方分権部会から、「行政改革推進本部地方分権部会本部専門員の意見・要旨」が平成六年一一月に出て、そして最後に第二四次地方制度調査会の「地方分権の推進に関する答申」が同月に出されるという順番です。時期はそうなっていても、中身から言うと、地方六団体が出してきた意見書が全ての基礎になっていて、地方制度調査会もそれを前提にして議論していましたし、地方分権部会の議論も地方六団体の意見書を非常に意識しながらやっていました。地方制度調査会の答申がまだできていなかった段階でも、議論の様子はわかっていましたし、両方共通に入っていた方もいました。だから、地方分権部会は、形としては、地方六団体の意見書と第二四次地方制度調査会の答申とを、どのように接合するかを検討した部会であると理解していただいた方がいいと思います。

私が地方分権部会に参加した経緯の話を申し上げると、政府の方から引き受けてくれないかというお話があったときに、私は当然それは成田頼明先生のお仕事でしょうと申し上げたところ、成田先生はこれから欧米に行かれるご予定があって引き受けられないのでということでした。しかし、それは表向きの理由で、実は、内閣の行政改革推進本部に細川内閣以来設置されていた規制緩和関係の三つの部会の運営の仕方について、成田先生は「民間委員の意見は一人一人言いっぱなしにして、取りまとめて合意を形成させないというやり方でやっている。地方分権部会もそういう運用をする申し合わせをしているらしい。そんなばかばかしいところに俺は行きたくない」とおっしゃっているということでした。成田先生に断られたので入ってくれないかと言われ、仕方ありませんとなったのです。

まさにそこが最大の問題で、取りまとめをしないわけですよ。各々が言ったことをただ羅列するやり方で終わらせようとしているわけです。中にはもちろん分権改革に非常に消極的・批判的・懐疑的な本部専門員もいらっしゃいましたから、いろいろな発言が出るわけです。分権改革を推進する側にとって不利な発言も全部並列的に並べようとするわけです。そのことが大問題になりまして、貝原俊民兵庫県知事が私に電話をかけてこられて、「やはり意見の統一をさせよう」と言われました。私だけに言われたのではなくて、全国市長会から選ばれた浜松市長の栗原勝さんと、全国町村会から選ばれた新潟県黒川村の伊藤孝二郎村長には同じように電話をされたと思いますけれども、鷲尾悦也連合事務局長さんとか、財界から来ておられた東京海上の河野俊二さんまで及んでいたかどうかはわかりません。

とにかく貝原さんが知事室から電話をかけ、「何とかまとめさせよう」ということを言われて、一本化しようと私や栗原さん等の複数の人間が主張したわけです。そうしたところ、案外あっさりと議長役をやっていた藤井威内政審議室長が「そうしましょう」と言ったのです。それまでは、基本的事項は完全に意見の一致を見ていましたが、それ以外はバラバラな意見が無秩序に並んでいたところを、例えば新しい地方分権推進委員会の任期について、地方六団体の方は一〇年、しかし地方制度調査会は五年と言っていたところを五年にするといったように、取りまとめさせるようにしたのは貝原さんの尽力だったわけです。

中川　西尾先生がおっしゃったように、地方分権部会は本部専門員のリードで議論がまとまったのはそのとおりです。一方で、地方六団体の意見にはかなり過激な部分があって、その是非に議論が集中したところもあります。いくつか申し上げますと、一つは国の事務の限定論ですが、地方六団体の意見書は国の事務を一六項目に限定すると書きました。また、地方分権委員会は常設の三条委員会だと言っていました。こういう部分がかなりの肝になっていました。到底受け入れられない部分があったので、地方分権部会ではそちらの方ばかりに目が集中して、結果として全体が何とか収まったのではないかという気がいたします。その後の大綱方針や法案は、結局のところは地方制度調査会の答申と地方六団体の意見書ですが、特に地方分権部会の八人の本部専門員の意見が基本になったと思います。

西尾　もう一点エピソードを思い出しました。地方分権部会は、首相官邸で朝早くから始まる会議でした。岩崎美紀子さんが最年少の本部専門員として参加されていたのですが、勤務先が筑波大学ですから、彼女は前の晩に東京に来てホテルに泊まって、そこから官邸に歩いていらっしゃいました。毎回、初発に手を挙げて発言するのが岩崎さんで、強烈なる発言をされるわけです。私がそれをフォローするという感じでした。非常に元気が良かったのです。その後、私や岩崎さんが各省に嫌われた第一号になりました。総務庁が国の関与の現況を一覧表にして資料提出していたのですけれど、我々が「もとの資料を出せ。その調査の台帳を出せ」と要求したわけです。しかし、各省に確認をとっていない資料だとか、こんなに膨大なものを皆さんにお渡ししたって役に立たないという理由で総務庁の行政管理局長がえらく渋ったのです。それに対して、「我々はいかに膨大であってもデータが出てきたら利用できる。分析・解読する組織を持っている者もいるから出せ」と言って、ついに出させたのです。しかしそれは向こうにとっては腹が立つことだったようで、そこから段々警戒され、非常に嫌われました。

西村　あの国の関与の一覧表は、地方分権推進委員会が始まって最初に、いろいろな先生方に勉強していただくための資料をつくるときに非常に役に立ちました。それまで関与の全体像がわかっていませんでしたが、これで公になったのは大きなことでした。

西尾　地方六団体の地方分権推進本部でもあの資料を随分活用されましたよ。

地方六団体の地方分権推進委員会

山﨑　地方六団体の地方分権推進委員会（委員長：高原須美子先生）の意見書が大きな意味を持ったという話がありました。この委員会は、政府の大綱方針の策定に地方六団体の意見を反映させるべく、平成五年一一月に設置されたものであり、地方六団体は平成六年九月に、「地方分権の推進に関する意見書」を政府に提出しました。この委員会の委員には後に政府の地方分権推進委員会に関わられた西尾先生をはじめ、大森先生、成田先生もいらっしゃるということで、かなり共通したメンバーとなっています。

意見書の中には、地方分権推進計画の作成、あるいは地方分権委員会の設置ということが記されております。計画をつくり、委員会をつくって推進するというコンセプトはここで初めて出てきたようです。その意味合いにつきまして、大森先生にお伺いしたいと存じます。

大森　実はこの委員会の前に一種の前史として、西尾勝先生が代表、私が事務局長であった「政府間関係」研究集団という集まりがありまして、ほかに、加藤芳太郎、君村昌、今村都南雄、新藤宗幸といった人たちがメンバーでした。その研究成果として

「新々中央集権と自治体の選択」という論文を『世界』（一九八三年六月号）に載せてもらいました。具体的な提案としては、機関委任事務制度の廃止、補助金の一般財源化、国から都道府県へ、都道府県から市町村への権限移譲などを挙げていました。この論文が出た後、東大駒場の同僚の佐藤誠三郎さんから呼び出しがありまして、「地方自治の強化は良いかもしれないが、国会は全てについてオーバールールできるはずであり、それを認めた上でこれを言っているのか」といった質問がありました。振り返ってみますと、既に当時から、国と地方の上下主従の関係を「政府間関係」に置きかえることによって全体のパラダイム転換をやろうという考え方があったように思います。それが下地にあったように思います。

指摘しておきたいことの一つは、地方六団体の地方分権推進委員会は、全国知事会の事務総長の砂子田隆さんがとても大きな役割を演じたことです。さまざまな調査もしましたし、最終的に国の事務を一六項目にまとめ上げていく際にも、総長の働きが非常に大きかったのではないかという印象です。委員長の高原須美子さんも地方分権にご理解があった人でしたし、他にも、その後、政府の地方分権推進委員会に入ったメンバーもいて、西尾先生を先頭に、成田頼明先生や桑原敬一さんもおいでになりました。この地方六団体の委員会メンバーと、委員会の考え方が政府の地方分権推進委員会や地方分権一括法に強い影響を及ぼしたのではないかと思います。

山﨑　地方六団体の意見書は詳細な要綱になっておりますが、このあたりは中川理事長、いかがでしょうか。

中川　平成五年の一一月の設置の前の一〇月に、「ぜひ地方六団体としても地方分権推進の方策について検討してもらいたい」と、当時の全国知事会の砂子田事務総長に申し上げた記憶がございます。途中の経過においていろいろな議論があったでしょうが、自治省行政課としてタッチした記憶は実はあまりありません。そういう意味では、かなり委員の皆さんの自主的な議論が意見書という格好になったのではないかと思っています。

西尾　私が覚えている限りのことを申しますけれども、この地方六団体の地方分権推進委員会の印象は、全国知事会の砂子田隆事務総長と、全国市長会の小林悦夫事務総長が、きわめて緊密な連絡のもとに六団体を結集させたものです。終始お二人のリーダーシップで進んだという印象を強く持っています。砂子田事務総長は「自治省には関わらせない」「我々が自立的にやるのだ」という姿勢で、自治省側は傍聴を希望したのかもしれませんけれども、許さないという姿勢だったと思います。そういう意味で、地方六団体が自立した運動をしようとし始めた最初の事務総長なのではないかという感じがいたします。そして、砂子田さんと小林さん、お二人とも土地利用規制関係のことを非常に重要視しておられて、機関委任事務制度を全面廃止することを目指し、その場合に都市計画法と建築基準法の二法について、「もしこの事務を機関委任事務ではないものとするとして、どのように法改正をすればいいのだろうか」と、知事会の職員に一条一条どう書き換えるかを試みに検討させておられたことがあります。これはかなり膨大な資料になっていました。しかし、機関委任事務制度廃止後のデザインがあるわけではない中での作業ですから、最終的には所管省庁に改正させる以外にないという結論に落ちついて、改正案まではできなかったという経緯が途中にあります。もう一つは、地方六団体から出た意見では、新しく置く地方分権推進委員会は三条機関で、地方分権改革の推進計画だけではなく、その後も中央・地方関係を監視し続ける委員会という常設の位置付けでした。しかし、地方分権推進計画を達成する期間としては一〇年でいくべきだと、一〇年という期間を設定しておられました。

また砂子田事務総長は、国の役割の限定を非常に強調しておられ、一六項目にまとめ上げましたが、それはほぼ全て砂子田事務総長自身が作業した結果だったと思います。他の委員の方からは、それはおかしいとか、もっとまとめろという意見もあまり出ず、砂子田さんが原案を書いたという感じがします。一六項目は最終的に三項目に限定されていきますが、一番ラディカルな提案をしたのだと思います。とにかく、委員会を置き、委員会が勧告し、推進計画をつくり、最後は法案へという手順は、その後、一貫して他の調査会等でも認め、最後の法案にまで行き着いていますので、これが一番の基盤であったことは確かです。

特記すべきこととして、この委員会には塩野宏先生も入っておられまして、塩野先生が条例無効宣言訴訟という制度の創設を強く主張されて、それは要綱の中に入っています。それが終始、最後まで委員会で議論になっていました。

松本　少し補足して、地方六団体の意見書のもう一つ前の段階からお話しいたしたいと思います。平成三年一〇月に、全国知事会が「府県政懇談会」を設置しました。ここでは、これが地方六団体の代わりに動いたわけです。ここでは、地方六団体の地方分権推進委員会に先行して地方分権問題を議論しています。平成三年という時点を考えていただくとわかると思いますけれども、第二次行革審の「国と地方の関係等に関する答申」が出た平成元年一二月からまだそれほど経過していない時点です。これも砂子田事務総長の動きが大きいのですが、この懇談会の場でかなり議論をしておりまして、その後に地方六団体の地方分権推進委員会が平成五年に置かれています。平成五年一一月ですから、分権決議の後です。委員長を誰にすべきかということもあったのですけれども、高原須美子さんが経済企画庁長官を辞められた直後だったと思います。そのことを少しつけ加えておきます。

山﨑　この意見書は平成五年の地方自治法改正により設けられた地方公共団体の連合組織が政府あるいは国会に対して意見書を提出するという意見提出権の初めての行使として話題を呼びましたが、地方六団体が一枚岩となって意見を取りまとめたことの意義や政府に対する影響も大きかったかと思います。

西尾　意見書の前年、参議院の地方行政委員会の委員長提案で、地方六団体が国会、内閣に対して意見を提出することができるという法改正がなされました。その翌年に、早速それを使った第一号ですから、砂子田事務総長はそのことを非常に重要視しておられましたし、これからの分権改革を推進するのは内閣ではなく国会であるべきなのではないか、国会こそ動かさなければならないと、非常に強調しておられたと思います。

中川　同じことですが、私が砂子田事務総長にお話しした際、意見提出権が法律上明定されたので、制度的には各団体個別にできますが、地方六団体の意見とした方がいいのではないかと、そのための共通的なテーマとしては、やはり地方分権ではないかと申し上げた記憶はございます。

山﨑　確かに地方六団体の要綱の中には、「国会が求めた場合」とか、「国会がその分権計画の修正を求める」とか、国会の主導ということがよく書かれていることが特徴的で、これ以降のものにはあまり国会は出てきませんので、非常に特別な考え方だと思います。

大綱方針の策定経緯

山﨑　第三次行革審最終答申以来の政府の宿題でございました「地方分権の推進に関する大綱方針」が平成六年一二月に村山内閣で閣議決定され、地方分権推進法をいよいよ制定することが決まったわけでございます。伝え聞くところによると、閣議決定後の閣僚懇談会でこの推進法に盛り込むべき事項について、各閣僚から意見が相次いだとされています。

政府としては法案の立案を急ぎました。私は当時行政課の隣の課におりましたが、確か平成七年の正月三日に、行政局長、審議官、行政課員が集まり、地方分権推進法の議論を局長室でしておりました。地方分権の推進に関する初めての法律ですので、立案・審議は模索を重ねながらであり、その過程でさまざまな検討・議論が行われたものと思います。そのあたりのご苦心・工夫を当時、大臣官房審議官で

いらっしゃいました中川理事長よりお聞かせください。

中川　大綱方針は平成六年一二月二五日に閣議決定されております。大綱方針をつくるということは、羽田内閣、それから村山内閣、いずれも明記しておりましたので、それを実現したということです。元々は細川内閣が平成六年二月一五日に閣議決定した「今後における行政改革の推進方策について」、いわゆる中期行革大綱で、「地方分権の推進を図るため、国・地方の関係等の改革に関する大綱方針を平成六年度を目途に策定するものとする」としていたのを、その後三月四日の第一二九回国会における細川内閣総理大臣施策方針演説で「法律の制定も視野に入れながら、基本理念や取り組むべき課題と手順を明らかにした大綱方針を年内を目途に策定したいと思います」と年内に前倒ししたのが、一二月二五日に閣議決定された理由だと思います。

大綱方針は、内閣官房が担当し、総務庁と自治省が協力したという形です。基本理念、基本方針、それから今後の推進方策の在り方で構成されていますが、これらは、今までも話がございました行革審の答申、それから地制調の答申、地方六団体の意見、地方分権部会の本部専門員の意見が基本的に下敷きになっておりまして、その中で公約数をとったということになりますが、やはり一番議論になっていましたのは、「機関委任事務制度についての検討」というところで、ここでは廃止を打ち出していません。各省の話の中で一番の大きな争点であったということを物語っているのではないかと思います。特に、建設省、あるいは農水省等の事業官庁の大臣が、閣議後の閣僚懇談会で「より慎重に」というような発言をされたと五十嵐広三さんが述べておられますが、そのように各省からの抵抗もあったということでございます。

しかし、大綱方針自体は、かなり書き込んでいるという見方を我々としてはしておりまして、特に地方財政の部分は地制調答申をほぼなぞっている形になっており、今まで閣議決定において、地方財政についてこれほど詳しく、あるいは地方側に立った書き振りをしたものは初めてではないかと思っています。

また、「地方分権の推進に関する委員会の設置」及び「法律の制定」を明記して、これを閣議決定しております。それまで「法律案を国会に提出する」ということを閣議決定した例は実はありませんでした。法案の提出は、当然、閣議決定によりますから、それを閣議決定することはなかったのです。ただ、この時点では法案の具体的な内容まで詰めるには至らず、その後、次の国会に向けた検討作業が始まるということだったと思います。

松本　平成六年一二月二五日に閣議決定された大綱方針に関しては、経緯があります。平成五年一〇月の第三次行革審の最終答申において一年程度を目途につくるという方針が示されたにもかかわらず、細川内閣、羽田内閣でもなかなか実現できず、そして平成六年夏の自社さ政権で野中広務さんが自治大臣に、五十嵐広三さんが官房長官に、武村正義さんが大蔵大臣に、山口鶴男さんが総務庁長官になられました。翌年度の予算を決める閣議では、同時に翌年度の行政改革大綱を決めるのですが、その前の閣議で野中さんが、「大綱方針はいつ上がってくるのか。待てど暮らせど出てこないではないか」と発言をされ、その発言をきっかけに大綱方針を閣議決定することになります。この話は塩野宏さんと石原信雄さんと私による『二一世紀の地方自治を語る』（平成一二年・ぎょうせい）の中で、石原さんがつぶさに語っておられます。大綱方針が策定されることについては、それほど簡単ではなかったという話です。これは閣議後の閣僚懇談会でしたが、「では、やろうじゃないか」ということで、その場で決めてしまいました。そこで、各大臣は知らぬ間に決められたと、中川理事長がおっしゃったように、閣議でも事業官庁の大臣が慎重にやってほしいという発言をすることになったのです。そこのところを補足しておきます。

4　地方分権推進法の制定

地方分権推進法策定の経緯

山﨑　大綱方針から地方分権推進法への流れの中で、自社さ政権になり、村山さん、五十嵐さんといった地方分権に非常に積極的な方々がいらっしゃって、中川理事長がおっしゃったように「書き込む」ということもできたのだろうと思います。地方分権推進法は、総務庁、大蔵省、自治省の三省庁共管となり、機関委任事務については廃止と書かない、税財源については充実確保と書くといったように、それなりの調整が働いたように思います。立案作業は、当時の自治省が深く関わったものと思いますが、その辺の調整の状況について、中川理事長、お願いします。

中川　実は、大綱方針の時点では法案をどこがつくるか、どこが起案するかについては決まっておりませんでした。平成七年一月一七日の閣議で、総理より「総務庁が担当せよ。それに自治省も協力をせよ」と指示があり、スタートしたところです。

基本線は大綱方針を法案化するものですので、基本理念、国・地方の責務、役割分担については、ほぼ大綱方針どおり法案に盛り込んでおります。委員会の設置についても大綱方針どおりでございます。ただ、「国の施策」（第五条）については大綱方針と大きく異なっていまして、簡単に言えばきわめて簡略化され、項目だけ羅列するものへと変わってしまっています。また、最大の問題は、やはり「機関委任事務」をどう書くかについて、もう少し踏み込んだ書き方をすべきだという意見と、大綱方針以上に、さらに現状維持に近いものにすべきだという意見が折り合うことなく、結局、「地方公共団体の執行機関が国の機関として行う事務……の整理及び合理化その他所要の措置を講ずるものとする」（第五条）という形で書かれております。

もう一つの問題は、「地方税財源」の充実等でございまして、これについては先ほど申し上げたように大綱方針ではかなり書き込んでいますが、法案に書くことについて、大蔵省から、そこまで書く必要はないのではないかという主張がございまして、「地方税財源の充実確保」（第六条）という格好で、これも項目だけになってしまったということでございます。

あと、「地方分権」という言葉を定義するかで議論があったのですが、法案では何も定義しておりません。これは、国会等の移転に関する法律に「地方分権」という言葉、「地方分権その他の行財政の改革」及び「地方分権の総合的かつ計画的な推進」という規定があるものですから、法律に前例があるので定義なく使ったということになっています。ただ、「必置規制」や「国の関与」は定義を置いております。

「地方分権推進委員会」（第四章）については、地方六団体は三条委員会を主張していましたが、そのようにはしておりません。「委員」の数（第一二条）については七人としております。地方六団体は五人を主張していました。地方六団体は、地方六団体の推薦による委員を制度上加えるべきと主張していましたが、それについても触れられていません。それから、時限法で五年ということになっております。

また、「委員の国会同意」（第一三条）、「地方分権推進計画及び委員会勧告の国会報告」（第八条・第一一条）が盛り込まれていますが、法案を作成する際に、法律事項は何かと内閣法制局から指摘されました。単なるプログラム法ではなくて法律事項をということで、形としては委員会の委員の国会同意とか、地方分権計画の国会報告が法律事項であるという話をした記憶がございます。

それから、制定時には、勧告に対する「内閣総理大臣の尊重義務」（第一一条）があり、重要度が一番の審議会という位置付けでした。これは中央省庁改革に際して、他審議会ともども削除されましたが、最初の時点では勧告の尊重義務が書かれていたということでございます。

経過としては、各省は、機関委任事務の部分だけは多くの意見がございましたが、それ以外についてはそれほど議論はなく法案ができたように記憶しています。

山﨑　内閣法制局での審査を経験しましたのは小川室長で、後に法制局長官になります宮崎礼壹さんが総務主幹で審査担当だったと思いますが、小川室長の方で何か補足があれば、お願いします。

小川　今、お話がありましたように、法案を審査する参事官が総務庁担当でも自治省担当でもなく、総務主幹の宮崎礼壹さんの担当になりました。宮崎さんは行政手続法も審査されていて、同法に「いやしくも」という言葉が入っていますが、あれは宮崎総務主幹が入れた言葉と聞いています。そういう意味で、法律の中にあまり堅くない言葉を入れることについて、ご理解があったことに非常に救われたと思います。地方分権の定義は書けと言われ続けましたけれども、最終的に、これは理念を定めるプログラムであって、法規ではないと割り切りをされ、役所間で調整がついているのであれば定義は求めないと言われまして、最終的に地方分権の語を定義なく使うことができました。そのあたりは非常に大きな視点で見ていただいたので我々としては幸いだったと思います。

また、各省との法令協議のときには、「うちのこの機関委任事務は大事だから守ってもらいたい。覚書で約束せよ」というような類の意見が各省庁から山ほど来ましたけれども、そこは臨調・行革審以来の総務庁の知恵がありまして、「お申し越しの意見は地方分権推進委員会に伝える」という答えをして、全部肩すかしにしました。皆さんの意見は全て委員会に伝えるので、この法令協議においては対象にしないという捌きをほぼ全ての質問でしまして、結果的にほぼ無傷で閣議決定まで持ち込めたように記憶をしております。

山﨑　地方分権推進法案の審議経緯について、中川理事長、いかがでしょうか。

中川　法案は平成七年二月二八日に閣議決定をいたし

まして国会に提出。同年三月一〇日に衆議院本会議で趣旨説明・質疑が行われてから約二か月半で成立しました。衆議院は「地方分権に関する特別委員会」、参議院は「地方分権及び規制緩和に関する特別委員会」で審議されることになりましたので、国会も重要法案という認識が強かったと思います。ただ、政府提案に対し新進党から対案が出されました。一番大きな部分は新進党案では機関委任事務の廃止を掲げたことでございます。両案が議論されましたが、結果的には衆議院の段階で政府案を一部修正するということで決着がつきまして、第五条に「地方自治の確立を図る観点からの」というくだりが入りました。衆議院は特別委員会も本会議も全会一致で、参議院も特別委員会は全会一致でしたが、本会議では確か一人が反対していますけれども、参議院はその案のままで通過して五月一五日に可決・成立し、七月三日に施行されました。

西村　確か、審議の過程で、機関委任事務の整理合理化については条文には「所要の措置を講ずる」と書いてありますが、その中には制度の廃止自体を含むのかどうかという質問を受けました。総務庁長官の山口鶴男さんが答弁されて、議事録にも所要の措置とは機関委任事務制度の廃止自体も含むものであると残っています。

5　平成六年地方自治法改正と分権改革

改正に至る経緯

山崎　少し話は遡りますが、平成六年には第二三次地方制度調査会の「広域連合及び中核市に関する答申」を受けた地方自治法の改正がありました。地方自治法に関しては、それまで職務執行命令訴訟を改正したり、あるいは行政監査を入れたり、地縁団体等の改正はありましたけれども、長らく各省に関係する改正はありませんでした。平成六年改正の流れの中で、平成六年四月に第二四次地方制度調査会が発足し、同年一一月に「地方分権の推進に関する答申」と、「市町村の自主的な合併の推進に関する答申」が出されております。答申を出して、それをなぞるように法制化されていく。最近では、地方制度調査会の答申が出ますと、必ず法制化されるという推定も働くようになっていますが、この頃が分かれ目であったのではないかと思います。松本会長、まずは、それに先立つ経緯や平成六年改正の検討につきましてお話をいただきたいと存じます。

松本　平成六年改正以前の地方自治法の改正の動向についてお話をしますと、昭和六一年に最初に国会に提出され、その後五年間も廃案と継続審査が繰り返されていた機関委任事務についての職務執行命令訴訟制度に関する地方自治法の改正案がありました。昭和六一年の第一〇七回国会に提出して廃案となり、昭和六二年、平成二年と三度提出して平成三年に法案が成立しています。その際のことから話しますが、この法案が決着しないうちは次の法案は提出できませんから、どうしても通さなければいけないわけです。そこで、私は折衷案として、職務執行命令の裁判と不履行の事実確認の裁判の二回の裁判であったものを一回にする修正案をつくりました。この修正案については、後藤田正晴先生が、行政管理庁の長官のときから裁判を要せず代執行できるようにするという発想をお持ちだったので、私は後藤田先生にお会いして、「これはもう収めなければならないので、先生、ご理解ください」と申し上げ、後藤田先生にご了解をいただきました。この改正後の制度が今の法定受託事務の代執行制度につながるわけです。その際に、地縁団体の法人化とか、公の施設の管理受託制度の改正とか、監査制度の改正等も入れて、国会を通したのです。

当時、財団法人自治総合センターに「二一世紀の地方自治研究会」という成田頼明先生が委員長の研究会が設けられていて、柴田護さんが大変ご熱心でした。私も行政課長以来メンバーになっていたのですが、そこで柴田さんから次のテーマは何をやるか考えてくれという話がありました。私がそのとき考えたのは、これまで構想はあっても実現できなかった「連合」の制度について、市町村の連合よりも都道府県を巻き込んだ連合制度が必要なのではないかということでした。それは、関経連等が、いわゆる近畿連合・関西連合のようなことに熱心であったものですから、そういうものの受け皿にもしておかなければいけないという気がしたのです。成田先生の研究会では、はじめは「連合」としていたのですが、後には「広域行政機構」ということで検討していました。

そういう研究をしているときに、これを一遍、地方制度調査会に上げようではないかということになりました。地方制度調査会の副会長は成田先生だからちょうど良いと、平成三年一一月一三日の第二三次地方制度調査会第四回専門小委員会に、「地方公共団体の連合制度について」（成田私案）というものを出しました。成田私案は、原文を見ていただければわかるように、今の広域連合とは相当違います。しかし、新しい機構をつくるとなれば、とても各省はうんとは言わないだろうから、連合という名称のままで審議する。また、制度化にあたって地方公共団体の組合の類型ではない連合を新しく創設するというのが本来のあり方なのですが、それだと、法制上、各法令の関連規定の適用関係等について全て一々点検して必要に応じて規定の整備をしていかなければいけない。地方開発事業団でも相当の読替規定を置いているわけですから、それどころではない話になって、とても短期間ではできない。しかし、当時の自治大臣の村田敬次郎さんは「絶対に自分の在任中にやる」と言われて、どうしても早くしなければならないとなりました。それで、当時行政課長だった中川さんが私のところで、「もうこれで勘弁してください」と言ったのをよく覚えています。私は、当時、総務審議官でした。

そういうことで、広域連合を組合制度の中に入れることになったわけです。中川行政課長もいろいろ努力してくれて、研究会当時に広域行政機構として考えていた国等からの権限移譲、広域計画、意思決定に関わる独立性等については、組合制度としながらも措置されています。

改正の意義と分権改革への影響

山崎　この地方自治法の改正と分権改革の関係等につきまして、中川理事長からお話をお願いします。

中川　今、お話のように、平成五年四月一九日に第二三次地制調から「広域連合及び中核市に関する答申」が出されました。平成五年は分権決議が行われた年です。連休明けにでもすぐ法案を出せというような指示も実はあったのですが、結果的には翌年の提出となり平成六年の改正になりました。

各省からもさまざまな話がございましたし、もちろん国会審議もありましたが、この法改正は、地方分権の推進という観点からみると、国と地方の関係を変更する地方分権の本来の幹の部分ではなく、枝葉にあたるといった趣旨の答えをしてきました。ただ、公式的には、この制度の創設は地方分権の推進の具体的な方策であるとも答弁しています。特に、広域連合について、「国からの権限移譲の要請」というような規定も置いているものですから、権限移譲の促進には当然つながると答弁した記憶がございます。

先ほど山崎さんからお話がありましたように、当時、地方自治制度は制度改革が非常に少なかったわけでして、制度を変えることが自治の現場を活性化するのではないかという気持ちも強く持っていました。そういう意味ではその後の多くの地方自治制度の改正はこういう感覚で進められたのではないかという気はございます。ただ、平成六年改正は各省をかなり刺激しまして、霞が関を騒がせたということをいろいろと言われたり、書かれたりしています。平成六年の年末の大綱方針の際にも、自治省は地方分権推進法でも、また各省をいろいろなことで追い込もうとしているのではないかと警戒されました。

山﨑　少し補いますと、市町村合併特例法は期限を迎えておりましたが、それまではニュートラルな法律で来たのを、合併を自主的であるけれども「推進する」と入れることにさまざまな議論がございまして、これも地方制度調査会に先立って成田先生を委員長とする研究会で練った結果、地方制度調査会の答申になっています。

そういった意味で、中核市・広域連合と市町村合併の整備によって、受け皿論に事前に対処する形のものが一通りできて、地方分権をするなら市町村合併を先行させろとか、あるいは道州制だとかという議論に対して、ある程度の歯どめができていたのではないかと推測しております。

6　地方分権推進委員会の発足

委員の人選

山﨑　地方分権推進法が平成七年五月一五日に成立し、同法が施行される七月三日にいよいよ地方分権推進委員会が立ち上がることになります。その発足時の七名の委員の人選につきまして、さまざまな検討経緯があったとお聞きしております。このあたりの話を中川理事長、いかがでございましょうか。

中川　当然のことですが、委員の人選につきましては、国会提出と同時あるいはそれ以前から進行しておりました。人選は主として官邸が行いまして、委員長は諸井虔さんですが、諸井虔さんは経済同友会の地方分権関係のチームのリーダーをされておいでで、また当時から審議会の委員長は大体、経済界から選ばれるのが多かったものですから、経済界からいろいろと人選をされたのではないかというように思っています。

地方六団体が推薦する者を委員にという規定は法律には入っていませんが、官邸の方はある程度考慮してくれまして、「地方側からどのような委員の案があるのか」と打診され、地方側としては、西尾先生と山本壮一郎元宮城県知事をぜひ委員にと伝えて、そのとおり実現されました。そして、知事会から入るとなれば、市長会からもということで、市長会で人選して、当時の全国市長会会長の桑原敬一さんが選ばれたということでございます。

その他の方にもいろいろな経緯があったのでしょうけれども、特段、我々の方から意見を言った記憶はございません。それなりに、すんなり決まったのではないかと思っております。

ただ、最後の段階で、長洲一二前神奈川県知事が委員になるということになりまして、「知事経験者が二人でやや異例だ」と言われた記憶がございます。その際に山本委員に退いてもらうという話も若干あったのかもしれませんが、それは押し戻されて、形としては知事経験者が二人、市長現職一人の三人の方が委員にお入りになったということでございます。

事務局の発足

山﨑　地方分権推進委員会が発足し、事務局が永田町合同庁舎に置かれました。立ち上げに際しては、「部会など委員会の検討体制をどうするか」「事務局の所掌分担をどうするか」「予算・定員をどう確保するか」といった体制面の課題から庶務的なことに至るまで、さまざまなご苦労があったと言われます。発足前から事務局に着任され、ご苦労されたのが西村常務でした。この辺の経過につきまして、お話をいただけますでしょうか。

西村　私は、直前まで消防庁救急救助課長を務めており、しかも非常に災害の多い年で、阪神・淡路大震災、それから地下鉄サリン事件への対応でバタバタしていまして、それまで、地方分権推進法が通るかもしれないとか、通ろうとしていることすら全く知らないというような状況でしたので、今まで皆様からお話になったような途中経過というのは、ほとんど頭に入らないで事務局に参りました。

当初は、総務庁と自治省と大蔵省から少人数の人たちが出て、とにかく準備組織を立ち上げたということでした。最初、自治省からは、石井隆一さん、私、河内隆さん、それから笠置隆範さんの四人だったと思います。

おっしゃるとおり、予算もないとか、机をどこから持ってくるかとか非常に惨めな状態でして、最初の準備事務局は中央合同庁舎四号館の中に仮置きのような形で置かれまして、そこでさまざまな準備をいたしました。私が辞令をいただいたのが五月一九日でした。五月一五日に分権推進法が通ったところですから、直後に事務局を発足させて、七月三日の施行までの間に準備しろということだったのだろうと思います。

その間、いろいろな準備をしなければいけないということで、当然ロジスティクス的な準備も重要なことですけれども、それだけではなく、発足した後にどのような段取りで検討を進めていくのかという検討の進め方についても粗々議論をしておかなければなりませんでした。それから、各省庁から事務局に来てもらうわけですけれども、どういう役所から来てもらって、その人たちにどのような役割を分担していただくのか等について、当時は事務局長予定者だった東田親司さんと、次長予定者だった石井隆一さんとの間で調整しながら進めていったというのが実情だったと思います。

当時は、まだ普通の審議会の事務局の進め方のように、事務局にやってきた人たちが調整して進めていく形でした。法案の立案過程から推して知るべしなのですが、なかなか調整がスムーズには進まず、ぎくしゃくしながらやっていました。

私が思い出すのは、今後の審議をどう進めていくかを、七月三日の施行までの間に、当時の行政課に聞きに行ったときのことです。行革審の答申でも地制調の答申でも地方分権改革の進め方は、行政分野別に事務、権限、それから財源を一括して移譲する、分権を進めるのだということが必ず書かれていました。個別法の権限を一つひとつやるのではなくて、ある行政分野を一括して地方に移そうという新しい進め方でやるということでした。そこで「では、その行政分野とはどういうことでしょうか」と、当時の川村仁弘行政課長に聞きに行ったことがありましたけれども、「いや、何も考えてない、それを考えるために君らが行ったのだろう。君らが決めてくれよ」という話でした。そうはいっても、事務局の中で相談しても話がまとまるわけでもないので、私と河内さんの二人で、中央合同庁舎四号館一階にある喫茶ルームで一～二時間ぐらい議論して、ささっとメモを書いて、「どうでしょうか」と石井次長のところに持っていき、それで土地利用、まちづくり、社会福祉関係等の各行政分野のまとまりで地域づくり部会とくらしづくり部会の設置を立案したのです。部会の設置が決まって、担当する行政分野に応じて事務局職員を張りつけ、その際には、職員の出身省庁の担当分野は担当させず、よその省庁の人に担当してもらう。そういうふうにクロスさせるような形で、担当者を決めていったと思います。当時は、それで進んでいくものだと思っていましたが、結果的に振り返ってみると、機関委任事務制度の廃止という、とてつもなく大きな課題が出てきてしまったものですから、第一次分権改革の間は行政分野別に一括して地方へ移譲するとか、権限・財源セットで移すとかいうところまでいきませんでした。

七月三日に地方分権推進委員会が発足しましたが、その前日か前々日になってやっと永田町の合同庁舎の事務所に引っ越しました。本当に慌ただしい事務局の発足だったと思います。

――西村常務のご発言に補足をさせていただきます。最初に旧自治省から四人が派遣され、七月三日の発足の少し前の六月二九日だったと思いますが、追加的に末宗徹郎さんと望月明雄さんが派遣されることとなりました。とにかく一日でも先に来てもらいましょう、全体が揃う前に、とにかく既にいる形にしましょうということだったとの記憶があります。そういう意味では発足時には旧自治省の人が四プラス二人、発足時にもう一人追加で合計七人になった。確かに、発令されたときにはちょうど、永田町の合同庁舎に引っ越しをしようとしていたところで、バタバタしていた様子だけは鮮明に記憶にあります。

山崎　**地方分権推進委員会事務局においては、各省庁は必ずしも協力的ではなく、その影響は、各省庁の混成部隊で構成される委員会事務局における仕事の進め方にも及んだと聞きます。事務局幹部はご苦労が絶えなかったかと思いますが、西村常務、そのあたりの事情をお聞かせください。**

西村　従前の審議会ですと、関係省庁の方たちが出向してくるのが一般的でしたけれども、さまざまな政策決定の場面に経済界や労働界の方たちも入って決めていこうというのが世の中の動きでしたし、特に地方分権推進委員会の事務局は、それまでの行革審以来の議論の経過から見て、少し幅広い人に来てもらった方がいいということがありました。お願いしましたのは、一つは経団連、もう一つは先ほど松本会長の話にもありましたけれども、当時、関西広域連合ということで、非常に熱心に運動を進められていた関経連からも来ていただきたいということ、それと、労働界からは自治労にもお願いしたいということになりました。

あとは、地方自治体からもということで、東田局長と石井次長との間で話は決まったのですけれども、何人くらい、どこからというのは一本釣りのような形で、心当たりの知事さん等にお願いして、当初五人に来ていただきました。それでも審議が進むにつれて、事務局の中は次第にぎすぎすした形になったということは事実だと思います。当初は、そういうような形で発足したということです。

地方分権の混声合唱

山﨑　**当時の地方分権を取り巻く状況を、西尾理事長は「地方分権の混声合唱」と表現されました。当時の情勢を振り返ると、時の政権に地方分権に前向きな社会党が入っていたこと（自社さ政権）、財界も行政改革を実現する方策として地方分権を支持していたこと、また、自治労が積極的に関与していたことが特筆されると思います。前にも少しお話がございましたけれども、このあたりにつきまして、西尾理事長、何かございますでしょうか。**

西尾　平成五年の時点で国会決議があり、平成七年に地方分権推進法ができるという動きになった背景には、地方分権を推進する勢力がというか、それを唱える勢力が多元化してきたというのが私の認識です。それ以前は、地方自治体関係者と、国の自治省という役所と、それにシンパシーを感じている有識者という層、いわば地方自治業界があって、それが地方制度調査会という場を中心に、地方自治のための答申を出してきたのですけれども、ほとんど実現しないという歴史が繰り返されてきました。そこへ、地方自治を強化しようとか、地方分権を推進しようという勢力が、経済界の中からも労働界の中からも出てくるようになった。その理由は、かつての総評・

同盟時代と違って、新しい「連合」という一つのナショナルセンターになったこと、そして、そこの主導権を握っているのが民間労組になってきたということ、要するに、官公労系ではないところがリーダーシップをとるようになってきたということがあると思います。行政改革の推進というようなことでは、経団連と連合との間にある程度合意が成り立つといいますか、両方とも行政改革が必要だという勢力になってきていました。そういう大きな変化があって、財界、そして国会議員の中からも、政治改革の観点から地方分権が必要だという政治家が現れるようになったということで、声が非常に多元化してきた。それが大きな背景になって、地方分権推進法が通るまでになったのではないかと理解していました。

したがって、この一連の動きの中でそれを推進してきたのは何よりも財界です。経団連が中心になって動かしてきたという自覚を彼らは持っていました。連合も、それをずっと推進してきたという自覚を持っていて、行政改革推進本部の地方分権部会でも鷲尾悦也事務局長が入っていたわけです。その流れがずっと続いてきたので、今回、地方分権推進委員会を設置するとなれば、その委員や専門委員に労働界からも入るのだと、彼らも期待していたと思います。

労働界の代表が入るという伝統自体は、第一次臨調や第二次臨調からもあって、みんな入っていたわけです。第一次臨調は太田薫総評議長が入っていましたし、第二次臨調は金杉秀信同盟顧問と丸山康雄総評副議長の二名が入っていました。労働界の代表が必ず席を占めるというのは行政改革の伝統だったのではないでしょうか。このとき初めて起こったことではありません。地方分権の問題になったので、労働枠で自治労が代表を送り込むとなったということだと思います。

財界から委員に選ばれたのは諸井虔さんでしたが、諸井さんは主として日経連で活動してこられた方で、同時に経済同友会にも関わっていらっしゃいましたけど、経団連の方ではなかったわけです。したがって、財界から人を選ぶときに経団連から委員に入らなかったことは、経団連にとっては非常に不満な人事だったと思われます。そのことは後々まで影響していまして、専門委員を選んだ際にも、財界からは関経連の井上義國常任理事と日本商工会議所から選ばれた足利商工会議所の三田公一郎特別顧問のお二人で、経団連からは専門委員が出なかったのです。事務局にも財界から一人だけ来ていましたが、この人は新日鐵から来た人で、確か日経連から派遣されている形だったと思います。要するに経団連からは最初に委員に入らなかったから、以後も一切出さなかったという感じではないかと思います。経団連は、第一次分権改革の、機関委任事務の全廃を中心にした改革に非常に不満だったのだと思います。もっと行政改革的なことをやってほしいと強く望んでいたのに、一向にそれらしいものが出ないという不満を最後まで持っていたのではないでしょうか。

7　機関委任事務制度の廃止

廃止方針の決定

山﨑　機関委任事務の廃止は、地方分権推進委員会の審議の中で次第に方針が明確になっていったものと考えております。振り返りますと、平成七年五月の「地方分権推進法」では機関委任事務の廃止について明記はされておりませんでしたが、同年一〇月の「地方分権推進に当たっての基本的考え方」、同年一二月の「機関委任事務を廃止した場合の従前の機関委任事務の取扱いについての検討試案」、平成八年三月の「地方分権推進委員会中間報告」、同年一二月の「地方分権推進委員会第一次勧告」と次第にトーンが強まっていきます。戦後の地方自治制度の根幹のようになってしまっていた機関委任事務を廃止するという話でございますので、当初はその実現を困難視する危惧もあったと思います。自治省もそ

れまで「整理合理化」という言葉は使っておりましたが、「廃止」まで言ったことはなかったのではないかと思います。どのような議論があり、どのように方針が固まっていったのか、まず、西尾先生に口火を切っていただきたいと思います。

西尾　平成七年七月の委員会発足から三か月の間、七名の委員間のフリーディスカッションの会議が続き、取り組むべき課題に対してどのような方針で審議に臨むかについて議論を行いました。その際、機関委任事務制度の扱いについて、整理合理化なのか、原則廃止なのか、全面廃止なのか、その方向性を巡り、いろいろと委員の意見交換がありましたが、委員の間では、かなり早い時点から全面廃止を目指すことが多数意見になっていました。堀江湛委員長代理は、法人設立認可の事務を例に、「これを自治体の事務にすることなど、これまでの法律の考え方からしてありえない。機関委任事務の全面的な廃止はできるわけない」と強く反対しておられましたので、全員一致ではありませんでしたが、多くの委員がこの機会に全面廃止したいという考えをお持ちの上で議論が始まっていたことは事実です。

議論の中で、機関委任事務制度を全面廃止した場合に、改革後の従前の機関委任事務をどのように処理していくのか、どのような方策があるのかという話になり、諸井虔委員長が成田頼明専門委員に対して、成田先生を中心に私と大森先生、堀江先生の四人で検討して検討試案をつくるよう具体的な指示をされました。私の記憶では、それは平成七年一一月二七日に広島市で開催された「一日地方分権委員会」の日だと思います。これは、全国で開催した一日分権委員会の初回だと思いますが、委員長は広島に向かう機内でその指示を成田さんにされ、私は広島に着いてすぐに成田さんに呼びかけられ、相談に乗ってくれと言われ、そこから検討が始まりました。

我々は検討にあたって当時の自治省行政局長でいらっしゃった松本会長に相談に行きましたが、松本会長は、最初、従前の事務を三分類にする案を考えられたと思います。最終的に中間の区分がなくなり法定受託事務と自治事務となりましたが、こういう形のものをつくりたいというのは松本会長のアイディアでした。

成田先生は、従来から、機関委任事務の廃止後の事務区分として共同事務という区分をお考えでした。一方で、共同事務は、国と地方との権限と責任が不明確になる恐れがあり、かつ、両者の関係が対等・協力関係になってはじめて可能になるものです。松本会長は、成田先生が検討の中心になれば共同事務論が登場するのではないかと危惧されてか、非常に熱心に検討にご協力いただきました。

次第に我々の中で概念が固まっていき、委員会で検討試案になり、その後中間報告になり、第一次勧告につながっていきます。しかし、検討試案が出た途端に、最初に猛反発をしたのは農水省だったと思います。続いて建設省も同様に「とんでもない案が出てきた」「これは絶対阻止しなければ」と声をあげました。また、各省庁が働きかけたのかはわかりませんが、自民党の行政改革本部でも「機関委任事務の廃止なんてとんでもない」と盛り上がっており、中間報告に機関委任事務をどう書くかということは、かなり深刻な問題でした。

山﨑　委員会の事務局側では、当時、西村常務が参事官として議論にかかわっておられました。このあたり補足はありますでしょうか。

西村　委員会が発足した経緯、発足してからの世論、マスコミの注目の度合いからしても、機関委任事務制度の扱いが最大の論点であったことは事実です。そこで、我々事務局としては、機関委任事務制度を廃止する方向にどのように議論を運んでいくのかが、最も気懸かりな点でした。

西尾先生のお話にも出てまいりましたが、委員会発足から三か月はフリーディスカッションを行いました。それを経た平成七年一〇月一九日に「基本的考え方」を委員会としておまとめいただいた際に「引き続き国の事務として残らざるを得ないものについては、機関委任事務制度を廃止した場合の問題点、新たな事務処理方法等についても検討を行うものとする」と一歩踏み込んだ形で記述されました。これにより機関委任事務全面廃止の方向で委員会の議論が始まりました。まず、平成七年一二月二二日に検討試案を出し、平成八年三月二九日の中間報告の段階で「機関委任事務制度そのものを廃止する決断をすべきである」という文章になりました。

この「決断をすべきである」という一節について、これは一体誰が誰に対して言っているのか、実はどう読むのか理解は一様ではありません。委員会として「決断する」とは言っていませんけれども、呼びかける形で「決断をすべきである」と言っています。ただ、非常にいい言葉だなと私は思いました。このような経緯を経て、一歩一歩、機関委任事務制度の廃止に向かって議論が進んでいきました。

私は成田先生が部会長である「地域づくり部会」の担当でしたので、毎日のように成田先生の事務所に赴き、先生と検討を行っておりました。この中間報告の「廃止する決断をすべきである」という記述は、委員会の前に開催された懇談会の場に当日持ち込まれた案に書かれていまして、東田事務局長が、本当にこの記述を残してよいのかお諮りになりました。その際、反対論もある中で、全国市長会会長の桑原敬一委員が「これでいい」と一言おっしゃって、委員会の議論が収まったという経緯がありました。各委員の中で方向性が固まったのが、この中間報告の「決断をすべきである」という言葉を選ぶ段階だったのではないかと思います。

ただ、委員会の考えと各省庁との関係は別ですので、実際、廃止の方針を表に出していくと、各省庁から「共同事務論」が一斉に噴出しまして、それを一つひとつ議論していかなければならない状況だったと思います。

山﨑　中間報告の後、機関委任事務廃止後の制度について詳細な制度設計が必要だということとなります。まず中間報告の印象などについて磯部先生からお願いいたします。

磯部　私は平成八年四月に行政関係検討グループの参与に任命されましたので、中間報告の段階ではまだ委員会の外部にいたわけですが、実はこの時期には、各省の審議会や東京都の地方分権の研究会などいたるところで成田先生とご一緒になることが多く、機関委任事務の整理の仕方をどうしたら良いだろうなどというような話題について議論をしたり、あるいは地方制度調査会や地方分権推進委員会の議論のことなども伺っておりました。したがってまだ部外者ではあったのですが、地方分権の議論の行方が大いに気になっていたわけですが、それにしても初めて拝見した中間報告は、ちょっと目の覚めるような感がありまして、それまでにも山ほど機関委任事務を整理合理化すべきであると説く答申はありましたが、それらとは一味も二味も違っていました。問題の「決断をすべきである」という記述にしても、確かに違和感といえば違和感なのですが、実に新鮮な違和感でありまして、これは大いに注目し、応援しなければいけないという気持ちになったことを覚えております。

山崎　当時の記憶で、石井隆一事務局次長が「自治省行政局は機関委任事務の整理合理化と熱心に言っていたけれど、廃止してしまった後をどうするかは考えていない」とおっしゃっていたことを覚えています。自治省行政局としては、地方分権推進委員会が始まる時点で機関委任事務を廃止することまで考えていたのでしょうか。それとも整理合理化路線で行く考えだったのでしょうか。中川理事長、このあたりはいかがでしょうか。

中川　率直にお答えすれば、何も決めていなかったということです。もちろん、大綱方針や法案作り、国会での対案の提出と審議状況からして、機関委任事務の廃止の是非が分権委員会において最大の論点になるという認識はありましたが、どうすべきかは、結局のところ、委員会にお任せするしかないということでした。

制度廃止後の事務区分の検討

山崎　委員会では、機関委任事務廃止後の詳細な制度設計、特に機関委任事務制度廃止後の事務区分のあり方や一つひとつの事務の分類について検討が行われることになりました。新たな区分である自治事務と法定受託事務について、検討過程においてその考え方が次第にどのように変化していったのか、まず、磯部先生よりお伺いしたいと思います。

磯部　中間報告の直後は、まず各省ヒアリングが行われたと思いますが、その場では各省とも、機関委任事務制度の廃止には大いに問題があるとの強い反対論や、機関委任事務とはそもそも国と自治体が共同で責任を負う事務と考えるべきであるというような、いわゆる共同事務論を勢いよく主張しておられました。また委員会の二つの部会の専門委員には各省のＯＢの方も少なからず入っておられまして、この方々も繰り返し機関委任事務を上下関係とか支配関係の事務と考えるのはおかしいのであって、共同事務と考えるべきだという論を主張されました。しかし、委員会のメンバーが全く相手にしなかったからでしょうか、これらの主張は次第に収まっていったように思います。第一次勧告がその後の制度化に成功裏に結びついた理由の一つとして、市町村合併などの制度的整備が先だといういわゆる「受け皿論」を棚上げしたことがいつも挙げられますが、同じようにこの一見聞こえの良い「共同事務論」を問題とせずに克服できたことも、もう一つの大きな成功の理由と言って良いように思います。

ところで機関委任事務という制度そのものを廃止するという基本原則は既に決まっているとしても、その後をどうすれば良いのかということについては、ぼんやりとしていて明確にはなっていないわけです。法律論を専門的にやって来た人間の頭の中は、良くも悪くも既成の法概念、つまりは固定観念に満ちているわけでして、現実社会における多様な現象をそれらの固定観念に当てはめてなんとか説明できるわけですから、その既成の固定観念を取り替えてしまおうということは、言ってみれば自分の立っている足場そのものを崩してしまうような危険な作業であるわけですね。いまさら釈迦に説法の感がありますが、自治体の事務の分類論としてはまず古典的な

「固有事務」「団体委任事務」「行政事務」の三分論があって、それと別立てで「機関委任事務」というものがあるということは教科書に書いてあり自分でそういう講義もしているわけです。この機関委任事務という制度概念そのものを廃止して、全く新しい事務区分をつくるといっても、それはなかなか簡単にはいきません。従来は機関委任事務という大きな分類の引き出しに放り込まれていた多種多様の事務について、それぞれ新しい引き出しを用意する必要があるわけです。その場合、従来の機関委任事務をこの際、①国の直轄事務にしてしまう、②事務そのものを廃止してしまう、③自治体の完全な随意事務にしてしまうということができるならば、この三つについては問題ありませんが、それ以外の大部分の機関委任事務については、これを④新たに「法定の自治事務」にするか、⑤それとも「より国の事務としての性格が濃い特別の事務」として残さざるを得ないか、ということになるわけであって、この最後の「普通の自治事務にはなりきらない元機関委任事務を入れる引き出し」をどうするかということが大議論になるわけです。先ほどちょっと申しましたように、成田先生とご一緒に東京都の地方分権の委員会で同じ趣旨の議論をした際には、「任意事務」と「必要事務」とは別に「特定事務」という用語を使ってみました。そこにはまだ共同事務的なニュアンスが残っていましたし、昔の分類を引きずっていたとも言えるのかもしれませんが、それでも何らかの新しい引き出しが必要だという観念はそこにもありました。

その後の議論は専らこの新しい引き出し概念のところに集中していくことになります。今から考えれば、旧機関委任事務であって新たに法定の自治事務に位置付けられることになる事務についても、もっと自治立法権と国の法律の規律密度の関係の問題などについて議論をしておけばよかったとは思うものの、それについては議論する時間はほとんどありませんでした。これに対して懸案の新しい引き出しについては、我々は「もはや機関委任事務と呼ぶわけにはいかないが、自治事務とまでは整理し切れない、実質的に国の関与の度合いの強いもの」というイメージをほぼ共有して持っていましたが、なかなか新しいネーミングができず、中間報告の段階でとりあえず「法定受託事務（仮称）」という言葉で表現されることになりました。この名称はあくまでも仮称のはずだったのですが、使っているうちにいつの間にかみんな慣れてしまい、結局はそれがそのまま条文上も正式に定着するということになりました。

この法定受託事務という用語を初めて使われたのが成田先生であったかどうかについては、私はよく覚えておりません。それはともかく「法律によって自治体に任せた事務」なのですから、これを「法定委託事務」とする可能性もあったと思うのですが、あえてそうはせずに「法定受託事務」と名付けたのは一つの知恵であったと思います。つまり、法定委託事務という言い方だと、国が、ここでは立法権も行政権も区別しないでいう国ですが、もともと国の事務であるものを、法律を使って自治体に委託してやらせる事務というニュアンスが強くなってしまいますが、同じ国であっても、行政権ではなくて国の立法府が、法律という形であえて国の行政を通さずに地方自治体に委託して、地方自治体は法律から直接それを受託したのである、その事務を自治体が行うことは法律によって決定されたことなのだ、というニュアンスを出しているという意味では、この法定受託という表現は悪くない言葉だったと思います。もちろんこの用語については、わかりにくいとかいろいろ不平不満も聞こえてきましたし、私もスマートな四文字熟語にできたらもっと良かったとは思いますが、いずれにせよ今までになかった新しい引き出しを一つつくり、かつ、それを実質的に機関委任事務と同じことになる「隠れ機関委任事務」にさせなかったことがいちばん大事なことだと思います。

そうはいってもこれは、きわめて国の事務という性格が強く残存している元機関委任事務のためのカテゴリーですから、みだりに拡げるべきものではなく、本来的にきわめて限定的なものとすべきであるという原則もまた、早い段階で確立しており、これが法定受託事務のメルクマール論に直結していたと思います。もちろん法定受託事務の個々のメルクマールはある程度不確定な文言で書かざるを得ませんが、だからといってなんでも包含できるように拡大解釈できるようなものではなく、必ず具体的な例を挙げた限定列挙主義としました。議論が本当の各論に入ってから、メルクマールを多少修正することも数回ありましたが、だからといってこの最初の限定列挙原則が揺らぐことはなかったと思います。修正が原則の後退や敗北であったわけではなく、そうやって少しは妥協しつつも大きく崩れなかったことがきわめて大事なことであります。

ところで、法定受託事務の説明の仕方や概念は、実は当初のものから何段階かを経て微妙に変わっていったのではないか、特に法制化時点では、かなり変化したのではないかというご指摘もあります。私もそれはそのとおりだと思いますが、ただ、例えば地方分権一括法の詳細な解説文の中で「委員会は最初、法定受託事務を国の事務と考えていたのではないか」とされているのは、やはり違うのではないかと私は思います。もちろん「限りなく国の事務に近い」とか、あるいは「国が直接執行してもおかしくない」というような表現がよく使われましたが、しかし国が直接手を出すことはしない事務なのですから、そこはやはり国の事務そのものとは区別されていたと思います。ただ、このことは、我々の中では理解されていたことではあっても、外部に説明して正確に理解してもらうことはなかなか難しいことであり、しかも多分に言葉のあや的な問題もあることは否定できません。ある種の誤解は、各省の側だけでなく、分権を推進する側、応援団の方にもかなりありまして、「本来は国の事務だ」とか、「法定受託だけど本質は国の事務だ」という言い方は、各省庁側も、自治体関係の皆さんもしばしばしておられました。ですからこの時期は、本来は国の事務であったかもしれないけれど、国民の便宜を考えて法律で自治体に委ねたのだから、これはやはり自治体の事務なのだということを、いろいろな講演等の機会に口を酸っぱくして申し上げていた記憶があります。

小早川　磯部先生のお話を伺っていて、なるほど、そういうシナリオだなと思いましたが、法定受託事務の性格論について、国の事務、機関委任事務とは性格を異にすることが最初からはっきりしていたかという点につきましては、私の印象ではそうでもなかった気もしております。

第一次勧告に先立つ平成八年一〇月四日に公表した「法定受託事務（仮称）のメルクマール（たたき台）」には、「事務の性質上、その実施が国の義務に属し、国の行政機関が直接執行してもおかしくない事務」という表現があり、そのあたりがターニングポイントではないでしょうか。どこへ行くかわからないレールを走っていた状況から転轍して、国の事務ではない何か別のものだということが明確になっていったのは、そのあたりかなと思います。私の記憶では、そういう表現は西尾先生が発案されたのだと思いますが、「おかしくないが」というのは法律的にはどういう意味か、そのときは悩んだ記憶があります。しかし、「おかしくないが」というイメージが、その後の関係者間の議論を支えたのだろうと思っています。

山﨑　先ほど、西尾理事長より、検討試案の段階から当時の松本行政局長にご相談があった旨のご発言がございました。このあたりの検討の経緯につきまして、何かございますでしょうか。

松本　法定受託事務の考え方については、第九次地方制度調査会が昭和三八年に出した「行政事務再配分に関する答申」が影響しているものと考えています。これは、固有事務と委任事務の区分を廃止し、都道府県の責任において処理する事務は都道府県の事務、市町村の責任において処理する事務は市町村の事務であると端的に考え、従前の機関委任事務とされていたものの多くは、自治事務として、議会の審議にかからしめ、住民の意思を反映して処理させるべきである。そして、国の選挙の管理執行等、機関委任事務であって本来地方公共団体の自治事務とするのに適しないものについては、国が地方公共団体に対してこれを委託する形で処理させることが適当であるという考えです。

分権委員会の当時も、委任はいけないが委託ならいいのではないかという議論がありました。しかし、委託というのは、法律概念上、委任との関係が非常に不明確なところがあり、また、委託ではどうしても両者の合意が前提になります。法定受託事務の名称は、そうした議論の中で、成田先生が発案されたのです。「受託」でも、やはり「委託」の概念が後ろに尾を引くのではないかと少し気にしており、中間報告では「(仮称)」が付けられることになりました。「(仮称)」は自治事務も併せて最終答申まで全てに付けられ、地方分権推進計画の段階で取れています。

法定受託事務の定義付けについては、平成七年一二月の検討試案で最初に出てきていますが、その中で、「国政マターとしての性格が極めて強い国政事務であるが、国民の利便性又は事務処理の効率性の観点から、法律の規定により受託すべきものとして、地方公共団体が処理する」という形で出ています。これは、限定的な表現です。それが次の中間報告では、「専ら国の利害に関係のある事務であるが、国民の利便性又は事務処理の効率性の観点から法律の規定により地方公共団体が受託して行うこととされる事務があり、その事務を『法定受託事務（仮称)』と称する」とされました。中間報告の段階でも、法定受託事務は相当絞られるという前提だったと思います。しかし、先生方のご苦労にもかかわらず、現実には各省との折衝の中でさまざまな主張が寄せられます。第一次勧告では、「事務の性質上、その実施が国の義務に属し国の行政機関が直接執行すべきではあるが、国民の利便性又は事務処理の効率性の観点から、法律又はこれに基づく政令の規定により地方公共団体が受託して行うこととされる事務」という定義となりました。この定義は「専ら」といった言葉は使わずに、相対化した表現になっています。ここで先ほど磯部先生がおっしゃった「引き出しをつくる」という考え方が出てきたわけです。

地方分権推進計画の段階では、法制執務を中心に検討を行っていました。もちろん地方分権推進計画は内閣法制局の審査を受けます。法制局からは、例えば「国が直接執行する事務は法律で決まるのであって、アプリオリに直接執行すべき事務があるとは考えられないのではないか」といった法制的な意見が出てきます。また、第一次勧告の「国の行政機関が直接執行すべきではあるが」という文言に対しては、「すべき」という法令用語はないし、「ではあるが」というような言葉は法令上使えない。それから、法定受託事務の「受託」については、双方の合意に基づくようで紛らわしくそのまま使うことは相応しくないというようなことも指摘されております。

このような指摘から、地方分権推進計画では法定受託事務は国の事務であることを前提にした、第一次勧告の「事務の性質上、その実施が国の義務に属し国の行政機関が直接執行すべきではあるが」という部分を、「国が本来果たすべき責務に係るもの」と責務という言葉に改めています。それが分権一括法の審査を経た段階ではさらに簡略化され、地方自治法第二条第九項では「国が本来果たすべき役割に係るもの」と変わっています。また、常套句のように使われてきた「国民の利便性又は事務処理の効率性の観点から」という言葉を削り、「国においてその適正な処理を特に確保する必要があるもの」と、国側の高い関心と責任を有するという表現に変わっています。

法定受託事務に関する各論

山崎　ここで、法定受託事務に係る各論について少しお伺いしたいと存じます。法定受託事務に関する条例制定権や議会の議決権に関しては、「ない」ということに整理しなければ各省からの反発も大きいだろうといったプラグマティックな判断もあった記憶がございます。第一次勧告に先立つ平成八年一〇月四日に公表した「法定受託事務（仮称）と自治事務（仮称）の効果（たたき台）」においては、法定受託事務について、「その執行に当たって、規範を定立する必要がある場合には、国の法律又はこれに基づく政令で行うことが原則である。地方公共団体の自主立法に委ねる必要がある場合には、法律又はこれに基づく政令により、明示的に委任する必要があるものと構成する」とし、第一次勧告の段階でも、法定受託事務（仮称）については、「法律又はこれに基づく政令により明確に事務の範囲を設定した上で、地方公共団体に委託されるものであるので、国の法律又はこれに基づく政令による事務を処理することが原則」とされています。条例制定権に関しまして、ご発言をいただきたいと存じます。

磯部　私は、法定受託事務というものは、国の事務ではなく自治体の事務と位置付けられたものではあるが、やはり法定自治事務そのものとは同じではなく、あくまでも区別されているのであって、例えばその区別のあらわれの一つとして、条例制定の対象にはならないという整理をしたものと思っていました。つまり元機関委任事務が、現住所主義で自治体の事務に付け替わって法定受託事務になったとしても、法定の自治事務とまったく同様に、議会の審議対象や監査委員の監査の対象になるかといえば、それはまた別論だろうと思っていたということです。従来の制度に由来する固定観念をそのまま引きずっていたといえば、そうかもしれません。したがって法制化の段階での内閣法制局などとの議論を通じて、今のようにすっきり整理されたと伺ったとき、実はちょっと、あれっ？と思ったことを覚えております。

小早川　私は、法定受託事務についても、スジとして条例制定権は有しているのだろうが、国の法令の密度が高いことから、そのために排除されるのだろうという考えを持っておりました。結局、第一次勧告の段階では、いったん条例制定権は有しないと整理されましたが、これには違和感を持っておりました。

西村　小早川先生のおっしゃるように、条例制定権に関しては、要するに規律密度の問題で法定受託事務の場合はほとんど条例を制定する余地はないという議論と、現行の制度上はそもそも条例制定権がないのだから、法定受託事務になってもそれは有さないと整理していいのではないか、という両方の議論がありました。

小川　従来の機関委任事務は、効果が国に帰属するということが何より大きな特徴だったと思いますが、法定受託事務については、効果が国に帰属するという考えは当初からなかったのでしょうか。それとも法定受託事務の概念を議論する中ではっきり定まってきたのでしょうか。松本会長、このあたりのところは、いかがでしょうか。

松本　法定受託事務についても、地方が法律又はこれに基づく政令により受託していることとして地方の事務として処理する限りは地方の事務であるという、いわゆる「現住所主義」の考え方を採っています。それは、比較的早い時期から、少なくとも私の頭で考えたことは事実です。責任議論も、当然、地方自治体が責任を持つことになります。ただ、国家賠償法（国賠法）との関係をどうするかという議論があって、国賠法は従前どおりとして、国の関与の度合い等に応じて適用していけばいいのではないかという考え方でまとめました。つまり、地方公共団体は「自治事務」であれ、「法定受託事務」であれ、地方公共団体として自らの権限を自らの責任において行使することとなり、国家賠償法第一条はそれを前提として適用される。「法定受託事務」については、国がさまざまな関与を行ったり、処理基準によって地方公共団体の行為に強い影響を及ぼしている場合が多いものと考えられ、国もそれに応じて責任を負うこととなるということです。

8　国の関与のルール化

議論の経緯

山崎　地方分権推進委員会の活動の中で、機関委任事務制度を背景とした包括的な国の関与を改め、新しい国と地方公共団体の一般法としてのルールを構築するため、「国の関与のルール化」というアイディアが取り入れられました。先行する行政手続法で「官と民の関係ルール」という類似の考え方がありましたが、地方分権の中では、国と地方の関与のルール化、事務区分に応じた関与の類型化、個別法に対する立法原則の三つの柱で検討されました。小早川先生から、検討の際のご苦労、各省の反応などをお聞かせください。

小早川　全般的に申しますと、関与については、非常に細かいところまで詰めた議論をしました。ただ私個人としては、参与に任命された時点でこの問題に関する議論はある段階まで深まっており、その土台の上で、未整理のところを解きほぐしながら具体的な制度設計を考えていくところでいろいろと悩んだという印象を持っております。

関与についての全体の概念や言葉遣いは少しずつ変わってきております。最初は平成七年一二月の検討試案の際の委員長見解で、国の関与の基本ルールと手続に関する一般的な制度を設けるという方針が打ち出され、具体的な検討を行うという言い方がされておりますが、その辺が全体を括る表現としては最初のものと理解しています。それが中間報告では、国と地方公共団体の間の関係調整ルールという表現になりました。ご承知のとおり、中間報告で記述されていることは主に類型論であり、まだ基本類型という言葉は出ていなかったかもしれませんが、「自治事務（仮称）」「法定受託事務（仮称）」について、それぞれ関与の態様はどのようなものかということを書いているわけです。

そのあたりから私も参与として参画することとな

り、第一次勧告へ向けて事務区分の後から追いかけていく格好で、両方並行して取り組むということになりました。その段階で、「一般法主義」ということが大きなスローガンになっていた気がします。一般法主義とは何か、何を一般法で規定するのかというと、第一次勧告で言えば、国と地方公共団体との関係のルールに関する一般法においては国の関与の基本類型を定め、個別の事務に対する国の関与は、原則として、その類型の中から、当該事務に関する法令で必要に応じて定めるという関係をはっきりさせるということです。行政手続法との対比の話に触れられましたけど、今から考えれば、要するに個別法が個別にそれぞれの領土を支配しているという状態をいかに打破するか、相対化するか、そのためのスローガンが一般法主義ということだったと思います。その方向自体は、その当時としては非常に重要な戦略的意味を持っていました。

また、第一次勧告から後の宿題として送っている部分があるのですが、それが国の関与の手続ルールの話と、国と地方公共団体間の係争処理の仕組み、すなわち第三者機関の設置の話です。その辺のことを第一次勧告では「国と地方公共団体の関係調整のルール」という言葉で括っています。後世の人が資料を読むときに、ちょっとその辺を混同するのではないかという気はしております。

山﨑　自治事務には非権力的関与であるとか、事前関与ではなく事後関与であるとか、法定受託事務の場合にはこういう関与など、事務区分に応じた関与の整理と、官と民における行政手続法に類似したルールを地方自治体の固有の資格の部分について、国・地方間の関係調整ルールとして検討するという、この二つの課題があったというお話ですね。

小早川　そうです。最初は、機関委任事務廃止に直結して必要となった作業を一生懸命やっていましたが、それがいつの間にか新しい関与の一般ルールをつくる作業になっていきました。

松本　国の関与の手続については、手続の公明公正、透明性の確保という行政手続法に準じ、「国の関与の手続等については、一般ルール法に定めるところにより、原則として、書面によることや審査基準、標準処理期間を設定するすることなど、公正と透明性を確保するものとする」という公正・透明の原則に関する記述を第一次勧告で入れています。要するに、対等・協力の関係と言っている以上、手続もいわゆる行政と国民の関係と同じように公正、透明なものにする必要があるだろう。借用可能なものは行政手続法のルールを借用してくればいい。そういう考えで整理していったのだと思います。

山﨑　一般ルールを検討する流れの中で、固有の資格という議論を随分されました。その中で、ルールが決まれば、このルールに従って裁定する第三者委員会が必要になってくるということに議論が発展していったものと思います。国地方係争処理委員会につきましては後に改めて扱いますが、事務区分に伴う議論と一般関係調整ルールの議論が分かれてきたという話について、西村常務にお聞きしたいと思います。

西村　機関委任事務制度を廃止するとなれば、今までの国の一般的指揮監督権に代わるものをどうするのか、何かルール付けをしなければなりません。従前であれば、各省庁が所管する個別の法律、例えば都市計画法では都市計画に関するさまざまな関与がそこに書かれており、関与を創設する場合は各省との法令協議の段階で一つずつ、この関与は認められる・認められないという議論が行われてきました。しかし、今後は機関委任事務制度の一般的な指揮監督権に代わるルールをどこかで書かなければならないという議論になり、中間報告の際に国・地方公共団体間の関係調整ルールをつくるという話になりました。

当初は、一般法にいろいろな関与の類型を書いて、個別法を各省庁がつくるときに、この法律のこの事務についてはこの関与が必要ではないかと、一つひとつ検討するという関係でつくっていこうと整理していました。ところが、先生方とご議論している間に次第に「権力的な関与」「権力的関与」という議論が出てきました。非権力的関与は一般ルールで決めればそれを適用すればいい。一方、権力的関与は個別法で一つひとつ規定することにし、法律をつくるときに自治省と必要かどうか詰めの検討を行った上で判断する形にしようと、大分変わってきました。第一次勧告では一般法に基づいて関与できるというものと、個別法で定めるところに従って関与するものとに仕分けを行った形で、議論が煮詰まっていきました。

一方で、地方公共団体が処理する事務の中には、民間の事業者等と同じ立場で行うものと行政としての固有の資格に基づいて行うものとがあるわけですが、国の関与を論じるにあたってはその違いを意識して種類分けしなければならないということと、このうち前者については行政不服審査法などの手続があるわけですが、固有の資格で行うものについては関与の効果を最終的にどこで担保するのか、かつては知事の罷免権などで担保していたものを、対等・協力の関係においては何か争訟手続が必要ではないかという議論になりました。それは国の省庁ではない、少なくとも内閣の系統ではないところで裁定する必要があり、司法において行うのか、それとも準司法的な機関において行うのか、そこまでセットして初めて機関委任事務制度の廃止の全体像が完成すると考えていました。ところが、第一次勧告の段階では、機関委任事務制度の廃止と係争処理まで煮詰めることはできませんでしたので、第二次勧告の大きなテーマになっていきました。

小早川　もう一つ、一般法で掲げる類型を個別法で拾い上げるというシステムに加えて、一般法の関与に関する立法原則を書き込む、個別法への指示を書き込むということが、関与を許容するメルクマールという形で出てきているわけです。そこまで含めて一般法主義ということだと思います。

山﨑　地方分権一括法による改正前の地方自治法は、地方公共団体の設置管理法ないし組織法の色彩が強く、改正によって国・地方の関係ルールや立法原則が書き込まれることによって本当の意味での初めて国・地方間の関係調整法になったという感じもしております。今でも一般ルールは尊重されており、他の類型の関与は原則としてつくらないということになっておりますが、何故一般ルールがあるのか理解されていないところがあります。そこを敷衍していただけますでしょうか。

西村　今回の議論で、地方自治法には国・地方の間の関係をきちんと決めるという非常に重要な機能があるのだと改めて思いました。その部分は地方自治法では条文の最後の方にいろいろ書いてあって、我々はまず執行機関などの前の方から一生懸命勉強しがちですが、地方自治法の本当に重要な機能は国・地方間の関係ルールを決めていることではないでしょうか。

松本　地方自治法第一条では、しっかりと「国と地方公共団体との間の基本的関係を確立」と書いているわけです。これは昭和二七年の改正で規定したのですが、本当はこのときに条文の前の方に国の関与等のルールに関する規定を移すべきだったのかもしれません。

9　自治事務と法定受託事務の振り分け作業

実施経緯

山崎　地方分権推進委員会の活動の中で今でも語り続けられております、法定受託事務と自治事務の「振り分け作業」の話に移りたいと存じます。この作業は、行政関係検討グループにおいて、各省庁の局長クラスの代表者と委員・事務局の少人数で行われました。そこでは議事録をとらない代わりに、各省はきちんと主張し、委員と議論を交わすこととされ、グループヒアリングもしくは「膝詰談判」と称されています。まずは大森先生からグループヒアリングに至った経緯につきましてご発言をいただきたいと存じます。

大森　諸井委員長が、いつの段階で膝詰談判のグループヒアリングが必要だとお考えになったのか、正確なところはわかりませんが、平成八年一〇月三日に委員会（第七二回委員会）において有識者ヒアリングが行われ、石原信雄さん（当時、財団法人地方自治研究機構理事長）をお招きしました。この折に、石原さんから「少人数で腹を割った意見交換をやらない限りまとまらないぞ」というようなご助言がありまして、そのご発言に対して諸井委員長がすぐに「各省庁と少人数で少し腹を割って話せというお話をいただきました。これは私どもも絶対に欠かせない段取りであると思っておりまして、この一〇月以内に、手分けをして、そのようなことをやろうと思っています」と答えられたのです。実際に一〇月中にグループヒアリングが始まりました。

各省との折衝は難航しました。個別の事務について繰り返し繰り返しグループヒアリングにおいてやり合っていました。私が専らまくし立てて西尾さんが取りまとめるという形も多くありました。私は、「個別法の条文を法定受託事務と自治事務に切り分ける」と言ったことは一回もありませんでしたし、このときに初めて個別法を読むことになったのです。

それで、「こういう学問をやっている行政法の先生は偉いな」と感心した覚えがあります。

山﨑　西尾先生、いかがでしょうか。

西尾　グループヒアリング、膝詰談判交渉を行うことになった経緯は、大森先生からご説明があったとおりだと思いますが、背景としては、橋本内閣が誕生後、総理が「現実的で実行可能な勧告を期待しています」と記者会見でも国会でもこの表現を繰り返し述べられていたということもあります。これはどういう意味かと我々も一生懸命考え、また、議論を行ったわけですが、要するに「総理として閣議決定に持ち込めるような勧告を持ってきてくれ」ということではないか、閣議決定はできませんから、関係各省庁が合意していなければ閣議決定はできませんから、すなわち各省庁の了解をとりなさいということだと理解したわけです。地方分権推進法には「勧告に対する内閣の尊重義務」が書かれていましたが、尊重義務が書かれているからこそ、内閣として尊重できる勧告を持ってきてくれという論理になっているわけです。委員会は極力関係省庁の合意をとるべく努力しようという姿勢に変わりましたし、何らかの方法で合意をとろうと思っていたからこそグループヒアリングが始まったのだと思います。

ただ、各省庁からの合意のとり方で大きく性質上違うものがありまして、「関与のルール」のように一般的なルールを変えようという話、あるいは機関委任事務を法定受託事務と自治事務に区分するという一般ルールの類いのもの、これは全省庁に関連する話ですから、これを一つひとつさまざまの省庁から個別に同意をとることはできません。委員・専門委員・参与の合同会議に諮り、各省協議のような方法で最初の第一次試案を各省に投げて、反応を聞いて、またそれを踏まえた検討を行って、第二次試案をつくって各省に投げてと二～三回繰り返して、多くの省庁が「おおむねこれでいいのではないか」というところで、全体の合意を得たものと考えてしまおうという扱いをしました。ですから、関与のルールについてはグループヒアリングでの個別交渉では行っていないわけです。したがって、全省庁が完全に同意したものではなく、この点は了解できないと言っている省庁が残っているまま勧告まで行っています。しかし、各省庁の個別の所管法の関与の規定を一般ルールをもとに改めるという話や、事務の区分を法定受託事務にするのか自治事務にするのかといった類いの話は、各省庁個別の問題で、当該省庁の同意をとらない限り通りませんので、そちらが膝詰談判の対象になったのです。

山﨑　事務の振り分け作業は、行政法の専門家でいらっしゃいます成田先生、磯部先生、小早川先生、行政学の専門家でいらっしゃいます西尾先生、大森先生などに、さまざまな負担をおかけしました。第一次勧告で基本的な方針が示されたものの、個別分野については第二次、第三次さらには第四次勧告までもつれ込み、結果として五〇〇を超える法令について検討をお願いすることになりました。この辺の経緯につきまして西村常務、お願いいたします。

西村　第一次勧告の最後の部分に「政府においては、

地方分権推進法の趣旨に則り、この勧告を尊重して、速やかに地方分権推進計画の策定に着手し、法制的な検討も深めて、早期に実施に移されるよう強く要請するものである」との記述があります。改めて思い返しますと、第一次勧告に基づいて、メルクマールに従って、地方分権推進計画の策定過程で政府の方で事務分類の整理を進めてほしいという考えだったのです。分権委員会で作業を行っている我々は、主要な法令なり事務についてきちんと分類し、立法原則にも使えるようなメルクマールをつくって政府に勧告すれば、政府はそれに従ってその他の事務の分類をやってくれるだろうというつもりで、逆に言うと、それがあるからこそメルクマールにこだわって詰めていきました。しかし、結果的に第二次勧告、さらに第三次、第四次と、そこまでかかって、ようやく五〇〇本の法律を分類する作業を行いました。むしろ各省庁の側も委員会が直接行う形で事務を分類してもらった方が議論が早く済むという思いがあったのかもしれませんが、委員会の方の作業からすると、そこに相当の時間をとられたために、本来もう少し突っ込んだ議論を行わなければならなかったもの、例えば、補助金・税財源の問題や法令によらない関与や補助金要綱の運用の問題などは第五次勧告に積み残しとなり、さらに第二次分権改革の方に課題が残ってしまったという感じがしています。

西尾　西村さんのご説明のとおり、我々は膝詰談判をまさか最後まで全て自分たちが行うものとは思っていませんでした。第一次勧告までに一つのパターンと典型例を作れば、残りは政府が事務的にやってくれると考えていました。それが「全て委員会でお願いします」ということになり、第四次勧告まで振り分け作業を行うことになりました。

平成八年一二月に第一次勧告を橋本総理にお渡しした際、勧告に盛り込まれた指摘事項について地方分権推進計画の策定を待たずに措置できるものは措置せよと「前倒し指示」が出されました。自治省ではこちらの方をより「大変なことになった」と思われていたのだと思います。しかし、我々委員から言えば、推進計画をつくって、まずできることからやるということを期待していたわけですから、総理は、委員会の期待に添った指示をしたものだと思います。しかし、自治省をはじめ各省庁は消極的であり、後々まで委員会がさまざまな事項を検討することになりました。

山﨑　確かに、従前は、審議会が政策の方向性を検討して答申を行っても、答申をどのように取り扱うか、どの部分を政策に取り入れるかは政府でさらに検討を行い、閣議決定で決めていくという形をとっておりました。ここまで委員会が踏み込んで個別の検討を行ったのは初めての例でしたでしょうし、そこを各省に任せずに、メルクマールを立て、さまざまを仕切られたのが地方分権推進委員会のエポックメーキングな点だったということではないかと思います。

小早川　委員会が完全に仕切ったのかどうか、そこは私にはわかりません。都市計画関係が一番記憶に残っていますが、都市計画審議会では、委員会に並行して課題の検討を行うということでした。ほかにもあったのだろうと思います。各省側としては従来どおりの審議会で審議を行ったという形を整えるだけのことだったのかどうか、その辺のことは私にはよくわかりませんが、委員会が従前の審議会が担うべきとされる役割から一歩踏み込んで検討を行ったということは、おっしゃるとおりだと思います。

山﨑　地方分権推進委員会の見解に対して、各省の主張には大きくどのようなものがあったのでしょうか。西尾先生、このあたりにつきましてご発言をお願いいたします。

西尾　各省からは、事務区分と財政負担のあり方を併せて検討すべきだ、お金と絡めて解決策を示すべきだという主張がありました。この主張の意図がどこにあったのかはよくわかりません。例えば国道等の公物には地方も巨額の支出を行っているわけです。それを国の事務として、その財源まで今度は国が負担することになれば国の方も困ると思うのですが、とにかく財政負担と併せて検討するべきだという議論を各省が主張しました。委員会内部にもこれと同じ意見がありました。神野専門委員も「そうすれば法定受託事務がもっと限定されていくことになるのではないか、もっと絞り込んでいくことが可能になるのではないか」という観点でおっしゃっていたと思います。桑原敬一委員も「財政負担と絡めて議論しろ」とかなり主張されました。それに対して我々もいろいろと検討しましたが、例えば、かなり純粋な法定受託事務である戸籍事務にしても、全額を国が財政負担しているわけではなく、手数料を取る権能を認めていることと、地方交付税措置を行っているという点だけであり、それ以上国からお金を出していません。ほぼ一〇〇パーセント負担していると言えるのは国政選挙の選挙管理事務ぐらいであり、それ以外のものはそういう出し方をしていません。法定受託事務になった途端に国が全額負担だという原則を立てた場合、さまざまな経費負担を組みかえなければならない。それはおよそ不可能だろうということで、「事務区分と財政負担のあり方は切り離す」というのが我々多数派の見解になりました。このことには委員会の内部にも反論がありましたし、各省庁もそのことを随分主張していました。

また、法定受託事務と自治事務の間に「共同事務」という中間の領域を設けるべきという主張を各省庁がなさりました。「成田委員もそう主張しているではないか」「東京都の委員会でもそういう議論が出ているではないか」と成田先生の前で主張されたのです。どうお答えになるか心配していましたが、成田先生は、委員・専門委員・参与の合同会議の場では全面的に「共同事務は日本では成り立たない」と主張し続けられました。旧西ドイツの状況はこうで、こういう仕組みの中でやっていることだと説明され、「我が国では採用し得ない」とご当人が明確に否定されました。この議論は、なかなか収まりませんでしたが、私自身は各省庁に対して、「あなたたちが言う共同事務とはどのような性格の事務なのかイメージできない。定義付けして示してほしい」と逆に注文したところ、その後一切どこからも出てこなくなりました。そこで「結局、区別はできないのではないか」「あとは法定受託事務のメルクマールの問題になるのではないか」「皆さん心配しないでも妥当なところへ落ちつけますよ」などと発言をしていくと、次第に議論に乗ってくれるようになったという流れだったと私は記憶しています。その代わり、今度はメルクマールをめぐる論議に集中してくるようになりました。

グループヒアリングのエピソード

山﨑　**グループヒアリングにつきまして、個別の印象深いテーマですとか、エピソードがございましたら、ご披露いただけますでしょうか。**

大森　これはあるところに書いたことですが、当初、環境規制は地域づくり部会のテーマだったのですが、第一次勧告に向かって、くらしづくり部会に移され、私が環境庁との対話をすることになりました。しかし、環境庁は自分たちからは誰も分権委員会事務局に派遣されていないことなどの経緯もあり、とにかく反発していました。最も困ったのは、第一次勧告の際に、「この文章では自分たちは閣議で反対する。閣議決定させせない」と抵抗にあったことです。私は勧告の前日にメモを持って環境庁の官房長に説明にいきました。これで第一次勧告を了承いただきたいとお願いしましたが、「だめだ」と態度は非常に硬く、やむを得ずに第一次勧告の法定受託事務の項には、「なお、委員会の検討の俎上に上がりながらも、時間切れで事務の振り分けについての結論を今後の検討に先送りしたものがある。また、今回は、数多くある機関委任事務のすべてについて精査し尽くしたわけでもない。」と始まる、なお書きが入ることになりました。この部分の経緯につきましては、諸井委員長と西尾先生が官邸に事前報告を行ったときには、この部分は「従前の機関委任事務にあって、上記に列挙されている事務及び先送りした事務以外の事務は自治事務（仮称）として推定されるべきものである」となっていました。しかし、官邸から「これは大丈夫か」と指摘があり、この部分を削除し、その代わりに「……今後の委員会の検討の過程において、これらの事務について、関係省庁の側から上記のメルクマールに該当する事務であると主張されるもの、さらには、メルクマールを変更又は追加してでも、法定受託事務（仮称）として取り扱われるべき性質の事務であると主張されるものが生じてくることもあり得る。これらの主張については、そのつど委員会において検討の上、結論を得るものとする」と注が加えられました。そのため、第一次勧告で環境庁関係のものは一切触れていません。随分環境庁の人と議論を行ったのですが、「とにかく環境団体が環境規制を自治体の事務にすれば絶対にだめになると言っている。自治体は開発志向が強過ぎて環境は絶対に悪化すると言っている」と非常に硬かったのです。したがって環境関係のメルクマールは第二次勧告の際に入りました。この注書きに関しては、西尾先生もご記憶だと思いますが、このままでは閣議決定できないこととなり、西尾先生にお出ましいただいて、この文章で収めるという形で修文してもらったのです。

もう一つ、私の記憶の中に残っているのは「法人の設立許可」の問題です。各省から「およそ法人設立の許可は国に専属している」という主張が多く出て、国家論、国家とは何かということで争ったことです。我々は、「国家とは、実体法上に言えば、国と地方公共団体で構成されるのだから、形成権的な権能について専ら国の事務ということではなくていいのだ」と主張しました。結果として、設立認可の権限が専ら国に専属しているという考え方は、この振り分け作業の中で修正できたのではないかと思っています。あの振り分け作業の中の議論で、宗教法人と学校法人と社会福祉法人以外の設立許可は都道府県知事に権限を持たせるという整理になったことで、従前の固定観念が打破できたのではないかと思います。

山﨑　**各省庁の側も、国家とは何だという分権委員会との議論の中で、国家観が揺り動かされたというところがあるのではないでしょうか。**

西村　そのとおりだと思います。国家と国の行政機関は違うのだと。しかし、各省の人たちはそうではなくて「朕は国家なり」と思っている人もいたのです。

磯部　「行政権の主体としての国」と「国家」そのものの区別とか、「立法権」と「行政権」の区別の議論、あるいは国の専権事項とか国家の専属的な権限とは何か、といった普段はなかなかできない議論ができたことはおもしろかったですね。議論の素材もいろいろとあって、法人設立の認可権のほかにも、例えば土地収用について、公用収用権というものは古来国家に専属する権能であるから、その事務を自治体に任せられるかというような大上段の議論があったのをよく記憶しています。

西尾　その議論は、委員会の合同会議で、当時の建設省の審議官が、「土地収用権は国家に専属する権限だというのは内閣法制局の見解としても確立している」とおっしゃったのです。我々は、その件に関して法制局参事官たちとの意見交換をしなければならないと思って、法制局に話し合いを申し入れました。しかし、一審議会からの要望に応えるとか、法案もできていない段階で意見を述べるのは法制局の仕事ではないと断られましたが、「内閣法制局は、土地収用権が国家に専属する権限だという見解を示したことはない」と明言したのです。結局、土地収用は自治事務に分類することになりましたが、成田先生は「それは重大なる成果だ」と評価しておられました。

事務局　土地利用と関係して、農地については都市計画と常に並行した議論を行いましたが、比較的早い段階で都市計画は自治事務で決着した経緯があります。農地については、自治事務か、法定受託事務かというよりも、権限移譲の実現に重点を置く方針で臨みました。この件は成田先生と西尾先生を中心にヒアリングを行っていただきましたが、その結果、第一次勧告で、法定受託事務としてではありますが、二ヘクタールを超え四ヘクタール以下の農地転用許可権限について、都道府県への権限移譲ということで決着をみました。また、当時から都道府県が処理していた二ヘクタール以下の農地転用許可権限については、「現に進められている農業基本法の見直しを踏まえ予定されている農地制度の見直しの際に、検討することとする」とされました。平成一二年の農地法改正で措置され、平成一三年五月から自治事務化されました。土地利用の中で都市計画と農地を両輪でやりながら、まず、都市計画が自治事務となり、次に農地もとなりました。農地は相変わらず今も岩盤規制と言われておりますが、当時、権限移譲が一歩進んだことに強い印象が残っています。

農水省は、農地については強硬でしたが、その代わり林野の方は比較的早く決着が着き、保安林の方は流域保全保安林の指定・解除のうち一部権限を都道府県に移譲するということになりました。先生方が直接膝詰談判する中で、少しずつ各個撃破が進んでいったと、そういった印象が残っています。

磯部　各省との膝詰交渉のプロセスでのエピソードはいろいろあるのですが、そういう場合の相手方として出てくる方は、もちろん地方分権のメリットやデメリットについて十分に理論武装をして来られるわけですね。他方で、そういう問題意識をこれっぽっちも持っていない各省の現場というのもあるわけで、当時は私も、例えば建設省とか環境庁とか、各省庁のさまざまな審議会に出席しておりました関係で、分権推進委員会で丁々発止とやっている議論とははるかにかけ離れたような次元で、これは温度差というよりも、時差があると言えばよいのかもしれませんが、「どうも地方分権は重要なんだそうだが、なぜ国がきちんと責任を持つ仕組みがいけないのか」というような感覚がまだまだ強く感じられました。それは無理もないといえば無理もないことなのですね。例えば環境庁でいえば「さまざまの規制事務を自治体に任せてしまったら、自治体の長は基本的に開発志向なのだから、せっかく今まで積み上げてきた制度が崩されてしまう」という危惧や不信感がものすごく強いわけですね。審議会の多数を占める理科系の専門家の先生たちも、「国がきちんと統一的ルールをつくって、責任を持って実施するのが一番いいのではないですか」などとおっしゃるわけで、どうもそういう審議会に出席すると四面楚歌状態のように感じてしまった記憶がよみがえります。

また膝詰交渉に出て来られる各省の担当者は、おおむね相当な雄弁家であって、「地方分権なんていっても、自治体現場は少しも望んでいない」「機関委任事務がけしからんなどということは、分権委員会だけがそう言っているのであって、現場ではそんなこと誰も言っていない」、さらには「私の申し上げることには一点の曇りもない」といった具合に、大変な迫力で説法を聞かされたことを思い出しました。

あるいはまた、自治省自身も例えば行政書士制度を所管されているわけですが、この種の職業資格などは、県知事が認定する資格よりも大臣が認可する国の資格とした方が、格が上で格好がいい、せっかく国家資格にしたのに何故地方に移譲する必要があるのだといった議論もありました。こういった個別各論的な問題に対しても、地方分権推進委員会としては、あくまでも分権至上主義的な原理原則主義で対処していくわけですが、今から思えば、各論には実にさまざまな個別事情があったことは事実です。しかしその個別事情にいちいちとりあっていたら、とてもではないが議論は終わらなかったと思われます。

いずれにせよ各省庁との膝詰談判については、理論だけで決着のつく話ではない場面も多々ありまして、とりわけ西尾先生のご苦労は、並大抵なことではなかったと思います。私の個人的な印象論ですが、このような折衝場面での行政法学者の議論にはどうも限界があって、前にも申し上げましたが、法律論の土俵の上だけですと、相手方もなかなか上手いこと言うなと不覚にも思ってしまったりします。西村常務が「端で聞きながらハラハラする」（『地方自治史を掘る─当事者たちの証言』（平成二一年・財団法人東京市政調査会））と述懐されているのもむべなるかなと思います。つまり単なる法律論を超えた議論が必要であったということになりますね。

ただ、当時の各省庁の幹部級の方から強く感じたことは、今まで国の機関委任事務として自分たちが責任を負ってやって来た仕事を、ぜんぶ自治体に任せたらどうなるかわからないという根強い不信感、言いかえれば国の行政を背負っているのは自分たちであるという強烈な自負心の存在です。そういう根拠のない自負心や不信感を相手にするわけですから、こちら側としては「自治体性善説」でいくしかない。実はこれもあまり根拠がないのですが「そんないい加減なことをする自治体はないはずだ」と信じてやるしかないわけです。評論家的に言えば、こちらも一種の原理主義のようなものであったわけで、地方分権改革を貫徹するのだから、多少の実務的な不都合があっても仕方がないではないかと言わんばかりの勢いで議論していたことを思い出します。

10　国と地方の役割

「機能分担論」から「役割分担論」へ

山﨑　それでは、少し議論を進めます。大きな話になりますが、昭和四〇年代を中心に「機能分担論」が唱えられ、地方自治体の事務の総量が増えるのであれば、それが機関委任事務であれ、団体事務であれ、総合行政主体としての地方自治体には利益になるのだという議論がありました。それが分権委員会の議論の中で、「役割分担論」の世界へと原理的転換が図られたわけです。今では役割分担論を前提に我々は行動していますが、総合行政主体論や、知事が国の機関であったことなど戦後の自治史を踏まえれば、むしろ機能分担論の方が嫡流の議論だったかもしれません。分権委員会の議論の主流が役割分担論に移っていった背景等につきまして、松本会長からご発言をお願いします。

松本　機能分担論は、端的に言うと同一種類の事務事業でも、例えば企画の立案又は執行といった事務・事業の性質、大規模な事務・事業で影響が大きいといった機能面に着目して、その機能に応じて国と地方公共団体間で事務・事業を分かち合うという考え方です。地方の事務配分の方式としては「多層的・融合的配分」と「一元的・分離的配分」があり、機能分担論は前者と結びついているわけです。

そういう中で、役割分担論というのがなぜ出てきたか、私も経緯を調べたことがありますが、比較的新しいのです。その議論が出始めたときに、果たして本当に「役割分担」と「事務配分」とを違う意味で考えていたのかどうかというのは甚だ疑問なところがありますし、今でも多くの人は、事務配分と同じ意味で役割分担といっていると思います。

「国と地方の役割分担」を最初に主張したのは経済界の人たちで、私が知る限り、「官と民の役割分担」のアナロジーで「国と地方の役割分担」と言われたものです。経済界の人の言う「官と民の役割分担」は、当然、規制改革・規制緩和と結びついていたわけです。それでは「国と地方の役割分担」というのも、同じような意味で国の地方公共団体に対する規制、これと結びつけたような意味で使われていたのかといえば、これは怪しい。怪しいのですが、言葉が合うものですから、「官と民の役割分担」「国と地方の役割分担」とされたのだと思います。

ただ、ここで重要なことは、これは磯部先生もご指摘されておられることですけれども、私どもは、やはり役割分担という言葉の中には、「国と地方との間の仕事の仕分け」だけでなく「地方における自主・自律的処理」が当然に内包されている。後段の「自主・自律」が役割分担の概念の中に内包されているということです。しかし、機能分担という言葉の中には内包されていないのです。結局、そういう考え方からいくと、自治権上の分権"decentralization"は多層的・融合的配分の考え方とはそりが合わないところがあるわけです。私は比較的早い時期から役割分担論は、国と地方の間の仕事の仕分けと地方の自主・自律的処理であると考えておりました。ちなみに、この「自律」ということは重要です。昔から「自立」と「自律」を書き分けて「自律」と書いても必ず政府部内で「自立」に直されました。国の立場では、要するに「地方は国に依存するな」という意味を含めたいのです。第二次行革審のときから、私どもが「律」と書いても必ず「立」に直されてきました。

ところで、日本ではいわゆる戦前の行政官庁理論のもとにおける国・地方関係は当然に多層的、融合的ですから、戦後の制度になっても、それをそのまま引き継いでいる。そのことに異を唱えたのがシャウプ勧告であり、シャウプ勧告はそれは割り切りなさいと勧告しています。しかし、現実は多層的、融合的な配分にずっと傾斜してきた。それはなぜかというと、戦後の復興とか、高度成長の時代では、その方が合ったからだと思います。そのことは地方制度調査会ですら昭和三八年の「行政事務再配分に関する答申」において、「国は中央政府として、地方公共団体は地方政府として、国民福祉の増進という共通の目的に向ってそれぞれの機能を分担し、相協力して行政の処理にあたらなければならない」と言っているわけです。これは機能分担理論です。

当時、ある人が「地方自治というものは同質なものを多様に表現することだ」と言われました。私は、最初はいい響きだなと思ったのですが、そのうち少しおかしいのではないかなと。同質のものを多様に表現するのが地方自治ならば、結局、同質のものを作ることになるではないか、むしろ、より異質なものをつくることの方が重要で、それはどうもおかしいと思い始めました。そういう感じを持っているときに、国と地方の役割分担の議論が、経済界の方から持ち出されてきたということです。

機能分担の問題点は、まず、機能分担ではどうしても法令の規定によって地方公共団体の仕事の量はどんどん増えていき、結局、国が頭脳的な事務・機能とか、監督的な事務・機能を担い、地方公共団体はいわば国の手足となって働くことになる点で、仕事量ばかり増えていき、地方の不満が当然出る。地方の創造力、企画力、行政能力の向上へのインセンティブが著しく抑制され、地方の自主性、主体性が確立されず、画一的になるという弊害が生じる。総合行政が阻害され、責任の所在が明らかにならない。こういうことが機能分担論の問題として挙げられています。それに対して竹下さんが「ふるさと創生論」の中で、「地方が企画し、知恵を出し、中央がそれを支援する」と書いておられます。これが従来の機能分担的な考え方に対して役割分担的な考え方を打ち立てる契機になったことは否定できないと思います。

それをはっきり意識して書いているのは、平成五年一〇月の第三次行革審の最終答申で、これには「地域に関する行政は、基本的に地方自治体において立案、調整、実施するものとし」という考え方を示した。これはまさに一元的配分の考え方です。このことは地方分権の推進に関する大綱方針にも同様に書かれており、そして、地方分権推進法では、「国及び地方公共団体が分担すべき役割を明確にし」とした上で、国と地方の役割分担として「地域における行政の自主的かつ総合的な実施の役割を広く担う」と書いています。この規定の解釈として、山口鶴男総務庁長官が、「このことは企画、立案、調整、実施を一貫して行うという意味である」と答弁されておられます。

しかし、分権委員会の答申では役割分担の基本的な考え方は書かれましたが、現実の事務配分については、それに沿った各論の見直しはほとんどありませんでした。したがって、当時、分権委員会が本当に意図していた意味での役割分担は実現していないと言わざるを得ないと思います。ただ、私も、全体を一元的配分でいくべきと考えているわけではありません。社会福祉のように分野によっては機能分担的な考え方をとらざるを得ないものが少なくないと思います。ただ、一元的配分を原則としつつ、必要に応じて、その趣旨を明らかにして、多層的配分を取り入れることが最適ではないかと考えています。

山﨑　それまでは、機関委任事務と相まって、機能分担論的に都道府県知事を総合行政主体として置いておくことには合理性があるという考え方があったものと思いますが、分権推進法の中に「役割分担」を入れる際には、その考え方とは断絶し、きちんと仕事を分けていくという考え方となっていたのでしょうか。

中川　従来から、自治省では、各省との折衝にあたり、「国と地方は機能を分担する中で、事務権限の地方への移譲をできる限り進める。」との方針で進めてきましたので、それを全面的に転換するという考え方はなかったのではないかと思います。分権推進法の国・地方の関係についての記述は、議論を大きく転換するとの意図は必ずしも明確ではなく、それまでの地制調なり、専門員の意見なりをそのままなぞった大綱方針を引き継いだというのが本当のところではないかと思います。

今になって考えますと、明確に役割分担論に転換するのだという考え方は、国の事務の限定を打ち出した地方六団体の意見書は別ですが、国の事務の限定を言っていない地制調なり専門員の先生方に明確に意識されていたのか、そうだとして、それを明確に政府に伝えようとされていたのかということについては、私は疑問なしとしないと思っています。

山﨑　それでは、分権委員会は機能分担から役割分担への転換を明確に意識した上で、勧告に至ったのでしょうか。西尾先生にお伺いしたいと思います。

西尾　私は、この作業を長くやっていますが、事務権限の移譲というときの「事務」を定義することは大変難しいものだと思っています。「事務配分」とか、「事務の再配分」とか、戦後の地方制度調査会は繰り返し答申で使っていますけれども、そのときに言う「事務」というのは一体どういう概念か、詰めて考えるとなかなか難しいのです。従来の事務配分論に対抗する考え方が機能分担論だったのだろうと思いますが、この機能分担論というのは一体何のことか、ここで言う機能とはどういうことかというのもまた、あまり明確ではありません。そこへ役割分担論という新しい言葉が出てきて、これがまたよくわからない。厳密に言うとよくわからない議論がやられていたのだと思います。

ただ、地方分権推進法に「役割」と出てくるわけです。それは、松本会長がおっしゃったとおり、財界が言い出した「官と民の役割の分担」というところから、今度は「国と地方の役割分担」という概念を援用してこられて、そして、第三次行革審は国の仕事をできるだけ限定しようという発想があって、専属する役割を限定して、国の役割を明確にしようとなりました。そこで、平成五年一〇月の第三次行革審の最終答申では、国は、「国家の存立に直接かかわる政策」「国内の民間活動や地方自治に関して全国的に統一されていることが望ましい基本ルールの制定」「全国的規模・視点で行われることが必要不可欠な施策・事業など国が本来果たすべき役割」について重点的に分担し、思い切った見直しを行うものと、役割を三項目に絞ったわけです。それを決定された宇野收会長代理が地方制度調査会に会長として来られたときに、「今度の地方分権推進法でも三つに絞ればいい。三つ以上に細かく割ろうとすると各省が猛反発して、これもこれもといって収まらない。三つは彼らも既に合意したのだから、それで行ったらいい」と言われました。

地方六団体が平成六年九月に提出した「地方分権の推進に関する意見書」は、一六項目に整理していました。これについては、先に砂子田隆全国知事会事務総長のこだわりだったと申し上げましたけれども（三二頁参照）、彼が一生懸命考えて、あのような整理をしたのだと思います。したがって、砂子田さんは分権委員会が始まってからも「役割論」にかなりこだわっておられました。どうしても各省庁が処理しなければならないものを絞り込んで、その他は地方公共団体の事務にすることを何とか実現しようと思っておられたのだと思います。

しかし、これは初期の段階から私も無理だと思っていましたし、石井次長も無理だと思っていました。この点については砂子田さんに対して、国の仕事を限定しようという役割分担論にこだわらないで、まず地方公共団体が今の体制の中で何に不便を感じているか、不満を感じているか、苦情を個別の要望書で出すべきだと議論しました。そういう議論を経て、各都道府県、市町村からの意見書が地方六団体間で調整され、委員会に提出されるようになりました。そこは分権委員会の事務局と地方六団体の間で、かなり早い段階で方針が衝突したところだったと思います。

　経団連は、一貫して行政改革の時代からそれにこだわっています。それが現在の出先機関の原則廃止論まできていますし、道州制にも来ている流れだと思います。もっと早くから明確にすべきというのが、このとき出てきた国の役割の限定論です。しかし、分権委員会はそれに乗りませんでした。

山﨑　今のお話の中で非常に示唆的なのが、松本会長もおっしゃいましたけど、中央政府や国、官の機能を限定するという話があり、その中に財界の流れもあり、役割分担論も、結局、国の役割の限定論からきているという話になってきたのだと思います。国の役割の限定論につきまして、分権委員会の事務局と六団体側にも対立があったという話が今出ましたが、西村常務、そのあたり何かありますでしょうか。

西村　地方六団体の意見書で一六項目という具体的な事務が列記されて出てきたというのは、随分流れの方向が違うんだなと自分自身感じました。これからは、こういう形で絞り込んでいかなければならないという印象を持っていたことは事実です。

　また、それ以前でしたか、学会で天川晃先生が「集権・分権と分離・融合モデル」を出されときにも、非常にクリアに分析できる概念だなと驚き、それでは、今の日本の制度を置いてみたらどこに行くのだろうということを考えていました。それとの関係でも分権論のベクトルはこちらの方向かなというのが私自身の頭にあったことは事実です。

　ただ、実際やってきたことは何かというと、関与のルール化でもそうですが、各省との議論では「事務の分担論」と「国の関与責任論」とが重なっていて、分権委員会が事務を移譲すべきと主張すれば、国は何らの関与もできなくなるのではないかと非常に抵抗が強い。逆に言うと、関与できる足場をはっきりしてくれれば事務の分担論は譲ってもいいという感じはしていました。ですから、役割分担論と機能分担論についていえば、新たに法定受託事務と自治事務に分け、関与のルール化を行い、国が関与できる場合はこのような手段だと書いていくと、ある意味、それぞれの事務に対する国の関与機能という形で「国の行政機関の機能」がはっきりしてきて、従来の役割分担論、機能分担論の切り分けとは違う形で、国の役割を国・地方関係の中に収めるようにしてきたというところがあるのではないかと思います。

国の役割限定論

山崎　国の役割限定論については、国、国家、内閣といった概念が、それまで明確に分けられていたわけではなく、非常に議論も混乱したものと思います。国家としての役割はあるが内閣としての役割は限定されているといった議論は、各省等には通じない部分がかなりありました。結局、地方自治法には、国会も含めた広い意味で国をとらえるということで「国が本来果たすべき役割」というフレーズしか適当なものがなく、現行の地方自治法の中に生きているという経緯をたどったような気がしております。この点につきまして小早川先生に補足をお願いできますでしょうか。

小早川　学者として、大変おもしろい話を伺っていると思いながら聞いていました。西村さんが最後に言われたことで言えば、機関委任事務の融合パターンに戻っているのかということなのですが、そこには戻りたくはない。では、どこが違うべきかと言えば、昔の融合は、国がプリンシパルで、エージェントである地方にいろいろとやってもらう。そこは仲良くやりましょう、使用者と従業員で仲良くやりましょうということでした。機関委任事務の別表の中にも、経由事務とか、意見を具申する事務とか、そういうのがたくさんあったわけです。このように、プリンシパルを助ける事務がたくさん増えてきたという融合現象があったものを、いったん切り離して、プリンシパルはどっちだというと、事務は自治体の事務であるとなり、国の側には、法律で関与責任を割り当てるという設計となったのではないかと思います。あとは運用の問題で、エージェントがいつの間にかプリンシパルの顔をするということは十分あり得るのですが、制度としては、そのとおりだと思います。

松本　国の役割限定論は、これも民間から出ています。先ほど言われたように行政改革との関係も当然ありまして、平成五年の政治改革推進協議会（民間政治臨調）の「地方分権に関する緊急提言」ですね。ここで、「政府は外交・防衛・司法と国土の根幹にかかわる計画調整・予算・立法など限定した行政を受け持ち、それ以外の各省庁の事務事業を都道府県と市町村に移行すべきである」としています。それから、平成五年二月の経済団体連合会の「二一世紀に向けた行政改革に関する基本的考え」の中にも、「中央政府の担当分野は、外交、防衛、国際協力などの対外政策や、マクロ的な経済対策等、国全体としての政策の整合性が必要な最小限の範囲に限定し、その他の内政に関しては、基本的に各地域に権限を移管すべきである」と書いてあります。そして、平成六年九月の地方六団体の「地方分権推進要綱」の中で、「国が所掌する事務は、原則として、次に掲げる範囲のものに限定するものとする」と、「外交、防衛及び安全保障に関すること」「司法に関すること」「国政選挙に関すること」など、例の一六項目が列挙されています。

ただ、実際のところ、私もそのようなことができるとは全く思っていませんでした。分権委員会で西尾先生に「限定の仕方がありましょうか」と聞かれたことがありますけれども、「それはありません」とはっきりとお答えして、「今の日本国憲法のもとでの、単一国家の中でそういうことは無理ではないでしょうか」と申し上げました。

一方で、そういう精神をどう表すかということは十分考えなければなりませんので、まず、国の立法のあり方として、国は国でなければできないようなことに全力を注いで、地域とのかかわりについてはできるだけ少なくしていく、国が自制するということを想定して書きました。もう一つは、地域に係る事案について国が法で定める場合でもできるだけ大枠的なものにとどめ、制度の具体的な内容等を地方公共団体が規定することを許容する、又は、法と異なることを規定することも許容される。これは、現に平成六年一一月の第二四次地制調の「地方分権の推進に関する答申」の中に書かれています。さらに、解釈・運用についても地方公共団体の自主性・自律性が十分発揮できる方向で行うべきであると。これらは、要するに現在の地方自治法第一条の二と第二条第一一項から第一三項までの規定の中に盛り込まれています。これが最大限の書き方だったのではないかと思います。

それから、役割分担論というのは磯部先生が研究されておられますので、磯部先生に一言いただけないでしょうか。

磯部　松本会長のおっしゃったとおりで、それまでの法律論からすれば、国の役割を限定すると法律上に書くことや、あるいは我々は「立法原則」と言っていましたが、立法権を制約する規範を、憲法ではなく法律に書くことに何の意味があるのか、新しい法律によって反故にされたらそれだけの話ではないかという議論はありました。確かにそれを言い出したらキリがないのですが、それでも現に地方自治法の中に、条文の形でそれが存在しているということは大変大きな達成であり、誰もこれを無視できないと思います。ということは、国と自治体の役割分担論は、結局のところ、国の役割限定論なのであって、それが立法原則論までセットになって、立派に積極的・能動的な意味を果たしたのだろうと思います。

政治学の領域では、昔から国と自治体の関係を「政府間関係」という言葉で説明してきたのですが、公法学では、国と自治体の関係をなかなか政府間関係とは言いにくいのですね。つまるところ、自治体は、国の行政権内部的な一組織になってしまう。しかも昔から変わらず「地方公共団体」という言葉が使われており、「自治体は立派な統治主体である」ということを端的に表す法概念がなかったわけですが、今回の分権改革によってその点が、機関委任事務の整理と国の関与の一般ルール化と相まって、国と自治体という、中央政府と地方政府の役割分担原則として初めて具体化したことになったと考えていいのだろうと理解しております。

11　係争処理の仕組み

立案に至る経緯

山﨑　地方公共団体に対する国又は都道府県の関与のルールが定まれば、何らかの第三者的機関が必要であるという議論があり、その中で国地方係争処理委員会について議論されました。当初は、第三者機関をどこに置くのか、内閣の外に置くことはできないか、国と地方という二つの政府を中立的に裁くとすると、どのような組織がいいのかという議論がございました。次に、仮に内閣の中に置くとすると、三条機関なのか八条機関なのかという議論があり、さらに、権能について、第三者機関が裁定する機能が必要だという議論がありました。裁定には政府部内でも議論があり、勧告でも十分意味があるのではないか、訴訟に行くための前置機関に過ぎないのではないか、あるいは訴訟に行かずに第三者機関で裁き

切るという「コンセイユ・デタ（フランスの国務院）」のような機能があった方がいいのかと、さまざまな議論があったように思います。この係争処理機関について、議論をリードされた小早川先生からお話をいただきたいと思います。

小早川　私は平成八年三月に中間報告が出た後の四月に行政関係検討グループの参与に任命されました。この問題は既に中間報告で出ていますので、それ以後の話になるわけですが、私が参加してからの最初の時期は、かなり茫漠とした議論を行っており、それだけに夢は大きなものでした。参与として参画した行政法学者が、藤田宙靖さん、磯部さん、それから私でして、いわばドイツ法が一人、フランス法が二人でした。ドイツでは行政裁判所は国・自治体間の紛争、機関争訟のような事件を扱い、フランスでは「コンセイユ・デタ」という司法か行政か判然としない、微妙なそして大きな存在があります。私ども三人で、特に磯部さんなどと議論していると、そういうイメージが浮かびまして、こういう機関をつくるのであれば、今お話があったように、日本における「コンセイユ・デタ」の始まりになるのではないかというような話までしていました。日本には行政裁判所がないということが議論の一つの前提だったのですが、その点を含めて今後どういう方向に持っていくべきなのかということが念頭にあったと思います。

議論の前提となる問題のもう一つは、「是正の指示」と「是正の要求」が法的にどのような性質を持つのかということでした。これは、法論理的に言えば制度設計の基本になる話なのですが、そこが悩ましい、是正の指示の方は明確でしたが、是正の要求がどの程度の拘束力を持つものなのか、そこがまだ固まり切っておりませんでした。その辺が一般的な前提であります。

あとは、具体的な制度設計の問題になりますけれど、先ほど言われましたように、基本問題の一つは、裁定なのか勧告なのかということでありました。行政裁判所的なイメージからすれば、これは裁定になるのでしょう。制度設計としてはそれで詰めていこうということで、第二次勧告から第四次勧告までの間、頑張っていったと思います。

最後は、勧告に収まったわけですが、その過程で、私たち参与の間では、ただ勧告というと要するに拘束力はない、拘束力がないということは、行政指導のようなものだろうが、調停のようなものになるのはよくないだろうなどという議論をしておりました。だから、最後、勧告で収めるとしても、そこでの勧告はあくまでも法的判断であり、一義的にこれしかないという、そういう性質の勧告なのだということで頑張ろうと考えたわけです。

裁定の線で進めていった場合に出てくる大きな問題は、地方側の申出を認める内容の裁定となったときに、その裁定に対する国側の手段をどうするのかということでした。裁定であればこれは必ず何か必要だろうというわけです。そこで、国が裁判所に訴えるか。それとも、この段階では国といっても各省ですが、負けた各省の方から内閣に訴えるか。その二案が、第四次勧告に添付された「試案」の中に出ています。より非現実的でない案は後者の方だろうということで、その辺で次第に論点・ポイントが絞られていったように思います。

そして、それまでは、個別法をあずかる各省の人との議論でしたが、この議論は内閣法制局と行う必要があろうということで、西尾座長に私もお供して、内閣法制局の人との話し合いをするということが一回か二回かあったと思います。係争処理における内閣のかかわり方については、もともと裁定そのものが分担管理原則に照らして適当なのかという議論がありましたが、内閣に訴えを持ち込むとなると、内閣の中で当事者たる省に対する内閣全体という形が出てくるので、それを内閣の一体性の観点からどう考えるか。そのようなところが内閣法制局との議論における問題点であったろうと思います。

結論としては、そういうもみ合いの結果、勧告方式に落ち着いていきました。やはり裁定はハードルが高いということだったと思っております。地方側からの審査の申出で始まるケースについては、そういう形で収まっていきました。

もう一つ、国側から地方公共団体の違法な行為について審査を申し出ることの問題がありました。この議論にも精力を費やしましたが、第一次分権改革の段階では結局日の目を見ませんでした。言うべきことを言っておくという趣旨で、第四次勧告の「試案」には入っていますが、地方分権推進計画では取り入れられませんでした。

もう一つ、内閣法制局との関係のほかに、裁判所に訴えを提起することについては法務省と議論をしました。その辺も議論はなかなかハードでしたが、憲法解釈論、法解釈論のレベルですので、それほど紛糾する話ではありませんでした。西尾先生が内閣法制局と法務省の両方を念頭に置いて、「法務官僚とは話になる」と言われたような記憶があります。

山﨑　**最近であれば、例えば、個人番号制度の導入にあたって三条委員会が創設されておりますが、当時の総務庁行政管理局は三条機関の創設には消極的であったと記憶しています。そこで八条機関という話になり、裁定権のある公害等調整委員会を念頭に議論を行いましたが、裁定機関が広範な権能を持つこととなれば、各省の分担管理原則と相反するのではないかという議論がありました。このあたりにつきまして、西村常務、いかがでしょうか。**

西村　当時、行政管理局と議論を行いましたが、三条機関はまず認められないということでした。それは根っこのところに分担管理原則の考え方があるのだろうと思いますが、各大臣から独立する三条機関をできるだけ減らしたい、置きたくないということがありました。そこで、公害紛争について裁定権限を持つ八条機関である公害等調整委員会の例を出して、ある程度の権能を与えた八条機関として仕組めるのではないかという話をしたのですが、公害等調整委員会は公害という部分に限った紛争処理機関なのであって、行政一般を取り扱うようなものはそもそも設置できないという反応がありました。そのようにして、先ほど小早川先生のお話にもありましたように、裁定にするのか勧告にするのかという権能論と絡みながら徐々に議論の方向が煮詰まっていったということだと思います。

先ほど「法務官僚とは……」という話がありましたが、私は、行政局行政課で各省との法令協議をずっとやってきた経験から、他省庁と違って法務省との法令協議は相当大変だという感じを持っていました。他の省庁の場合は、ある意味でその省庁の利害だとか、施策の方向性だとか、さまざまな部分で議論する余地もあるのですけれど、法務省とは、とにかく理屈だけの世界で筋を通すという性質の法令協議をやってきていました。

中間報告でも第一次勧告でも、「係争処理を検討します」とある程度の概要を書きつつ、最後の部分に「訴訟制度についても引き続き検討する」と書いたと思います。実は、当時の委員会事務局の中の省庁別分担からすると、私は法務省の担当ではなかったのですが、とにかく理屈だけで法務省に拒否されると困るなと思い、これは制度問題だということで、第一次勧告が出た平成九年の年明けすぐに、行政関係検討グループの担当参事官として法務省に説明に行きました。第一次勧告を持参し、今までの議論を説明し、「ついてはこれから先、裁判所への訴訟の提起という議論が出てくると思いますので、何かご意見があれば聞かせてください」とお願いをしました。相当早い時期に説明に行きまして、その後、二、三回説明していますと、まさに小早川先生がおっしゃるように割とすんなり理屈が通りました。法務省からは、「法律上の訴訟であれば、最後は裁判として受けざるを得ないだろう。ただし、行政審査手続を前置してください。あらゆるものを裁判所に持ち込まれると困るので、とにかく係争処理委員会の方をしっかりつくってください」と言われました。逆に言えば、そこをつくれば、法務省として裁判制度の方は機関訴訟として受けようという感じであり、これが小早川先生のご発言の中で出た「法務官僚とは話になる」という話につながるのではないかと思います。

山﨑　委員会の参与の先生方が直接内閣法制局や法務省の方々と議論を交わされるというのはきわめて異例なことだったと思います。特に内閣法制局は内閣の特別な機関で、一般には、法令審査を求める役所以外とは議論を行うことはないものと思います。このあたりにつきまして、西尾理事長、補足いただくことはございますでしょうか。

西尾　先に、土地収用権の問題について議論があったときに、建設省の審議官が「これは絶対に自治事務にはできない。土地収用は国の権限だ。それは内閣法制局の見解でもある」と、会議で明言してしまったので、それでは内閣法制局に確かめる必要があるということで内閣法制局に協議を申し入れたという話をしました（七七頁参照）。その際には、内閣法制局から「審議会や諮問機関のメンバーとの協議は内閣法制局の仕事ではなく、各省が法案化しようというときに初めてそれを審査するのが内閣法制局の仕事で、およそ審議会や諮問機関に出ていくものではない」と断られています。しかし、この係争処理の議論はかなり重要な問題になっていましたので、どういう手続で改めて協議の申し入れを行ったのかは覚えていませんが、内閣法制局と議論を行いました。そのときの議論もやはり内閣法の解釈が問題の中心で、合議制をとる内閣の連帯責任や一体性、それから各大臣の分担管理原則に抵触するのではないかという疑義があるということで、内閣法制局はきわめて消極的な立場を表明していました。

係争処理の問題については、内閣法制局だけではなく内閣官房にも強い異論がありましたので、双方を説得しない限り、実現できないという状況になっていました。当初の案は、三条委員会の形で考えていましたし、委員の構成までかなり詳細に書いていました。国と自治体の争いを裁定するわけですから、国の側を代表する委員と地方公共団体側を代表する委員と中立者で構成して、それぞれ何人ずつの構成でという案まで考えていましたが、この委員の人選の仕方について、当時の内閣官房副長官の古川貞二郎さんが、もし法制化されてもそのような人選はできないだろうと、非常に強い疑問を持っておられることを知りました。そこで、古川副長官に会談を申し入れたところ、古川さんは応じるとおっしゃいました。会談には内閣官房の部下の方たちも随行しますと言ったらしいのですけれど、副長官自身が、「私が単身で行く。随行の必要なし」とおっしゃって単独でみえました。私たちの方は、小早川参与に同行していただいて、三人で会談しました。当初は三〇分の予定でしたが、たしか一時間以上に及んだと思います。

古川副長官がまず我々の案に対して疑問を並べられ、私の方は「関与の制度をルール化して国と地方の間で争いが生じた場合の処理の仕組みをつくらなければ、機関委任事務制度の全面廃止は画竜点睛を欠く。どうしてもこれは重要なことなので、これだけは何とか確立したい」と趣旨を述べました。官房副長官は「実際に人選はとてもできない」とおっしゃるので、「わかりました、再検討します」と申し上げ、加えて、最後に「裁定でいくのか、勧告でいくのかの議論も委員会の中にもありますので、そこも改めて慎重に検討します」ということを申し上げました。

内閣官房と内閣法制局の反対があまりにも強いので、そのころには既に委員会側も私自身も、裁定のままではダメかもしれない、勧告でいこうという気持ちになっていました。しかし、勧告に切り換えるためには、委員会の委員、専門委員の人たち全てがその切り換えに納得していただかなければ合意が成立しません。そこで、この問題について有識者のヒアリングを開催することになり、三人の有識者にお願いしました。行政法の塩野宏先生と憲法の高橋和之先生、そして元行政管理局長で中央大学教授の増島俊之さんの三人でした。憲法と行政法といわば行政学ですけれど、その三人をお呼びして、裁定であるべきか、勧告でもいいのかという問題から始まり、八条機関でもいいのか、三条機関でなければいけないのかといった各種の論点についてご意見を聞いたのです（平成九年九月一一日、第一五五回委員会）。

三人のご意見は、何らかの係争処理制度が必要だということに関しては完全に一致していました。しかし、塩野先生は「裁定か勧告かという問題について言えば、裁定の方が望ましいことは明らかだ。しかし、どうしても裁定でなければ意味がないとも言えない。勧告でも何とか意味はあるのではないか。いずれにせよ、そういう機関はつくるべきである」という意見を述べられました。憲法の高橋先生は、裁定から勧告への切り換えについて「どちらでも差はない。その違いはあまり意味がないのではないか」と述べられ、増島さんは「勧告の方がいい。絶対に勧告にすべきだ」と述べられました。

各省の方は増島さんに反対意見を述べて欲しかったのですね。増島さんは、あらかじめ当時の行政管理局の方と会談して「私はヒアリングでそういう意見を述べる。それに皆さんがどうしても反対なら、出席するのをやめる」とおっしゃったようです。これに対して行政管理局の方は「では、やめてくださ い」とまでは言わなかったようで、増島さんはヒアリングにおいて「勧告の方がいい。そういう機関をつくる必要性は認める」と自説を述べられました。三人が機関を設けることについて賛同してくださったので、勧告に切り換えて設置しようとなっていきました。

しかし、勧告にした上で、その次の訴訟制度に結びつけるのが、これがなかなか厄介で、そこで混乱が生じました。初めは、自治体側だけが訴えることができる形を考えましたが、松本さんから「それは絶対だめだ」という強いご意見がありまして、最終的に第四次勧告を書いたときには、国も自治体も双方から訴訟に行ける形を書きました。

委員会が勧告することを前提にそう書いたのですけれど、後の法制化の段階で、内閣法制局や各省からは「訴訟制度は必要ない。国の側はそんなものに訴える実益がない」という言い方をされました。それは「仮に指示なり是正の要求に自治体が従わないときに、自治体側が違法だと訴えてこなければ、その関与が合法であることは確定するのではないか。

それを改めて国が訴えて確認するのは意味がない」という議論と、「改めて訴訟に持ち込んで国が勝訴したとしても、その先、さらに強制する手段が何もないなら意味がない。そういうことに手間暇をかけるのはよろしくない」という議論だったと思います。結局、法制化の際に、国の側が訴える道を自ら捨てた、そういう経緯だと思います。

古川官房副長官とお会いして、私も「かなり柔軟に変えます」と申し上げましたけれど、官房副長官も話は通じたと思ってくださって、内閣官房の方たちに「これ以上あまり強硬に反対するな」と言ってくださったのではないかと思います。だから、古川さんとの会談が制度の創設に非常に大きな役割を果たしたのではないかという気がしています。

山﨑　官房副長官と委員会の先生方が直接会談するというのも、本当に異例なことだったと思います。今の議論の中で、国と地方が対等の関係で訴訟に持ち込めるとすれば、訴訟に前置する形式は裁定でも勧告でもどちらでも良いという考え方はあると理解したわけですが、当時松本会長は、「とにかく裁定でないと意味がない」とお考えになっておられました。また、地方公共団体と国との「紛争」ではなく「係争」という言葉を使うことに意味があるともおっしゃって、それが委員会の勧告に反映されたと理解しております。このあたり、松本会長、何か敷衍されることはございますでしょうか。

松本　この仕組みは、初めは「紛争処理」と言っていたわけです。しかし、お互い対等・協力の関係の中における調整の問題なのだから、それは紛争ではない。係争とするべきであり、その上で、双方とも不満があったら、訴訟へ持ち込めるという考え方をとるべきだと考えていました。それに、先ほどの話には出てきませんでしたが、塩野宏先生は、国からの訴えによる条例の違法審査制度も強く主張されていました。条例の違法確認と双方の調整の問題、そこに意味があるという考え方です。平成二四年の地方自治法改正で、不作為の違法確認訴訟の制度が創設され、国からの訴えの提起は一部が実現したわけですが、第一次分権改革においては、地方分権推進計画をつくる段階で落としたわけです。第四次勧告では「試案」を二つ添付していますが、勧告はしていません。「試案」を示して「中長期的な課題として、今後さらに検討が深められることを望む」としただけでした。地方分権推進計画をつくる段階で、内閣法制局は、「そもそも国の措置要求や指示には公定力があるのだから、国の方から訴えるのはおかしい」と言っていました。

当時の内閣法制局第三部長は、後に長官を務めた阪田雅裕さんでした。彼がそうした見解でしたので、僕は法制局に行って論争したのです。公定力に関する議論については諸説あるわけですから。ただ、時間がなくて間に合わなくなるおそれがあって、「もうこれ以上議論していたら事務が進まない」ということで、地方分権推進計画から落としたわけです。

西村　時間的に整理しますと、委員会としては第二次勧告に間に合わせようということで、その前から相当詰めた議論を行っていただきました。最終的に「試案」を二つ添付したのは第四次勧告ですが、「試案」は平成九年四月に早々にまとめています。「試案」を各省に示し、説明会まで開催して意見を持ってきてくれとお願いして、その意見に対する反論をさらに議論してという形で、相当詰めた議論を第二次勧告に向けて行っていただきました。我々はグループヒアリングという先生方と各省の代表者との膝詰談判の仕組みを持っていましたが、それがあったから内閣法制局や法務省は出てこられたのかもしれません。審議会の場で議論を行うとなれば、おそらく内閣法制局は出てこられなかったでしょう。内閣法制局と同様に、確か内政審議室とも議論を行ったこともありました。それが最後は内閣官房副長官のところまで行っていただいたことにつながったのです。それから、先ほどお話がありましたが、塩野先生はじめ三人の先生方から意見を聞こうという話になったのは、これは第二次勧告も終わった後、いよいよ最後の第四次勧告に向けて実施したという形でした。

12　都道府県と市町村の関係

都道府県の位置付けと市町村に対する関与

山﨑　次に、都道府県と市町村の関係に話を進めたいと思います。私どもは都道府県を当たり前の存在として考えていて、かつては中間団体という議論もありましたし、国の「普通地方行政官庁」という議論もありました。廃藩置県を行って以降、都道府県が市町村に関与し、都道府県が市町村と国との間を取り持つことは当たり前だという感覚があったと思います。ところが委員会の場では、都道府県と市町村の地位について、かなり強烈な議論が行われたという記憶がございます。つまり、国と地方が対等・協力の関係であり、広域自治体としての都道府県と基礎自治体としての市町村も対等・協力の関係であるという前提からすると、都道府県の地位はどのようなものかという議論です。

端的に覚えておりますのが、都道府県の市町村に対する関与の位置付けの議論です。都道府県と市町村も対等・協力の関係であるから、都道府県が市町村に関与する権能は、都道府県が本来持っている権能ではなく、国から由来するような、国を代行するような権能であるべきという考え方が議論されることがありました。一方で、松本会長は都道府県が市町村に関与するのは都道府県の固有の権能であり、本来的な地位から自治事務として関与ができるという議論をされていた記憶がございます。このあたり、松本会長、いかがでしょうか。

松本　都道府県と市町村は対等・協力の関係だから、およそ市町村に対する都道府県の関与等は法定受託事務であるべきだという考え方に対して、私は、都道府県はいわゆる広域包括団体としての地位があるから、その地位に基づいて一定の行為を市町村に及ぼすことはあり得ると考えていました。現在の法律では、市町村の名称変更等は都道府県知事に協議することになっていますけれど、あれは法定受託事務ではなく自治事務です。それから市や町となる地方公共団体の要件を都道府県の条例で定めるといった類のものも、今でも法定受託事務になっていません。そういう立場でもって都道府県が市町村に関与することはあるはずだと考えました。一方で、当時から私は、裁定的関与のようなものは法定受託事務だろうと思っていました。

特に問題となったものは、法人格にかかわるものでした。市町村の廃置分合とか組合の設立認可や監督等とか、この類のものをどう考えるかということで、私は自治事務としての考え方もあるだろうと思っていました。しかし、各省は、中小企業協同組合や農業協同組合の設立認可等の事務を法定受託事務とすることに固執して全く譲りませんでした。その結果、横並びで、地方公共団体の法人格にかかわる権限も法定受託事務にしなければならないこととなりました。

法人格にかかわるものはそうなりましたが、広域包括団体としての性格からくる事務は自治事務になっている、現行法ではそういう整理ができているはずです。組合の設立認可のような事務は自治事務でいいのではないかと思ったのは、私が携わった平成三年の地方自治法の改正に盛り込まれた地縁団体の件があったためです。この認可の事務は、当時、団体事務と整理され、そのまま自治事務となっています。地縁団体に法人格を与えるということは画期的なことで、当時の法務省がよく納得してくれたと思いますが、そういう法人格にかかわるものでも、団体事務とすることがあり得たのだから、自治事務でもいいのではないかと考えたわけです。

山崎　都道府県は廃藩置県以来、国の代行機関というような性格があったので、市町村への関与が都道府県本来の仕事なのかというような議論は生じなかったのが、国と地方、都道府県と市町村が対等・協力の関係になるという文脈の中で、顕在化した問題ではないかと思います。

第一次分権改革当時は、都道府県の合併は法律で決めるしかなく、都道府県が自分の意思で合併する術もないという状況でした。そこから、地方自治法を改正しながら、都道府県と市町村ともに、完全な地方自治体という意味では同一の性格を持つようにしてきたわけです。最近では、都道府県と市町村の双方が地域における総合行政主体となっているためきれいな役割分担にならず、どちらかというと都道府県のアイデンティティが曖昧になってきているようにも見えるわけです。第一次分権改革後の一〇年間の変化で、都道府県は、実はある意味では曲がり角に来ている面もあると思います。この辺も含めて、西尾先生、何かございますでしょうか。

西尾　これは大変な問題で、明治以来の日本の仕組みの根幹にかかわる話だと思います。何よりも、我が国は、英米系の国・地方関係、自治体間関係と違って、事務の範囲が制限列挙主義ではなく、概括授権主義になっているわけです。市町村は何でもできるようになっています。都道府県も完全自治体になって以降は何でもできるようになっています。ですから、その限りでいわゆる「二重行政」のような問題は当然起こるように初めから仕組まれているわけです。その問題が果たしてそれでいいのかという大問題はありますが、これを英米系的に、市町村はこの範囲の仕事をする、都道府県はそれと全く重複せずに別の任務を持っているというように組み換えるとすれば、これは大変なことになると思いますし、それが果たして良いことなのかどうか、それも議論の余地があるのではないかと思います。

ただ、そのようにできている上に、都道府県は市町村から国に情報を伝達する経由機関にもなっていますし、国から通達・通知の伝達や指示を行う場合も、都道府県を介して市町村に来るというのは基本のルートになっているわけです。そうではないものの方がきわめて珍しくて、例えばかつて市町村の機関委任事務であった、そして今では法定受託事務になっている典型の戸籍事務については、法務省と地方法務局からダイレクトに市町村に指示が出て、通達がなされていて、ほとんど都道府県を介さない事務になっていますが、これは全く例外的なものです。

もし、他の事務についても法務省と市町村の戸籍事務のような関係に切り換えるとなると、全ての事務の体系を組み換えるという話になります。それは、このときの改革でやろうと思ってもとてもできることではないので、そこは従来のままにしながら変えていかなければならない。そこを根本から考えてやり直すなんてとてもできることではないと思っていました。

しかし、その中で都道府県と市町村を対等・協力の関係にしようとすると、根本的な問題として、先ほど来議論があったように、市町村に対する都道府県によるさまざまな関与があるわけです。それが全部法定受託事務になってしまうと、都道府県に法定受託事務が大量に残ってしまい、自治事務が増えないことになります。それは、何とかして都道府県を完全自治体らしい自治体に変えようという趣旨からすると困ったことになります。もう少し自治事務を増やさないと完全自治体と言えないのではないかという気持ちが片方にあるわけです。しかし、それを都道府県の自治事務だと理解してしまうと、市町村から見れば、今度は都道府県が国と同様な役割を持った存在になってしまう。それで果たして対等・協力の関係と言えるのか。そうだとすれば、都道府県が市町村に対して関与するのは、国の意向に基づいて国に代わって関与するときに限定されて、それは法定受託事務にせざるを得ないのではないかと、そういうことが委員や専門委員の中でも議論されていたわけです。

そうしたときに、松本さんが「都道府県は市町村に対する広域包括的な団体であり、このことを否定するようなものは困る」という発言をなさった。それは先ほどおっしゃったような趣旨で言われたもので、全てを自治事務にしろとおっしゃったわけではないのかもしれませんが、委員会では波紋を呼びました。

松本　先に話したように、私も全てが自治事務だとは言っておらず、裁定的関与のようなものは法定受託事務だろうと思っていました。ただ、地方自治法第二条第五項に「市町村に関する連絡調整に関する事務」と書いていますけれど、あの連絡調整というのは非常に深い意味があるのです。だとすれば、広域包括団体としての地位に基づいて行う組合の認可等、法人格にかかわるものも自治事務と考えていいではないかというのが私の主張でした。

当時、私のもう一つの理由は、市町村に対する都道府県の関与を法定受託事務にすると、地方自治法に多くの法定受託事務ができてしまうことになるということでした。各行政分野の法にも都道府県から市町村に対する権限行使はたくさんありますから、地方自治法に法定受託事務を並べてしまうと、各省の方の法定受託事務が増えることを拒否はできず、右へ倣えでみんな法定受託事務になってしまうということも背景にありました。むしろ、そのことの懸念の方が強かったと言った方がいいのかもしれません。それはつけ加えておかなければなりません。

西村　市町村に対する関与について、法律の所管省庁として国が関与することは、ある意味理解できると思います。また、国と市町村の間にある都道府県が市町村に関与するときに、例えば助言、勧告程度であれば、自治事務として行うことはできるのではないかと思います。ところが、それが指示とか是正になってくると、やはり法律があるからできるのではないか、やはりそれは国に権限があるのだと言わなければならないのではないかと、おそらくそういう議論だったのだと思います。

山﨑　旧自治省では、国と地方の関係については議論をよく行っていましたが、都道府県と市町村の関係については、あまり理論的な議論を行っていなかった面もあると思います。特に、西村常務がおっしゃった助言、勧告に関して言えば、これはまさに市町村の連絡調整事務を担当する都道府県が持っていないとすると、何も広域的に対応できないことになるという議論になったのではないかと思います。

13　積年の課題への対応

駐留軍用地特措法

山﨑　委員会では、国と地方の間で長年の懸案とされていた、例えば、地方事務官問題や法定外公共物問題についても、第一次分権改革の中で解決していきました。また、積年の課題が顕在化したという点では、駐留軍用地特措法の代理署名の問題もございました。

まず、駐留軍用地特措法に関する事務の振り分けでは、当時の沖縄県知事が代理署名を拒否するという現実の話がある中で、収用裁決等は法定受託事務に振り分ける一方、代理署名については県民の代表である沖縄県知事の立場と国の代行という立場の矛盾を解消するため国の直接執行事務とすることとされました。この問題は本当に丁寧に議論が進められてきたと思いますが、西尾理事長、このあたりについてご発言いただきたいと思います。

西尾　駐留米軍基地関係の基地従業員の問題と、基地の土地収用関連の問題については、世の中やメディアの強烈な批判を受けることは明らかでした。加えて、厚生省関係の社会保険事務所等に残っている地方事務官と、それから労働省関係のハローワークを指揮監督していた都道府県の地方事務官の問題がありました。それまで第一次勧告、第二次勧告と処理してきて、多くの問題は残っていましたが、この二つの処理は難問中の難問だったわけで、第三次勧告で一括して処理しようと思っておりました。

関係者の意見も分裂していました。駐留米軍基地問題について言えば、基地を抱えている都道府県の意向が全部同じかといえば、そこは都道府県によって違うということがありましたし、当時の防衛庁は、駐留軍等労務者の労務管理に関する事務の問題と土地等の使用・収用に関する事務の問題とは全然別だという考えでありましたし、自治体側にもそういう意見の違いがありました。地方事務官問題については職員組合が割れていて、自治労系の組合に入っている人とそうではない共産党系の組合に入っている人とで意見が違う、組合と各省の立場でも意見が違うというように、関係者の意見も割れているという問題がありました。

委員会側でも、七名の委員の意見は揃いそうもなく、多数決で決着をつけざるを得ないテーマだと思っており、非常に厄介な問題、難しい問題だと頭を抱えていたわけです。しかし、これに決着をつけなければ機関委任事務制度の全面廃止にはならないので、何としてもこれをやろうということで、第三次勧告でこれに取り組んだわけです。

駐留米軍基地関係については、地方側からヒアリングをしたのは神奈川県知事と沖縄県知事でした（平成九年七月二八日第一五一回委員会）。ヒアリングで、沖縄県知事は、基地従業員の問題については国の直接執行にしてくれとおっしゃいました。しかし、土地収用の関係については、自治事務とするのがいいが、やむを得なければ法定受託事務でも地方に残してほしいという言い方をしたと思います。そこで、基地従業員と土地収用で違う扱いとする理由はないのではないか、両方同じ処理をしなければいけないのではないか、というような議論を行いましたけれど、非常に強硬なご主張でした。

私も最後の最後まで悩みました。駐留米軍基地の問題は、最後は国が直接執行できるように変えない限り解決はつかないと思っていて、全部の事務をそう整理しようかと思っていたのですけれど、代理署名のようにほとんど裁量の余地のないような事務と違いまして、収用委員会がする裁決には、過去の例を見ていてもかなり裁量の余地があるのです。収用価額だけではなく、貸す年限、収用する期間とか、いろいろなことを沖縄県の収用委員会自身が過去に決めてきていたのですね。これをどう考えるかと悩んでいて、最後の最後まで私は迷っていたのです。あるとき西村参事官と相談していたら、「私もそれは思っていた」とおっしゃったこともあり、土地収用だけは国の直接執行ではなく、法定受託事務として残したと記憶しています。これはともかく難しい問題だったことは事実です。

山﨑　**そのあたり、西村常務、いかがでしょうか。**

西村　西尾先生がおっしゃったとおりで、代理署名は、いわば一連の行政手続の一部分を知事がやらされているところがあって、それが逆に基地反対側の方たちは「地元の反対の意見を反映できる手がかりだ」と受け止めていることがありました。当時は、駐留軍用地特措法改正案が国会に出ていた状況だったと思います。ちょうど議論が燃え盛っている最中だったこともあり、マスコミからも注目を受けました。

そもそも行政手続の一部分をやらされている部分は、第三次勧告の中にも書いてありますけれど、要するに知事を国の出先機関として扱っているということが正面から見えるところなので、これを引き続き地方公共団体が担う事務とすることは自治体の長としての知事の立場を苦しくするものではないか、むしろ国の直接執行にしてきれいにした方がいいということだったのです。けれども、先生がおっしゃったように、収用裁決は全然違うものでした。もともと収用委員会という場で決めようという仕組みそのものが、第三者的に客観的に適正な場所と時間と価格を決めて収用の妥当性を確保しようという手続ですから、それは何らかの形で残さなければいけない。残すとすれば、国に収用委員会をつくらない以上は、やはり沖縄県収用委員会の事務とせざるを得ない。実は成田空港問題が別にあって、千葉県の収用委員会が一時機能不全になったという問題もありましたが、それはもともとの土地収用法の問題なのであって、収用裁決の趣旨からすれば、それは収用委員会にやってもらうべきではないかと西尾先生が悩んでおられました。私も、収用委員会だけは残すべきではないかと思って、たまたま先生がおっしゃったように、勧告の最後の文言調整しているときに、ここは別ではないか、ということで、そのように整理されたということです。

大森　沖縄県知事がお見えになってヒアリングを行ったときに、実は、代理署名については、機関委任事務として残すべきだと主張されました。議論の中で「皆さん方がおっしゃるようなことになったら、機関委任事務を全廃できません」というやりとりになって、結構シビアな雰囲気になった記憶がありま す。結果として落ち着いたのですけれど、当時の大田昌秀知事さんは終始強い態度でした。

西尾　沖縄県の関係者は、代理署名の拒否は一種の抵抗権だと受け取っていたわけですね。メディアも自治体側の知事が持っている抵抗権を、おまえたちは奪うのかという批判的な書き方でした。しかし、我々は「最高裁判決であっさりと否定されてしまって、あれでは何ら抵抗権の機能を果たす余地がないじゃないですか」と申し上げていました。

山﨑　当時、ともすれば委員会は地方側の要望ばかり受けてやっていると指摘する人がいましたけれど、この件は、国と地方の役割分担の明確化を図り、制度の合理性を追求した議論でした。駐留米軍基地問題は大変でしたけれど、これはある意味では、国と地方の役割分担を明確にするという第一次分権委員会の性格が非常に明確にあらわれた話ではないかと思います。

地方事務官制度

山﨑　地方事務官制度につきましても、自治労をはじめ関係者は相当に関心が強く、また、中央省庁再編と重なりましたので、厚生省からは、社会保険庁から地方事務官を分離したくないという要請もありました。年金保険料の徴収を市町村の事務から分離してうまくいくのかという議論をしたときに、社会保険庁が「国の直轄でやった方がもっとうまくいく」という主張までされたこともありましたが、その辺を含めまして、西村常務、お願いできませんでしょうか。

西村　地方事務官の話は、自治省行政局で仕事をしてきた人間からすると、長年の課題として残っていたものでした。しかし、なかなかこれだけを取り上げて改革・改正するということはできませんでしたので、機関委任事務制度の廃止という、いわば権限の根拠の枠組みを変えることによって、ようやく抜本的な解決ができたのだろうと思っています。ただ、実際解決しようと思うと、労働問題も絡んできて、あるいは省庁の組織問題も絡んできて、理屈とは違うところで難しさがありました。

事務の性格論からすると、例えば年金は、国で一括して行っている仕組みであり、あるいは雇用関係の地方事務官は、まさに国の出先機関である職業安定事務所の管理をやっていますから、国の事務として直接執行にしていくのが非常に素直な道筋だと思っていましたけれど、それに関連した問題をどう解決するかという方に課題がありました。

厚生省も、社会保険に関して地方事務官が扱っていた事務そのもの、つまり、社会保険事務所で働いている人たちの年金関係のさまざまな仕事を直接執行にすることは受けてくれるのですけれど、実はそれに関連する社会保険関係の機関委任事務、特に市町村長が当時行っていた年金関係事務は、地方事務官とは全く関係ない独立の機関委任事務でしたから、そこのところをどうするのかが問題でした。当時、西尾先生のところには、法令に根拠のないような仕事までやらされているとか、費用負担について超過負担があるとか、市町村からいろいろな意見が来ていました。このような事務も含めて、市町村の年金関係事務の機関委任事務の扱いが課題でした。

厚生省は、年金の徴収も自分たちでやるという主張でした。委員会側からすると、市町村に今までやってもらってきた理由は、やはり市町村が地域のことに詳しいから、税を徴収しているから、あるいはさまざまな形で住民の窓口機能も果たしているからであり、むしろ市町村の法定受託事務として残す方が筋なのではないかと思っていたのですけれど、厚生省の方からは、生存確認の事務とか何とかも含めて「自分たちでやります」と主張されました。それに対して「本当にできるのですか」と返したら「むしろ自分たちでやった方がうまくいきます」と。そのときに「一点の曇りもなく」という台詞が出たのでした（七九頁参照）。そこまで言うのならと思いましたが、その後の実態としては、社会保険のさまざまな混乱があり、国民年金の保険料の徴収率は急速に落ちました。そういった意味では、従来の機関委任事務、あるいは今の法定受託事務でも、自治体が事務を行う意義は、やはりあるのだろうなと思います。

松本　その議論のときに社会保険庁の方に「どうやってあなた方は国民年金徴収事務を処理するというのですか」と聞いたら、「ＯＢを活用します」「社会保険事務所でどんどん退職者が出てくるので、その人たちに委託しますから」との答えでした。

山﨑　年金徴収事務の実態は我々の耳にも随分入ってきていました。例えば、印紙徴収をしているので、印紙代を立て替えて市町村の財源で年金保険料を払っているという実態がありましたし、二〇歳になったから年金に入りませんかという加入促進事務も、法律上は市町村は受付の事務を行うとされていただけなのに、機関委任事務の中に入っているといって、市町村は事務をやらされていました。

松本　それは機関委任事務だからですよ。機関委任事務は、通達で事務を義務付けることができましたから。

西尾　厚生省が市町村にやらせていた事務には、ほとんど法的な根拠がなかった。ないにもかかわらずやらせていたわけです。当時の厚生省と社会保険庁に対しては「基本的には私は、あなたたちの希望どおり国の直接執行にするつもりで考えているけれど、前提として、市町村との関係をきれいに整理しなければ賛成しない」と強く言って、そこを整理してもらいました。

山﨑　機関委任事務を廃止すれば、地方事務官という中間的な存在は廃止せざるを得ない。そこに中央省庁再編が絡んで、組織再編の議論もあり、自分の組織でシームレスな一貫した体制をとるべきだと主張なさって、少し議論が混乱したのではないかと思います。

法定外公共物

山﨑　次に、法定外公共物の問題です。このいわゆる赤線・青線問題については、積年の宿痾として、整理できずに残っておりました。西村常務、この問題について言及いただけませんでしょうか。

西村　これも地方事務官と同じように積年の課題で、各省でも何とか解決しなければいけないと考え、あるいは国会でも取り上げられていました。省庁間の連絡会議や協議会を何回もつくって解決案を作ったけれど、なかなか実施に移せず、解決できなかった問題でした。

もともと、事務の根拠そのものが不明確だったこともありますし、無主の国有物といった財産権問題も絡んでいますし、当然、財政負担の問題も絡んでくるということで、非常に難しい問題でしたが、機関委任事務制度の廃止にあたって、自治体が行う事務の根拠をどのように位置付けるのか、この場で解決しなければいけないと思っていました。この問題については、亡くなられた成田頼明先生が非常に熱心でいらっしゃって、河川だとか海岸だとか、要するにそういう無主の国有物について、どう解決していくのか熱心に議論されていました。

この問題に関する関係省庁は、実際上は大蔵省と建設省、それから自治省。運輸省も関係があったのですけれど、主にこの三省庁で議論を行いました。各省の方もこの機会に解決できるものなら解決しようと協力的な議論を進めていただいたと思っています。

ただ、残念ながら、そういった積年の課題ばかりが最後の第四次勧告の段階まで残ってしまったものですから、勧告の時期との関係で時間切れになってしまい、最終的には第四次勧告では委員会として三つの考え方を示して、その中でどれがいいか各省間でよく話し合って案を決めてください、決まったら委員会に報告してくださいという形でまとめざるを得なかったのです。結論としては、全国にあるあれだけの里道・水路、従来赤線・青線と言われてきたものについて、国としても財産を市町村に譲与するという大決断をしてくれましたし、それについて、相当の努力をしてくれました。いい結論が出たと思っています。

委員会には、法律上、分権の監視機能が盛り込まれていました。いったん勧告としてまとめるのだけれど、その後の政府の検討結果をもういっぺん委員会に持ってきてくれということを勧告で書けたというのは、この監視機能があったおかげだろうと思います。むしろ最後の時期になって、監視機能とはこういうふうに使えるんだと感じた記憶があります。

山﨑　私はその後、建設省、大蔵省と新しい制度の検討を行う側におりましたが、ある一定の時期をもって機関委任事務は廃止される、ある一定の時期をもって分権計画を立てなければいけない、そこまでに結論を出して分権委員会に認めてもらわなければいけない。そういう切迫感があったので、それなりの妥協が図られ、結果的に整理されました。第一次分権として非常にいい結果が現れていると思いました。

14　税財源の改革

山﨑　税財源の改革については、平成九年七月の第二次勧告で、国庫補助負担金と税財源の問題が取り上げられました。これについては第一次分権改革においてさまざまな議論が出ましたが、その後の第二次分権改革、三位一体改革等に委ねられる部分もございました。このあたりにつきまして、神野先生にお伺いしたいと思います。

神野　税財源と地方分権との関係は、昭和四八年頃までの福祉をめぐる問題とかなり密接に結びついています。地方公共団体では乳児と高齢者の医療費無料化に取り組んだ岩手県旧沢内村のような動きがあって、一方で国の方では、大内兵衛先生や有澤廣巳先生が、社会保障制度審議会において社会保障財源として付加価値税を導入しようという動きがあり、これらが絡み合いながら、地方分権問題が出てきて、それが福祉元年と言われる昭和四八年の社会保障改革に結びついたものと理解をしています。

その後、地方分権の議論は第二次臨調に移りましたが、ここでは、むしろ国の財政問題のために地方分権を持ち出したようなところがありまして、補助金をカットしつつ地方自治体がきちんと行政運営できるよう、地方自治体の行政能力を高めるにはどうしたらいいかということで、道州制の議論とか、合併論という受け皿論が出てきました。

福祉元年以降の社会保障が行き詰まりを見せ、サービス給付に変えていく必要が出てくると、ますます地方自治体の役割が重要になります。平成元年に、いわゆる「ゴールドプラン」が策定され、平成六年の「エンゼルプラン」に続きました。その頃、出てきたのが国民福祉税構想です。第一次分権改革の動きが始まった頃、私は地方消費税をどうするかということと、社会保障財源や地方自治体の社会保障にかかわる任務の拡大とを合わせて行っていました。地方分権推進委員会くらしづくり部会の専門委員には、こういった税財源の問題に取り組んでいた専門家としてお声がかかったものと思います。

委員会の中間報告を前にして、機関委任事務の廃止と税財源を関係付けたプランを書いたことがありました。機関委任事務の廃止と結びつけながら補助金の改革をやっていこうという案でした。これは検討途中で廃案になり、中間報告には盛り込まれませんでしたが、諸井委員長が「今後のこともあるから記録に残しておけ」とおっしゃいまして、日経新聞の経済教室（平成六年四月一九日付）に書きました。一般向けに「金を出す補助金」と「口を出す補助金」とに分類するといったわかりやすい調子で書いていますが、法定受託事務には一〇〇パーセント国が金を出せとか、法定した事務と関係付けながら、国庫支出金の可否を分けるといった整理を行っています。補助金の整理を機関委任事務の廃止に伴う改革と合わせようというプランでした。補助金の整理は自由な財源を増やすこと、つまり一般財源化を目指すものですが、それが全部、地方交付税でよいのか、基本的には、税源移譲と結びつかないと意味がないのではないかというようなことを書いています。ちなみに、公式な文章では一貫して「税源の充実確保」の語が使われてきました。財務省に充実確保とはどういう意味か聞いたことがありますが、その説明では、「国税は変わらず、地方税だけ増えるということだ」と言うのです。要するに、地方自治体が独自課税をやればいいではないかということなのです。

結局、私の案は中間報告の段階で消え、その後、機関委任事務の廃止に伴う行政部門の作業と合わせて補助金や税財源のことも議論するために「補助金・税財源検討グループ」ができました。大きな方向は、補助金を整理して一般財源化するということであり、一般財源化の方法として税源移譲がなければ、基本的には地方交付税措置しかないはずです。しかし、ここで各省庁から「地方交付税というのは自治省の補助金であって、補助金には変わらない」という抵抗があったりして、結局、中途半端な形に終わりました。

この過程では、国と地方との財政移転の問題と同時に、地方自治体の財政面での決定権限の拡充として、課税権の自主決定権を拡大する問題に取り組みました。第二次勧告では、法定外目的税の創設を認め、法定外普通税については許可制から事前協議制にするとともに、税源の所在及び財政需要の有無は事前協議の対象事項から除外して、国の関与を縮減することとしました。かつては特別な財政需要は、例えば義務教育を一学級何人にするかといった特別な理由が必要だったのですが、それは問わないことにしました。一方で、税率の方は標準税率を採用しない場合の事前届出の廃止くらいで、この段階ではあまり緩めていませんでした。

もう一つは、地方債についてです。税の方は国の同意を要する事前協議制としましたが、一般の地方債は許可制度を協議制度にしました。このときに想定しなかったのは、「標準税率で課税していなかったとき」という条件を外すことの影響でした。昔は、標準税率を下回ると公共用・公用施設の建設等の財源に充てるための起債はできなかったのですが、「普通税の税率が標準税率未満の団体について、公共用・公用施設の建設等の財源に充てるための起債の禁止を緩和し、特定の場合には、許可により解除する」こととしたのです。そんなことをやる団体はいないから大丈夫だと思っていたら、次々に出てきたんですね。もともとシャウプ勧告における平衡交付金制度では、標準税率を課していないと平衡交付金をもらえなかったわけです。しかし、地方交付税ではそのような要件を設けていないので、地方自治体の方から見れば、標準税率を維持する上では、地方債の起債制限だけが効いていたんですけれども、それを外してしまった。僕は地方交付税を受けられない仕組みに変えた方がいいのではないかと思っています。そうしないと、交付団体で標準税率で課税しない団体が出てきてしまうわけです。交付団体は、ほかの地域社会が納めている租税をもらうわけですから、自分のところは他の地方公共団体より低い負担をしていて、他の地方公共団体の税率の高いところから税金をもらってしまうということになります。この制度を外したために、標準税率未満でも起債が許可されるということになってしまうので、ちょっとここは忸怩たるものがあるということです。

機関委任事務の廃止と補助金・国庫支出金の改革を結びつけることができなかったので、委員会での議論は、従来からの負担金と補助金という概念を使ってやらざるを得ませんでした。負担金と補助金にはいろいろな考え方があって、例えばシャウプ勧告の場合には、一般的な考え方とは逆に補助金は残していいけれども、負担金は全部やめろという考え方だったりして、なかなか整理が難しいのです。後に民主党政権で一括交付金の話が出たときには、負担金・補助金の区分を使わず、資本的補助金と経常的補助金とのマトリックスで整理しました。これはある程度有効だったと思いますが、やはり負担金と補助金の区別が制度としてあるものですから、どうしても負担金については義務として国に負担させるべきだという議論に戻ってしまいます。

個別の国庫補助負担金の整理については、「行政関係検討グループ」のグループヒアリング、膝詰談判が終わってから、各省庁と負担金や補助金を削る交渉をやりました。このときは、少額のものはどんどん廃止していくという原則で臨みました。整理がある程度進んだのは、橋本内閣が補助金の総量規制をかけたことが非常に大きかったのだと思います。各省も原局の反対は強かったのですが、会計課は切らなくてはいけないと理解してくれました。

大森　税財源の問題についてエピソードを三つほど紹介したいと思います。一つは、地方税財源の「充実確保」は閣議決定でも使われていましたが、神野先生とご相談して「充実強化」と書いてペーパーを出したことが数回あったと思います。そのたびに、大蔵省から「強化はだめです。強化は税源移譲の方へ連動する概念だから認められません」と言われました。平成一三年六月の「最終報告」では第二次分権改革の始動に向けた提言を行っていますが、その段階でも「地方税財源の充実確保方策」となっており、「充実強化」とはついに書けませんでした。最大の難関だったのではないでしょうか。

それから、法定受託事務の定義として、当初は、地方財政法の「国の利害に関係がある」という概念を使っていました。それで区分けすると、お金もきれいに分けろという話になります。しかし、これでは法定受託事務の概念構成上、少し困ることが出てきてしまって、定義を変えました。その時点から、お金との一貫性がなくなったんだと思います。

もう一つ、「国庫補助負担金・税財源に関する中間とりまとめ」では「地方債の許可制度の廃止」ではなく「見直し検討」となっており、第二次勧告で初めて「廃止」と打ち出されます。その間、私は、どうしてもこの機会に地方債の許可制度を廃止すべきだと考えて、自治省と交渉を重ねていました。私の方から疑問点を提出して、回答が返ってきて、それに対してまた反論のペーパーを書くことを繰り返し、最終段階で石井隆一事務局次長が「清水の舞台から飛び降りる思いで地方債の許可制度の廃止に踏み切る」とおっしゃって、それで決着したということがありました。

15　中央省庁再編と第五次勧告

山﨑　平成一〇年当時は、大きな改革が二つございました。一つは地方分権改革の流れであり、もう一つはそれまでの省庁体制を全部変えて、しかも省庁の数を限定しながら、役所を編成し直すという中央省庁再編の動きでした。国会審議も二つの問題が同時期に審議され、微妙に影響し合っておりました。

そうした中、第五次勧告の議論では、ディセントラリゼーション（分権化）を目指すべきか、ディコンセントレーション（分散化）を目指すべきかという議論がありました。つまり、国土交通省という巨大官庁ができてきたとしても、公共事業関係をしっかり見直し、地方公共団体に大幅に移管することによって、権限の集中は生じないのだという議論、あるいは、国の地方支分部局の方へ仕事を分散することでスリム化が図れるのだとか、さまざまな議論が錯綜していたように思います。このあたりについて、

西尾先生からお話をいただきたいと思います。

西尾　中央省庁再編や第五次勧告の話の前に、まず、財政構造改革会議と委員会との関係に触れたいと思います。委員会が第一次勧告を出す前後から、橋本内閣は「行政改革会議」を設置しておりましたし、続いて「財政構造改革会議」も設置されました。結論として、財政構造改革会議が平成九年六月に「財政構造改革の推進方策」を取りまとめ、それから行政改革会議の最終報告も遅れて一二月に出てくるということになりました。

当時、委員会は国庫補助負担金の改革に取り組んでおりました。各省が所管している国庫補助負担金を「義務的な負担金」と「奨励的な補助金」に区分けして、地方財政法上の負担金に当たるのか、補助金に当たるのかを明確にせよと要求し続けていたわけです。建設省関係の負担金には、名称上は負担金と言っていても、実は補助金なのではないかといった問題がありまして、その区分けを明確にせよと関係省庁にも迫っていました。大蔵省にも、補助金便覧に掲載されているもの一つひとつについて、地方財政法上の負担金なのか補助金なのか明示しろと求めていたわけです。

我々は、そのうちの奨励的補助金を削減して一般財源化することを目標にしていたのですが、そういう議論をやっている最中に、財政構造改革会議が「財政構造改革の推進方策」において、「制度的補助金」と「その他の補助金」という我々とは違う区分けを打ち出したのです。「その他の補助金」になったものは、集中改革期間内の毎年度、各省庁ごとにその一割を削減する、一方、「制度的補助金」に区分けされたものは、施策や事業を見直すことで削減・合理化を図るという方針が示されたのです。すると各省庁は「全部、うちのは制度的補助金です」と主張して、どんどん制度的補助金の中に入れられ、その他の補助金に残るものはごくわずかになり、それを計画的に削減しても金額はたかが知れているとなってしまったわけです。

委員会としては、そういう方針を前提にしてやる以外にないということになり、補助金関係の整理・合理化はきわめて不徹底なものに終わらざるを得なかった。これは明らかに、我々が非常にマイナスの影響を受けた事件だったと思います。

次に、行政改革会議の審議結果が委員会の議論にどう作用したかについては、大きく二つあります。一つは、内閣機能の強化が課題になっていて、そこで内閣法の解釈がかなり大きく変わったということです。それまでは三権分立主義で、立法府である国会と行政府である内閣は別だという考え方が強かったと思うのですが、新しい内閣法の解釈では国会から内閣総理大臣が指名され、その多数勢力が内閣を構成するのだということが強調されるようになって、内閣についての理解が大きく変わっていきます。そのことが、我々が国地方係争処理委員会をつくろうという話に影響しました。内閣法制局や内閣官房の抵抗は強かったのですけれども、最終的に彼らがあくまで拒否しなかったのは、内閣法の理解が変わったことが影響していて、それがプラスに作用していたのではないかと私は思っています。

もう一つが、ここでのテーマにつながりますが、中央省庁再編との関係です。巨大官庁が生まれることに関してメディアから批判がありましたし、国会審議でも大きく議論されていたわけです。中でも、国土交通省が巨大過ぎるのではないか、その地方出先機関である地方整備局も巨大過ぎるのではないかという批判がかなり強くあり、橋本総理はそのことを非常に気にしておられました。

私たちが第四次勧告を提出する直前に、官邸にご説明に行ったときに、総理から「ありがとうございます。ついては、さらに追加の『付録』を出してもらえないか」というご発言がありました。我々としては、この第四次勧告で機関委任事務の整理は全部終わり、これで委員会の勧告作業は終わりだと理解していましたし、関係省庁もこれで終わりだと大方は理解していたのだと思うのです。そこに、さらに作業せよというご注文が総理から出たわけです。

そのとき、諸井委員長は「持ち帰ってよく検討してみます」とお答えになりました。官邸からの帰りの車中で、私は消極的な意見を委員長に言い続けたのですけれども、戻ってからも「総理の意向だからよく考えてくれ」とおっしゃいました。委員長はさらに何度か官邸に行って、総理と相談されたと思います。その結果、委員長は受けざるを得ないと判断され、我々に「第五次勧告を目指して、総理のご注文に応えるようにしてくれ」というお話がありました。結局、それを行政関係検討グループが引き続き担当することになり、私の担当になってしまったといういきさつです。

総理の要請は大きく二つありまして、一つ目は、都道府県から市町村への権限移譲をさらに検討して具体案を出してくれということでした。総理は、「今までやってきたやり方は、地方六団体が取りまとめた要望事項に沿って、都道府県も合意し、市町村も合意した権限移譲を各省庁と交渉して実現しようとしてきたのだろう」とおっしゃるわけです。そのご指摘はまさにそのとおりで、知事会、市長会、町村会が出してきた要望、あるいは中核市市長会、指定都市市長会が出してきた要望が元にはなっているわけですが、それを知事会が全体調整して、その結果、まとまったものを委員会に提案してくるという構造だったわけです。総理はそれを見抜いておられ、「市長会や町村会が要求したものに戻れば、知事会が拒否したとか、落ちたものがたくさんあるはずだ。その原点に戻ってもういっぺん考えろ」というご指示でした。要するに、知事会が抵抗したとしてもやるように勧告しろという注文が一つあったということです。

二つ目が、省庁再編を進めると巨大官庁ができると批判されているけれども、自分の考えはスリム化することが大前提であり、そのために、国の直轄事業の地方移管について審議して勧告してくれ、というご注文だったわけです。

これをどう受け取ったかですが、一つ目の都道府県から市町村への事務移譲については、確かにそういう形で指定都市市長会は望んでいたけれども、地方六団体の合意には至らなかったという原点に戻ってやれば、いろいろと検討すべき問題はあったので、それをさらに詰めていこうという話になりました。二つ目の公共事業関係の直轄事業の問題については、我々は独自に計画行政体系の見直しをやろうと思っておりましたので、国の直轄事業の縮減、地方への移管というテーマとともに取り組むことにしました。

検討作業の途中で官邸にご報告に行きまして、我々としてはこんなことをやろうと思っていますと総理に説明したところ、「特に省庁再編に絡んだ直轄事業の地方移管の方を急いでくれ」「○年○月までに結論を出したいので、それに間に合うように勧告を出してくれ」とおっしゃったのです。私の記憶では、総理から設定された期間は四か月ぐらいしかなかったと思います。「その間にそういうものを出すとなると、都道府県から市町村への権限移譲問題はとても間に合いません」と申し上げたところ、「それは後回しにしていい。直轄事業の地方移管を急げ」というご指示でしたので、急ぎ、農水省や建設省、運輸省と交渉を始めたわけです。

例えば、道路で言えば、その昔は一級国道、二級国道とあったものをまとめて一般国道としていましたが、どうも実態を見ると、建設省が直接管轄しているのは旧一級国道にほぼ限られていて、旧二級国道はトンネル等の工事の難しい部分だけを国の直轄の範囲にして、残りのほとんどを都道府県にやらせているという構造になっていました。それでは、その実態に合わせて、国の直轄事業はもういっぺん旧一級国道だけに限定して、二級国道は原則として地方へ移管したらどうですかというのが、我々の出した原案でした。

また、河川については、一級河川であって、都道府県域の中で水源から河口まで一貫しているようなものは地方移管が可能なのではないか。都道府県の境界線をなしているとか、複数府県にまたがって貫流している大きな河川は、上流・下流問題もあれば、右岸・左岸の対立問題もあるので、これは国がやるのは仕方がないけれど、全部が県内で完結している河川は、一級河川であっても地方移管したらどうかと打ち出したのです。

こうした我々の提案に対して関係省庁は全面的に拒否の行動に出ました。自民党の関係部会にもそれぞれ地方分権改革小委員会がつくられ、反対論がうずまいていました。そうするうちに、各省がグループヒアリングに出てこなくなって、各省との交渉は立ち行かなくなりました。

私はその時点で「私が座長をやっている限り、各省庁との話はこれ以上進まないと思う」「もう座長を辞任させてくれ」と諸井会長に申し上げましたが、なかなか受け取ってくれません。そこで「従来のように相手が合意したという形で勧告をつくることはほとんど絶望的になっています。省庁が合意していなくても、本来はこうあるべきという筋論をつくって、それを『意見』として総理に出してはどうでしょうか。それなら思い切ったことが言えます」と言ったのですけれども、会長はどうしても「勧告を目指せ」とおっしゃるので、致し方なく細々と合意ができ上がったものだけを取りまとめて第五次勧告を出したのです。ですから、第五次勧告は、実現できたものの中に案外大事なものも少しはあるのですが、本来の総理の要望された趣旨にほとんど応えていない勧告になっています。

実は、第五次勧告を出す前に参議院選挙があり、橋本総理は敗北の責めを負って辞職されていました。勧告を出すときは橋本総理ではなくて小渕総理に変わっていたのです。都道府県から市町村への権限移譲の方はまだ残っていましたので、我々は本来であれば第六次勧告に向けて引き続き作業を行わなければならないはずでしたが、官邸からも、委員会の方からもそういう声は出ませんでした。

山﨑　橋本総理は、委員会勧告の尊重義務があるために「現実的で実行可能な勧告」を求められていました。そこで、各省と折れ合わなければならず、グループヒアリングが必要だったわけですが、それには各省から非常に抵抗があったわけですね。その後、都道府県から市町村への権限移譲は、第二次分権改革でいろいろと実現を見ましたが、国の直轄事業を地方に移すことについては実現できていないという状況がまだあります。この辺は、我々のこれからの物事の進め方の道しるべになるのではないかと思います。

松本会長、付け加えるべきお話はございますでしょうか。

松本　私は中央省庁再編にあまり関係していませんが、一つだけ申し上げておきたいのは、先ほど西尾先生が触れられた国地方係争処理委員会との関係です。当時は行政改革の一環として審議会の統合が進められており、各省一審議会にしろと言われていました。また、地方制度調査会は総理府（中央省庁再編後の内閣府）に置かれていましたが、それを自治省（同・総務省）に設置することにしろと言われており、これに我々は猛烈に反論をしていました。そういう状況の中で国地方係争処理委員会をどこに置くかという話が出てきたわけです。ですから、国地方係争処理委員会が自治省所管になることについて、あまり抵抗感はありませんでした。内閣府に置いた方がいいとは思っていましたが、地方制度調査会ですら自治省に置くべきだという強い意見が出ていましたので、国地方係争処理委員会を自治省に置くことに各省も異論はなかった、そういう感じがしています。

市町村への権限移譲は、私も橋本総理から直接言われました。西尾先生の話と同じように、「都道府県が抵抗しているに違いない」ということでした。最初は事務次官会議でお願いしましたが、それだけでは協力してくれませんから、私が主な省庁を回ったりしました。そこで各省が口を揃えて言うのは「総理の指示だからわかるけれども、まずは受け皿を整備して欲しい。各省がバラバラに『この権限は移譲していいですよ』という言い方はしにくい」ということでした。そこで権限移譲の受け皿として人口二〇万以上の市に権限を移譲する特例市制度ができたのです。

16　地方分権一括法の立案

立案に至る経緯

小川　「地方分権の推進を図るための関係法律の整備等に関する法律」（地方分権一括法）の立案経緯のお話を伺がいます。委員会の勧告を踏まえ、平成一〇年五月に政府として「地方分権推進計画」を決定し、地方分権一括法を国会に提出する運びとなりました。法案化に際しては、委員会の勧告や地方分権推進計画から一部修正・変更した箇所もありますが、その経緯をお聞かせいただきたいと思います。また、法制作業自体は膨大なもので自治省のみならず内閣官房、内閣法制局でも特別の体制を設けて準備を進めたと承知しております。その概要等をお聞かせください。まず、松本会長からお願いいたします。

松本　私はこの段階では、担当の行政局長から事務次官になっていましたので、印象的なことだけエピソード的に申し上げます。四七五本にも及ぶ法律の改正を一本の地方分権一括法に取りまとめることについて橋本総理に説明に行き、「ものすごく膨大なものになります」と申し上げましたら、総理が「それはその方がいいんだ。地方分権というものが一体どれほど大変なことかということがよく理解できる」と、こう言われたのが非常に印象に残っております。それから、一本にしたということは、国会審議が各省ごとにバラバラにならないようにということも考えてのことであり、実際に衆・参とも特別委員会を設けて国会審議が行われました。

自治省の体制としては、佐藤文俊室長を筆頭に地方分権推進室を設置して、精鋭を集めて対応したということ。あと、内閣官房、内閣法制局の方でも、それぞれの対応をとってもらいました。

法案化作業に際しての修正箇所について最も印象的な点は、先に述べたように（九九頁参照）、第四次勧告では「試案」という形で書かれていた国から地方への条例の違法確認訴訟等が、地方分権推進計画の段階で落ちているということです。また、地方分権推進計画から法案に至る段階での一番大きな変更点は、何といっても法定受託事務についての条例制定権です。これは佐藤室長の第一の功績でありまして、勧告では法定受託事務の条例制定権は除外されていたのですけれど、地方分権計画の段階で入っています。

山崎　私は当時、事務方の行政課理事官をやっていましたので、まず体制をどのように整えるかということが非常に大きな点でした。地方分権について法律をまとめて立案するときに、どういう方法でやったらいいのかという議論がありました。平成八年一二月に第一次勧告が出た後、いち早く法制作業にかかるべきだと総理から言われましたが、しかし、やるべきことはその前にいろいろとございまして、実際問題として、どういう改正を行えば機関委任事務が法律上なくなったことになるのかという詰めの議論が必要だったわけです。機関委任事務は、これが機関委任事務ですと書いているわけではありません。また、地方自治法の別表と機関委任事務の実態が合っているわけでもありませんでした。

そこで、まず、いくつかの検討組織をつくる必要があるということで、平成九年一月に、当時の伊藤祐一郎行政課長が、行政管理局の松田隆利管理官をたずね、地方分権を検討する組織を置きたいので、何とか定数の差配をして欲しいという話をしました。これにご理解を得て、金澤和夫さんが初代の室長となって地方分権推進室を置くことになりました。当初は小さな組織でしたけれど、同室と行政課が協力し、役割分担をしながら、どのように改正すれば地方自治法が変わるのか、各省の法律をどのような考え方で変えれば機関委任事務がなくなるのかという議論を始めたわけです。

こういった議論をするためには、一方で、内閣法制局にも話を聞いてもらう必要があります。検討段階から内閣法制局に相談に応じてもらうことはあまりないのですが、現在の内閣法制局第一部長で、当時の第三部参事官だった松永邦男さんに夏の間の予定をずっと潰していただき、相談に応じてもらいました。

松永参事官には実にきめ細かい議論をしていただきました。委員会の勧告も相当きめ細かいものでしたが、法制的にきちっと説明をつけるための整理作業は、平成九年の段階での松永さんとの議論が非常に大きかったと思います。例えば、法定受託事務の条文化については、私どもは勧告のとおりにやろうと漠然と考えておりましたが、議論の結果、議会の議決権については第一次勧告どおり対応する一方、条例制定権については方針を改めることとしました。勧告では、法定受託事務については条例制定権なしとしていましたが、それは法定受託事務については法律と政令で決め切っていることが多いため、そのすき間の部分を条例化する余地は少ないだろうという話にすぎず、条例制定権自体を除外して書く必要はないのではないかという話が松永参事官からあり、それを踏まえて法定受託事務についても条例制定権ありと変えたものです。

そういう中で、平成九年一二月に、「機関委任事務制度の廃止後における地方公共団体の事務のあり方及び一連の関連する制度のあり方についての大綱」をつくり、自治省はこういう形で地方自治法を変えていくつもりなので、各省での検討をお願いしますと、各省にお示ししたわけです。その段階から各省の方も検討を始めることになりました。

平成一〇年四月に地方分権推進計画をまとめるのですが、大綱から計画までの間に、詰めるべきところをさらに詰めながら、各省との協議を行いました。後に法律改正が控えていることもあり、協議は途中段階から次第にまとまる方向に向かいましたが、厚生省とはかなり深い議論になって、いろいろと議論をしたことを覚えています。分権計画の取りまとめの段階で地方分権推進室長に現在の自治財政局長の佐藤文俊さんが着任され、平成一〇年の夏にかけて、佐藤室長の強力なリーダーシップの下、本格的に条文の精緻な議論をするようになったということでございます。

内閣法制局に関して申しますと、自治省担当の第三部は、地方税法とか地方交付税法とかの審査でスケジュールが満杯という状況が毎年あり、地方自治法の大改正に対応できるのかという話がございました。内閣法制局に随分とお願いをしましたが、松永参事官から、中央省庁の再編に関連付ければ内閣法制局に別ラインをつくることができるのではないかとの示唆を得て、中央省庁再編関係の法律と地方分権一括法に対応するために、部長と並ぶ室長が置かれることになりました。室長には、元内閣法制局長官の山本庸幸さんが通産省から来られ、その下に松永さんが参事官としていらっしゃって、さらに自治省からも職員を出しまして、第三部とは別のラインで中央省庁再編と地方分権一括法について精緻な議論をしていただくことになりました。審査の一部は、法制局第三部で自治省担当の江村興治参事官にもお願いしました。さらに、法制作業で最後に残った法定受託事務の別表のところにはさまざまな議論がありましたので、現在、内閣法制局の第四部長を務めておられます高橋康文さんという大蔵省から来られた参事官に担当いただきました。

法定受託事務の別表に関して、エピソード的なことを申しますと、当時の事務次官であります松本会長と、事務方の我々とで激しい議論をしました。膨大な作業が見込まれたため、「これをやると人が死にます」という話を申し上げにいきましたら、次官が「死んでもやれ」とおっしゃったことがありました。法定受託事務の別表を、以前の機関委任事務別表のように書こうとしますと、作業がどれだけ膨大なことになるかという問題がありました。かつての機関委任事務の別表は、書き下し文のように事務の内容を要約して書いていくスタイルでしたから、個別法の改正と同時に別表を修正することがなかなかできず、別表が必ずしも機関委任事務の現状を一覧的に表していないという問題がありました。一方、法定受託事務については、各個別法にマーキング規定を置くことにしています。マーキング規定があれば法定受託事務であることは明確なのだから、内閣法制局としてはそれで十分なわけです。一覧性を確保する観点や、牽制機能があるとか、いろいろな理由で地方自治法の方にも一覧表が必要であるというのが自治省の考えでありましたけれど、内閣法制局は「つくれるものならつくってみろ」という感じだったわけです。

そんな中で、当時の高橋参事官からアイディアをいただいたのが、各個別法のマーキング規定をそのまま地方自治法の別表に書き込んでいけば良いのではないかということです。掲載順は、地方分権一括法の立案の際に盛り込む法定受託事務については法律の制定順、つまり法律番号順に書いていって、それ以降に新しい法律の中に新規に法定受託事務を創設する場合は、施行期日順に、別表の最後に書き足していけばいいというやり方を提示いただきまして、このアイディアでブレークスルーして、現在の別表の形になりました。

体制についてもう一つ申し上げますと、平成一一年になりまして、各省の法律をまとめるために内閣官房にも何か組織が必要ではないかという議論になりました。各省でまず各省担当の参事官に審査してもらい、その上で松永参事官に見てもらうという体制が要るのですが、それをスムーズに進めるために、各省を督励し、各省の法制局審査を束ねる組織が必要だという話になりまして、現在で言う内閣官房副長官補室、当時の内政審議室に幸田雅治さんを室長に、自治省からも補佐や事務官が出向して、全体の差配をすることにしました。あまりの日程管理の厳しさに法制局の参事官ですら音を上げるというような状況の中で、作業はこれによってきわめて円滑に進んでいったというふうに思います。

事務局　地方分権一括法より前の地方自治法の機関委任事務別表は、自治法の改正の機会でなければ改正しない、個別法の附則では改正はしないという原則のもとにやっておりました。しかし、法定受託事務の別表はインデックス列挙方式になり、個別の法律の改正に併せてその附則で改正するという法改正技法が確立したのは大きな進歩だったと思います。

また、地方分権推進計画には「法定受託事務とするメルクマール」が挙げられていました。このメルクマールの扱いについても議論があり、法定受託事務の定義ともかかわるのですが、法律に何か書けないのかという議論もありました。ただ、内閣法制局との議論の中で法定受託事務の定義とメルクマールとの関係がなかなか説明できず、また、定義があればそれで十分ではないかといった反論を崩せなかったため、地方自治法にはメルクマールを書き込むことはできませんでした。

松本　確かに「死んでもやれ」と言ったのは事実です。それは、地方分権は、明治維新、戦後改革に次ぐ第三の改革ということだから、明治維新でも、戦後改革でも人が死なないでできたのか、人が死ぬぐらいの覚悟が要ると言ったのです。こういう全く新しい制度に切り換えるときには、最初に仕切っておかないと、後で覆して何かやるということはおよそできない。だから、苦労してでも最初の段階できちっとしておくべきだと、そういう意味で言ったのです。大変ご苦労をかけましたが、結果には感謝をしています。

地方分権一括法案の国会審議

小川　地方分権一括法案の国会審議に話を移したいと思います。先ほどお話がありましたように、一括法案は特別委員会で審議されることになりました。かなり広範な審議が行われ、当時の野田毅自治大臣も数多くご答弁に立たれました。松本会長、そのあたりについてお話しいただければと思います。

松本　当時はもう国会審議には出ていませんが、一つ二つ申し上げておきますと、野田大臣が、委員会答弁の中で「この改革は小さな一歩のように見えるかもしれませんが、鉄道のレールのポイントの切りかえみたいなところがありまして、これが将来に向けて非常に大きな意味を持つ踏み出しであるというふうに私は考えております」と答弁されました。これはまことに含蓄のある言葉でした。

もう一つは、このときは、同時に、住民基本台帳ネットワークシステムを導入するための住民基本台帳法の審議があり、その関係もあってよく官邸に行ったのですが、当時の野中広務官房長官が非常に詳細な日程表をつくっておられまして、「この日に分権一括法が審議されることにしているからね」といった具合にご支援いただいていました。それが非常に印象に残っております。住民基本台帳ネットワークシステムの方も含めて野中官房長官には大変お世話になって心強かった印象があります。

山﨑　当時、我々は特別委員会における審議というのに慣れておりませんでした。地方分権一括法だけではなく、中央省庁再編法もありましたので、衆議院においては「行政改革に関する特別委員会」、参議院においては「行財政改革税制等に関する特別委員会」が設置されて審議されることになりました。当時の自治省は地方行政委員会が所管委員会でしたが、地方行政委員会は定例日が火曜日と木曜日と決まっているわけです。そういうリズムで国会の対策をしてきたわけですが、特別委員会になると毎日開催されるわけです。五月一三日に趣旨説明質疑をして、衆議院の委員会に付託されましたが、採決が六月一〇日。本会議採決が六月一一日となっております。

記憶にありますのが、月曜日から金曜日まで毎日朝九時から夕方五時まで審議が行われる。主に地方分権をやる日、主に中央省庁をやる日は決まっていましたが、どちらにしても地方分権の質問が毎日出るわけです。大体前日の夕刻から各先生方の質問が判明していくのですが、それが落ち着くのが夜の九時とか一〇時でございました。その結果、行政課長まで答弁を確認してもらって、行政課長が帰るのが大体連日午前一時半とか二時、答弁を印刷をする部隊が答弁をセットし終わるのが三時とか四時になります。私は一応最後まで見ていましたので、三時ぐらいに役所を出て帰宅をする。そうこうするうちに、次の日がもう始まってしまいます。朝九時から審議なものですから、大体朝七時頃から動き始めており、野田自治大臣に伊藤祐一郎行政課長がレクに行き、野中官房長官に佐藤文俊室長がレクに行き、行政局長にはずっと都内に宿を取って泊まってもらって、朝早く私がレクするということになっておりました。朝九時から夕方五時までは委員会室に同席して、夕刻からはまたその繰り返しになります。今になってみると、課員、室員ともによく全員が病気もせずにやれたものだなと思っております。衆議院で七一時間二五分、参議院で六四時間二五分の審議がございました。

審議のときに印象的でありましたのは、私どもが思ってもいなかったことが問題視されるのだということです。是正の要求を出した場合は「従わなければならない」こととされていますが、これがおかしいという議論を随分されました。従前の団体事務の内閣総理大臣の措置要求につきましては、そういう効果については書いていませんでした。従わなければならないという効力があることを前提として、その効力を消すために国地方係争処理委員会に審査の申出を行うのだという仕組みにしているのですが、国会では、「自治事務に対して関与を強めたのはどうなのか」というような話になりました。また、並行権限の行使を認めた条文について、なぜ国が並行権限の行使をするのかということもよく議論になりました。

ありがたかったのは、野田自治大臣が、非常にクリアに答弁いただける大臣であったことです。各省に向けた質問であっても、担当大臣が答弁できなさそうになると、自ら手を挙げて答弁なさる。一三〇時間を超える審議に備えて毎日レクを受けていらっしゃると、最後の方は野田自治大臣が答弁をすればうまく収まるという感じにまで来ていたという印象がございました。

17　第一次地方分権改革の意義

改革の位置付け～「第三の改革」

山﨑　平成七年一〇月の「地方分権に当たっての基本的考え方」では、地方分権改革を「明治維新」「戦後改革」に次ぐ「第三の改革」と位置付け、以降、地方分権推進委員会は、機関委任事務の廃止等、国・地方関係を抜本的に改善する改革のために動いてきました。磯部先生、第一次地方分権改革を振り返って、改めてその意義につきましてお話をいただきたいと思います。

磯部　「第三の改革」とは、非常に力強く、また格の高い印象を与える表現で、キャッチフレーズとして成功したと言えると思います。それまでは、地方分権等は、所詮は国と地方公共団体の役所同士の権限争いに過ぎず、国民には直接関係のない話だというような冷めた見方が支配的であったのですが、決してそれにとどまる話ではなく、もっとレベルの高い課題であるということを簡明に表現する言葉になったのだと思います。この場合の第一と第二の改革は何かといえば、もちろん明治維新と戦後改革を指すのですから、第三の改革としての分権改革は、まさにこれらに匹敵するような大改革なのだという印象を与えることになったと思います。しかしながら、明治維新や戦後改革は文字どおり、いわゆるコンスティチューションの改革であったということを考えるならば、この第三の改革は、国の統治構造を原理的なところで変換することを狙いとするようなものではありませんから、もともと次元が違う話であることは否定できず、そういう意味ではかなり不正確なことは承知でこの言葉を使っていました。このちょっと不正確という点では、当時も今も使われる表現として「地方分権」では足りないのであって「地方主権」でなければならないという言い方がされることがありますが、それとちょっと似ているかもしれません。スローガン的には確かに「地方分権」よりも「地方主権」という表現の方が威勢がいい感じがすることはわかるのですが、しかし、公法学や政治学の伝統の中で学問的に確立してきた主権の概念からすれば、地方主権という言い方は、かなりはみ出した表現であることは明らかです。少なくとも当時において、将来日本を道州制にして、さらに連邦国家にするとか、本当のコンスティテューションの変革に至る長い道のりの第一歩として、まず第一次地方分権改革があるのだという認識があったということはないわけで、そういう意味では、第一次分権改革の議論は、もっと地に足が着いた着実な性格のものであったと考えています。

それでは第三の改革とは何であったのかというのがお尋ねの核心かもしれませんが、機関委任事務の削減ではなく制度そのものを廃止したことを中心に、関与の問題や係争処理の問題を含めて、国と自治体の関係のあり方を原理的なレベルで変えたということは、それこそ過不足のない、本当に実質的な成果であるわけであって、それまで何回も試みられた国と地方の間の事務権限の単なる再配分にとどまるものではなかったというところが重要だと思います。明治維新を経て、市制町村制や府県制で確立したわが国の強固な中央集権体制は、第二の改革である戦後改革によって、形式的には大きく変化したはずなのですが、しかし実質的には集権体質を残したまま存続してきたわけです。わかりやすく申し上げますと、霞が関の官僚が何が国益かを決定し、それを機関委任事務等の全国画一的な仕組みを通して、全国津々浦々に行き渡らせるという明治以来の集権的な行政システムを、原理的に解体して、全国画一的でなく、もっと地域の個性を反映させるようなシステムに組み替えて、地域自治的な行政スタイルを確立しようとしたという意味で、やはりこの第三の分権改革は画期的なことだったわけです。戦後改革が、憲法的なレベルではともかく、行政的なレベルではなし得なかったことを、遅ればせながらこの第三の改革で、やっとなし得たのだという歴史的な意義はおおいにあるだろうと思います。

「第三の改革」という表現に関連してもう一つ思い出すのは、「規制緩和と分権改革は車の両輪」という言い方であり、当時は非常に頻繁に各処で言われておりました。従前は規制緩和という課題と地方分権の話とでは別のものと考えられていたと思います。とりわけ経済界の方は、規制緩和には大変関心が強く熱心でしたが、地方分権に関しては、熱心だった関経連はむしろ例外でありまして、大方はあまり関心も理解も示さなかった状況がございました。それが急に、規制緩和と分権改革は車の両輪であって、両者相まって推進すべきであると言われるようになり、財界の方も分権改革に対して後押しをしてくれるようになりました。霞が関中心主義を変えるという意味では、規制を緩和することも、国の権限を地方に持っていくことも、同じ狙いを持っているという意味では、車の両輪論にも一面の真理があったろうとは思います。しかし地方自治体に国から権限を配分すると、それは結果的に規制緩和になる場合もあるかもしれませんが、逆に規制強化につながる可能性もあるはずです。しかし、当時は幸いにもそのような議論にはならず、車の両輪として、規制緩和も分権改革も両方必要なのだと言われておりました。

最後にもう一つ付け加えますと、グループヒアリングのいわゆる膝詰談判の過程で、各省庁の方々から、「先生方はそうおっしゃいますが、地方の現場では、分権なんて少しも望んでいませんよ」ということを繰り返し言われました。確かに長いこと集権的な仕組みの中に置かれ、機関委任事務というきわめて完成度の高い行政システムを当然の前提として、現場で仕事をされている地方自治体の職員の方にしてみれば、地方自治の理念は、理屈としては歓迎すべきことであっても、突然ある時点から機関委任事務が自治事務になってしまうというのは、実際には相当に面倒な話だと捉えていたのかもしれません。もちろん自治体関係者の側に、分権に熱心な方がたくさんおられたことは事実です。しかし総じて言えば、要するにこの第一次分権改革なるものは、地方自治体の側から、やむにやまれぬ内発的な要求として盛り上がってきたものなのかと聞かれると、あるいは地域住民たちが分権を熱く歓迎し要求して、それが全国的な大きなうねりになって、分権改革に結実したものなのかと聞かれると、残念ながらそういうものではなかったのだと思います。戦後改革と同様に、第一次分権改革が望ましいものであったことは確かだし歴史的にも必然であったとは思うのですが、しかしやはり基本的には国から地方へという方向で進行した改革であったわけであって、振り返って考えると、そういう感想を持つ次第です。

西尾　「明治維新、戦後改革に次ぐ第三の改革」という表現は、基本的考え方で初出し、中間報告で初めて公式に使った表現だと思います。中間報告の前書きと第一章は私が原案を書いて、委員の方々のご意見をいただいた上で修正してでき上がったものです。これは七名の委員のフリーディスカッションにおけるご発言をできるだけ取り込むという方針で作成しています。「第三の」という言い方を直接されたのは長洲一二さんです。長洲委員は最初「明治維新、戦後改革に次ぐ第三の革命」とおっしゃいました。桑原敬一さんも「そうだ」とおっしゃり、多くの方が何となく頷いているので、これは取り入れようとこの表現を入れたのです。しかし、さすがに「革命」とはいかがなものかと思い、それを「改革」に変えました。他にも桑原さんのフレーズ等、さまざまな意見が取り込まれています。

私自身は、地方分権推進委員会が取り組んだ第一次分権改革自体が、明治維新や戦後改革に匹敵する第三の改革であるという意味とは思っていませんでした。我が国は一九九〇年代から大きな改革の時代に入っており、第三の改革というべきさまざまな改革がこれから行われるだろう、それを構成する一つが地方分権改革だろうという認識で書いたのです。政治改革や国会制度等、取り組むべき課題は今でもたくさんありますし、当時からいずれは憲法改正も行われるのではないかと思っていました。そういう諸々の改革がこの数十年の間に起こる、そういう時期に差しかかっているという認識でした。

西村　私が役所に入った頃には、最初にシャウプ勧告を勉強させられました。特に私は地方税に携わったものですから、税源配分の問題を含めシャウプ勧告は、ある意味で聖書のようなものでした。私は、事務局でやりながら、何となくこれはシャウプ勧告の実現だなという感じがありました。第一次分権改革で機関委任事務制度が廃止され、シャウプ勧告が描く国と地方の役割分担論の形ができました。地方税ではこれに引き続いて、法人事業税の外形標準課税という課題も実現しました。さらに神野先生が長く携わっておられた国から地方への税源移譲も、住民税の税率について実現しました。第一次分権改革以降一〇年ばかりの間に取り組んできた一連のことは、ある意味でシャウプ勧告で言われたことを課題として、現代的な状況の中でどう実現していくかということだったのだと思います。私は、地方分権論における戦後改革の原点だったシャウプ勧告が、分権委員会による改革やその後の税制改革等によって形が見えたのではないか、そのいわば走りの役割を委員会が担ったのだという受けとめ方をしております。

先ほど西尾先生からお話がございましたが、確かに長洲先生が最初におっしゃったのは「第三の革命」でした。委員会の場で「『革命』だと血が流れますよね」という声があって、「やはり血は流れないのだから『改革』でしょう」という話があった記憶があります。

18　改革を実現に導いた要素

アイディア・着眼力・構想力・制度化の技能

山﨑　第一次分権改革が成功した要素について議論してまいりたいと思います。一つは人に恵まれたということがございます。そして、もう一つは、後に学者の方々によってさまざまな形で評されておりますように、いろいろな要素がかみ合ったということです。「アイディア」「着眼力」「構想力」、それから、従前であれば審議会は方針を示すものであるところを、先生方が自ら一つひとつの制度を紐解いて、制度の再設計に至るところまで取り組んだ「制度化の技能」があると思います。

まず人の部分でございますが、この座談会では何かの折に諸井委員長のお話が出てまいりましたけれども、特に諸井委員長のリーダーシップが特筆されるべきものと思っております。そのあたりを含めまして、まず西尾先生にお伺いをしたいと思います。

西尾　諸井委員長が地方分権推進委員会の委員長に就任される前に、どのくらい地方自治や地方分権にご関心があったかは、私にはよくわかりません。それほど発言はされておられないし、関連した評論も何本も書いていらっしゃらなかったと思います。そういう意味で、決してこの問題の専門家ではなかっただろうと思います。しかし、経済同友会や日経連の最高幹部として活躍しておられましたし、第三次行革審のメンバーでもいらっしゃったので、委員長候補として挙げられました。実は、当時の連立与党の一部に諸井さんの起用に反対する声がありました。そうした中で人選を決断された村山内閣の五十嵐広三官房長官に質問したことがありますが、「諸井さんが地方自治、地方分権関係で雑誌等のインタビューに答えたり、書いたりしたものがあったら、全部出してくれと提出を求めた。どのようなことを書いておられたかを読ませてもらって、その上で諸井さんの起用を自分が決断した」とおっしゃっていました。就任のときに反対する方もいて、それにもかかわらず自分は選ばれた、しかも、経済界の主流だった経団連から選ばれたのでもないし、関経連で活躍しておられた宇野收さんでもなくて、自分にご下命が来たのだからと思っておられ、その経緯があったからこそ、何とかして成果を挙げたいという思いが非常に強かったのではないかという気がします。

就任されてからは、委員長として講演依頼に応じて各地で講演していらっしゃいましたが、それを聞いた方は、非常に地方自治制度に詳しい、仕組みについてよくご存じだという印象を受けたようです。しかし、初めからそれほど詳しかったわけではなく、委員会の議論とともに一生懸命勉強されたのだと思います。我々が言うこと、語ること、書いて出すもの、それを次々と頭の中に入れて咀嚼されておられました。

そして、委員会のフリーディスカッションの間に、七名の委員の一人ひとりをよく観察されたのだと思います。その上で私に行政関係検討グループの座長にとご下命があり、中間報告の原案の作成にも私を使ってくださいました。そして、機関委任事務制度を廃止するなら、その具体的な方策を設計しろ、それを早く出せと、まず、唯一の法律家であった成田頼明先生に、広島の一日分権委員会に行く飛行機の中でご下命があったところからスタートするわけです。結局、誰に担当させるかということをよく考えておられた感じがあります。非常に印象的なのは、委員長が委員会全体の運営や事務局の動きをよく観察して、これを組織として管理していくことに非常に熱心だった点です。機関委任事務制度の廃止というなら、まず基本的な方針、骨格をまとめて、それを世の中に発表してしまう。そして、その次の作業は何をいつまでにやらなければいけないか期限設定し、設定したところから逆算して、それまでに間に合うように必要な作業を全部やれと、頻繁にそういう発言をされておりました。常に、あれはどうなっているかと管理されていました。一方で、中身のことについては「皆で考えてくれ」と、あまり指図はされなかった感じがします。

そして、実際に会議のヒアリングの際は、諸井さんは司会者に徹しておられ、決して自分の意見を述べませんでした。意見を述べるために来ていただいた方には、役人であれ、誰であれ、委員長が入り口まで行って丁重にお迎えになって、席まで導いて「お座りください」と言ってから自分の委員長席に座ってと、人の送迎はものすごく丁寧でしたし、招いた人を、我々から見れば論敵であっても、きわめて丁重に扱っておられました。招いた人たちの発言を批判するようなことを委員長自身は決しておっしゃいませんでした。一度もなかったのではないでしょうか。

各省庁は、委員会の議論だけでは心配なために、会社の諸井会長室を訪問した方がたくさんいらっしゃったようです。諸井委員長を説得するために各省は行っていたのだと思うのですが、会える限りは会って相手の話を聞いておられたと思います。門前払いは決してしないで、会いたいという人には常に会うということは非常に丁重にやっておられました。

そして、非常に気前のいい方で、時々委員会の委員みんなを集めた宴会を開いてくれたり、事務局を慰労してくれたり、そういうことは諸井さんのポケットマネーでやられました。そうやって委員会の委員、専門委員、参与の人たちの結束を固め、事務局に配慮しながら仕事をしたという組織の管理者、そこが卓抜だったと思います。ご本人もどんどん面白くなって、やりがいを感じておられたのではないかと思います。

山﨑　大森先生、何かございますでしょうか。

大森　私は、諸井さんはもちろんですが、諸井さんから信頼を受けた西尾先生の存在も大きかったのだと思っています。西尾先生がおられなかったら、第一次分権改革は実現できなかったのではないかと思っています。我々は行政学者ですが、行政学者でありながら実は「行政改革」の方にそれほどコミットせず、西尾先生以下で「分権改革」にコミットしていました。行政学者としては少し偏ったぐらいだったと思います。コアグループは一種の小隊だと思っていたのですが、西尾先生が小隊長で、学者連合が成り立っていたのだと思います。諸井さんは西尾先生に非常に強い信頼を置かれ、西尾先生が取りまとめた案であれば問題はないと納得されていたのだと思います。

私は諸井さんと個人的にしんみりとしたお話をしたことはなく、素振りしかわからずにいましたが、諸井さんは、委員長代理がいるのだから、普通であれば委員長代理にいろいろなことをさせるのですが、そうされませんでした。また、諸井さんは実によく人の話を聞いて物事をお決めになる人でした。私は民間会社の組織の中で働いたことはないからわかりませんが、仮に私が上司と部下で編成される組織で仕事をしなければならないとしたら、あのような人に仕えたいと思いますね。

第三の改革という話題がありましたけれども、ちょうど一九五〇年代に、経済白書に「もはや戦後ではない」とうたわれました。しかし、国・地方関係はずっと戦後が続いていましたから、私は、この第一次分権改革でようやく戦後が終わったのだと思っています。本当はここから出発するのが本格的な地方分権改革の話ではないかと思っています。戦後改革として一定のことをやり抜いたというのが私の実感です。

山﨑　**地方分権推進委員会の活動は、一流の行政学者、行政法学者がお集まりになって、その場で議論なさって、大きな結果を出されました。このような集まりはそれ以前もその後もないのではないかと思われますので、大森先生がおっしゃったことはよくわかります。小早川先生、何かございますでしょうか。**

小早川　私は一介の参与でしたから委員長からかなり距離がありました。委員長から指示されたミッションをやっていて、それについて何か言っていただけるということは、それほど多くありませんで、たまにそういうことがあると大変感激するというような関係でした。そのように、会議の席では、かなり雲の上の存在でしたが、くだけた場では、一兵卒にまで心遣いをしていただきました。本当に立派な方だったと思っております。

もちろん諸井さんの力は大きかったのですが、それに加えて成田部会長と大森部会長、それから行政関係検討グループの西尾座長、そういった委員会を支える方々がおられました。その方々の、それぞれ個性があるのです。膝詰談判になりますと各省の人たちは警戒心をまずは大森先生に向けていましたが、大森さんはそれに応えて華々しい戦いをされる。西尾さんは、ほどほどに戦いに参加して、やがて、落としどころはこの辺かなとチラッと言われる。見ていて絶妙のコンビだったと思います。その中で成田先生は、少し微妙な立場におられたと思います。戦後改革でやれなかったことをこの第三の改革でやろうとしたという話がありましたが、戦後に改革をすべきだったところに逆に機関委任事務体制のようなものが構造としてでき上がってきたということがありました。私の理解では、成田先生はその流れにかかわっておられた部分があったのだろうと思います。この分権改革は、成田先生にしてみれば、それまでの考え方を相当変えられたところがあります。その辺を非常に潔くきちんと整理されながら法律論的な支えの役割を果たされたということにも、私は敬意を表したいと思っています。

山﨑　お話にありましたように、成田先生は、公物管理論をはじめ、各省の法律論理を非常にわきまえて、しかも、その理論的な支えもしてこられた部分もありました。成田先生は、そこを新たな切り口で全て自分の言葉でやり直されていくという相当大変な作業をなさいました。今、もう成田先生はいらっしゃいませんけれども、そう思う次第でございます。

松本　先ほど西村さんが第一次分権改革はシャウプ勧告の実現と表現されました。戦後、憲法で保障された地方自治の確立について、残されていた宿題がたくさんありましたので、その宿題をやり遂げようとしたことを指したのだと思いますが、それだけではなく、何かパラダイム転換的なシステム改革が必要だという着眼もありました。衆・参の地方分権の推進に関する決議にも「中央集権的行政のあり方を問い直す」「地方公共団体の自主性、自立性の強化を図り、二一世紀に向けた時代にふさわしい地方自治の確立をすることが現下の急務である」「地方分権を積極的に推進するための法制定をはじめ、抜本的な施策を断行する」というキーフレーズが盛り込まれています。その構想は、まず平成七年一〇月の「地方分権推進に当たっての基本的考え方」に出ていると言えるのではないでしょうか。そして、最も重要な課題の一つである機関委任事務制度の廃止に関しては、一二月の「機関委任事務の廃止をした場合の従前の機関事務の取扱いについて（検討試案）」の時点で大まかな構想が出ているわけです。

そういう「着眼点」が「構想」につながってきています。そしてまた、全体的に構想を立てるときに横串的につながっていることを意識しています。機関委任事務の制度廃止はもちろん、法定受託事務のメルクマールの立て方、関与の類型化、関与の原則、これらはすべて横串の思考です。この思考が第一次改革の構想にかなり意味を持ったのだと思います。

それから、最後に「制度化の技能」。このスキルは、従来は役人社会の中でやることが多かったのですけれども、第一次分権改革では先生方が先頭に立って、諸井委員長のリーダーシップの下に、西尾先生はじめ各先生がこのスキルの部分まで骨を折っていただいて、そしてそれをまとめていただきました。こういうことがあったから、できたのだと強く感じております。

大森　どんなに切実な課題があっても、それが具体的な改革の手順に乗るためにはいくつかの条件が要るのだと思います。分権改革では最初に衆・参の地方分権の推進に関する決議がありました。これでアジェンダ・セッティングに成功したのだと思います。

それから、改革の言説というかコンセプトが表している改革のイメージが時代の流れと比較的合っていたのだと思います。どういうコンセプトで打ち出すかを検討しているときに、私は、一番大きなコンセプトは「上下・主従」を「対等・協力」に変えることだと主張しましたが、「主従」という言い方は霞が関の人は非常に嫌がりました。「上下は認めてもいいけれども、いくら何でも主従とは言い過ぎではないか。やめてもらいたい」と言われた覚えがあります。しかし我々は「主従」だと言い通したのです。同じことが自治事務についても言えます。法定受託事務の方を非常に厳格に限定した上で、残りは全部自治事務だと整理しました。自治事務を定義しろと言われても、定義しませんでした。あれで成功したのだと思います。委員会は、どういうコンセプトで物事を動かしていくかについても、比較的いろいろなことを議論しました。第三者的立場の人たちの中にも、コンセプトに成功したという評価が一部にあります。一種のパラダイム転換をするときは、必ず新しい概念が登場しなければならないわけですが、そういう概念を出せたのだと思います。

この改革を具体的にやり抜くとき、西尾先生を先頭に僕らが表舞台で行動していました。しかし、表舞台で我々が行動するのにも、共演者がいなければできませんでした。それが事務局の方だったのだと思います。この関係がなければ実現できませんでした。事実、霞が関の人は我々を疑って、忌み嫌っていたわけです。我々だけで表で戦えと言われても戦えませんでした。形は委員会が主役かもしれませんが、ちゃんと実弾を込める部隊、兵站部隊がいて、両方相まってなし得たわけです。非常に配慮が行き届いた準備が行われていました。そういう配慮があったものですから、表に出た人間は、これをちゃんと頭の中に入れて言い抜こうと思ってやっていました。そういう意味で、演劇論で言うと、一種の共演関係が成り立ち成功したのだと思います。

磯部　なぜ第一次分権改革がうまくいったのかと正面から問われると、申しわけないけれどどうも答えに窮してしまいます。もともと「これこそが理由だ」というように、一つの要素に絞ることはできないと思いますが、確かに必要であったいくつかの要素が、あのタイミングにうまく集中してかみ合って、例えば人事的にも、諸井委員長や西尾先生という人を得て、いろんな要素がピタッとうまくはまったのだと思います。

他方でもう少し大きな客観情勢としては、一九九〇年代の我が国は、さまざまな意味で閉塞感に蔽われていて、これまでの行政の仕組みではどうにもうまくいかないという感じがありました。これに対して当時の西欧先進諸国の諸法制を見てみますと、例えば行政手続法制とか情報公開法制とか環境影響評価法制等、行政システムの改革として他の国ではほぼ標準装備としてみんな揃えて整備してきているのに、日本では国のレベルの法制整備が遅れ、自治体の方が先行するような状況があり、九〇年代になってようやく行政手続法や環境影響評価法や情報公開法等が整備されることになりました。しかし地方分権改革に関しては、我が国の法制度はちっとも動かないという閉塞感や不満がありました。私はフランスの地方制度を勉強していたのですが、あのナポレオン以来の世界で最も中央集権的といわれてきたフランスでさえ、一九八〇年代から分権改革が行われはじめ、比較法制的に見てもいまや我が国は、はるかに遅れていたはずのフランスにさえ追いつかれ、追い抜かれるという感じになっていたわけです。そのような認識を持ちつつも、同時にこれは行政法学者の限界かもしれませんが、実定法制度のしばりの中にあって、口では地方分権が必要と言い、機関委任事務はおかしいと言いつつも、このシステムは未来永劫動きそうもないなという諦め感も正直あったと思います。しかし、同様に未来永劫できそうもなかった行政手続法も、内在的な要因というよりはさまざまな状況の下で、思いがけずその法制化が進むということがありました。そしてこの地方分権改革に関しても、同じように思いがけずいろいろな要素がかみ合って、前に進むことになったという気がします。したがってAの要素とBの要素とがあったからこのときはうまくいった、だからといって、それを一般的に法則化して、別の時代の別の環境の下でもその両者を押さえればうまく機能するというような簡単なものではないのだろうと思います。

小早川 戦後改革の理念の中、「地方自治の実現」を一生懸命やってきた、事務権限の再配分ということで長らく綱引きをやってきたのですが、あの時期に、五五年体制に緩みが出たこと、大きく環境が変わったことが、直接の大きな原因なのだと思います。それが一つですが、スローガンもよかったのだと思います。戦後長く「地方自治の実現・拡充」を言ってきましたが、中間報告で「分権型社会の実現」という言葉が使われました。これは、国・地方関係だけではなく、もっと普遍的な話なのだということであり、言ってみれば、戦後長く言われてきた理念の言い換えがうまく行った、地方自治もしかり、個人主義の徹底もしかり、人権尊重もしかりで、その辺を「分権型社会」という言葉でうまく言い換えた。当時、それまでの東西冷戦とか、左右の対立とか、資本主義か社会主義かというような話から、市民社会の確立とか、後の新しい公共につながるものへと移っていく、そのあたりをうまく概念化し、言葉で表現したのだろうと思います。

後から考えると、その中で十分に成果があったのは実はこの地方分権改革ぐらいかもしれませんが、いずれにしても、そういう大きなパラダイムの再編成の中に位置付けられたというところも重要かと思います。

学者の役割ということとの関係で、一点、申しますが、機関委任事務体制とは何だったかを改めて考えると、行政法の基本システムと各分野の専門技術性とを各省でうまく組み合わせたものだったのだろう、日本のようなそれなりに大きな国での、個々の地域の現実と、大きな政策と、法制度としての統一性とを、何とか整合的にうまく組み合わせてできたのが機関委任事務なのだと思います。機関委任事務体制をつくった鍵の一つが行政法でしたから、その鍵がないと解きほぐせないわけです。そういう意味で、行政法学者も多少お役に立てたのだと思っております。

西村 「アイディア」「着眼力」「構想力」、そして

「制度化の技能」というお話がありました。事務方で作業をして思っておりますのは、関係した方々、先生方を含めて、関係者が何をやるべきか、共通言語がしっかりしていたことです。機関委任事務制度の廃止なら廃止という一つの方向に向かって力を結集していけたということがあったと思っています。

西尾先生の本にも書かれていますが、特に事務方として、この第一次分権改革を成功に導いた要因は各省庁とのグループヒアリングだったと思います。グループヒアリングで一つひとつの行政制度、すなわち、機関委任事務制度や争訟手続等の一般制度ではなくて、個別行政分野ごとに個々の制度について一つひとつ、西尾先生の言葉を借りれば、「糸を解きほぐしてまた結び縫い直す」という作業をやり遂げたことが成功に導いた最大の力でした。

事務局のことを申し上げれば、先生方を支えた事務局のメンバーが誰一人倒れず、病気もしなかったのが、責任者としては非常に嬉しかった。あれだけ過酷な日程の中で誰一人病気にもならなかったのが一番だと思っています。また、実は私ども事務局の活動を本当に支えてくれたのは当時の自治省の若手の職員の皆さんでした。一つひとつの法律制度の概要から問題点、それから、改革の方向について、一つひとつ勉強をし、我々の資料作成の支援をしてくれました。自分が今担当してる仕事と関係ない仕事なのに、とにかく今、地方分権の推進に向けて自分も何か参加したい、参加しなきゃいけないんだと取り組んでくれた人たちのバックアップは非常に大きかったと思います。聞くところによると、当時、自治省で「私は何もやらせてもらってない、何かやることはないですか」と先輩に訴えた若手もいるそうです。参加意識を持って支えてくれた人たちは、私どもにとって非常に大きな力になって、そういった力の結集として、この第一次分権改革の成功があったのだろうなと思います。

西尾　二点だけ申し上げますが、一つは改革手法という意味で言えば、やはりシャウプ勧告や神戸勧告とは違うことをしたのだと思っています。シャウプ勧告、神戸勧告以来の課題をずっと抱え続けていて、理念的にはそこへ戻っていることは確かですが、それ以来、地方制度調査会がずっと議論してきたことは、都道府県がどの範囲の仕事をするのか、市町村がどの範囲の仕事をするのか、国から都道府県への権限移譲とか都道府県から市町村への権限移譲や、それに合わせた税財源の構造の変更といったことだったと思います。それを私は「所掌事務拡張路線」と呼んでいます。一方、第一次分権改革の機関委任事務制度の全面廃止や関与のルール化といったことは、いわば国と都道府県と市町村の仕事の「分担関係を変える」のではなく、市町村の仕事を縛っている、都道府県の仕事を縛っている「縛りを緩める」というところに向かっていました。そういう意味で、私はそれを「自由度拡充路線」と言っていますが、それはシャウプ勧告、神戸勧告以来あまりなかったと思います。それを新しい切り口として打ち出したことが、この第一次分権改革の新しさだったのだと私自身は思っています。そういうところに力点がある改革から始まり、その流れがいわゆる法令等による義務付け・枠付けの見直しという作業につながり、第二次分権改革の主要な成果にまでつながっているという流れだと思います。そういう新しい切り口をつくり出したということが第一次分権改革の意義だったのではないかと思っています。

しかし、昔ながらの国と都道府県と市町村の仕事の分担関係や、それに合わせた税財源のあり方という課題は今もほとんど変わらず残っています。その象徴が、国から都道府県へという問題にかかわる国の出先機関の原則廃止・整理合理化の話です。道州制論議を含めて全部そこに絡んでいると思います。これから何を目標にすればいいのだろうか、どういう形で進めれば前進するのだろうかという話は、まだ解決策がないままずっと残っている課題だと思います。ここは我々も改めて考えるべき課題だと思っています。

第一次分権改革が成功した理由の話に戻しますと、私は、改革が終わったころに、東京大学法学部の政治学月例研究会で「制度改革と制度設計」という話をしたことがあります。そこでの話は、東京大学出版会の宣伝雑誌である『ＵＰ』に二号に分けて掲載されています。その中で、行政法学者の協力を要因にあげています。委員会で法律学者は、当初、唯一成田頼明先生だけでしたから、それを補強するため藤田さん、磯部さん、小早川さんに協力していただいて、この陣容になったからこそグループヒアリングが成り立つようになったと思っています。

各省庁ともヒアリングに出てくる人たちは、法律論が好きで、どのような事務の問題を扱うときでも、「〇〇法の第一条はこう書いています」となるわけです。「法律でこう書いてある以上、絶対に国の仕事なんだ」とか、「国の責任なんだ」ということから主張して、およそそれ以上の議論は門前払いという感じでした。そこで、そういう解釈ではなくて、こういう解釈もあり得るだろうと、こちら側も法律論をやって、その議論を五分五分まで持っていかなければ、その先の話にならないのが現実でした。それは行政学者ではとてもできなかった。成田先生、藤田さん、磯部さん、小早川さんが法律論をまず行ってくれて、いつの間にか勝負がつかないような世界になり、そこまで行って法律論争をこれ以上繰り広げていても無益だとなってくると、「いや、分権改革をすると実態上困る問題が出てくる」「〇〇県でこういうことが起こった」という政策論をやり出すわけです。そこまでやって初めて議論が進み出すわけですが、その入り口は法律学者の力なしでは突破できなかったと思っているということが一つです。

もう一つは、みんなおっしゃいましたが、要するに委員会事務局だけではなく、自治省や地方六団体の地方分権改革推進本部の方たちも含めた側面からの協力ですよね。その人たちの協力なしには絶対できなかった改革だと思います。行政学者だけではできなかった、行政法学者が入っても学者だけではできなかった、そこに官僚の人たちの支援が揃って初めてできたのだと痛感しています。

　第一次分権改革は各省庁と話がついたことを勧告するというやり方でしたが、これからの問題として、その方法でやれるような改革はほとんどやり尽くした感じがあります。私は、これ以上の改革をやろうと思えば、今度は政治主導でない限り進まないと思います。やり尽くしていますから各省庁はノーと言う、ノーから出発するわけですから、それを話し合いで妥協させるのはほとんど困難になっていると思います。政治主導が働かない限り、これからの改革は一歩も無理だというのが私の認識です。しかし、世の中の人は、そんなの、政治主導をやりさえすればできるだろうと簡単に思っていらっしゃるように思います。政治主導が働かない限り一歩も進まないと思いますが、しかし、政治主導が行われさえすれば、何でも改革できるわけではありません。官僚が支えなければ改革そのものを行うことも難しいと思いますが、それを、将来問題が生じないような良い改革、詰めをきちんとした改革にするには政治家を強く支える官僚がいなければ不可能だと思っています。

19　地方分権改革の課題と展望

今後の地方自治の展開

山﨑　分権委員会は平成一三年六月の「最終報告」を最後にその活動を終えました。「登山にたとえれば、まだようやくベース・キャンプを設営した段階」であるという名文や、この改革を「第一次分権改革」と呼び、「未完の分権改革」を完成に近付けていくため数多くの改革課題が残っているという言葉を残しました。平成一三年からもう十数年経過しますが、これが私どもの課題として残っており、その中から義務付け・枠付けの見直しの話も出てきたわけです。

　分権改革は平成一三年の地方分権改革推進会議、平成一九年の地方分権改革推進委員会、平成二一年の地域主権戦略会議、平成二五年の地方分権改革有識者会議と続きますが、一方で「地方分権疲れ」という言葉も出ていたり、西尾先生がおっしゃったように政治主導ができるかどうか、また、地方自治体が本当に地方分権の成果を活かしているか等、さまざまな議論がございます。

まず、神野先生、これから新たに分権改革を進めるというお立場で、どのような理念や目標を持ちながら、どのような手法や体制をとるべきか、お考えをお聞かせいただければと思います。

神野　現在携わっている地方分権改革有識者会議では、これまでの第一次分権改革、第二次分権改革を「総括」した上で、今後の「展望」を検討しているところです。平成二五年一二月一〇日に「地方分権改革の総括と展望（中間取りまとめ）」を取りまとめ、第二次地方分権改革以後の取組の指針と位置付けています。

中間取りまとめでは「個性を活かし自立した地方をつくる」というミッションを掲げ、行政の質と効率を上げる、まちの特色と独自性を活かす、地域ぐるみで協働するという視点で改革の使命・目指す姿を示しています。今後の地方分権の手法として、個々の地方公共団体の意見を広く取り上げる方式である「提案募集方式」と個々の団体の発意に応じ選択的に移譲できる方式である「手挙げ方式」を提唱しており、今後は中央からではなく、どうやって地方から地方分権を進めていくのか地方自身に聞いていくべきだと考えています。

方針として地方の多様性を重んじた取組に転換するということで、「画一性」から「多様性」へと謳っています。これまで、「格差」と「差異」とを混乱して「多様性」が用いられてきました。これでは格差の多様性になる危険性があります。格差を是正した上で成り立つ、それぞれの地域がそれぞれの地域の個性に合わせた差異を発揮する取組でなければなりません。この文句・フレーズ自体は、地方分権改革推進委員会のときとほぼ同じですが、そこに気をつけながら進めていこうと思っている次第です。

以前、「フランスに学ぶ」というテーマでフランスの上院で講演したことがあります。その中で僕が言ったことを紹介したいと思います。普仏戦争の後にプロシアがフランスの制度をいろいろ学び、それを日本は学んでフランスの制度を取り入れました。そのフランスが持っていたさまざまな非近代的な部分を、我々はシャウプ勧告をもとに近代化しました。その後、フランスは、ミッテラン改革で、近代的な地方分権改革と現代的な地方分権改革とを併せて行いました。ただ、日本はそれができていません。財政学の方でいくと、ピーコックとワイズマンが、有名なディスプレイスメント・エフェクト（転位効果）と同時に、コンセントレーション・プロセス、すなわち財政とは全て中央集権化していくという法則を定式化しました。一方で、第二次世界大戦後で見ると、戦後は途中から地方財政のウエイトが大きくなっています。僕の考えでは、それは第二次世界大戦後、社会システム、地域社会や家族の機能と言っていいかもしれませんが、そういった機能が非常に小さくなり始めて、そこが担っていた部分を地方自治体が吸収せざるを得なくなっている。そのために生じている地方分権があって、その問題もフランスはミッテランが一遍に改革したけれども、日本はまだそこができていない、その講演ではそういった話をしました。今でも家族の形態が多様化してると言われていますが、そこでさまざま出ている社会の機能不全の部分は、今後、地方自治体がさらに吸収していかなければなりません。日本はそのために必要な事務を地方自治体に移していくという改革がまだできていません。非常に抽象的ですが、今後の課題はそういうところにあるのだと考えています。

一方で、戦略というと、今は、機動戦を展開すべき時期ではないと思います。激しいグローバル化の中で、世界秩序が混乱してうまくいかなくなるときが来ると思います。今は、どちらに転ぶかわからないところで動いていますので、戦略的に言うと差しあたりは塹壕戦かなと思っています。機動戦に移る時宜というのは必ず熟してくると思います。そのとき打って出るまでに力を蓄えておく必要があります。どうやって蓄えるかというのが問題ですが、最近、ロバート・チャスキンが「地域力」を提唱しています。日本で言っている地域力とは少し違った理解で定義していますが、そういった地域力を地域社会自らが蓄積しておくべきだと思っています。

当面やるべき方針としては、「提案募集方式」とか「手挙げ方式」と言われている地方からの発意を募る方法と考えています。現在露見している日本社会の中のさまざまな綻びに対して、地域や身近な公共空間が担うべき領域を整理する大改革をやるには、どうも機が熟していないと思います。これは慎重に進めるべきではないでしょうか。

山﨑　第三〇次地方制度調査会も人口減少社会を前提に、基礎自治体を中心にどのように行政サービスを提供していくかという議論してきました。まさに先生がおっしゃった話も、塹壕戦の時代だという話もよくわかります。松本会長、これからの分権について、ご発言をお願いします。

松本　私は、第一次分権改革、第二次分権改革、その間の三位一体改革を含めまして、戦後に残された宿題にプラスして、パラダイム転換的な分権、システム改革的な地方分権が目指されてきたものだと思っています。それで本当にそういうことになったかといえば、そこまでは行ってないのではないかと言わざるを得ません。機関委任事務制度の廃止のように、まさに中央集権の岩盤に到達するような改革はあったのですが、結局、岩盤が残っているために、そこから次から次に地方分権の理念とは違う制度と仕組みが生じてきています。それは今までの伝統的な戦後改革でやってきた手法の継続では対応できないものです。地方分権改革をやってきたはずですが、必ずしもそこがうまくいってないのだと思います。

ただ、そこで諦めてはなりません。もう十数年になるこの改革の中で、それではどうすればいいのかということがかなり出てきています。一つ挙げますと、神野先生が非常にご苦労された一括交付金化も、神野先生がおっしゃることが実現していれば、申し上げたような岩盤を崩す改革になっていたのです。しかし、むしろ二重行政だとか、事務負担が重いという方に目が行くような交付金化になってしまい、神野先生がお考えになったようなものになっていません。それは一例です。

その他にも、こうすれば岩盤に到達する改革ができるのではないかという課題は挙げられるものだと思います。それを一気にやるのは非常に難しいでしょうし、神野先生のおっしゃるように、今は塹壕戦をしてそういう機会を待つこともそれも一つの戦略です。しかし、その一つひとつについてしっかり検討していく作業は、必要ではないかと思います。

山﨑　**大森先生、残された課題とか、改革の手法、体制について、何かおっしゃっていただけることはございませんでしょうか。**

大森　私は、地方行政体制等検討グループの成果の一つとして、地方議会を行政体制から切り離して考えたことが挙げられると思っています。これは堀江湛先生のご発案だったと思います。当初の地方分権推進法は、全体として行政体制の中に地方議会を入れ込んで考えていましたが、そこから抜いたのです。最近の地方議会のさまざまな諸改革、改善策を見れば、そのことが一つの契機になったのではないかと思っています。私は、地方自治を行政の執行の面で考え過ぎているのではないか、地方議会のことも全体として重視すべきではないかと考えていますので、それは大きな成果だったと思っていますが、今後も地方議会のあり方を検討していく必要があるのではないでしょうか。

もう一つ、私は単一主権制の国民国家では、中央集権体制がなくなることはあり得ないと思っています。問題はその中央集権のあり方だと思います。第一次分権改革で達成し得た地方分権の成果は、国際社会がどうなろうとも、恐らくそれほど揺れ戻らないと思っています。改めて対外的に軋轢が生じれば必ず集権化は起こるのだと思いますが、そのときに、昔の機関委任事務が復活するとは思えません。少なくとも、そのぐらいのことまではやったのではないかと思っています。

ヨーロッパやアメリカの研究者仲間と地方自治の比較研究を行ったときに、「融合と分離」と「集権と分権」という分析枠組みをつくりました。少なくとも大きな流れでいえば、「融合」が完全に解消されて、「分離」になるとは思えません。個人的には、単一主権制の国民国家を前提にすれば、国際社会の中で生き延びていく上で、完全な分離・分権の体制とすることはマイナスになるのではないかと見ています。したがって、できる限り「融合」のあり方を考える必要があります。「融合・分権」体制を着実に築いていくべきだと思います。その点では政権交代を経てもある程度持続的な改革が行われている。できるだけ地方自治体の自由度を高めようとする改革は、実に着実に達成すべき課題だと思います。

もう一つ付け加えますと、私の個人的な思いとして、第一次の分権改革は都道府県を解放させることだとずっと思っていました。私は市町村についてあまり発言しなかったと思います。戦後改革で都道府県知事を直接公選にしながら、この都道府県とは何だろうか、都道府県を改革しなければ、その中に包み込まれる市町村との関係も直るはずない、だから、都道府県をちゃんとした自治体にすべきだと思っていました。

ある程度はそうなり始めたと思いますが、都道府県は相も変わらず従来の体質を引きずっているのではないかと思います。都道府県の現場では、依然として市町村との関係を対等・協力とは思っていません。その体質をどうやって改革するかということが必要だと思います。第一次分権改革からずっと私は、都道府県のあり方を変えるべきと主張しているのです。

最近最も気になるのは、分権改革が進んだということも背景にありますが、都道府県の職員が、例えば市町村が思い切ったことをやろうとすると、依然として壁が立ちはだかることがあることです。従来のように都道府県に相談に行くと、「分権時代だから自分たちで考えてほしい」と言います。市町村の方は、地域の諸課題を解決しようというときに、強い行政的な統制がまだ残っているからこれを突破したい、自分たちはこう考えているけど相談に乗ってもらえないかといったときに、都道府県が冷たい対応をしている。市町村の方から見ると、地方分権は進んで、市町村合併もしたのだけれど、都道府県は何も変わってないという意識が非常に強いのです。どうすれば都道府県を変えられるだろうかというのが個人的な関心です。

山﨑　磯部先生、お願いします。

磯部　本来ならば今次の制度改革を経て、待望の分権型社会が実現し、各段階の地方自治体がそれぞれ、その地域的な需要を汲み取り地域個性を発揮しながら、今までは実現できなかった行政を生き生きと実現する方向に、目に見える変化が生じてきているはずでした。もちろんそう簡単に行政スタイルが変わるものでもないとは思っていましたが、現実はどうかというと、期待したほどの変化が生じているとは言えそうもありません。

大森先生が都道府県について言及されましたが、国の各省庁についても同じようなことが言えそうです。つまり第一次分権改革の結果、「これはもう自治事務になったのですから、我々からは口は出せないんです」と、国の方ですっかり腰が引けた言い方をされるのを何度もうかがっています。また自治体職員の意識の方も、結局あまり変わっていないのではないかという実感があることは否定できません。消極的なことばかり申し上げたくはないのですが、要するに、まだ自治体行政の充実が実感として感じられる段階ではないのかなと思います。

第一次改革の後も、いろいろな委員会や会議を通じて諸先生方が苦労しておられるのはよくわかります。確かに「地方分権疲れ」という雰囲気もないわけではありません。先ほどの神野先生のご発言で、なるほど、今は塹壕戦の時代なのかなと思いました。次の改革に向けて、今はまだ機が熟していないわけですから、そういうときにこそきっちり準備をしておくことはもちろん必要なのでしょう。

第一次改革では、言ってみれば機関委任事務制度を何とか上から直したわけです。上からとか下からという言い方は良くないかもしれませんが、自治体側からこうあるべきだ、こうしたいということから始まった改革では必ずしもなかったために、そこに限界があったのかもしれません。提案方式、手挙げ方式の導入で、今までの方法論が劇的に変わるのか、そうでもないのか、そこはよくわかりませんが、今の時点では、「かくあるべきだ、だからこうすべきだ」とうまく語れないのは無理もない状況なのかなと思います。

山﨑　西村常務、いかがでしょうか。

西村　先生方のお話を伺っていて、私が今思ってるのと同じような感覚をお持ちなのだなと受けとめました。前に磯部先生からお話がありましたが、森田朗先生が機関委任事務制度の廃止を捉えて、コンピュータでいうとオペレーションシステム（ＯＳ）を変えるんだということをおっしゃいました（六頁参照）。そこは変えたわけです。しかし、ＯＳを変えるとすれば、それに搭載されて動いているアプリケーションソフトの方も変えなければいけません。そこで、グループヒアリングという形で、個別法を一つひとつ自治事務と法定受託事務に仕分けていきました。しかし、アプリケーションソフトがどの程度変わったのか、あるいは、変わってないのか、ひょっとしたら、ＯＳとのインターフェースのところだけとりあえず変えて動くようにはしてあるけれども、実際はアプリケーションとしては変わってないところが相当あるのではないかという感じがあります。

どこに問題があるのかといっても、結局は、個別行政の仕組みを現実の行政の中で現に動かしている現場からしか、その問題点は見えてこないのだろうと思います。自治事務になったにもかかわらず、依然として昔の通達行政をやっているとか、あるいは、法定受託事務になったけれども、依然として昔と同じ枠組みから変わってないとか、さまざまな意味でそこの問題点は、現場から実際の現実に当てはめたときに問題として出てくるのだと思います。それを問題として認識するかどうかは、内閣府の地方分権改革推進室がこれから対処されるのかもしれませんが、まず第一に、自治体自身がそこを問題点として認識してこないと、手挙げ方式にも出てこないだろうと思います。そういった意味で、やはり、機関委任事務制度を廃止した後の今の仕組みの中で何が変わったのか、あるいは、何が変えられるようになったのか、あるいは、実際に動いているのかどうかを確認するところから、次の課題を見つけていくことが一番大事ではないでしょうか。その一環として、小早川先生が取り組まれた義務付け・枠付けの改革等もあったのだろうと思うのですが、それも結局は義務付け・枠付けは緩和されたけれど、緩和された余地の部分を本当に実際活かしているのかどうかを含めて、もう一度現実からその次の課題を見つけていく必要があるのではないかと思っています。

もう一つは、地方自治法そのものの中にある地方自治体の仕組みです。そこのところは分権改革では全く手をつけられませんでした。その後の地方自治法の改正等を通じて、例えば議会制度は随分と変わってきたなという感じはありますが、行政委員会制度を含む執行機関のあり方については、今後検討すべきことが多いという認識があります。それをどういう段階でどういった俎上に乗せていくべきかについては、改めて考えなければならない課題だと思います。

山﨑　まさに今、地方の声を聞きながら取り組んでいらっしゃる小早川先生、この問題について、いかがでしょうか。

小早川　私は現在、政府の地方分権改革有識者会議で神野座長のもとで取り組んでいます。手挙げ方式とか提案募集方式とかの話が出てきましたが、私も、全体として見た場合の課題としては、やはり自治体が実績をつくることが必要であろうと思います。手挙げ方式や提案募集方式でも何かは出てくるのでしょうけれど、「実績も無しに何を言っているんだ」ということになってしまう心配はおおいにあるわけです。「地方分権改革の総括と展望（中間取りまとめ）」の中でも強調しているところですが、やはり、改革の成果を自治体が活用する、実績をつくっていく、それによって信頼を得ていくということが、全ての基本ではないかと思います。

その際に、国民全体から見ても、自治体の住民から見ても、それから、中央政府から見ても、この際、多少の逸脱は許容すべきではないかと思います。自治体で自主的にやってみろというからには、実験ですから、逸脱が多少出るのは仕方がありません。そういう自治体が現れたからもう駄目だというのでは、全て元へ戻ってしまう。どこまで寛容になるかという、その程度はなかなか難しいところかと思いますが、これは是非、各省はもちろん、総務省にも、そのような方向で考えていただきたいと思います

もう一つは、これまで進んできた改革についての一つの全体的な把握の仕方として、第一次から第二次の分権改革は、機関委任事務制度の廃止、関与の縮減、義務付け・枠付けの見直しという、いずれも執行面からの改革です。それに対して、本当の意味での立法面の改革とは、要するに国の立法のされ方そのものについての改革です。これからも義務付け・枠付けはどんどん出てくると思います。機関委任事務制度の復活はないでしょうと大森先生がおっしゃいましたけれども、いろいろな個別立法での部分的復活はあり得るわけです。そういうことも含めて、国の立法のあり方そのものをどうするか、立法システムなり立法過程のあり方を考えていくべきだと思います。

義務付け・枠付けについても、第一次分権改革に倣って立法原則を確定できないかということを言ってみたことはあります。今後の課題としては、地方側は、実績を踏まえて立法に関し何かを言う態勢を強化していくこと、また、国の側については、各省における立案のプロセス自体を考え直していくということが、長期的には必要だと思います。これも塹壕戦の一つの形なのかもしれませんが。

山﨑　**締めくくりになりますが、西尾先生から、今後の分権改革の課題等についてご発言をいただき、第一次分権改革を中心とした第一部を終えたいと思います。**

西尾　これまでずっと懸案として残ってきた課題に、出先機関の原則廃止と道州制構想があります。これは今議論して詰めようとすると、非常に危ないことになるというのが私の直感です。また、みなさんのご意見の中で、地方自治法の見直し関係の話や、その中でも地方議会の検討の話も出てきましたが、住民自治の世界の話は、総務省限りで議論を行うことができるものです。新しい地方分権委員会を立ち上げて議論するのではなく、地方制度調査会という場で議論できるテーマであります。それはこの時期にこそやっていくことが大事ではないでしょうか。そういう意味では、神野さんと同じように、塹壕戦にしばらく入るべきだと思っています。

「分権改革を続けろ、続けろ」と言うことをしばらくお休みする。その間、自治体はそれぞれにおいて今までの分権改革の成果をフルに活用することにエネルギーを注ぐべきではないでしょうか。そうして自力を蓄え、次に絶好のチャンスが巡ってくるときに備えて弾込めをする。改革案を真剣に考えて、その際はこれを打ち出すというものを蓄えておくべき時期なのではないかと私は思っています。

第2部　第一次地方分権改革後から第二次改革期

出席者

（関西学院大学大学院経済学研究科・人間福祉学部教授）　小西砂千夫

（成蹊大学法科大学院教授）　小早川光郎

（東京大学名誉教授）　神野直彦

（一橋大学大学院法学研究科教授）　辻琢也

（地方公共団体情報システム機構理事長
東京大学名誉教授）　西尾勝

（救急振興財団理事長
元総務省消防庁長官）　中川浩明

（地方公共団体情報システム機構副理事長
元総務省自治行政局長）　望月達史

司会

（前総務省大臣官房審議官）　山﨑重孝

（前総務省自治行政局行政経営支援室長）　小川康則

（敬称略）

はじめに

小川　まず第二部からご参加の先生方から、自己紹介や近況、最近の分権の動向に関する所感等のお話を頂戴したいと存じます。小西先生、お願いいたします。

小西　お話ししたいことはいくつもあるのですが、よく考えてみますと、私は、地方六団体の地方自治確立対策委員会や総務省の市町村合併関係の研究会の委員などには参画してきましたが、地方分権について、いわゆる重要会議メンバーになったことは一度もないのです。当事者ではないところもありますので、それを踏まえてお話しできればと思っております。

この二〇年間、地方分権改革を進めてきましたが、そろそろ新たな方向性を検討すべきときに来ているというような印象を持っております。このタイミングで過去を振り返る機会があることは、大変貴重なことではないかと思っております。

小川　辻先生、お願いいたします。

辻　私は、最近では第三〇次から地方制度調査会に委員として参加させていただいておりますが、それまでは小西先生と同じく、総務省の市町村合併関係の研究会など現場の研究会の一員として地方分権に参画する立場でした。したがって、実際に自治体の現場でどうだったとか、自治体の方の委員会でどうだったとかいうお話を中心にさせていただきたいと

小西　砂千夫氏
（関西学院大学大学院経済学研究科・人間福祉学部教授）

〔主な経歴〕
平成11年　関西学院大学大学院経済学研究科・産業研究所教授
平成21年より現職
〔主な委員歴（分権関係）〕
平成16年　地方六団体地方自治確立対策委員会委員
平成17年～　総務省市町村の合併に関する研究会座長
平成20年～　総務省定住自立圏構想研究会座長代理等

思います。世代的に申し上げますと、私が大学院に在籍していた頃は、「ふるさと創生」や「地域づくり」などに惹かれて地方自治関係の勉強をしていました が、社会人になると、地方分権だけではなく、行政改革とか市町村合併ですとか、さまざまな関係の仕事にかかわることとなりました。地方分権改革を振り返る大変意義深い会だと思ってまいりました。

小川　それでは、望月副理事長、お願いいたします。

辻　琢也氏
（一橋大学大学院法学研究科教授）

〔主な経歴〕
平成17年より現職
〔主な委員歴（分権関係）〕

平成17年～	総務省市町村の合併に関する研究会委員
平成20年～	総務省定住自立圏構想研究会委員等
平成21年	総務省地方公共団体における事務の共同処理の改革に関する研究会座長
平成23年～	第30次、第31次地方制度調査会委員
平成25年～	地方分権改革有識者会議農地・農村部会構成員

望月　私は、地方分権の二〇年間の中で、後半の一〇年間の地方分権や民主党政権下の地域主権改革の仕事にかかわらせていただきました。平成一五年より合併推進課長として市町村合併を担当し、その後、市町村課長として住民基本台帳ネットワークシステムの仕事を担当しました。三重県庁への二年間の出向と自治財政局での一年間を経て、当時の内閣府地域主権戦略室に次長として三年弱在籍しました。当時の舞台裏も含めて、皆様にも援軍をいただきながらお話をさせていただきたいと思っております。

望月　達史氏
（地方公共団体情報システム機構副理事長）

〔主な経歴（分権関係）〕

昭和54年	自治省採用
平成15年	総務省自治行政局合併推進課長
平成16年	総務省自治行政局市町村課長
平成22年	内閣府地方分権改革推進委員会事務局次長
平成23年	内閣府地域主権戦略室次長
平成24年	総務省自治行政局長
平成25年	退官

20　平成の大合併

委員会の方向転換

小川　第一次分権改革の半ばから第二次分権改革期にかけて行われた市町村合併を主なテーマに議論を進めたいと考えております。

平成の大合併については、平成一一年から一八年にかけて進んだというのが一般的な認識であろうと思います。それ以前には、平成七年に「市町村の合併の特例に関する法律」が改正され、住民発議制度が創設されるなど合併推進策が拡充されましたが、直ちには現実の動きにつながりませんでした。同年に地方分権推進委員会が発足しましたが、翌八年三月の中間報告では、合併について、「地方分権の進展と相まって（中略）自主的な合併が一層促進される必要がある」という受け身の記述をしております。これを指して、分権推進の戦術として、道州制や市町村合併等の「受け皿論」をいったん棚上げしたとも言われるところです。

このように当初は市町村合併は主要な議題に設定されませんでしたが、平成八年一二月の第一次勧告になりますと「市町村の自主的合併を一層強力に推進する」という表現となり、その後、平成九年一月に市町村合併等を念頭に置いた「地方行政体制等検討グループ」が設置されました。同年七月の第二次勧告では「今まで以上に積極的に自主的な市町村合併を推進する」「都道府県は市町村合併のパターンを提示する」「国は必要な指針を策定する」と踏み込んだ提案が行われ、委員会の方針転換がなされています。

後藤・安田記念東京都市研究所が平成二三年におまとめになられた『平成の市町村合併』では、方向転換を決断したのは諸井会長ご自身であると記述されており、また、西尾先生が平成一九年に書かれた『地方分権改革』（東京大学出版会）の中でも、分権委員会として、あるいは諸井会長として判断をさ

れたと記述されています。この間の経過、あるいは背景等につきまして、西尾理事長からご発言をいただければと思います。

西尾　地方分権推進委員会は、発足当初、七名の委員だけでフリーディスカッションを数か月繰り返しており、専門委員の任命や部会の設置は少し後に遅らせていました。その中で、いわゆる「受け皿論」、すなわち市町村合併を進めるのかどうか、都道府県を道州制に変えるかどうかといった議論については当面棚上げをして、現行の市区町村と都道府県と国という三層構造を大前提に、その枠組みの中でできる限りの地方分権を図ろうという合意が成立しました。

その合意の下で議論を始めていましたが、第一次勧告を出す直前に与党第一党である自民党の行政改革本部に、委員長以下で「第一次勧告ではこういう内容を予定しています」ということを説明に行ったところ、参加された議員から異口同音に次のような意見を言われたわけです。

まず冒頭に、「機関委任事務制度の全面廃止は構わない」「各省庁が同意するならば、我々政党としては特段それに口を差し挟む気はない」と言われました。この頃は、もう各省も委員会の議論に応じて地方分権を進めていこうという姿勢に変わっていた時期です。ただし、「機関委任事務制度を全面廃止すると、中間団体である都道府県の権能が相当強化されることになるが、それは分権改革の趣旨からおかしいのではないか」「基礎自治体である市区町村が一番強化されるべきであり、中二階である都道府県の権能が強くなることは問題ではないか」「これから委員会は独自の審議項目として、都道府県から市町村への事務権限の移譲を積極的に進めることを考えてほしい」といったご意見が出されました。これは、それまでの国会議員の態度から言えば、かなり大きな方向転換でした。

次に、「都道府県の中でも知事の権能が一段と強くなる。それは非常に困った事態である」「首長の多選制限の制度化を検討しろ」ともおっしゃいました。多選知事と言われた方もいらっしゃいましたが、市区町村長まで含めて首長と言われた方が多かったように思います。これが二点目でした。

三点目に、「市町村の権能を強化しようとしても、小規模町村では限界がある。全ての市町村に事務権限を移譲するという観点から、市町村合併を強力に推進すべきである」「委員会は、受け皿論を棚上げする方針のようだが、市町村合併の問題は分権改革と同時並行して進めるべきだ。都道府県レベルを道州制とするか否か、都道府県の統合というような話は当面棚上げして差し支えない」とおっしゃいました。

この三点を、立つ人、立つ人ほとんど同じように発言され、最後に「この三点を踏まえて以後の審議をしてほしい」と総括され、この会は終わりました。その後、諸井委員長は自民党以外の連立与党や野党にも訪問され、議員の意見を伺ってこられました。諸井委員長は「与野党を超えて合併推進論が国会議員の多数だと認めざるを得ない。市町村合併を検討しなければ、以後の地方分権推進委員会の勧告その他に協力してもらえないかもしれない」と我々におっしゃいまして、いったんは受け皿論は棚上げするという了解で進めてきたものの、やはり市町村合併をやらざるを得ないということになりました。

そういう経緯があり、委員長の判断で「地方行政体制等検討グループ」という新たなグループを立ち上げることになりました。これは三番目のグループでしたが、委員長代理であった堀江湛先生がその座長に指名されました。堀江先生は、これが最もやりたかったことだとおっしゃって張り切っていらっしゃいました。私は堀江先生から専門家として協力してほしいと要請されたのですが、既に行政関係検討グループの仕事で手いっぱいだったので、その役割についてはお断りしました。その後、地方行政体制等検討グループの参与に森田朗さんが加わりました。このグループは合併問題のほかに、地方自治法の各種制度の改正問題や必置規制の緩和といった諸課題も担当していましたが、必置規制の議論は森田さんに任せて、市町村合併は堀江先生が行うという体制となりました。森田さんが別の担当をもつことになったので東田親司事務局長以下事務局の方はみんなで勉強会を行うなどして一生懸命原案をいろいろ考えられ、堀江先生を助けておられました。堀江先生は「合併についてしっかりした考え方や方針を打ち出すべきだ」と、行政課長をはじめ自治省の方々と議論をされ、委員会に提案する原案をおつくりになって、第二次勧告の文章にまとまっていきました。

もう一つ大きな転機になったのは、第四次勧告後の経緯です。この時点で機関委任事務制度の整理は全部終わっていましたので、ここで初めて政府側で地方分権推進計画を作ることになりました。大蔵省と総務庁と自治省が中心となって検討が行われ、政府は平成一〇年五月に第一次地方分権推進計画を閣議決定しました。合併問題の部分は自治省が担当しましたが、策定にあたっては各省庁との折衝だけではなく、与党とも調整が行われました。その過程で、合併問題の記述について一つの修正意見が自民党から出されたのです。自治省の案では、合併を進めるのか広域行政を進めるのかについては「合併等広域行政」と並列的に書いており、自治体はどちらを選んでもいい、それに優劣はつけないという書き方でした。それは委員会自身が出した第二次勧告の書き方に沿ったものであり、推進計画上もいわば忠実に表現されたのですが、自民党からは、「合併は最優先課題である」「広域行政は合併がどうしてもできないときの補充的手段であり、並列関係ではない」「推進計画案を修正して合併推進をもっと強調してほしい」というご意見が寄せられ、それに沿ってニュアンスが変えられています。この辺が方針が変わってくる大きな転機だったのだと思います。その後の合併推進法など一連の法律改正は、その考えで修正がなされていきました。

委員会との関係を申し上げますと、委員会は本来ならば任期五年でしたから、平成一二年七月二日で解散することになっており、我々もそのつもりでおりましたが、その年二月に、地方六団体の地方自治確立対策協議会が、地方分権推進法の期限を延長し、その推進体制を維持するよう政府に要望書を出されました。これは、地方分権一括法の施行後において適切な運用が定着するように、地方分権推進委員会が引き続き監視機能を担うよう求めたものでした。この時期は小渕恵三さんの急死で森喜朗さんに総理大臣が交代していたり、総選挙も比較的間近だったということもあり、森内閣としてはこれを延長しておいた方がよいと判断され、委員会の設置期間と委員の任期が一年延長されることになりました。延長にあたって、森内閣からはその一年間に何をやるべきか、二つ示されました。市町村合併推進をさらに強力に推進するための方策を検討してほしいということが一点目、地方税財源の充実確保のこれからの方策について提言してほしいということが二点目でした。

委員会の活動が延長になり、市町村合併については、地方行政体制等検討グループの堀江委員長代理がそのまま担当され、同じような編成で仕事を進められました。そこで世に出したのが平成一二年一一月の「市町村合併の推進についての意見」です。しかし、推進計画に既にほとんどのことを書き尽くしていましたので、主だったものは市町村合併支援本部を内閣に設置すべきといったことで、それ以外の新規事項はなかったという記憶がありますけれど、ともかく、そういうものを「意見」としてお出しになりました。このとき、これを第六次勧告とは言っていません。なぜ「意見」といって出したのかは私も覚えていなくて、私の本の中でも「記憶は定かでない」と書いています。

神野　平成一二年八月に国庫補助負担金等について出した「地方分権推進委員会意見」の方は、各省の合意をとらないことにしたので税源移譲についても書くことができたのだと記憶しています。合併についても合意をとらなかったので「意見」にしたのではないですか。

西尾　そちらも確かに「意見」です。ただ、合併の意見の場合は、関係省庁との合意といっても、自治省との合意にほとんど限られていますから、そこは大きな問題にならなかったと思います。そういう問題ではなかったような気がするのですが、こちらも「意見」という形で出しました。

自治省・総務省の方向転換

小川　平成七年・八年頃には、自治省内にも地方分権の受け皿は都道府県であって市町村では難しいのではないか、市町村合併は昭和三〇年頃だから可能だったのであって、平成の世では難しいのではないかという雰囲気があったように思います。その後、自治省・総務省は、市町村合併の積極的推進に転じ、働きかけを強めていきましたが、そこに至る経緯等についてお話をいただきたいと思います。

西尾　平成七年・八年の当時、自治省はそのようにお考えだったのだろうと思います。いろいろご意見があったのだと思いますが、当時の幹部の方たちから市町村合併を進めるべきだという意見は聞いたことはありませんでした。

先ほどお話ししたように、自民党の行政改革本部の議員から意見が相次ぎ、市町村合併を取り上げざるを得ないと覚悟して我々も委員会の中で議論を始めて、自主合併が原則だけれども、政府としては積極的に推進する方策をとるべきだという趣旨の勧告を書いたわけです。さらに自治省が作成を担当した政府の地方分権推進計画案へも修正意見が出たことで、自治省は迫られたのだと思います。

その後、国会でも、市町村合併をどうやって推進していくのかという議論が何度も何度も繰り返され、「市町村数をいくつにまで減らすというような市町村合併の目標を示すべきではないか」というような質問に対して、当時の自治大臣は「あくまで自主合併でいく。合併協議が整ったところが合併していくということであって、政府として目標数を示すことはできない」という答弁を続けられたと記憶しています。それに対して、合併推進を強く求めてきた各党は不満を持つようになられ、各政党の綱領の中に盛り込まれるようになりました。平成一二年七月には当時の与党であった自民党・公明党・保守党の与党行財政改革推進協議会が「基礎的自治体の強化の観点で、市町村合併後の自治体数を一、〇〇〇を目標とするとの決定」をするよう政府に求める文書を出し、社民党と共産党を除く各党も一斉にほぼ同じような目標を立てました。それは選挙を目指した政策綱領のようなものの中だと思います。その結果、片山虎之助さんや麻生太郎さんなどその後の歴代総務大臣は、総務大臣の任命を受けられるときに、首相から「あなたの仕事は市町村合併の推進ですよ」という指示を受けていたと聞いています。総理大臣からの厳命を受けて、総務省は市町村合併に熱心に取り組んだのだと考えています。

小川　当時、自治省で行政課長、地方行政担当審議官を務められ、さらにその後、合併推進に舵を切ったときの行政局長をされた中川理事長からお話を頂戴できればと思います。

中川　西尾先生の話に付け加えて私の受けた印象を申し上げますと、自治省が市町村合併を意識するきっかけとしては、平成六年の第二四次地方制度調査会答申も一つのポイントだったと思います。平成六年四月、羽田内閣の成立の日に、全大臣を羽田総理が兼任して、第二四次地制調の第一回総会が開催されました。そのとき総理から合併問題と分権問題が諮問されていますが、それまで地制調が合併問題を諮問されたことはありませんした。ですから、その時点で何か変えなければならないという認識を持ったのだと思っています。

同年一一月に「市町村の自主的な合併の推進に関する答申」が出され、その答申に従って平成七年に合併特例法の改正が行われます。目的規定を「円滑化」から「推進」に変え、推進のためのツールとして、住民意思をできるだけ前面に出していこう、都道府県の役割を重視しよう、財政措置についても考えようという改正が行われました。これはかなり大きなことだと思います。しかし、その後の状況を見ますと、数年間は合併の動きにはつながりませんでした。その理由は、私の考えでは、一つ目には自治体側が国の方針を本気に捉えていなかったのではないかということ、二つ目は都道府県の役割といいながら、都道府県の認識が薄く市町村合併のために動いていなかったということ。三つ目は、財政措置を考えると言っていながらも国はあまり積極的ではなく、そういう雰囲気が自治体側に伝わってしまっていたことにあったのではないかと思います。

西尾　確かに市町村合併は、羽田総理の第二四次地制調への諮問事項の中に入っていました。私も第二四次地制調に参加して答申を審議していますので、そこは中川さんのおっしゃるとおりです。一方で、そのあたりの時点までは土光臨調以来の行政改革の流れが続いておりました。土光敏夫さんの秘書でいらっしゃった並河信乃さんが「行革国民会議」を結成して活動されていましたが、そういう動きの中で全国の青年会議所（JC）が行政改革の推進について非常に熱心に運動されていており、中でも飛びついたのが市町村合併でした。各地のJCが市町村をどのように再編成するか、全国ではこうなるとか、地図まで出して活発に動いていました。地制調答申では合併協議会の設置に係る住民発議制度の創設が盛り込まれていますが、そういう民間の運動を支援する観点からも議論を行う必要があったのではないでしょうか。また、もう一つは、その翌年の平成七年三月に市町村合併特例法の一〇年の期限が切れることになっていたことがあるのだと思います。単純に更新するのか、より強化するのか、第二四次地制調で議論しろという趣旨で諮問事項に加わったのではないでしょうか。

小川　お話にありました第二四次地方制度調査会の「市町村の自主的な合併の推進に関する答申」は、平成六年一一月二二日に出されています。「市町村の自主的な合併」をテーマに掲げ、住民発議制度を創設すべきであるとか、議員の定数・任期の特例を設けるべきである、あるいは積極的な財政措置を講ずるべきである等の答申がなされています。これを踏まえる形で、同年一二月二五日に閣議決定された「地方分権の推進に関する大綱方針」においても、

「市町村の自主的な合併の支援」が書かれ、これが政府方針になっています。

平成七年の旧合併特例法の改正はこれらを受けて行われました。従来の目的規定が「合併の円滑化を図る」とされていたのに対して、「自主的な市町村の合併を推進」という「推進」の文字が入っています。また、住民発議の制度として、有権者五〇分の一以上の署名をもって市町村長に対して合併協議会の設置を請求することができるという制度を設けたり、議員の定数・在任の特例を拡充したのも平成七年改正です。このあたりにつきまして、補足をいただきたいと思います。

山﨑　合併特例法は昭和四〇年に一〇年間の時限立法として成立し、昭和五〇年から六〇年、六〇年から平成七年までと、一〇年ごとに単純延長されておりましたが、その間はほとんど合併の動きはありませんでした。私は、平成六年二月に財政局から行政局に異動し、市町村合併を担当することになりましたが、その前から行政局内では「市町村の自主的合併の推進方策等に関する調査研究委員会」が開催されていました。この研究会は、平成七年の期限切れにあたって、従前と同じ単純延長とするのか、より強化するのか、改正に先立ってその方向性を議論するもので、成田頼明先生に委員長をお願いし、当時町村会の事務総長だった木村仁さんがメンバーに入っていらっしゃいました。研究会は平成六年三月に報告書を出しておりますが、「自主的な」市町村の合併であることを維持しつつ、合併を「推進する」という考えを打ち出しております。

その後、平成六年四月に発足した第二四次地制調は「地方分権の推進について」「市町村合併に関する制度等について」「最近の社会経済情勢の変化に即応した地方行政制度のあり方について」の三点について諮問を受けました。市町村合併については、研究会報告書を叩き台として議論が進められ、地方分権問題と並行して審議されました。平成六年一一月の「市町村の自主的な合併の推進に関する答申」には、さまざまな要素を盛り込んでいます。市町村の現状として、人口の都市集中と急激な過疎の進行の結果、大都市圏では面積の狭い市が多数存在し、広域的な調整にも不十分な面があること、地方圏では人口が自然減となる市町村が増加するなどさまざまな問題が生じており、将来は立ち行かなくなることを指摘し、その上で、市町村合併の今日的意義や基本的認識、その進め方のほか、特例措置に対する基本的な考え方、その具体的措置について言及しています。この内容を踏まえ、平成七年改正が行われました。

中川理事長のご指摘のように、財政局は、当初、市町村合併への財政措置にあまり積極的ではありませんでした。さまざまな議論がありましたが、市町村建設計画に位置づけられた都道府県事業に対し地域総合整備事業債（地総債）の充当を認めることや、地方交付税の額の算定の特例（合併算定替）の延長を認めてもらいましたが、思い切った財政措置をとるという話にはなりませんでした。平成七年改正によって、自主的な合併の推進に踏み出す制度が法律的に整備されたのですが、後の平成一一年改正に比べれば「市町村合併が実現できたらいいですね」という程度の改正にとどまりました。

小川　ここまでのお話から、第二四次地制調から平成七年の合併特例法改正までの時期と、平成八年末の分権委員会第一次勧告や翌年一月の「地方行政体制等検討グループ」設置の頃との間に、市町村合併を巡る気運の変化があったことが浮かび上がります。この点について、当時行政局長であった松本英昭氏は、小選挙区制の下で初めて執行された平成八年一〇月の総選挙を前に、国会議員の中に市町村の規模に関する問題意識が生じるようになり、それを背景として各党の公約に市町村合併の積極的推進が盛り込まれたのではないかと指摘し、こうした政治の声の高まりを勘案して、第二五次地制調専門調査委員会に市町村合併に関する調査審議を投げかけたと述べておられます（『自治制度の証言』平成二三年・ぎょうせい）。中川理事長、その後の動きについてお話いただけますでしょうか。

中川　私は平成七年に行政局を離れ、その後平成一一年に行政局長として戻ってきます。それまでの間は、今お話のように市町村合併が積極的に行われるような状況にはありませんでした。しかし、先ほど西尾先生からお話があったような経緯を経て、平成九年一月に地方分権推進委員会に地方行政体制等検討グループが設置されると、その翌月には、もともと前年から監査制度の審議を行っていた第二五次地方制度調査会が、審議事項を追加する形で市町村合併の審議を開始します。平成一〇年四月に「市町村の合併に関する答申」が出されますが、答申に向けて市町村合併についてかなり前向きの話が積極的に議論されました。それにはいくつかのポイントがございました。一つは、都道府県の役割をどのように位置付けるかということです。当初、自主的合併なのだから市町村の自由にさせるべきだという意見が非常に強かったのですが、やはり県内の市町村がどうあるかというのは都道府県の問題だということで、知事による合併協議会設置の勧告などが議論されました。二つ目に、住民の意思を合併にどのように反映させるか、単に協議会の設置の直接請求だけでなくもっと幅を広げるべきだとして、住民発議制度の拡充という議論がありました。三つ目はお金の話で、地方債の特例措置として、合併が行われた年度とそれ以降一〇年度間に限って地財法第五条各号を適用しない「合併特例債」の創設につながる議論がありました。その他にも付随する問題として、市となるべき条件の人口要件をどうするか、あるいは指定都市や中核市の要件緩和等の議論など、市を区分することで合併を促す手法の議論が行われました。

事務局　第二五次地制調答申に関する財政関係の話の補足をさせていただきますと、当時は、地方債と地方交付税を活用して特例的な制度を構築するというミッションがありました。「市町村の合併に関する答申」に即して市町村建設計画に基づく事業に対する財政措置が行われておりますが、これは、ハード事業だけでなく、コミュニティ対策等のソフト事業に対する起債も入っています。それまでの地方債制度における地方財政法第五条の特例としては過疎債とかリゾート関係のものがありましたが、基本的には建設事業を中心に、三セク債も対象にする程度の特例でした。しかし、市町村合併においては、合併補助金をはじめありとあらゆる支援策を講じるのだということで、初めてソフト対策の地方債を法律の条文に記載し、コミュニティ対策やＩＴ化などを対象にしています。さらに、地方交付税においても合併補正が措置されるなど、当時の自治省はしっかりとした財政支援措置を用意するというスタンスを示していたのだと思います。

小川　地方分権推進委員会の第一次、第二次勧告、そして地制調答申等を踏まえ、政府は平成一〇年五月に地方分権推進計画を閣議決定します。計画には、「市町村合併等の推進」が盛り込まれており、平成一一年の通常国会に合併推進のための法律案を国会に提出すること、合併パターン等を内容とする市町村合併の推進についての要綱を都道府県が策定し、周知するよう要請すること等が政府方針として決定されました。これを受け、平成一一年七月に成立した地方分権一括法の中で旧合併特例法が改正されます。この改正では、国の関与として、「国は、都道府県及び市町村に対し必要な助言、情報の提供その他の措置を講ずる」とされました。また、都道府県知事による「合併協議会の設置勧告」を盛り込み、さらに、住民発議について、合併協議会の設置の直接請求が全ての関係自治体において同一内容で行われたときには、議会への付議を首長に義務付ける等の拡充が行われております。一方で合併後の姿も見据え、地域自治の観点から「地域審議会制度」が創設され、また、「合併特例債」を新設したのも平成一一年改正でございました。このあたりの動きにつきまして、お話をいただきたいと思います。

中川　平成一一年一月に自民党と自由党による自自連立の小渕改造内閣が発足しました。このとき自由党の小沢一郎さんは三〇〇市制を唱えておりました。これは最も激しい形でしたが、巷間に喧伝されておりり、合併を本気に考えなければならないという気持ちが非常に強くなっておりました。平成一一年五月には、自治省において森田朗先生を座長として開催していた「市町村合併研究会」が報告書を出しています。この報告書の大きなポイントは、いわゆる市町村合併の類型を示したことです。合併後の人口規模に着目して、人口規模が大きな区分から「人口五〇万超」「人口二〇万人～三〇万人程度」「人口一〇万人前後」「人口五万人前後」「人口一万人～二万人程度」の五つの区分により、地域の実情に応じた市町村の望ましい人口規模を示しています。私は、人口一万未満の類型を打ち出していないのは、人口一万未満の町村はいろいろな行政事務を行う上で小さ過ぎるのだということを、言外に明らかにしたのだと思っていました。

平成一一年七月に合併推進本部が発足し、七月一六日に分権一括法が公布され、同法により合併特例法が改正されました。これで合併推進のための法律、制度的な対応が完成しました。この法改正を受け、八月六日に「市町村の合併の推進についての指針」（自治事務次官通知）を各都道府県あてに発出し、合併の推進を強く求めております。私はその後の八月一四日に行政局長になりましたが、その頃の行政局は「合併を推進するんだ」という雰囲気で満ち満ちていたのを大変鮮明に覚えております。

その年の政府予算案では、市町村合併推進補助金が四〇年ぶりに認められました。私は個人的には補助金は整理合理化すべきと言い続けてきた立場ですので、自ら補助金を予算要求するとは思ってもいなかったのですが、これは与党から、そして大臣からもかなり強く措置すべきだと言われました。当初は、交付金として予算要求しましたが、合併すれば何千万～何億円が措置されるとなれば、交付金の場合はあまりにも膨大な数字になる可能性があり、結果的には合併の状況によって金額を調整できる補助金ということになりました。結局、平成一二年度から合併市町村補助金が措置され、九年間続きました。

翌年の平成一二年、これは中央省庁再編の前年、自治省としての最後の年になりますが、この年に「市町村合併推進会議」という、樋口廣太郎アサヒビール名誉会長を座長に、民間の先生方にご参加いただいた会議を新たに設置しました。また、七月に、西田司先生が二度目の自治大臣に就任されました。西田大臣は、町議、町長の経験もあり、地方行政に詳しく、当時の野中自民党幹事長の盟友とも言われていました。大臣自身、市町村合併の推進を大変熱心に主張されていました。七月二四日に森喜朗総理大臣から西田自治大臣へ市町村合併の推進について督励するという、いわば総理大臣指示があり、地方分権推進委員会に対しても市町村合併についても併せて検討するよう求められました。

そして、七月一二日の第一回目から一一月二八日までの四か月間、小西先生にも講師やパネリストでご出席いただき「市町村合併をともに考える全国リレーシンポジウム」を全国四七都道府県で開催しました。こういう全国的なリレーシンポジウムを開催したのは、おそらく自治省では初めてだったと思います。予算が足りるのかとか、いろいろ心配していたのですが、何とか地方新聞社に協力をいただいて全国的に展開でき、さらに平成一三年、一四年にも開催いたしました。

同じ七月の二七日、さきほど西尾先生から話がございましたように、自民党・公明党・保守党の与党三党が「基礎的自治体の強化の観点で、市町村合併後の自治体数を一、〇〇〇を目標とするとの決定」を「年内実施の可能性を検討すべき当面の事項」とするという協議結果が公表されました。私どもの方は、政党の議論であるからと、それに対して切迫感はあまり強くなかったように思いますが、その後、西尾先生がおっしゃったように与党側から、昭和の大合併のように政府として市町村合併の目標を明らかにすべきという意向が強く示されました。

それまで、今回の合併に対して自治省としては目標値を示すということは一切していませんでした。昭和の大合併の際は、中学校の設置管理といった明確な市町村への権限付与を行うために、議員立法である町村合併促進法に「町村は、おおむね八、〇〇〇人以上の住民を有するのを標準とし」と明記されていましたが、そういった目標のようなものはなく、大都市でも中小都市でも町村同士でもいいからともかく合併してくださいと言っているだけでした。我々は、合併の最低規模や全国的な合併後の数値を示すための材料を持ち合わせておりませんでしたし、「自主的合併」である以上そもそも目標値は定められないし、定めるべきでもないとの考えでした。平成一一年八月六日に発出した「市町村の合併の推進についての指針」において、各都道府県で「市町村の合併のパターン」を含む「市町村の合併の推進についての要綱」を策定し、合併することが適当と考えられるような市町村の組合せを示すよう要請をしました。平成一二年の一一月の時点で徳島県が第一号を策定し、最終的に全ての都道府県で策定されました。この合併のパターンが全部出そろえば、市町村合併後の市町村数はある程度把握できますという説明もしたことがあると思います。なお、事後に調べてみましたが、合併のパターンを全部足すと市町村数は七〇〇から一、四〇〇程度になりました。このような形で与党の意向を何とか切り抜けてきていましたが、西田大臣と自民党の野中広務幹事長との合併に関する会議も行われ、年内に何らかの形で政府としても合併の目標などを明らかにすべきだと強く求められてきました。

野中さんは自治大臣を経験されていますし、西田大臣と同様京都府園部町で町長をなさったこともありますので、町村の置かれている立場も非常によくわかっておられました。当時、町村会は、最低基準とか目標値を示すことは強制合併につながるので反対だということを明確に言っており、我々としても、町村の立場も考えてそういった数値を示すようなことはしてこなかったのです。しかし、野中先生の意向や西田大臣の強い指示もあり、我々も何とかしなければならないと考えました。ただ、知恵を出そうにも手元に一、〇〇〇がいいとか、一、五〇〇がいいとかいう数字はありませんので、結局は与党行財政改革推進協議会の書き物を引用することになりました。これについては、もう少し明確に示すべきだ、引用ではなく政府が数字を決めるべきだというような声はなかったように思います。

これは平成一二年一二月一日の行政改革大綱に盛り込まれました。内閣で定める閣議決定で与党の文章を引用したのは、それまで例がなかったものと思います。大綱では「与党行財政改革推進協議会における『市町村合併後の自治体数を一、〇〇〇を目標とする』という方針を踏まえて」と書き、その後にさらに「自主的な市町村合併を積極的に推進」といって、わざわざ「自主的な」という言葉を続けています。これも「よく読んでみてください、自主的合併が我々の本音ですよ」というように言いたかったのです。また、「自治体数『を』一、〇〇〇『を』目標とする……」というのは文章としておかしいですよね。しかし、文言を一字一句変えるわけにはいかないということでそのまま引用したということでございました。これは、平成一六年の「今後の行政改革の方針」（平成一六年一二月二四日閣議決定）にも、そのままの文言で引用されています。

その後、平成一三年一月、総務省のスタートとともに私は行政局を離れましたが、三月に合併推進要綱が全ての都道府県で整備され、同月二七日には市町村合併支援本部の設置の閣議決定と続き、合併推進のドライブがかかっていったと思います。また、八月には同本部が市町村合併支援プランを公表しました。多くの支援内容を含んでおりますが、例えば指定都市の指定基準は従来人口一〇〇万を目途にしていたところを七〇万に引き下げるといったことを内容としておりました。市町村合併プランは、総務省だけではなく各省庁を引き込んで支援策を検討しろと前々から言われていたのですが、各省のそれぞれの施策を網羅的にこの支援プランに掲げて市町村にお示ししたということでございます。

小西　自治省が合併推進に方向転換する過程のお話がありましたが、全体的な雰囲気として永田町と霞が関だけが盛り上がっていたということではなく、自治体側にもその動きがあったのだと思います。私が象徴的に覚えているのは、政府の求めに応じて徳島県が平成一二年一一月に合併パターンを一番最初に示したのですが、それよりもずっと早い段階の正月の一月一日に、既に合併パターンを徳島新聞に出しているはずです。あれは総務省の動きとは全く関係なく圓藤寿穂知事自身のお考えで新聞に合併パターンを出したもので、それはすごいことだったと思います。この一例のように、東京の一部が動いたというよりも、地殻変動のようなものがあったのだと思います。中川理事長からお話がありました森田先生が座長を務めた市町村合併研究会には私も参加させていただいておりましたが、地方分権推進委員会の方は合併ありきではありませんでしたから、世の中の流れが変わる中で自分たちがむしろ合併の旗を振るんだという感じがありました。私が、この研究会に関して一番驚いたのは、自治省は合併を推進している、こういう合併研究会が設けられた、研究会のメンバーは誰々ですというポスターが貼ってあったのです。研究会のメンバーをポスターで貼り出すことは通常では行わないですよね。自分の名前がそこに掲載されているのを見て、すごいことだなと思ったことがあります。その頃にはもう既に異常な雰囲気があったのだと思います。

それまで一歩引いていた自治省が市町村合併に本気になったのは、野中さんの指示以降だと思います。それ以前は、政治に引きずられていいのかというような雰囲気もあったと思います。一方で、自治体側が本気になったのは「地財ショック」が契機になったのだと思います。それまでは本気にはなっていませんでした。

辻　私は、市町村合併の話が出はじめた頃は主要な研究会の委員ではなく、その前段階の勉強会の委員ですとか、自治体の研究会の委員をいくつか務めていました。リレーシンポジウムの話が出ましたけど、私も何度かお手伝いしたときに、主催者の名称が「日本国政府」になっているのを見て、何か国際シンポジウムみたいじゃないか、海外から誰か呼んでいるのかなと思い、「何で日本国と書いているのですか」と聞いてみたことがありました。すると、総務省の担当者は「いや、これは政府一丸でやっているので、それを示すために『日本国政府』と書いているのです」とおっしゃるので驚いた記憶があります。

それから、確かに地財ショックの影響は大きくて、これで一気に合併が進むようになったのは事実だと思います。しかし、今から思うと合併補助金が大きかったのではないでしょうか。財政的なメリットとしては合併特例債だとか交付税算定の経過措置等が大きかったのですが、額は少ないながらも合併を検討する過程に補助金を出して愚直に地元での合意形成を重視する方策をとりました。市町村が主体的になって、地元の意向を重視して合併パターンをつくって、協議会をやっていくのが、結果的には「住民自治」を大切にすることになったのだと思います。先ほども議論がありましたように、「自主的な合併を推進する」というのは語義矛盾じゃないかと随分言われましたけれど、手間暇かけて支援プランをつくって、勉強会を開催した結果、個別の自治体の関係者を中心に合併論議が浸透していった。しかも、こうした勉強会の中に、先ほども話がありましたが（一七二頁参照）、ＪＣの人が比較的よく入っていました。今、話が進んでいる道州制は経団連であって、ＪＣではありません。道州制はどちらかというと、上からやって来るのに対して、市町村合併の場合は、あくまでも各市町村の住民自治を大切にする手続をとったというのが大きかったのだと思います。

私は、当時、ときおり合併を考える講演会等に出かけることもあったのですが、確かに前半の頃は合併論議があまり盛り上がっていなくて、過去に私が行ったものの中には、最少記録は参加者一〇人程度というものもありました。ある団体の合併勉強会でしたが、そのうちの大半が反対か、無関心の人で、「人は来ないし、来る人はみんな合併反対と言うし、こんなことでいいのか」と思った記憶があります。しかし、今ではその団体も首都圏にありながら、合併しました。やはりそういう地道な努力が生きているのだと思っています。

21 「基礎自治体論」

「基礎自治体論」の構築

小川　市町村合併を支えた「基礎自治体論」の話に移りたいと思います。第二七次地方制度調査会の答申では、地方自治法上の用語である「基礎的地方公共団体」の言葉をあえて避け、「基礎自治体」という言葉を用いています。そこには、市町村は地域における第一義的な統治機構たるにふさわしい権限・能力・規模を備えなければならず、それを備えたものこそが分権時代に望まれる基礎自治体である、そのためには市町村合併は不可避であるという基礎自治体論が示されていたのではないかと思います。この時期に基礎自治体論を打ち出した経緯や意図、それを世に問うた後の反響等について、西尾理事長よりお話をいただけるでしょうか。

西尾　地方制度調査会で、それまでの使い方である「基礎的自治体」を「基礎自治体」と、「的」を取るべきだと提言されたのは、私の記憶では岩崎美紀子委員だったと思います。それほど深い意味はなかったのではないかと思いますが、彼女は言葉の使い方にこだわりを見せる人で、例えば「委譲」を「移譲」に変えるべきだとおっしゃったのも彼女でした。委任というイメージが強い「委譲」は良くないということで、以後、総務省はずっと「移譲」に統一しています。他の省庁は「委譲」を譲らずに書き続けるという時期がありましたが、だんだん政府全体もそうなってきていると思います。

それに深い意味付けを与えてきたのは山崎さんをはじめとする総務省の方たちですが、そこで用いられた「権限・能力・規模を備えた基礎自治体」という言い方、その「権限」のところに、市町村を強化するという意味で都道府県から市町村への権限移譲を進めるんだ、もっと広い範囲の事務を所掌する基礎自治体に変えていこうという思想が出ています。

また、「能力・規模」という表現については、地方分権推進委員会で都道府県と市町村の関係が議論された際に、従来の都道府県の事務のうち補完事務については、「規模・能力」に応じて都道府県と市町村のいずれが担うかを決めればいいということとなり、従来の「補完」に代えて「規模・能力」という言葉を盛んに使うようになってきた流れがあったと思います。そういうことから「権限・能力・規模を備えた」という言葉が出てくるようになり、「規模」にこだわり始めたという流れがあると思います。この背景にあった理論的バックボーンは、山﨑さんから説明をいただきたいと思います。

山﨑　私は、平成一四年四月に自治行政局に戻ってまいりましたが、その頃、西尾先生が座長の「地方自治制度の将来像についての研究会」が開催されており、基礎自治体をどうするか、市町村合併をどう進めるかということが議論されておりました。当時の芳山達郎局長が開催をお決めになったのだと思いますが、そのメンバーには芳山さんが親しかったNHK元解説委員の山田吉孝さんや横道清孝先生、小西先生がいらっしゃいました。その研究会では、今から考えてみるとかなり過激な議論をしており、総合行政主体としての基礎自治体を構築する際に、それに至らない場合に備えて、かつての「二級町村制」を勉強していたのです。

第二七次地制調は、都道府県の問題と市町村の問題を扱いますが、当時、井上源三市町村課長が住基ネットの第一次稼働、第二次稼働という大きな仕事を控えていたため基礎的自治体部分の対応については行政体制整備室長であった私が担当することになりました。先ほど先生方もおっしゃいましたけれども、明治の合併では小学校を置くにふさわしい規模として三〇〇戸～五〇〇戸を標準規模とし、それから昭和の合併では新制中学校の設置管理を行うにふさわしい規模として八、〇〇〇人以上の住民を有するという標準を定めたのですが、今回は、分権を進める受け皿となる統治団体になるための合併であるため、明確な目標は設けないこととしていました。その前提の中で、今後、小規模市町村ではなかなか仕事が困難になってくるという論証をどうするかということに、非常に苦労した記憶があります。そこで平成一四年から一五年にかけて山梨県や北海道に実地調査に行きまして、小規模町村の実態を調べて、例えばごく小規模な役場では専門的な職員を置くことができないとか、一人の職員がいくつも職を兼ねているとか、そういう話を第二七次地制調に資料として提出しております。地方分権時代の主役は都道府県ではなくて総合的行政主体としての基礎自治体にしなければいけないという意図を、第二七次地制調では前面に打ち出して議論しています。

また、都道府県も市町村と同じように地方自治体であるということをしっかり前に出すべきだという議論がありました。これは当時、久元喜造行政課長が担当しておられました。西尾先生のご判断で、都道府県が合併を自主的にできるようにするべきだということも盛り込まれております。そういう意味で、第二七次地制調は統治団体として、国があり、都道府県と基礎自治体がその似姿としてあるということを訴えた答申だったと考えております。

私が自治行政局に戻ったときには、とにかく自治体数を減らせという異常な雰囲気がありました。平成の大合併は一、〇〇〇を目標とするとなってしまいましたので、数さえ減ればいいというきらいがありました。私はそれに対して、何とか「理論」として構築したいと思いました。地方分権改革は基礎自治体の姿を変容させるものであり、基礎自治体はこうでなければ分権時代の基礎自治体として耐えられないという理論を構築しようと考えていたときに、岩崎先生が「基礎的」ではなくて「基礎」だとおっしゃったのです。そこで新しい基礎自治体論というのをバックボーンとして展開できないかやってみたということとです。第二七次地制調は平成一五年一一月に「今後の地方自治制度のあり方に関する答申」を出しましたが、その中では「基礎自治体」と「新しい公共空間」という言葉が入っております。そういう意味で、当初「基礎自治体」というのはそんな深い意味で始まったわけではないのですが、後に、総合的行政主体論の流れや地方分権の受け皿の流れを踏まえながら使用されるようになってきたということだと思います。

答申では、合併特例法が失効する平成一七年三月三一日以後の合併推進の手法について、合併特例債等のような財政支援措置を用いた合併推進体制は打ち止めとするべきであるということを記載しておりますが、実は、私どもとしては、相当に踏み込んだ合併の推進方策をもう少し続けないと合併は進まないと思っていたところでした。その後答申後の平成一五年一二月になって、先ほど小西先生からお話がありました「地財ショック」が生じます。その頃、まだ地方財政計画が決着する前の段階でしたが、市町村合併を担当していた伊藤祐一郎総括審議官と一緒に香山充弘総務審議官のところに話に行ったところ、「これからは合併の推進方策を考えなくても、地方財政措置の影響でそういう流れになる」という言い方をされたのを覚えています。今思えば、そのときには既に三位一体改革で地方財政のベースが相当下がることを見込んでおられたのではないかと思います。

辻　合併論議の最初の頃は、ずっと「目標を示せ」「人口規模をいくらにするのか」と言われ、他方で、合併反対派からは別に自治体規模が大きくなくても、機能別に一部事務組合をつくってしっかりやれば十分できる、無理やり嫌がる合併をさせる必要はないと執拗に批判されました。そうした中で事後的に出てきたのが、市町村規模も意識しながら一つの自治体の中で総合的に業務をやれるようにする、企画から実施まで含めて担えるようにするという総合行政主体論でした。このときに何が一番重要かというと、単なる機能ではなくて、住民自治を大事に考えていくことだと思います。そう考えると、住民に一番わかりやすく、ふさわしいところが総合行政主体であるべきだという考え方が強くなり、これが先ほど出てきた基礎自治体論という形で、最終的に説得力も持ってきたのだと思っています。

当時は、将来の財政シミュレーションも行いました。まだ本格的に高齢化も進んでいない時点で、これほど高齢者が増えるとか、人口が減るという前提にはなっておらず、今見るとまだ甘かったとは思います。しかし、将来の自治体の姿にも配慮しながら総合行政主体として何とかやっていくという路線が、ここで出てきたのが、私としては一番印象に残っているところです。ちなみに財政シミュレーションは、大きく機能したと思っています。最近になって、当時の財政シミュレーションが正しかったのかいくつかの団体で検証しましたが、大体、平成二一年ぐらいまでは推計どおり行っています。平成二一年の地方財政対策で地方交付税の積み増しを行ってから別次元に入っていますが、シミュレーションでも嘘はついていませんでした。しかも実際は、高齢化も人口減少もさらに進んで、市町村の現実はもっと厳しくなってきています。そういう意味では、今回の合併は、分権を前提にしながら、その中で国の大きな趨勢を先取りして、しかも、対等・協力の関係の中でしっかり全体の道筋を示して、自治体ともうまく進められたのではないかと思います。

合併における都道府県の役割については私も実感していて、合併パターンをつくる上で都道府県の姿勢は非常に大きいと思いました。東京都の研究会に参加して、二三区を含む多摩地域の合併推進も手がけておりますが、やはり東京都の最終的な姿勢が大きいと思いました。どこの市町村も自らは合併したくないのですが、それに対して都道府県が情報提供をどのぐらい行うかが、大きくその後に影響するのだと思います。合併プランのように、将来、大体どのくらいの人口になって、どういう財政状況になっているか推計して示していくことが大きいと思います。私も現に作業をやっているときは、こんなことをやって意味があるのかと思っていましたが、地道に一つずつ潰してやっていくという作業をしないで、とにかく合併しろと言っても合併しないし、効果も出ないし、そこをしっかりしなければだめだと思います。最近の地方分権論議の中で「団体自治偏重」と指摘されることがありますけど、一方で、合併の過程の中で「住民自治」も非常に重要だという路線から基礎団体論が出てきて、今日の姿になっていることを忘れてはならないと思います。

22　「西尾私案」と「地財ショック」

私案の経緯・背景等

小川　基礎自治体論とある意味で表裏の関係にあります「西尾私案」に話を進めます。「西尾私案」（今後の基礎的自治体のあり方について（私案））は、平成一四年一一月の第二七次地制調専門小委員会に、諸井虔会長と松本英昭小委員長の要請に基づき、西尾先生が私案という位置付けで示されたものです。この中では、市並みの事務処理を目指して「人口○○未満の団体の解消を目標」とすること、一定の人口規模未満の団体には事務配分特例方式や内部団体移行方式等の水平補完・垂直補完の仕組みを検討すること、旧市町村単位で創設される自治組織を検討すべきことなどが提言され、議論が進められています。これには前史がございまして、平成一四年九月に、自民党「地方自治に関するＰＴ」において、

「市町村の事務の一部を都道府県又は周辺市町村が処理する仕組みを検討する」という中間報告が出されています。そういう意味では、突然出た議論ではなかったのですが、世間では大変大きな反響を呼んだ「西尾私案」について、これに至った経緯、あるいは背景等をお話しいただきたいと思います。

西尾　この第二七次地方制度調査会では諸井虔さんが会長に就任され、私が副会長に任命されました。第二次勧告で市町村合併の促進を打ち出した地方分権推進委員会の関係者が今度は地制調の会長と副会長となりましたので、市町村合併の後始末というと適当でないですが、けじめをつけろという任務を託されたという印象を持ちました。このときは小泉純一郎内閣でしたが、総理から地制調への諮問事項は、その前に決定されていた政府の「骨太の方針二〇〇一」に既に書いてあって、それを地制調で検討することになったわけです。こういった経緯で市町村合併にどう結末をつけるか、また、市町村合併によっても必ず残るであろう小規模な町村を今後どのように扱うべきかといったテーマを議論することになりました。

私自身がそのとき感じていたことの第一点は、合併だけさせておいて、都道府県から権限が何も移譲されない結果に終わるのではないかという危惧です。合併そのものは、各自治体で合併研究会や任意の法定協議会がどんどんつくられて動きはじめていましたが、どのように落ちつくかという見通しはまだ全く立たない時点でした。しかし、いろいろ想像してみても、この程度までしか行かないのではないかという予想はあったわけです。地制調で合併の問題を改めて検討することになったときに私が感じたことは、どうも全国の動きが財政の効率化とか、財政コストの削減とかが第一の目的になっているのではないかということでした。本来は、基礎自治体である市町村への事務権限の移譲を進める、そのための受け皿になるような市町村になれということが目標に掲げられていたはずなのに、その関係のことは全く議論が出ていない。それぞれ合併を進めようとしている都道府県も、合併パターンを示すと同時に、そこまで行けば市町村にここまでの仕事を移譲すると明言し、約束をしているようなところは見当たらないし、総務省も都道府県に対してそれをちゃんと市町村に明示しろという動きをほとんどしていない。もともと合併は、事務権限を移譲するためにやるというもう一つの目的があるはずなのに、そのことがほとんど議論されていない。それはおかしいのではないか。もう一ぺんその目的を再確認して、国も都道府県もその気にならなければ、合併だけさせて権限は何も移譲されないという結果に終わるという危惧を持ったということです。

それから、人口の問題が第二点です。総務省の「地方自治制度の将来像についての研究会」では一万人という数字がずっと念頭にあって、「一万人未満の町村を仮に小規模町村とすれば……」という議論がされていましたが、それが当時は市町村数の約二分の一を占めており、何となく進みつつある状況が仮に実現したとしても、依然として三分の一ぐらいは一万人未満の町村として残るのではないだろうかという見通しでした。しかし、合併によって市町村数が減ればいいという話ではなく、本当はあまりにも小規模な町村の数をできるだけ減らすということが目的なのではないか。それならば、そのことをもう少し明確にすべきではないか、法律上も例えば一万人未満、「○○人以下」というようなところは、今度の合併の重点地区として合併すべき市町村なんだということを法律上も明言すべきなのではないかということを私は考えていました。

ただ、示せば必ずそうなるかというと、それは初めから無理だろうと思っていました。明治のときは三○○～五○○戸という目標を示していますが、それ以下の団体もたくさん残っています。昭和の合併も八、○○○人以上という目標を示して進めましたが、そのときも同じでした。今度も一万人以下の町村はしっかりと考えてくださいと言ったところで、残るものは残るのだと覚悟していましたが、それが政府の狙っていることなんだということを明確にすべきじゃないかと思っていました。その裏にあったのは、そうでもして合併を促進しない限り、必ず、地方交付税措置の削減でむちを振らざるを得ないことになるとの危惧でした。私はそれが一番邪道だ、その道には行ってほしくないと思っていましたので、それぐらいなら法律上も目標を示した方がいいという考え方をしたということが二番目です。

それから第三点は、都道府県ごとに合併の進度に格差が生じていることです。知事、県庁自身が熱心にやろうとしているところは進んでいる。ところが、知事が、合併は市町村自身の問題なので市町村が主体的になって考えろ、県は特別それに圧力をかけないという姿勢を示しておられたところはほとんど進んでいない。もっと大ざっぱに言うと、西日本はかなり進んでいる気配があるけど、東日本から北海道は進まない、非常に沈滞しているという状況になっていましたので、このままずっと行って終わってしまうと全国の姿がアンバランスなままに終わるのではないかという危惧を持っていました。もう一ぺん促進する手だてを講じなければならないと思っていました。

最後に四点目として、周辺町村を中心市へ編入していくことについて、どこも抵抗感を示していましたが、それは、昭和の合併でそうしたところが疲弊したという記憶が残っていて、平成の合併でもその再現になるのではないかと恐れているからだということでした。そこで今回は、編入合併したときに旧役場を一斉に廃止するというやり方をしないで、分庁方式で残すとか、新しい方式を考えるべきだと思いました。そこに小さな自治の単位を残す、合併後の旧町村単位、それを私は「小さな自治」と呼んでいたのですけど、それが後に地域自治区とか合併特例区のような構想につながっていくわけです。そういう仕組みを残して、従来から認められていた地域審議会を置いて、審議して建議するとか諮問に答えるだけではなく、ある限られた範囲の仕事であれ、この仕事は地区自身で行うという、企画から実施までをある程度持つ仕組みをつくるべきではないかと考えていました。

その結果を最終的に「西尾私案」として出したのですが、副会長が私案を出すという方式はこのときが初めてのことではなく、その前に成田頼明先生が地制調の副会長をやっておられたときにはしばしば「成田私案」が出されています。広域連合などを議論した第二三次地制調の時代です。委員会としては急進に過ぎるものがあるときに副会長が私案を出すというのが、一つの方式としてあったということだと思います。松本英昭専門小委員長から「副会長から私案を出していただけませんか」と言われたので、「はい」と言って事務局に作業をしてもらって出した経緯があります。

小川　**「西尾私案」が出されたときの地方公共団体での受けとめ方など、辻先生からお話をいただければと思います。**

辻　「西尾私案」については、市町村の方で過剰反応といいますか、実態と離れたところでいろいろ反応するところがありました。当時の経験で言うと、もともと、過疎債には大体どの市町村の議員も敏感に反応していましたが、もう一つ、事情通は「西尾私案」という言葉にもよく反応し、批判する雰囲気もあったように思います。いろいろな意味で、それだけ関心をもたれていたということです。

「西尾私案」が結果的にある程度合併推進に寄与したのは間違いありませんが、それが理解されていたわけではありません。それでいて、住民自治を大事にするというセットもつくって、その絶妙な関係の中で話が進んだのだとみるべきだと思います。

西尾　私が考えていたことは「西尾私案」でも不十分だと思っていましたし、その後、私案に基づいて地制調で議論しましたが、ほとんどの方が反対なさって、最終的には答申にも入れられなかったことが何項目もあるわけです。人口目標や事務権限の移譲も、賛成がないので答申には書かれないことになりました。結局、若干取り入れられたのは地域自治区につながる地域自治組織を認めていこうという話と、小規模な町村についてはいずれ水平補完なり垂直補完なり何らかの補完が必要だということが「引き続き検討する」という言い方で残ったくらいで、「西尾私案」は無残にも敗れていくわけです。ほとんど反映されていない答申になっています。

結末はそうなりましたが、あれが異常な反響を起こしたのは、やっぱり報道の影響が大きかったと思います。地制調の専門小委員会で私が私案を出した翌日の朝刊に、他紙ではほとんど取り上げられませんでしたが、朝日新聞が特ダネのように一面に大きな記事で書いています。まだ小委員会に私案を出しただけの話ですが、それを詳細な記事で、朝日新聞だけが一面で報道していました。横やら縦やらいろいろ小見出しがついたのですが、その中で皆さんに一番衝撃を与えたのが「町村をなくし市に再編」と書いてあったことです。全部市にするんだ、町村をなくすのだと西尾私案は言っていると。これは、町村関係者にとって衝撃的なことで、全国町村会はもちろん、全国町村議会議長会も猛烈な反発をするわけです。小規模な町村で残らざるを得ないところは、義務的な事務は極力小規模にして負担を軽くしてあげましょう、そのかわり町村議会も議員は無報酬にすべきだ、簡素にすべきだと書いてあったのですから、猛烈な反発になったわけです。

その頃、全国に講演に行くとものすごい聴衆が集まって、「西尾勝という悪者の顔を一目見たくて、今日集まられたんですか」というと、「そうだ」とすごい反響がありました。当時、人口が三、〇〇〇人以下ぐらいの町村のレベルになると固定資産税等々の税収では議員報酬すら賄えない、地方交付税で措置されない限り報酬は払えないのが実態ですよという話までしました。そこまで自らの税収がないならば、報酬は要らないと言うべきじゃないか。町村長の報酬は仕方がない、業務をやっているわけですし、監督しているわけだし。職員たちについても交付税措置するのは必要です。国が命じた仕事を処理するためにそれだけの職員が要るんだから、その人の給与を補填する必要があります。しかし、あなたたちは住民の代表者であるから、住民が納める税金で代表者の報酬も満たせないのなら、もう報酬は要らないと言うべきじゃないですかと言うと、シーンとするんです。すごかったですね。

「西尾私案」が大きな影響を与えて合併が進んだといろいろな人に書かれましたし、たしかにすごい反響で、それが一つの刺激になったことは間違いないでしょう。しかし、ここまで合併が進んだのは「西尾私案」だけではなくて、やはり段階補正の見直しから始まり、次第に地方交付税上の締めつけが厳しくなったところへ「地財ショック」が起こり、一気に市町村合併が進んだということが本当のところではないかと思っています。

小川　市町村合併の動きが佳境の時期に、総務省でも合併推進課が設置され、その初代課長に望月副理事長が就任されました。当時の「西尾私案」の受け止め方や「地財ショック」のお話などをお聞かせください。

望月　平成一五年四月に片山虎之助総務大臣の肝いりでそれまで合併を担当してきた行政体制整備室を改組し、合併推進課が設置されました。あの頃は、とにかく説明会に行きました。今朝、手帳を見てきましたが、一〇年前のある月には一三回地方出張に行っていて、ほとんど在席していませんでした。西尾先生からお話がありましたけども、平成一五年度と一六年度が合併議論の一番クライマックスだったと思います。そのときに合併推進課という非常にわかりやすい名前の課ができて、いろんなご意見やご批判もいただきました。

合併を後押ししたのは三点あると私は思います。一つは「西尾私案」です。「西尾私案」が出たことによって小規模町村が非常に緊張感を持ちました。「西尾私案」のようにいったら自分たちの町はどうなるのだろう、政府はどうするんだろうという緊張感が生まれ、議論が沸騰したことは間違いありません、足元を見直すきわめて大きなきっかけになりました。

二つ目は「地財ショック」です。ちょうど平成一五年の一二月半ばに、夜中に自治財政局から、来年度はこれくらい一般財源が減るという話が来たとき、これを来年以降どうやって説明しようかと、私は正直言って青くなりました。税収はともかく臨財債含めて二兆九、〇〇〇億円、一二パーセントも一般財源が減る。年が明けて一月八日・九日には、説明会の予定が入っていました。「総務省は、要するに合併のために地方交付税を絞り込んできたな。基礎自治体論、総合行政主体論はよくわかるけれども、結局、地方交付税で絞っていくんだろう」と言われるのではないか。それに対して我々説明者はどうやって答えようかと、年末に随分悩んだことをよく覚えています。やはり地財ショックは、先ほど小西先生も西尾先生もおっしゃいましたけれども、評価はともかく、間違いなく合併議論を促すことになったと思います。

三つ目は制度だと思います。住民発議の仕組みが充実し、今まで地方自治の世界では仕組みはあってもほとんど使われなかった直接請求が、積極的に使われました。条例に基づく住民投票もたくさんされて、確か四〇〇件近くありましたし、住民発議のための直接請求も一〇〇件単位でされました。アンケートはそれ以上の数で行われたと思います。住民の意向が直接反映される仕組みが積極的に行われたということは、合併への大きな原動力になったと思います。

少し話が離れますが、市町村合併による成果として、地方自治制度も議会制度も非常に活性化したところがあると思っています。合併は市町村議会で議決がなければ県に申請できませんから、最後は議会にボールが投げられる形になります。議員さん方が自分たちの首を切ることを承認しなければ合併が進みません。戦後これほど議会が決断を迫られたことはないと思います。説明会に行くと、首長さんももちろんそうですが、議員さんたちが非常に熱心でした。議員さんからの質問が多く出され非常に熱心に聞かれました。これが次第に議会改革にもつながっていく伏線になったのではないかと感じています。地方自治制度を活性化するという意味でも、市町村合併は私たち制度を預かる者にとって非常に刺激を受ける場になったし、その後の方策を見出す場になったと思います。それから、県の職員と市町村の職員がコミュニケーションをとる一つの大きなきっかけにもなったと思います。いろんな意味で地方自治制度を活性化するステージができたと思います。

最後に、「西尾私案」に出ておりました垂直補完とか水平補完という考え方は、平成二五年六月の第三〇次地制調答申に盛り込まれております。あくまで広域的な連携と並列した、一つの選択肢として書かれていますけども、今回の答申は西尾先生のお考えであった水平・垂直の補完がまさに前面に出てきている。これに対して全国町村会も全国市長会も、また両議長会も含めて、それほど大きな異論はありませんでした。それが制度化されるとするならば、やはり時代は変わったのではないかなという気がいたします。あの「西尾私案」の考え方は、今後の地方自治のベースの一つになるものだと考えております。

小川　ありがとうございました。

小西　第二七次地方制度調査会と並行する形で、先ほどもお話がありました、西尾先生を中心とする「地方自治制度の将来像についての研究会」が開催されておりました。私も参加させていただき、その中で、二級町村制について勉強をしましたが、後の「西尾私案」として出る案と二級町村制とは似て非なるものである、違うものであるということを、あの場で確認をしていました。「西尾私案」は、二級町村制だというような言われ方をしましたが、それは違うということをです。

それから、「西尾私案」はほとんどの大新聞がエキセントリックに書きました。社説で「強制合併はしないとあれほど言っていたのに、やはり手段を選ばないのではないか」と書かれました。西尾先生だけを悪人にさせてしまったという印象が私にはあります。その後に、西尾先生の単独インタビューを載せてバランスをとった新聞もありましたが、それは形の上でバランスをとっているだけで、やはり論調からすると、「西尾私案」はとんでもないと、その後もずっと言われていました。

地方分権推進委員会の後に設置された地方分権改革推進委員会では、都道府県から市町村への権限移譲を扱っています。市町村合併をした以上は、都道府県から市町村への権限移譲が必要であるという考えに基づくものですが、要するに、「西尾私案」の正当性がそこで表現されているのではないでしょうか。平成二五年六月まで行われていた第三〇次地制調における県と基礎自治体の議論を見るにつけ、西尾先生自身は当時から一貫しているのですが、周辺の環境が変わって、全国町村会も第三〇次地制調答申に対してはそれほど意見を言わなかったことに、強い感慨を覚えております。

山﨑　二級町村制については、当初は総務省内でも漠然と「そのような制度が昔の北海道にあった」という程度の話でしたが、調べていくと、北海道で開拓した地域に新たに地方自治制度をつくっていくための先駆的制度でした。二級町村制を手段として捉え、これと絡めて市町村合併を推進するという議論もあり得たのかもしれませんが、「西尾私案」は、小西先生がおっしゃったように、そうした強制合併を目論むものでは全くなく、むしろ強制合併をさせないための案であったということです。当時、一部に強制合併を進めるべきだという勢力がありましたが、それは現行の日本国憲法下では採り得ないのではないかと思っておりました。日本国憲法が施行され、地方自治法が制定されたときに、市町村の合併は市町村が発案しなければできないと規定しております。辻先生からもお話がありましたが、平成の合併の際の分析では、三、〇〇〇人とか五、〇〇〇人の団体ではやっていけなくなるのは明白でありましたので、そうした町村が合併をせずにやっていく方法を示そうとしたのが私案の意図だったと思います。また、教育と福祉とまちづくりを一貫して企画・立案、実施できる「基礎自治体」像を示すことに意義があったと思います。その後ふたたび西尾先生にご負担を非常におかけし、第二次分権改革における都市への権限移譲と、第三〇次地制調答申でやっと本質的な解決を図ることができたのではないかと思っております。

23　地方分権改革推進会議と三位一体の改革の評価

地方分権改革推進会議の評価

小川　地方分権推進委員会は、平成一三年七月二日にその活動を終え、その翌日、新たに地方分権改革推進会議が発足しました。地方六団体を中心に、「推進体制・組織がなければ地方分権の流れが止まってしまう」「最終勧告で残された課題に向き合うための体制が必要である」といった体制整備を求める声がある一方で、各省側からは、「委員会方式は認めたくない」という声がありました。そうしたさまざまな意見に対する折衷形として、法律に基づく委員会であった地方分権推進委員会に対し、地方分権改革会議は法律ではなく、政令によって設置される会議とされたものと伺っております。この会議が発足した際には、地方六団体も「これで引き続き分権を進めていただきたい」と歓迎のコメントを公表しています。

この会議では「事務・事業の在り方」「地方税財源」「行政体制」の三つのテーマを扱うことになり、それぞれに対し「勧告」ではなく「意見」を出しています。

しかしながら、会議は途中から雲行きが怪しくなっていきました。特に平成一五年六月六日に出された「三位一体の改革についての意見」の取りまとめにあたっては、一般紙上でも報じられましたが、税源移譲を明記するのかどうか、あるいは地方共同税に言及するのかどうかをめぐって会議が紛糾し、混迷を深めた後、最終的には委員のうち四名が反対を表明、一名は署名を拒否することとなり、そのことが明記された異例の形で意見が出されました。それは、第一次分権の地方分権推進委員会とはかなり様相を異にするものと言わざるを得ないものでした。

その背景には、委員会と会議の性格や位置付け、あるいは会議運営手法の違い、又は地方分権に対する関係者の理解の違いなど、さまざまな点があったかと思います。こうした点につきまして、当時どのように見ておられたか、また、今どう考えればよいか、第一次分権と第二次分権に通じて参画され、この会議の委員もされた神野先生からお話をいただければと思います。

神野　この頃は東京大学の経済学部長をつとめた時期と重なっており、学内の事務で非常に忙しくなっていく中でこの仕事をお引き受けすることになりました。この仕事は、西尾先生がお書きになった地方分権推進委員会の最終報告のいわゆる「残された課題」を引き継ぐものだと思っておりましたので、最初、この会議のメンバーに入ってくれと依頼されたときには、西尾先生は必ずメンバーに入っておられて、諸井虔委員長もお入りになっているだろうと思い、あまり中味を聞かずに「わかりました」と答えたのですが、後に確認したところ誰も入っていなかったので、驚いた記憶があります。会議には、分権委員会に参与として参加されていた森田朗先生も入っておられましたが、委員ないしは専門委員では私だけでしたから、第一次分権の地方分権推進委員会を継承できる立場にあったのは私一人でした。「残された課題」中でも特に強調されていたのは、立ち遅れていた財政面の分権の問題と、税源移譲とそれに伴う財政調整制度の問題でしたから、私は全面的に責任をとらなければならない、これは歴史的な責任だと思っていました。地方分権推進委員会では西尾先生が旗を振ってくれたおかげで、私は付いていっただけでしたが、地方分権改革推進会議は付いていくというよりも、会議に対して異議を申し立てる立場になりました。少なくとも地方分権推進委員会が示した路線をどうにか、一歩を進めることができなくとも、少しは残しておかなければならないという考え方でした。諸井委員長は「ベースキャンプを築いた」とおっしゃっていたのに、次のキャンプに行くことができないとしても、ベースを崩されそうになるのを守る必要がありました。

私は、財政面での改革を軸に置いておりました。先ほどもお話にあった三つのテーマについては、最初に事務・事業の在り方について検討を行い、その次に、財政面に取り組むという話になりましたが、これに対しても「事務・事業については、既に地方分権推進委員会がある程度のことを成し遂げているので、最終報告からしても逆の順番の方がいいのではないか」と主張したのですが、結局先送りされて、事務権限を国と地方でどのように分担するかという考え方の議論から入ったわけです。それは「事務・事業の在り方に関する意見―自主・自立の地域社会をめざして―」（平成一四年一〇月三〇日）という形になりました。この議論の中で、私が恐れたのは、事務・事業の配分の議論によって、後に取り組むことになっているはずの財政問題の前提条件をつくられてしまうということでした。これに対してもかなり異議を申し上げた記憶があります。

私が「事務・事業の在り方に関する意見」の最大の問題点だと考えたのは、意見の二ページ目にあるのですが、「国と地方の役割分担の適正化：ナショナル・ミニマムの達成からローカル・オプティマムの実現へ」という一節です。かつての「シビル・ミニマム」の議論では、シビル・ミニマムとは各地方において選択するべきものですが、明らかに「ナショナル・ミニマム」よりも上位にある概念とされています。しかし、この意見の中身を読んでいただければ、文中に滲み出ているのは「ローカル・オプティマム」が、ナショナル・ミニマムの下位にあるということです。ミニマムよりも均衡点（オプティマム）が下にあるというのはよくわからない概念です。

もう一つ考え違いしているのではないかと思った点は、経済学でいうと、オプティマムというのは効率性の概念であり、ミニマムというのは公正の概念、正義の概念であって、両者は普通は相容れないはずです。しかも、こういった公共サービスの水準を設定するときにオプティマムという概念が果たして成立し得るのかどうかという疑問を感じました。しかし、結局、意見の中ではこれが大きなトーンになっていきました。地方が創意工夫する、自主・自立すると言いながら、振り返れば各地方公共団体の差異をつけていく、差異を重要視するとしています。「差異」と「格差」とは全く違う概念であり、格差をなくすことによって、多様な差異ができるようになるというのであれば理解できますが、多様性の名のもとに創意工夫によって、格差を是認するような論旨が入ってきています。今、私は、地方分権改革有識者会議に参加していますが、そこでもこの論理には気をつけています。例えば「効率」という言葉を使うのであれば、「質」という言葉を入れ、生活面についてかなり強調するように工夫しています。そうしなければ、あたかも地方公共団体を企業のように位置付ける議論が出てくる危険性がありますので、その点については気をつけているところです。

次のポイントとして、「事務・事業の在り方に関する意見」では、その次の段階では税源移譲もきちんとやるのだということで、税源移譲を含む税源配分を三位一体で検討していくという一節が入っています。私や岩崎美紀子さんが主張をして、かろうじて入ったのです。しかし、次に出された「三位一体の改革についての意見」（平成一五年六月六日）では、この税源配分については先送りすることになりました。

もう一つ重要なポイントは、会議が前提とした考え方でした。ドイツ財政学では、政府機能は膨張していくという考え方に立つわけですけれども、この時期に主流になっていたのは、経済学でも、一般的な考え方としても、政府機能を小さくしていく「小さな政府論」でした。この考え方がきわめて強くなっていき、これが決定的に地方分権改革推進会議の議論に影響を及ぼしてきます。三位一体の改革もこの会議から出てきた話ではなく、同時並行的に行われていた経済財政諮問会議が、地方税財政にかかわる課題やテーマをどんどん打ち出してきたわけです。三位一体という話は「経済財政運営と構造改革に関する基本方針二〇〇二」（平成一四年六月二一日）で既に出ていましたから、地方分権改革推進会議の場でそれに反旗を翻すのはなかなか大変で、経済財政諮問会議にトーンを合わせるしかないという状況に追い込まれてきたことが、結果としてうまくいかなかった原因ではないかと思います。「三位一体の改革についての意見」も、本来は地方分権推進委員会の「残された課題」を源とする議論ですから、西尾先生がお書きになったように、税源移譲をしながら財政面の分権をやってくということになるべきでしたが、このときは完全に経済財政諮問会議で決めた三位一体の改革を前提に、横目で見ながら意見を出すことになっていました。

「三位一体の改革についての意見」のポイントは、税源移譲を先送りしたことが一つ。もう一つは、「水平的財政調整」とかいろいろな言葉が使われてきましたが、基本的には国に影響を及ぼさずに地方税を使って財政調整をするようにという意見、この二つがセットで議論されたということです。特定財源を一般財源化するという方法については、第一次分権の分権委員会で、ある程度の路線を敷いたので、今度は自主財源を増やすことによって一般財源を増やしていくという路線を敷いていく、一般財源が増えないことには、地方分権をやろうにもやりようがないという考えだったと思いますが、会議ではそれと真っ向から違った形の結論が出てきてしまい、紛糾したのでした。

冒頭にご紹介がありましたが、この意見には反対意見の委員四名と、署名拒否の委員が一名出ています。反対意見の委員については、名簿にアスタリスク（＊）を打っていますが、これは岩崎美紀子先生がカナダ方式として提案されて入ったものでした。その後は、その意が受け継がれていない、普及していないというご指摘をいただいています。いずれにしても、カナダ方式として提案されたので、アスタリスクをつけさせていただいたということでした。

最後に出したのが、第三の「地方公共団体の行財政改革の推進等行政体制の整備についての意見」（平成一六年五月一二日）です。小さな政府論、特に新自由主義の考え方が、さまざまな意味で、さまざまなところからかぶせられてきました。その中で、地方分権を打ち出していけばいくほど、新自由主義が考えているような地方分権の方向になってしまうわけです。読み返してみると、基本的にはニュー・パブリック・マネジメント（ＮＰＭ）を言っているだけの話なのですね。しかも、ＮＰＭは、これを紹介した大住莊四郎氏でさえ指摘しているように、二つパターンがあります。一つはスカンジナビア型、もう一つはアングロサクソン型ですが、スカンジナビア型のＮＰＭは、企業と政府は本質的に経済主体としての役割、機能、全てが違うのだということを前提にした上で、企業での経営管理のうち、政府部分で取り入れられるものを取り入れるという観点に立っています。それに対して、アングロサクソン型は、政府と企業は本質的に変わらないということを前提にしているので、両者は全く違うものです。正確に言うと、前提にしている経営管理の考え方が違っており、スカンジナビア型ではノン・テイラー主義で、アングロサクソンモデルではネオ・テイラー主義です。そういうことを無視して、アメリカ型のNPMを、いわば要約して書いているという感じになっています。このときも私は反論したかもしれませんが、あまり記憶がありません。

会議の評価ですが、少し気をつけなければならないのは、同時並行的に三位一体の改革が行われていたということがあります。会議の意見も「三位一体」という表題をつけていますが、実際の枠組みや決定は経済財政諮問会議やその周囲で決まっていました。あの三位一体の改革をもって、財政面からの分権への試みというのは、永久にと言わないまでも、終わりの鐘になったのではないかなと思います。その後の議論を見ても、地方団体からの声を含めて、財政面からの分権という声があまり上がらなくなってしまったというのが、携わった者として忸怩たる思いがします。三位一体の改革によって、曲がりなりにも日本で税源移譲ができて、一方で、西尾先生、諸井委員長が委員に就かれた地方制度調査会では合併の議論が進みました。これらが分権的になるのか、集権的になるのか、両面あったのだと思います。合併にも大きな政府論に立って行う合併と、小さな政府論に立って行う合併とは全く違うわけです。税源移譲も全く同じことになるのですが、この改革が両方とも小さな政府論に立たざるを得なかったという結果を、今後の歴史が、あるいは国民が、これから見てどう判断するのでしょうか。以上が私の全体の感想です。

小川　神野先生のご発言を若干後付けますと、先生ご指摘のとおり、地方分権改革推進会議の「事務・事業の在り方に関する意見」の前に、経済財政諮問会議の「骨太の方針二〇〇二」が出ておりまして、この時点で既に総理の指示として、「骨太の方針二〇〇二」を踏まえて三位一体の改革につながる事務・事業の在り方に関して提言をするよう要請されております。それから、「三位一体の改革についての意見」も、会議としてのテーマ設定は「地方税財源」でしたが、やはり骨太二〇〇二あるいは諮問会議からのオーダーによって「三位一体の改革についての意見」という形になっているということが時系列として読み取れようかと思います。

地方分権改革推進会議以降、地方分権の流れは、地方分権推進委員会時代の「フォローの風」から、一変して「アゲインストの風」になったように感じられ始めます。小西先生、このあたりについてご考察をいただければと思います。

小西　平成一五年六月の地方分権改革推進会議の二回目の意見、「三位一体の改革についての意見」でアスタリスクをつけた方が四人おられるわけですよね。この地方分権改革推進会議は、人選でも地方側に苦しいところがありました。西室さん、水口さんは財政制度等審議会のメンバーでした。議長、議長代理がこの二人になった時点で、多数による意思決定であれば既に地方側の主張は負けることが決まっていたようなものだったのではないでしょうか。

神野先生のお話の中で補足しておきたいのが、「税源移譲」については、経済財政諮問会議において既にやることになっていました。諮問会議の基本方針は二〇〇一が最初ですが、二〇〇一から二〇〇三の間は片山虎之助さんが総務大臣で、片山プランとか片山試案を出しており、もう税源移譲することは既定路線だったはずでした。ところが、平成一五年四月一日の諮問会議の議事録をみていただければわかるのですが、片山虎之助総務大臣と塩川正十郎財務大臣が対決しています。「税源移譲をやるべき」と片山さんが主張すると、塩川さんは、「片山さんが言うのは財源の問題ばかりだ。分権が進んでいない、分権をまず進めてからだ」と返すのですよ。そこに、片山大臣が「地方分権一括法で権限移譲などは行われたが税源移譲が行われなかった。それが地方側の大変な不満なのだ」と更に返すという相当激しいやりとりをしています。塩川大臣は「地方分権が進んでいない」と言っていますが、この地方分権とは何を意味するかよく分かりません。おそらく必置義務などの義務付けの見直しのことを言っているのではないかと思います。財務省は義務付けの見直しを人質にとったような印象です。要は、そちらを先にやってからでないと、税源移譲の議論には行かないのだというストーリーかと想像します。

この日の会議では、小泉総理から「補助金・交付税・税財源移譲の改革を三位一体でやる」「まず三位一体のうち、税財源の移譲を行い、そこで出てくる矛盾を交付税と補助金でどう解消するかを考えるべき」とご発言がありました。そこで、先ほど申し上げた塩川大臣と片山大臣のやり取りが出てくるのですが、竹中経済財政担当大臣は、税源移譲という形で小泉改革の成果を世に問いたいとお考えでしたから、大激論の末、最後は税源移譲を議論するという方向に持っていっています。当日の記者会見で竹中大臣は「補助金、負担金の削減に加えて、税源移譲というものを突破口にしてこの三位一体問題を解決したい」と総理から発言があったと発表されました。ところがその翌日の記者会見で、塩川さんは、「竹中さんの言っていることは間違い」と言っています。実は四月一日の諮問会議には水口さんも出席しているのです。だから、水口さんは、総理の口から税源移譲を議論すると聞いているのですが、六月六日には税源移譲は一切しないという「三位一体の改革についての意見」を出しています。

地方分権改革推進会議は、平成一五年六月六日に神野先生が記者会見で「税源移譲をやらないなんてだめだ」と言って、それで地方もみんな怒って、この時点でこの会議はだめだということになりました。その後、諮問会議が後を引き取る形になり、官邸が調整役になって三位一体の改革の話になっていきます。

三位一体の改革の評価

小川　三位一体の改革の話が出てまいりましたが、この改革にはさまざまな見方があると思います。一つは前回議論になりましたが、市町村合併に大きな影響を与えたとされています。もう一つは、先ほど神野先生からお話がありましたけれども、三位一体の改革の結果を見て、地方分権と絡めて税財源を議論することに対する地方自治体の意欲をかなり挫いた、消極的な姿勢を強めたと言われます。三位一体の改革がこの二〇年の地方分権の中で果たした役割について伺いたいと思います。小西先生、いかがでしょうか。

小西　地財ショックは大変なことだったわけですが、経済財政諮問会議が、あの雰囲気の中で毎年毎年議論を行っていると、ドンと一気にやってしまわないと際限なく圧縮されるという判断もあったように想像しています。実際、地財ショックは平成一六年ですが、一六年以降、地財計画の一般財源が減ったことはありません。その意味では、見立てとしては正しいわけです。しかし、税源移譲の引き換えとして、地財ショックを甘んじて受けとめたことに対しては、意見が分かれるところではないかと思います。

三位一体の改革は、先に国庫補助負担金の圧縮額の四兆円という金額が決まっていました。四兆円の国庫補助負担金の見直しが出たときに、一般会計の外の補助金については税が充たっていない部分であるためにまず外され、次に投資的経費もそもそも国債が充たっているから関係ないのだといって外されると、一般会計のうち経常経費で四兆円の国庫補助負担金を稼ごうと思うと、国庫補助金だけではだめで、負担金に行かざるを得ないというところになりました。ところが、国庫負担金と国庫補助金のどちらを優先的に廃止すべきかというような、シャウプ勧告とその後の地方財政法の整理の根本的な議論を三位一体の改革ではやらずに、四兆円を経常の国庫補助負担金で稼げという構図になったことは、地方分権の議論としては、忸怩たるものがあります。

シャウプ勧告によれば負担金は消極的ですけど、地方財政法のくくりからいうと国庫補助金の方を先にやめるべきだという話になっていて、その辺も神野先生にはご意見がある部分だと思いますが、そういった議論は全然関係なく、四兆円という数字が前に出ました。これに対して、麻生太郎総務大臣は、地方に四兆円の候補を出してもらうということにしました。全国知事会はそれを受け「闘う知事会」と称して、それを受けとめましたが、地方がちゃんとリストを出したという意味では、ある種プラスだったと思います。

24　地方分権二一世紀ビジョン懇談会

懇談会の議論

小川　さきほど、神野先生からもＮＰＭ的な発想、あるいは小さな政府論的な思想が議論の底流をなす時代であったというご指摘がございました。その後、総務省の検討組織として、「地方分権二一世紀ビジョン懇談会」、いわゆる竹中ビジョン懇談会が開催されます。この中でも通底していたのは、小さな政府、あるいはＮＰＭ的な考え方でした。懇談会の委員として入られた小早川先生から、懇談会についてどのような受けとめ方をされていたか、ご紹介いただければと思います。

小早川　竹中ビジョン懇談会は、地方分権改革推進会議の三回目の意見が出てから、少し間が空いた平成一八年一月に開催されています。私自身は、第一次分権の地方分権推進委員会が解散になって、その後も流れは続くのかなと思っていたら、続いていないらしい、そのような話を何となく聞いていて熱が冷めていました。ところが、時間がたってから、竹中平蔵総務大臣からだったと思いますが、突然連絡をいただきまして、とにかく入ってくれという話がありました。大田弘子さんが大学の研究室にアポイントメントをとってやって来られて、まだこちらとしては何も整理ができていませんでしたが、いろいろとお話を伺った記憶があります。

そういうこともあって、私はしばらく波長が合いませんでした。竹中大臣にもそれまで全く面識がありませんでしたが、よくお話しになる、頭の回る、よくできる人だという感じがいたしました。大臣もさすがで、冷めている私をさらに冷めさせるようなことはおっしゃらないで、地方分権改革の理念を大事にしていくのだと懇談会の席上でも随分強調されておられました。私もそれを真に受けていたところもあったのですが、そういう私でも、この竹中ビジョン懇談会の話を追っていくと、先ほどからのお話と符合しますけれども、要するに、地方の自主・自立性を高めることで何を狙うかといえば、結局無駄をなくす、地方が無駄なことをやらされているところを削っていく、そうすれば国全体として節約できるだろうというシナリオだなという感じを受けておりました。

懇談会の期間は、ちょうど夕張市の財政再建問題と重なっておりましたから、会議の関心もかなりこちらの方に偏りました。財政再建問題と、他方で、地方債の自由化をどうやって制度設計していくかという議論を一生懸命していました。義務付け・枠付けの話は、関心の度合いとしてはその次だったと思います。私は第一次分権の地方分権推進委員会の最終報告を受けての話だろうと思っていましたし、そういう説明ではあったのですけれども、やはりそれも、事務の実施を自由にすることで節約ができるようになるという考え方が何となく匂っていたという感じがいたしました。

懇談会の中盤から、竹中大臣と大田さんが「一括法方式」ということを強く打ち出すようになりました。私としては、確かにそれは第一次分権での成功体験としてはあるかもしれないけれど、中身は何になるのだろうと、少し白けた目で見ていました。今から考えると、要するに一括法方式とは、各省任せにはしない、そういう検討・立案体制を集権的に作ってやっていこうということだろうと思います。それは、考え方としては、恐らく妥当なことなのかもしれないと、後からはそのような気もしたわけです。そういう流れで、一部は地方財政健全化法へとつながっていきますし、さまざまな話題が飛び出しては駆け抜けていたという感じでしたが、最後は第二次地方分権改革推進法へとつながっていきました。

山﨑　私は、地方分権改革推進会議が発足してしばらく経過した平成一四年四月に赴任先の北九州市から帰ってきました。この頃少し驚いたのは、神野先生や小早川先生もおっしゃったように、小泉純一郎内閣の下に竹中経済財政担当大臣がいらして、次第にその枠組みでさまざまなことが動くようになってきたということでした。地方分権改革推進会議の事務局長は伊藤祐一郎さんでしたが、結局のところ、会議の全体の運営は、西室泰三議長と水口弘一議長代理と、それから、財務省から出向して来られた参事官が主導されて、次第にそれまでの地方分権の進め方から離れていくという過程があったと思います。

また、私が確か合併推進課長をしていたときに、竹中平蔵さんが総務大臣になられて、高橋洋一先生を始め、大臣の幕僚のような方々が総務省に来られました。義務付け・枠付けを廃止することによって新型交付税を導入するとか、義務付け・枠付けを緩めることによって財政保障水準を落としていくというローカル・オプティマムの議論につながるお考えをお持ちだった気がします。懇談会のメンバーの決定も事務方はほとんど関わる余地がなく、竹中大臣がお連れになった大田弘子先生が主導する中、メンバーに小早川先生のお名前を発見して、事務方としては非常に喜んだのを憶えています。懇談会のメンバーは、総務省、旧自治省の会議などに参加されたことがあった方はほとんどおられませんでした。ほとんどのメンバーがあまりこれまでの地方分権の流れにかかわっておられなかった方々で構成されるという状況の中で、義務付け・枠付けの見直しや、事務事業の見直しに小早川先生がお入りいただけるということで、事務方としては、本当にホッとしたという記憶が残っております。

小西　懇談会は平成一八年七月三日に最終報告書を出しておりますが、その前に中間報告がされています。高橋洋一さんがサポートされたと想像しています。

懇談会のアジェンダは「新分権一括法の提出」「地方債の完全自由化」「再生型破綻法制の整備」「税源配分の見直し」「交付税改革」「地方行革」等と書いてあり、その中身は細かく分かれています。提言内容の小項目を組みかえてみますと、目指していることが理解できます。一つは、市場によるガバナンスです。市場によるガバナンスとは、公募地方債の発行条件の統一交渉の廃止とか、公営企業金融公庫の廃止とか、それから、地方公会計改革等の地方行革の新指針の策定、それから、再生型破綻法制を意味しています。それから、ミクロの財源保障の廃止です。そこにつながるのが、地方債に対する交付税措置の廃止と交付税算定の簡素化と義務付けの見直しであり、そして、最後が一番大事だと思うのですけど、要は、地方財政計画の廃止をしたいということです。地財計画の廃止のために「新分権一括法等による国の基準の義務付けや規制の削減にあわせて、新型交付税の比重を高める」として、税源配分の見直し、不交付団体の拡大、地方債の協議制の廃止と言っています。

一方で、地方六団体では神野先生を座長とする「新地方分権構想検討委員会」（平成一八年一月〜平成一八年一一月）が開催されており、そういう構図の中で、安倍内閣に変わったときに、地方分権改革推進委員会が発足していくことになるという流れになります。

25　政策決定プロセスの変化

政治主導による意思決定

小川　神野先生のお話をはじめとして、小泉内閣の発足以降、官邸主導で、重要施策を扱う経済財政諮問会議において大きな方針が決定されていくようになりました。平成一三年七月に第一次分権改革が終了した直後、西尾理事長が膝詰談判の苦い経験もあって、今後、分権改革を進めるとすれば、こうした政治主導、政治決定の場を設けなければこの先は進まないと、このようなお話をされていますが、当時の思いなどにつきまして、お話をいただければと思います。

西尾　第一次分権改革では実現可能な勧告を求められ、その結果、各省庁との膝詰談判を繰り返し、そこで合意に達したものだけを勧告事項にするという方針をとらざるを得なかったということは、私も強調していることですが、必ずしもそれが苦い経験だとは思っておりません。逆に言えば、そうやったからこそ、第一次分権改革の勧告事項の九〇数パーセントが推進計画に盛り込まれ、一括法の中に取り入れられて大変な実現率になっているわけです。したがって、非常なエネルギーの浪費を伴いますけれども、ああいう手続を踏んでいって、改革を着実に積み上げるということが大事なことなのだなと思っているのも事実です。ただ、そのやり方でいくと、全くどうしようもないものが多く残ってしまうわけです。各省が絶対反対というようなものは全て諦めていたわけです。ですから、税財源の移譲も、その他さまざまな権限移譲のことも、国から都道府県、都道府県から市町村へもほとんど手がつかなかったわけです。そういう意味では、後に残された課題として膨大なものが残ったわけです。

第一次分権改革が終わり、残された課題をどうするかといえば、同じ方式でやれば、もう一歩も進まないのではないかという気持ちが強くありました。それをどう突破するのかといえば、最後は政治主導で動かしていただく以外にないのではないだろうか、各省庁の官僚機構が反対しても、それを押さえつけてでもやるという政治的リーダーシップで進められない限り、ほとんどの改革は不可能ではないかと思ったということです。そういう意味で、地方分権改革にとって政治主導の確立が大事だと言い続けてきました。

その後の地方分権改革推進委員会にしろ、今日に至るさまざまな機関にしろ、全て一応、政治主導でやろうとしているわけです。マスメディアは政治主導でやれと簡単に書いて、あまり進まないと内閣は熱意がないとか、本気度が欠けているとか、官僚たちに結局また負けているじゃないかという論評になってしまって、政治家の努力と政党の努力が評価されていないように思いますが、政治主導でやれば一〇〇パーセントできるかと言えば、それはあり得ない話です。各省庁の実務を支えて、大臣を補佐している官僚機構が強力に反対することをあえてやらせることは、いかに強力な大臣でも容易なことではありませんから、おのずから任期中、何点かに絞り込んでそこだけはこの内閣中にどうしてもやるのだというようなことができたとしても、委員会から出てきた勧告事項を全て飲めというようなことはできるわけがないでしょう。そうすれば大臣と官僚機構の間が決裂状態になって、そこの省庁の仕事は動かなくなるわけで、そんなことは政権をとっている内閣も担当大臣も絶対にやれることではないので、おのずから絞っていってやっていくことになります。そうすれば、委員会が出してきた勧告事項の中で実現率が三割か四割もいけば立派なものだという、そういう考え方にみんなが切りかえなければならないと思います。民主党政権に対してはみんな悪い評価をしていますが、義務付け・枠付けや権限移譲については かなりの努力が行われたと私は思います。ともかく半分ぐらいは実現させていったということですので、大変な実現率なんじゃないかと思っています。各省、関係各省庁の合意をとったものを勧告するということになると、およそ何一つとして勧告できなくなります。ですから、以降の委員会は、どんなに反対してでも勧告に書くということになってきたわけです。そのかわり、それがどこまで実現するかというのは、ものすごく昔より難しくなっていると、それが私の認識です。

三位一体の改革のときは、小泉首相が早くから経済財政諮問会議で取り上げていて、ある時点になって首相自身が三位一体の改革をやると言い出して決まったわけですから、これは完全に政治主導・首相主導で始まっている改革です。だから、私は大いに期待しました。これでやっと我々には手がつかなかったことに突破口が開かれるという期待は持ちました。しかし、最後は無残なことに終わってしまいました。どんなに強力な内閣であったとしても、そううまくいくものじゃないという教訓を残したのではないかと思います。戦後の歴代内閣の中では、これほど強い内閣はなかったと思います。これからもあれほど強い内閣はなかなか生まれないのではないかという気がします。それでさえ、あの程度しか実現できないのですから。残念ながら小泉首相にとっては郵政民営化が最優先課題で、そのことに自分の関心とエネルギーをほとんどとられていたのではないか。そこにもう一つ三位一体の改革を取り上げてしまったのだけれど、自分がそこに十分なコミットメントをする余裕がなかったのではないか、それが失敗のもとだと思います。

26　地方行革

地方行革の成果

小川　少しテーマを変えて、地方行革を取り上げたいと思います。二〇年間の地方分権を振り返っておりますが、この期間は同時に地方行革の時代でもあったと思います。特に市町村合併の方向性にめどがつき始めたころ、平成一六年あたりから、地方行革を求める声が非常に強まりました。総務省は平成一七年三月に「地方公共団体における行政改革の推進のための新たな指針の策定について」、さらに平成一八年八月に「地方公共団体における行政改革の更なる推進のための指針について」という通知を発出し、「集中改革プラン」を全地方公共団体で策定して、定員削減、給与適正化等に取り組むように要請をしました。また、平成一八年度からは、給与制度改革で、給与のフラット化でありますとか、地域手当の見直し等の改革も並行して進められています。

それまでも平成六年、九年と、地方分権と平仄を合わせて、自治省から行革の通知等を出したりした時期もございましたけれども、とりわけこの平成一七年・一八年の取組は積極的なものであったと思います。このような地方行革の取組が求められた背景はどのようなものであったか、また、どのような結果がもたらされたかといった点につきまして、辻先生よりお話をお聞かせいただければと思います。

辻　この時は、平成一七年・一八年と二年にわたり、しかも、平成一八年になってより積極的な取組を促す通知が出されておりますが、今から思いましても各団体の理解を得て、よい成果があったなという印象をもっております。五年〜一〇年という長い目で見ると、相当程度、地方公務員数が削減され、この後には、給与も大幅に引き下げられました。地方分権の流れの中で一定の行革効果が現われたと言えると思います。

この背景としては、底流には市町村合併の流れがありました。また、市町村合併しなかったところには、優るとも劣ることなく、厳しく行革をすすめていかないといけないという差し迫った雰囲気がありました。さらに、三位一体の改革の中で地方交付税が約五兆円削減されたり、大阪市における不適切な事案が面白おかしく紹介されたりしたこともありました。こうしたことが一定の行革の努力に結びついていったのだと思います。しかし、今から改めて考えてみますと、当時は団塊の世代とそれに続く世代がまだ退職前の状況にあったことから、そこに相当分厚い高齢職員層があり、削減余地があったという事情もありました。こうした気運や事情のなかで、国が音頭をとりながら各市町村の自主的な改革を実現できたのではないかと思っています。

私はこれに先立ち、公務員部関連の仕事もいくつかしていました。最近は再任用の問題が出るようになってきて国家公務員準拠で国の制度の後を追うという感じがまた強くなってきていますが、平成一〇年代は公務員制度に関しては地方の方が先んじて改革をしてきた点もあり、地方ができる工夫は国に先んじてやっていこうという気運がありました。特に職員削減に関しては、国家公務員よりも地方公務員の方が、この時期、より厳しく実施したと言えると思います。

これを考えるに当たって重要なことは、その流れを支える理論的な支柱があったということです。平成一五年から二年かけて、岩崎美紀子座長のもとで「分権型社会に対応した地方行政組織運営の刷新に関する研究会」（刷新研）が開催されており、私も参加しておりました。報告書のサブタイトルにあるとおり、一番の主題は「新しい公共空間の形成を目指して」という話でした。先ほど神野先生からも厳しい問題提起がありましたが、当時、小さな政府を目指してＮＰＭ的な改革をしていけという圧力が非常に強くあったのも事実です。地方公共団体としては、必要なサービスはサービスとして供給し続けることも重要だけれど、一定限度の行革はしなければならない。この一見、相矛盾するかのような二つのことを何とかまとめようとしたのが、この研究会の「新しい公共空間の形成」です。研究会報告書本文の一四ページに当時の苦心の工夫の図が出ています。「公共」サービスの空間は膨らませて書いて、しかし、「行政」直営部分は少し小さめに書くというような形で、公共サービスの空間と行政直営で提供するところを分けて、「行政が責任を持って公共サービスを提供する」ということを理論的に整理しました。「新しい公共」というのは、随分後になって、民主党政権で取り上げられましたが、その前のかなり早い時点、団塊の世代が退職する前の時点で、この概念を打ち出して、行革に一定の理論的な考え方を提示したというのは、大きな功績であったと思います。

なお、このときの工夫として、国とあわせて独立行政法人制度を創設したということもありました。また、行革効果という観点からすると、指定管理者制度は非常に大きかったと思います。外郭団体が管理していた公の施設に関して、民間団体を指定して管理を行わせることができるという制度で、理論上は道路などに関しても可能だとしました。指定は行政処分の形で行うこととして、単純な強制競争入札にしない形で、滑らかに民間団体の活用を考えていったのでした。

この効果は、私は市町村合併と同じぐらい大きいのではないかと思います。さらに、こうした民間活用が進んでいく中で、民間委託の中で思ったように契約管理できないということを捉えて、平成一七年から二年にわたって「地方公共団体における民間委託の推進等に関する研究会」を開催し、民間委託のあり方についても比較的早いうちから検討を進めていきました。こういうような理論的な裏付けや制度的な工夫があって、自治体として行うべきサービスを守りつつ、一定の行革ができたのではないかと思います。

先ほどからお話があるとおり、現実問題として、国全体からの行革圧力には非常に強いものがありました。地方としては、地方が行政サービスを提供する体制として守るべきものは守りながら、行革で協力できることは協力するということで、一定の効果をあげられたのだと思います。つまり、国に先んじて改革すべきところは先にやり、しかし、影響の大きなところは国と一緒に並んでやるということで、結果的にタイミングよく行革ができたと言えると思います。

国家公務員給与の七・八パーセントの削減が今年三月で終わりました。国家公務員の場合はその期間は二年間で、かつ賞与まで対象とされました。一方で、地方公務員の給与削減は一年でとどまりそうで、なおかつ多くの団体は賞与に手をつけませんでした。これは、当時の国に先んじた地方団体の努力に報いたものと見てもいいのではないかと思っているところです。

山﨑　私は、この頃、行政体制整備室長をやっておりまして、当時、危機感がありましたのは、自民党の行革本部が小泉・竹中路線の中で小さな政府を強調し始めていたことです。そのときに自民党行革本部の方々は、国は行革を進めているけれども、地方は進めていないという強い確信を持っていらっしゃいました。一昔前の地方の姿が頭に残っておられたのだと思います。

また、そのときにちょうど大阪市で非常に大きな不祥事が起こりまして、例えば年収一、六〇〇万円のバスの運転手がいるとか、職員に上下の背広を配っているとかという話がありました。省庁再編で総務省になって、総務庁と自治省が同じ役所になっておりましたし、地方行革が大きなテーマになりました。

当時、かつての行革の手法を振り返ってみましたが、定数の削減と給与の引き下げだけ言っていて、どのように定数を減らすかとか、どうやって給与を下げるかという話はしていなかったのです。結果だけ見るという形でした。行政体制整備室は平成になってできた室ですが、それまでは、行政課の方で行革をやれというだけで、公務員部の方で結果の指標を見るだけでした。しかし、このときはＮＰＭの議論もありましたので、どう進めていくか検討する必要があるということで研究会を開いたわけです。

そのときに「刷新研」という名前をつけましたのは、それまでの「行革」は、単に減らすとか縮めるという話ばかりでしたから、違う言葉を入れたいということでイノベーションという言葉を入れたわけです。それから、第二七次地方制度調査会答申の中で、「新しい公共空間を形成する」という言葉がありましたので、それを入れています。これからは、公務員の数は増やすことはできないが、一方で、「公共」は縮めないためにどうしていくのかということで検討を進めていこうということで、例えば、当時、非常に先進的と言われていた愛知県高浜市の例や佐賀県の例を検証しながら議論を進めていった記憶があります。

先ほど話にでました平成一七年三月の行革通知を出す前に、端的に言えば、数値目標を掲げるかどうかというところで非常に大きな議論になりました。定数削減の数値目標を掲げることは今までやったことがありませんでした。当時の経済財政諮問会議では、国家公務員の方は既に行革を進めたという雰囲気がありました。どういう理屈かといいますと、独立行政法人制度が整備され、大学に関してはみんな独立行政法人化した、郵政事業は郵政公社に行った、その結果、国家公務員として定員管理すべき人数はうんと減っている、これに対して地方の方はどうかということでした。

地方の方は、先ほど辻先生からご指摘がありましたように、指定管理者制度を入れ、それから、国に少し遅れましたが地方独立行政法人制度が整備され、新しい行革ツールもできていました。そこを組み合わせながら、過去何年間かの定数削減実績を見て、それを上回る水準でということによって、削減目標を示すことにしたのでした。

平成一七年一月ごろ、省内で審議官会議をやりまして、各局の審議官に集まっていただいて、削減目標をどうするかという議論を行いました。それから、久元審議官が経済財政諮問会議の民間議員に先に説明に行って、本間正明先生をはじめ、民間議員の皆さんから「総務省が積極的に地方行革を進めるなら、そのやり方を見る」というような言い方をいただいて、応援をいただく形になりまして、そこで麻生総務大臣の了解をいただいて数値目標入りの「集中改革プラン」を進めることにしたわけです。

実は、私が二本松城址に掲げられておりました「爾の俸爾の禄は、民の膏民の脂なり」というフレーズを集中改革プランに入れようとしたら、分かりにくいと言われましたので、それを現代語に翻訳して、私たちの給料というのはみんな税金から来ているのだから、ちゃんと行革をやっていこうという文章にして掲げました。いろんな行革ツールを入れながら、団塊の世代の大量退職の前に手を打つ、市町村合併の成果を生かすというコンセプトを入れたというのがこの平成一七年の集中改革プランです。

集中改革プランを出すことにより、国家公務員よりも先に数値目標が示されたことになりましたので、これで地方行革が先んじるというトレンドを作ることができました。ただ、一部からは、こういうやり方は地方分権的じゃない、技術的助言の枠を超えているというおしかりも随分いただきましたが、今となってみても、これをやってよかったと思っております。

平成一八年にもう一度通知を出しておりますのは、竹中平蔵さんが総務大臣になられ、「自分が総務大臣になってもう一段強いものを出したい」というご意向があって、そこを平成一七年の延長上で出したということでございます。そういった意味で呻吟しながら進めましたが、とりあえず今の状況を見ますと、行革は進んでいると言えるのではないかと思います。ただ、集中改革プランでは定数削減にかなり重きを置きましたので、本来、基礎自治体の行政サービスは公務員が行ってこそ全うできるものが多いにもかかわらず、基礎自治体と広域自治体を峻別することなく定数削減を進めました。また、大きな県では、もはや警官の数の方が、知事直轄の一般職員よりも多くなっています。県という存在が自分の公務員を使って仕事をする姿ではなくなっていると いうのがあります。このあたり、これからどのような都道府県庁像、市役所像が求められ、そこに適切に公務員を配置していくのかということが残されている課題ではないかと思っています。ただ、守って追い込まれてやるよりも、積極的に攻めた方が、結果的に傷が少ないという感じを私自身は持っているところでございます。

27　第二次地方分権改革の始動

地方分権改革推進委員会の発足

小川　それでは「第二次分権改革の始動」に入ってまいりたいと思います。先ほど小早川先生や小西先生からもお話がありましたが、竹中ビジョン懇談会の議論の中で、分権一括法ということが言われるようになりました。平成一八年五月には竹中大臣が「分権改革プログラム」を経済財政諮問会議に提出し、そこで「新分権一括法」に言及しました。「分権推進法」ではなく「一括法」になっており、当時、事務方としては、いきなり分権一括法を出せるのかという疑念もありましたが、この言葉には非常にこだわりがあったため、そのまま提言されております。また、地方六団体の方も「地方分権の推進に関する意見書」を提出する動きがありました。しかしながら、この当時から既に、まだ第二次改革に向けた気運は高まっていない、拙速であるというような声がありました。また、地方六団体は三位一体の改革や小泉・竹中路線からの巻き返しを期待しましたが、一方で、竹中ビジョン懇談会の議論の基調は義務付けの廃止によって財政保障水準を下げようという発想があり、同床異夢のもとで第二次分権改革に進んでいったように思います。

平成一八年九月に安倍内閣が成立し、組閣の翌日、秋の臨時国会に分権改革推進法案を出すよう、総務大臣に指示があり、直ちに立案が進められました。一二月に法案が成立し、翌平成一九年四月に地方分権改革推進委員会が設置されたという流れになっています。

竹中ビジョン懇談会から携わっておられた小早川先生から、第二次地方分権改革の始動についてご紹介いただければと思います。

小早川　私はこの新地方分権改革推進法案について、国会の総務委員会で意見陳述を行いました（平成一八年一一月一四日衆議院・総務委員会）。先ほど西尾先生が第一次分権改革の後の残された問題の整理をされましたが、私も大体その辺の考え方を持っておりました。国会では、指揮監督・関与など、要するに執行面での縛りをなくして自主・自立性を強化するという第一次分権改革に対して、手つかずであったその前提の政策づくり、制度づくりの面、これが義務付け・枠付けの見直しの話になりますが、それが必要だと申しました。それから税財政システムの問題、そして、重要な事務権限についても移譲が進んでいない、次の段階では、そのあたりに論点を絞って強力にやるべきだと申しました。また、非政治的レベルでやれるところは第一次分権でとことんやっているので、強力な政治リーダーシップで、絞られた重要な項目をやるべき時期だろうということを総務委員会で申しました。

しかし、繰り返しになりますけど、竹中ビジョン懇談会以来、やはり国の財政再建との関係、それから国庫補助負担金をどうすればカットできるか、あわよくば地方交付税制度の見直しをするという、その道具として義務付け・枠付け問題が使われているということは確かにあったわけです。そういうことは薄々わかりながらも、そこは同床異夢でもいいじゃないかという感じで、その義務付け・枠付けの問題をいろいろな場面で繰り返し強調いたしました。地方分権改革推進委員会までのトランジションの段階は、そういった感じでございます。

小川　法案の提出につきましては、当初、翌年以降を想定していたところ、急旋回で直近の秋の臨時国会に提出することとなったわけですが、この当時の経過等について事務局から補足をお願いします。

事務局　平成一八年九月に第一次安倍内閣が発足をしたときに、菅義偉総務大臣が藤井昭夫自治行政局長をお呼びになり、「臨時国会で新しい分権推進の法律を出す準備をするように」とおっしゃいました。七月の竹中ビジョン懇談会の報告書では「新分権一括法の提出」とは書いておりましたが、「三年以内の提出」としており、それほど急ぐ話ではないと思っていたところ、九月の新内閣発足と同時に総務副大臣から総務大臣になられた菅大臣がすぐご指示を出されたということで、いわば青天の霹靂に近い印象でした。

実は七月の時点から、次の分権ではどういうスタイルがいいのか、西尾先生をはじめ、第一次分権でお世話になった先生方に伺っていました。そこでは、あのやり方はかなり限界があるのではないか、むしろ閣僚がメンバーになった本部方式がいいのではないかというご示唆もいただいておりましたが、急な法案提出となり、臨時国会で通すのであれば、ゼロから議論していてはとても間に合わない。各省庁も霞が関の論理からして、かつて一回了解を出した法案ときわめて似ているものであれば文句のつけようがないはずだということで、委員会方式ということになりました。それから、新しい要素はできるだけ加えない。財源の話ももっと書くべきだという意見も多くありましたが、新しいものは加えない、期間も集中的にということになりました。

山﨑　私は当時、官邸で勤務しておりましたが、菅総務大臣が安倍総理のところに来られまして、臨時国会で法案を成立させることに非常に大きな意義があると総理に説明されました。とにかく安倍内閣として、いち早く分権に取り組むことによって、地方重視の姿勢を出そうという感じがあったということは補足しておきます。その後、臨時国会でいち早く地方分権に取り組んだということが、安倍総理の記憶にも残っておられ、地方分権改革推進委員会に対しては良い感情を抱いておられるという感じが当時ありました。

小川　この第二次の分権改革推進委員会は三年間の任期をもってスタートいたしました。第一次の地方分権推進委員会が当初五年、最終的には六年に延長されましたが、それに比べますと、半分の期間でやるということであったわけです。

振り返りますと、この間に基礎自治体への権限移譲、それから、義務付け・枠付け、それから、当初予定をしていなかった国の出先機関改革といったところまで議論することになったわけです。それぞれ

については後にお話をいただければと思いますが、この短期間でこれだけ多くのことを行うことになったことについて、小早川先生にお話をいただきたいと思います

小早川　この委員会は、途中から西尾先生が入って来られたので、その後のことは西尾先生の話を伺いたいと思いますが、当初の私の認識は、これは一体何をやるのだろうということでした。竹中ビジョン懇談会から勢いはついていたのでしょうが、そこで竹中さんが大風呂敷を広げたことが本当に実現するわけもないだろうなという気もありまして、結局やれるのは義務付け・枠付けが、中心だろうなと思っておりました。

政治主導で重点を絞って乗り越えるということをイメージしていましたので、私としては三年間という短い期間になったこと自体について、それほど違和感はありませんでした。ただ、短い期間で義務付け・枠付けの見直しがどれだけできるかという点は、現在到達しているようなところまでやれるとは思っておらず、基本方針を決めて、その後は政府に実務をお任せするのかなという感じをある程度持っていました。

小川　増田寛也氏の総務大臣就任に伴い、西尾先生が委員にご就任されましたが、西尾先生より三年間の活動について補足をいただければと思います。

西尾　この新しい地方分権改革推進法案が作られたとか、国会を通ったときは、私はほとんど関心を持っていなかったので、なぜ三年になったのかというのは全く門外漢で、何も存じません。ただ、最初の第一次分権改革のときに、五年間の任期になっていましたよね。その前に、地方六団体が提出した提言書では、委員会の審議期間を一〇年にすべきと言っていましたし、その頃の地方制度調査会の意見書では、宇野収会長の強い意見で、一〇年は長過ぎるので五年で仕上げるべきだという期間設定をしたのですね。それが結局、法律にまで残っていって、五年でスタートしたわけです。

ただ、地方分権推進委員会の活動が始まる前か、始まってすぐか、当時の村山富市内閣は、五年間のうち三年間で審議を全部終えてしまって、その後の推進計画・一括法の策定と実施段階の監視に残りの二年間を使えばいいというようなご意向でした。政治家や、推進派の方は、できるだけ短期にして、タイムリミットを切って、それで思い切ってやれというご意向の人が強いのではないでしょうか。だから、それはやむを得ないのではないかなと思います。結局はその委員会が何らかの成果を上げるかどうかは、状況と顔ぶれで決まるところがありますから、五年やっていれば、もう少しいい仕事をしただろうなとは思えないのが実感です。

28　義務付け・枠付けの見直し

第一次勧告の議論

小川　第一次分権改革以来、国による義務付け・枠付けが課題視されていましたが、その見直し方策については具体論を欠いたまま議論が推移してきました。そうした中、第二次分権改革が急転直下で始まり、義務付け・枠付けは中核的なテーマに据えられました。今振り返れば、その進め方には幾つかの特徴が認められます。

一点目は、義務付け・枠付けの見直しを国による財源保障の引下げの議論とリンクさせずに、専ら地方自治体の自立性の拡大という視点から議論が進められたことです。二点目は、見直しの手法として、法令を個別具体に特定せず条例によって一般的に法令の規定事項を変更できるようにする「上書き権」を採用せず、一つ一つ必要な改正条項を洗い出し、手当をしていく「メルクマール方式」を採用したことです。三点目は、検討の進め方として、精緻な検討プロセスをとりつつ柔軟なフィードバックを行ったという点です。まずメルクマールを作り、その該当性を各府省において検討した後に、有識者の先生方により改めて判断していくプロセスが採られ、その過程においては、メルクマール自体の修正あるいは追加も行われました。四点目は、メルクマールをもとに事務の整理を行った上で、(a) 施設・公物の設置管理、(b) 協議、同意、許可・認可等、(c) 計画等の策定及びその手続という「三つの重点分野」を設定し、具体的に構ずるべき措置を設けたことです。例えば公物設置管理の事務であれば「参酌すべき基準」「標準」「従うべき基準」という具体的な措置の検討を行い、その結果を勧告しています。

こうした特徴を見出しつつ進められた義務付け・枠付けの見直しについて、小早川先生からご紹介をいただければと存じます。

小早川　税財政問題や事務権限移譲など、第一次地方分権改革からは大きな課題が積み残されておりました。地方分権改革推進委員会の実際の審議・検討の過程でも、その時々にさまざまな話題が噴出し、例えば、出先機関改革に力・エネルギーが向いたこともありましたが、義務付け・枠付け問題は、第一次の地方分権推進委員会からの遺言であり、当然、何らかの形で取り上げる必要があったわけでして、第二次の委員会としても異議なくやるべき課題だと認識されておりました。ただ、第一次分権委員会の最終報告は分権推進型、自主・自立性拡大型の提言ですが、その後、これを国の財政問題と絡めて位置付けようとする向きがありました。委員会でも、そのような議論の混入を完全には払拭できませんでしたが、それを払いのけながら、とにかくやるべきことをやろうということで進めていきました。義務付け・枠付けを見直すことで国による財源保障を切り崩そうとか、その水準を下げようとか、そういう議論を、委員会として明確に拒絶したということでもなく、何とかかわしながら、まずまずの方向へ持っていったと思います。

見直しの進め方としては、メルクマールを立て、その後、個別的・悉皆的に当てはめていくという進め方を採りました。

いわゆる上書き権の議論は、竹中ビジョン懇談会でも話題に出ており、世間一般でも唱えられるようになっていました。委員会でも当初から議論がありましたが、委員会の明確なスタンスはなく、第一次勧告では「検討する」という書き方になっております。この上書き権論については、およそ理屈が分からないという内閣法制局のにべも無い国会答弁もされておりました。私個人としては、法律を条例で上書きすることはできないだろうが、政令・省令レベルであれば、例えば内閣法や国家行政組織法に置かれている政令・省令の一般的授権規定に一項書き加えればできる話ではあろうと思っていました。ただ、それも、後に法律でひっくり返されることは当然あり得るわけです。一般の論調としては、その辺の詰めた議論はなされず、「いいぞ、行け行け」という意見と「そんなものはあり得ない」という意見がただ対立している感じがありました。

上書き権による一括方式を採るにしろ、メルクマールに基づく個別分別方式を採るにしろ、実際の作業としては、条例制定権の拡大はどの辺まで行けるのかという目安を探ってみることは必要でして、その検討の過程で、次第に、上書き権方式ではなく一定の基準（メルクマール）である程度は整理できるのではないかという感触を持つに至ったという流れだと思います。その検討は、委員会の事務局に設置された「法制問題研究会」で行うこととされ、若干の若手研究者と私と事務局の方で議論を行いました。また、それに対応する形で、有志の勉強会が開催され、お互いの検討を反映しあうというシステムになっており、次第にメルクマール方式の目途がついてきました。

メルクマール方式で行くにあたって、もう一つ前提がありました。それは、対象を自治事務に限るということであります。理論的必然性はないかもしれませんが、第一次分権委員会の最終報告から基本的にはその認識で議論されていたと思います。条文でいえば、地方自治法の第二条第一三項であり、それを押し立てて言っていたわけです。やはり、自治事務と言うとそれだけ説得力を増すということだったと思います。その上で、自治事務について義務付け・枠付けの許容のメルクマールをどう定義するかを議論しました。

ところで、検討の過程では、事務を単位にして切り分けることも議論しました。事務の区分に関しては、法定受託事務と自治事務の二分法だけでなく、学界には、さらに別の議論があります。特に、自治事務の場合に、法定の自治事務が極めて多く存在しますが、自治事務をそこで二区分すべきだという議論があり、そういったことも念頭に置きながら、ある程度の検討を行いました。しかし、事務で切り分けるといっても、そもそも「事務」をいかなるレベルで捉えるかの問題があります。団体委任事務とか機関委任事務に関するかつての地方自治法の別表をみても、そこでの事務の括り方は、大きくまとめたり細かく切り出したり、色々な括り方が雑然と並んでいたわけです。そのようなこともあって、事務ごとの切り分けはなかなか難しく、結局、義務付け・枠付けがなぜ必要なのかという、そちらの側からのメルクマール設定ということで落ち着いていきました。そこでは、自治事務への関与としての「指示」の許容の基準についての考え方が、かなり目安になったと思います。また、作業途中で各府省に作業をお願いして、その回答をさらに検討して、これ以上は難しいなというところで、『義務付け・枠付けの存置を許容する場合のメルクマール』非該当だが、残さざるを得ないと判断するもの」というカテゴリーを設け、そのメルクマールを立てました。その結果、出てきたリストが、大方納得を得られるものとなったのだと思います。

もう一つの重要な点として、メルクマールの該当性を判断するだけではなく、三つの重点事項に関しては着地点まで、つまり、個別条項について具体的に講ずべき措置まで示すことになりました。これも、理論的にというよりは、経験主義的、帰納主義的な検討の結果得られたものでした。「(a) 施設・公物設置管理の基準」の分野や「(c) 計画等の策定及びその手続」の分野は、従来から問題の多い分野としてそのようなものがあることの認識は共有されていたので、その辺は当然出てきたものです。もう一つが、「(b) 協議、同意、許可・認可・承認」のグループで、これも、実は、位置付けとしては重い意味があるものでした。第一次分権では、「協議」は権力的関与でないとして許容されたのですが、それについて今度は「協議を義務付けることも義務付けなのだからそこも切り込みます」というわけです。霞が関のルールに照らして大丈夫なのかと思ったのですが、意外と異論なく見直しを進めることができました。

もう一つ、着地点として、基準の条例委任とその場合の法令による基準設定は認めることとし、その方法として、「従うべき基準」型、「標準（としての基準）」型の他に、特に「参酌すべき基準」型を打ち出しました。これも重要な点だと思います。今のところ、参酌基準方式が実際にそれほど活用されているとは言えませんが、今後に向けて重要な布石を打つことができたと思っております。

山﨑　当時、私は、第一次安倍晋三内閣の下、総理直属の参事官として官邸におりました。平成一八年一二月に地方分権改革推進法が成立し、平成一九年四月に地方分権改革推進委員会の発足が急遽決まりました。そのターゲットは義務付け・枠付けの話になるだろうと思いましたが、義務付け・枠付けは、これまで一応議論はしてきているのだけれど、どういうものなのかも正確には分かっておりませんでした。そういう状況で小早川先生がおっしゃった有志の勉強会が開催されたわけです。委員会では、かなりの作業量をこなす必要があると考えられたものですから、委員会に臨む前に、コンテンツメイキングや頭の整理をしておくことが非常に大事ではないかと思っておりました。

当時、義務付け・枠付けについては、一部学会で、法律に一条書けば、法律も政令も省令も条例で覆せるという議論がありましたが、そのように委員会から勧告をいただいても、おそらく内閣としては実現できないだろうと私は思っていました。内閣法制局と議論をしていけば、個別法令の規律密度を落とした上で、そこに条例ができていくという説明をするしかありませんでした。しかも、先ほど小早川先生が政令・省令の話をされましたが、内閣法制局の方々と議論していると、政令・省令は法形式として相当高いものであり、一方で条例は地方自治法で地方公共団体の制定権を認めているだけだという議論をされるものですから、地方自治法なりの法律に、条例で政省令の規定を上書きすることができるという条文を書く自信もありませんでした。そういう状況にあっては、一つ一つの条項に当たって議論していくしかない。そこを準備段階の勉強会において、詰めた議論を行ったのでした。法制問題研究会で行われた議論は正式な会議に受け継がれていきましたが、霞が関の役人が事務局長を務めた第一次分権改革と違い、第二次の委員会は事務局長が北大教授の宮脇淳先生であり、また当初は、内容に関して各省も総務省も公式の議論に立ち入るなという空気がありました。官邸にいた私としては、そのために委員会自身がコンテンツとして何かを持たないとうまくいかないのではないか、そのためにはコンテンツを一緒に考えなければならないという問題意識がありました。

平成一九年九月、第一次安倍内閣の退陣とともに私は総務省に復帰して、分権担当の参事官になりました。有志の勉強会は、その頃までにメルクマールの大まかな検討をいろいろと行い、その後、相当細かいところまで条文をあたる作業をやりながら進めていきました。委員会の研究会が中身についての議論をするにあたっては、有志の勉強会の作業も生きてくるような流れになっていきました。

小川　条例による上書き権は、法令の上下関係という問題のほかに、実証的に法令を見てみると、我が国の法令は極めて規律密度が高く、一般的に「条例で上書きできる」と書いてみたところで、実際はできることが限られるのではないかということに思いが至ったとお聞きします。この点について事務局から補足があればお願いします。

――地方公共団体に関する法令の規定は現行法令の相当の割合を占め、幅広い分野に及んでいます。そして、法律の条文を個々に見ていくと、幹にあたる、役割を地方に配分する義務付けがあり、そこから、抽象的な施策、個々の事務処理、さらにその方法、手続、様式と枝葉のように義務付けが連続的に広がっています。

政令、省令は、たまたまそのような法形式で規定されていますが、多くの場合には、法律や政令の特別の委任に基づいており、法律による義務付け・枠付けの体系の一部を構成しています。政令、省令事項だからといって法律より軽微というわけではない。つまり、見直しの作業の俎上に載せるべき義務付け・枠付けの範囲は必ずしも明らかでなく、通則法に根拠規定があった機関委任事務制度の廃止の場合とは置かれた状況が異なっていました。ですから、当時、委員会、法制問題研究会や事務局内の議論では、一般的上書き権というアイディアを何度も耳にしましたが、当時の私には現実の制度のイメージを持つことが難しかったと言わざるを得ません。

平成一六年五月の構造改革特区法の一部改正法案の国会審議に際し、内閣法制局第二部長が、政省令は法律の委任あるいは実施するために制定されるもので法律と一体を成すものとして条例に優先する効力を有する、そういう考え方の下、条例の規定によって政省令の内容を直接に改廃しようとすれば憲法九四条との関係で生じる、ただし、地域特性等に応じて地方公共団体が特段の規定を設けることを各法律で許容することを束ね法という形にすることは法律技術的に可能と答弁しています。実務的にはこの答弁も頭の隅においていました。

「一般的上書き」でなく、「メルクマール方式」で見直しを行い、個別条項の改正で実現していく道を進んだことで、見直し作業に当たって、入口では「義務付け・枠付け」の範囲設定、出口では見直しのために具体的に講ずべき措置について、丁寧に、個々の内容の多様性に配慮しながら検討を進めて行くことになりました。検討過程では、小早川先生の統括の下、法制問題研究会による検討のほか、専門研究者の方々によるメルクマール該当性の整理、一橋大学の高橋滋教授と東京大学の斎藤教授の参加を得て構成されたワーキング・グループによる三つの重点事項についての各府省ヒアリングが行われ、先生方に大変なご負担をお願いしました。その中で有志の勉強会の作業は生きたと思います。

山﨑　先ほど小早川先生から法定受託事務と自治事務のお話がありましたが、実は後に、なぜ法定受託事務を対象にしないのだといろいろ言われたことがありました。当時思っておりましたのは、法定受託事務には各大臣が処理基準を作ることができる根拠があるわけです（地方自治法第二四五条の九）。処理基準を義務付け・枠付けと見るかどうかはいろいろ議論があると思いますが、かなり精緻な手続を各省の処理基準で定められるという枠組みを法定受託事務は持っている。だからこそ、法定受託事務については、法令上の目に見える義務付け・枠付けが少なくなっている面もあるわけです。一方、自治事務については、機関委任事務を廃止して自治事務に変更したときに包括的な指揮監督がなくなったので、法治主義の下にかなりきめ細かく関与等を書いたわけです。書いた結果、そこに義務付けの束が顕在化し、それを刈り込む必要が出ました。第一次分権改革は、国・地方関係を法治主義のもとに置くという前提でしたから、むしろ法律に細かく書けという議論だったと思います。そこを書いてみたら、その後にいろいろなことがわかってきたので、もう一回刈り込むという議論になったのだと思います。例えば第一次分権改革のときには、小早川先生がおっしゃったように、「協議」は権力的関与ではないから許容すると言っていましたが、実際に各法律に協議をつけてみると、本当に要るのかという議論が出てきました。そこへ分権改革をもう一回やるということになり、義務付け・枠付けの見直しとして「協議」の要否が議論されたのだと見ております。ターゲットを絞り込むことによって、何とか義務付け・枠付けの議論が進んだのであり、法定受託事務まで手を出したりすれば、相当大変なことになったと私は思います。

小川　平成二〇年五月の地方分権改革推進委員会第一次勧告は、主に権限移譲について勧告したものでした。基礎自治体、とりわけ都市に対する権限移譲をかなり具体的に勧告しております。これは第一次分権における「残された課題」への対応でもありますが、同時に、その後進められた市町村合併の進展を受けた次なるステージへの勧告でもあったと考えております。この取りまとめには、途中から委員会に参加されました西尾先生がご尽力をされましたが、このあたりについてご紹介をいただければと存じます。

西尾　委員会がスタートして一年ぐらいたった時点で、増田寛也さんが総務大臣に就任され、委員長代理が空席になり、私はその補充人事で委員会に入ることになりました。その頃は、小早川委員を中心に義務付け・枠付けの見直しが粛々と進んでおりましたが、私は、それと合わせて第一次勧告で都道府県から市町村への事務権限の移譲を大きな柱で取り上げるべきではないかと申し上げました。当時、委員会は個別の課題ごとの見直しも行っておりましたし、市町村への事務移譲も若干は考えておられたわけですが、それが小規模に過ぎないか、限定され過ぎていないか、もう少し裾野を広げて大きな権限移譲をやるべきではないかと宮脇淳事務局長に私の意見として申し上げました。宮脇事務局長は事務局の三人の次長たちに直接話してくれと言われ、私は考えを三人の次長に申し上げました。

その理由の一つは、せっかく義務付け・枠付けの見直しを一括法で行うのであれば、その個別法令の中には事務権限も規定されているのだから、見直しと合わせて移譲することが一番効率的であるということでした。また、もう一つの理由として私が強調したのは、その当時、道州制ビジョン懇談会という別個の議論が動いており、また今後は、国の出先機関の原則廃止問題の大きな論点になっていくことが目に見えていましたので、そういう状況の中で、都道府県が今行っている仕事で市町村に移譲できるものはできるだけ移譲した方がいい、そうなれば都道府県事務は次第に空洞化し、都道府県をどうするかという議論にもなるわけです。それは決して道州制の議論の邪魔をするわけではなく、出先機関の原則廃止に対して否定的な意見を述べているわけではない、むしろ側面から促進することにもなるので、この機会に都道府県から市町村への権限移譲を先に打ち出す方がいいのではないかということでした。国会議員、特に与党議員の中には、都道府県が強大化することに対して反発を覚える人が多くいます。第一次分権以来、私が痛切に思っていることですが、都道府県を大きくするなというのが政治家の感覚で、一方で道州制論者がいらっしゃって、さらにそれを国の出先機関と一緒にしようという人がいらっしゃる。ほとんどの国会議員は、都道府県が今以上に大きくなることに拒否反応を起こしている状況でしたので、そういう進め方がいいと思いました。

そのときは、事務移譲の進め方として、まず土地利用に関して計画を策定し、その計画に基づいて規制する類のものは、省庁横断的に、できるだけ統一的に基礎自治体に移譲する、さらに、福祉と保健関連のものは、できるだけ一まとめに基礎自治体に移譲するという方策で臨むべきだと言いました。委員会に途中から加わる前に何人からか、松本英昭元次官もそう言ってらっしゃいましたが、そういうことをもっと強く取り上げるべきではないかという意見をいただいていました。そういう背景もあり、私がかなり強く主張したために、次第に議題に取り上げられるようになりました。

先ほど小川室長から指摘があったように、第一次勧告は基礎自治体への事務移譲となっていますが、ほとんどは市までの移譲であって町村へはあまりありません。町村まで移譲できるものはなかなか限界があったのは事実です。私は、都市計画や農地法の関連は全市区町村にまで移譲したかったので一生懸命説得しました。しかし、その頃には東京都の副知事になっていた猪瀬直樹委員からは「特別区への移譲は東京都制の根幹に触れるから認めがたい」と、神奈川県開成町長の露木順一委員からも「いずれ町村に欲しいけれど、今は早過ぎる」「移譲する必要があるとは書いてもいいが、実際に移譲するのはだめだ」という意見がありました。そこで区と町村は抜いて市に限定せざるを得ないと諦めたという経緯がありました。

山﨑　西尾先生が委員長代理になられたことで、地方分権改革推進委員会のあり方が変わっていくだろうと思っていました。当時、市町村合併をしたのに都市の権限が強くなっていないではないかという雰囲気が強くありました。そこに西尾先生が空間管理と保健福祉について一貫して権限を移譲したいと強くおっしゃったことで、個別の法律を検討するようになっていきました。西尾先生がいらっしゃらなければ全く権限移譲は進んでいなかったと思いますし、権限移譲が進んだからこそ、先の第三〇次地制調では固有の権限が少なくなっている特例市を中核市と統合してより一層の分権を図るべきだといった議論の展開となったのです。このときに都市に対する全般的な権限移譲が行われたのは画期的でした。

29　国の出先機関改革

第二次勧告の議論

小川　義務付け・枠付けの見直しを主たる内容とする第二次勧告（平成二〇年一二月）では、国の出先機関の見直しも議論されております。平成一九年五月の経済財政諮問会議において民間有識者議員から「国の出先機関の大胆な見直し」が示され、骨太二〇〇七に反映されました。そして、当時の麻生太郎総理から丹羽宇一郎委員長に、地方分権改革推進委員会から出先機関の統廃合について抜本的な勧告を出すよう求めがあり、これに応じたものでした。この間の動きは、いささか唐突な感じもあるわけですが、どのような経過があったのか等につきまして、お話をいただければと存じます。

西尾　経済財政諮問会議で歳出歳入一体改革を行うことが決定された後、一体改革を進めるための一つの有力な手段として、出先機関の整理統合、廃止・見直しが民間有識者議員から示されました。経済財政諮問会議には、ハローワークには何人の職員が働いているといったように、どの省庁の出先機関がどれだけの人員を抱えているという一目瞭然のデータが示されました。見直しの対象となる省庁が経済財政諮問会議で決定されて、その具体策を地方分権改革推進委員会で詰めて欲しいと振りつけられたという経緯です。丹羽委員長は、それ以前から経済財政諮問会議の議員だったわけです。その方が新しく生まれた地方分権改革推進委員会の委員長になられ、経済財政諮問会議の民間議員と兼ねることになったわけですから、委員長が背負ってきた、初めから避けられないテーマでした。また、以前から改革派知事として活躍しておられた増田寛也さんも、その頃から全国知事会の要望として早くから取り上げていました。平成一七年に全国知事会の会長選挙では、麻生渡さんと増田さんが争って、結局、麻生さんが会長に就任されましたが、その頃から増田さんはこれからの分権改革のテーマとして出先機関問題、国の出先機関と都道府県の二重行政を是正すべきだと主張されており、麻生知事会長も熱心で、知事会としても進めて欲しいテーマとなっていたと思います。その方が委員長代理でしたから、経済財政諮問会議から振りつけられたとはいっても、あまり違和感はないテーマでした。

議論は、二重行政とは何ぞやというところから始まりますが、これもなかなか整理のつかない話でした。この議論を進めるために、専門委員として齋藤弘山形県知事と、元総務事務次官の松田隆利さんを任命しました。山形県知事が常に発言されたのは、道路の事務であれ、何の事務であれ、その都度の議題について、「それは県もやっています」という話でした。道路も河川も何であれ関連行政を国も県も担っていますから、あらゆるものが二重行政になるのですが、県もこのくらいの職員がかかわっているとか、このくらいの経費をかけて、こういう関連業務をやっていますとおっしゃいまして、国の出先機関の事務の大半は県が引き取ることができるのだという芽出しを毎回なさるという役割を担っておられました。

各省庁を呼んで議論を随分やりましたが、おおよそ歩み寄る余地はありませんでした。そうなると勧告にどう書くか、関係省庁の同意は一切得られていない中でどこまで勧告で書くかという議論になるわけです。第二次勧告で焦点になっていたのは、ハローワークと都道府県単位に置かれていた労働局という厚生労働省関係の出先の問題でしたが、これに対しては丹羽委員長と猪瀬委員が猛烈な強硬派で、労働局を廃止してその関連事務も含めて都道府県に全面移管すべきだと主張されました。ハローワークも一部ではなく、全部のハローワークを都道府県に移すべきだと、そうすればこれだけの数の国家公務員を削減できるというご意見でしたが、私はそれに疑問を呈しました。

それまでの経緯の中で、厚生労働省との間で、ＩＬＯ第八八号条約の解釈上、ハローワークを国の機関から外すことが条約違反となるか否かという論点がありました。厚生労働省は「これは国の責務だと書いてあるので、国がかかわっていないとなれば条約違反になる」と主張しました。連合も「日本でそうなれば、必ずＩＬＯに提訴する」と公言していましたから、厚生労働省は「労働界から提訴されれば必ず国際問題になる。全面的に国が撤退することはできない」「一部のハローワークを都道府県に渡すことはあり得るが、全国の基幹的なハローワークのネットワークは国が責任持って維持するという体制を残さなければ条約上困ることになる」との立場でした。

また別の論点として、雇用保険料徴収の問題もありました。何人かの知事に、労働局を全面廃止した場合には都道府県が徴収するつもりですかと伺うと、「そんなこと簡単だ」とおっしゃっていました。しかし、保険料は全国で一元的に使う基金に入れてしまうわけですから、事業所から徴収した保険料はいわば国に全部上納するお金です。都道府県職員が一生懸命集めた保険料は、その都道府県の区域内で使われる財源になるわけではありません。私は、数年にして徴収に不熱心ではないかという問題を起こして再び国家公務員に変えるという話が出てしまうのではないかと懸念しました。長く続いてきた地方事務官制度を廃止し国家公務員に変えたのが社会保険庁の仕組みであり、雇用保険の仕組みであったわけですが、再びその事務を全部都道府県が、しかも身分は地方公務員としてやるとおっしゃるのです。そのような権限は労働局に残しておけばいい、労働局に徴収されていて何にも困ることはないと思うのですが、少しでも事務が残れば労働局は残ってしまうわけであり、そこを全面廃止したいがために、全部受け取るとおっしゃったのでした。

私は、全面的な廃止ではなく部分的に縮小させていく、できるところから移管させるというような勧告なら賛成すると言ったのですが、最終的に委員長や猪瀬さんと私が対立することになりました。勧告案文の原文を作るのは委員長代理である私の仕事であり、私は既に勧告文案を書いていたわけです。それが委員長も、猪瀬委員もお気に召さないで、もっと積極的な方向に書きかえるべきだというご意見をいただきました。あるとき、呼び出されて膝詰談判を受けたのですが、それでも私は応じず話が決裂したのです。そうしたところ、最後の会議で丹羽委員長が私の勧告案文を全部ひっくり返したのです。この場で大修正をやると言われ、小早川委員は黙っておられましたが、ほかの委員の方々はそれに賛同され、勧告当日に文章が書き換えられることになりました。しかし、委員長室で事務局長と三人の次長たちで急遽書き換えたものだから、非常に乱暴な書き振りになり、いろいろとつじつまの合わない表現も入ってしまい、後にその表現が大問題になったこともありました。

私はそれ以来、委員長と決定的に対立してしまいましたので、これ以上委員長代理を務めたらいけないと思い、そこで、「委員長代理を降りろとおっしゃるのなら解任してください」「委員長が欠席の際の議事司会をするだけでよければ、今後も委員長代理としてお仕えしますが、勧告文案を起草する仕事については、今後は他の方にご依頼になってください」と委員長に申し上げました。半分そういう死に体で座長代理として残っていたという経緯です。

少し話は飛びますが、最後の第四次勧告（平成二一年一一月）では残っていた税財源問題を扱いました。他の問題については小早川委員が担当され勧告案の原案を作ることができましたが、この税財源問題には担当の委員がおらず、財政学者も井伊雅子さんだけで、結局、宮脇事務局長が原案を書くことになりました。しかし、原案を書き始めようかという段階で、宮脇事務局長は突然辞任されることになりました。どうなるのかと思ったところ、委員長が私を訪ねてこられ、勧告案を書いてくれないかと言われました。そういった経緯で私が再び引き受けることになりましたが、税財源問題を前進させることは不可能でしたし、後退させないことが唯一の仕事のような感じで、それまでの大筋からあまり引かない形の勧告案を書きました。そこまで影響する話がこの出先機関問題で起こったという話です。

民主党政権における出先機関改革の議論

小川　国の出先機関改革は、二重行政の解消になるという意見がある一方で、無理に権限移譲をすれば、国の関与の強化を招くという懸念もあったわけです。その後、民主党政権のもとで、広域連合に対する国の事務移譲にシフトしながら法案づくりが行われ、実際に国の関与を相当強める法案が閣議決定されましたが、しかし、解散のため国会提出はされないという結末になりました。事務局におられた望月副理事長に、この間の動きや流れをご紹介いただければと存じます。

望月　民主党政権になり、平成二一年一二月に地域主権戦略会議が発足し、第一回会議に原口プラン（「地域主権戦略の工程表（案）」）が提出されました。原口プランは、後の地域主権戦略大綱につながっていきますが、義務付け・枠付けの見直しをする、権限移譲を進める、一括交付金を作る、国と地方の協議の場を法制化する、それらを地域主権戦略会議において推進していくといったことが工程表に掲載されました。

平成二一年の暮れから平成二二年にかけ、後で申し上げますが、義務付け・枠付けの見直しの第一次一括法案などで忙殺されておりましたところ、地域主権戦略大綱を六月に作るという段がだんだん近づき、出先機関改革に関して何をどうやっていくのだという議論が事務局の中でもありました。当初は国の出先機関を広域連合に丸ごと移譲するという議論はほとんどなく、国の出先機関の仕事を当時行政刷新会議の場で行われていた「仕分け」にかけて、これは国の仕事、これは地方に渡す仕事と仕分けた結果として、権限を都道府県側に移していくべきだという議論になりました。この仕分け論を踏まえ、平成二二年の夏には、国側と地方側が参加し、当時出先機関改革を担っていた戦略会議のメンバーである北川正恭元三重県知事がいわば行司役になって、各府省の政務官と地方三団体の長・代表者と議論をする場を用意して議論したこともありましたが、議論は平行線で結局終わったように思います。

当時は、地域主権戦略会議の事務局には三人の次長がおり、この出先機関改革の問題につきましては総務庁出身の次長が主に担当し、私は、一括交付金、義務付け・枠付けの見直し、権限移譲を主に担当していました。平成二二年一〇月に九州知事会が、九州広域行政機構という広域連合ではない、いわば新しい広域行政体を作って、そこで九州にある国の出先機関の仕事を丸ごと受け取る、その設立を目指すと宣言し、また、同年一二月には関西広域連合が正式に発足し、そこでも出先機関の仕事を丸ごと受け取ると宣言しました。このように地方の側から、広域行政体が国の出先機関の仕事を丸ごと受け取るという表明があり、民主党政権の地域主権改革の出先機関の問題も自治の制度が深く関係することになり、私も積極的に関わることになりました。年末には「アクションプラン～出先機関の原則廃止に向けて～」という政府方針をつくり、広域連合体に出先機関の仕事を丸ごと移譲していくことが閣議決定で明記されるまでに至りました。

閣議決定されたアクションプランでは、出先機関を丸ごと移譲すると高らかにうたわれましたが、具体の仕事は思うようにはなかなか進まず、さらに、平成二三年三月に東日本大震災が発生し作業も三か月ほどはストップしました。動き出したのは平成二三年の五月、六月頃でした。関西・九州から国土交通省地方整備局と経済産業省地方経済産業局と環境省地方環境事務所の三つの出先機関を、まず移譲対象として希望すると声が上がってきたため、その三つをターゲットに議論が始まりました。

しかし、やはり議論が進むにつれて各省から非常に激しい抵抗があり、思うように進みませんでした。同時に、平成二三年の暮れだったと思いますが、「地方を守る会」という、市長・町村長を中心とする出先機関を丸ごと広域連合に移譲することに反対する会が結成され、最終的には五〇〇団体を超える数になりました。同会は活発に与党にも野党にも働きかけを始め、これと相前後して、市長会・町村会の中でもそういった首長さんたちを中心に異論を唱える声が強く出てきました。

そうはいっても、当時の片山大臣、その後の川端大臣の強いリードもあり、次第に議論が進むようになりました。出先機関の仕事のうち個々のどの事務を広域連合に移すのかという事務の範囲は政令で定めることにして、まずは国の仕事を移す場合の広域連合のあり方、仕事を移す場合の事務の性格や国の関与、緊急事態における国のオペレーションなどが議論になりました。一番の大きな問題は緊急時の話であり、具体的には、東日本大震災のような大災害の際に、国土交通大臣に、関西広域連合の広域連合長に対して包括的な指揮監督権を行使することを例外的に認め、そこの職員も大臣の号令のもとに被災地に向かうといったことであり、緊急時の指揮監督権や関与について現行の地方自治法より強いものが必要だとか、その事務の性格も法定受託事務ではなく、もう少し違うものにする必要があるのでは、といった議論でした。特に市長会・町村会からは、そういった緊急時のオペレーションの問題と、それから、自分たちも広域連合の意思決定に関わるべきだ、例えば広域連合の機関として理事会をつくるのであれば理事に加え、意思決定に参画させるべきだという強い意見がありました。また、民主党の地域主権調査会では、そもそも移譲するのはおかしいとか、移譲するならば包括的な指揮監督権と言わないまでも、何か仕組みが必要だとの意見が相次ぎ、また、国土交通省などからもさまざまな主張があり、議論はなかなかまとまりませんでした。

延々と議論が続きましたが、平成二四年の夏にかけて政府内ではやっとある程度意見がまとまり、国土交通大臣は、緊急時には広域連合長の長に指示することができるという仕組みとされました。また、市町村の関与に関しては、広域連合の中に広域連合側と市町村側の協議の場を設けるとか、広域連合から国に対する事務移譲の申請の際には市町村長の意見を聞き、意見の尊重義務を課すこととされました。

最終的には、衆議院解散の前日の一一月一五日に閣議決定されましたが、緊急時のオペレーションについては最後まで議論があり、国が広域連合長に対して緊急時に行う指示に対しては従わなければならないという応答義務が設けられました。また、市町村の意見反映に関しては、市町村の意見を聞く場が法案の中にも幾つかありますが、「できる限り」反映しなければならないという表現で市町村に配慮した形で閣議決定となりました。

この議論では最後の最後まで「包括的な指揮監督権」が見え隠れしていましたし、地方の側からもそんな意見が一部ありました。「地域主権・地方分権を進めたら、昔の機関委任事務が復活してしまった」となっては最悪のブラックジョークのような話になりますから、これは絶対避けようとずっとやってきたのが実情です。いずれ道州制の議論のときに同じ議論が出てくるのだろうと強く感じています。

小川　**改めて出先機関改革と地方分権の関係をどう受けとめればいいのか、ご意見を伺いたいと思います。**

西尾　地方分権改革推進委員会の事務局でこの出先機関問題などを議論していたときは、事務局の職員たちも、「出先機関から県に移譲する事務は全部法定受託事務でも仕方がないのではないか」「各省側も法定受託事務なら移譲するだろう、都道府県側も法定受託事務として受けるのではないか」と話しており、それをさらに自治事務と法定受託事務に厳密に分けてとかという発想はほとんどありませんでした。これは非常に危ない議論で、国の出先機関改革は、都道府県なり道州政府に移した方がいいもの、移してもそれほど困らないもの、国と地方のどちらが行っても大差はないものは移し得る事務の対象になるわけですが、国が絶対やらなければならない事務と移譲することが可能な事務を厳密に分けること、この仕分けが一番大事なことだと思います。それから、都道府県なり、広域連合なりに移すときに、それを自治事務として移すのか、法定受託事務として移すのか、ここの区分けも非常に大事な仕事だと私は思っていて、その議論さえきちんとやっていけば、そう不健全なことは起こらないと思います。しかし、どうもそこが国の側もいいかげんで、行革派の人は全部なるべく移譲したいという発想になっています。なるべく多くの事務を受け取るのが分権の成果だと思っている方が自治体側にもいます。それでは決していい結果にならないと強調するのですが、なかなか理解してくださらない。それが最大の問題だと思っています。

山﨑　蛇足ですが、最近感じるのが、第一次分権の成果が実は浸透していないことです。国と地方の役割分担論から始まって、国は国の仕事をするのだという考え方が全然効いていません。道州制の議論でも、西尾先生がおっしゃったような、分権という名の下で何もかも一緒に移譲したいという感じを受けます。先ほど望月副理事長から話がありましたが、私も「機関委任事務を復活させる」と堂々と話す姿に戦慄を覚えまして、やはり第一次分権改革の基本のところが浸透していないということに危惧を持っております。

30　地域主権改革

地域主権改革の流れ

小川　地域主権改革の議論に入ってまいりたいと思います。時期で申しますと、地方分権改革推進委員会の第一次、第二次の勧告までは自民党政権のもとで行われましたが、その後に政権交代がございまして、平成二一年一〇月の第三次勧告等は民主党政権のもとでの取り組みになりました。鳩山由紀夫政権では、地域主権を「一丁目一番地」に位置付け、地域主権戦略会議という推進体を設置されました。地域主権改革は、義務付け・枠付けの見直し、基礎自治体への権限移譲、直轄事業負担金の廃止等、勧告の内容を強力に推進する改革であり、そういう意味で、政治主導のよい面が出たのではないかと評価する声もあります。一方で、国の出先機関の原則廃止は大きな成果に結びつかず、また、国庫補助金の一括交付金化は、制度ができて都道府県から順次拡大というところまで行きましたが、その後の政権交代により、これも廃止になったところです。これら三年半の取組につきまして、望月副理事長からご紹介いただければと存じます。

望月　政権交代の後、「地方分権改革」から「地域主権改革」へと名前が変わってスタートし、平成二一年一二月に発足した地域主権戦略会議が議論の中心舞台となりました。戦略会議の目的は大きく二つあり、一つは地域主権に資する政策、改革に関する施策を検討して実施すること、もう一つは地方分権改革推進委員会の勧告を踏まえた施策を実施することであり、委員会の勧告は非常に尊重されて進められました。

先ほど「政治主導」という言葉が出ました。私は一二月の戦略会議の発足の翌月の異動で地域主権戦略室次長として赴任したのですが、終始強く感じたのは政治主導だということです。特に、当時総理補佐官であった逢坂誠二先生が身を粉にしてこの改革を進めておられたことを強く感じました。地方分権改革推進委員会には事務局長がいて、次長が三人いて、スタッフがいたわけですが、地域主権戦略会議の事務局には室長が不在でした。逢坂先生は事実上の室長として、ほぼ毎日事務局に顔を出していただき、打ち合わせをし、ご指示をいただきました。特に義務付け・枠付けの見直しと権限移譲に関しては逢坂先生が強く進められたと感じています。

戦略会議がスタートし、年が明けた平成二二年一月以降は、まず、第一次一括法の法制化が進められました。これは義務付け・枠付けの見直しのうち、地方から要望が強かったものについて特に抽出をして議論がなされたものですが、この過程では事務方の折衝は、基本的にはあまりなく、政務官折衝が頻繁に行われ、内閣府側の政務官と各省の政務官が、例えば住宅の基準に関して、条例基準はこうすべきだ、こういう仕組みにすべきだとお互いに議論されました。これが結実し、三月には、この第一次一括法案と、国と地方の協議の場法案、自治法改正法案の三本（地域主権改革関連三法案）が国会に提出されました。また、同時並行して第二次一括法の作業も進められ、義務付け・枠付けの見直しと権限移譲の本格的な議論が始まりました。その年の夏の六月に地域主権戦略大綱を策定していくのですが、あの時期は各省との議論が平行線を続けても「では政務官折衝をお願いします」と言うと、各省はそこで引っ込むことがよくありました。あの頃はまさに政治主導だったのだなと思います。

そういったことで第二次一括法の方も比較的順調に進み、義務付け・枠付けの見直しや権限移譲も、打率でいいますと六割ないし七割で法案にまとめることができたと思います。平成二二年五月二二日の地域主権戦略大綱は、第二次一括法で措置すべく整理された義務付け・枠付けの見直しと、権限移譲について各府省との間で話が整ったものが列記されています。委員会の第一次から第三次勧告の相当程度のものは、政治主導のおかげもあり、整理ができたものと思います。

第一次一括法案について国会で議論があったのは、保育所の面積基準でした。「標準」を示し、一部の市町村についてはある程度幅を持って保育所の面積を決められるという仕組みにしたのですが、それは子供の保育環境を悪くするものであって、こういった問題は国が一律に決めるべきだといった議論が強くありました。「地域主権改革」という言葉が法案の中にあったものですから、自民党、公明党が異論を唱え、継続審議になりましたが、「地域主権改革」という言葉をやめて、少し長い表現（地域の自主性及び自立性を高めるための改革）にする等の議員修正が入り、ほぼ全会一致で平成二三年四月二八日に、一年越しで成立しています。第二次一括法は平成二三年三月の東日本大震災の発災日に閣議決定されました。国会の提出は四月に入ってからとなり、また、震災直後ということもあり審議が進みませんでしたが、国会の会期が延長され、会期末が八月三一日までとなり、八月二六日の参議院本会議で可決・成立しています。

その後の第三次見直しは、平成二四年三月九日に第三次一括法を出していますが、これはさまざまな経緯があって廃案となり、新第三次一括法がその後（平成二五年六月七日）成立しています。義務付け・枠付けの見直しと権限移譲に関しては、勧告を民主党政権でもしっかり受けとめて、成立に至ったということだと思います。

先ほど少し触れましたが、地域主権改革関連三法において、国と地方の協議の場が法制化され、民主党政権下では一一回の協議の場が行われました。これはかねてから地方六団体より要望のあったものでしたが、実際に協議の場ができて議論が始まってみると、何をテーマにしてどう議論するのかということは、なかなか難しいものだと関係者は率直に思っているのではないかと思います。特に、県と都道府県と市町村で利害が相反するような事柄を地方として国に対して訴えていくという場面になると難しい問題があり、そうかといって、一致して国に対してものを言えばすぐ解決するような問題はそうそうないし、国側も地方側も運用は大変だと感じています。

第二次一括法の時期には民主党政権のいわばオリジナルである一括交付金の議論がありました。一括交付金は平成二三年度予算からの導入が地域主権戦略大綱では決まったのですが、なかなか数字がまとまらず、平成二二年末の予算編成まで持ち越しになり、最終的に五、一二〇億円となりました。財源は平成二三年度の都道府県向けの国庫補助金を各省から持ち寄ることになり、そのほとんどは国交省と農水省の国庫補助金でした。平成二四年度には六、七〇〇億円が措置され、沖縄県は別途、一括交付金ができましたが、当初の大きな考えとしましては、できる限り補助金、交付金は一括りに地方にお渡しし、地方の裁量で使っていただくということでした。国交省と農水省が差し出した補助金が結果的に地方でどう使われたのかということですが、結果的には、農水省の事業により多く使われて、国交省が拠出した数千億円は元来の国交省関係事業にはそれほど使われなかったという実態があります。一括交付金は自民党の政権公約で廃止することとされ、実際すぐに廃止され、いわば元の鞘に戻りました。その戻る際には一括交付金の二年間を踏まえて、より活用しやすい交付金にしよう、補助金にしようということで、ここはかなり各省とも気を使って臨んでいるように思います。したがって、学習効果というのはあったのだと思います。

出先機関改革の広域連合への移譲という問題は解散前日の法案閣議決定、一括交付金は廃止ということになりましたが、勧告で出された義務付け・枠付けの見直し、基礎自治体への権限移譲については、相当程度実現したと思いますし、現在も引き続き政府の中でも議論されています。

地方行財政検討会議の議論

小川　この時期には総務省に「地方行財政検討会議」が設置されました。会議は平成二二年一月に設置され、地方自治法の抜本改正等がテーマとされています。従来は地方制度調査会が地方制度に関する審議機関でありましたが、これは一時、活動を休止するという取り扱いになりました。この会議の成果は「地方自治法抜本改正に向けての基本的な考え方（平成二二年）」（平成二二年六月）あるいは「地方自治法抜本改正についての考え方」（平成二三年一月）に取りまとめられております。二元代表制にとらわれない基本構造を模索するなど、従来の地方制度調査会の答申とは、見た目も、方向性もかなり異にしているところが特徴であります。こうした会議が設置された経過、あるいはその会議での注目すべき議論など、事務局からご紹介をお願いします。

事務局　鳩山内閣は地域主権を一丁目一番地としてスタートしたわけですが、地方自治法の改正については、当初は言及がなかったものと思います。平成二一年一〇月の全国知事会議において、原口一博総務大臣が自治法の抜本改正を既に事務方に指示しているという発言をされました。背景には、松沢成文神奈川県知事が地方自治基本法の制定を強く主張されたことがあったと思います。

平成二一年一二月の地域主権戦略会議第一回会議に「地域主権戦略の工程表」が示されました。A四の横紙でさまざまな項目についての工程表ができたわけですが、そこで「地方政府基本法の制定（地方自治法の抜本見直し）」という位置付けがされまして、それに基づいて、地方行財政検討会議で議論していくことにされました。なお、地方制度調査会が活用されなかったということですが、民主党政権全般として、審議会を利用することに基本的に消極的であったことがありました。政治主導で、スピード感を持って進めるということで、有識者の方々と政務三役が一緒に議論する、大臣が議長で議論を進めるという形で地方行財政検討会議がつくられ、地方制度調査会は将来的に整理をしていくという位置付けにして休眠にされました。

地方自治法の抜本見直し、あるいは地方自治基本法がどのようなイメージだったかといえば、松沢知事が盛んに言われていたのは「地方自治の本旨が地方自治法にはどこにも書いてない。そういう概念ははっきりさせるべきだ」ということで、理念的、基本的な事項をこの地方自治基本法で規定し、制度等については大枠だけを法律で規定して、あとは条例にゆだねるといった意向だったと記憶しております。会議の当初は幅広の検討項目例を示して、フリートーキングの議論を進めていきました。

平成二二年六月の「基本的考え方」の取りまとめの特徴的な点は、地方自治体の基本構造のあり方を議論し、方向性を出したということでした。法律で定められる基本的な枠組みの中で選択肢を用意し、地域住民が選択できる姿を目指してはどうかという方向性を出し、それにあたっては、長と議会の関係をどう捉えるかによって二つの方向性が出てくるだろうとしています。一つ目は、現行の自治法は二元代表制をとりながら、過去の経緯から議院内閣制的な要素が入っていて、議会が執行権限の行使についても事前に関与するという制度になっていますが、むしろこれをセパレートしていく方向があるだろうということです。二つ目は逆に、議会も執行権限の行使に事前段階から入っていく方向もあるだろうということで、二つの方向性を出して、さらに具体的な類型も示して議論しました。基本構造という点まで議論の対象にしたのが、前半部分の大きな特徴でした。「基本的な考え方」の取りまとめを六月に行い、その後、基本構造の選択肢を図にして示しましたが、地方六団体からも賛成の意見が出ずに、そこから先はあまり議論が進まないという状況になったと記憶しております。

九月に大臣の交代があり、片山善博大臣が着任されましたが、片山大臣のご関心事項は「住民自治の強化」でした。従来は団体自治の強化という方向で地方分権が進んできましたが、住民自治の観点では必ずしも進んできてないのではないか、こういう点はもっと議論すべきだと、強いリーダーシップで議論をしていただきました。

大臣は特に、拘束的住民投票の制度化を強く言われました。一般的な拘束的住民投票は制度化できませんが、テーマを絞ったうえで拘束的住民投票を導入することはあるのではないかということで、合併の是非あるいは議員定数なども検討しました。最後は、公の施設の設置の是非についての投票が残りましたが、途中ではそういうものも候補として検討されています。その他にも直接請求の要件緩和や地方税についても直接請求の対象にするとか、議会制度の見直しなどもテーマに議論をしていただきました。こうしたことを議論していただいて、平成二三年一月に「地方自治法抜本改正についての考え方（平成二二年）」を取りまとめたわけです。この題名に平成二二年とついておりますのは、これは毎年、毎年出していくというイメージで、平成二二年分を平成二三年一月に取りまとめたという位置付けにしたためです。

これを踏まえて法制化についての作業に入ったわけですが、特にこの住民投票制度の制度化などについて、地方六団体が強く反発しまして、なかなか調整ができない状況になりました。国会への提出延長の手続をしていたところ、三月一一日に東日本大震災が発生し、仕切り直しになりました。この点については、第三〇次地制調がその年の夏に再開して、そこで再度議論をし、制度化につなげたという流れになります。

山﨑　私は行政課長として第三〇次地方制度調査会の事務局を担当しましたが、地方行財政検討会議にも出て説明をした立場で申し上げると、地方制度調査会の議論は全て公開で行われ、議事録が全て公開されていくという前提の中で、西尾先生はじめ、専門家がかなり精密な議論を闘わせるというスタイルですが、地方行財政検討会議の方は大臣もいらっしゃいますので、事務方の発言は分を超えないようにする必要がありました。専門分野がある有識者の先生方がいらっしゃるわけですが、例えば行政学の先生が複数いらっしゃるわけではありませんから、議論を闘わせるという感じにはなりません。大臣や副大臣もかなりご発言なさり、政務の方々がずっといらっしゃるという会議の雰囲気は、地方制度調査会とは随分違うという感じを抱きました。

31　第二次分権改革の評価と今後の展望

小川　本座談会の最後の項目として、第二次分権改革の評価と今後の展望についてお伺いしたいと思います。まず、辻先生お願いいたします。

辻　地域主権改革が歴史的にどういう成果を上げたかについては、もう少し時間が経つと、もっとはっきり出てくるのだと思います。第二次分権の様々なお話を聞くと、各省の間でいろいろと厳しい闘いがあったことも今更ながら思い出し、同じ総務省の中でも行政、財政、税制とそれぞれの分野を所管している部局で、スタンスが異なるところがあるということを改めて実感し、その微妙なバランス関係の中で地方分権が進んできたのだということを再認識しました。そして、そういう行政内部の組織動向や政治的な動きもさることながら、本質的には義務付けに関して、財政を守るために法的義務付けが必要だという側面と、自治体がなるべく自由にやっていくかなければならないという側面とで、せめぎ合いがあったということに、地方分権の難しさを感じました。

そもそも、日本が成長している段階では、地方分権は比較的わかりやすいのですが、超高齢社会で日本が縮小していくときに、健康や福祉の領域でどう地方分権を行っていくべきなのかということについては、今後も検討模索していかなければならない課題です。良い政策的アイディアがなければ、今後の地方分権はうまく進まないのだと思います。地方分権が、先駆的な政策アイディアを枯渇させないように生み出し続けることができるかどうかが、重要だと思いました。

小川　小西先生、いかがでしょうか。

小西　全体を通して思ったことを三点整理しておきます。この二〇年間を振り返ると、平成五年の国会決議の後に宮澤内閣が交代し、その後の村山内閣のときに地方分権推進法ができています。この二〇年間は政権交代が何度も起きていて、最近の義務付け・枠付けの見直しも政権交代がなければできなかったというお話や、政治主導のお話もありましたが、おそらく歴史の偶然として政権交代が効いているのだと思います。消費税が一〇パーセントになるのも、政権交代がなかったら実現していない。逆に言うと、政権交代が起きるというのは、政権基盤が弱いということであり、政権基盤が弱いから分権が進むというのは、国家の統治機能が弱っているからだということにもなります。痛し痒しだというのが全体の感想の一点目です。

二つ目に、今後のことですが、地方分権改革推進委員会のヒアリングに呼んでいただいた時に、小早川先生とやりとりした記憶があります。国庫支出金の補助要綱を全部さらって、補助要綱の簡素化なり、見直しなり、補助要綱上の余計な縛りつけを全体的にふるいにかけないといけないという課題があるけれども、手がつけられていない。私は義務付け・枠付けと同じようにやればいいというイメージでいたのですが、よく考えてみると、要綱と法律は全然異なるものであり、どう手をつければいいのかわからない。一括交付金はそれに非常に資するものであったと思うし、望月副理事長がおっしゃったように一括交付金が元の補助金に戻った際に、各省がそれなりに考えたということは、ある意味では補助要綱の見直しにつながっていますが、それで満足できる問題ではありません。そもそも一括交付金は対象になった補助金が少ないから。それは残された課題としてあるなと思います。それが二点目です。

三つ目は、戦後の地方自治制度ができた昭和二〇年代に起きた二つのことが、やっぱり今でも効いているのだと思います。そこへ遡って、その問題をどう考えるかを整理しないと、うまくその後のことができないという問題が二つあると思うのです。一つは、地方自治法が昭和二二年に先にできて、地方財政法が昭和二三年に後からできていますが、その間に内務省解体が挟まっているのです。地方財政法を制定するというときに、本当は地方自治法の財務規定を地方財政法に持っていきたかったのですが、行政局と財政局が別の役所だったことも関係したのか、財務規定は地方自治法にそのまま残されました。そのことが公会計の整備のような話になったときに、中途半端になり、決算統計を今後どうしていくのかということも考えたときに、地財法と自治法の財務規定との整合性などが次の課題としてあるのだと思います。もう一つは、地方財政法は、シャウプ勧告を挟んで見直した部分があるのです。それは国と地方の共通の利害に関するものは負担金とするという、そのしつらえですが、そのしつらえを根本思想として、国と地方の共通利害のある事務がそこに現にあるのだから負担金を出すのだという実態論からスタートするのか。あるいは、やはりそういうのはそもそもおかしいという議論が根本のところにあると考えるのか。それによって分権の議論は大分変わってくると思いますが、そこのところを遡って議論しなければならないかと思います。

小川　**小早川先生、第一次、第二次と一貫して地方分権に携わってこられて、地方自治制度や行政法関係**

の自立性拡大路線はかなりの部分、成功したと思いますが、もっとこうすべきでないかというような思いをお持ちであれば、そのあたりをお聞かせいただければと思います。

小早川　義務付け・枠付け問題は、最初思っていたよりは、随分具体的な成果はあったと思います。これは、特に事務方でも力を尽くして目に見えないところで随分努力をされたのだろうと評価したいと思います。その際に政権交代がプラスに働いたかというと、それは結果としては確かにそうだろう、小西先生が歴史の偶然もあると言われましたが、私もそれはそうかなと思っております。各省側が、特に民主党政権の初期には腰を定められなかったのではないか、その結果が、義務付け・枠付けの見直しの委員会勧告がともかく順調に実現していったということなのではないかと思います。しかし、そのような偶然は長続きしないでしょうし、もっと長い目で先を見た体制を改めて整えていくことが、これからまだまだ必要でしょう。

制度論のレベルで見ますと、第一次分権の事務区分、関与の見直しと、その考え方は、立法原則として地方自治法に書き込まれたり、そうでないところも閣議決定の形で固定されたりしています。第二次分権の義務付け・枠付け問題については、やりやすいところを見直すことはできましたが、その一方で、自治体側としてはあまりおいしくもない、しかし国と地方の役割分担の関係からすればそれでも見直すべきところが、たくさん残っているのだと思います。事務が欲しいか、欲しくないかではなく、国と地方のあるべき分担、そこでの立法原則というようなものを、何かの形で残したいと思って、今、地方分権改革有識者会議でも発言をしています。

それから、実際に地方自治体側でどれだけ改革の成果を活用しているかについては、私はあまり現場のことはよく存じませんが、ただ、優良事例を地方分権改革推進室でまとめておられ、数はともかく、事例そのものを見ると、なるほどこれはいいな、こういうことができるのだなというのがあるわけでして、それなりに将来性のありそうな灯火が灯ってきたなという感じはあります。しかし、政策・制度づくりの本当の分権化をこの先進めるには、それへ向けての、自治体全体の平均的・標準的な能力の蓄積・向上が大事だと思います。国の側から分権をさらに進めるといっても、おいしい部分はかなり済んでいるわけですから、後はなかなか大変で、自治体の側としても、おいしくない部分も含めてそれぞれの役割をこなしていけるように足腰を鍛えていただくことが必要でしょう。

もう一つは、元気な自治体あるいは首長さんから元気な提言・提案・主張が出てくるのは今までも目立っていましたが、地道な、あまり目立たないものも含めて、個別の分野での政策提言をどう充実させていくかということです。それは、個別の自治体だけではなく地方総体としての政策企画立案・提言機能の問題であり、地方六団体、特に執行三団体に期待されるところはもちろん大きいですし、それだけではなく、いわゆる新しい公共も含めた様々なネットワークなりシステムなりをどのように作り、育てていくかということも、重要な課題だと思います。

小川　**神野先生、とりわけ税財政の分野で苦難が多かったわけでございますが、この二〇年を振り返って、ご感想なり、将来展望なりをお話しいただけますでしょうか。**

神野　社会学者が一番難しいところは、自分の分析対象である社会現象に、自分自身も加わっているということです。自分を分析対象とするということは非常に難しいと思います。西尾先生のもとで色々二〇年間やってきたことにどういう意義があるのかを、第四次一括法が国会を通って第一次、第二次分権がひとわたり検討し終わるということで、先ほども小早川先生からお話がありました地方分権改革有識者会議の方で、これまでを総括し、次の方向を見定めようとしているところです。そこで重要なことは、必ずしも歴史をアナロジーで考えるのは良くないとしても、我々が未来を構想するときには過去の経験から、あのときどうやって、どうしたかということを学んでいくことだと思います。

分権の動きが出てくるのは一九二〇年代です。一九二〇年代の両税委譲運動（国税であった地租と営業税を地方税として委譲することによって、地方の財政強化と地方分権を図ろうとした運動）は、大正デモクラシーそのものだと言ってもいいぐらいです。両税委譲運動が起きると時を同じくして、一九二〇年に臨時財政経済調査会が置かれます。ここで議論された税制整理案には三つ案が示されていますが、シャウプ勧告を含めてその後の日本の税財政のプランのほとんどでき上がっていたと言っていいぐらいのものができています。その特徴は、それまでの地租とか営業税に依存するのではなく、所得税中心税制をどうにか確立したいということと、もう一つは、分権を非常に強く意識しているということです。こうした背景のもとで、一九二〇年に全国町村会ができ、両税委譲運動が起きてくるわけです。ところが、一九二〇年代は、恐慌から恐慌へよろめく時代で、一九二六年に抜本的な税制改革が行われますが、臨時財政経済調査会の答申の三案のうち最もラディカルではない案が採用され、かなり不十分な地方税の充実に終わったのです。その後、世界恐慌が起きると状況が一変し、日本の財政は中央集権の方向に入っていくわけですし、世界各国とも中央集権の方向に入っていきました。ところが、二か国だけ分権の方に財政を切りかえていく国があって、それはスイスとスウェーデンでした。それは大恐慌からの脱出過程を戦争の準備と遂行に依存した国と、そうではない国との差なのです。

大正デモクラシーのアナロジーで第一次分権改革、第二次分権改革を考えると、両税委譲運動（分権改革）があんまりうまくいかずに失敗をして、その後、金融恐慌（リーマンショック）が起きたということになります。そうだとすれば、その後をどうやってかじを切っていくかということはかなり重要なのではないかと思っており、分権的な仕組みを今やっておく必要があると思っています。

前にも述べましたように、地方分権改革有識者会議では今後の新たな段階のあり方の議論を行っており、「個性」と「自立」が二つのキーワードとなっています。「格差」は認めないけれど、地域ごとの「差異」は認めるのは普通の考え方ですが、日本ではどうしても差異と格差はイコールで考えるのです。これから地方自治体、地域ごとに多様なものにしていかなければならないといったときに、格差を認めるという話と、差異を認める話と混同すると、かなり中央集権的になる危険性があります。そこに気をつけながら、提案方式と手挙げ方式を打ち出しているわけです。格差を生じさせないけれども、多様性をもたらしていくという方向に持っていく努力をしなければ、少し逆戻りをしてしまうことにもなりかねないと認識しています。

小川　ありがとうございます。締めくくりになりますが、西尾先生からご発言をいただき、本座談会を終えたいと思います。

西尾　分権改革は、大きな流れとしては、行政改革の流れに便乗しながらやってきた改革ですが、そろそろこの流れに乗るのをやめた方がいいというのが私の全体的な評価です。

細かいことで申し上げると、機関委任事務制度を全面廃止し、メルクマールを作って従前の機関委任事務を自治事務と法定受託事務に区分けしていきましたが、その区分けは、各省横断的に全関連省庁の個別の事務を一つ一つ積み上げるように見直していったという作業をやったわけです。法令等による義務付け・枠付けの見直しの作業は、いろいろ違うところもありますが、やはりメルクマールを作って、各省庁横断的にテーマ設定していきました。そして、委員と事務局職員だけではなく、外部にも有識者をメンバーという形で、第一次分権では参与でしたが、そうした形で動員したというやり方は非常に似ているところがあり、そのやり方は曲がりなりにも成功し成果に結びついたわけです。

ところが、その反面で、およそいつも失敗したものが、個別行政分野ごとの包括的な見直しというものです。これは平成五年の地方六団体の意見書の中に出ていたアイディアで、第二四次地方制度調査会も答申の中にそれを書いて、そういった形をとるべきだ、そういうやり方をすべきだということをうたったわけですね。地方分権推進委員会は、初めは、地域づくり部会とくらしづくり部会で専門委員を任命し、それぞれの部会で重点を置く個別課題を設定して議論を始めたわけで、そういうやり方を試みましたが、これではうまくいかないとなり、横断的な機関委任事務制度の全面廃止にエネルギーを全部傾けて、部会方式を実際上使わないやり方に変えているわけです。あれはやろうとしたけれど、失敗したという例です。その後すぐ続いた地方分権改革推進会議も個別問題から取り上げています。そして、結局成果を上げることはできませんでした。地方分権改革推進委員会も個別課題からやっています。私が加わる前から、道路をどうする、河川をどうする、生活保護をどうすると議論を行っていましたが、ほとんど改革に結びついていない。

どこがその事務を担うことが適切かという事務の再配分のような話もあれば、法令で縛りつける度合いをどの程度緩めて自由度を拡大するとか、お金の提供の仕方はどのような仕組みにするのかとか、それを全部あわせて生活保護制度はこう組みかえようとか、何かやってみたいのだけど、これができない。これは各省のどこか特定の局を狙い撃ちにするような形になるのであって、これでは絶対に動かなくなるのです。そこには審議会が別個にあり、その審議会と真っ正面から闘うものになってしまうのです。地方分権改革で、財政から法律から何から福祉にも生活の方にも詳しいという人で、分権派を結集しようとしても決して集まりませんし、各省の審議会と対抗することはできません。個別行政分野ごとの包括的な見直しはどうやれば成功するのかというのは、残った大きな課題だと私は思います。

資　料

掲載資料一覧

Ⅰ　第一次地方分権改革期関係

①地方分権の推進に関する決議……265
②最終答申（抄）……（平成五年一〇月二七日 臨時行政改革推進審議会（第三次行革審））……266
③今後における行政改革の推進方策について（抄）……（平成六年二月一五日 閣議決定）……270
④地方分権の推進に関する意見書―新時代の地方自治―……（平成六年九月二六日 地方六団体）……271
⑤本部専門員の意見・要旨……（平成六年一一月一八日 行政改革推進本部地方分権部会）……279
⑥地方分権の推進に関する答申……（平成六年一一月二二日 第二四次地方制度調査会）……284
⑦地方分権の推進に関する大綱方針……（平成六年一二月二五日 閣議決定）……293
⑧中間報告―分権型社会の創造―（概要）……（平成八年三月二九日 地方分権推進委員会）……296
⑨地方分権推進委員会第一次勧告―分権型社会の創造―（概要）……（平成八年一二月二〇日 地方分権推進委員会）……306
⑩国庫補助負担金・税財源に関する中間とりまとめ……（平成八年一二月二〇日 地方分権推進委員会）……317
⑪行政改革プログラム（抄）……（平成八年一二月二五日 閣議決定）……323
⑫地方分権推進委員会第二次勧告―分権型社会の創造―（概要）……（平成九年七月八日 地方分権推進委員会）……323
⑬地方分権推進委員会の第二次勧告に関する対処方針……（平成九年七月一五日 閣議決定）……332

⑭地方分権推進委員会第三次勧告―分権型社会の創造―（概要）……（平成九年九月二日 地方分権推進委員会）……332
⑮地方分権推進委員会第四次勧告―分権型社会の創造―（概要）……（平成九年一〇月九日 地方分権推進委員会）……333
⑯地方分権推進委員会の第三次勧告及び第四次勧告に関する対処方針……（平成九年一〇月二日 閣議決定）……336
⑰地方分権推進計画（抄）……（平成一〇年五月二九日 閣議決定）……337
⑱地方分権推進委員会第五次勧告―分権型社会の創造―（概要）……（平成一〇年一一月一九日 地方分権推進委員会）……383
⑲地方分権推進委員会の第五次勧告に関する対処方針……（平成一〇年一二月一日 閣議決定）……389
⑳第二次地方分権推進計画（抄）……（平成一一年三月二六日 閣議決定）……390
㉑地方分権の推進を図るための関係法律の整備等に関する法律（概要）……（平成一一年七月一六日 法律第八七号）……394
㉒地方分権推進委員会意見（概要）……（平成一二年八月八日 地方分権推進委員会）……402
㉓地方分権推進委員会最終報告―分権型社会の創造：その道筋―（抄）……（平成一三年六月一四日 地方分権推進委員会）……403

Ⅱ　第一次地方分権改革後から第二次改革期関係

①「事務・事業の在り方に関する意見」―自主・自立の地域社会をめざして―（概要）……（平成一四年一〇月三〇日 地方分権改革推進会議）……433
②「三位一体の改革についての意見」（概要）……（平成一五年六月六日 地方分権改革推進会議）……441

③地方公共団体の行財政改革の推進等行政体制の整備についての意見─地方分権改革の一層の推進による自主・自立の地域社会をめざして─（概要）……（平成一六年五月一二日 地方分権改革推進会議）……444
④地方分権の推進に関する意見書『豊かな自治と新しい国のかたちを求めて』地方財政自立のための七つの提言（抄）……（平成一八年六月七日 地方六団体）……446
⑤地方分権改革推進委員会第一次勧告（概要）～生活者の視点に立つ「地方政府」の確立～……（平成二〇年五月二八日 地方分権改革推進委員会）……449
⑥地方分権改革推進委員会第二次勧告（概要）～「地方政府」の確立に向けた地方の役割と自主性の拡大～……（平成二〇年一二月八日 地方分権改革推進委員会）……452
⑦地方分権改革推進委員会第三次勧告（概要）～自主立法権の拡大による「地方政府」の実現へ～……（平成二一年一〇月七日 地方分権改革推進委員会）……458
⑧地方分権改革推進委員会第四次勧告（概要）～自治財政権の強化による「地方政府」の実現へ～……（平成二一年一一月九日 地方分権改革推進委員会）……459
⑨地方分権改革推進計画（抄）……（平成二一年一二月一五日 閣議決定）……461
⑩地域主権戦略大綱（構成と概要）……（平成二二年六月二二日 閣議決定）……468
⑪地域の自主性及び自立性を高めるための改革の推進を図るための関係法律の整備に関する法律（第一次一括法）（概要）……（平成二三年五月二日 法律第三七号）……471
⑫地域の自主性及び自立性を高めるための改革の推進を図るための関係法律の整備に関する法律（第二次一括法）（概要）……（平成二三年八月三〇日 法律第一〇五号）……472
⑬地域主権推進大綱（概要）……（平成二四年一一月三〇日 閣議決定）……473

⑭地域の自主性及び自立性を高めるための改革の推進を図るための関係法律の整備に関する法律（第三次一括法）（概要）……（平成二五年六月一四日法律第四四号）……477
⑮地域の自主性及び自立性を高めるための改革の推進を図るための関係法律の整備に関する法律（第四次一括法）（概要）……（平成二六年六月四日法律第五一号）……478
⑯個性を活かし自立した地方をつくる～地方分権改革の総括と展望～（抄）……（平成二六年六月二四日地方分権改革有識者会議）……479

Ⅲ　市町村合併・行政改革関係

①市町村の合併に関する答申（抄）……（平成一〇年四月二四日第二五次地方制度調査会）……501
②市町村合併の推進についての意見（概要）……（平成一二年一一月二七日地方分権推進委員会）……506
③市町村合併支援プラン（抄）……（平成一三年八月三〇日市町村合併支援本部決定）……507
④今後の地方自治制度のあり方に関する答申（抄）……（平成一五年一一月一三日第二七次地方制度調査会）……517
⑤地方公共団体における行政改革の推進のための新たな指針（抄）……（平成一七年三月二九日総務省）……530

Ⅳ　委員会設置根拠・名簿

①地方分権推進委員会
○地方分権推進法（抄）……（平成七年五月一九日法律第九六号）……542
○地方分権推進法の施行期日を定める政令（抄）……（平成七年六月三〇日政令第二七九号）……545
○地方分権推進法の一部を改正する法律（抄）……（平成一二年五月一九日法律第七一号）……545

○地方分権推進委員会委員名簿……545
②地方分権改革推進会議
○内閣府設置法（抄）……（平成一一年七月一六日法律第八九号）……548
○内閣府本府組織令（抄）……（平成一二年六月七日政令第二四五号）……548
○地方分権改革推進会議令（抄）……（平成一三年七月三日政令第二三二号）……549
○地方分権推進会議委員名簿……551
③地方分権改革推進委員会
○地方分権改革推進法（抄）……（平成一八年一二月八日法律第一一一号）……551
○地方分権改革推進法の施行期日を定める政令（抄）……（平成一九年三月三〇日政令第百一号）……554
○地方分権改革推進委員会委員名簿……555
④地域主権戦略会議
○地域主権戦略会議の設置について……（平成二一年一一月一七日閣議決定）……555
○地域主権戦略会議有識者委員名簿……556
⑤地方分権改革有識者会議
○地方分権改革有識者会議の開催について……（平成二五年四月五日内閣府特命担当大臣（地方分権改革）決定）……557
○地方分権改革有識者会議委員名簿……557
Ⅴ　地方分権改革関係年表……559

Ⅰ　第一次地方分権改革期関係

①地方分権の推進に関する決議

○地方分権の推進に関する決議

（平成五年六月三日　衆議院本会議）

地方分権の推進に関する決議

今日、さまざまな問題を発生させている東京への一極集中を排除して、国土の均衡ある発展を図るとともに、国民が待望するゆとりと豊かさを実感できる社会をつくり上げていくために、地方公共団体の果たすべき役割に国民の強い期待が寄せられており、中央集権的行政のあり方を問い直し、地方分権のより一層の推進を望む声は大きな流れとなっている。

このような国民の期待に応え、国と地方との役割を見直し、国から地方への権限移譲、地方税財源の充実強化等地方公共団体の自主性、自律性の強化を図り、二十一世紀に向けた時代にふさわしい地方自治を確立することが現下の急務である。

したがって、地方分権を積極的に推進するための法制定をはじめ、抜本的な施策を総力をあげて断行していくべきである。

右決議する。

○地方分権の推進に関する決議

（平成五年六月四日　参議院本会議）

地方分権の推進に関する決議

今日、さまざまな問題を発生させている東京への一極集中を排除し、国土の均衡ある発展を図るとともに、国民が等しくゆとりと豊かさを実感できる社会を実現していくために、地方公共団体の果たすべき役割に国民の強い期待が寄せられており、中央集権的行政のあり方を問い直し、地方分権のより一層の推進を望む声は大きな流れとなっている。

このような国民の期待に応え、国と地方の役割を見直し、国から地方への権限移譲、地方税財源の充実強化等地方公共団体の自主性、自律性の強化を図り、二十一世紀にふさわしい地方自治を確立することが現下の急務である。

したがって、地方分権を積極的に推進するための法制定をはじめ、抜本的な施策を総力をあげて断行していくべきである。

右決議する。

②最終答申（抄）

（平成五年一〇月二七日　臨時行政改革推進審議会（第三次行革審））

Ⅳ　地方分権の推進

1　抜本的な地方分権の必要性

(1)　臨時行政調査会の発足以来、地方分権は一貫して行政改革の基本的課題の一つとして位置付けられ、既に、累次にわたる答申、意見に基づく諸改革が実行に移されてきている。しかし、今日、我が国をめぐる内外の情勢は急速に変化しつつあり、これまでの中央集権的な行政体制の在り方を根本から問い直し、地方分権の新たな段階を切り拓いていくべき状況に立ち至っている。

(2)　すなわち、東京圏への諸機能の一極集中や経済的、文化的な地域格差の拡大が、国土利用の不均衡を生み、社会経済のゆとりある発展を阻害するのみならず、我が国の将来に大きな問題を投げかけている。また、国民の意識、価値観が大きく変わり、経済力に見合った生活の質の向上や個性的で多様性に富んだ国民生活の実現が強く求められている。これらに対応するためには、全国的な統一性や公平性を重視する集権型行政システムから脱却し、地域がそれぞれの個性や主体性を発揮しつつ、その文化、経済の潜在力を十分に活用できるような分権型行政システムに転換する必要がある。首都機能の移転も、このような改革と密接に関連付けて進められなければならない。

一方、冷戦構造の終結や、地球的規模の新たな課題の顕在化など国際環境が激変する中で、我が国が今後、国際社会においてどのように生きていくか、その国力にふさわしく責任をいかに分担していくかといった問題の重要性が飛躍的に高まってきている。このような状況を踏まえ、国は外交、安全保障を始め国の存立にかかわる課題により重点的に取り組む体制を築く一方、地域の問題は住民の選択と責任の下で地方自治体が主体的に取り組めるようにする必要がある。

(3)　このように地方分権の推進と地方自治の確立は今や避けることのできない時代の要請となってきている。先の第一二六回国会においても、衆参両議院で「地方分権の推進に関する決議」が採択されたところである。当審議会としては、二一世紀に向けた抜本的な地方分権の推進方策を明らかにし、その確実な実行を政府に求めたい。

2　国と地方の役割分担の本格的な見直し

(1)　抜本的な地方分権を進めるために、まず必要なことは、国と地方の役割分担を本格的に見直すことである。

すなわち、国は、国家の存立に直接かかわる政策、国内の民間活動や地方自治に関して全国的に統一されていることが望ましい基本ルールの制定、全国的規模・視点で行われることが必要不可欠な施策・事業など国が本来果たすべき役割を重点的に分担するものとし、思い切った見直しが必要である。

(2) 一方、地域に関する行政は、基本的に地方自治体において立案、調整、実施するものとし、地域の実情に応じた個性豊かな行政が展開できるよう、次のことを実現する必要がある。

① 基礎的な自治体である市町村が、行財政能力を充実させ、住民生活やまちづくりに関する行政を始め地域社会に関する多様な行政を、自主的・自律的に担い得る行政主体として確立されること。

② 都道府県が、市町村の区域を越える広域的な行政需要への対応、市町村行政の補完・支援・調整機能の発揮などにより、地方行政は基本的に市町村と都道府県の責任で完結することが可能となるような総合的な自治行政主体として確立されること。

③ 地方行政に関して、住民の選択と負担の下に、自律的で責任ある地方自治を実現できるような行財政上の仕組みが構築されること。

(3) なお、これらを実現する上で、国・地方の関係者の意識改革が不可欠である。国の地方に対する不信と地方の国への過度の依存傾向が、地方分権への積極的な取組を妨げる一因となっていたことは否定できない。また、住民の意識の改革も重要である。住民の自己責任原則を徹底し、何ごとによらず国に対して責任を求めるような風潮を改めなければ自治意識の高まりにはつながらない。

地方分権の進展に伴い、国の事務の内容や性格は大きく変わらざるを得ない。これに合わせ、国の行政組織についても、地方支分部局はもとより、省庁組織、特殊法人等を含めた見直しが求められる。

3 国からの権限の移管等の推進

国と地方の役割分担を本格的に見直した上で、次に必要なことは、地方自治体への権限の移管、国の関与の廃止等を着実に実行していくことである。そのためには個々の法令を点検し、以下のような視点に留意しつつ、必要な改正作業を丹念に進めていく必要がある。

① 国と地方が国民福祉の増進という共通の目的に向かって相互に協力することは当然であるが、国からの権限の移管、機関委任事務・国の関与等の大幅な縮減・合理化を進めることによって、地方自治体を地方行政の主体として明確に確立すべきである。

② 社会経済活動の広域化に伴い、行政における自治体間の調整の必要性はますます高まっている。この場合にあっても、直ちに広域的自治体たる都道府県や国に調整を求めるのではなく、極力、関係自治体相互の水平的な協力関係の中で解決すべきであり、そのため、地方自治体の協議会、

事務組合等の既存制度や今後整備される広域連合制度の活用を図るべきである。

③　住民に身近な行政はできるだけ住民に身近な自治体で処理するという考え方に立てば、基礎的自治体たる市町村がその中心的担い手となるべきことは言うまでもないが、このことにより、国から都道府県への権限の移管等の努力がなおざりにされてはならない。

行財政能力に大幅な格差がある市町村の現状にかんがみれば、当面、都道府県により重点を置いた権限の移管等を進めることが現実的かつ効果的であろう。

4　地方自治体の財政基盤の強化

(1)　地方自治体が自らの責任で決定・処理すべき施策・事業の範囲が拡大するとすれば、財政制度もそれに伴って改革されなければならない。その基本となるのは、地方自治体が自律的・主体的に行財政運営を行うことができるよう、地方税財源の充実強化を図っていくことである。

税源に地域間格差がある限り、国から地方への財政移転によってこれを是正する必要があるが、その場合にも、地方交付税など一般財源によることを基本とすべきである。

(2)　以上の考え方に基づいて、次の課題を総合的に検討する必要がある。

①　国と地方の新たな役割分担に見合うよう、国民負担率の上昇を抑制していく中で、地方税財源の充実強化を図る。

②　地方交付税は、基準財政需要額の算定方法を簡素化しつつ、合理的配分に努めるか、より税源の小さい地域の自治体に対する財源保障を充実する。

③　補助金等は、国と地方の役割分担の見直しに応じ、国の負担を義務付けた法律の見直しや補助事業そのものの要否の点検を行うことによって逐次削減ないし一般財源化を図るほか、補助基準の緩和・弾力化、統合・メニュー化等を進める。

④　地方債の許可制度を弾力化・簡素化し、その運用に当たり個々の地方自治体の起債に係る国の関与を最小限度のものとするとともに、地方債市場の整備育成を図る。

⑤　一体的な経済社会圏域を形成する地方自治体の間で、広域的な事務処理とその負担の在り方等を通じて、行財政運営面においてもより一体性が確保される方策を推進する。

5　自立的な地方行政体制の確立

以上の改革と並行して、地方制度の見直しや地方自治体の自己改革を進める必要がある。

(1)　我が国の現在の地方制度は、市町村、都道府県という二層の地方自治体を基本とし、既に広く定着をみている。しかし、経済文化圏、生活圏の広がりが住民意識にも次第に影響を及ぼしつつあり、国からの権限の移管等や財政基盤の強化と相まって、住民の自主的な判断の下、市町村、都道府県がそれぞれ、より広域的で自律的な自治体に成長していくことが期待される。

(2) 基礎的な自治体である市町村は、地方行政の中心的な担い手として、地域社会に関する多様な行政を自主的、自律的に展開していかなければならない。

この点については、当審議会が答申し、既に実施段階にある地方分権特例制度（パイロット自治体）、地方制度調査会が答申し、早期の法制化が求められる中核市や広域連合のほか、地方の自立的成長を促すための地方拠点法等も整備されている。それぞれの市町村が自らの創意工夫をこらし、これらの制度を積極的に活用することが期待される。その際、都道府県は、国と市町村との間に立った協議の促進、市町村への権限の移管等について、十分な協力と支援を惜しむべきではない。

さらに、望ましい基礎的自治体の在り方について幅広い論議が行われ、国からの権限の移管等の推進や地方自治体の財政基盤の強化と相まって、市町村の自主的合併が推進されていくことが望まれる。この場合にあっても、国としては、あくまでも地方主導で地域の実情や特色を反映した自治体形成ができるような支援措置を講じるべきである。この観点から、市町村の自主的合併の推進のための措置の在り方について検討を進める必要がある。

(3) 都道府県に関しては、国の執行機関的な性格から脱却し、地域における総合的広域的な自治行政主体として、市町村と密接に連携した行政を展開していくことが期待される。また、現在の都道府県の枠を超えて対処しなければならない事態も確実に増えると予想されるが、その際には、既存の制度の活用や都道府県による広域連合の積極的な設立によって対応すべきである。

さらに、将来の都道府県合併についても固定観念にとらわれない真剣な取組を行うほか、全国的に都道府県合併の機運が高まるような状況が発生する場合に備え、現行の都道府県制に代わるべき新しい広域的自治体制度（いわゆる道州制）の意義等について国として幅広い観点から具体的な検討を行う必要がある。

(4) 地方自治体が、地域の行政主体としてその役割を的確に果たしていくためには、自治体自らによる行財政の効率化や事務・事業の見直しについて不断の努力が重要である。また、このためにも住民への情報提供、参加機会の拡大、監査機能の充実をより一層推進していかなければならない。

6 地方分権に関する立法化等の推進

(1) 地方分権の推進を望む声は今や大きな流れとなっており、当審議会の提言を踏まえ、その実現に向けて、国を挙げた積極的な取組が強く求められる。すなわち、抜本的な地方分権を進めるため、まず国と地方の役割分担を本格的に見直した上で、国から地方自治体への権限の移管等を着実に実行する必要がある。そのため個々の法令の改正作業を丹念に進め、これに伴って財政制度も改革されなければならない。

さらに以上の改革と並行して、地方制度の見直しや地方自治体の自己改革も進める必要がある。

(2)　このため、政府においては、内閣及び内閣総理大臣のリーダーシップの下、行政改革の一環として、地方分権に関する新たな推進体制を整備し、地方自治体を含む関係者の意見をも踏まえつつ、地方分権推進の基本理念、取り組むべき課題と手順等を明らかにした地方分権に関する大綱方針を今後一年程度を目途に策定すべきである。

(3)　政府は、上記の大綱方針に沿って、立法府及び行政府の合意形成を進め、速やかに成案を得て、地方分権推進に関する基本的な法律の制定を目指すべきである。

③今後における行政改革の推進方策について（抄）

（平成六年二月一五日　閣議決定）

2　地方分権の推進

地域における行政の自主性・自立性を高め、個性豊かで活力に満ちた地域社会の実現を目指し、国・地方の機能分担等の見直しを始めとして、国・地方の関係等の改革を進め、地方分権の推進を図る。

(1)　国・地方の関係等の改革に関する大綱方針の策定等

①　地方分権の推進を図るため、国・地方の関係等の改革に関する大綱方針を平成六年度内を目途に策定するものとする。このため、政府部内における検討体制を整備し、地方公共団体を含む関係者の意見をも踏まえつつ、検討を行う。

②　住民に身近な行政は住民に身近な地方公共団体において処理し得るようにすることを基本とし、国・地方の機能分担を見直し、権限委譲や国の関与等の廃止・緩和を進める。また、地方公共団体が自主的・主体的に行財政運営を行うことができるよう、地方税財源の充実強化に努めるとともに、補助金等の整理合理化等を進める。これらのため、各省庁は、上記①の検討に併せ、所管行政について見直しを行う。

③　上記①の大綱方針の策定の後、直ちに、これに沿って、国会及び政府の合意形成を進め、地方分権推進に関する基本的な法律の制定を目指す。

(2)　自立的な地方行政体制の確立

地方制度調査会答申（平成五年四月一九日）を踏まえ、広域連合制度及び中核市制度の導入を図ることとし、今通常国会に所要の法律案を提出する。また、今後における市町村の自主的合併の推進のための措置の在り方について検討を進める。

(3)　地方分権特例制度の円滑・着実な実施

平成四年一二月八日付け閣議決定に基づく地方分権特例制度については、第一回指定（平成五年一一月一六日）により講ずることとした特例措置等の着実な実施を図るとともに、その実施状況について適期にフォローアップを行う。また、第二回指定の募集（平成六年六月末締切）及びこれに係る指定に向け所要の事務を進める。

④地方分権の推進に関する意見書
—新時代の地方自治—

（平成六年九月二六日　地方六団体）

二一世紀を迎えようとしている今、日本は、大きな変革を迫られており、「地方分権」の実現は、その変革の基本を成すものである。

戦後、経済の再建と国民生活の安定は、最大の課題であり、これらを解決するために、中央集権型の制度に依存した画一的な行政運営が半世紀にわたり行われてきた。

国民の努力もあり、多くの成果を生み出すことができた現在、より成熟した日本社会の構築を図るためには、新しい国民的な目標が必要となっており、「地方自治の充実」及び「地方分権」が、国民的目標の一つとして再認識され、大きく脚光を浴びている。

国際的には、民族紛争、地球環境問題への対応など、全世界が協調して解決すべき多くの課題に対して、先進国の一員として、その経済力に相応した責任をこれまで以上に積極的に果たすよう強く期待されている。このため、国政はこまごまとした事務から解放され、新たな国際社会の秩序形成と国民社会全体の存立と発展にかかわる「国際関係の調整・貢献業務」などに専念できるような体制に変革していくことが必要である。

国内では、経済成長が所得水準の向上をもたらしたものの、多くの国民は、それを実感できず、真の豊かさを求めようとしている。このため、成長優先の政策から生活重視の政策への転換が行われつつある。生活重視となれば、生活に身近な地方公共団体の果たす役割への期待が高まるのは当然であろう。さらに、中央集権的な行政の結果、首都圏への一極集中、地方における過疎化、地域経済の空洞化などの課題が生じており、このためにも、地方公共団体が、迅速・機敏に、きめ細かに、しかも自立的・総合的に行動し、生活の向上と魅力ある地域づくりに邁進できるような権能と条件を備えてゆくべきである。

今こそ、地方公共団体は、地方自治が住民の権利と責任において主体的に形成されるべきという基本的観点に立って、その責務を果たすために、より足腰を強めて「自立する」ことが肝要である。

我々が「地方自治の充実」を期して、地方における事務権限の抜本的強化、財政自主権の確立などを内容とする「地方分権」を強く求めているのは、正にこのような考え方に立つからである。このことは、二一世紀に向けた国民的目標を達成するためにも不可欠なものであると確信している。

例えば、まちづくりを取りあげると、全国一律の基準では、それぞれの地域の特性を反映した「まち」が実現できないことは自明であり、まちづくりのような一定の区域に限定される属地的な行政分野は、本来的に地方公共団体の仕事と言えよう。

また、社会福祉にしても、一人ひとりの高齢者や体の不自由な人たちが必要としている個別的なケアサービスを十分に提供するためには、地域住民の声が迅速かつ的確に反映できる身近な地方公共団体に権限と財源が確保されるべきである。

地方公共団体の手により立案・調整された施策の遂行が保障され、地方公共団体が責任を持って実施できるという「自立的な地方行財政システム」の確立が求められているのはそのためである。

地方公共団体も自らの変革を厭うことなく、民主、公正・透明、効率の実現のための努力を重ねなければならないことは当然である。そして、総体として国民の自由な活動が保障され、国民の負担をできるだけ軽減するという方針を堅持しつつ、これまでの国と地方の役割分担を徹底的に見直し、国と地方を通じた抜本的な行財政改革を断行すべきである。

今回、地方関係六団体が「地方分権推進委員会」を発足させ、具体的な地方分権推進方策について検討を進めてきたのは、以上のような考え方に立ち、国に依存しつつ地方は責任を回避するというような「甘え」の姿勢を自らが正し、まず、地方が率先して、「地方分権」の推進について具体的な提言を行う必要があるとの認識からであった。

本意見書は、二層の自治制度は当面維持されるべきものとの考えの下に、審議・検討を進めてきた。なぜなら、すでに、都道府県も市町村も国民意識の中に広く定着しており、いたずらに受け皿論に終始し、国民の求める「地域の自立」が遅れてはならないと判断したからである。

また、住民に身近な行政はできる限り地方公共団体において処理するという観点から、市町村優先の原則に立脚し、それぞれの役割を地方自らが明確にしていく必要があるが、当面、都道府県に重点を置いた国と地方との役割分担の見直しを進めることが現実的かつ効果的である。

国と地方との役割分担の抜本的見直しに伴う国から地方への公務員の再配置については、これに適切に対応する措置をとることが必要であると考える。

本意見書は、以上のような認識に基づき、昨年の「地方分権の推進に関する国会決議」や臨時行政改革推進審議会（第三次行革審）の最終答申などを踏まえ、今後の国における地方分権に関する大綱方針の策定に向けて、地方の意見が反映されるよう「地方分権推進要綱」（別紙）として、とりまとめたものである。

「新時代の地方自治」のあり方を見据えつつ、地方公共団体の総意を結集した今回の意見書は、地域住民の期待に応えるための、地方公共団体自らの決意表明であり、国に対する具体的な初めての意見具申である。地方六団体の「地方分権実現」に向けての考えについて、理解を強く求めたい。

地方分権推進要綱

目次

第一　総則

1　（目的）

この要綱は、日本国憲法第九二条に規定する「地方自治の本旨」及び地方分権の基本理念に基づき、地方公共団体と国との関係及びそれぞれの役割を見直すことにより、地方分権の推進に関する施策の基本となる事項を定め、地方自治の確立に資することを目的とする。

2　（地方分権の基本理念）

地方分権は、地域の特性に応じた個性ある地域づくり及び住民福祉のより一層の質的な増進を図るため、住民自治を強化し、地方公共団体の自主性及び自立性を最大限尊重して、真に民主的で公正・透明かつ効率的な行財政システムを構築することを基本理念とする。

第二　地方公共団体と国との関係

1　（地方公共団体と国の役割の基本的あり方）

地方公共団体及び国は、それぞれの機能と責任を明確に分かちつつ、国は国際社会の中における主権国家としての一貫性を必要とする事務、全国的に統一して処理すべき事務及び生命、安全等の基準の設定に関する事務に専念し、地方公共団体はその他の国内の行政に関する全ての事務を所掌するものとする。

2　（地方公共団体及び国の事務の範囲等）

①　国が所掌する事務は、原則として、次に掲げる範囲のものに限定するものとする。

(1)　天皇及び皇室に関すること。
(2)　外交、防衛及び安全保障に関すること。
(3)　司法に関すること。
(4)　国政選挙に関すること。
(5)　通貨、公定歩合、民事及び刑事に関する基本ルール、公正取引の確保、金融、資本市場、貿易、物価の統制、工業規格、度量衡、知的所有権並びに郵便に関すること。
(6)　国籍、税関、出入国管理及び旅券に関すること。
(7)　海難審判、海上保安、航空保安その他の全国的な治安の維持に関すること。
(8)　全国の総合開発計画及び経済計画の策定に関すること。
(9)　公的年金、公的保険、労働基準、基本食糧の確保、資源・エネルギーの確保等に関すること。
(10)　全国的な電波監理及び気象業務に関すること。
(11)　全国的に影響を有する特に高度で専門的な科学・技術、学術・文化、環境対策等に関すること。
(12)　伝染病予防、薬品の規制、医療従事者の資格その他の人の生命、健康及び安全に関する基準、生活保護に関する基準、義務教育に関する基準等の設定に関すること。
(13)　国勢調査等の全国的な統計調査に関すること。
(14)　全国を対象とする骨格的かつ基幹的な交通・通信基盤施設の整備及び管理に関すること。
(15)　地方制度及び国と地方公共団体との間の基本的ルールに関すること。
(16)　国の機関の組織（内部管理を含む。）及び税財政に関すること。

②　現行の機関委任事務制度は廃止し、地方公共団体の事務とするものとする。ただし、上記①に掲げる事務のうち、国政選挙、旅券等国の事務で、地方公共団体において執行することが国民の利便及び行政効率の面から望ましいものについては、国が地方公共団体に対して財源を付与した上、委任するものとする。

③　地方公共団体と国との事務配分の見直しに伴い、国の出先機関の整理・統合を推進し、地方事務官制度を廃止するものとする。

3　（地方公共団体に対する国の関与のあり方等）

①　地方公共団体に対する国の行政機関の関与は、必要最小限度のものとし、かつ、法律の明文の規定によって認められている場合にのみこれを行うことができる。

この場合を除き、国の行政機関は、直接、間接を問わず、地方公共団体に対して関与をしてはならない。

②　国は、上記①の地方公共団体に対する国の行政機関の関与の基本原則に則し、現行の関与に関する法令を見直すこととし、国の行政機関は、現在、法律の明文の規定に基づくことなく、要綱等により地方公共団体に対して関与しているものについては、直ちにこれを廃止するものとする。

③　前項2②の規定により、国の事務で地方公共団体に委任したものに係る執行を確保するために必要な手続については、「地方分権の推進に関する法律」（後出第八参照）において一元的に規定するものとする。

④　地方公共団体は、国の行政機関から受けた関与の内容について異議がある場合には、第五に規定する地方分権委員会に対して不服の申出をすることができる。

第三　財政自主権の確立及び地方分権の推進に伴う財源の保障

1　（税体系の抜本的見直し）

国は、第二に掲げる地方公共団体と国との事務配分の見直しに伴い、地方公共団体の事務配分に応じた地方税源が安定的に確保できるよう、また、現行の地方公共団体における歳出総額と地方税収入総額との乖離を極力縮小するよう、地方税及び国税のあり方を抜本的に見直さなければならない。

2　（課税自主権の強化）

国は、地方公共団体の課税自主権を尊重し、地方公共団体が新たに税目を起こして普通税を課税しようとする場合又は標準税率によらず課税しようとする場合には、当該地方公共団体の措置について関与してはならない。

なお、目的税についても普通税と同様に、課税自主権についての規定を地方税法（昭和二五年法律第二二六号）において新たに設けるものとする。

また、分担金、使用料のほか、いわゆる課徴金の賦課徴収も地方公共団体が独自に行えるものとする。

3　（地方交付税制度の見直し）

国は、第二に掲げる地方公共団体と国との事務配分の見直しに伴い、交付税率を含め現行地方交付税制度について、抜本的に見直さなければならない。

なお、地方交付税は、国の一般会計を通すことなく交付税特別会計に直接繰り入れるものとする。

4　（国庫補助負担制度の改革）
　地方分権に関する諸改革にあわせて、国庫補助負担制度のあり方（補助条件、決定手続等の簡素合理化を含む。）を抜本的に見直さなければならない。この場合、国庫補助負担金は、公共事業、教育、福祉等の事業に係る負担金やこのような負担金に類する性格の強い補助金に限定し、奨励的補助金及び少額補助金は、廃止するものとする。

　特に、市町村に対する負担金については、生活保護、国民健康保険、義務教育等に関するものを除き、原則として廃止するものとする。

　この場合において、国は、廃止した相当額を地方一般財源として措置しなければならない。

第四　地方分権推進計画の作成等

①　国会は、「地方分権の推進に関する決議」の趣旨に基づき、内閣に対し、地方分権の推進施策に係る計画（以下「地方分権推進計画」という。）（案）を速やかに作成するよう求めることができる。

②　内閣は、地方分権推進計画（案）を作成しようとする場合及び上記①の規定により国会から地方分権推進計画（案）を作成するよう請求があった場合には、地方自治法（昭和二二年法律第六七号）第二六三条の三第一項に規定する地方公共団体の長又は議会の議長の全国的連合組織から意見を聴取の上、地方分権推進計画（案）を「地方分権の推進に関する法律」の施行後、二年以内に作成し、国会に提出しなければならない。

③　地方分権推進計画（案）には、次に掲げる事項を定めるものとする。
ア　地方分権の推進に関する基本方針
イ　原則として国の事務の範囲とされる事項
ウ　国と地方公共団体との関係の基準及び調整に関する事項
エ　地方公共団体の税財政基盤に関する事項
オ　国の補助負担金に関する事項
カ　地方分権の推進に伴う国の出先機関の整理・統合に関する事項
キ　イからカまでについてその実現時期、手順等に関する事項
ク　その他内閣が必要と認める事項

④　国会は、内閣から提出された地方分権推進計画（案）の内容について異議がある場合には、その理由を付して内閣に対して地方分権推進計画（案）の内容の修正を求めることができる。

⑤　内閣は、上記④の規定により国会が修正を求めた場合には、地方分権推進計画（案）を直ちに再検討し、再度国会へ提出しなければならない。

⑥　内閣は、国会が地方分権推進計画（案）を議決した場合

には、直ちに必要な法的措置等を講じなければならない。
⑦　内閣は、地方分権推進計画の実施状況について、毎年、国会に報告するとともに、公表しなければならない。
⑧　都道府県は、市町村との関係について、都道府県地方分権推進計画を作成するものとする。

第五　地方分権委員会の設置

1　（設置）
内閣に独立の行政委員会として、地方分権委員会を設置するものとする。

2　（所掌事務）
地方分権委員会の所掌事務は、次のとおりとする。
ア　地方分権推進計画（案）の作成に関する方針及び基準を内閣に対して提示すること。
イ　地方分権推進計画（案）の内容に関して、国会又は内閣に対して意見を申し出ること。
ウ　地方分権推進計画の実施状況を監理すること。
エ　地方公共団体に影響を及ぼす法律若しくは予算の議決又は条約の承認に関して、国会又は内閣に対して意見を申し出ること。
オ　地方公共団体に影響を及ぼす政令、府令若しくは省令等又は重要な国の計画に関して、内閣又は各主務大臣等に対して意見を申し出ること。
カ　国の行政機関から受けた関与の内容について、地方公共団体から不服の申出があった場合における審理及び裁決に関すること。

3　（措置義務等）
①　国会、内閣又は各主務大臣等は、前項2アからオまでの規定に基づく地方分権委員会からの意見等に沿った所要の措置を講じなければならない。
②　国会、内閣又は各主務大臣等は、地方公共団体に影響を及ぼす法律若しくは予算の議決若しくは条約の承認に関する審議、政令等の制定又は重要な国の計画の策定に当たっては、あらかじめ地方分権委員会の意見を求めなければならない。

4　（構成等）
地方分権委員会の構成等は、次のとおりとする。
ア　地方分権委員会の委員は、内閣総理大臣が国会の同意を得て、地方自治に関する学識経験者から任命すること。
イ　地方分権委員会の委員の定数は、五人とし、そのうち、二人については、地方自治法第二六三条の三第一項に規定する地方公共団体の長及び議会の議長の全国的連合組織が推薦する者とすること。
ウ　地方分権委員会の委員の任期は、四年とすること。
エ　地方分権委員会の委員長は、委員の互選に基づき内閣総理大臣が任命すること。
オ　地方分権委員会の委員長の任免は、天皇が、これを認証すること。

カ　地方分権委員会は、独自の事務局を有すること。

第六　地方公共団体の行財政運営の民主化、公正・透明化及び効率化

1　（住民投票制度創設の趣旨）

地方公共団体は、当該地方公共団体の行財政運営の民主性をより一層高めるため、一定の事項を定める条例制定手続に「住民投票制度」を導入するものとする。

2　（住民投票を要する事項）

住民投票制度を適用する事項は、当該地方公共団体の条例で定めるものとする。

3　（監査機能の強化）

①　地方公共団体の公正かつ効率的な財政運営を確保するため、地方公共団体は、現行の監査委員による監査に加え、財務監査については、外部監査制度を導入するものとする。

②　地方公共団体は、共同して外部監査の実施機関として、連合監査機構を設置することができる。

③　連合監査機構は、地方公共団体の長、議会又は住民（一定数以上の住民の連署を要件とする。）から請求があった場合に、外部監査を実施し、公表するものとする。

4　（情報公開条例及び行政手続条例の制定）

①　地方公共団体は、住民参加の充実及び行政の透明性の向上を図るため、情報公開条例の制定を一層積極的に進めるものとする。

②　地方公共団体は、行政運営における公正をより一層確保するため、行政手続条例を速やかに制定するものとする。

第七　地方公共団体と国との裁判的調整

1　（裁決の取消請求）

地方分権委員会のした裁決（前出第二の3の④及び第五の2のカ参照）について、国及び当該地方公共団体は、それぞれ裁判所に対して、その取消しを請求することができる。

2　（条例の無効宣言訴訟）

国は、地方公共団体の条例が法律に違反すると認めるときは、当該地方公共団体を被告として、当該条例の無効宣言の裁判を裁判所に求めることができる。

第八　地方分権の推進に関する法律の制定

国は、「地方分権の推進に関する決議」の趣旨にかんがみ、地方分権の基本理念、地方分権推進計画の作成、地方公共団体と国との関係の基本的あり方及び地方分権推進委員会の設置等地方分権の推進に関する施策の基本となる事項を定めるため、「地方分権の推進に関する法律」をおおむね一年程度を目途に制定するものとする。

なお、国は、「地方分権の推進に関する法律」の制定に伴い、規定の整備を要する関連法令の見直しを行い、地方分権推進計画に基づく所要の措置を講じなければならない。

⑤本部専門員の意見・要旨

（平成六年一一月一八日）
（行政改革推進本部地方分権部会）

（本資料は、本部専門員の意見の大要を整理・集約したものである。）

1　地方分権推進の基本理念

・我が国が成熟社会に移行しつつある中、個人や地域の主体性、個性が十分発揮できる民自律・分権型システムに転換することが必要。

・憲法に定める「地方自治の基本原則」（第九二条）にある地方自治の本旨の実現と国と地方公共団体が対等の立場に立つことが徹底されるべきである。

・国・地方を含めた行政の民間への関与を減らすことが地方分権の前提。簡素で効率的な行政の実現のため、国・地方を通じた規制緩和と行政組織のリストラが必要。その上で、国と地方の役割分担を見直すということを明確にすることが必要。

・小選挙区制による国の基本政策について国民の選択を問う選挙制度にするためには、規制緩和とともに、地方分権とセットでなければならない。

・地方分権を推進する目的は、きめ細かな住民ニーズの実現、住民の自治意識の向上、政・官・財癒着構造の是正、地方公共団体の行政責任の明確化、縦割り行政の是正、中央政府の機能純化、東京一極集中の是正などである。

・地方分権は、地方自治の確立、行政の簡素合理化、総合性・多様性・弾力性の確保等を通じて、地域社会のみならず、活力ある国家社会を建設していくために不可欠である。

・二一世紀を展望し、多極分散型国土の形成及び来るべき高齢社会に適合した地域福祉ネットワークの構築のため、国の立法権及び執行権を大幅に地方公共団体に移譲し、これを地域住民の自治に委ねることが必要。

・地方公共サービス、税収に関し、ナショナル・ミニマムあるいはシビル・ミニマムがある程度達成されたと思われる今日、地方分権、地方自治を推進する立場から、若干の不均一性、多様性を認めるべき。

・成熟社会となり、地域の実情に即した柔軟な公共サービスを提供する必要。政治参加の質の向上及び住民と政治・行政との間でより風とおしのよいチャネルの確立。権限と責任の所在の明確化による自己責任の実現。サービスとコストの選択肢の多様化。東京や中央政府を頂点とするハイエラルキー構造や思考から脱却し、みずからの地域の誇りと自信を確立。

・地方分権の推進により、地域の潜在成長力、独自性が発揮できるようにする。

・国は地球的規模の課題に応えるため、内政を地方公共団体に委ね、国家外交、安全保障など、国として果たすべき役割を担う体制を確立する必要がある。

・増大する国際調整業務に機敏に対応させるため、国の省庁を内政業務から解放し、その責務の重点を「対・地方」の内向きの姿勢から、「対・国際社会」の外向きの姿勢に移す。
・国・都道府県・市町村の間の連絡調整と協議に必要とされてきた人手と時間の膨大な浪費を省き、中央地方を通じた行政の簡素効率化を進めること。
・連邦国家に見られる「地方主権」的発想は、かえって混乱を招くことから、日本型地方分権システムの構築を目指すべきである。

2　地方分権推進に関する基本方針

(1)　国・地方の役割分担等の在り方

・国際的国内的な大変革に対応した新たな視点に基づき抜本的に見直し、国は、国際化への対応へ重点的に取り組む体制に転換し、地域に関する行政は、地方公共団体が主体的に担う体制に転換するべきである。
　国は、国家の存立に直接関わる政策に関する事務（例えば、外交、防衛、通貨、司法など）を行うほか、国内の民間活動や地方自治に関して全国的に統一されていることが望ましい基本ルールの制定に関する事務（例えば、公正取引の確保、生活保護基準、労働基準など）、全国的規模・視点で行われることが必要不可欠な施策・事業に関する事務（例えば、公的年金、宇宙開発、骨格的・基幹的交通整備など）を重点的に行うこととし、その役割を限定的なものにしていくべきである。

　このほかの事務は、地方公共団体が行うものとする。
・これまで、全国的統一性や規模・視点が過度に強調され、事務の広域性や全国的な統一性・公平性を確保する必要を理由として国の関与が正当化されてきたが、全国的影響をもって直ちに国の役割とすべきではない。また、何らかの形で国の役割が必要な場合でも、国は極力基準の提示や制度の大枠の制定にとどめ、具体的な実施は地方の裁量に委ねるべきである。

(2)　国から地方への権限移譲等の推進

①　権限移譲等の基本的考え方及び進め方

・権限移譲にあたっては、行政の簡素化、規制緩和の推進の観点から当該事務そのものの必要性について徹底した検討を行うべきである。
・当面の地方分権は、都道府県・市町村の二層制という現行の制度を前提として推進する。その際には、国から都道府県への分権を最優先課題とする。その後、都道府県から市町村への分権を第二次的な課題として取り組む。
・地域に関する行政は、基本的に市町村と都道府県で完結するようにする。
・個別の権限ごとの移管等を検討する手法から、新たに、まちづくり、保健・福祉等のように行政分野ごとに権限の移管、国の関与・補助金の整理等を時限を区切って、一括して計画的に進める方式を導入する。

② 関与・必置規制の整理等

・地方公共団体に対する国の関与・必置規制は、抜本的に見直して必要最小限度のものとすべきであり、かつ法律の明文によって認められている場合のみこれを行うことができるものとする。これらの場合を除き、国の行政機関は、直接、間接を問わず、地方公共団体に対して関与してはならない。なお、関与の形態としては非権力的関与かつ事後関与とする。

・いわゆる必置規制を始めとして、地方公共団体に対する画一的な関与を大幅に緩和し、廃止・縮減・合理化を図ること。

③ 機関委任事務の廃止等

・機関委任事務制度は原則として廃止すべきものであり、その進め方、代替措置等については、適切な措置を検討する。

・機関委任事務制度は廃止する。なお国の事務として残さなければならず、かつ執行に地方公共団体の協力を必要とする事務については適切な措置を検討する。

④ 国の地方出先機関等の整理合理化等

・国の地方出先機関については、国と地方公共団体との事務権限の再配分に合わせて大幅に整理縮小し、廃止または地方公共団体の行政組織への統合を図る。

・地方事務官制度を廃止する。

・抜本的な地方分権を進めた上で新たな中央省庁体制を検討すべきである。

・地方公共団体と国との事務配分の見直しに伴う国から地方公共団体への公務員の再配置については、適切な対応措置をとる必要がある。

(3) 地方公共団体の財政基盤の整備

① 地方税財源の充実

・地方公共団体が事務事業を自主的・自立的に執行できるよう、事務配分に応じた地方税財源を安定的に確保し、地方公共団体の歳出総額と地方税収入総額との乖離を極力縮小する方向で地方税財源の確保を図るべきである。この際、地方公共団体の課税自主権が強化されることが必要である。また、サービスと負担の対応関係について納税者意識の高揚を図る。

・国は、地方公共団体と国との事務配分の見直しに伴い、地方交付税制度については、地域の実情に即した自主的・主体的行財政運営を行えるようその総額の安定的確保、地方公共団体特有の財政需要を的確に反映させることのできる基準財政需要額の算定等、その在り方を見直すべきである。

・地方債許可制度については、その制度の一層の弾力化、簡素化を図るべきであり、その運用にあたり個々の地方公共団体の起債に係る国の関与を最小限度のものとするとともに、地方債の良好な発行条件等を確保するため、地方債市場の整備育成や外債等資金調達先の多様化など地方債発行にあたっての条件整備を図ることが必要である。

② 国庫補助負担金の整理合理化等

・国庫補助金等が大きなウエイトを占める現在の地方財政システムは、地方公共団体の主体的な行財政運営を制約するとともに、これに要する経費は過剰な国民負担を招くことになっている。地方公共団体の事務として同化・定着・定型化しているものに係る補助金等、零細な補助金等、奨励的補助金等は、原則として廃止し、一般財源化すべきであり、その総額と総件数を削減する方策を検討する。特に、零細補助金についてはその最低額を早急に大幅に引き上げ、これを短期間のうちに全面廃止する。

・国庫補助負担金は、公共事業、教育、福祉等の負担金等に限定し、経常的国庫負担金については、今後とも国が義務的に負担すべき分野を厳選し、その他のものはこれを廃止する。公共事業に対する国庫負担金については、その対象を、例えば、国家的なプロジェクト等の根幹的な事業をはじめ、基本的なものに限定するなど、投資の重点化を図る。また、廃止した補助負担金相当額を地方一般財源として措置する。

・国庫支出金の一般財源化にあたっては、所要の地方一般財源を確保することが必要である。

・補助金等に係る予算の執行の適正化に関する法律の財産処分に関する規定の適用について、地方公共団体については、弾力的適用を図る。

(4) 自立的な地方行政体制の整備・確立

① 地方行政体制の整備

・市町村合併は、自主合併を基本とすべきであるが、自主的な合併を推進するため、市町村合併特例法に改正を加え、その時限を更新するとともに、特例措置を充実すべきである。

・市町村については、地方分権特例制度・中核市・広域連合等の活用を図る。

・市町村域及び都道府県域を越える広域的な行政需要に対応するため、新たに創設された広域連合の活用などが必要である。また、小規模町村については、都道府県などによる補完や支援の仕組みをつくることも必要である。

・地方の自治能力の一層の向上を図るため、自治体内での人材育成とともに、国と地方の人事交流の活性化、民間との交流をこれまで以上に進める。

② 地方行革の推進等

・地方公共団体は、地域住民の支持を得るため、時代に即応した事務事業、組織・機構の見直し等を行い、行政サービスの向上を図るため幅広い行政改革を計画的に推進する必要がある。その際、民間組織・ノウハウを積極的に活用すべきである。なお、地方公共団体の自主的・主体的な行政改革の推進を阻害している国の関与、必置規制について大幅に整理すべきである。

③　行政の公正・透明性の確保、住民自治の充実強化等

・地方行政の公正・透明性の向上や住民自治の強化を図るため、情報公開条例や行政手続条例の制定を推進し、外部監査制度を導入するほか、地方行政への住民参加を充実・強化する。また、住民に開かれた議会活動を展開する。

④　条例制定権の拡大

・地方公共団体の政策の選択幅を広げるため、地方公共団体の事務処理に関し、法律等の制定が必要である場合、法律等は細部にわたる規定を設けず制度の大枠を定めることとし、制度の具体的な内容は地方公共団体の条例で規定するものとする。

3　今後の推進方策の在り方　―推進体制・推進方策―

(1)　地方分権の推進に関する法律の制定等

・地方分権の推進を図るため、次期通常国会において「地方分権の推進に関する法律」(仮称)を制定する。

・地方分権の推進に関する法律は、地方分権への計画的・集中的取り組みを促すべく、五年程度の時限立法とし、地方分権の基本理念、地方分権の基本方針、地方分権推進委員会(仮称)の設置、地方分権推進計画の作成、地方分権の推進状況の国会への報告(地方分権推進白書)、等を定めるべきである。

(2)　地方分権の推進に関する委員会の設置及びその構成等

・新たな独自の推進・監視機関として、地方分権の推進に関する法律制定後直ちに地方分権推進委員会(仮称)を設置する。

・地方分権推進委員会は、学識経験者で構成し、そのうち一定数の者は自治体関係者から推薦された者とし、委員の任命にあたっては、国会の同意を要することとすべきである。

・地方分権推進委員会が、推進機関として勧告・調査・分析などの期待される機能を十分発揮できるよう、十分な定員と予算を備えた独立の事務局を有するべきである。

(3)　地方分権の推進に関する委員会の任務・権限

・地方分権推進委員会の権限については、策定期限を明示した地方分権推進計画の具体的指針について内閣に勧告し、地方分権推進計画の策定過程において意見を提出し、さらにその進捗状況を監視し必要な意見を述べることができるものとする。また、地方自治に影響を及ぼす法令の制定改廃や予算上の措置等に関して、内閣及び国会に対し意見を

提出することができるものとする。

・内閣総理大臣は、地方分権推進委員会の意見が提出された場合、これを尊重する。

(4) 実行機関の設置

・新たな独自の実行機関として、内閣総理大臣を中心とする強力な地方分権推進本部（仮称）を内閣に設置する。同本部は、地方分権推進計画を策定し、進捗状況を見ながら一年ごとに実現に向けた見直しを行う。

(5) 地方分権推進計画の作成及びその内容

・地方分権推進委員会が示す指針に基づき、それぞれの行政分野において、国から地方への権限移譲や国の関与の整理合理化、これらに伴う国庫補助金等の一般財源化を含む財源の移管、国家公務員の定員管理等について、その具体的な内容と措置時期を明らかにした地方分権推進計画を策定する。

・都道府県と市町村の関係については、都道府県は都道府県地方分権推進計画を作成するものとする。

⑥地方分権の推進に関する答申

（平成六年一一月二二日　第二四次地方制度調査会）

前文

新たな憲法の理念のもと、地方自治法が施行されやがて半世紀になろうとする今日、我が国を取り巻く内外の諸情勢は、予想を超える勢いで大きく変化してきている。

国際関係においては、その国力にふさわしい国際貢献のあり方が問われ、内政面においては、成熟化を迎えつつある社会にあって、国民の価値観の多様化に対応した政治、行政、経済システム全般にわたる再構築が求められている。

地方分権の推進は、地方自治の充実強化の観点から、これまでも各方面から度々提言されてきている。近年、自立した個人がそれぞれの地域においてその多様な価値観、個性、創造性を最大限発揮することができるよう、また、地域の総合的な行政主体である地方公共団体がそれぞれの歴史、文化、自然、条件などの個性を生かした多様で活力あふれる地域づくりを進めることができるようにするために、現行の制度や仕組みを変革していくことが一層強く求められており、地方分権の推進は、ますますその重要性を増してきている。

政府においては、これまでも数次にわたり、権限移譲等を一括法によって行うなどの措置をしてきてはいるが、残念ながら、地方公共団体はもとより住民の立場からみても極めて不十分なものであると言わざるを得ない。

最近の地方分権の動きを見ると従来にない力強い気運の高まりを感じるが、時代の大きな転換期にある今こそ我が国の将来を見据えて、地方分権を強力に実行することが極めて重要である。そのためには政治の強力なリーダーシップが必要であると言わなければならない。

現在、政府の行政改革推進本部に設けられた地方分権部会において、地方分権の推進に関する大綱方針の骨格の検討が行われている。今後予定されている大綱方針の策定、地方分権推進に関する法律の制定に向け、この答申の趣旨を十分踏まえ対処されることを強く要請するものである。

第1　地方分権推進の基本理念

1　地方分権推進の背景

(1)　明治以来の我が国の近代化、そして第二次大戦後の復興、経済的発展に当たって、全国的な統一性、公平性を重視する中央集権型行政システムが一定の効果を発揮してきたことは否定できないが、今日においては、行政権限の国への過度の偏在をもたらし行政の非効率化を招いているほか、長年にわたる東京圏への諸機能の一極集中や、経済的、文化的な地域格差の拡大等に見られるような様々な弊害を生じさせている。

成熟化を迎えつつある今日の我が国においては、各地域がそれぞれの歴史、文化、自然条件などの個性を生かした多様で活力のあふれる地域づくりを進めることができるよう、分権型行政システムへの転換が求められている。

(2)　一方、歴史的な変革期を迎えている世界の中にあって、我が国としては地球的規模の課題に対応しつつ、責任ある役割を果たすことが求められている。国としては内政に関する役割は思い切って地方公共団体に委ね、外交、防衛等、国として果たすべき役割を重点的、効果的に担う体制を確立することが急務となっている。

(3)　また、現在の市町村、都道府県という二層制を基礎とする地方自治制度は、国民の間に広く定着しており、全体として、地方公共団体は、広範多様な事務事業を処理するようになり、地域経済に占める比重や地域住民からの信頼が高まるなど、総合的な行政主体として広く国民から評価されるようになっている。したがって、当面、現在の二層制を前提として、地方分権を推進する方策について検討すべきである。

2　地方分権推進の目指すもの

(1)　間近かに迫った二一世紀を展望した行政システムとしては、画一性よりも自立性や多様性がより尊重され、住民に直接接する自治の現場にあるものの判断や責任が生かされるよう、住民に身近な行政は身近な地方公共団体が担っていくことを基本とすべきであり、このため地方分権を推進していかなければならない。

(2)　地方分権の推進により、住民の立場からみて、具体的には次のような成果が得られるものと考える。

①　地方分権の推進は、国・地方を通じた行政全体のあり方を再構築するものであり、行政全体の簡素効率化を進めることができる。

②　地域に関する行政は、地方公共団体が自らの判断と責任で処理できる体制を確立することにより、行政の即応性、柔軟性、総合性が増し、住民の期待に応えることができる。

③　今日、国民ひとりひとりが生活の豊かさを実感するうえで、多様で活力あふれ、住みやすい地域社会が形成されているかどうかが重要な要素になってきている。

地方公共団体の自主性・自立性を強化し、地域行政の主体としての能力を高めることにより、創意工夫を生かした地域づくりを進めることはもとより、急速に進みつつある高齢社会に対応したきめこまやかな地域福祉の展開等のそれぞれの地域における様々な政策課題に責任を持って取り組むことができる。

④　地方分権を推進し、地方自治を確立することは、地域住民自らの選択と負担もとで、それぞれの地域の問題を解決することでもあり、行政をより民主的に処理する体制をつくり、さらに住民の自治意識の向上を図ることにつながる。

第2　国と地方公共団体の役割分担の基本的考え方

1　国及び地方公共団体の果たすべき役割

国際的にも国内的にも変革の時代を迎え、国と地方公共団体との関係についても今日的状況を踏まえ、時代の変化に対応した新たな視点で抜本的に見直す必要がある。

歴史的な変革期を迎えている世界の中にあって、国としては、内政面の役割を整理し、国際化への対応等へ重点的に取り組む体制に転換すべきである。

一方、地域に関する行政は、地方公共団体か主体的に担い、地域の実情に応じた行政を積極的に展開できるよう、企画立案、調整、実施等一貫して対応できる体制に転換すべきである。

2　それぞれの役割に応じた事務配分の考え方

このような考え方に基づいた国と地方公共団体のそれぞれの役割に応じた事務配分の考え方は次のとおりである。

(1)　国は、

①　国家の存立に直接関わる政策に関する事務（例えば、外交、防衛、通貨、司法など）を行うほか、

②　国内の民間活動や地方自治に関して全国的統一されていることが望ましい基本ルールの制定に関する事務（例

えば、公正取引の確保、生活保護基準、労働基準など）及び

③　全国的規模・視点で行われることが必要不可欠な施策・事業に関する事務（例えば、公的年金、宇宙開発、骨格的・基幹的交通基盤など）を重点的に行うこととし、その役割を限定的なものにしていくべきである。

(2)　地方公共団体は、国が行う事務以外の内政に関する広範な事務を処理する。また、自らの判断と責任で事務を処理できるよう、財源の確保や自主立法権も含め自主性・自立性を確立することが重要である。

第3　国から地方公共団体への権限移譲等の推進

1　権限移譲等の基本的考え方

国が現在、広範に有している権限を以下の考え方により見直していくことが必要である。

(1)　国と地方公共団体の事務配分の見直しに当たっては、行政の簡素化、規制緩和の推進の観点から、当該事務そのものが必要かどうかをまず検討すべきである。

(2)　地域に関する行政は、基本的に市町村と都道府県の責任で完結できるよう事務の配分の見直しを行い、必要な権限移譲等を行う。

(3)　これまで全国的な統一性や全国的な規模・視点が過度に強調されすぎたきらいがあるが、全国的に影響があることをもって直ちに国の事務とすることは適当ではない。

また、全国的な統一性、全国的な規模・視点を重視して行う必要のある事務についても、国はできるだけ、その基準を示すことに留め、具体的な執行に当たっては、地方公共団体の裁量に任せるべきである。

さらに、地方公共団体の事務処理について法律の制定が必要とされる場合であっても、法律は制度の大枠的なものを定めるに留め、制度の具体的内容は地方公共団体の条例で規定できる仕組みにすべきである。

(4)　事務配分の見直しにより、国からの権限移穣等を進めるに当たっては、当面、都道府県により重点を置いて進めることが現実的かつ効果的である。そのうえで住民により身近な存在であり、地域づくりの主体である市町村への移譲を進めることが適当である。

2　権限移譲等の新たな手法

抜本的な見直しを強力に推進するためには、新たに、行政分野ごとに関係法令全体を地方分権推進の観点から見直し、事務・権限の移譲や国の関与・補助金の整理等を一括して計画的に行うという手法を採用すべきである。

3　関与・必置規制の整理

国の関与・必置規制は、必要最小限のものとし、止むを得ず存置する場合でも、その根拠は法律によることとする。

また、関与を存置する場合であっても、関与の形態として

は、権力的関与ではなく非権力的関与、事前関与ではなく事後関与を基本とする。

4　機関委任事務の廃止

機関委任については、この概念を廃止し、現在、地方公共団体の機関が処理している事務は、地方公共団体の事務とすべきである。

なお、例外的に国の選挙の管理執行、旅券の発給等本来的に国の事務と考えられるものであっても、国民の利便性と事務処理の効率性の観点から、地方公共団体が執行することが適当な場合がある。この場合の執行の確保等については、地方公共団体の自主性・自立性を確保する視点を踏まえた新たな仕組みを制度化する必要がある。

5　国の地方出先機関の整理縮小等

国の地方出先機関については、二重行政の弊害、地域の総合行政の遂行への阻害等が指摘されており、国と地方公共団体との事務配分の見直しにあわせて大幅に整理、縮小し、廃止又は地方公共団体の組織への統合を検討する。

また、国の内政面における役割の整理に応じ、国の省庁組織、特殊法人等の見直しが必要となる。

なお、地方事務官制度については、廃止する。

第4　地方公共団体の税財政基盤の整備

1　地方税財源の充実

真の地方分権を進めていくためには、権限の移譲のみならず、地方公共団体が事務事業を自主的・自立的に執行できるよう、地方公共団体の財政需要を地方財政計画を通じて的確に把握し、自主財源である地方税を、課税自主権を尊重しつつ抜本的に充実強化するとともに、あわせて、地方交付税の所要額を確保し、地方税財源の充実を図っていくことが必要不可欠である。

また、国と地方公共団体の役割分担の見直しに伴って国から地方公共団体への事務事業の移譲を行うに当たっては、同時に、地方公共団体が事務事業を円滑に執行できるよう、税源の移譲など地方税財源の充実強化を図ることが必要である。

2　地方税

地方税については、地方における歳出規模と自主財源である地方税収入の乖離をできるだけ縮小するという観点に立って、抜本的充実強化を図っていかなければならない。

その際には、できるだけ偏在が少なく、安定的な地方税体系を確立するとの観点に立って、所得・消費・資産等に対する課税の均衡のとれた地方税制の確立を目指すべきである。

3　地方交付税

地方交付税については、地方税源の偏在を是正して、全ての地方公共団体に、一定の行政水準の確保と自主的・自立的財政運営を保障できるよう、その所要額を確保するとともに、算定方法を合理的でできるだけ簡素なものとするなど、その財政調整機能の充実を図っていくべきである。

あわせて、地方の固有財源である地方交付税の性格を明確にするため、国の一般会計を通すことなく、国税収納金整理資金から、直接、交付税及び譲与税配付金特別会計に繰り入れるようにすべきである。

4　地方債

地方債許可制度については、地方債の円滑な発行を確保する見地から、一層、制度を弾力化・簡素化するとともに、その運用に当たり個々の地方公共団体の起債に係る国の関与を最小限度のものとすることが必要である。また、地方債の良好な発行条件等を確保していくため、優良な地方債資金の充実、地方債市場の整備育成、外債等資金調達先の多様化等を図っていくべきである。

5　手数料、使用料等

地方公共団体の手数料、使用料等については、国の法律、政令等による制限を廃止し、地方公共団体が自主的に決定できるようにすべきである。

また、地方公共団体においても、受益者負担等について、適切な活用を図っていく必要がある。

6　地方分権と国庫補助負担金の整理合理化

地方公共団体の幅広い行政分野のほとんどにわたって、数多くの補助金等が交付され、結果として、行政運営の自主性を妨げる要因となっている。こうした現状を踏まえ、事務事業の実施主体が経費の全額を負担することが原則であり、国が国庫補助負担金を支出するのは、特に必要がある場合の例外であるとの基本を踏まえ、抜本的な補助金等の整理合理化を進めることが必要である。

また、地方公共団体の側でも、一層、自らの創意と工夫による主体的行財政運営を確立していく必要がある。

7　国庫補助負担金の整理合理化とその区分の明確化

(1)　国から地方公共団体への国庫補助負担金は、国が義務的に支出すべき国庫負担金と、奨励的・財政援助的国庫補助金に区分されているが、整理合理化を進めるためには、個々の補助負担金ごとにその性格を明確にするとともに、その区分に応じた整理合理化の基準を定めて実行に移すべきである。

(2)　奨励的補助金については、基本的に廃止する方向とし、特に緊急度が高いものを除き抜本的な整理合理化を行うべきである。そのためには、零細補助金の基準の大幅な引上げ、奨励的補助金の総額と総件数の削減計画の導入等も検討すべきである。

(3)　国が一定の行政水準を確保することに責任をもつべき分野について負担する経常的国庫負担金についても、国と地方公共団体の役割分担の見直しに伴い、国の関与の整理とあわせて抜本的に見直すことが必要であり、その対象を生活保護や義務教育等の真に国が義務的に負担を行うべきと考えられる分野に限定していくべきである。

(4) 公共事業に対する国庫負担金については、地方単独事業の大幅な増加等の状況も踏まえ、その対象を国家的なプロジェクト等広域的効果をもつ根幹的な事業などに限定するなど、投資の重点化を図っていくとともに、住民に身近な生活基盤の整備等については、類似した奨励的補助金等も含めて国の助成を廃止し、地方の単独事業に委ねていくべきである。

(5) 存置する補助金等については、補助対象・補助基準の見直しや重点化、超過負担の解消、補助金に係る事務手続の簡素化、国直轄事業負担金制度の見直し等の合理化を進めるべきである。

(6) 国庫負担金等の一般財源化に当たっては、地方への税源移譲や地方交付税の拡充など、地方一般財源を確保する措置が必要である。

第5　地方行政体制の整備・確立

1　地方行政体制の整備・確立の必要性と視点

国と地方公共団体の役割分担の見直しによる分権型行政システムへの転換に対応して、新たな地方公共団体の役割を担うにふさわしい地方行政体制の整備・確立をあわせて実施していくことが必要である。

そのためには、行政能力の向上、自己チェックシステムの整備、住民の信頼の確保、住民の参加への配慮、といった視点が重要である。

2　地方行政体制の整備

地方公共団体が内政に関する広範な事務を効率的に処理し、また、広域行政需要への適切な対応を図るためには、当調査会の答申に基づき創設された広域連合制度の積極的な活用を図るべきである。

また、地域づくりの主体である市町村が積極的な行政を展開していくためには、その行財政能力をさらに強化していくことが望ましいことから、市町村の自主的な合併を支援すべきである。

なお、小規模市町村に対する都道府県や広域行政制度による補完・支援の仕組みを検討する必要がある。

3　地方公共団体の行政改革の推進

地方分権の時代にふさわしい簡素で効率的な行政システムを確立するため、地方公共団体の自主的・主体的な行政改革を推進すべきである。

このため、住民の代表者等からなる委員会を設けるなど住民の意向を十分踏まえて、事務事業の見直し、時代に即応した組織・機構の見直し、定員管理・給与の適正化の推進はもちろんのこと、職員の能力開発をはじめとする人材の育成・確保の推進や行政サービスの向上に至るまで、幅広い改革を計画的に推進する必要がある。

特に、権限移譲等や財源の確保とならんで地方分権の担い手となる人材の育成・確保の一層の推進が必要である。

なお、地方公共団体の自主的・主体的な行政改革の推進を阻害している国の関与・必置規制等についても抜本的な整理が必要である。

4 地方行政の公正の確保と透明性の向上

行政の公正と能率を確保するため、当調査会の答申を踏まえて監査委員制度の整備がなされてきたところであるが、さらに地方公共団体の監査機能の充実を図るため、外部監査制度を検討する必要がある。

また、開かれた行政を実現し、住民の信頼を確保するという視点から、情報公開の一層の推進を図るべきである。

さらに、行政運営における公正の確保と透明性の向上を図るため、地方公共団体独自の行政処分等に係る行政手続について、行政手続法に準じた措置を地方公共団体は早急に講ずべきである。

5 住民自治の充実強化

地方分権を推進し、地方自治を確立するためには、住民自治の充実が必要である。

このため、住民による地方公共団体の行政への参加の機会の拡大を図るとともに、政策形成等における住民意思の反映の方策として、住民発議制度や住民投票制度等について検討する必要がある。

また、住民の自治意識の向上のため、学校教育、社会教育の場において、地方自治に関する幅広い教育を推進する必要がある。

6 地方議会の改革

地方公共団体の果たすべき新たな役割に対応して、地方議会もその本来の権能が十分発揮できるよう、自主的な改革に取り組むべきである。

その際、会議の公開等により、住民に開かれた議会活動を推進していく必要がある。

第6 今後の推進方策のあり方

1 地方分権を推進する法律の制定

(1) 地方分権の推進を図るためには何よりも、本答申に盛り込まれた事項に即し、地方分権推進法（仮称）を速やかに制定すべきである。

その際、実効ある地方分権の推進のためには、一定の期限を設定して計画的かつ集中的に取り組むことが肝要であることから、地方分権推進法は時限立法とし、来るべき二一世紀までのおおむね五年程度で具体的成果をあげることを目標とすべきである。

(2) 地方分権推進法には、①地方分権の基本理念、②地方分権の基本方針、③地方分権推進委員会（仮称）の設置、④地方分権推進計画の作成、⑤地方分権の推進状況の国会への報告（地方分権推進白書）、等を定めるべきである。

2　地方分権推進委員会の設置

(1)　地方分権推進のための新たな推進機関として地方分権推進法制定後直ちに地方分権推進委員会を設けることとすべきである。

(2)　地方分権推進委員会は、地方分権推進計画の作成に当たっての指針を勧告するものとし、また、地方分権推進計画の作成過程において意見を提出するとともに、その実施状況を監視し必要な意見を提出することができるものとする。さらに、地方行政に係る立法に対して意見を提出することができるものとすべきである。

(3)　地方分権推進委員会は、学識経験者で構成し、そのうち一定数の者は地方公共団体の全国的連合組織から推薦された者とするとともに、委員の任命に当たっては、国会の同意を要することとすべきである。また、推進機関としての機能を十分果たせるよう独立の事務局を有すべきである。

(4)　なお、地方分権推進委員会の勧告等について、内閣は、作成指針を尊重して地方分権推進計画を作成する等所要の措置を講ずることとすべきである。

3　地方分権推進計画の作成

(1)　地方分権推進委員会は地方分権推進計画の作成指針をできる限り早期に内閣に勧告すべきである。

この地方分権推進計画の作成指針は、各行政分野に応じ、当該行政分野全体にわたる見直しの具体的な方針を示すものであり、当該行政分野における国と地方公共団体の役割分担に応じた事務のあり方を示すとともに、これに基づき権限移譲、国の関与、補助金等の必要な事項について見直しの方針を明らかにするものである。

また、内閣の地方分権推進計画の作成期限を明示することとする。

(2)　内閣は、作成指針に従って、法律改正をはじめとする制度改正の内容とそれらの実施の時期を明らかにした具体的な地方分権推進計画を作成しなければならないものである。

また、内閣は、作成した地方分権推進計画を、国会に報告することとすべきである。

なお、地方分権推進計画の実施状況を踏まえて、国と地方公共団体の関係を調整する新たな制度のあり方について、今後、検討する必要があると考える。

⑦地方分権の推進に関する大綱方針

（平成六年一二月二五日
閣　議　決　定）

この大綱方針は、下記のとおり、地方分権の推進に関する基本理念、基本方針及び今後の推進方策の在り方を定め、地方分権の計画的な推進を図ることを目的とする。

記

第一　地方分権の推進に関する基本理念等

1　地方分権の推進に関する基本理念

国と地方公共団体とは国民福祉の増進という共通の目的に向かって相互に協力する関係にあることを踏まえつつ、地方公共団体の自主性・自立性を高め、個性豊かで活力に満ちた地域社会の実現を図るため、国及び地方公共団体が担うべき役割を明確にし、住民に身近な行政は住民に身近な地方公共団体において処理することを基本として、地方分権を推進する。

2　国及び地方公共団体の責務

(1)　国は、地方分権の推進に関する基本理念にのっとり、地方分権の推進に関する施策を総合的に策定し、及びこれを実施するものとする。

(2)　地方公共団体においては、国の地方分権の推進に関する施策の推進に併せて、地方行政の改善・充実を進めるものとする。

(3)　国及び地方公共団体は、地方分権の推進に伴い、国及び地方公共団体を通じた行政全体の簡素効率化を進めるものとする。

第二　地方分権の推進に関する基本方針

1　国と地方公共団体との役割分担の在り方

(1)　国は、国家の存立に直接かかわる政策、国内の民間活動や地方自治に関して全国的に統一されていることが望ましい基本ルールの制定、全国的規模・視点で行われることが必要不可欠な施策・事業など国が本来果たすべき役割を重点的に分担することとし、その役割を明確なものにしていくものとする。

(2)　地方公共団体は、地域の実情に応じた行政を積極的に展開できるよう、地域に関する行政を主体的に担い、企画・立案、調整、実施などを一貫して処理していくものとする。

2　国から地方公共団体への権限委譲等の推進

(1)　権限委譲等の基本的考え方及び進め方

行政の簡素化及び規制緩和の観点から行政事務そのものの必要性を検討するとともに、上記1の「国と地方公共団体との役割分担の在り方」を踏まえ、国から地方公共団体への権限委譲等を推進する。

(2)　権限委譲等については、行政分野ごとに権限委譲、国の関与、補助金の整理等を一括して見直すことを基本とし、計画的に推進する。

なお、全国的な統一性、全国的な規模・視点を重視して行う必要のある事務についても、その執行に当たり地方公共団体の裁量に委ねることが適当なものについては、国は、極力、基準の提示や制度の大枠の制定にとどめるものとする。

また、地方分権の進展に伴い、地方出先機関を始め省庁組織について所要の見直しを進めるものとする。

(2)　国の関与及び必置規制の整理等

国の関与及び必置規制は、必要最小限のものに整理合理化を図るとともに、存置する場合においても、国の関与については、事前関与から事後関与、権力的関与から非権力的関与への移行を、必置規制については、基準の弾力化を、それぞれ基本とする。

(3)　機関委任事務の整理合理化等

機関委任事務の整理合理化を積極的に進めるとともに、機関委任事務制度について検討する。

3　地方公共団体の財政基盤の整備

(1)　地方税財源の充実等

地方分権を進めるに当たっては、地方公共団体が事務事業を自主的・自立的に執行できるよう、事務配分に応じた地方税財源を安定的に確保していくものとする。

①　地方税については、地方における歳出規模と地方税収入とのかい離をできるだけ縮小するという方向で、課税自主権を尊重しつつ、充実・確保を図っていくものとする。

②　地方交付税については、地域の実情に即した自主的・主体的財政運営を行えるよう、その総額の安定的確保を図るとともに、算定方法を地方公共団体の財政需要を的確に反映させることのできるものとするなど、その財政調整機能の充実を図っていくものとする。

③　地方債許可制度については、その制度の弾力化・簡素化を図るとともに、地方債市場の整備・育成や外債等資金調達方法の多様化など地方債発行の条件整備を図っていくものとする。

(2)　補助金等の整理合理化等

補助金等については、事務事業の内容等を勘案し、地方公共団体の事務として同化・定着・定型化しているものや人件費補助に係る補助金、交付金等については一般財源化等を進めるとともに、国と地方公共団体との役割分担の見直しに併せて、真に必要なものに限定していくなどにより、より一層の整理合理化を進めることとする。その際には、個々の補助金等の性格等を踏まえ、次の点の留意していくものとする。

①　奨励的補助金等については、基本的に縮減を図ってい

くこととし、零細補助金については、零細補助基準の一層の引き上げ等により整理を進める。

② 国が一定の行政水準を確保することに責任を持つべき分野について負担する経常的な国庫負担金等については、国と地方公共団体との役割分担の見直しに併せて、今後とも国が義務的に負担すべき分野に限定していくものとする。

③ 公共事業等に対する国庫負担金等については、その対象を、例えば全国的あるいは広域的なプロジェクト等の根幹的な事業を始め基本的なものに限定するなど、投資の重点化を図る。

④ 補助金等の一般財源化に当たっては、所要の地方一般財源を確保する。

4 自主的な地方行政体制の整備・確立

新たな地方公共団体の役割を担うにふさわしい地方行政体制の整備・確立を図るため、国から地方公共団体への権限委譲等の推進や地方公共団体の財政基盤の整備と併せて、行政能力の向上、自己チェックシステムの整備、住民の信頼の確保、住民の参加への配慮等の観点から、市町村の自主的な合併の支援、事務事業・組織・機構の見直しや定員管理の適正化等地方公共団体における行政改革及び情報公開の推進、行政手続の適正化等地方行政の公正の確保・透明性の向上や住民自治の充実強化を進める。

第三 今後の推進方策の在り方

1 推進計画の策定

政府は、地方分権の推進に関する計画を策定し、地方分権を計画的に推進するものとする。

2 地方分権の推進に関する委員会の設置

地方分権の計画的な推進を図るため、地方分権の推進に関する委員会を設置する。委員会は、政府に対し、上記1の計画の具体的指針並びに同計画の策定及び推進について、意見提出を行うことができるものとする。

3 地方分権の推進に関する法律の制定

この大綱方針の基本的方向に沿って、地方分権を推進するため、上記2に掲げる委員会の設置を含む地方分権の推進に関する法律案について、早急に検討を進め、具体的成案を得て時期通常国会に提出する。

⑧中間報告―分権型社会の創造―（概要）

（平成八年三月二九日
地方分権推進委員会）

第一章　総論―地方分権推進の趣意

Ⅰ　何故に今この時点で地方分権か――地方分権推進の背景・理由

1　中央集権型行政システムの制度疲労
2　変動する国際社会への対応
3　東京一極集中の是正
4　個性豊かな地域社会の形成
5　高齢社会・少子化社会への対応

Ⅱ　目指すべき分権型社会の姿――地方分権推進の目的・理念と改革の方向

1　自己決定権の拡充―規制緩和と地方分権
2　新たな地方公共団体との関係を上下・主従の関係から対等・協力の関係へ
・国と地方公共団体との関係を上下・主従の関係から対等・協力の関係へ
・国と地方公共団体の間の新しい調整ルールと手続の構築
・「法律による行政」の原理の徹底――行政統制から事前の立法統制・事後の司法統制へ
3　地方公共団体の自治責任
4　地方分権型行政システムに期待される効果――分権型社会の姿
・知事・市町村長が「国の機関」から「地域住民の代表」、「自治体の首長」へ
・地方公共団体の行政サービスの住民ニーズへの即応、地域住民による選択
・国・都道府県・市町村間の事務の簡素化、時間・人手・コストの節約

Ⅲ　生活者・納税者の視点に立った地方分権の推進

1　生活者の視点に立った地方分権の推進
2　納税者の視点に立った地方分権の推進
3　地方分権は国から都道府県・市町村へ、そして都道府県から市町村へ

第二章　国と地方の新しい関係

Ⅰ　国と地方の役割分担の基本的考え方

1　国・地方の役割分担の原則
(1)　国は、①国際社会における国家としての存立にかかわる事務、②全国的に統一して定めることが望ましい国民の諸活動又は地方自治に関する基本的な準則に関する事務、③全国的な規模・視点で行われねばならない施策事業であって、ナショナルミニマムの維持達成、全国的規模・視点からの根幹的社会資本整備等に係る基本的な事項などを重点的に担うものであることを徹底する。

(2)　地方公共団体は、地域における行政を自主的かつ総合的に広く担う。

2　国の立法の原則

(1)　地方公共団体の行政に関する法律は、地方自治の本旨に適合し、国・地方の役割分担の原則に沿ったものであること。

(2)　国民の権利・義務に関する事項については通達等によらず法律で定めること。

(3)　自治事務について法律で基準等を定める場合には、地方公共団体が条例により地域の特殊性に対応できるよう配慮すること。

Ⅱ　機関委任事務制度の廃止

1　機関委任事務制度の弊害

(1)　国と地方公共団体とを上下・主従の関係に置いている。

(2)　知事・市町村長に地方公共団体の代表者と国の地方行政機関としての役割との二重の役割を負わせている。

(3)　国と地方公共団体との間で行政責任が不明確となる。

(4)　国の瑣末な関与により地域の実情に即した裁量的判断の余地が狭くなり、報告・協議・申請等に時間とコストを浪費

(5)　各省庁の縦割りの指揮監督により、国・都道府県・市町村の縦割りの上下・主従関係が全国画一的に構築

2　機関委任事務制度そのものを廃止する決断をすべきである。

Ⅲ　地方公共団体が担う事務の整理

1　・地方公共団体が担う事務は「自治事務（仮称）」とする。

・専ら国の利害に関係のある事務であるが、国民の利便性や事務処理の効率性の観点から法律の規定により地方公共団体が受託するものを「法定受託事務（仮称）」とする。

2　自治事務は「法律に定めのない自治事務」と「法律に定めのある自治事務」とに区分する。

3　国の関与

(1)　自治事務

①　法律に定めのない自治事務

報告徴収・届出、技術的な助言・勧告

②　法律に定めのある自治事務

a）報告徴収・届出、技術的な助言・勧告

b）特に必要のある場合における事前協議

〔意思の合致を必須の要件としないことを原則とするが、これによることのできない特定の場合については、引き続き検討することとする。〕

c）違法是正措置要求（合法性に関するチェック）

〔著しく不適正でかつ明らかに公益を害していると認められるときに、是正措置要求を認めるか否か〕

〔について、引き続き検討することとしてはどうか。〕

(2) 法定受託事務

① 報告徴収・届出、技術的な助言・勧告、事前協議のほか、指示（合法性、合目的性のチェックを含む）を行うことができる。

② 特に必要がある場合の事前及び事後の関与

a）認可、承認

b）代執行

4 地方公共団体が担う事務に係る国の役割

地方自治に関する基本的な準則に係る法律を定め、これに基づく関与その他の事務を処理するほか、次のとおりとする。

(1) 自治事務

① 法律に定めのない自治事務

情報提供、施策の奨励・誘導

② 法律に定めのある自治事務

a）情報提供、施策の奨励・誘導

b）個別の法律により法的権限（計画策定権限、公物管理権限など）を付与すること。

c）個別の法律により事務の管理執行の基本的な仕組みを定めること。

・規制行政　規制対象、規制手段・方法、規制基準

・給付行政　給付対象、給付手段・方法（金銭、現物サービス）、給付基準

d）個別の法律により形成的権能（法人格付与、収用権など）を付与すること。

e）法律の認める範囲内で地方公共団体との調整のための必要な措置をすること。

(2) 法定受託事務

a）情報提供、施策の奨励・誘導

b）個別の法律により法的権限について定めること。

c）個別の法律により事務の管理執行の基本的な仕組みを定めること。

d）法律の認める範囲内で地方公共団体との調整のための必要な措置をすること。

Ⅳ 従前の機関委任事務の取扱い

1 事務自体の廃止

役割や使命を終えたもの、社会的経済的意義が乏しくなったもの

2 原則として自治事務に移行

3 専ら国の利害に関係ある事務

(1) 法定受託事務

国勢調査などの指定統計、旅券の交付、外国人登録、国政選挙、国庫金の配分、国家補償等

(2) 国の直接執行事務

事務の性質、社会経済的背景、従来の運用経験等から

みて地方公共団体が処理することが不適当と判断される極めて例外的な事務

Ⅴ　国・地方公共団体間の関係調整ルールの創設

1　基本的な考え方

(1)　新たに、国・地方公共団体間の関係調整ルールを一般法で定める。

(2)　各個別法における国と地方公共団体間の関係調整の方式は、一般法に定められた関係調整の方式の種類の中から選ぶことを原則とする。

災害その他の異例な事態が生じた場合、国の重大な利益に影響を及ぼす場合等に対処するため極めて例外的な事項についてはこの限りではない。

(3)　国の関与等の基本的事項は法律で定める。

(4)　法令の施行通達は、報告の要請や技術的な助言に該当する事項に限る。

(5)　関係調整ルールの手続的な事項については、行政手続法的な考え方に準じる。

2　国の関与の態様

(1)　報告徴収・届出

(2)　技術的な助言・勧告

(3)　事前協議

(4)　是正措置要求

(5)　指示

(6)　認可（又は承認）

(7)　代執行

3　条例が法令に違反すると認められる場合に、条例の無効確認のような争訟手段等を一般法で定めることを検討する。

4　国の関与のあり方や条例の無効確認等に関する国と地方公共団体との間の係争について、客観的中立的な判断のできる「第三者機関」の仕組みを一般法で定めることについて検討する。

5　地方公共団体の意見の申出と国の応答義務

地方公共団体は、次の事項について国に対し意見を申し出ることができるものとし、それに対し、国は一定の期間内に応答しなければならないものとする。

①　法令に基づき国が策定する計画、基本方針等で当該地方公共団体の行政に関するもの

②　法令に基づく国の関与や基準の設定等

Ⅵ　必置規制

1　現状と問題点

特に職員の必置は、社会福祉・保健医療・教育といった分野等に多くみられ、それにより、地方公共団体のそれぞれの事務の執行は担保される反面、現場での柔軟な対応が困難となっており、住民サービスの充実及び行政改革の推進の観点から、そのあり方の改善が課題となっている。

2　見直しの視点

国の縦割り行政の弊害を是正し、地方公共団体が地域の実情に則した自主的かつ責任ある行政を展開できるよう、必置規制の思い切った見直しが必要

ただし、具体的検討を行うに際しては、その見直しにより、社会的弱者に対する福祉サービス等の行政水準の低下をもたらすことのないようにすることなどに留意する必要がある。

3　見直しの方向

(1)　行政機関及び施設の設置義務付け

①　行政機関については、各地方公共団体にその事務の義務付けのみを行う。

②　施設については、それがなければサービス・事務が成り立たない性格のものを除き、各地方公共団体にその事務の義務付けのみを行う。

(2)　職員の資格・職名及び配置基準による職員配置等義務付け

①　必要な職員体制は、原則、地方公共団体の自主的判断とする方向で見直し

②　全国的に一定のサービス水準等確保のため職員の資格等を定める場合でも、それがなくても事務遂行に支障がないものは見直すなどの点を引き続き検討

(3)　各種審議会等附属機関の設置義務付け

各々の役割・機能について、次のように区分し必要性を検討

①　依然審議会等を置くことの義務付けの必要性の残るもの

②　審議機能を果たすことを義務付けることで足りるもの

③　その設置、果たすべき機能を含め、自治体の判断にすべて委ねるもの　など

Ⅶ　国庫補助負担金と税財源

1　国と地方の財政関係の見直しの方向

国庫補助負担金は、国と地方が協力して事務を実施するに際し、一定の行政水準の維持や特定の施策の奨励のための政策手段としての機能を担う。

しかし、一方では、

(1)　国と地方の責任の所在の不明確化を招きやすい。

(2)　地方公共団体の自主的な行財政運営を阻害しがちである。

(3)　行政の簡素・効率化や財政資金の効率的な使用を妨げる要因となっている。

等の弊害も少なからず見られることから、真に必要な分野に限定すべき。

見直しの基本的な方向は、2～4の三点によるべきものと考える。

2　国庫補助負担金の整理合理化

地方公共団体の事務として同化・定着・定型化しているものや人件費補助に係る補助金、交付金等については、一般財源化等を進めるとともに、国と地方公共団体との役割分担の見直しに併せて、真に必要なものに限定していくなどにより、積極的に整理合理化を進めることとする。

その際には、個々の補助負担金の性格に応じ、概ね次の点に留意して、整理合理化を推進するものとする。

(1) 奨励的補助金等は、特に緊要度が高いものを除き、基本的に縮減

(2) 国が一定水準を確保することに責任をもつべき行政分野に関して負担する経常的国庫負担金は、国と地方公共団体の役割分担の見直しに伴い、国の関与の整理合理化等と併せて見直すことが必要であり、社会経済情勢等の変化をも踏まえ、その対象を生活保護や義務教育等の真に国が義務的に負担を行うべきと考えられる分野に限定

(3) 総合的計画に基づく建設事業に係る国庫負担金は、その対象を全国的なプロジェクト等広域的効果をもつ根幹的な事業などに限定するなど、投資を重点化

(4) 国庫補助負担金の一般財源化に当たっては、必要な地方一般財源を確保

3 存続する国庫補助負担金の運用・関与の改革

「統合・メニュー化、交付金化等」、「補助条件等の緩和」、「補助対象資産の有効活用、転用」について、引き続き検討すべきである。

また、これに併せて、国庫補助負担金を通じて、各省庁の過度の関与等がなされ、地方公共団体の自主的・自立的な行政運営が損なわれることがないよう、補助金適正化法の運用及びそのあり方について検討する必要がある。

4 地方分権と地方税財源の充実確保

国と地方の役割分担に応じて自主財源である地方税を、課税自主権を尊重しつつ、充実確保し、併せて、地方交付税の所要額を確保し、地方税財源の充実を図っていくことが必要である。

(1) 地方税については、基本的に、地方における歳出規模と地方税収入の乖離をできるだけ縮小するという観点に立って、課税自主権を尊重しつつ、その充実確保を図っていくべきである。その際には、できるだけ税源の偏在性が少なく、税収の安定性を備えた地方税体系の構築に配慮すべきである。

(2) 地方交付税については、分権型社会を支えていくためには、地方公共団体間の財政力の格差を是正するとともに、地方公共団体に一定水準以上の行政の計画的運営を保障するという地方交付税の財政調整機能が極めて重要であることにかんがみ、今後とも、その総額の安定的確保を図る必要がある。また、地方交付税制度の運用のあり方については、地域の実情に即した地方公共団体の自

主的・主体的な財政運営に資する方向で、見直し検討する必要がある。

(3)　地方債許可制度及びその運用のあり方については、地方債の円滑な発行を確保するとともに、地方公共団体の自主的・主体的な財政運営に資する観点から、見直し検討する必要がある。なお、その際、地方債の良好な発行条件等を確保していくため、優良な地方債資金の充実、地方債市場の整備育成、外債等資金調達先の多様化等を図っていくべきである。

Ⅷ　その他の事項

1　国の地方出先機関

地方分権の視点に立って、国からの権限委譲や国による地方公共団体への関与の抜本的な見直しが行われることに伴い、関係する国の地方出先機関について、その果たす役割も変化するものと思われることから、今後、所要の見直しを行うものとする。

2　地方事務官

地方事務官制度は、都道府県知事の機関委任事務とされている一部の国の事務に従事する職員の身分を当分の間、なお国家公務員とする変則的な行政運営制度である。

その経緯からも明らかなとおり、日本国憲法下の地方自治制度において都道府県が完全自治体化したことに伴う暫定的な制度であることから、雇用や福祉をめぐるその後の状況の変化も勘案しつつ、機関委任事務制度の廃止に向けた抜本的改革に伴う国と地方公共団体の新たな関係にふさわしい仕組みとなるよう、引き続き検討するものとする。

第三章　地方公共団体における行政体制等の整備

Ⅰ　都道府県と市町村との新しい関係

基礎的地方公共団体としての市町村と、広域的地方公共団体としての都道府県というそれぞれの性格に応じて相互の役割分担を明確にし、新たな視点で対等・協力の関係を築いていくため、今後、都道府県と市町村との新たな関係のあり方についても、引き続き検討する必要がある。

Ⅱ　行政体制の整備と国の支援

1　広域行政の推進

(1)　多様な広域行政

・一部事務組合、広域市町村圏、広域連合など、多様な広域行政の仕組みの中から地域の実情に応じたものを選択し、積極的に取り組むべき。

(2)　自主的合併の推進

・地方分権の進展と相まって、地方自治の担い手としての市町村の基礎をより一層強固なものとしていくためには、自主的合併が一層促進される必要がある。

(3)　小規模市町村と地方分権

・小規模市町村に権限委譲を行う場合には、市町村相互の広域行政による対応はもとより、中心都市による周辺市町村との連携支援や都道府県による小規模市町村に対する補完支援の仕組みを具体的に検討すべき。
・市町村の規模や行財政能力に応じ段階的な権限の委譲を行うことなどの配慮が必要

2　行政改革等の推進
・今後とも、事務事業の見直し、組織機構の見直し、定員管理の適正化など自主的・主体的な行政改革を一層強力に推進すべき。
・人材の育成・確保のため、研修機会の多様化や研修レベルの向上が必要
・対等・協力の関係を基本としつつ、そのもつ知識・情報・経験を相互に交換するためにも、国・都道府県・市町村間、地方公共団体と民間との間の人材の交流の円滑化を図る。

3　公正の確保と透明性の向上
・地方公共団体の監査機能を外部監査機能の導入も含め充実強化する必要があり、地方制度調査会における審議が早期に具体化されることを期待する。
・地方公共団体の情報のデータベース化を進めるなど積極的な情報提供に努めるとともに、情報公開の体制の整備を推進すべき。
・公正の確保と透明性の向上のため、条例等に基づく独自の行政処分等に係る行政手続について、行政手続法に準じた措置を早急に講ずべき。

4　住民参加の拡大
・住民による地方公共団体の行政への参加の機会を拡大するため、直接請求制度の見直しや住民投票制度などについて検討する必要がある。
・ボランティア活動との連携・協力を図ることが重要な課題

5　地方公共団体における体制整備のための国の支援
・国においては、国の関与、必置規制などを抜本的に見直し、地方公共団体に新たな定員の増加をもたらす施策を抑制するほか、外部監査制度など新たな制度の導入の検討、行政改革を推進するための情報の提供などの支援を行うべき。

第四章　地域づくり部会関係

土地利用関連行政及び公共施設や地域交通に関連する九分野の行政を特に緊要度の高いものとして優先的に取り上げた。

Ⅰ　地域づくり行政と土地利用

土地は、地域の最も重要な基盤であり、地域づくりの主体が地方公共団体であることを基本とし、「計画なければ開発なし」という理念の下に諸制度を抜本的に見直す必要がある。

現行の土地利用制度は、次のように見直す方向で引き続き

検討を進める。

〔改革の方向〕

(1) 都市計画区域の指定、市街化区域・市街化調整区域の区分、農業振興地域の指定、自然公園地域の指定などの広域的なゾーニングを行う事務は、都道府県の自治事務とする。

(2) 保安林の指定・解除、農地転用許可の事務は、基本的には、都道府県の自治事務とする。

(3) いずれも、特に必要な場合は、国への事前協議など国の意見を反映できる仕組とする。

〔留意点〕

(1) 広域的なゾーニングに係る区域や地域の指定について国に事前協議すべき場合は、全国的にみて特に重要な場合に限るべき

(2) 保安林の指定・解除について国に事前協議すべき場合は、受益と負担が都道府県の区域をまたぎ、かつ、全国的に見て特に重要な保安林の場合に限るべき

(3) 農地転用について国に事前協議すべき場合は、大規模な土地改良投資に係るものなど食料供給の基盤として全国的な見地から特に重要な一定規模以上の農地の転用に限るべき

〔改革の方向〕

(1) 土地の用途区分や施設配置計画は、市町村が定めることとする。

・都市計画（地域地区、都市施設）、農振地域整備計画（農用地区域）

・港湾（臨港地区）

(2) 広域的な影響を及ぼす大規模な都市施設、特に人口密度の高い大都市地域の重要な都市施設等に係る都市計画及び保全すべき優良な農地に係る農用地区域については、都道府県又は国の意見を反映できる仕組みを検討。

〔留意点〕

・特に広域的で根幹的な都市施設は都道府県が決定すべきとの意見、など

Ⅱ　地域づくり行政とまちづくり

地域の個性をまちづくりに生かすため、地域を構成するさまざまな施設等の整備に関する次のような事項についても、見直すべきとの意見を踏まえ、引き続き検討を進める。

①景観・建築、②都市公園、③排水処理、④地域交通

第五章　くらしづくり部会関係

代表的な六分野一五項目を選び、各々に「改革の方向」を提示した。主なものは次のとおり。

1　福祉・保健の分野

高齢者や障害者などがくらしの場としての地域で安心して生活し活動するという視点に立って、可能な限り統合型

の保健・医療・福祉システムを構築する、という問題意識の下に具体例を検討・整理した。

(1)　生活保護の決定・実施は、自治事務とする方向で、引き続き検討する。

生活保護法の指揮監督権（監視権、訓令権など）や事務監査について、国の役割及び国の関与のあり方との関係等を今後詰めていくこととしている。

(2)　社会福祉施設などの基準（定員、建物の構造設備、職員配置基準、各種事業の対象人員等の基準）のあり方については、地方公共団体の自主性を高めうるよう抜本的に見直す、という方向で引き続き検討する。

この場合も、入所者へのサービス水準の低下につながらないよう配慮することなどにも留意することとしている。

(3)　福祉事務所の所長及び職員の専任規定と、保健所長の医師資格規制とを廃止する、という方向で引き続き検討する。

福祉事務所長の専任規定の廃止にかかる法改正が準備されているが、これは望ましい方向である。また、現在、保健所の再編が進行中であるが、保健所における医師の役割や位置づけについては充分考慮されるべきではないか、等の点には留意することとしている。

2　教育の分野

「地域が人を育む」という視点に立って、人々の個性を育み、そのさまざまな可能性を引き出しうるような教育・学習システムを確立する、という問題意識の下に具体例を検討・整理した。

(1)　義務教育制度の教育課程の編成については、より一層の弾力化を図る方向で、引き続き検討する。

(2)　就学校の指定は、自治事務とする方向で、引き続き検討する。

(3)　義務教育費国庫負担制度にかかる各種調査、申請、報告等の事務については、その手続きを大幅に簡素化する方向で、引き続き検討することとしている。

(4)　教育長の任命承認制は、廃止の方向で、引き続き検討する。

ただし、教育長の任命承認制を廃止の方向で検討する場合は、教育委員会が担うべき事務の範囲やその活性化のあり方とあわせて検討を行うべきではないかという意見等についても留意していくこととしている。

3　文化等の分野

(1)　文化・生涯学習については、教育委員会が所管するか、首長部局が所管するかは、当該地方公共団体の主体的な判断に委ねる方向で、引き続き検討する。

(2)　出土埋蔵文化財について、第一義的にはその所有権を地方公共団体に帰属させることも含め、地方公共団体が主体的な管理を行うことができるようにするという方向で、引き続き検討する。

4　その他の項目

その他の項目は、以下のとおりである。

⑴　福祉・保健の分野―「保健福祉行政への補助金等による関与」

⑵　衛生（廃棄物）の分野　「産業廃棄物の処理」、「一般廃棄物の処理」

⑶　幼児教育・保育分野―「幼稚園・保育所」

⑷　雇用等の分野―「勤労青少年ホーム」、「職業能力開発実施計画」

⑨地方分権推進委員会第一次勧告
―分権型社会の創造―（概要）

（平成八年一二月二〇日　地方分権推進委員会）

第一章　国と地方の新しい関係

Ｉ　国と地方の役割分担の基本的考え方

1　国と地方の役割分担の原則

⑴　国が担うべき事務

①　国際社会における国家としての存立にかかわる事務

②　全国的に統一して定めることが望ましい国民の諸活動又は地方自治に関する基本的な準則に関する事務

③　全国的規模・視点で行われなければならない施策及び事業（ナショナルミニマムの維持・達成、全国的規模・視点からの根幹的社会資本整備等に係る基本的な事項に限る。）

などを重点的に担う。

⑵　地方公共団体の担う事務

地方公共団体は、地域における行政を自主的かつ総合的に広く担う。

2　国の立法権・行政権と地方公共団体との関係

⑴　地方公共団体の事務に関する国の役割

○地方自治に関する基本的準則に係る法律の制定、これ

に基づく調整など

○地方公共団体の施策に係る情報提供、奨励・誘導

○個別の法律により法的権限を定めること

○事務の性質に応じて最小限度の基準の設定等事務の管理執行に当たっての仕組みを設けること、など

(2) 地方公共団体の事務に関する国の立法の原則

① 「地方自治の本旨」に適合し、かつ、「国と地方の役割分担の原則」に沿ったものでなければならないこと。

② 「地方自治の本旨」及び「国と地方の役割分担の原則」に基づいて、これを解釈運用しなければならないこと。

③ 国は、自治事務（仮称）について基準等を定める場合には、全国一律の基準が不可欠で条例制定の余地がない場合を除き、直接条例に委任し、又は条例で基準等の付加、緩和、複数の基準からの選択等ができるよう配慮。

Ⅱ 機関委任事務制度の廃止

国と地方との関係を抜本的に見直し、地方自治の本旨を基本とする対等・協力の関係とする行政システムに転換させるため、この際機関委任事務制度そのものを廃止することとする。

Ⅲ 地方公共団体の事務の新たな考え方

1 自治事務（仮称）

○自治事務（仮称）は、地方公共団体の事務のうち、法定受託事務（仮称）を除いたもの

- 法律に定めのない自治事務（仮称）
- 法律に定めのある自治事務（仮称）
  - 実施が地方公共団体に義務づけられるもの
  - 実施が任意のもの

2 法定受託事務（仮称）の定義

「事務の性質上、その実施が国の義務に属し国の行政機関が直接執行すべきではあるが、国民の利便性又は事務処理の効率性の観点から、法律又はこれに基づく政令の規定により、地方公共団体が受託して行うこととされる事務」

3 新たな事務区分の制度上の取扱い

(1) 条例制定権

○自治事務（仮称）は、法令に反しない限りすべての事項に関して、条例制定可能。

○法定受託事務（仮称）の処理を条例に委ねる必要がある場合には、法律・政令で、明示的な委任が必要。

(2) 地方議会の権限

○自治事務（仮称）は、議会の権限がすべて及ぶ。

○法定受託事務（仮称）は、検閲・検査、監査請求、調査証言請求などのチェック機能及び説明請求、意見陳述などの権限が、原則として及ぶ。ただし、法律・政令で制限可能

(3) 監査委員の監査

○財務監査、行政監査、直接請求監査、議会請求監査などの権限がすべて及ぶ。

○法定受託事務（仮称）は、法律・政令で制限可能。

(4)　行政不服審査法上の審査請求

○自治事務（仮称）は、個別法で審査請求が認められる。

○法定受託事務（仮称）は、地方自治法又は行政不服審査法に審査請求ができることを一般的に規定。

(5)　国家賠償責任（被害者に対する直接的な賠償責任）

○自治事務（仮称）についての被害者に対する直接的な損害賠償責任は、地方公共団体が負う。ただし、国が費用を負担しているなどの場合であって一定の要件を満たすときは、国も損害賠償責任を負う。

○法定受託事務（仮称）についての被害者に対する直接的な損害賠償責任は国が負うが、地方も損害賠償責任を負う。

(6)　代執行

○自治事務（仮称）は、国は代執行できない。

○法定受託事務（仮称）は、国は、特に必要がある場合に、一定の要件及び手続の下に代執行可能。

Ⅳ　従前の機関委任事務の取扱い

1　事務自体の廃止

既に役割や使命を終えたもの、国の規制緩和政策等により社会的・経済的意義が乏しくなったものなど事務そのものを廃止することが適当なものは、その廃止を引き続き検討する。

2　存続する事務の区分

今後とも存続が必要な事務は、法定受託事務（仮称）とするものを除き、原則として、自治事務（仮称）とする。

法定受託事務（仮称）は、以下のメルクマールに該当する事務とする。

(1)　国家の統治の基本に密接な関連を有する事務

国政選挙事務、最高裁判所裁判官の国民審査に関する事務、自衛官の募集事務、検察審査員候補者の選定等に関する事務、戸籍事務、外国人登録事務、旅券の交付事務、特別永住許可事務、国勢調査等国の指定統計に関する事務、地方公共団体の存立にかかわる事務、宗教法人の規則の認証に関する事務

(2)　根幹的部分を国が直接執行している事務で以下に掲げるもの

①　国が設置した公物の管理に関する事務

指定区間外国道の管理事務

②　広域にわたり重要な役割を果たす治山・治水及び天然資源の適正管理に関する事務

一級河川の指定区間管理事務、二級河川の管理事務、流域保全保安林の指定・解除等に関する事務、砂防指定地の行為規制・砂防工事等の事務、地すべり防止区域内の行為規制・地すべり防止工事等の事務、漁業調整規則の制定、知事許可漁業に関する事務

③　信用秩序に重大な影響を及ぼす金融機関等の監督等に関する事務

信用事業を行う農業協同組合の監督等に関する事務、信用事業を行う漁業協同組合の監督等に関する事務

④　医薬品等の製造の規制に関する事務

承認基準が作成された医薬品等の製造承認及び製造業の許可に関する事務

⑤　麻薬等の取締りに関する事務

麻薬の監視等に関する事務、覚せい剤の監視等に関する事務、大麻の監視等に関する事務、あへんの監視等に関する事務

(3)　全国単一の制度又は全国一律の基準により行う給付金の支給等に関する事務で以下に掲げるもの

①　生存にかかわるナショナル・ミニマムを確保するため、全国一律に公平・平等に行う給付金の支給等に関する事務

生活保護の決定・実施に関する事務（市町村に対する都道府県の事務監査の事務を含む。）、児童扶養手当の支給に関する事務、障害児福祉手当及び特別障害者手当の支給等に関する事務

②　全国単一の制度として、国が拠出を求め運営する保険及び給付金の支給等に関する事務

公害健康被害の補償給付の支給に関する事務、児童手当の支給に関する事務

③　国が行う国家補償給付等に関する事務

戦傷病者・戦没者遺族等の援護に係る事務、原爆被爆者の援護に係る事務

(4)　法定の伝染病のまん延防止に関する事務

法定及び指定伝染病のまん延防止に関する事務、家畜伝染病のまん延防止に関する事務

(5)　精神障害者等に対する本人の同意によらない入院措置に関する事務

精神障害者に対する入院措置に関する事務、麻薬中毒者に対する措置入院に関する事務

(6)　国が行う災害救助に関する事務

災害救助法に基づく災害救助に関する事務

(7)　国が直接執行する事務の前提となる手続の一部のみを地方公共団体が処理することとされている事務で、当該事務のみでは行政目的を達成し得ないもの

(8)　国際協定等との関連に加え、制度全体にわたる見直しが近く予定されている事務で以下に掲げるもの

・農地法に基づく大規模な農地の転用許可等に関する事務

・大規模小売店舗における小売業の事業活動の調整に関する法律に基づく第二種大規模小売店舗の出店調整に関する事務

※　今後、関係省庁からメルクマールに該当する事務との主張、メルクマールを変更又は追加してでも法定受託事務（仮称）として取り扱われるべきとの主張がなされた場合には、そのつど委員会において検討の上結論を得るものとする。
　個別法に定める機関委任事務で、自治事務（仮称）、法定受託事務（仮称）に区分したものの例は、別紙一のとおりである。

3　国の直接執行事務

・国設鳥獣保護区内における鳥獣の捕獲許可等の事務

Ⅴ　国と地方公共団体の関係についての新たなルール

1　国の関与の基準

(1)　国の関与の一般原則

①　法定主義の原則

国の関与の根拠及び態様は、法律・政令に定めなければならない。

②　一般法主義の原則

国の関与の基本類型は、国と地方公共団体との関係のルールに関する一般法（以下、「一般ルール法」という。）に定めることとし、技術的助言・勧告、報告徴収、是正措置要求については、直接、一般ルール法に基づき行うことができるものとする。

③　公正・透明の原則

原則として、書面によることや審査基準、標準処理期間を設定することなど

(2)　自治事務（仮称）に係る国の関与の類型

①　技術的助言・勧告、報告徴収

②　事前協議・合意（又は同意）

○地方公共団体が、あらかじめ国と調整する必要がある場合は、原則として、国との協議による。

○以下の場合には、国と地方公共団体との間の合意が必要

i）法制度上当然に税制・財政上の特例措置が伴う計画を策定する場合

ii）地方公共団体の区域を越える総量規制のため、国の基準をもとに関係地方公共団体が計画を策定する場合など

○地方公共団体が、民間事業者と同様の資格で行う事務に対する許認可については別途検討

③　是正措置要求、指示

○自治事務の処理が違法又は著しく不当な場合、是正措置要求が可能

○次のような緊急の場合などには個別的指示が可能

i）国民の生命、健康、安全に直接関係する場合

ii）広域的な被害のまん延防止の場合、など

(3)　法定受託事務（仮称）に係る国の関与の類型

① 技術的助言・勧告、報告徴収
② 事前協議
③ 許可・認可・承認
④ 指示
○事務の適正な処理を確保するための指示
○法令違反の是正改善のための個別的指示
○法令の解釈等についての一般的指示
⑤ 代執行
○地方公共団体が国の指示に従わず、是正すべき旨の裁判又は第三者機関の裁定にもなお従わないような場合は、国は代執行できる

2 国と地方公共団体の関係調整のルール

概ね次のような考え方を関係者に提示。今後、関係者を始め各界の意見を聴きながら、引き続き検討。

(1) 国の関与の手続の一般原則
① 書面主義の原則
・是正措置要求又は指示の理由を付した書面を示すこと等
② 手続きの公正・透明性の確保
・審査基準等の設定、不利益取扱いの禁止
③ 事務処理の迅速性の確保
・標準処理期間の設定等

(2) 国と地方公共団体間の紛争処理の仕組み
○第三者機関の構成等
国又は地方公共団体からの申し出により、事案ごとに任命される国地方関係調整委員（仮称）を設置
（国地方関係調整委員（仮称）を任命するための委員会を置くものとする。）
○第三者機関の処理する紛争の範囲
ア 不服の申し出
・国の指示等に不服がある場合の地方公共団体からの申し出
・国の指示等に地方公共団体が従わない場合の国からの申し出
イ 条例・規則の違法確認の申し出
※ 上記のうち、違法性が問題となる事件についての裁判所への訴えについては、なお検討

(3) 地方公共団体の意見の申し出と国の応答義務
① 特定の地方公共団体の行政に影響を与える施策を規定する法令には、関係地方公共団体の意見を聴取する規定を置くものとする。
② 地方公共団体の長又は議長の連合組織からの意見の申し出に対する国の応答努力義務。
地方公共団体に新たな義務を課する制度の創設等の意見に対する国の応答義務。

第二章　新たな地方自治制度の枠組み

1　国と地方の新しい関係に対応した地方自治制度

(1)　機関委任事務制度の廃止に伴う改正

①　地方自治法における機関委任事務制度に係る規定の廃止

○機関委任事務の管理執行の根拠

○主務大臣又は知事の地方公共団体の長に対する指揮監督

○市町村長の機関委任事務に係る知事の取消・停止の権限

○主務大臣又は知事の地方公共団体の長に対する職務執行命令手続

②　地方自治法における事務区分の見直し

③　地方自治法における事務の例示の規定の見直し

(2)　国と地方公共団体の関係に関する規定の見直し

(3)　地方公共団体の組織等に関する規定の見直し

○都道府県が法定の局部数を超えて局部を置く場合の事前協議制

○地方公共団体の議会の議員定数に係る規定

2　都道府県と市町村の新しい関係

(1)　役割分担の明確化

○基礎的地方公共団体としての市町村

○広域的地方公共団体としての都道府県

(2)　都道府県の調整権能の範囲、程度等の検討

3　地方公共団体の行政体制の課題

(1)　公正の確保と透明性の向上

○情報公開条例、行政手続条例の制定の促進

○外部監査機能の導入等監査機能の充実方策の検討

(2)　住民参加の拡大

○地方議会の活性化方策、現行の直接請求制度の見直しなどの検討

(3)　自主的・主体的な行政改革等の推進

○民間委託の推進、高度情報通信技術の活用など積極的な事務事業の見直し

○組織・機構の見直し、定員管理の適正化

○研修レベルの向上、対等・協力の関係を基本とした人材交流

(4)　市町村の規模と地方分権

○市町村の規模や行財政能力に応じた段階的権限委譲

○市町村の自主的合併の一層強力な推進

○小規模市町村について、中心都市による連携・支援、都道府県による補完・支援

(5)　広域行政の推進

○一部事務組合、広域市町村圏、広域連合

第三章　地域づくりと地方分権
第四章　くらしづくりと地方分権

※　個別分野別課題の検討結果を権限委譲、国の関与の廃止・縮減の別で再整理すると（別紙二）の例のようになる。

別紙一の一　機関委任事務を自治事務（仮称）に区分するもの

《地域づくり部会関係》

【環境庁】

○現行の都道府県知事による鳥獣保護区の設定及び鳥獣の捕獲許可等の事務

○猟区の設定に係る国の認可

【国土庁】

○土地利用基本計画の策定事務

○規制区域・監視区域の指定・解除の事務　等

【法務省】

○人権擁護委員推薦事務

【農林水産省】

○農業振興地域整備基本方針の策定

○農業振興地域の指定　等

【通商産業省】

○事業協同組合等（信用協同組合を除く。）の設立認可、業務停止命令等に関する事務

○高圧ガス製造業者等の事業許可、基準適合命令等に関する事務　等

【建設省】

○都市計画区域の指定

○市街化区域及び市街化調整区域に関する都市計画の決定　等

【自治省】

○危険物施設の設置許可等に関する事務　等

《くらしづくり部会関係》

【厚生省】

○生活保護の被保護者の自立助長のための相談、助言等の援助事務

○民生委員の推薦事務等　等

【文部省】

○学齢簿の編製、就学校の指定に関する事務

○学級編制の基準の設定・認可に関する事務　等

【労働省】

○職業訓練指導員の免許に関する事務

○技能検定に関する事務　等

【通産省】（消費者保護関係）

○消費生活用製品安全法の規定による販売事業者からの報告徴収及び立入検査等の事務

○家庭用品品質表示法の規定による販売事業者からの報告徴収及び立入検査等の事務　等

別紙一の二　機関委任事務を法定受託事務（仮称）に区分するもの

《地域づくり部会関係》

【総務庁】

○国勢調査等の指定統計事務

○恩給を受ける権利の裁定事務

【防衛庁】

○自衛官の募集に関する事務

【法務省】

○戸籍事務

○外国人登録事務　等

【法務省・自治省】

○都道府県又は市町村が行う最高裁判所裁判官国民審査事務

【農林水産省】

○大規模な農地転用許可事務

○農地の権利移動制限に関する事務　等

【通商産業省】

○第二種大規模小売店舗の出店調整に関する事務

○中小企業団体が独占禁止法の例外として行う調整事業に係る規程の認可に関する事務

【建設省】

○指定区間外の一般国道の管理に関する事務

○指定区間内の一級河川の管理に関する事務　等

《くらしづくり部会関係》

【外務省】

○旅券の交付事務

【厚生省】

○生活保護の決定・実施に関する事務（市町村に対する都道府県の事務監査の事務を含む。）

○精神障害者、麻薬中毒者に対する本人の同意によらない入院措置に関する事務　等

【文部省】

○理科教育振興法等に基づく補助金交付事務

○史跡名勝天然記念物の仮指定等に関する事務　等

【労働省】

○生涯能力開発給付金等の支給に関する事務

【環境庁】

○公害健康被害の補償給付の支給に関する事務　等

別紙二の一　権限委譲

《地域づくり部会関係》

【都市計画】

○地域地区、都市施設及び市街地開発事業に関する都市計画について、市町村の決定する範囲を大きく拡大する方向で、都市計画決定権限のあり方を見直す。　等

【農地転用】

○二haを超え四ha以下の農地転用の許可は、都道府県に委譲する。

【保安林】

○一都道府県内で完結する流域に係る流域保全保安林（国土保全上又は国民経済上特に重要な流域に係るものを除く。）の指定・解除は、都道府県に委譲する。

【鳥獣保護】

○猟区設定に当たっての国の認可は、都道府県に委譲する。

【排水処理】

○公共下水道に係る国の認可は、県際河川、複数都府県にまたがる広域的閉鎖性水域で流域別下水道整備総合計画が定められていないものに係る公共下水道を除き、都道府県に委譲する。

【工場立地】

○工場立地法に基づく五万㎡以上の工場に係る新増設の届出受理及び勧告又は変更命令の事務を、都道府県に委譲することについて検討する。

《くらしづくり部会関係》

【水道】

○国が現在直接認可事務を行っている水道事業のうち、給水人口五万人超の水道事業で水利調整の必要があると考えられるもの以外のものの認可は、都道府県に委譲する。

【埋蔵文化財】

○所有者が不明である出土文化財の第一義的所有権は、都道府県に委譲する。

○都道府県教育委員会に、開発行為を行う事業者への発掘調査の指示権があることを法律上明示する。

【家庭用品品質表示法に関する事務】

○家庭用品品質表示法に基づく指示に従わない販売事業者の公表権限を、都道府県に委譲する。

別紙二の二　関与の廃止・縮減

《地域づくり部会関係》

【都市計画】

○都市計画決定に係る国の認可は廃止し、都道府県は国と合意（又は同意）を要する事前協議を行うこととする。国と事前協議を要する範囲については、現在の認可の範囲に比べ、大きく縮減する方向で見直す。都道府県と国の協議に当たって、その関与が必要な範囲にとどまるよう視点を明確化する。（縮減）

○市町村が決定する都市計画については、都道府県知事の承認を廃止し、市町村は都道府県と合意（又は同意）を要する事前協議を行うこととする。市町村と都道府県の協議に当たって、その関与が必要な範囲にとどまるよう視点を明確化する。（縮減）

【臨港地区】
○都市計画区域外の臨港地区に係る国の認可は廃止する。（廃止）

【農業振興地域制度】
○農業振興地域整備基本方針の策定に係る国の承認を廃止し、都道府県は国と事前協議を行うこととする。この場合、農業振興地域の指定の基準、位置及び規模、農用地区域に関する事項については、国と合意（又は同意）を要することとする。（縮減）
○農業振興地域の指定に当たり、国との事前協議を定めている通達は廃止する。（廃止）　等

【森林計画】
○市町村森林計画に係る都道府県知事の承認を廃止し、市町村は都道府県と事前協議を行うこととする。（縮減）

【排水処理】
○流域別下水道整備総合計画についての国の承認を廃止し、県際河川、複数都府県にまたがる広域的閉鎖性水域に係るものに限り、都道府県は国と合意（又は同意）を要する事前協議を行うこととする。（縮減）

【道路】
○都道府県道の路線の認定に関する国の認可は廃止し、都道府県は国と事前協議を行うこととする。（縮減）

【河川】
○二級河川の改良工事実施の認可、市町村施行工事に対する協議の認可等は廃止し、都道府県は国と事前協議を行うこととする。（縮減）
○二級河川の河川管理施設の操作規則策定の承認等、現在、訓令、通達等に基づき行っている国の関与については、これを廃止し、必要なものに限り、法律又はこれに基づく政令に基づき、都道府県は国と事前協議を行うこととする。（縮減）　等

【港湾計画】
○港湾計画の策定に際しての港湾計画の作成方法に係る通達による国の関与は廃止する。（廃止）
○港湾計画の策定に際しての、臨港地区に係る指定・変更に係る事前調整についての事務連絡文書による国の関与は、廃止する。（廃止）

《くらしづくり部会関係》

【生活保護】
○指揮監督権（生活保護法二〇条）については、廃止する。これに代わる国の関与については、一般ルールに基づく国の関与によることとする。（緩和）

【民生委員】
○民生委員の定数基準については、都道府県が地域の実情等に配慮して定数決定を行えるよう弾力的なものとする。

（緩和）

【教育】

○教育長の任命承認制は廃止する。（廃止）

○文部大臣の教育委員会に対する指揮監督権（地方教育行政の組織及び運営に関する法律（五五条）は、機関委任事務制度の廃止に伴い廃止する。（廃止）　等

【労働】

○職業能力開発実施計画については、その対象となる事項・内容・必要となる関係資料について大幅な削減を行い、必要最低限のものに限ることとする。（縮減）

【自治】

○都道府県が法定数を超えて局部を置く場合の国との事前協議制を見直す。（緩和）

⑩国庫補助負担金・税財源に関する中間とりまとめ

（平成八年一二月二〇日　地方分権推進委員会）

まえがき

地方分権推進委員会は、国と地方の財政関係を見直すことにより地方分権の推進に資するために、平成八年四月一八日に補助金・税財源検討グループを設置することを決定した。委員会は、同検討グループの発足後、主として合同で、一二月二〇日までの八ヶ月間に、国庫補助負担金・税財源の調査・審議のための会議を計一三回開催し、地方公共団体・関係省庁・有識者からも意見を聴取するとともに、鋭意、調査・審議を重ねてきた。

このたび第一次勧告を行う機会に、補助金・税財源に関するこれまでの調査審議の状況を踏まえ、改革に向けての主な論点と検討の方向に関する中間とりまとめを行い、公表することとした。

この「中間とりまとめ」を今後の調査審議の踏み台として、広く各界各層の人々のご意見を聴取しながら、引き続きより精力的かつ具体的な調査審議を行い、来年前半を目途に勧告を行う考えである。

Ⅰ　国と地方の財政関係の基本的な見直しの方向

1　地方分権の推進により、国と地方公共団体を上下・主従の関係から対等・協力の関係に移行させていくためには、地方公共団体の自主性・自立性を高める見地から、国と地方公共団体の役割分担の見直し、機関委任事務制度の廃止、地方への権限委譲、国の関与・必置規制の整理合理化等を進めるとともに、国と地方公共団体の財政関係についても基本的な見直しを行う必要がある。

なお、国・地方ともに極めて厳しい財政環境の下にあるが、地方分権の観点からこのような見直しを行うことにより、国・地方を通ずる行政の簡素・効率化や財政資金の効率的な使用に資するものと考えられる。

2　国と地方公共団体の財政関係の見直しの基本的な方向は、事務の実施主体がその費用を負担するという原則を踏まえつつ、概ね次の三点によるべきものと考える。

①　国庫補助負担金の整理合理化

②　存続する国庫補助負担金の運用、関与の改革

③　地方税、地方交付税等の地方一般財源の充実確保

Ⅱ　国と地方の経費負担のあり方

1　国と地方の財政関係の見直しにあたっては、地方行政の自主的な運営の確保、行政責任の明確化等の観点から、こうした地方公共団体の担う事務に要する経費については当該地方公共団体が全額を負担するという原則を堅持するものとする。

また、地方公共団体の担う事務について、国が経費の全額又は一部を負担又は補助する場合、国庫負担金と国庫補助金の区分を明確にすることが重要と考えられる。

ちなみに、現行の地方財政法では、次のように定められている。

国と地方の経費負担については、固有事務、団体委任事務、機関委任事務といった当該事務の性格にかかわらず、地方公共団体が実施主体となる事務・事業の費用は地方公共団体が全額負担することを基本としている（地方財政法九条）。ただし、次のような観点から、地方公共団体の行う事務について、国が経費の全額又は一部を負担又は補助することとされている。

①　専ら国の利害に関係のあるもの（国庫委託金（地方財政法一〇条の四））

②　国と地方の双方に利害関係があり、国が進んで費用を負担する必要があるもの（国庫負担金（地方財政法一〇条））

③　総合的に樹立された計画に従って実施されるべき建設事業（国庫負担金（地方財政法一〇条の二））

④　災害救助・復旧事業（国庫負担金（地方財政法一〇条の三））

⑤　施策の実施又は地方公共団体の財政上特に必要があると国が認めるもの（奨励的補助金・財政援助的補助金（地方財政法一六条））

2　国庫負担金と国庫補助金の区分の明確化にあたっては、地方公共団体の担う事務の区分との関係をどう考えるかという点に留意する必要がある。

Ⅲ　国庫補助負担金の整理合理化

1　国庫補助負担金については、事務事業の内容等を勘案し、地方公共団体の事務として同化・定着・定型化しているものや人件費補助に係る補助金、交付金等については、一般財源化等を進めるとともに、国と地方公共団体との役割分担の見直しに併せて、真に必要なものに限定していくなどにより、積極的に整理合理化を進めることとする。

なお、国庫補助負担金の整理合理化は、地方公共団体の自主的・自立的な行政運営の実現に資するものであるから、単に国庫補助負担金を削減するため補助負担率の引き下げを行うような手法はとるべきでないと考えられる。

(1)　その場合、「地方公共団体の事務事業として同化・定着・定型化しているもの」とは、例えば次のようなものであるとの意見について検討する必要がある。

・法施行事務費に係る補助金

・会館等公共施設の運営費に係る補助金

・地方公共団体の経常的な事務事業として定着しているものに係る補助金

(2)　一般財源化すべき人件費補助の範囲について検討する必要がある。

2　国庫補助負担金については、国庫補助金、国庫負担金等の区分に対応し、整理合理化を進めることとする。

(1)　その際、国庫補助金、国庫負担金等の区分のメルクマールについて検討する必要がある。

(2)　国庫補助金、国庫負担金等の振り分けに際しては、その実態や社会経済情勢の変化等に対応して見直すべきであるとの意見があることを踏まえて検討する必要がある。

3　国庫補助金の整理合理化は、概ね次の点に留意して推進するものとする。

(1)　奨励的補助金等については、その性格を明確にした上で、特に緊要度が高いものを除き、基本的に縮減するものとする。

①　その場合、「特に緊要度の高いもの」の範囲について検討する必要がある。

②　これに関連して、奨励的補助金等については、次のものを除いては基本的に縮減すべきとの意見について検討する必要がある。

・国策に伴う国家補償的性格をもって支給されるもの

・災害による臨時巨額の財政負担に対するもの

・地方公共団体が自主的な判断で弾力的な取扱いができる一般財源的なもの

③　また、「補助率が低く、創設後相当期間を経過した補助金等」について廃止・縮減などの抜本的な見直しを行うべきであるとの意見について検討する必要がある。

(2)　既存の奨励的補助金等については、その性格に対応して、各省庁は、毎年度の予算編成を通じ個々に削減を検討する方法の他に、その削減計画を策定することを検討する必要がある。

(3)　全ての奨励的補助金等について終期を設定し、終期到来時には目的達成状況に対する評価を厳しく行い、原則として継続を認めないこととすることを検討する必要がある。

(4)　新規の奨励的補助金等の設定は厳に抑制し、やむを得ず新設する場合には、スクラップ・アンド・ビルド原則を徹底することを検討する必要がある。

4　国庫負担金の整理合理化は、概ね次の点に留意して推進するものとする。

(1)　国が一定水準を確保することに責任をもつべき行政分野に関して負担する経常的国庫負担金については、国と地方公共団体の役割分担の見直しに伴い、国の関与の整理合理化等と併せて見直すことが必要であり、社会経済情勢等の変化をも踏まえ、その対象を生活保護や義務教育等の真に国が義務的に負担を行うべきと考えられる分野に限定するとともに、その負担割合に応じ、毎年度国が確実に負担することとする。

・その場合、今後とも「国が義務的に負担を行うべきと考えられる分野」の範囲について検討する必要がある。

(2)　総合的に樹立された計画に従って実施されるべき建設事業に係る国庫負担金については、その対象を全国的なプロジェクト等広域的効果をもつ根幹的な事業などに限定するなど、投資の重点化を図るとともに、その負担割合に応じ、毎年度国が確実に負担することとする。

・その場合、「全国的なプロジェクト等広域的効果をもつ根幹的な事業など」の範囲について検討する必要がある。

5　国庫補助負担金の一般財源化に当たっては、必要な地方一般財源を確保する。

6　国直轄事業負担金、特に維持管理費に係る国直轄事業負担金については、廃止・縮減すべきであるとの意見について検討する必要がある。

また、建設事業に対する国直轄事業負担金については、地域に先着手の利益があること等から、一定程度やむを得ないのではないかとの意見について検討する必要がある。

なお、国直轄事業負担金については、地方公共団体に対してその負担の根拠が明確に示されていないのではないかとの意見があること等に留意し、その運用のあり方について検討する必要がある。

Ⅳ　存続する国庫補助負担金の運用・関与の改革

1　今後とも存続する国庫補助負担金については、地方公共団体の自主的・自立的な行財政運営の確立を図る観点から、中間報告の考え方を踏まえ、

①　統合・メニュー化、交付金化等

②　補助条件等の適正化・緩和

③　補助対象資産の有効活用、転用

について早急に実現を図るとともに、

④　補助金に係る運用の弾力化（複合化）

についても積極的に検討する必要がある。

2(1)①　国と地方公共団体の関係についての新たなルールの確立を図る観点等から、国庫補助負担金の制度・運用のあり方の見直しについて検討する必要がある。

②　国庫補助負担金の手続き等に係る支障例が多数見られること等にかんがみ、地方公共団体の自主的・自立的な行財政運営の確立を図る観点から、国庫補助負担金の運用・関与のあり方について早急に抜本的な実態調査を行う必要がある。

③　①又は②の観点から、補助金等適正化法及び同法施行令の改正を含め、講ずべき必要な措置について検討することとする。

(2)　また、各省各庁が所管の国庫補助負担金の運用・関与のあり方について総点検を行い、これに基づき具体的な改革措置を講ずることについて、検討する必要がある。

Ⅴ　地方分権と地方税財源の充実確保

1　地方税

(1)　地方税については、基本的に、地方における歳出規模と地方税収入との乖離をできるだけ縮小するという観点に立って、課税自主権を尊重しつつ、その充実確保を図っていくべきである。

その際には、できるだけ税源の偏在性が少なく、税収の安定性を備えた地方税体系の構築に配慮すべきである。そのような地方税体系の構築が図られるよう、地方税のあり方について検討する必要がある。

(2)　課税自主権の尊重

①　法定外普通税の許可制度のあり方について検討する必要がある。その場合、許可制度に代えて法定外普通税の適正な実施・運営を担保する仕組みを設けることについて検討する。

②　法定外の目的税の創設について検討する必要がある。

③　標準税率及び制限税率のあり方について検討する必要がある。

④　その他の地方税に関する国の関与について必要な見直しを行うことについて検討する必要がある。

2　地方交付税

(1)　分権型社会を支えていくためには、地方公共団体間の財政力の格差を是正するとともに、地方公共団体に一定水準以上の行政の計画的運営を保障するという地方交付税の財政調整機能が極めて重要であることにかんがみ、今後とも、その総額の安定的確保を図る必要がある。

(2)　地方交付税制度の運用のあり方については、地域の実情に即した地方公共団体の自主的・主体的な財政運営に資する方向で見直すべきではないかとの考え方について検討する必要がある。

その際、地域の実情に即した算定方法のあり方について検討する必要がある。

(3)　地方交付税の算定方法の簡明化については、補正係数の単位費用化を含め、その推進を図ることについて検討する必要がある。

(4)　地方交付税の算定に当たり、各地方公共団体の課税努力などを一層反映させるべきとの意見の可否について検討する必要がある。

(5)　地方交付税の算定方法等については、地方公共団体の意見を一層反映させることについて検討する必要がある。

3　地方債

(1)　地方債許可制度及びその運用のあり方については、見直すべきではないかとの考え方について検討する必要がある。

その際、地方公共団体の自主性を高めていく観点を重視し、許可制度を基本的に見直すべきとする意見がある一方で、地方債の現行制度がその円滑な発行を確保するとともに、地方税、地方交付税と並んで地方財源を保障する機能等を担っていることを重視する観点からの意見があることに留意して、検討する必要がある。

(2)　優良な地方債資金の充実、地方債市場の整備育成、外債等資金調達方法の多様化など地方債の良好な発行条件整備の具体的方策について検討する必要がある。

その際、地方公共団体による共同発行の促進を図るべきとの意見について検討する必要がある。

4　その他

(1)　国から地方公共団体への事務・権限の委譲が行われた場合には、必要な地方一般財源の確保を図る。

(2)　機関委任事務制度の廃止に伴い、機関委任事務に係る手数料に関する制度のあり方について検討する必要がある。

⑪行政改革プログラム（抄）

（平成八年一二月二五日
閣　議　決　定）

第二　国民の主体性を尊重する行政の実現

2　地方分権の推進

(1)　「地方分権推進委員会第一次勧告」（平成八年（一九九六年）一二月二〇日）を最大限に尊重し、速やかに地方分権推進計画作成のための所要の作業に着手する。

さらに、平成九年（一九九七年）前半に予定される勧告と併せ、地方分権推進法（平成七年法律第九六号）に定める基本方針に即して、平成一〇年（一九九八年）の通常国会が終了するまでの間に地方分権推進計画を作成し、地方分権を総合的かつ計画的に推進する。

⑫地方分権推進委員会第二次勧告―分権型社会の創造―（概要）

（平成九年七月八日
地方分権推進委員会）

第一章　国と地方公共団体の新しい役割分担

Ⅰ　従前の機関委任事務の取扱い

1　事務自体の廃止

○農地被買収者給付金支給事務（農地被買収者等に対する給付金の支給に関する法律）

○供血あっせん業の許可、業務の停止等に関する事務（採血及び供血あっせん業取締法）　等

2　存続する事務の区分

【法定受託事務のメルクマールの再構成】

(1)　国家の統治の基本に密接な関連を有する事務

(2)　根幹的部分を国が直接執行している事務で以下に掲げるもの

①　国が設置した公物の管理及び国立公園の管理並びに国定公園内における指定等に関する事務

国立公園内における軽微な行為許可等に関する事務

国定公園内における特別地域・特別保護地区等の指定等に関する事務

② 広域にわたり重要な役割を果たす治山・治水及び天然資源の適正管理に関する事務
③ 環境保全のために国が設定した環境の基準及び規制の基準を補完する事務
　環境基準の類型あてはめ（水質・交通騒音）に関する事務
　総量規制基準の設定に関する事務
　大気汚染、水質汚濁、土壌汚染、交通騒音の状況の監視に関する事務
④ 信用秩序に重大な影響を及ぼす金融機関等の監督等に関する事務
⑤ 医薬品等の製造の規制に関する事務
⑥ 麻薬等の取締りに関する事務

(3) 全国単一の制度又は全国一律の基準により行う給付金の支給等に関する事務で以下に掲げるもの
① 生存にかかわるナショナル・ミニマムを確保するため、全国一律に公平・平等に行う給付金の支給等に関する事務
② 全国単一の制度として、国が拠出を求め運営する保険及び給付金の支給等に関する事務
③ 国が行う国家補償給付等に関する事務

(4) 広域にわたり国民に健康被害が生じること等を防止するために行う伝染病のまん延防止や医薬品等の流通の取締りに関する事務
① 法定の伝染病のまん延防止に関する事務
② 公衆衛生上、重大な影響を及ぼすおそれのある医薬品等の全国的な流通の取締りに関する事務
　医薬品等の取締りに関する事務
　食品等の取締りに関する事務
　農薬等の取締りに関する事務

(5) 精神障害者等に対する本人の同意によらない入院措置に関する事務

(6) 国が行う災害救助に関する事務

(7) 国が直接執行する事務の前提となる手続の一部のみを地方公共団体が処理することとされている事務で、当該事務のみでは行政目的を達成し得ないもの

(8) 国際協定等との関連に加え、制度全体にわたる見直しが近く予定されている事務で以下に掲げるもの

3　機関委任事務の整理

○事務区分及び国の関与のあり方に関する基本的な考え方に従い、勧告別表（略）において整理

4　国の直接執行事務

○国立公園の管理等特に貴重な自然環境の保全に関する事務（自然公園法、自然環境保全法、絶滅のおそれのある野生動植物の種の保存に関する法律）

（※国の直接執行を原則とする。）

○信用協同組合関係の事務（金融機関の合併及び転換に関する法律、預金保険法、協同組合による金融事業に関する法律、中小企業等協同組合法）　等

5　自治事務に係る国の関与

(1)　事前協議について国との合意（又は同意）が必要とされるもの

①　法制度上当然に、国の税制・財政上の特例措置が講じられる計画を策定する場合

・農用地土壌汚染対策計画の策定（農用地の土壌の汚染防止等に関する法律）　等

②　地方公共団体の区域を越える一定の地域について総量的な規制・管理を行うため国が定める総量的な具体的基準をもとに関係地方公共団体が計画を策定する場合

・指定ばい煙総量削減計画の策定（大気汚染防止法）

・総量削減計画の策定（水質汚濁防止法）　等

③　その他

・国定公園内における行為のうち、大規模な行為に係る場合又は国際的な登録地を含む場合の許可（自然公園法）

・水産資源の保護培養のための保護水面の指定・解除（水産資源保護法）　等

(2)　緊急時等において、国が個別に指示できるもの

①　国民の生命、健康、安全に直接関係する事務の処理に関する場合

・ばい煙排出施設の構造改善等の命令（大気汚染防止法）

・採石業者に対する緊急措置命令等、岩石の採取を廃止した者に対する災害防止命令及びこのために必要な報告徴収、立入検査（採石法）　等

②　広域的な被害のまん延防止の観点からの事務の処理に関する場合

③　その他

・緊急時における管理者の変更命令、医療機関の開設許可の取消（医療法）　等

II　都市計画制度等の見直し

(1)　都市計画の決定主体

都道府県の都市計画決定については、市町村の区域を越える特に広域的・根幹的な都市計画に限定する観点から、以下のとおり見直す。

①　用途地域

三大都市圏の既成市街地、近郊整備地帯等に限定する。

②　都市施設、市街地開発事業

・市町村道等　　幅員　16m以上→　四車線以上の幅員の数値

・公園　面積　4ha以上→10ha以上
・土地区画整理事業　面積　20ha超　→　50ha超
・市街地再開発事業　面積　1ha超　→　3ha超

政令市においては、都市計画区域の指定、市街化区域と市街化調整区域の区域区分（線引き）以外の都市計画は、高速自動車国道等その配置や機能が政令市の区域を越える都市計画を除き、原則として政令市が決定する。

(2) 市町村の定める都市計画と都道府県との調整

① 調整のあり方

市町村と都道府県の協議に当たっては、都道府県の定める都市計画との適合性、市町村間の広域調整の観点から調整を行うよう視点を明確化し、都道府県の市町村に対する後見的関与は排除する。

② 市町村における審議会の法定化

市町村に置かれる審議会を法定化し、この議を経れば、都市計画地方審議会の議を経ることは不要とし、市町村の都市計画決定手続の円滑化を図る。

(3) 都道府県の定める都市計画と国との調整

① 調整のあり方

都道府県と国の協議に当たっては、都道府県の区域を越えた広域的観点、国土政策や国の利害に特に重大な関係がある場合の国家的観点から調整を行うよう視点を明確化し、国から都道府県に対する後見的関与は排除する。

② 国との調整を要する範囲

・現在国の認可が必要とされている都市の要件については、現行の人口規模要件を一〇万人以上から三〇万人以上に引き上げ、人口及び行政、経済、文化等の中枢的な諸機能が集積し、その影響が都道府県の区域を越えて広域化している都市に限定する。

・国の関与は都道府県の定める都市計画に限ってなされることから、市町村の決定権限の拡充により都道府県決定の都市計画が減少することに伴い、国の関与を必要とする都市計画は減少する。

Ⅲ 権限委譲の推進

1 機関委任事務制度の廃止に伴う権限委譲

(1) 国定公園の管理（自然公園法）

(2) 保護水面の指定（水産資源保護法）

(3) 漁港の指定等（漁港法）

2 市町村への権限委譲

(1) 犬の登録、鑑札の交付、注射済票の交付（狂犬病予防法）

ただし、犬の捕獲抑留及び狂犬病発生時の措置は引き続き都道府県が行う。

(2) 身体障害児に係る補装具の交付等事務（児童福祉法）

障害児・精神薄弱者施設におけるサービスの決定・実施の主体を都道府県から市町村に移すことについての検

討の中で検討する。

第二章　国と地方公共団体との関係調整ルール

Ⅰ　国の関与の手続

1　書面主義の原則

・是正措置要求・指示・許認可・承認時の拒否・取消に際しての理由を付した書面の交付

・技術的助言等を行う場合の責任者の明示

2　手続の公正・透明性の確保

・基準の設定及び公表

・不利益取扱いの禁止

3　事務処理の迅速性の確保

・標準処理期間の設定

Ⅱ　地方公共団体の意見の申出と国の応答義務

1　地域振興立法等における、地方公共団体からの意見聴取と国の応答義務

2　地方公共団体に新たな義務を課す法令等の創設・改廃等に関する地方六団体の意見への内閣の応答義務等

Ⅲ　国と地方公共団体との係争処理の仕組み

国と地方公共団体との間の係争処理の仕組みについては、なお引き続き、各方面からの意見を聞きながら、検討を続けることとした。

第三章　必置規制の見直しと地方出先機関のあり方

Ⅰ　必置規制の見直し

1　必置規制の見直しの視点

(1)　自主組織権と必置規制

地方公共団体の自主組織権を必置規制により国が制限することは、憲法が保障する地方自治の本旨の趣旨からも、法律又はこれに基づく政令の定めるところによる場合に限定されなければならない。

(2)　機関委任事務制度の廃止と必置規制

従来機関委任事務の処理に関する包括的指揮監督権の行使として行われてきた通達による必置規制は、廃止する。

(3)　行政の総合化と必置規制

行政サービスの専門性や技術的水準を確保するために必置規制を講じる必要がある場合にも、その規制が行政サービスの総合性や柔軟性を失わせることのないよう、必要最小限で、できる限り弾力的なものとする。

(4)　定員管理（行政の効率化）と必置規制

一定の基準による職員設置の義務付けや専任規制は、地方公共団体の全体としての定員管理にも支障をもたらすことから、他の代替手段をもってしては達成し得ない場合などの特別な場合にのみ限ることとする。

2　見直しの基本的考え方と個別事項の具体的見直し

(1)　「法律又はこれに基づく政令」に拠らない必置規制

○職員の設置に関する規制・配置基準・資格等の弾力化、ガイドライン化

○行政機関、組織、施設の見直し

○審議会等附属機関の見直し

(2)　「法律又はこれに基づく政令」に拠る必置規制

○職員に係る必置規制の見直し

○行政機関、施設の設置の緩和・弾力化

○各種審議会等附属機関の設置の緩和・弾力化

Ⅱ　**国の地方出先機関の見直し**

・地方分権の推進に伴い事務量が減少する機関

・本庁と事務・補助金等の手続が重複する機関

第四章　国庫補助負担金の整理合理化と地方税財源の充実確保

Ⅰ　**国と地方の財政関係の基本的な見直しの方向と国と地方の経費負担のあり方**

Ⅱ　**国庫補助負担金の整理合理化**

1　基本的考え方

・存在意義の薄れた事務事業及びこれに対する国庫補助負担金の廃止

・同化・定着・定型化しているもの、人件費補助等の一般財源化

・サンセット方式、スクラップ・アンド・ビルド原則の徹底

・奨励的補助金等の国庫補助金と国庫負担金の区分の明確化

2　国庫補助金については、特定のものを除き、原則として廃止・縮減を図っていく。

3　国庫補助金削減計画の策定

・当面、集中改革期間中は、「財政構造改革の推進について」（閣議決定）との整合を図る。

・その後については、集中改革期間中の削減・整理合理化の状況等を踏まえ検討

4　国庫負担金についても見直しを行い、その重点化を図る

・法令等により実施が義務付けられている事務については国庫負担金制度を堅持

（例　生活保護負担金、義務教育費国庫負担金）

・公共事業についても重点化を図る

5　必要な地方一般財源の確保

・国庫補助負担金の廃止・縮減を行っても、引き続き、当該事務・事業の実施が必要な場合には、必要な地方一般財源を確保

Ⅲ　**存続する国庫補助負担金に係る運用・関与の改革**

地方の自主的・自立的な行財政運営の確立を図る観点からの見直し

① 統合・メニュー化（総合化）
② 交付金化
③ 運用の弾力化（複合化）
④ 補助条件等の適正化・緩和
⑤ 補助対象資産の有効活用、転用
⑥ 補助金に係る事務執行の適正化（標準処理期間の設定等）、事前手続の簡素化
⑦ 交付決定の迅速化、弾力化

※補助金等適正化法及び同法施行令の改正等を含め、必要な措置

Ⅳ 個別の国庫補助負担金の整理合理化及び運用・関与の改革等

【例示】国庫補助負担金の廃止、一般財源化、交付金化、採択基準の引上げ等、補助条件の適正化・緩和、手続の簡素化など

Ⅴ 地方税財源の充実確保

1 地方税

① 地方税の充実確保
・地方の歳出規模と地方税収入の乖離をできるだけ縮小する観点に立って、課税自主権を尊重しつつ、地方税の充実確保を図っていくべき
・国と地方の役割分担を踏まえつつ、中長期的に国と地方の税源配分のあり方についても検討しながら、地方税の充実確保を図っていく必要
・この場合、税源の偏在性が少なく、税収の安定性を備えた地方税体系の構築について検討
② 法定外普通税の許可制度を廃止→合意を要する事前協議制へ
③ 法定外目的税の創設→合意を要する事前協議制が前提
④ 個人市町村民税に係る制限税率の廃止

2 地方交付税

① 地方交付税総額の安定的確保
② 算定方法の簡素化等
③ 算定に用いる補正係数の単位費用化の推進等
④ 算定方法について地方公共団体が意見を申し出ることができる法制度に
⑤ 財政再建、行革努力等の促進、市町村合併の支援の観点からの財政需要の算定の検討
地方債の実償還額等に応じ基準財政需要額に算入する措置等のあり方の見直し

3 地方債

① 地方債許可制度の廃止→事前協議制へ
・合意が調った地方債に係る元利償還金についてのみ、地方財政計画、地方交付税制度を通じ財源措置
・合意が調った地方債についてのみ、政府資金等公的資金を充当

②　赤字・公債負担が一定水準以上の地方公共団体等については、原則、起債禁止
・一定の場合、起債禁止を解除（許可）
③　普通税が標準税率未満の地方公共団体についての公共用・公用施設のための起債の禁止を緩和し、②と同様の仕組みを導入
④　財政構造改革期間中における許可制度の維持
⑤　地方債の発行に係る手続きの一層の弾力化、簡素化等
⑥　地方債市場の整備育成、地方債証券の流通性の向上、外債の発行額の確保等資金調達方法の多様化、共同発行の促進等

第五章　都道府県と市町村の新しい関係

Ⅰ　基本的考え方

○機関委任事務制度を前提とする後見的な監督規定の廃止
○新しい都道府県と市町村の関係は、それぞれの役割分担を明確にし、対等・協力の関係として新たに構築していく。
○以下の都道府県の権限の廃止又は見直し
・都道府県条例による市町村の事務に関する規定の設定
・都道府県知事の市町村長への事務の委任、市町村職員による補助執行

Ⅱ　都道府県・市町村間の事務配分

(1)　全国的な制度としての事務委譲
国又は都道府県から市町村への事務の委譲
(2)　市町村の規模等に応じた事務委譲
一定の規模・組織体制等を有する市町村への権限委譲
(3)　地域の実情に応じた事務委譲
都道府県の条例による市町村への事務の委託

Ⅲ　市町村に対する都道府県及び国の関与

○市町村が処理する事務に対する都道府県の関与については、対等・協力の理念に立って、相互の役割分担を踏まえた最小限のものとする見地から、極力、縮減する。

第六章　地方公共団体の行政体制の整備・確立

Ⅰ　基本的考え方

Ⅱ　行政改革等の推進

・行政改革大綱と実施計画
・現行の行政改革大綱等の改定・充実、年度行政改革実施計画の策定・公表
・国による新たな指針の策定（民間委託の推進、外郭団体の統廃合等）
・自主的な行財政改革を促す観点からの地方交付税の算定方法、地方債制度の見直し
・必置規制等の包括的な見直し、補助金交付に伴う関与の整理合理化
・定員管理、給与の適正化等―定員適正化計画の策定・公表等

・人事交流と人材の育成―各省庁、各地方団体単位での人事交流の人数等の公表
・住民への情報提供等

Ⅲ　市町村合併と広域行政の推進

・自主的合併の推進
・地域の実情に配慮した合併促進等
（政令市・中核市の権限の拡大、中核市の要件緩和、中核市に準ずる市の特例の創設、基準人口など市となるための要件の見直しについて検討）
・合併推進のための都道府県の役割、国の指針の策定
・地方交付税等による財政上の支援措置の検討
・住民発議制度をより効果的なものとするための制度的工夫等
・旧市町村代表の合併市町村の執行機関などへの参加、旧市町村地域単位の組織・仕組みの導入
・広域連合制度等の活用

Ⅳ　地方議会の活性化

・議会の機能強化等
　議決事件の拡大等、臨時議会の招集要件、議員の議案提出要件等の緩和の検討
　議会事務局の充実強化
・議会の組織・構成―議員定数の弾力化
・議会の運営―議会の公開の推進等

Ⅴ　住民参加の拡大・多様化

・直接請求制度の見直しの検討
・住民投票制度の検討
　現行の代表民主制との関係に留意し、制度化について慎重に検討
・民間のコミュニティ活動、ボランティア活動との連携・協力のための支援等

Ⅵ　公正の確保と透明性の向上

・情報公開の推進
・行政手続の適正化
・監査機能の充実・強化

Ⅶ　首長の多選の見直し

首長の多選の制限については憲法上の可否を十分吟味した上で、地方公共団体の選択により、それを可能とする方策を含め幅広く検討

第七章　地方分権の推進に伴い必要となるその他の措置

Ⅰ　事務の廃止・縮減に伴う事務執行体制の見直し

Ⅱ　事務処理主体の変更に伴う事務執行体制の見直し

⑬地方分権推進委員会の第二次勧告に関する対処方針

（平成九年七月一五日　閣議決定）

「地方分権推進委員会第二次勧告」（平成九年（一九九七年）七月八日）を最大限に尊重し、速やかに地方分権推進計画作成のための所要の作業を進める。

さらに、地方分権推進委員会第一次勧告（平成八年（一九九六年）一二月二〇日）及び平成九年（一九九七年）九月末までに予定される勧告と併せ、地方分権推進法（平成七年法律第九六号）に定める基本方針に即して、平成一〇年（一九九八年）の通常国会が終了するまでのできるだけ早い時期に地方分権推進計画を作成し、地方分権を総合的かつ計画的に推進する。

⑭地方分権推進委員会第三次勧告―分権型社会の創造―（概要）

（平成九年九月二日　地方分権推進委員会）

第一章　地方事務官制度の見直し

Ⅰ　社会保険関係事務について

1　従前の機関委任事務の取扱い

(1)　地方事務官が従事することとされている事務は、国の直接執行事務とする。

(2)　国民年金法に基づく市町村長の機関委任事務等については、平成一一年度に予定される年金制度改革の際に、個人情報保護及び市町村事務の簡素効率化に十分配慮し、見直す。

2　地方事務官制度は廃止し、職員は厚生事務官とする。

Ⅱ　職業安定関係事務について

1　従前の機関委任事務の取扱い

(1)　地方事務官が従事することとされている事務は、国の直接執行事務とする。

(2)　関連する規定の整備

2　地方事務官制度は廃止し、職員は労働事務官とする。

第二章　「駐留軍用地特別措置法」に基づく土地の使用・収用に関する事務及び駐留軍等労務者の労務管理等に関する事務の区分

Ⅰ　「駐留軍用地特別措置法」に基づく土地の使用・収用に関する事務

1　「駐留軍用地特別措置法」に基づく土地の使用・収用に関する都道府県知事・市町村長の機関委任事務は、国の直接執行事務とする。

2　収用委員会が行う収用裁決等の機関委任事務は、都道府県の法定受託事務とする。公共用地の取得に関する特別措置法に準ずる措置を設ける。

Ⅱ　駐留軍等労務者の労務管理等に関する事務

1　駐留軍等労務者の雇入れ、給与の支給、福利厚生の実施等の労務管理等に関する事務は、国の直接執行事務とする。

2　国における事務執行体制の整備と暫定的な人事交流等

⑮地方分権推進委員会第四次勧告 —分権型社会の創造—（概要）

（平成九年一〇月九日　地方分権推進委員会）

第一章　機関委任事務制度の廃止に伴う従前の機関委任事務の取扱い

○引き続き検討するものとされてきた従前の機関委任事務について、新たな事務の区分への整理を行うことにより現行の機関委任事務（地方自治法別表の五六一項目）の全ての整理を終了

第二章　国の関与の基準と従前の団体（委任）事務の取扱い

○従前の団体（委任）事務に係る関与について、関与の一般ルール（第一次勧告）に従って整理し、特別の関与を限定

(1)　事前協議について合意（又は同意）が必要とされるもの

①　法制度上当然に、国の税制・財政上の特例措置が講じられる計画を策定する場合

②　地方公共団体の区域を越える一定の地域について総量的な規制・管理を行うため国が定める総量的な具体的基準をもとに関係地方公共団体が計画を策定する場合

(2)　緊急時等において、個別に指示できるもの

①　国民の生命、健康、安全に直接関係する事務の処理に

関する場合

② 広域的な被害のまん延防止の観点からの事務の処理に関する場合

(3) あらかじめ許可・認可・承認を受けることを義務づけることができるもの

① 刑法等で一般には禁止されていながら特別に地方公共団体に許されているような事務

② 公用収用、公用換地、権利変換に関する事務

③ 補助対象資産、国有財産の処分等に関する事務

④ 法人の設立に関する事務

⑤ 国の関与の名宛人として地方公共団体を国と同様に扱っている事務

(4) 現行の関与を廃止し、一般ルールの基本類型によることとするもの

第三章　国と地方公共団体との間の係争処理の仕組み

Ⅰ　国と地方公共団体との間の係争処理機関

・国の関与に関する係争を処理する第三者機関として、国地方係争処理委員会（仮称。以下同じ。）を置く。

＊内閣に直属する機関として置くことが望ましいが、中立性・公平性や職権行使の独立性が保障された権威ある機関である限り、国家行政組織法上の機関として置くことも差し支えないものと考えられる。

1　会長及び委員

・委員は、国と地方の関係について識見のある者のうちから、内閣総理大臣が両議院の同意を得て任命する。会長は、委員の互選により定める。

2　その他の組織

・会長は、事案ごとに、委員の全員一致による指名に基づき、専門的知識を有する者のうちから、専門調査員を任命することができる。

Ⅱ　国と地方公共団体との間の係争処理手続

1　国地方係争処理委員会における審査及び勧告等

(1) 審査の申出

・地方公共団体は、国の関与（一般ルール法に基づく助言・勧告及び報告徴収を除く）に不服がある場合、一定の期間内に、審査の申出をすることができる。

・国は、是正措置要求又は指示について、地方公共団体が審査申出期間内に審査の申出をせず、かつ、是正措置要求又は指示に従わないときは、審査の申出をすることができる。

(2) 勧告及び通告

① 地方公共団体からの審査の申出の場合

・国の関与が違法等であるときは、国の行政機関に対し、期間を示して必要な措置を講ずべきことを勧告するとともに、勧告の内容を地方公共団体に通告し、

かつ、これを公表する。違法等でないときは、国及び地方公共団体に対し、審査の申出には理由がない旨を通告するとともに、これを公表する。
・国の関与のうち事前協議等については、地方公共団体が事前協議等の義務を果たしたかどうかを判断し、国及び地方公共団体に対し、その旨を通告するとともに、これを公表する。

② 国からの審査の申出の場合
・地方公共団体が是正措置要求又は指示に従わないことが違法であるときは、地方公共団体に対し、期間を示して必要な措置を講ずべきことを勧告するとともに、勧告の内容を国に通告し、かつ、これを公表する。違法でないときは、地方公共団体及び国に対し、審査の申出には理由がない旨を通告するとともに、これを公表する。

(3) 国又は地方公共団体の措置
・勧告を受けた国又は地方公共団体は、勧告に即して必要な措置を講ずるとともに、その旨を国地方係争処理委員会に通知しなければならない。
・国地方係争処理委員会は、当該通知に係る事項を審査申出人に通知し、かつ、これを公表しなければならない。

(4) 代執行
・法定受託事務に係る代執行については係争処理手続の対象外とし、現行制度における代執行の手続に準じた手続による。

(5) 調停
・国地方係争処理委員会は、国及び地方公共団体に対し、調停案を提示することができる。調停案が双方により受諾されたときは、その内容の勧告が双方に対して行われたものとみなす。

2 裁判所における訴訟及び判決

(1) 訴訟の提起
・地方公共団体は、審査の申出をした場合において、国地方係争処理委員会の通告若しくは勧告又は勧告を受けた国が講じた措置に不服があるとき等は、一定の出訴期間内に、関与の取消しの訴え等を提起することができる。
・国は、地方公共団体が審査の申出をした場合において、出訴期間内に出訴せず、又は出訴しても訴えが棄却されたにもかかわらず、なお地方公共団体が是正措置要求又は指示に従わないときは、従わないことの違法の確認の訴えを提起することができる。

国が審査の申出をした場合において、国地方係争処理委員会の通告若しくは勧告又は勧告を受けた地方公共団体が講じた措置に不服があるとき等についても、また同様とする。

(2) 訴訟の類型等

・これらの訴訟は、行政事件訴訟法における「機関訴訟」の一類型として位置付けられる。

・これらの訴訟は、関与の相手方となった地方公共団体の区域を管轄する高等裁判所の専属管轄とする。

(3) 判決の効果

・関与の取消しの訴えにおいて判決により関与が取り消された場合には、関与が遡及的に消滅し、国は、同一の状況下において、同一の地方公共団体に対し、同一の関与をすることができなくなる。

・関与を取り消す判決の効果は、一般私人との関係等には及ばない。

第四章　市町村の規模等に応じた権限委譲

当面委譲可能と思われる三四項目について勧告

なお、一定の人口規模（二〇万以上など）を有する市を当該市の申出に基づき指定することにより、権限をまとめて委譲する法制上の措置を講ずる。

⑯地方分権推進委員会の第三次勧告及び第四次勧告に関する対処方針

（平成九年一〇月二一日　閣議決定）

「地方分権推進委員会第三次勧告」（平成九年（一九九七年）九月二日）及び「地方分権推進委員会第四次勧告」（平成九年（一九九七年）一〇月九日）を最大限に尊重し、速やかに地方分権推進計画作成のための所要の作業を進める。

さらに、地方分権推進委員会第一次勧告（平成八年（一九九六年）一二月二〇日）及び第二次勧告（平成九年（一九九七年）七月八日）と併せ、地方分権推進法（平成七年法律第九六号）に定める基本方針に即して、平成一〇年（一九九八年）の通常国会が終了するまでのできるだけ早い時期に地方分権推進計画を作成し、地方分権を総合的かつ計画的に推進する。

⑰地方分権推進計画（抄）

（平成一〇年五月二九日 閣議決定）

第一　地方分権推進の基本的考え方

地方分権の推進は、国と地方公共団体とが共通の目的である国民福祉の増進に向かって相互に協力する関係であることを踏まえつつ、地方公共団体の自主性及び自立性を高め、個性豊かで活力に満ちた地域社会の実現を図るため、各般の行政を展開する上で国及び地方公共団体が分担すべき役割を明確にし、住民に身近な行政をできる限り身近な地方公共団体において処理することを基本として行われなければならない。

このため、政府は、地方分権推進法（平成七年法律第九六号）に定める基本方針に即しつつ、地方分権推進委員会勧告を最大限尊重して、地方分権の推進に関する施策の総合的かつ計画的な推進を図るため、以下のとおり必要な法制上又は財政上の措置その他の措置を講ずるほか、関係地方公共団体に対し必要な要請を行うものとする。

また、本計画を着実に実施するとともに、地方分権の一層の推進に向けて、今後とも積極的に取り組んでいくこととする。

第二　国と地方公共団体との役割分担及び国と地方公共団体の新しい関係

「第一　地方分権推進の基本的考え方」の趣旨の実現を図る観点に立って、国と地方公共団体との役割分担の在り方を定めるとともに、国と地方公共団体の新しい関係を構築するため、各般の制度の改革を推進する。

このため、法律の改正により措置すべき事項については、所要の法律案を平成一一年の通常国会に提出することを基本とする。

1　国と地方公共団体との役割分担の在り方

(1)　国と地方公共団体との役割分担の原則

地方分権を推進し、国と地方公共団体の新しい関係を確立するため、国と地方公共団体とは、次の原則に従い、役割を分担することを旨とするものとする。

ア　国が担うべき事務

国は、

(ア)　国際社会における国家としての存立にかかわる事務

(イ)　全国的に統一して定めることが望ましい国民の諸活動又は地方自治に関する基本的な準則に関する事務

(ウ)　全国的規模・視点で行われなければならない施策及び事業（ナショナルミニマムの維持・達成、全国的規模・視点からの根幹的社会資本整備等に係る基本的な事項に限る。）

などを重点的に担う。

イ　地方公共団体の担う事務

地方公共団体は、地域における行政を自主的かつ総合的に広く担う。

(2)　地方公共団体の事務に関する国の役割等

ア　地方公共団体に関する法令の規定は、地方自治の本旨に適合し、かつ、国と地方公共団体との役割分担の趣旨に沿ったものでなければならない。

イ　地方公共団体に関する法令の規定は、地方自治の本旨及び国と地方公共団体との役割分担の趣旨に基づいて、これを解釈し、及び運用しなければならない。

ウ　法律又はこれに基づく政令により地方公共団体が自治事務を処理することとされる場合においては、国は、地方公共団体が地域の実情に応じて当該事務を処理することができるよう特に配慮しなければならない。

2　機関委任事務制度の廃止

国と地方公共団体との関係について、地方自治の本旨を基本とする対等・協力の新しい関係を築くため、機関委任事務制度を廃止することとし、次の措置を講ずる。

ア　地方自治法における機関委任事務制度に関する次の規定を削除する。

(ア)　国の事務に係る指揮監督権（地方自治法（昭和二二年法律第六七号）第一五〇条）

(イ)　市町村長が処理する国又は都道府県の事務に係る都道府県知事の取消・停止権（地方自治法第一五一条第一項）

(ウ)　長に対する職務執行命令（地方自治法第一五一条の二）

(エ)　機関委任事務を掲げた別表及びその根拠規定（地方自治法第一四八条第二項及び第三項、第一八〇条の八第二項、第一八〇条の九第三項、第一八六条第三項、第二〇二条の二第六項並びに別表第三及び第四）

イ　この他、機関委任事務制度廃止に伴い、普通地方公共団体の長の機関委任事務の管理及び執行権（地方自治法第一四八条第一項）等、地方自治法の所要の規定の整備を行う。

ウ　機関委任事務を廃止するため、個別の事務を規定する法律における関連規定につき所要の改正措置を講ずる。

エ　なお、地方自治法の別表については、機関委任事務制度の廃止に伴う措置（別表第三及び第四の削除）と併せて、別表第一及び第二（処理を義務付けられた団体の事務）並びに別表第五（必置の行政機関）、第六（必置の職）及び第七（必置の審議会等）を削除する。

3　地方公共団体の事務の新たな考え方

(1)　地方公共団体の事務

機関委任事務制度の廃止に伴い、地方公共団体の処理する事務を自治事務と法定受託事務とに再構成する。このことに伴い、地方自治法における事務区分に関する規定（地方自治法第二条第二項）を見直すこととする。

ア　自治事務

自治事務は、地方公共団体の処理する事務のうち、法定受託事務を除くものとする。

なお、これに関連して、地方自治法における事務の例示の規定（地方自治法第二条第三項）については、これを廃止する。

イ　法定受託事務

法定受託事務は、おおむね次のとおりとする。

(ア)　法律又はこれに基づく政令により都道府県又は市町村が処理する事務のうち、国が本来果たすべき責務に係るものであって、国民の利便性又は事務処理の効率性の観点から都道府県又は市町村が処理するものとして法律又はこれに基づく政令に特に定めるもの

(イ)　法律又はこれに基づく政令により市町村が処理する事務のうち、都道府県が本来果たすべき責務に係るものであって、国民の利便性又は事務処理の効率性の観点から市町村が処理するものとして法律又はこれに基づく政令に特に定めるもの

また、法定受託事務とするメルクマールは次のとおりとする。

(1)　国家の統治の基本に密接な関連を有する事務

(2)　根幹的部分を国が直接執行している事務で以下に掲げるもの

①　国が設置した公物の管理及び国立公園の管理並びに国定公園内における指定等に関する事務

国立公園内における軽微な行為許可等に関する事務

国定公園内における特別地域・特別保護地区等の指定等に関する事務

②　広域にわたり重要な役割を果たす治山・治水及び天然資源の適正管理に関する事務

③　環境保全のために国が設定した環境の基準及び規制の基準を補完する事務

環境基準の類型当てはめ（水質・交通騒音）に関する事務

総量規制基準の設定に関する事務

大気汚染、水質汚濁、土壌汚染、交通騒音の状況の監視に関する事務

④　信用秩序に重大な影響を及ぼす金融機関等の監督等に関する事務

⑤　医薬品等の製造の規制に関する事務

⑥　麻薬等の取締りに関する事務

(3)　全国単一の制度又は全国一律の基準により行う給付金の

支給等に関する事務で以下に掲げるもの

① 生存にかかわるナショナル・ミニマムを確保するため、全国一律に公平・平等に行う給付金の支給等に関する事務

② 全国単一の制度として、国が拠出を求め運営する保険及び給付金の支給等に関する事務

③ 国が行う国家補償給付等に関する事務

(4) 広域にわたり国民に健康被害が生じること等を防止するために行う伝染病のまん延防止や医薬品等の流通の取締りに関する事務

① 法定の伝染病のまん延防止に関する事務

② 公衆衛生上、重大な影響を及ぼすおそれのある医薬品等の全国的な流通の取締りに関する事務

医薬品等の取締りに関する事務

食品等の取締りに関する事務

農薬等の取締りに関する事務

(5) 精神障害者等に対する本人の同意によらない入院措置に関する事務

(6) 国が行う災害救助に関する事務

(7) 国が直接執行する事務の前提となる手続の一部のみを地方公共団体が処理することとされている事務で、当該事務のみでは行政目的を達成し得ないもの

(8) 国際協定等との関連に加え、制度全体にわたる見直しが

近く予定されている事務

(2) 自治事務及び法定受託事務の制度上の取扱い

ア 条例・規則制定権

(ア) 地方公共団体は、法令に違反しない限りにおいて地方公共団体の事務に関し、条例を制定することができる。

なお、法定受託事務については、国の法律又はこれに基づく政令により事務を処理することが原則であるので、地方公共団体の条例にゆだねる必要がある場合には、法律又はこれに基づく政令により明示的に委任する必要があるものと解される。

(イ) 地方公共団体の長は、法令に違反しない限りにおいて、その権限に属する事務に関し、規則を制定することができる。

イ 議会の権能

(ア) 法定受託事務に係る条例による議会の議決事項の追加（地方自治法第九六条第二項）については、法律又はこれに基づく政令で定めるものに限る。

(イ) 事務執行状況に係る議会の検閲・検査及び監査請求（地方自治法第九八条）については、従来議会権限の対象外とされていた事務のうち、法定受託事務となるものについては引き続きその対象外とし、自治事務と

なるものについては地方労働委員会及び収用委員会の権限に属するものに限りその対象外とする。

また、事務執行状況に係る議会の調査（地方自治法第一〇〇条第一項）については、地方自治法第九八条の対象外とされる事務に限り、その対象外とする。

(ウ) 機関委任事務に係る議会の説明要求権（地方自治法第九九条第一項）については、機関委任事務制度の廃止に伴い、廃止する。

ウ 監査

(ア) 監査委員の監査（地方自治法第一九九条第二項）については、従来監査の対象外とされていた事務のうち、法定受託事務となるものについては引き続きその対象外とし、自治事務となるものについては、地方労働委員会及び収用委員会の権限に属するものに限りその対象外とする。

(イ) 主務大臣及び都道府県知事による要求監査（地方自治法第一九九条第六項及び第九項）については、廃止する。

エ 審査請求

自治事務に係る処分について不服のある者は、個別法の特別の定めがある場合を除き、国の行政機関に対する審査請求をすることはできない。

法定受託事務に係る処分について不服のある者は、地方自治法の規定に基づき、国家行政組織法（昭和二三年法律第一二〇号）第五条に規定する内閣総理大臣若しくは各省大臣（以下第二において「法令所管大臣」という。）又は都道府県の知事その他の執行機関（以下第二において「都道府県知事等」という。）に対して、行政不服審査法（昭和三七年法律第一六〇号）における審査請求をすることができる。

オ 代執行

自治事務については、国の行政機関又は都道府県知事は代執行することができない。

法定受託事務については、四(1)ケに定めるところにより、国の行政機関又は都道府県知事は代執行をすることができる。

カ 国家行政組織法の関連規定の整備

機関委任事務制度の廃止に伴い、国家行政組織法第一五条及び第一六条についても所要の改正を行う。

キ 手数料

(ア) 地方公共団体は、当該地方公共団体の事務で特定の者のためにするものについて、手数料を徴収することができる。

この場合、手数料については地方公共団体がその判断により条例で定めることを基本とする。

(イ) ただし、手数料について全国的に統一した取扱いが特に必要と認められる一定の場合には、国は、条例で規定する場合の手数料の対象事務及び金額の標準を法令で定める。

ク　財源措置

法律又はこれに基づく政令により地方公共団体が事務を行う義務を負う場合には、国はそのために要する経費の財源について必要な措置を講じなければならない。

法律又はこれに基づく政令により地方公共団体が新たな事務を行う義務を負う場合には、国はそのために要する経費の財源について必要な措置を講じなければならない。

4　地方公共団体に対する国又は都道府県の関与等の在り方

国と地方公共団体との新しい関係を確立するため、都道府県に対する国の関与及び市町村に対する国又は都道府県の関与（以下第二において「地方公共団体に対する国又は都道府県の関与」という。）についての基準と手続を整備するとともに、地方自治法に規定されている国と地方公共団体との関係に関する規定についても再構成するものとする。

(1)　地方公共団体に対する国又は都道府県の関与等の基準

ア　地方公共団体に対する国又は都道府県の関与の基本原則等

(ア)　地方公共団体に対する国又は都道府県の関与については、別途法律に特別の定めがある場合を除くほか、以下イからケまでに定めるところによる。

なお、地方公共団体がその固有の資格において国又は都道府県の関与の名あて人となるもの以外のものについては、以下の関与についての基準及び手続の対象とはならないものであるが、地方公共団体及び民間団体に共通する規制緩和の観点から、極力、緩和する方向で取り組むものとする。

(イ)　「関与」とは、地方公共団体の事務の処理に関し、国の行政機関又は都道府県の執行機関（以下第二において「行政機関」という。）が次に掲げる行為を行うことをいう。

a　地方公共団体に対する次に掲げる行為

(a)　助言及び勧告

(b)　資料の提出の要求

(c)　是正措置要求

(d)　同意

(e)　許可、認可及び承認

(f)　指示

(g)　代執行

b　地方公共団体との協議

c　a及びbのほか、これらの行為に類する一定の行為

なお、助言及び勧告、資料の提出の要求、是正措

置要求、是正の勧告、法定受託事務に係る是正措置を講ずべき旨の指示並びに代執行については、直接、地方自治法に基づき行うことができる。

(ウ)　法定主義の原則

地方公共団体に対する国又は都道府県の関与は、法律又はこれに基づく政令に定めのある場合でなければ、行うことができない。

(エ)　一般法主義の原則

a　地方公共団体に対する国又は都道府県の関与は、その目的を達成するための必要かつ最小の限度のものであり、かつ、地方公共団体の自主性及び自立性に配慮したものでなければならない。

b　国は、地方公共団体の行政については、できる限り、地方公共団体の自治事務の処理について(イ)に掲げる助言及び勧告、資料の提出の要求、是正措置要求並びに協議以外の関与を、地方公共団体の法定受託事務の処理について(イ)に掲げる助言及び勧告、資料の提出の要求、同意、許可、認可及び承認、指示、代執行並びに協議以外の関与をすることのないようにしなければならない。

特に、従来地方公共団体に対する監督のための関与として行われてきた命令、指揮監督等については、身分上の関係や国庫金の取扱いに関連するものを除き、今後は、その性質に応じて、以下に定めるイの助言及び勧告、エの是正措置要求等又はクの指示によることとする。

イ　助言及び勧告

(ア)　法令所管大臣又は都道府県知事等は、地方公共団体に対し、その担任する事務に関係する地方公共団体の事務の運営その他の事項について適切と認める技術的な助言又は勧告をすることができる。

(イ)　法令所管大臣は、都道府県知事等に対し、都道府県の法定受託事務として上記の技術的な助言又は勧告をするよう指示をすることができる。

(ウ)　地方公共団体の長その他の執行機関（以下第二において「地方公共団体の長等」という。）は、その担任する事務の管理及び執行について、法令所管大臣又は都道府県知事等に対し、技術的な助言又は勧告を求めることができる。

(エ)　自治大臣及び都道府県知事の技術的助言・勧告（地方自治法第二四五条第一項及び第二項）については存続する。

ウ　資料の提出の要求

(ア)　法令所管大臣又は都道府県知事等は、その担任する事務に関係する地方公共団体の事務の適正な処理に資する情報を提供するため必要があると認めるときは、当該地方公共団体に対し、必要な資料の提出を求めることができる。

(イ)　法令所管大臣は、都道府県知事等に対し、都道府県の法定受託事務として上記の資料の提出を求めるよう指示をすることができる。

(ウ)　地方公共団体の長等は、その担任する事務の管理及び執行について、法令所管大臣又は都道府県知事等に対し、必要な情報の提供を求めることができる。

(エ)　自治大臣及び都道府県知事の資料の提出の要求（地方自治法第二四五条第三項）については存続する。

エ　是正措置要求等

(ア)　法令所管大臣は、都道府県の自治事務の処理が法令の規定に違反していると認めるとき、又は著しく自治事務の適正な処理を欠き、かつ明らかに公益を害していると認めるときは、当該都道府県に対し、当該自治事務の処理について是正措置要求をすることができる。

(イ)　都道府県知事等は、法令所管大臣の指示を受けた場合においては、市町村の自治事務及び3(1)イ(イ)の事務の処理について、是正措置要求をしなければならない。

(ウ)　法令所管大臣は、緊急を要するときその他特に必要と認めるときは、当該市町村に対し、是正措置要求をすることができる。

(エ)　都道府県知事等は、市町村の自治事務の処理が法令の規定に違反していると認めるとき、又は著しく事務の適正な処理を欠き、かつ明らかに公益を害していると認めるときは、当該市町村に対し、当該自治事務の処理について是正又は改善のため必要な措置を講ずべき旨の勧告（以下第二において「是正の勧告」という。）をすることができる。

オ　協議

国は、地方公共団体の行政については、国又は都道府県と地方公共団体との間の調整が必要な場合を除き、地方公共団体の事務の処理について国又は都道府県との協議を要することのないようにしなければならない。

カ　同意

(ア)　国は、地方公共団体の行政については、地方公共団体の自治事務の処理について国又は都道府県と当該地方公共団体との間で協議をする場合においては、以下の場合等国又は都道府県の当該協議に関する施策と地方公共団体の当該協議に関する施策との整合性を確保しなければこれらの施策の実施に著しく支障が生じると認められるときを除き、当該協議について当該地方公共団体に対する国又は都道府県の同意を要することのないようにしなければならない。

a　法令に基づき国がその内容について財政上又は税制上の特例措置を講ずるものとされている計画を地

方公共団体が作成する場合
b　地方公共団体の区域を越える一定の地域について総量的な規制・管理を行うため国が定める総量的な具体的基準を基に関係地方公共団体が計画を作成する場合
(イ)　国は、地方公共団体の行政については、地方公共団体の法定受託事務の処理について国又は都道府県と当該地方公共団体との間で協議をする場合においては、必要があると認められる場合には、当該協議について当該地方公共団体に対する国又は都道府県の同意を義務付けることができる。
キ　許可、認可及び承認
(ア)　国は、地方公共団体の行政については、以下の場合等地方公共団体の自治事務の処理について国又は都道府県の許可、認可又は承認を要することとすること以外の方法によって当該自治事務の処理の適正を確保することが困難であると認められるときを除き、地方公共団体の自治事務の処理について国又は都道府県の許可、認可又は承認を要することのないようにしなければならない。
a　刑法等で一般には禁止されていながら特別に地方公共団体に許されるような事務を処理する場合
b　公用収用・公用換地・権利変換に関する事務を処理する場合
c　補助対象資産、国有財産処分等に関する事務を処理する場合
d　法人の設立に関する事務を処理する場合
e　国の関与の名あて人として地方公共団体を国と同様に扱っている事務を処理する場合
(イ)　国は、地方公共団体の行政については、特に必要があると認められる場合には、地方公共団体の法定受託事務の処理について国又は都道府県の許可、認可又は承認を受けることを義務付けることができる。
ク　指示
(ア)　国は、地方公共団体の行政については、以下の場合等特に必要と認められるときを除き、地方公共団体がその自治事務の処理について国又は都道府県の指示に従わなければならないこととすることのないようにしなければならない。
a　国民の生命、健康、安全に直接関係する事務の処理に関する場合
b　広域的な被害のまん延防止の観点からの事務の処理に関する場合
(イ)　国は、地方公共団体の行政については、法定受託事務の適正な処理を確保するため特に必要と認められる事項及び場合には、地方公共団体に対し指示を行うこ

とができる。

(ウ)　法定受託事務に係る是正措置を講ずべき旨の指示

a　法令所管大臣は、都道府県の法定受託事務の処理が法令に違反していると認めるとき、又は著しく法定受託事務の適正な処理を欠き、かつ明らかに公益を害していると認めるときは、当該都道府県に対し、当該法定受託事務の処理について違反の是正又は改善のため必要な措置を講ずべき旨の指示（以下第二において「是正措置を講ずべき旨の指示」という。）をすることができる。

b　都道府県知事等は、市町村の法定受託事務の処理について、是正措置を講ずべき旨の指示をすることができる。

c　法令所管大臣は、都道府県知事等に対し、市町村の法定受託事務の処理について、是正措置を講ずべき旨の指示をするよう指示することができる。

d　法令所管大臣は、緊急を要するときその他特に必要と認めるときは、当該市町村に対し、是正措置を講ずべき旨の指示をすることができる。

ケ　代執行

(ア)　法令所管大臣は、都道府県知事が法定受託事務を違法に処理し若しくは法令所管大臣の指示に違反するものがある場合又は当該法定受託事務の処理を怠るものがある場合において、本項に規定する措置以外の方法によってその是正を図ることが困難であり、かつ、それを放置することにより著しく公益を害することが明らかであるときは、当該事項を行うべきことを命ずる旨の裁判を請求することができる。（当該代執行の手続については、地方自治法第一五一条の二の手続に準じ、法令所管大臣が是正すべき旨の勧告及び指示を行うことを訴訟前の要件とする。）

(イ)　法令所管大臣は、都道府県知事が裁判で示された期限までになお当該事項を行わないときは、都道府県知事に代わって当該事項を行うことができる。

(ウ)　都道府県知事が市町村長の法定受託事務の処理について代執行する場合については、(ア)を準用する。

コ　基準の設定

(ア)　自治事務に係る基準法令に基づいて処理される自治事務に係る基準のうち必要なものは、通達によらず、法律又はこれに基づく政令（法律又はこれに基づく政令の委任に基づく省令又は告示を含む。）に定める。

(イ)　法定受託事務に係る基準

a　法令所管大臣は、都道府県の処理する法定受託事務について、その根拠となる法律又はこれに基づく政令の定めに従って処理するに当たりよるべき基準（以下第二において「処理基準」という。）を定めることができる。

b　都道府県知事等は、市町村の処理する法定受託事務について、処理基準を定めることができる。

c　法令所管大臣は、都道府県知事等に対し、前項に規定する処理基準を定めるよう指示をすることができる。

d　法令所管大臣は、緊急を要するときその他特に必要と認めるときは、市町村の処理する法定受託事務について、処理基準を定めることができる。

e　処理基準は、その目的を達成するための必要かつ最小の限度のものでなければならない。

サ　国の直接執行

自治事務として地方公共団体が処理する事項に関し、その性質上特に必要があるものについて、国民の利益を保護する緊急の必要がある場合には、国は、法律の定めるところにより、直接事務を行うことができる。

(2)　地方公共団体に対する国又は都道府県の関与等の手続

ア　地方公共団体に対する国又は都道府県の関与の手続の基本原則等

(ア)　地方公共団体に対する国又は都道府県の関与に関する手続は、行政運営における公正の確保と透明性の向上に資するものでなければならない。

(イ)　地方公共団体に対する国又は都道府県の関与に関する手続については、別途法律に特別の定めがある場合を除くほか、以下イからカまでに定めるところによる。

イ　助言等の方式

(ア)　助言、勧告その他これらに類する行為（以下第二において「助言等」という。）が書面によらないでされた場合において、地方公共団体から助言等の趣旨及び内容を記載した書面の交付を求められたときは、行政機関は、これを交付しなければならない。ただし、この規定は、次に掲げる助言等については適用しない。

a　地方公共団体に対しその場において完了する行為に係るもの

b　既に書面により地方公共団体に通知されている事項と同一の内容のもの

(イ)　行政機関の職員は、地方公共団体が当該行政機関の助言等に従わなかったことを理由として、不利益な取扱いをしてはならない。

(ウ)　行政機関は、地方公共団体に対して助言等を行う場合において、書面を交付するときは、関与を行う責任者を明らかにしなければならない。

ウ　資料の提出の要求等の方式等

(ア)　資料の提出の要求その他これに類する行為（以下第二において「資料の提出の要求等」という。）が書面によらないでされた場合において、地方公共団体から資料の提出の要求等の趣旨及び内容を記載した書面の交付を求められたときは、行政機関は、これを交付しなければならない。ただし、書面を交付しないで資料の提出の要求等をすべき差し迫った必要がある場合は、資料の提出の要求等をした後相当の期間内に書面を交付することを妨げない。

(イ)　地方公共団体の届出が法令に定められた届出の形式上の要件に適合している場合は、当該届出が法令により当該届出の提出先とされている機関の事務所に到達したときに、当該届出をすべき手続上の義務が履行されたものとする。

エ　是正措置要求等の方式

行政機関は、是正措置要求、是正の勧告、指示その他これらに類する行為（以下第二において「是正措置要求等」という。）をするときは、当該是正措置要求等をする理由を付して、その旨を書面により示さなければならない。ただし、書面を示さないで是正措置要求等をすべき差し迫った必要がある場合は、是正措置要求等をした後相当の期間内に書面を交付することを妨げない。

オ　協議等の方式等

(ア)　行政機関及び地方公共団体は、誠実に協議を行うとともに、相当の期間内に協議が調うよう努めなければならない。

(イ)　協議において、地方公共団体から、当該地方公共団体に対する行政機関の意見の趣旨及び内容を記載した書面の交付を求められたときは、行政機関は、これを交付しなければならない。

(ウ)　行政機関は、地方公共団体から求められた同意、許可、認可、承認その他これらに類する行為（以下第二において「同意等」という。）をするかどうかを法律又はこれに基づく政令の定めに従って判断するために必要とされる基準を定め、かつ、行政上特別の支障があるときを除き、これを公表しなければならない。

(エ)　行政機関は、同意等の取消し等をするかどうかを法律又はこれに基づく政令の規定に従って判断するために必要とされる基準を定め、かつ、これを公表するよう努めなければならない。

(オ)　行政機関は、(ウ)の基準を定めるに当たっては、当該同意等又は同意等の取消し等の性質に照らしてできる限り具体的なものとしなければならない。

(カ)　行政機関は、同意等を求める申出又は申請（以下第二において「申出等」という。）が、その事務所に到達してから当該申出等に対する諾否の応答をするまでに通常要すべき標準的な期間（申出等を行う前に申出等に係る事項の調整に通常要すべき標準的な期間を含む。）を定め、かつ、これを公表するよう努めなければならない。

(キ)　行政機関は、地方公共団体からの申出等が法令により当該申出等の提出先とされている事務所に到達したときは、遅滞なく当該申出等に対して諾否の応答をするための事務を開始しなければならない。

(ク)　行政機関は、同意等をすることができないとき又は同意等の取消し等をするときは、理由を付してその旨を書面により示さなければならない。

カ　国の直接執行の方式

国は、地方公共団体が処理する自治事務に属する事項を、法律で特別に定めるところにより自ら行うときは、当該事項を処理する地方公共団体に対し、自ら当該事項を行う理由を付して、速やかにその旨を書面により通知しなければならない。ただし、当該事項を行うべき差し迫った必要があるときは、自ら当該事項を行った後相当の期間内に、この通知をすることを妨げない。

(3)　地方公共団体の意見の申出と国の回答義務

ア　特定地域の振興計画等、特定の地方公共団体の行政に影響を与える施策を規定する法令には、当該施策の実施に当たり関係地方公共団体の意見を聴取し、国が一定の期間内に回答しなければならない旨の規定を置くものとする。

イ　内閣は、地方公共団体の長又は議長の連合組織が、地方自治法第二六三条の三第二項の規定により内閣に対し意見を申し出たときは、当該意見について遅滞なく回答するよう努めるものとする。

また、内閣は、地方公共団体に対し新たに事務又は負担を義務付けると認められる国の施策に関し、地方自治法第二六三条の三第二項の規定により内閣に対し意見を申し出たときは、当該意見について遅滞なく回答するものとする。

5　国と地方公共団体との間の係争処理の仕組み

地方公共団体に対する国の関与の適正の確保を担保するため、国と地方公共団体との間で係争が生じた場合に、行政内部において公平・中立な機関により処理し、さらには司法手続による解決を図ることとし、以下に示すような仕組みを設けるものとする。

(1)　国と地方公共団体との間の係争処理機関

地方公共団体に対する国の関与に関する係争について、公平・中立な立場から審査し、勧告等を行う機関として、総理府に国地方係争処理委員会（仮称。以下第二において同じ。）を設置する。

国地方係争処理委員会の委員は、内閣総理大臣が両議院の同意を得て任命する。国地方係争処理委員会には、専門調査員及び最小限の人数の庶務担当職員を置くことができる。

(2) 係争処理手続の基本原則

地方公共団体に対する国の関与（地方公共団体がその固有の資格において当該関与の名あて人となるものに限る。以下第二において「国の関与」という。）に関する係争処理の手続については、別途法律に特別の定めがある場合を除くほか、以下(3)及び(4)に定めるところによる。

(3) 国地方係争処理委員会における審査及び勧告等

ア　審査の対象となる国の関与

国地方係争処理委員会の審査の対象となる国の関与は、権力的な又は処分性のある関与（ただし、四(1)ケに定める代執行を除く。）、四(1)エに定める是正措置要求その他これに類する関与及び法律又はこれに基づく政令（以下第二において「法令」という。）の定めるところにより地方公共団体と行う協議とする。

権力的な又は処分性のある関与とは、おおむね以下に掲げるような関与である。

a　法令の定めるところにより、同意等を求める地方公共団体の申出等に対して行う諾否の応答

b　四(1)ク(ウ)に定める是正措置を講ずべき旨の指示その他の法令の定めるところにより特定の地方公共団体を名あて人として直接にこれに義務を課す関与（ただし、四(1)に定める法令所管大臣が地方自治法第一五一条の二の手続に準じて行う是正すべき旨の指示を除く。）又は法令の定めるところによりその権限の行使を制限する関与

c　法令の定めるところにより、地方公共団体の行為を取り消し若しくは撤回する関与又はその効力を停止する関与（ただし、行政不服審査法に基づき審査庁等として行う審査請求等に対する裁決その他これに類する関与を除く。）

イ　地方公共団体の長等による審査の申出

(ア)　地方公共団体の長等は、その担任する事務の管理及び執行に関する国の関与について不服があるときは、国地方係争処理委員会に対し、審査の申出をすることができる。

(イ)　審査の申出には、期間制限を設ける。

ただし、協議に係る審査の申出又は同意等を求める申出等に対し諾否の応答をしない場合に係る審査の申出については、期間制限を設けない。

(ウ)　審査の申出をしようとするときは、一定期間前までに相手方に対しその旨を通知しなければならない。

(エ)　審査の申出は、国の関与の効力に影響を及ぼさない。

(オ)　審査の申出は、これを濫用してはならない。

ウ　審査の手続

国地方係争処理委員会により行われる審査の手続については、基本的には一般の行政不服審査における手続に

準ずる。

エ　勧告及び通告

(ア)　地方公共団体の長等による審査の申出に対する勧告及び通告国地方係争処理委員会は、審査の申出を不適法として却下する場合を除き、一定の期間内に、審査の結果に基づき、次のとおり勧告又は通告をしなければならない。

a　自治事務に対する国の関与（協議を除く。）については、当該関与が法令に違反し、又は著しく不当であるときは、当該関与を行った国の行政機関の長に対し、期間を示して必要な措置を講ずべきことを勧告するとともに、当該勧告の内容を審査申出人に通告し、かつ、これを公表する。

また、法令に違反せず、かつ、著しく不当でないときは、当該国の行政機関の長及び審査申出人に対し、審査の申出には理由がない旨を通告するとともに、これを公表する。

b　法定受託事務に対する国の関与（協議を除く。）については、当該関与が違法であるときは、当該関与を行った国の行政機関の長に対し、期間を示して必要な措置を講ずべきことを勧告するとともに、当該勧告の内容を審査申出人に通告し、かつ、これを公表する。

また、違法でないときは、当該国の行政機関の長及び審査申出人に対し、審査の申出には理由がない旨を通告するとともに、これを公表する。

c　協議については、審査申出人がその義務を果たしたときは、当該協議の相手方である国の行政機関の長及び審査申出人に対し、その旨を通告するとともに、これを公表する。

また、義務を果たしていないときは、当該国の行政機関の長及び審査申出人に対し、その旨を通告するとともに、これを公表する。

(イ)　勧告又は通告は、文書をもって行い、かつ、理由を付し、委員がこれに署名押印しなければならない。理由は具体的に記載しなければならない。

オ　国の行政機関の長の措置

(ア)　勧告を受けた国の行政機関の長は、当該勧告に即して必要な措置を講ずるとともに、その旨を国地方係争処理委員会に通知しなければならない。この場合において、国地方係争処理委員会は、当該通知に係る事項を審査申出人に通知し、かつ、これを公表しなければならない。

(イ)　国地方係争処理委員会は、勧告を受けた国の行政機関の長に対し、その講じた措置についての説明を求めることができる。

カ　調停

(ア)　国地方係争処理委員会は、審査の過程において、事案が調停により解決されると判断したときは、審査申出人及び国の行政機関の長に対し、職権で調停案を提示することができる。

(イ)　調停案が双方の当事者により受諾されたときは、当該調停案の内容を内容とする勧告が、双方の当事者に対して行われたものとみなす。

(4)　裁判所における訴訟及び判決

ア　地方公共団体の長等による訴訟の提起

地方公共団体の長等は、国地方係争処理委員会に審査の申出をした場合において、次のいずれかに該当するときは、一定の出訴期間内に、国の関与（協議を除く。以下第二において同じ。）を行った国の行政機関の長を相手方として、当該関与に係る不服の訴え（関与の取消しの訴え及び関与の不作為の違法確認の訴え）を提起することができる。

a　国地方係争処理委員会が所定の期間内に勧告又は通告を行わないとき。

b　国地方係争処理委員会の勧告又は通告に不服があるとき。

c　国地方係争処理委員会の勧告を受けた国の行政機関の長が所定の期間内に措置を講じないとき。

d　国地方係争処理委員会の勧告を受けた国の行政機関の長が講じた措置に不服があるとき。

イ　訴訟の類型及び判断の対象

(ア)　これらの訴訟は、地方公共団体に対する国の関与に関する国と地方公共団体との間の係争に係る訴訟であり、行政事件訴訟法（昭和三七年法律第一三七号）における「機関訴訟」の一類型である。

(イ)　これらの訴訟における判断の対象は、地方公共団体に対する国の関与の法律上の適否である。

ウ　裁判手続

(ア)　この訴訟は、国の関与の相手方となった地方公共団体の区域を管轄する高等裁判所の専属管轄とする。

(イ)　この訴訟は、機関訴訟の一類型として、原則的には行政事件訴訟法の規定による。

(ウ)　手続の迅速性を確保するため、以下のような規定を設ける。

a　原告に被告への出訴の通知義務を課す。

b　訴えを受けた裁判所は、訴えの提起があった日から一五日以内の日をもって口頭弁論の期日と定めなければならない。

c　上告期間は一週間とする。

(エ)　その他必要な事項は最高裁判所規則に委任する。

エ　判決の効果

(ア)　関与の取消しの訴えにおいて、判決により関与が取り消された場合には、当該関与が遡及的に消滅し、当事者及び関係行政機関は、同一の状況下において、同一の地方公共団体に対し、同一の関与をすることができない。

(イ)　上記の場合を除くほか、関与を取り消す判決の効果は、当事者及び関係行政機関以外の行政機関並びに一般私人と各当事者との関係には及ばない。

(ウ)　以上のほか、関与の取消しの訴えにおける棄却又は却下の判決の効果及び関与の不作為の違法確認の訴えの判決の効果は、一般の訴訟の判決の効果と同様である。

6　従前の個別の機関委任事務の在り方

従前の個別の機関委任事務については、社会経済情勢等の変化により、既に役割や使命を終えたもの、国の規制緩和政策等により社会的・経済的意義が乏しくなったものなど事務自体を廃止することが適当と判断されるものについては、廃止するものとする。

また、国と地方公共団体との役割分担の原則に従って、国が直接執行すべき事務については、国の直接執行事務とするものとする。

以上のほか、今後とも存続が必要な事務については、法定受託事務とするものを除き、自治事務とするものとする。

以上のような考え方の下、「三　地方公共団体の事務の新たな考え方」及び「四　地方公共団体に対する国又は都道府県の関与等の在り方」に定める基準等に沿って、従前の個別の機関委任事務の在り方を別紙一のとおり整理する。

7　従前の個別の団体（委任）事務の在り方

従前の個別の団体（委任）事務については、事務自体を廃止するもの又は国の直接執行事務とするものを除き、今後とも存続が必要な事務については、自治事務とするものとする。

以上のような考え方の下、「四　地方公共団体に対する国又は都道府県の関与等の在り方」に定める基準等に沿って従前の個別の団体（委任）事務に係る国又は都道府県の関与の在り方を別紙二のとおり整理する。

8　地方事務官制度の廃止

機関委任事務制度の廃止に伴い、機関委任事務制度を前提として成り立ってきた地方事務官制度は存続し得ないこととなるため、国と地方公共団体の新たな関係にふさわしい仕組みとなるよう、地方事務官制度は廃止することとし、地方自治法施行規程（昭和二二年政令第一九号）第六九条第二号の事務（社会保険関係事務）及び同条第三号の事務（職業安定関係事務）に従事する職員は、それぞれ厚生事務官及び労働事務官とすることとする。このため、これらの職員が従事してきた事務について行われる二及び六の整理に合わせ、当該事務を担う組織の在り方を含め地方分権推進委員会の第三次勧告の指摘に沿って、法改正等の所要の措置を講ずる。

9　権限委譲の推進

権限委譲を積極的に推進することとし、地方分権推進委員会の勧告に沿って、国の権限を都道府県又は市町村に、また、都道府県の権限を市町村に委譲する。具体的には、別紙三に掲げる措置を講ずることとする。

これに関連して、第六の二(1)のイで述べるとおり、一定の人口規模等（二〇万以上など）を有する市を当該市からの申し出に基づき指定することにより、権限をまとめて委譲するための所要の法制上の措置を講ずることとする。

第三　必置規制の見直しと国の地方出先機関の在り方

1　必置規制の見直し

必置規制については、地方公共団体の自主組織権を尊重し、行政の総合化・効率化を進めるため、具体的には、別紙四に掲げる措置を講ずることとする。また、法律又はこれに基づく政令に拠る必置規制にあっては(1)の原則に沿って見直し、必要最小限のものにとどめることとし、法律又はこれに基づく政令に拠らない必置規制にあっては(2)の措置を講ずることとする。

(1)　法律又はこれに基づく政令に拠る必置規制の見直し

ア　職員に関する必置規制

職員に関する必置規制を見直すに当たっては、その規制が必要とされる理由、規制の内容、実態などに応じ、職そのものの設置を義務付けるもの、一定の職務上の名称を義務付けるもの、職員が一定の資格を有することを義務付けるもの、専任であることを義務付けるもの、配置基準による配置を義務付けるものなど個々の規制の性格を明らかにし、それぞれの規制の必要性と妥当性を検討し、必要最小限の規制にとどめる。

(ア)　法令上一般人に対する特別の強制権限が付与されている職員（警察官及び消防職員を除く。）の職の設置に関する必置規制は廃止し、当該職員がその権限を行使する際の特別の名称に関する規制として存置する。任命権者は、当該名称で事務を処理する職員を指名するという形に改めることとし、特別の名称に関する規制であることを明らかにするため、具体的には、「〜員を置く」と定めるのではなく、「〜員を命じる」と規定することを原則とする。

(イ)　職務を適切に執行するためにどのような知識、能力、経験が必要とされるかは、本来、任命権者が、職務の内容、性格、専門性等に応じ、個々に判断すべき性質のものであり、資格に関する規制として法令により一定の資格を義務付けるのは、その職務について、民間共通の資格が必要とされる場合と、地方公共団体の職員のみに係る資格であっても、法律又は条例に根拠を有する試験による資格が必要とされる場合に限るものとする。

職員が、職務に関係する一定の学歴・経験年数を有することや一定の講習を受けることは望ましいことではあるが、このような基準は本来任命権者において判断されるべき職員の基本的能力や習熟度を示すものであることから、職に就くための資格として全国的に一律の義務付けを行うことは、国民の生命・健康・安全に関わる、法令で定める専門的な講習を除き、適当ではなく、これを存置する場合にはガイドラインとするものとする。

資格に関する規制を存置する場合においては、資格に関する規制であることを明らかにするため、具体的には「～の資格を有する職員を置く」と定めるのではなく、「～に関する事務に従事する職員は、～の資格を有しなければならない」と規定することを原則とする。

(ウ)　行政機関等の長（以下、「所長」という。）が、当該行政機関等の処理する事務につき一定の専門的知識を有することは望ましいことであるが、所長が専門的資格を有することを法令で義務付ける結果、組織が専門分化し、他の行政分野と統合した総合的な行政組織を設けることが制約されることとなる。これに対処するため、所長の資格規制については、これを望ましい基準とするか、一定条件の下で例外を認めることなどにより、緩和する。

(エ)　専任とすることが必要な職務であるか否かは、本来、職員の適正配置等の観点から任命権者が判断すべきものであり、国による一律の規制はなじまない。職員が当該職にのみ専念しなければならず、他の職務に従事できないという専任規制は、職員の効率的な配置、行政の総合的な運営を阻害するものであるため、職員の本務に支障がない限り、他の業務に従事することができるよう、緩和するものとする。

(オ)　法令で定められた事務を処理するために配置する職員の数は、任命権者が事務の実態に即して適正に決定すべきものであることから、職員の定数に関する規制は、警察及び学校教育に関する規制を除き、廃止する。なお、全国的見地から一定の行政水準を維持するために望ましい目標を示す場合であっても、標準的かつ弾力的なものにとどめるものとする。

(カ)　一定の職務を行うのに必要な熱意と識見を持っている民間人をその職務に委嘱する場合には、職名に係る規制は存置することとする。

イ　行政機関・組織・施設に関する必置規制

(ア)　特定の業務を処理するために行政機関等の設置につ

いての規制が必要とされる場合であっても、住民サービスの提供体制の一元化・総合化と職員配置の効率化を促進するため、地方公共団体がその実情に応じ関連する業務を担う行政機関等を統合することもできるよう、法令における組織・名称は「～に関する事務所」あるいは「～のための施設」等と規定することを原則とする。この場合、地方公共団体に対し、住民へのわかりやすさに配慮した組織・名称の設定に留意するよう要請するものとする。

(イ)　各地方公共団体が、地域の多様な行政需要に応じつつ、各地域の地理的条件や社会経済的条件の下で最適なサービスの供給体制を組織することができるよう、行政機関等の設置単位についての一律の規制は廃止し、必要がある場合には、技術的助言として標準的なものを示すにとどめることとする。

(ウ)　行政機関等の施設・設備に関し、法令で定める細部にわたる規制は、大幅に簡素化する。

ウ　審議会等附属機関に関する必置規制

地方公共団体がその自己決定権を十分に発揮するためには、その政策の企画立案に際して、住民や有識者、各種団体の関係者等の意見を反映することがますます重要となるが、国が法令により個別の行政分野毎に審議会等の設置を義務付けることは、地方公共団体における総合的な政策決定を損なうおそれがあることから、できる限り弾力的なものとするとともに、類似の審議会等との統合も可能となるようにする。

(ア)　審議会等の統合などにより総合的な政策決定を可能とするように、法令における組織・名称を「～に関する審議会等」と規定することを原則とする。

(イ)　住民の権利義務に密接にかかわる事項に関し審査・審議を行う審議会等及び斡旋・調停・仲裁等の準司法的な機能を担う審議会等の設置を義務付けることは、適正な行政手続を保障するために必要とされる規制であり、存置するものとする。

(ウ)　委員の構成・数・任期・選任手続等については、原則として、地方公共団体が条例で定めることとし、法律又はこれに基づく政令で規制を行う場合にも、審議会等における審議の公正・専門性を確保するため、必要最小限度にとどめるものとする。

(2)　法律又はこれに基づく政令に拠らない必置規制の見直し

ア　必置規制は、法律又はこれに基づく政令に拠ることとし、資格規制、専任規制、定数基準等の必置規制の具体的内容に係るものについても、法律又はこれに基づく政令に規制根拠を有することとする。

したがって、必置規制の基本的内容は、法律又はこれに基づく政令に規定した上で、その細目について省令又は告示に委ねられることは認められるものの、別紙四に掲げるもののほか、現在省令、告示又は通達等を規制根拠としている必置規制については、その見直しを行い、必置規制として存置することが必要不可欠なものについては、(1)の原則に反しない限りにおいて、法律又はこれに基づく政令に規制根拠を置くこととし、その他の省令、告示又は通達等に基づく必置規制は廃止する。

イ　これに伴い、従来、通達等により示されてきた職員の職名・資格・配置基準等についても、今後、国がこれを地方公共団体に示す場合においては、技術的助言としての趣旨に沿って、項目や内容を見直す。なお、国が技術的助言としてその望ましい姿を示す必要がある場合には、あくまで標準的な考え方、ガイドラインを示すにとどまる性格のものであることを明確にする。

ウ　ア及びイの措置は、法改正を要しないものにあっては平成一〇年中に講じ、法改正を要するものにあっては平成一一年の通常国会に法律案を提出することとする。

2　国の地方出先機関の在り方

地方分権の推進に伴う権限委譲、機関委任事務制度の廃止、国の関与の縮減・廃止、国庫補助負担金の廃止・交付手続の簡素化などにより事務量が減少すると見込まれる国の地方出先機関については、積極的に組織・業務の縮減・合理化を図る。

第四　国庫補助負担金の整理合理化と地方税財源の充実確保

1　国と地方の財政関係の基本的な見直しの方向と国と地方の経費負担の在り方

(1)　国と地方の財政関係の基本的な見直しの方向

地方分権の推進により、国と地方公共団体を地方自治の本旨を基本とする対等・協力の関係に移行させていくためには、地方公共団体の自主性・自立性を高める見地から、国と地方公共団体の役割分担の見直し、機関委任事務制度の廃止、地方への権限委譲、国の関与・必置規制の整理合理化等を進めるとともに、国と地方公共団体の財政関係についても基本的な見直しを行う必要がある。

なお、国・地方ともに極めて厳しい財政環境の下にあるが、地方分権の観点からこのような見直しを行うことにより、国・地方を通ずる行政の簡素・効率化や財政資金の効率的な使用に資することとする。

国と地方公共団体の財政関係については、事務の実施主体がその費用を負担するという原則を踏まえつつ、概ね次の三点を基本的な方向として見直すこととする。

ア　国庫補助負担金の整理合理化

イ　存続する国庫補助負担金の運用、関与の改革

ウ　地方税、地方交付税等の地方一般財源の充実確保

(2)　国と地方の経費負担区分の原則並びに国庫負担金と国庫

補助金の区分の明確化

現行の地方財政法においては、国と地方の経費負担について、固有事務、団体委任事務、機関委任事務といった当該事務の性格にかかわらず、地方公共団体が実施主体となる事務・事業の費用は地方公共団体が全額負担することを基本としている（地方財政法（昭和二三年法律第一〇九号）第九条）。ただし、次に掲げるものについては地方公共団体の行う事務について、国が経費の全部又は一部を負担する又は補助できることとされている。

ア　専ら国の利害に関係のあるもの（国庫委託金（地方財政法第一〇条の四））

イ　国と地方の相互に利害関係があり、国が進んで費用を負担する必要があるもの（国庫負担金（地方財政法第一〇条））

ウ　総合的に樹立された計画に従って実施されるべき建設事業（国庫負担金（地方財政法第一〇条の二））

エ　災害救助・復旧事業（国庫負担金（地方財政法第一〇条の三））

オ　施策の実施又は地方公共団体の財政上特に必要があると国が認めるもの（奨励的補助金・財政援助的補助金（地方財政法第一六条））

国と地方公共団体の財政関係の見直しに当たっては、地方行政の自主的な運営の確保、行政責任の明確化等の観点から、現行の地方財政法を踏まえ、地方公共団体の担う事務に要する経費については当該地方公共団体が全額を負担するという原則を堅持することとする。

また、地方公共団体の担う事務について、国が経費の全部又は一部を負担する場合又は補助できる場合は、国庫負担金と国庫補助金の区分を明確にすることが特に重要と考えられることから、今後、社会経済情勢の変化に応じ、それぞれの経費の性格に着目して、区分を明確にし、その区分に応じて地方財政法や関係法令の規定等を整理することとする。

(3)　国と地方の経費負担の在り方と新しい事務の区分との関係

機関委任事務制度の廃止に伴い、地方公共団体の担う事務については、自治事務を原則とし、法定受託事務を例外とする新しい事務の区分を行うこととするが、国と地方の経費負担の在り方については、現在、地方財政法により、当該事務に対する国の利害の度合等に応じて定められている考え方を基本とする。従って、国と地方の経費負担の在り方と新しい事務の区分とは直接連動するものではないが、概ね以下の方向で整理することとする。

ア　地方公共団体の担う事務に要する経費については、原則として当該地方公共団体が全額負担することとする。

イ　例外として国がその経費の全部又は一部を負担するの

は、次のものに限ることとする。なお、国はその負担すべき割合に応じ、毎年度確実に負担することとする。

(ア) 法定受託事務のうち、専ら国の利害に関係のあるもの

(イ) 法定受託事務又はその実施内容、方法等の基本的枠組みが法律若しくはこれに基づく政令で定められている自治事務のうち、ナショナル・ミニマムの維持達成のためにはその運営につき国が進んで経費を負担する必要があるもの、又は、全国的な規模・視点から国民経済に適合するように総合的に樹立された計画に従って実施しなければならない根幹的社会資本整備等に係るもの

(ウ) 災害救助事業、災害復旧事業

2 国庫補助負担金の整理合理化

(1) 基本的考え方

ア 国庫補助負担金については、地方分権推進委員会第二次勧告を踏まえ、国庫負担金と国庫補助金の区分に応じて、(3)に掲げるように、事務事業の内容等を勘案し、地方公共団体の事務として同化・定着・定型化しているものや人件費補助に係る補助金、交付金等については、一般財源化等を進めるとともに、国と地方公共団体との役割分担の見直しに併せて、真に必要なものに限定していくなどにより、積極的に整理合理化を進めることとする。

また、国庫補助負担金の整理合理化は、地方公共団体の自主的・自立的な行政運営の実現に資するものであるから、単に国庫補助負担金を削減するため補助負担率の実質的な引下げを行うような手法は採らないこととする。

イ 他方、国の補助金等については、「財政構造改革の推進について」（平成九年六月三日閣議決定）及び「財政構造改革の推進に関する特別措置法」（平成九年法律第一〇九号）（以下「財政構造改革法」という。）に基づいて、経済社会情勢の変化、行政の各分野における国及び地方公共団体と民間との役割分担の在り方並びに行政の各分野における国と地方公共団体との役割分担の在り方を踏まえ、すべての分野においてその見直しを行うこととしている。このため、国庫補助負担金の整理合理化に当たっては、当面、財政構造改革の集中改革期間（平成一〇年度から平成一二年度までの期間）中において、「財政構造改革の推進について」（平成九年六月三日閣議決定）との整合を図ることとする。

ウ 財政構造改革法においては、国庫補助負担金を「制度等見直し対象補助金等」と「その他補助金等」の区分に従って、見直しを行うこととしている。すなわち、「制度等見直し対象補助金等」については、交付の対象となる事業等に係る制度若しくは施策の見直し又は当該事業等の見直しを行うことにより、削減又は合理化を図るこ

ととしている。この見直しに当たっては、地方分権推進委員会第二次勧告を踏まえ、国庫補助金及び国庫負担金の区分に応じて、国庫補助負担金の整理合理化を推進することとする。

他方、「その他補助金等」については、財政構造改革の集中改革期間の各年度において、各省各庁の所管ごとの合算額がその前年度当初予算額の一〇分の九を上回らないようにすることとし（対前年度当初予算比削減率一〇％以上）、数値設定による計画的削減を実施する（別紙五「国庫補助金削減計画」参照）。この場合、同計画の対象となる国庫補助金の総件数についても、これに準じてスクラップ・アンド・ビルド原則の徹底を図ること等により、その縮減を図る。

なお、その後の国庫補助金削減計画については、集中改革期間中の削減・整理合理化の状況等を踏まえ検討することとする。また、特別会計や特殊法人等から交付される国庫補助金についても、国の一般会計から交付される国庫補助金に準じて、廃止・縮減を行うこととする。

エ　整理合理化の方策

(ア)　既に目的を達成し、あるいは社会経済情勢の変化に伴い存在意義の薄れた事務事業及びこれに対する国庫補助負担金は廃止する。

また、地方財政法第一六条に基づく国庫補助金については、a　国策に伴う国家補償的性格を有するもの、b　災害による臨時巨額の財政負担に対するもの、c　いったん国において徴収し地方公共団体に交付する形式をとっているが、地方公共団体の事務に付随する収入で地方財源の性格を有するものを除き、原則として廃止・縮減を図っていくこととする。

(イ)　地方公共団体の事務として同化、定着、定型化しているものに係る補助金等、即ち、法施行事務費、会館等公共施設の運営費をはじめとする地方公共団体の経常的な事務事業に係る国庫補助負担金については、原則として、一般財源化を図る。

また、人件費補助に係る補助金、交付金等については、当該職員設置に係る必置規制等を見直すとともに、特定地域に対する特別なものを除き、一般財源化等を図る。

(ウ)　国庫補助負担金が少額のもの、地方公共団体が行う事務・事業全体に係る経費のうち国庫補助負担事業部分が一部にすぎないもの等については、原則として、廃止又は一般財源化を図る。

なお、補助効果とコストとの比較関係から、国庫補助負担金ごとに、その目的等に応じ、採択基準を設定することとする。また、同様の観点から、零細補助金の基準及び既に設定された国庫補助金ごとの採択基準についてはﾞ、その引き上げを図る。

(エ) 国庫補助金については、原則として終期の設定を図り、サンセット化を更に推進することとし、一定期間（五年）の終期を設け、特別の理由がなければ、期限延長は行わないこととする。

国庫負担金については、毎年度の予算編成における見直しの外、一定期間（概ね一〇年）ごとに社会経済情勢等の変化を踏まえ、基本的な見直しを行うこととする。

(オ) 国庫補助金のうち、補助率（公的な負担部分についての国の補助割合をいう。）が低いもの（三分の一未満）又は創設後一定期間経過したものについては、廃止又は一般財源化などの見直しを行うこととする。

なお、定額補助金についても、実効補助率によりこの基準を適用する。

(カ) 新規の国庫補助金の設定は厳に抑制する。行政需要の変化等に即応して真にやむを得ず新設する場合には、件数及び金額の両面において、スクラップ・アンド・ビルド原則を徹底する。

(キ) 地方分権推進委員会第二次勧告を踏まえ、負担金としての性格をもつ国庫補助金については、地方財政法第一〇条、第一〇条の二又は第一〇条の三への位置付けを図る。この場合、現在、地方財政法第一六条の国庫補助金とされている災害関係の国庫補助金のうち、国庫負担金としての性格を有するものについては、地方財政法第一〇条の三に位置付けていくこととする。

(ク) 国が一定水準を確保することに責任を持つべき行政分野に関して負担する経常的国庫負担金については、国と地方公共団体の役割分担の見直しに伴い、国の関与の整理合理化等とあわせて見直すことが必要であり、社会経済情勢等の変化をも踏まえ、その対象を生活保護や義務教育等の真に国が義務的に負担を行うべきと考えられる分野に限定していくこととする。

なお、経常的国庫負担金については、その負担割合に応じ、毎年度国が確実に負担することとする。

(ケ) 総合的に樹立された計画に従って実施させるべき建設事業に係る国庫負担金については、従来のシェア配分にとらわれずその対象を国家的なプロジェクト等広域的効果を持つ根幹的な事業などに限定するなど、投資の重点化を図るとともに、住民に身近な生活基盤の整備等に係る国庫負担金については、類似した奨励的補助金も含めて国の補助負担対象の縮減・採択基準の引上げ等を図り、地方の単独事業に委ねていくこととする。

この場合において、全国的に一定の整備水準が達成された事業に係る国庫負担金については、廃止・縮減することとする。

なお、建設事業に係る国庫負担金についても、その負担割合に応じ、毎年度国が確実に負担することとする。

(コ) 国庫委託金については、極めて少額であって委託金交付に伴う間接コストが多大のもの等については、その在り方について検討する。

(サ) 維持管理費に係る国直轄事業負担金については、同種の地方公共団体の行う事業に対する国の負担との均衡、建設事業費と維持管理費の均衡、維持管理の形態、地域の受益と広域的効果等を総合的に勘案し、段階的縮減を含め見直しを行うこととする。

地方公共団体に対するアカウンタビリティ（説明責任）の観点から、国直轄事業負担金の内容については、その積極的公開を進める。

国直轄事業の対象となる事業の範囲について、客観的な基準などにより、明確化を図る。

公共事業等の事務費（事業費支弁事務費）については、国直轄事業と国庫補助事業の事業執行の在り方等も踏まえつつ、対象となる経費の内訳や範囲等について均衡のとれたものにする。

(2)　必要な地方一般財源の確保

国庫補助負担金の廃止・縮減を行っても引き続き当該事務・事業の実施が必要な場合には、地方財政計画の策定等を通じて所要財源を明確にし、地方税・地方交付税等の必要な地方一般財源を確保することとする。

(3)　個別の国庫補助負担金の整理合理化方策

ア　国庫補助負担金の廃止（略）

イ　国庫補助負担金の一般財源化等（略）

ウ　国庫補助負担金の重点化（採択基準の引上げ等）（略）

エ　国庫補助負担金の在り方の見直し（略）

オ　国庫負担金と国庫補助金の区分の変更（略）

カ　国直轄事業に係るもの（略）

3　存続する国庫補助負担金に係る運用・関与の改革

(1)　基本的考え方

ア　今後とも存続する国庫補助負担金については、国の過度の関与等により地方公共団体の自主的・自立的な行政運営が損なわれることがないよう、運用・関与の改革を図る。

イ　存続する国庫補助負担金についての運用・関与の改革、国庫補助負担金の制度・運用の在り方の見直しを行うに当たっては、各省庁間における情報交換を積極的に推進していくため、補助金等適正化中央連絡会議等の活用を図る。

(2) 運用・関与の改革方策

ア　統合・メニュー化

類似ないし同一の目的を有する国庫補助負担金については、地方公共団体の自主性の尊重、事務の簡素化等の観点から、統合・メニュー化を積極的に推進する。

この場合、地方公共団体が、自らの判断で、メニューの中から事業を選択する方式を進めるとともに、提出書類の削減、様式の標準化等事務手続の大幅な簡素化を図る。

なお、統合・メニュー化は、形式的なものにとどまることなく、予算の透明性の向上の観点からも、本来の趣旨に沿った運用の徹底を図ることとする。

（略）

イ　交付金化（交付基準のうち客観的指標に基づく部分の比率の引上げを含む。）

例えば、個別具体の事業箇所、方法等を特定せず、対象人員等の客観的基準により国庫補助負担金を交付する総括的な助成方式とすることなどにより、地方公共団体の自主性が高められる方向で交付金化を推進する。

なお、交付金化の趣旨に沿った運用の徹底を図ることとする。

（略）

ウ　運用の弾力化（複合化）

施設の設置等に対する国庫補助負担金が今後も存続する場合には、その交付を受けて建設する施設の合築を積極的に認めていくこととし、できる限り、他の施設との複合化が可能となるよう運用の弾力化を図る。

その際、関係省庁間において、複合施設の設置及び利用の基準の明確化等を進める。

（略）

エ　補助条件等の適正化、緩和

補助条件等については、その交付の目的を達成するために必要な限度を超えて地方公共団体に制約を課すことがないよう、補助目的の達成、運用の適正化等のために必要最小限のものとする。

とりわけ、施設等の配置及び設備等の基準などの補助条件等は、地方公共団体の自主性の発揮、総合的な事業実施が可能となるよう大幅に弾力化するなど、補助条件等の緩和を図る。

また、通達等により示されてきた職員の職名・資格・配置基準等について、今後、地方公共団体に示す場合においては「技術的助言」としての趣旨に沿って項目や内容を見直すこととされたことに伴い、補助条件とされている関係職員等の職名・資格・配置基準等についても所要の見直しを行うこととする。

なお、国庫負担金についても、地方公共団体の自主性の確保に留意することとする。

（略）

オ　補助対象資産の有効活用、転用

社会経済情勢等の変化により、補助対象資産である施設に係る行政需要が設置当時から変化したような場合において、一定期間経過後において地方公共団体が住民のニーズに応じて他の公共施設・公用施設への転用が実施できるよう、制度・運用の大幅な弾力化・簡素化を図ることとする。

その際、以下のような措置を講ずる。

(ア)　転用を承認する際の要件、条件については、補助金等の交付の目的を達成するため必要な限度を超えて地方公共団体に制約を課すことがないよう、補助目的の達成、当該補助対象資産の適正な使用のために必要最小限のものとする。

(イ)　補助金等適正化法施行令第一四条に基づく処分制限期間は、地方公共団体のニーズを踏まえたものとするよう、各省庁において見直しを行うこととする。

とりわけ、鉄筋コンクリート造の建物等については、地方公共団体の強い要望を踏まえ、補助金等の交付目的の達成を阻害しない範囲で処分制限期間を短縮すべく、見直しを行う。

(ウ)　補助金等の交付の目的及び補助対象資産の種類に応じ、一定期間経過後において、地方公共団体が他の公共施設・公用施設へ転用しようとする場合には、国の個別承認に代えて届出制とするよう各省庁において具体的な運用の指針（基準）を定める。

（略）

(3)　国庫補助負担金の制度・運用の在り方をめぐる国と地方の新しい関係の確立

ア　国庫補助負担金に係る事務の執行の適正化・事務手続の簡素化等

国と地方公共団体の新しい関係の確立を図り、地方公共団体の自主性の確保、財政資金の効率的使用等を積極的に推進する観点等から、(2)に掲げる補助条件等の適正化、緩和、補助対象資産の有効活用・転用、国庫補助負担金に係る運用の弾力化（複合化）等のほか、国庫補助負担金の制度・運用の在り方を見直すこととする。

地方公共団体の事業執行の円滑化、事務負担の軽減の観点から、国庫補助負担金の交付申請に当たっての事前手続の簡素化、交付決定の迅速化・弾力化、本省と地方出先機関とで求められることがある二重手続の廃止その他の事務手続の簡素化等を推進する。

また、交付申請から交付決定までに通常要すべき標準的な期間の設定等については、第二の四(2)の地方公共団体に対する国又は都道府県の関与等の手続を法律により措置する際に、補助金等に係る予算の執行の適正化に関する法律等についても整合性を図りつつ検討を行う。

（略）

イ　長期にわたり実施中の国庫補助事業等の再評価

長期にわたり実施中の国庫補助事業等について、社会経済情勢の変化等に応じて再評価する仕組みとする。再評価の結果、当該国庫補助事業等を中断する場合、補助金等に係る予算の執行の適正化に関する法律第一〇条第一項においては、各省各庁の長は、補助金等の交付の決定後の事情の変更により特別の必要が生じたときは、当該交付の決定を事業等の執行が済んでいない部分に限って取り消すことができるとする趣旨を定めており、同項の適用があるときには、既に事業等の執行が済んだ部分について補助金等の返還を求められることはない。

（略）

ウ　運用・関与の在り方についての総点検や目的の達成状況、効果、超過負担の実態調査等の実施による改善措置の仕組み

各省庁は所管する国庫補助負担金の予算の適正執行について所要の点検を行うのみでなく、その運用・関与の在り方についての総点検や目的の達成状況、効果、超過負担の実態調査等を適時に行い、これに基づき具体的な改革措置を講ずる仕組みとする。

（略）

4　地方税財源の充実確保

(1)　地方税

ア　地方税の充実確保

(ア)　国と地方の歳出純計に占める地方の歳出の割合は約三分の二であるのに対し、租税総額に占める地方税の割合は約三分の一となっており、歳出規模と地方税収入との乖離が存在している。

地方税については、基本的に、この地方における歳出規模と地方税収入との乖離をできるだけ縮小するという観点に立って、課税自主権を尊重しつつ、その充実確保を図る。

(イ)　今後、地方分権の進展に伴い、地方公共団体の財政面における自己決定権と自己責任をより拡充するとともに、住民の受益と負担の対応関係をより明確化するという観点から、国と地方公共団体との役割分担を踏まえつつ、中長期的に、国と地方の税源配分のあり方についても検討しながら、地方税の充実確保を図る。

この場合、生活者重視という時代の動向、所得・消費・資産等の間における均衡がとれた国・地方を通じ

る税体系のあり方等を踏まえつつ、税源の偏在性が少なく、税収の安定性を備えた地方税体系の構築について検討する。

平成一〇年度においては、事業税の外形標準課税の課題を中心に、地方の法人課税について総合的な検討を進める。

これらの検討と併せて、地方税と国庫補助負担金、地方交付税等とのあり方についても検討を加える。

(ウ)　このような考え方に立って地方税の充実確保を図っていく必要があるが、当面は、国庫補助負担金の廃止・縮減を行っても引き続き当該事務の実施が必要な場合や国から地方公共団体への事務・権限の委譲が行われた場合において、その内容、規模等を考慮しつつ、地方税等の必要な地方一般財源の確保を図る。

イ　課税自主権の尊重

(ア)　法定外普通税の許可制度については、より課税自主権を尊重する観点から廃止し、都道府県又は市町村が法定外普通税を新設又は変更するに当たっては、国と事前協議を行うこととする。この場合、国との同意を要することとする。ただし、税源の所在及び財政需要の有無については、事前協議の際の協議事項から除外し、国の関与を縮減することとする。

(イ)　法定外目的税については、住民の受益と負担の関係が明確になり、また、課税の選択の幅を広げることにもつながることから、その創設を図る。その場合、国と事前協議を行うこととし、法定外普通税と同様、国との同意を要することとする。

(ウ)　標準税率を採用しない場合における国への事前の届出等については、課税自主権の尊重の観点から廃止する。

【措置済み（地方税法改正平成一〇年四月一日施行）】

(エ)　制限税率は、総合的な税負担の適正化を図るためにも、その全面的な廃止は適当ではないが、個人市町村民税については、住民自らが負担を決定する性格が強いこと、個人道府県民税には制限税率がないこととの均衡等を考慮し、その制限税率を廃止する。

【措置済み（地方税法改正平成一〇年四月一日施行）】

(2)　**地方交付税**

ア　地方公共団体の自主的な行政執行等の権能を損なわずに、税源の偏在による財政力の格差を是正するとともに、地方公共団体が法令等に基づき実施する一定水準の行政の計画的運営を保障する上で、地方交付税の財政調整機能は極めて重要であることにかんがみ、今後とも、地方財政計画の策定等を通じて、地方交付税総額の安定的確保を図る。

イ　地方交付税の算定方法のあり方を検討するに際しては、人口、面積等の基本的な指標を基礎とする静態的な算定方法に併せて、地方公共団体の実施事業量に応じた動態的な算定方法についても、適切に活用することとする。

ウ　地方交付税制度の運用のあり方については、国と地方の役割分担の見直しや法令等による地方公共団体の事務の義務付けの廃止・緩和等に対応して、地域の実情に即した地方公共団体の自主的・主体的な財政運営に資する方向で、算定方法の簡素化を進めることとする。

エ　地方交付税の算定方法のより一層の簡明化を図る観点から、普通交付税の基準財政需要額については、測定単位として用いることが可能な信頼度の高い客観的な統計数値が存在するものは、補正係数を用いて算定している財政需要を極力、法律で定める単位費用として算定するようにするとともに、特別交付税についても、できる限り簡明な方法により財政需要を算定することとする。

オ　地方交付税の算定について、地方公共団体の意見をより的確に反映するとともに、その過程をより明らかにするために、地方公共団体は普通交付税及び特別交付税の算定方法について意見を申し出ることができること、意見の申し出を受けた場合には、自治大臣は、地方財政審議会に地方交付税に関する事項を付議するに際して当該意見を付することとする等の法令に基づく制度を設けることとする。

カ　地方債の元利償還金について実際の償還額等に応じ基準財政需要額に算入する措置については、災害復旧事業、事業効果が当該団体外に及ぶ事業、地域的に偏在性のある事業、過疎対策等政策的配慮が必要な事業等、財源保障を目的とする地方交付税制度の趣旨に沿うものに限定して行うこととし、従来から行われてきたものはそのあり方の見直しを行うとともに、新たな措置については必要最小限のものとする。

キ　また、基準財政収入額の算定に当たり個別法に基づき地方税の課税免除等による減収相当額を控除する措置等は、共有財源である地方交付税を用いた特例的な財政措置であることにかんがみ、従来から行われてきたものは適用期限が到来した際にその必要性、対象要件等を見直すとともに、新たな措置については必要最小限のものとする。

ク　地方交付税の算定に当たり、各地方公共団体の課税努力、自主的な財政再建努力や行革努力等を促す観点、市町村合併を支援していく観点等からの財政需要を反映することとする。

平成一〇年度の地方交付税の算定においては、国家公務員の定数削減に準じて職員数を削減することとしたほか、行政改革経費及び人材育成経費に係る単位費用、都道府県の合併支援に要する経費に係る単位費用を充実するとともに、民間委託の実態を単位費用に反映させる等の措置を講じた。

【措置済み（地方交付税法改正平成一〇年三月三一日施行）】

平成一一年度以降においても引き続き幅広く検討することとし、特に市町村合併を支援していく観点から、合併算定替の期間の延長、合併市町村の行政の一体化等に係る経費、合併関係市町村の公債費負担格差の縮減等の財政健全化に要する経費や都道府県の取り組みに対する措置等について具体化を図る。

ケ　平成一〇年度において、補正係数が創設されてからの社会情勢の変化等に対応して、清掃費におけるごみ処理人口を指標とする密度補正、道路橋りょう費における広域行政圏の道路経費に係る態容補正、徴税費における一部の基準税収入額を指標とする密度補正を廃止することとするなど、補正係数の見直しを行う。

コ　現在密度補正を用いて算定している老人医療費の公費負担経費については七〇歳以上人口を測定単位として算定するなど、補正係数を用いて算定している財政需要を単位費用として算定することについて具体化をすすめる。

サ　「地方交付税について、国の一般会計を通すことなく、国税収納整理資金から地方交付税特別会計に繰り入れる措置については、地方公共団体の固有財源とされている地方交付税の性格を明確にすることに資するという意見がある一方で、国の一般会計において主要税目の状況を一覧性ある姿で示す必要がある等の観点から問題が多いとの意見があり、こうした状況を踏まえ、引き続き検討していく必要がある。」との地方分権推進委員会第二次勧告を踏まえ、引き続き検討する。

(3)　**地方債**

ア　地方債許可制度については、地方公共団体の自主性をより高める観点に立って廃止し、地方債の円滑な発行の確保、地方財源の保障、地方財政の健全性の確保等を図る観点から、地方公共団体は国又は都道府県との協議を行うこととし、協議制度に基づく地方債制度の主な内容については次のとおりとする。

また、地方債制度及びその運用の公正・透明性の確保を図る観点から、これらについてできうる限り法令化することとする。

(ア)　地方公共団体は、地方債を起こし並びに起債の方法、利率及び償還の方法を変更しようとするときは、あらかじめ自治大臣と協議することとする。

市町村との協議については、都道府県の法定受託事務として行う。

(イ)　地方財政法第五条で定める地方債をもって財源とすることができる事業の範囲について法令で一層の明確化を図るとともに、自治大臣は、協議において同意をする基準を定め、あらかじめ公表する。

(ウ)　自治大臣の協議は、地方公共団体に関して、全国的な観点からの「資金の配分・調整」及び「地方交付税措置との調整」等を主たる目的の一つとして行うものであることから、同意した地方債についてのみ、政府資金等公的資金を充当するとともに、元利償還金について地方財政計画や地方交付税制度を通じた財源措置を行う。

(エ)　協議を行う国としての責任及びその内容を明確にするため、翌年度における各事業種別毎の起債総額の見込額及びそれらに充てられる資金等に関する計画である地方債計画について法的に位置付ける。

(オ)　国が協議に対し同意するに当たり、地方財政を担当する部局が政府資金の配分を担当する部局と協議を行うという従来の仕組みについては、これを維持しつつ、その事務手続の一層の簡素化を図る。

(カ)　個別地方公共団体の財政運営の健全性を確保する見地から、同意されない地方債を発行する場合には、当該地方公共団体の議会に報告する。

(キ)　元利償還金の払込について延滞のある地方公共団体、元利償還費又は決算収支の赤字が一定水準以上となった地方公共団体等については、当該地方公共団体の住民に対する基礎的行政サービスを確保するためのみでなく、地方債全体の信用を維持し、民間引受けの地方債のリスク・ウェイトがゼロとされてきた現行の位置付けを維持していくためにも、地方債の発行自体を禁止することとし、特定の場合にはそれを例外的に解除する手法として許可制度を設ける。

(ク)　普通税の税率が標準税率未満の地方公共団体については、従来、公共施設・公用施設の建設等の財源に充てるための地方債の発行が禁止されてきたが、(キと同様の仕組みを導入する。

イ　少なくとも財政構造改革期間中においては、国及び地方の財政赤字の縮小のため財政健全化目標が設定され、地方公共団体の歳出の抑制が求められていることに鑑み、許可制度を維持することとする。

ウ　地方債の発行に係る手続については、関係地方出先機関との協議を含め、一層の弾力化・簡素化を推進するとともに手続の透明化を図る。

エ　地方債の発行条件の改善を図るとともに、地方債の円滑な発行を確保していくため、引き続き、地方債市場の整備育成、地方債証券の流通性の向上、外債の発行額の確保等資金調達方法の多様化、優良な資金の確保、共同発行の促進等に努めることとする。

(4) その他

ア　事務・権限の委譲に伴い必要な地方一般財源の確保

国から地方公共団体への事務・権限の委譲が行われた場合には、地方公共団体が事務を自主的・自立的に執行できるよう、地方財政計画の策定等を通じて所要財源を明確にし、地方税・地方交付税等の必要な地方一般財源を確保する。

イ　地方公共団体の手数料

(ア)　地方公共団体は、当該地方公共団体の事務で特定の者のためにするものにつき、手数料を徴収することができるものとする。

この場合、手数料については地方公共団体の判断により条例で定めることを基本とする。

現在手数料の金額について法令で制限を加えている手数料のうち、今後地方公共団体の判断により条例で定めることとなるものは参考一のとおりである。

(イ)　ただし、以下に掲げるメルクマールに該当し、手数料について全国的に統一した取扱が特に必要と認められる場合には、国は、条例で規定する場合の手数料の対象事務及び金額の標準を法令で定めることとする。

a　資格の効果が当該地方公共団体の区域内に止まらない場合（試験・免許等）であって、当該事務を全国のどの都道府県で申請することも可能なもの　参考二―(1)のとおりである。

b　当該事務の根拠法上同種の国の事務に係る手数料等の国民の負担が一定であるため関連して額を設定する必要がある場合　参考二―(2)のとおりである。

c　法律に基づき指定機関に委任することができる場合、又は、法律上一定の場合に委託することができることとされている場合（当該事務の実施主体は都道府県であるが、都道府県は当該指定機関に事務を行わせることができるもの）（指定試験機関、指定講習機関制度等）　参考二―(3)のとおりである。

d　その他、手数料について全国的に統一した取扱が特に必要と認められる場合　参考二―(4)のとおりである。

(ウ)　機関委任事務に係る地方公共団体手数料令及び個別に手数料を定める政令等を廃止することとし、上記(イ)の標準を定める法令は、地方公共団体及び住民に対するわかりやすさ、一覧性等に資するという観点から、地方自治法に基づき制定する政令とすることを原則とする。

(エ)　法令において定める手数料の金額の標準については、経済情勢等に鑑み適切なものとなるよう原則として三年ごとにその金額について見直すこととする。

参考一・参考二（略）

第五　都道府県と市町村の新しい関係

都道府県と市町村の関係については、それぞれの性格に応じた相互の役割分担を明確にし、対等・協力の新しい関係を構築するものとする。このため、所要の法律案を平成一一年の通常国会に提出するものとする。

1　都道府県と市町村の役割分担

(1)　市町村の性格及びその事務

市町村は、基礎的な地方公共団体として、(2)において都道府県が処理するものとされているものを除き、一般的に、普通地方公共団体の事務を処理するものとする。ただし、(2)において都道府県が処理するものとされているもののうちイについては、市町村がその規模及び能力に応じて、これを処理することができるものとする。

(2)　都道府県の性格及びその事務

都道府県は、市町村を包括する広域の地方公共団体として、普通地方公共団体の事務のうち次に掲げるような事務を処理する役割を担う。

ア　広域にわたるもの

イ　その処理を効果的かつ効率的に行うために一般の市町村を超える規模及び能力が必要とされるもの

ウ　市町村に関する連絡調整に関するもの

なお、これに関連して、地方自治法における都道府県の事務の例示の規定（地方自治法第二条第六項）については、これを廃止する。

(3)　統制条例に係る規定の廃止

統制条例（都道府県条例による市町村の行政事務に関する必要な規定の設定）に係る規定（地方自治法第一四条第三項及び第四項）は廃止する。

2　市町村に対する都道府県の関与

ア　市町村に対する都道府県の関与は、法律又はこれに基づく政令（これらに基づく条例を含む。）に定めのある場合でなければ、行うことができない。

イ　個別の事務に関する法律又はこれに基づく政令において、市町村に対する関与（助言等及び資料の提出の要求等に該当するものを除く。）を規定する場合には、市町村に対して重複して関与が行われることを避けるため、

a　市町村に対する関与を原則として都道府県が行うものとし、緊急の場合など特に必要がある場合には、国も直接市町村に行えるものとするか

b　市町村に対する関与を原則として国が行うものとするか

を選択する。

指定都市等に対する関与については、指定都市等の処理する事務の性格を踏まえ、上記の選択を行う。

3　条例による事務の委託

(1)　条例による事務の委託

ア　都道府県は、条例の定めるところにより、当該都道府県の処理する事務の一部を当該都道府県の区域内の市町村が処理するものとすることができる。

イ　都道府県は、アの条例を制定し、又は改廃しようとするときは、あらかじめ、当該都道府県の処理する事務の一部を処理することとなる市町村に協議しなければならない。なお、当該協議は、それぞれの団体を代表して都道府県知事と市町村長が行う。

ウ　条例による事務の委託を行った場合又は変更した場合には自治大臣へ届け出るものとする。

エ　地方自治法第一五三条第二項の規定により市町村長に委任されている事務については、引き続き市町村が処理することができるよう、経過措置を講ずる。

オ　個別の協議による事務の委託（地方自治法第二五二条の一四）は、従来どおり存続する。

(2)　条例による事務の委託の効果及び関与の特例

ア　委託した事務の処理に関する法令中都道府県に適用すべき規定は、当該市町村が処理する事務の範囲内において、当該市町村に適用があるものとする。

ただし、条例による事務の委託を行った場合の委託前に都道府県に対して行うことができた国の関与（以下第五において「委託前の国の関与」という。）等に関して、以下のようにする。

(ア)　委託前の国の関与のうち、助言等（第二　4(1)イの助言及び勧告を除く。）、資料の提出の要求等（第二　4(1)ウの資料の提出の要求を除く。）又は是正措置要求等（第二　4(1)エの是正措置要求及び第二　4(1)ク(ウ)の是正の措置を講ずべき旨の指示を除く。）については、国は都道府県を通じて当該市町村に対して行うことができる。

(イ)　委託前に都道府県が国と行うものとされていた協議については、当該市町村が都道府県を通じて国と行う。

(ウ)　委託前の国の関与のうち、同意等については、その手続を都道府県を経由して行う。

(エ)　国又は都道府県は、当該市町村の事務に関して、第二　4(1)イの助言及び勧告、ウの資料の提出の要求、エの是正措置要求等及びク(ウ)の是正の措置を講ずべき旨の指示を行うことができる。

また、エの是正措置要求については、都道府県が、国の指示がない場合にあっても、当該市町村に対して法定受託事務として当該関与を行うことができるものとし、ケの代執行については、国が当該市町村に対して行う。

イ　委託した事務の執行に関する都道府県の条例等と委託

を受けた市町村の条例等の適用関係について必要な法制上の措置を講ずる。

ウ　委託した事務に係る財源措置について都道府県が必要な措置を講ずる。また、委託した事務に係る手数料の取扱いについて必要な法制上の措置を講ずる。

(3)　**都道府県知事の市町村長への事務委任規定等の廃止**

都道府県知事の市町村長への事務の委任（地方自治法第一五三条第二項）及び都道府県知事が市町村の職員をして補助執行させること（同条第三項）の規定は廃止する。

4　自治紛争調停制度の見直し

市町村に対する都道府県の関与に関する係争処理については、国と地方公共団体との間の係争処理手続に準じて、できる限り行政内部で簡易・迅速に係争の解決を図ることを旨としつつ、それによって解決しない場合には、司法手続による解決が図られるよう、現行の自治紛争調停制度を見直す。

第六　地方公共団体の行政体制の整備・確立

1　行政改革等の推進

(1)　**行政改革大綱と実施計画**

ア　次の内容を盛り込んだ地方行革推進のための新たな指針を策定し、地方公共団体に対し、新たな指針に沿って行政改革の一層の推進を図るよう要請する。

【措置済み（平成九年一一月一四日付け自治事務次官通知等）】

(ア)　行政運営全般の総点検を進め、平成一〇年末までのできる限り早い時期に行政改革大綱を見直すこと。

(イ)　各年度の取組内容を示した実施計画を平成九年度内に策定すること。

策定に当たっては、定員管理の数値目標等取組内容についてできる限り数値化を図り、具体的かつ住民にわかりやすい内容とすること。

(ウ)　行政改革大綱及び実施計画の内容、その推進状況等に関する広報を積極的に行うとともに、住民の意見を反映させる工夫を講じ、住民の理解と協力の下で行政改革を推進すること。

(エ)　行政の責任領域の見直し、事務事業の評価等により、施策の重点化を進め、事務事業の重点的、計画的な整理合理化を図ること。

(オ)　民間委託を積極的かつ計画的に推進すること。

(カ)　スクラップ・アンド・ビルドの徹底等により、簡素で効率的な組織・機構の構築を図ること。

(キ)　外郭団体について、統廃合等の見直し、役職員数の見直し、業務執行の効率化等を進めるとともに、設立については、その必要性や収支の見通し等について十分検討すること。

(ク)　定員管理・給与の一層の適正化を図ること。

(ケ)　行政の情報化の推進により事務手続の簡素化等を進めるとともに、窓口の一元化、施策の総合化等を推進し、サービスの向上を図ること。

(コ)　行政手続の適正化、情報公開の推進等公正の確保と透明性の向上を図ること。

(サ)　会館等の有効活用と新設の重点化、公共工事のコスト縮減、経費の節減合理化等の取組を進めること。

(シ)　広域的視点に立った取組を進めること。

イ　多様な手段を活用した情報提供等により、地方行革の一層の気運の醸成を図るとともに、行政改革への取組が不十分と認められる地方公共団体に対し、適切な助言を行う。

(ア)　地方公共団体の自覚を高めるセミナー等を開催すること。

【措置済み（平成九年度全国各ブロック等で実施）、引き続き平成一〇年度措置予定】

(イ)　行財政改革について、他の地方公共団体との比較可能な情報提供を行うこと。

【平成一〇年度措置予定】

(ウ)　行財政改革に関する先進的事例等の情報提供を行うこと。

行政改革カウンセラー制度創設、地方行革データバンク設置、地方行革のホームページ開設

民間委託についての先進事例等の提示

【措置済み（平成九年度）】

【平成一〇年度措置予定】

(エ)　公社等のあり方について、国における取扱い等を踏まえ、指針を示すこと。

【平成一〇年度措置予定】

ウ　地方公共団体の自主的な行財政改革を促す観点に立って、簡素で効率的な地方行政体制の確立にも資するよう、地方財政計画の策定や地方交付税の算定、地方債制度の見直し等を行うとともに、各地方公共団体独自の自主的な財源調達の方途について検討する。

【一部措置済み（行財政改革の推進を反映した平成一〇年度地財計画の策定、地方交付税における行政改革推進経費の充実、財政健全化債の創設等）】

エ　地方公共団体が一層の行政改革を推進できるよう、地方公共団体が事務・事業の簡素化・効率化を推進する上でも制約となっている法令、通達等に基づく事務・事業の義務付け、組織、職員等に対する必置規制を包括的に見直すとともに、補助金の交付に伴う関与を簡素合理化する方向で見直し、これらについて所要の措置を講ずる。

(2)　定員管理、給与の適正化等

ア　地方分権に伴う役割の増大や住民ニーズの多様化等に

対応して、簡素で効率的な行政体制の整備を図るため、地方公共団体に対し、次の点に留意しつつ、定員管理、給与の一層の適正化を推進するよう要請する。

【措置済み（平成九年一一月一四日付け自治事務次官通知、平成九年一二月一二日付け自治事務次官通知等）】

(ア) 数値目標を掲げた定員適正化計画を着実に実行することはもとより、計画の積極的な見直しを行い、行財政環境の変化に即した定員管理に努めること。定員適正化計画の未策定団体にあっては、早急に策定すること。

(イ) 定員管理の状況及び定員適正化計画の数値目標について公表するとともに、住民に理解しやすいように積極的に広報を行うこと。

(ウ) 新規の行政需要に対しても、原則として職員の配置転換によって対応するなどスクラップ・アンド・ビルドの徹底を基本として、極力定員の縮減を行うとともに、増員を抑制すること。

(エ) 職種や部門による聖域を設けることなく、事務事業の見直し、組織・機構の簡素合理化、民間委託、ＯＡ化等を積極的に進めること。

(オ) 必置規制の改廃等に対応して、地域の実情に応じた簡素で効率的な行政体制となるよう適切な職員配置に努めること。

(カ) 給与水準の適正化を図るとともに、不適切な給与制度及びその運用を早急に是正すること。

(キ) 不適正な諸手当の支給を是正し、特に制度の趣旨に合致しない特殊勤務手当については廃止を含め抜本的見直しを図ること。

(ク) 退職時の特別昇給等国の基準を上回っている退職手当の支給を是正すること。

(ケ) 全団体が職員給与の公表を行うとともに、住民が理解しやすいように積極的に広報を行うこと。

イ 給与の適正化等において重要な役割を果たすべき人事委員会の強化を図るため、地方公共団体に対し、共同研修の実施、相互の人事交流の促進等を積極的に推進し、事務局体制の整備に努めるよう要請する。

【措置済み（平成九年一一月一四日付け自治事務次官通知、平成九年一一月二八日付け自治省公務員部長通知）】

ウ 地方公共団体における定員管理の適正化に資するため、新たな視点に立って定員モデルを適時・適切に改定し、説明変数等の内容の公表を行うとともに、新たに中核市分の定員モデルを策定する。

【一部措置済み（平成一〇年三月都道府県分・指定都市分・中核市分・市分の定員モデル

策定）、平成一〇年度措置予定（町村分の定員モデル）】

エ　各地方公共団体の定員管理、給与、手当等の適正化に対する取組及び進捗状況を公表する。

【措置済み（平成一〇年三月公表（定員管理の取組状況）、平成九年八月二二日・平成一〇年四月一八日公表（給与、手当の適正化の取組状況））】

オ　短時間職員、任期制職員等の活用を図る観点から、国家公務員法制における取扱いや各種労働法制との関係にも留意しつつ、地方公務員制度の見直しを行う。

(3) 人事交流と人材の育成

ア　国と地方公共団体との人事交流については、相互・対等交流の促進を原則として、交流ポストの長期固定化により生ずる弊害の排除に配意しつつ、人事交流を進めることとする。各省庁は、毎年度、それぞれ行われた人事交流の人数、相手先、ポストの実績をわかりやすい形で公表するものとする。また、地方公共団体に対して、国に準じ、必要な措置を講ずるよう要請する。

都道府県と市町村の間の人事交流についても、国と地方公共団体との人事交流と同様の原則によるものとする。

イ　地方公共団体に対して、人材育成に関する基本方針を策定するための指針を示すとともに、次の点に留意し、人材育成の推進と多様な人材の確保を図るよう要請する。

【措置済み（平成九年一一月一四日付け自治事務次官通知、平成九年一一月二八日付け自治省公務員部長通知）】

(ア)　人材育成の目的、方策等を明確にした人材育成に関する基本方針を策定すること。

(イ)　職員研修については、自己啓発、職場研修、職場外研修を適切に連携させるとともに、職場の学習的風土づくりや人材育成の観点に立った人事管理等、総合的な人材育成に努めること。

(ウ)　職員の意識改革や幅広い見識を身につけた職員の育成等を図るため、人事交流の促進について積極的に検討すること。

(エ)　多様な研修機会の提供や研修レベルの向上、研修内容の充実に努めるとともに、高度・専門的な研修等については、広域共同研修の活用や仕組みづくりに努めること。

また、自治大学校その他の全国的な研修機関を有効に活用すること。

(オ)　競争試験制度の徹底や採用試験の広域共同実施、中途採用の活用、人材の広域・共同確保等により、多様な人材の確保に努めること。

(カ)　福祉、土木等の専門職の確保に計画的に取り組むとともに、地方公共団体間における専門職の派遣等について も検討すること。

ウ　人材育成・確保、人事管理に関する地方公共団体等の取組を支援するため、専門的な立場から助言、情報提供等を行う人材育成等アドバイザー制度を創設する。

【平成一〇年度措置予定】

(4)　住民への情報提供等

ア　住民の理解と協力に支えられた地方公共団体の行政改革の取組を促進するという観点から、行政改革大綱の見直しに当たっては、住民の代表者等からなる行政改革推進委員会等の審議や住民の意識調査等を通じて住民の意見を反映するよう努めるとともに、その進捗状況、定員管理の状況等について他団体との比較やできる限りの数値化を図るなど、その取組に住民の目が届くような様々な工夫を講じるよう、地方公共団体に要請する。

【措置済み（平成九年一一月一四日付け自治事務次官通知）】

イ　地方公共団体の行財政改革に対する取組を一層促進するため、個々の地方公共団体の各種財務指標、行政運営指標等を加味した行財政改革の評価手法の開発を進める。

【平成一〇年度措置予定】

ウ　地方公共団体の行財政状況について、比較可能な形で広く国民が知り得るような情報提供を行う。

【平成一〇年度措置予定】

2　市町村の合併等の推進

交通・情報通信手段の発達、日常社会生活圏の拡大や地域間の連携・協力の促進等により、行政の広域化の必要性が高まってきている。これについては、広域行政機構の活用等により一定の成果があげられてきたところであるが、総合的な行政主体として、人材を確保し、かつ、地域の課題を包括的に解決する観点からは、市町村合併により、意思決定、事業実施等を一つの市町村が行うことが効果的であり、このような視点に立ちつつ、次のような措置を講じる。

(1)　市町村の合併の推進

ア　自主的な市町村の合併を推進するため、次のような行財政措置を講じることとし、このため、必要な法改正を行う。

【平成一一年の通常国会に所要の法律案を提出予定】

(ア)　市町村が合併を検討する際の参考や目安となる合併のパターン等を内容とする市町村の合併の推進についての要綱を都道府県が作成し、周知するよう要請する。

(イ)　都道府県が合併のパターンを作成する際の参考となる事項を明らかにした市町村の合併の推進についての指針を作成し、地方公共団体等に通知する。

(ウ)　都道府県知事が必要と認めた場合に、関係市町村に対し合併協議会の設置を勧告するよう必要な措置を講じる。

(エ)　合併相談コーナー、広域行政アドバイザー制度等の活用による情報提供、助言、調整等に一層積極的に取り組むとともに、必要な調査研究を行う。また、都道府県に対し、必要な取組を行うよう要請する。

【一部措置済み（平成九年一月合併相談コーナー設置、平成七年九月から広域行政アドバイザー実施、平成一〇年四月二八日付け自治事務次官通知）】

(オ)　合併関係市町村の区域を単位として、既存制度の運用を多面的に行うなど、地域の実情に応じた活性化方策が行われるよう必要な措置を講じる。

(カ)　市町村建設計画の作成に当たり、地域の特性を活かすこと、合併後に活力の低下が懸念される地域の活性化方策を講じること、既存の公共施設等の活用やネットワーク化を図るとともに住民が日常の行政サービスを身近に受けられるよう努めることなどの点に配慮するよう要請し、必要な情報提供に努める。また、同計画の変更について必要な措置を講じる。

(キ)　市町村建設計画に基づく都道府県事業等の重点的な実施、都道府県の各種計画における位置づけの見直し等を通じ、合併市町村の円滑な行政運営に協力するよう要請する。

(ク)　合併算定替の期間の延長、市町村建設計画に基づく事業その他旧市町村の振興、合併市町村の行政の一体化及び住民の一体感の醸成、合併関係市町村の公債費負担格差の縮減等の財政健全化、合併協議会の運営等の合併の準備並びに都道府県による情報提供及び助言や合併市町村に対する財政支援等に要する経費に対する財政措置を講ずる。

(ケ)　合併市町村の発展に資するため、各種施策における配慮等関係省庁間の連携強化を図る。

(コ)　すべての合併関係市町村において住民発議が成立した場合に、合併関係市町村の長は合併協議会設置協議の議案を議会に付議することとする措置を講じる。

なお、市町村の合併の特例に関する法律上の合併協議会においては、合併自体の是非も含め、検討・協議されるものであることを明らかにする。

(サ)　市町村議会の議員の在任・定数特例の制度を継続するとともに、合併の際の市町村議会の議員等に係る特例措置を検討する。

(シ)　市を含む新設合併の場合における人口等の市となるべき要件に関する特例等について検討する。

イ　昼夜間人口比率等中核市となる要件を見直すとともに、一定の人口規模等（二〇万以上など）を有する市を当該市からの申し出に基づき指定することにより、権限をまとめて委譲するための所要の法制上の措置を講じる。

【平成一一年の通常国会に所要の法律案を提出予定】

(2) 広域行政等の推進

ア　地方公共団体に対して、公共施設の整備及び事務事業の実施について、広域的な観点からの調整を図るとともに、公共施設の広域的な利用、職員の人事交流等による行政の広域的な取組を推進するよう要請する。

【措置済み（平成九年一一月一四日付け自治事務次官通知）】

イ　広域行政に係る諸制度が活用されるよう、地方公共団体に対する情報提供、助言等の施策の充実に努める。

特に、広域連合制度については、制度内容の周知、広域行政アドバイザー等による支援、円滑な設立に資する情報提供・助言等を行うとともに、所要の財政措置を講じる。

【措置済み（平成七年九月から広域行政アドバイザー実施、平成九年一一月一四日付け自治事務次官通知）】

また、住民サービスの向上、事務の効率化等の観点から、広域連合に対する国や都道府県からの権限委譲を積極的に推進する。

ウ　小規模市町村における適切な行政サービスの実施等のため、広域連合制度等を活用した事務の共同処理、地方公共団体間の人事交流等を推進するよう地方公共団体に要請する。

【措置済み（平成九年一一月一四日付け自治事務次官通知）】

エ　都道府県間及び都道府県をこえる市町村間の連携、事務の共同処理等を進めることを要請する。

【措置済み（平成一〇年四月二八日付け自治事務次官通知】

オ　都道府県合併も視野に入れ、地方自治の仕組みについて、中長期的に検討を行う。

3 地方議会の活性化

(1) 議会の機能強化等

ア　地方公共団体の長と議会とが、相互にその機能を十分発揮しつつ、地方議会の一層の活性化を図るため、以下の措置を講じる。

(ア) 臨時議会の招集請求に関する要件の実質的な緩和を図る方向で検討する。

【平成一〇年中に結論を得るよう検討を行う。】

(イ) 議員の議案提出要件、議員の修正動議の発議要件について、法定要件である「議員定数の八分の一以上」

を緩和する方向で検討する。

【平成一〇年中に結論を得るよう検討を行う。】

イ　地方公共団体に対して、議決事件の追加等議会の機能強化に意を用いるよう要請するとともに、議会事務局の体制整備と職員の専門能力の向上を図るため、共同研修の実施、相互の人事交流等に積極的に努めるよう要請する。

【措置済み（平成九年一一月一四日付け自治事務次官通知、平成九年一一月二八日付け自治省公務員部長通知）】

(2)　議会の組織・構成

ア　議員定数については、減数条例の制定状況を勘案しつつ、基準の区分を大括りにするなどの見直しを行うとともに、議員定数を各団体の条例で定めるという方向で制度改正を行う。

【平成一一年の通常国会に所要の法律案を提出予定】

イ　地方公共団体に対して、地方議会について、自主的に組織・運営の合理化に努めるよう要請する。

【措置済み（平成九年一一月一四日付け自治事務次官通知）】

(3)　議会の運営

ア　幅広く住民の意思を代表することが容易になるよう、必要な環境の整備を進めるとともに、議員の身分のあり方について、中長期的に検討を行う。

イ　地方公共団体に対し、委員会審議の公開等議会審議の公開性を高めるとともに、夜間議会の開催等住民の関心が高まるような会議運営に努めるなど地方議会の一層の活性化を推進するよう要請する。また、議会の情報公開についても適切な情報提供や助言等を行う。

【一部措置済み（平成九年一一月一四日付け自治事務次官通知）】

4　住民参加の拡大・多様化

(1)　住民意思の把握・反映等

ア　地方公共団体における行政の情報化の推進に関する指針を改定し、地方公共団体に対し、新たな指針等に沿った行政情報化の一層の推進を図るよう要請する。

【平成一〇年度措置予定】

イ　地方公共団体の行財政状況について、比較可能な形で広く国民が知り得るような情報提供を行う。

【平成一〇年度措置予定】

ウ　地方公共団体に対して、住民からの意見聴取や広報・広聴活動などを一層拡充することにより、住民意思の把握・反映に努めるよう要請する。

【措置済み（平成九年一一月一四日付け自治

事務次官通知）】

(2) 民間活動等との連携・協力

ア　地方公共団体が、地域コミュニティにおける活動の活性化と自治能力の向上を図るとともに、これらの活動との連携強化に努めることに資するような情報提供等を行う。

【平成一〇年度措置予定】

イ　地方公共団体が、ボランティア活動等の環境整備を推進することに資するような情報提供等を行う。

【平成一〇年度措置予定】

(3) 直接請求制度の見直し

直接請求制度については、必要署名数の緩和等首長や主要公務員の解職請求の要件緩和について検討を行う。

(4) 住民投票制度の検討

住民投票制度については、現行の代表民主制を基本とした地方自治制度の下で議会や長の本来の機能と責任との関係をどう考えるかといった点に十分留意する必要があり、その制度化については、引き続き慎重に検討を進める。

(5) 町村総会への移行

小規模町村が、条例により町村総会へ移行できることについて周知する。

【措置済み（平成九年七月二三日各都道府県・指定都市地方分権担当課長会議で周知方要請）、平成一〇年度措置予定】

5　公正の確保と透明性の向上

(1) 情報公開の推進

ア　地方公共団体における情報公開制度の整備促進や現行制度の内容の充実について、情報公開法の制定の動向なども踏まえつつ、必要な情報提供・助言等を積極的に行う。

【情報提供・助言等を引き続き実施】

イ　地方公共団体に対して、情報公開制度の整備及びその内容の充実に努めるとともに、資料のデータベース化等により適正な情報管理に努め、行政情報公開のための条件整備を進めることを要請する。

【措置済み（平成九年一一月一四日付け自治事務次官通知）】

ウ　首長や議員の親族が関わる場合の関係私企業による請負に関して、地方公共団体への報告及び公表等の方策を講ずることについて、中長期的に検討する。

エ　地方公共団体の公共工事等における入札・契約手続に関し、明確な指名基準等の策定・公表の推進、予定価格の事後公表、最低制限価格制度から低入札価格調査制度への移行、低入札価格調査の結果の公表等について地方公共団体に要請する。

また、地方公共団体の入札・契約手続に関する実態調査を実施する。

【措置済み（平成九年一二月一〇日付け建設省建設経済局長、自治省行政局長通知、平成一〇年四月一日付け建設省建設経済局長、自治省行政局長通知）】

(2) 行政手続の適正化

地方公共団体に対し、行政手続条例等の整備及び内容の充実を図るとともに、行政手続条例の対象とされていない事務事業についても、条例の趣旨を踏まえた執行に努めるよう要請する。

【措置済み（平成九年一一月一四日付け自治事務次官通知）】

(3) 監査機能の充実強化

ア　外部監査制度の定着のため地方公共団体に対し情報提供等必要な支援措置を講ずる。

【措置済み（平成九年六月四日付け行政課長内かん、平成九年六月一九日地方自治法の一部を改正する法律説明会開催、平成一〇年度地方財政計画に外部委託監査経費計上）】

イ　地方公共団体に対して、監査委員及び監査委員を補佐する事務局職員の長期研修、規模の小さな町村における監査委員事務局の共同設置、都道府県から市町村の監査委員事務局への職員の派遣や市町村の監査委員事務局相互間の人事交流について具体的に検討するよう要請する。

【措置済み（平成九年六月四日付け行政課長内かん、平成九年六月一九日地方自治法の一部を改正する法律説明会開催、平成一〇年四月一日行政課長通知）】

ウ　議員からの監査委員への選任については、その前提となる議会の審査権と首長の執行権等との関係のあり方についての検討を行う。

6　首長の多選の見直し

首長の多選の見直しについては、これまでの国会における論議の経緯や各界の意見等も踏まえ、首長の選出に制約を加えることの立法上の問題点や制限方式のあり方等について、幅広く研究を進めていく。

第七　地方分権の推進に伴い必要となるその他の措置

地方分権推進委員会の第二次勧告（平成九年七月八日）の第七章に沿って、同章Ⅰ及びⅡの措置を講じ、第二から第六までの措置が講じられた後に国が処理することとなる事務量を適切に見通した上で、より簡素で効率的な組織・人員体制の実現に努めることとする。

また、地方公共団体に対し、同様の観点からのより簡素で効率的な組織・人員体制の実現に努めるよう要請することとする。

別紙一～別紙六（略）

⑱地方分権推進委員会第五次勧告 —分権型社会の創造—（概要）

（平成一〇年一一月一九日 地方分権推進委員会）

第一章　公共事業のあり方の見直し

Ⅰ　公共事業のあり方の見直しの基本的考え方

1　効率的な公共事業の推進

2　個性豊かな地域社会の形成

Ⅱ　直轄事業等の見直し

1　直轄事業等の見直しの基本的考え方

○直轄事業及び直轄公物については、国と地方の役割分担の明確化と国の役割の重点化の観点から、また、中央省庁のスリム化にも資するように、全国的な見地から必要とされる基礎的又は広域的事業に限定し、それ以外は地方公共団体に委ねる。

○直轄事業及び直轄公物の範囲について、客観的な基準などにより、明確化を図るとともに、当該基準に基づき、中央省庁のスリム化の観点からも、その範囲の見直しを行う。

○北海道及び沖縄県の区域における直轄事業のあり方については、別途検討

2　個別の直轄事業等の基準の明確化、範囲の見直し等

○今回示した基準及びそれを具体化したものに基づき、直轄事業及び直轄公物の一層の縮減を図ることが必要である。

○直轄事業及び直轄公物の範囲の見直しの具体的な内容については、今回の勧告を踏まえ、関係審議会等において早急に検討し、結論を得る。委員会は、地方分権推進法に基づき監視機能が付与されている趣旨を踏まえ、その検討状況について必要な意見を述べる。

(1)　河川

①　一級水系の指定の基準

一級水系を、下記ａ又はｂに限定することを基本的方針とする（ｂに係る水系については、災害等を契機として一級水系の指定が行われるとともに、水系全体の整備が相当程度進捗する等の状況に応じ改めて国が管理する必要性について検討し、特段の事情のない限り、一級水系から二級水系に変更される性格のもの）。

ａ　洪水等により氾濫した場合の被害の程度、安定的な水利用の確保、河川環境の保全、都府県間の利害調整等の観点から特に重要な水系

ｂ　激甚な洪水、頻発する渇水等による被害を契機としてこれらを早急に解消することが必要とされており、技術的又は財政的な観点から国が管理を

行うことが適当な水系
② 直轄管理区間の基準
一級河川のうち特に重要な区間に限定して直轄管理を行うことを基本的方針とする。
③ 定期的に直轄管理区間等の見直しを行うシステムを導入する。
④ 河川敷の利用等の分野に関しては、できるだけ地元市町村等の主体性が尊重されるよう、市町村等が参画できる範囲を拡大するための措置を講ずる。
(2) 道路
① 直轄管理区間の基準
高規格幹線道路の整備・管理を国の責務とするほか、一般国道については、今後は原則として下記a又はbの区間に限って直轄管理することとする。
a 国土の骨格を成し、国土を縦断・横断・循環する都道府県庁所在地等の拠点を連絡する枢要な区間（大都市圏における広域にわたる環状道路を形成している区間を含む。）
b 重要な空港、港湾等と高規格幹線道路あるいは上記の路線を連絡する区間
② 指定区間の指定及び廃止に際しての地方公共団体の意見の反映
③ 定期的に直轄管理区間の見直しを行うシステムを導入する。
④ 歩道の植樹、照明の管理等の分野に関しては、できるだけ地元市町村の主体性が尊重されるよう、市町村が参画できる範囲を拡大するための措置を講ずる。
(3) 砂防
① 直轄事業の基準
社会経済情勢の変化等に応じ採択基準の引上げ等必要な見直しを行う。
② 直轄事業範囲の指定及び引継ぎに際しての地方公共団体の意見の反映
(4) 海岸
社会経済情勢の変化等に応じ採択基準の引上げ等必要な見直しを行う。
(5) 港湾
港湾法五二条の国と港湾管理者との協議が調い実施される直轄事業は、下記a又はbの事業に限定することを基本とする。
a 国際・国内の基幹的海上交通ネットワーク形成のために必要な根幹的な港湾施設（港湾の骨格を形成する防波堤、主航路、大型外貿ターミナル、複合一貫輸送に対応した内貿ターミナル、幹線臨港道路等）の整備

b　全国的な視点に立って配置整備する必要性が高い避難港及び当該施設の効用が一の港湾管理者の範囲を超えて広域に及ぶ港湾公害防止施設・廃棄物埋立護岸施設等の整備並びに技術的観点等から港湾管理者が自ら実施することが困難な事業

(6)　農業農村整備

社会経済情勢の変化等に応じ、次のとおり、必要な見直しを行う。

a　国が先導的かつモデル的に実施している事業について、その目的の達成状況を踏まえつつ、国が果たすべき役割を限定する。

b　山林原野の農地への開発を主な目的とする事業について、完了時期の明確化等を図る。

(7)　治山

①　直轄事業の基準

直轄事業の範囲について客観的な基準を明確にするとともに、社会経済情勢の変化等に応じ採択基準の引上げ等必要な見直しを行う。

②　直轄事業範囲の指定及び引継ぎに際しての地方公共団体の意見の反映

3　直轄事業負担金の見直し

維持管理費に係る直轄事業負担金について、段階的縮減を含め見直しを行う。

4　直轄事業及び直轄公物の見直しに伴う財源の確保

地方財政計画の策定等を通じて所要財源を明確にし、これに必要な地方税・地方交付税等の地方一般財源を確保する。その確保の具体的なあり方については、政府において、責任を持って対応すべきである。

Ⅲ　補助事業の見直し

1　補助事業の見直しの基本的考え方

国庫負担金と国庫補助金の区分に応じて、積極的に整理合理化を進めるとともに、中央省庁のスリム化にも資するよう、一層の見直しを行う。

2　統合補助金の創設

○「国が箇所付けをしない」ことを基本とする。

○具体の事業箇所・内容について地方公共団体が主体的に定められるよう、次のような基本的な仕組みとする。

a　国が策定する公共事業に係る長期計画に対応して地方公共団体が策定する中期の事業計画等を基に、国がその年度における地方公共団体ごとの配分枠（金額等のみ。具体の事業箇所・内容は示さない。）を定める。

b　aの配分枠の範囲内で、地方公共団体が当該年度において実施すべき具体の事業箇所・内容等を定めた上で、補助金を申請する（国は、申請に基づき、補助金を交付決定）。

c　交付決定後の事業箇所・内容等の変更は、事業計画等に適合している限り、国の関与を極力要しないものとする。

このタイプの統合補助金については、以下の事業を対象として創設する。今後、対象事業の拡充を図るとともに、「国が箇所付けをしない」との趣旨に沿った運用の徹底を図るべきである。

・二級河川（個別補助金の対象となるものを除く。）
・公営住宅等
・公共下水道（大規模な事業、水質保全等に広域的影響を及ぼす事業、終末処理場又はポンプ場に係るものを除く。）
・都市公園（防災公園、大規模公園、国家的事業関連公園を除く。）
・港湾の既存施設の有効活用（港湾利用高度化促進事業（大規模なものを除く。）、局部改良事業及び補修事業を統合）
・農業農村整備事業（団体営のものに限る。）のうち、生活環境の整備を主体とする事業（農山村において特に整備が遅れている施設の整備であって短期間に集中的に施行する必要があるもの、中山間地域対策等に係る事業を除く。）
・漁港漁村整備事業（市町村営のものに限る。）のうち、就労環境の整備を主体とする事業

○一定の政策目的を実現するために複数の事業を一体的にかつ主体的に実施することができるような類型の統合補助金を別に創設する。

・まちづくりに係る新たな統合補助金
・住宅宅地関連公共施設等整備促進事業費補助

3　地方道路整備臨時交付金の運用改善

「国が箇所付けをしない」ことを基本とし、次のとおり、運用の改善を図る。

a　地方公共団体が自主的に策定する整備計画に基づいて交付する。国の関与は計画全体の緊急性等の判断に限定する。

b　交付決定後の個別箇所間の流用は、整備計画の範囲内であれば、申請どおり認める（地方道路整備臨時交付金の趣旨を踏まえ、変更手続が極力不要となるよう、「軽微な変更」の範囲を拡大する。）。

4　補助金の廃止

以下の事業に係る国庫補助負担金を廃止する。これに伴い地方公共団体において引き続き実施が必要であり、そのために増加する負担については、地方財政計画の策定等を通じて所要財源を明確にし、必要な地方税・地方交付税等の地方一般財源を確保する。その確保の具体的なあり方については、政府において、責任を持って対応すべきである。

今後、さらに積極的に補助事業の見直しを図るべきであ

る。

・河川、道路、砂防、海岸、港湾、治山及び漁港漁村整備に係る小規模な補修・修繕・局部改良等に係る補助金
・港湾における小規模な緑地整備に係る補助金（防災上等重要なものを除く。）
・市町村道に対する個別補助金（以下のものを除く。）
a　幹線道路ネットワーク形成上枢要な直轄等関連事業及び地域高規格道路に係るもの
b　橋梁、トンネル、立体交差等大規模なもの
c　電線類地中化等特別の観点から行われるもの
・二級河川に対する個別補助金（以下のものを除く。）
a　甚大な水害の発生が想定されるなど、一級水系に準じて整備・管理する必要がある水系における基幹的河川事業
b　ダム、放水路等大規模又は技術的困難性を有するもの
c　激甚な災害の再発防止対策等緊急かつ確実に実施すべきもの

5　地方財政法一六条の補助金の見直し

負担金としての性格を有する国庫補助金については、地方財政法一〇条、一〇条の二又は一〇条の三への位置付けを図る（第二章の非公共事業の見直しに当たっても同様）。

第二章　非公共事業等のあり方の見直し

Ⅰ　農業構造改善事業等に関する国庫補助負担金等の見直し

○農業構造改善事業費補助金（地域農業基盤確立農業構造改善事業費補助金）のうち比較的小規模なものであって、地域での整備・実施が既に定着したと判断される農用地改良、農作業管理休養施設及び低温貯蔵施設に係るものの廃止（ウルグアイ・ラウンド農業合意関連対策として行われている事業であることから、当面は存続）
○「食料・農業・農村基本問題調査会答申」（平成一〇年九月）をも踏まえた地方分権を推進する方向での見直し

Ⅱ　文教予算に関する国庫補助負担金等の見直し
○「今後の地方教育行政の在り方について」（平成一〇年九月中央教育審議会答申）をも踏まえた地方分権を推進する方向での見直し

Ⅲ　中小企業対策に関する国庫補助負担金等の見直し

○技術指導施設費補助金について、建設費を補助対象から除外し、中小企業指導事業に特に必要な設備のみを補助対象とするとともに、対象規模についても基準額を設定し、重点化
○中小企業近代化審議会における検討をも踏まえた地方分権を推進する方向での見直し（国が構造改善計画を承認する制度から、地域性の高い事業については都道府県が計画承

認を行う制度とすることなど）

Ⅳ　農林水産統計調査関係事務の見直し

○農林業センサス等について引き続き地方公共団体に委託して実施するとともに、調査項目の整理を進め、民間委託の対象を拡大することにより、業務の効率化を図る。

第三章　国が策定又は関与する各種開発・整備計画の見直し

Ⅰ　国が策定又は関与する各種開発・整備計画の見直しの基本的考え方

○以下の指摘事項については、今後国土計画体系の見直しを行う中で、国土審議会等において速やかに検討を行い、結論を得るべきである。

○北海道総合開発計画及び沖縄振興開発計画のあり方については、別途検討

Ⅱ　国土総合開発計画及び国土利用計画の見直し

○全国総合開発計画の計画内容を、国が本来果たすべき役割に係る事項に重点化する。

○全国総合開発計画が、地方公共団体が行う施策との関係では、地方公共団体が主体的に地域づくりを進める上での指針を示すものとの位置付けを、法制上も明確にする。

○全国総合開発計画の策定過程において、地方公共団体の意見を聴取する仕組みを法令上設ける。

○全国総合開発計画と国土利用計画の連関性をより実効あるものとするため、国土総合開発法及び国土利用計画法のあり方について、総合的かつ抜本的に見直す。

Ⅲ　大都市圏整備計画及び地方開発促進計画の見直し

Ⅲ―Ⅰ　大都市圏整備計画の見直し

首都圏基本計画及び首都圏整備計画並びに近畿圏基本整備計画については、関係都府県が、その協議により計画に盛り込む内容の案を作成し、内閣総理大臣がこの案に基づいて必要な追加及び修正を行い、決定する仕組みとする。

Ⅲ―Ⅱ　地方開発促進計画の見直し

関係県が、その協議により計画に盛り込む内容の案を作成し、内閣総理大臣がこの案に基づいて必要な追加及び修正を行い、作成する仕組みとする。

Ⅳ　条件不利地域振興計画の見直し

○順次できる限り市町村（又はその広域連合等）が計画の作成を行い、計画に対する同意を要する協議は都道府県が行う仕組みを基本とする方向に改めていく（山村振興計画の作成は市町村が行うこととする方向で検討）。

○本省レベルと地方支分部局レベルにおける手続が重複しないよう留意する。

○地方公共団体の事務負担の軽減のため、事務手続の簡素化に十分留意する（主務省庁による合同ヒアリングの実施、各省庁別の通達等の基本指針等への一元化など）。

○原則として条件不利地域振興計画（法）について期限を設

ける必要がある。

Ⅴ　モデル型地域振興計画の見直し

○施策の開始後一定の期間を経過した後に当該施策のあり方を再検討し、特に継続する必要があるものを除き、地域独自の振興策に委ねることとして廃止する。

　このうち新産業都市建設基本計画及び工業整備特別地域整備基本計画については、平成一二年度末の現行計画終了後のあり方について、廃止も含めて検討する。

○計画（法）の途中段階にあるものであっても、所期の目的が概ね達成されたと判断される場合には、当該地方公共団体の判断により、当該団体の策定に係る計画を終了することが可能となるよう制度上の手当を講ずることを原則とする。

○本省レベルと地方支分部局レベルにおける手続が重複しないよう留意する。

○地方公共団体の事務負担の軽減のため、事務手続の簡素化に十分留意する（主務省庁による合同ヒアリングの実施、各省庁別の通達等の基本指針等への一元化など）。

○計画対象、計画目的等が類似している法間で計画の策定事項、時期等を統一し、一本化した計画を共用できる仕組みについて検討するとともに、順次できる限り法律そのものを一本化する方向に改めていく（テクノポリス法と頭脳立地法の統合の検討など）。

⑲地方分権推進委員会の第五次勧告に関する対処方針

（平成一〇年一二月一日 閣議決定）

政府は、「地方分権推進委員会第五次勧告」（平成一〇年（一九九八年）一一月一九日）を最大限に尊重し、平成一〇年度（一九九八年度）内を目途に、これに対応する地方分権推進計画を作成する。

また、「地方分権推進委員会第五次勧告」を、中央省庁等改革に係る立案作業にも適切に反映させる。

⑳第二次地方分権推進計画（抄）

（平成一一年三月二六日
閣　議　決　定）

第一　第二次地方分権推進計画の基本的考え方

　政府は、地方分権推進委員会の第一次から第四次までの勧告を最大限尊重し、地方分権の推進に関する施策の総合的かつ計画的な推進を図るため、平成一〇年五月二九日に作成した地方分権推進計画を着実に実施し、必要な法制上又は財政上の措置その他の措置を講じてきた。特に、平成一一年の通常国会に所要の法律案を提出することとした事項について、「地方分権の推進を図るための関係法律の整備等に関する法律案」としてとりまとめ、国会に提出することとしているところである。

　一方、政府は、中央省庁等改革について、中央省庁等改革基本法（平成一〇年法律第一〇三号、以下「基本法」という。）に基づき、現在中央省庁等改革推進本部による検討作業を進めているところであるが、先般、地方分権推進委員会から、地方分権の観点から、この検討作業に関連する国の行政組織や事務事業の減量化等に関して、第五次勧告（平成一〇年一一月一九日）がなされたところである。

　政府は、地方分権推進法（平成七年法律第九六号）に定める基本方針に即しつつ、第五次勧告を最大限尊重して、新たに第二次地方分権推進計画を定め、先の計画とあわせ、地方分権の推進に関する施策を総合的かつ計画的に推進していくこととし、以下のとおり必要な法制上又は財政上の措置その他の措置を講ずるほか、関係地方公共団体に対し必要な要請を行うものとする。併せて、これを中央省庁等改革にも適切に反映させることとする。

第二　公共事業の在り方の見直し

1　公共事業の在り方の見直しの基本的考え方

　公共事業については、基本法における、国の行政組織や事務事業の減量化及びその運営の効率化の考え方に沿って、国と地方の役割分担の明確化と国の役割の重点化を図る観点から、国の役割を見直した上で、国の事務事業のうち地方公共団体にゆだねることが可能なものはできる限りゆだねることが必要である。

　このような公共事業の見直しは、効率的な公共事業の推進という国民経済的視点や地方公共団体の自主性及び自立性を高め、個性豊かで活力に満ちた地域社会の実現を図るという地方分権推進の基本理念にも沿うものである。

　なお、公共事業に関して地方公共団体の役割を拡大するに当たっては、公共事業に関する行政の透明・公平の確保の観点から、地方公共団体に対し、公共事業に係る契約について、指名基準の策定・公表等入札・契約手続の透明性・公平性の確保を図るための措置をこれまで以上に徹底するよう要請する。

2　直轄事業等の見直し

(1)　直轄事業等の見直しの基本的考え方

地方分権推進計画及び基本法第四六条第一号を踏まえ、公共事業に係る国の直轄事業（以下「直轄事業」という。）及び公共事業に係る国が直接管理する公物（以下「直轄公物」という。）については、国と地方の役割分担の明確化と国の役割の重点化の観点から、また、中央省庁等のスリム化にも資するように、全国的な見地から必要とされる基礎的又は広域的事業に限定し、それ以外は地方公共団体にゆだねる。

この場合、直轄事業及び直轄公物の範囲について、客観的な基準などにより、明確化を図るとともに、当該基準に基づき、基本法第四六条第一号の規定を踏まえ、中央省庁等のスリム化の観点からも、その範囲の見直しを行う。

なお、北海道及び沖縄県の区域については、その特殊事情にかんがみ、直轄事業についての特例措置が設けられているところであるので、その在り方については、別途検討することとする。

(2)　個別の直轄事業等の基準の明確化、範囲の見直し等

上記(1)に示した考え方に沿って、個別の事業に関し、直轄事業及び直轄公物の基準の明確化、範囲の見直し等については、以下のとおりとする。

政府においては、今回示した基準及びそれを具体化したものに基づき、基本法第四六条第一号の趣旨を踏まえ、直轄事業及び直轄公物の一層の縮減を図ることとする。

なお、直轄事業及び直轄公物の範囲の見直しの具体的な内容については、今回の計画を踏まえ、関係審議会等において早急に検討し、結論を得ることとする。

また、直轄事業及び直轄公物の範囲の基準の基本的事項等については、法令に明示する措置を講ずることとする。

（略）

(3)　直轄事業負担金の見直し

維持管理費に係る直轄事業負担金については、地方分権推進計画に基づき、段階的縮減を含め見直しを行う。

(4)　直轄事業等の見直しに伴う財源の確保

直轄事業及び直轄公物の見直しに伴い、地方公共団体が担う事務事業が増大する場合、地方財政計画の策定等を通じて所要財源を明確にし、これに必要な地方税・地方交付税等の地方一般財源を確保する。

3　補助事業の見直し

(1)　補助事業の見直しの基本的考え方

補助事業については、地方分権推進計画を踏まえ、国庫負担金と国庫補助金の区分に応じて、積極的に整理合理化を進めるとともに、基本法の趣旨を踏まえ、中央省庁等のスリム化にも資するよう、今後さらに一層の見直しを行う。

(2)　統合補助金の創設

ア　基本法第四六条第二号において、公共事業の補助事業については、

(ア)　同号に規定する個別の補助金等（以下「個別補助金」という。）を交付する事業は、国の直轄事業に関連する事業、国家的な事業に関連する事業、先導的な施策に係る事業、短期間に集中的に施行する必要がある事業等特に必要があるものに限定する。

(イ)　その他の事業に対する助成については、できる限り、個別補助金に代えて、適切な目的を付した統合的な補助金等（以下「統合補助金」という。）を交付し、地方公共団体に裁量的に施行させる。

こととしており、この規定に基づき、「統合補助金」を創設する。

イ　この統合補助金の基本的な性格及び仕組みは、次のとおりとする。

(ア)　基本法第四六条第二号の「地方公共団体に裁量的に施行させる」ことの要件としては、「国が箇所付けをしない」ことを基本とする。

(イ)　具体の事業箇所・内容について地方公共団体が主体的に定められるよう、次のような基本的な仕組みとする。

a　国が策定する公共事業に係る長期計画に対応して地方公共団体が策定する中期の事業計画等を基に、国がその年度における地方公共団体毎の配分枠（金額等のみ。具体の事業箇所・内容は示さない。）を定める。

b　aの配分枠の範囲内で、地方公共団体が当該年度において実施すべき具体の事業箇所・内容等を定めた上で、補助金を申請する（国は、申請に基づき、補助金を交付決定）。

c　交付決定後の事業箇所・内容等の変更は、事業計画等に適合している限り、国の関与を極力要しないものとする。

(ウ)　(イ)のタイプの統合補助金とは別に、一定の政策目的を実現するために複数の事業を一体的にかつ主体的に実施することができるような類型の統合補助金を創設する。

ウ　イを踏まえ、エ及びオのような「統合補助金」を創設する。また、基本法第四六条第二号の趣旨を踏まえ、今後さらに統合補助金の対象事業の拡充を図るとともに、イ(ア)の趣旨に沿った運用の徹底を図る。

エ　イ(イ)のタイプの統合補助金　（略）

オ　イ(ウ)のタイプの統合補助金　（略）

(3)　地方道路整備臨時交付金の運用改善　（略）

(4)　補助金の廃止

地方分権推進計画を踏まえ、公共事業に係る国庫補助負担金のうち、以下に掲げるものについて、廃止する。これに伴い地方公共団体において引き続き実施が必要であり、そのために増加する負担については、地方財政計画の策定等を通じて所要財源を明確にし、必要な地方税・地方交付税等の地方一般財源を確保する。

また、地方分権推進計画に基づく国庫補助金及び国庫負担金の区分に応じた整理合理化の方策に沿って、今後さらに積極的に補助事業の見直しを図る。

（略）

(5)　地方財政法一六条の補助金の見直し

地方分権推進計画に基づき、負担金としての性格を有する国庫補助金については、地方財政法一〇条、一〇条の二又は一〇条の三への位置づけを図ることとし、そのための検討を速やかに行う。このことは、次の第三において取り上げる非公共事業の見直しに当たっても同様である。

第三　非公共事業等の在り方の見直し

第二における公共事業の在り方の検討に加え、基本法等を踏まえ、以下について、国と地方の役割分担の明確化、国の役割の重点化の観点から、見直しを行う。

また、地方分権推進計画に基づく国庫補助金及び国庫負担金の区分に応じた整理合理化の方策に沿って、今後さらに積極的に補助事業の見直し等を図る。

（略）

1　農業構造改善事業等に関する国庫補助負担金等の見直し

（略）

2　文教予算に関する国庫補助負担金等の見直し（略）

3　中小企業対策に関する国庫補助負担金等の見直し（略）

4　農林水産統計調査関係事務の見直し（略）

第四　国が策定又は関与する各種開発・整備計画の見直し

以下の事項について、今後、国土計画体系の見直しを行う中で、国土審議会等において速やかに検討を行い、結論を得て、その結論に基づいて必要な措置を講ずる。

なお、北海道及び沖縄県の区域においては、その特殊事情にかんがみ、様々な特例制度が設けられているところであるので、北海道総合開発計画及び沖縄振興開発計画の在り方については、別途検討することとする。

1　国土総合開発計画及び国土利用計画の見直し（略）

2　大都市圏整備計画及び地方開発促進計画の見直し（略）

3　条件不利地域振興計画の見直し（略）

4　モデル型地域振興計画の見直し（略）

㉑地方分権の推進を図るための関係法律の整備等に関する法律（概要）

（平成一一年七月一六日 法律第八七号）

一　国及び地方公共団体が分担すべき役割の明確化

①　地方自治法において、地方公共団体の役割と国の配慮に関する規定を設けることにより、各般の行政を展開する上での国及び地方公共団体が分担すべき役割を明確にする。

②　地方公共団体は、住民の福祉の増進を図ることを基本として、地域における行政を自主的かつ総合的に実施する役割を広く担うものとする。

③　国は、国際社会における国家としての存立にかかわる事務、全国的に統一して定めることが望ましい国民の諸活動若しくは地方自治に関する基本的な準則に関する事務又は全国的な規模で若しくは全国的な視点に立って行わなければならない施策及び事業の実施その他の国が果たすべき役割を重点的に担い、住民に身近な行政はできる限り地方公共団体に委ねることを基本とする。

二　機関委任事務制度の廃止及びそれに伴う事務区分の再構成

①　都道府県知事や市町村長を国の機関と構成して国の事務を処理させる仕組みである機関委任事務制度を廃止する。

これに伴い、地方公共団体に対する国の包括的な指揮監督権等、機関委任事務に係る根幹的な制度を定めている地方自治法の改正を行う。

②　地方自治法において、地方公共団体の処理する事務を自治事務と法定受託事務とに再構成し、関連規定を整備する。

③　①及び②に伴い、個々の機関委任事務を定めている各省庁所管の個別法の改正を行い、地方公共団体が処理するものについては当該事務を自治事務と法定受託事務とに区分する。

④　機関委任事務制度の廃止に伴い、同制度を前提として成り立ってきた地方事務官制度についても廃止する。

> 自　治　事　務：地方公共団体の処理する事務のうち、法定受託事務を除いたもの
>
> 法定受託事務：国が本来果たすべき役割に係る事務であって、国においてその適正な処理を特に確保する必要があるものとして法律又はこれに基づく政令に特に定めるもの
>
> ＜自治事務の具体例＞
> ・都市計画の決定
> ・土地改良区の設立認可
> ・飲食店営業の許可
> ・病院・薬局の開設許可
>
> ＜法定受託事務の具体例＞
> ・国政選挙
> ・旅券の交付
> ・国の指定統計
> ・国道の管理

（改正対象法律）

都市計画法、土地改良法、食品衛生法、公職選挙法、旅券法、統計法等三五一法律の改正

（参考　地方事務官制度の廃止等の概要）

（厚生省関係）

① 都道府県（保険課、国民年金課及び社会保険事務所）で社会保険関係業務に従事している地方事務官を廃止し、厚生事務官とする（約一六、五〇〇人）。

② 上記の改正に伴い、都道府県の機関として置かれている保険課、国民年金課及び社会保険事務所を社会保険庁の地方支分部局に改め、都道府県単位の地方社会保険事務局の下に社会保険事務所を設置する。

（厚生省設置法の改正）

（労働省関係）

① 職業安定関係地方事務官が従事することとされている事務（国の組織を指揮監督する事務等）は、国の直接執行事務とし、職業安定関係地方事務官を労働事務官とする（約二、二〇〇人）。

職業安定関係の地方事務官→労働事務官

② 上記の改正に伴い、都道府県労働基準局、都道府県女性少年室及び都道府県職業安定主務課を統合し、都道府県労働局を設置する。

（労働省設置法の改正）

三　国の関与等の見直し

① 法定主義の原則、一般法主義の原則、公正・透明の原則に基づき、地方公共団体に対する国又は都道府県の関与の見直し・整備を行う。

② このため、国と地方の関係を定める基本法である地方自治法において、関与に係る基本原則、新たな事務区分ごとの関与の基本類型、関与の手続及び関与に係る係争処理手続を定めるとともに、個別法における関与は基本類型に沿った必要最小限のものにするべく所要の改正を行う。

③ 関与の廃止

・市町村防災会議に対する都道府県防災会議の指示

・教育長の任命に係る文部大臣及び都道府県教育委員会の承認

・市町村立学校の組織編成等についての都道府県教育委員会による基準の設定
・生活保護事務に関する都道府県及び市町村に対する厚生大臣の指揮監督並びに市町村に対する知事の指揮監督
・知事が漁業権の変更等によって生じた損失の補償金額を決定するに際し必要な農林水産大臣の認可
・港湾管理者の臨港地区の設定に対する運輸大臣の認可
・公営住宅の管理等に関する建設大臣の指示　等

④ 関与の縮減

・市町村営の土地改良事業計画の策定に係る知事認可
　→同意を要する協議へ

・漁港修築事業の施行に関する農林水産大臣の許可
　↓届出へ
・地方債の発行に係る自治大臣又は都道府県知事の許可
　↓原則協議へ
・法定外普通税の新設・変更に係る自治大臣の許可
　↓同意を要する協議へ
・重要港湾の港湾管理者が海岸保全区域の指定に関して協議に応じようとする場合に必要な運輸大臣の同意　↓協議へ
・二級河川における河川整備基本方針等に係る建設大臣の認可
　↓同意を要する協議又は協議へ
・都市計画区域の指定変更及び都市計画の決定変更に係る建設大臣の認可
　↓同意を要する協議へ　等

（改正対象法律）
地方教育行政の組織及び運営に関する法律、生活保護法、漁港法、地方税法等一三八法律の改正

（参考　関与の基本原則）

① 法定主義の原則
関与は、法律又はこれに基づく政令の根拠を要する。

② 一般法主義の原則
・地方自治法に関与の一般的なルールを定める。
・関与は、その目的を達成するために必要最小限度のものとし、かつ、地方公共団体の自主性及び自立性に配慮する。

③ 公正・透明の原則
・関与に関する手続について、書面の交付、許可・認可等の審査基準や標準処理期間の設定、公表等を定める。

四　権限委譲の推進

① 権限委譲を積極的に推進することとし、国の権限を都道府県に、また、都道府県の権限を市町村に委譲する。このため、個別法において所要の改正を行う。

② これに関連して、地方自治法等の改正により、二〇万以上の人口規模を有する市を当該市からの申し出に基づき「特例市」として指定することにより、権限をまとめて委譲するための必要な法制上の措置を講ずることとする（特例市制度の創設）。

（具体例）

① 国から都道府県へ
・重要流域以外の流域内に存する民有林に係る保安林の指定・解除等の権限
・二以上の都道府県の区域内に係る採石業者及び砂利採取業者の登録及びその拒否等

② 都道府県から政令指定都市へ
・都市計画の決定権限（特に広域的な判断を要する都市計画を除く。）

③ 都道府県から中核市へ

㉑地方分権の推進を図るための関係法律の整備等に関する法律（概要）

・中核市の県費負担教職員の研修の権限
・宅地造成工事規制区域の指定

④ 都道府県から特例市へ
・宅地造成工事規制区域の指定
・土地区画整理事業施行地区内、住宅改良地区内、都市再開発施行地区内等の建築行為の許可等

⑤ 都道府県から市（一部については、福祉事務所設置町村を含む。）へ
・児童扶養手当の受給資格の認定等
・商店街振興組合及び商店街振興組合連合会の設立認可等

⑥ 都道府県から市町村へ
・市町村立高等学校の通学区域の指定
・身体障害児に係る補装具の交付、身体障害児及び知的障害児（知的障害者）に係る日常生活用具の給付

⑦ その他
・毒物及び劇物の販売業の登録（都道府県から保健所設置市又は特別区へ）
・建築基準法の許可事務等の一部（都道府県から建築基準法の特例により建築主事を置く市町村（建築審査会を設置した場合に限る。）へ）

※網掛け部分は、「地方分権推進計画」においては具体的に記述されていないが、権限委譲の積極的推進という観点から法案に盛り込むこととしたものである。

（改正対象法律）
狂犬病予防法、児童扶養手当法、森林法、都市計画法等三五法律の改正

五　必置規制の見直し

必置規制については、地方公共団体の自主組織権を尊重し、行政の総合化・効率化を進めるため、廃止・緩和を推進する。

（具体例）

① 附属機関に係る必置規制の廃止
・第三種漁港に係る漁港管理会
・都道府県水防協議会、市町村水防協議会

② 職員に係る必置規制の廃止
・農業委員会に置かれる農地主事
・青年学級主事、青年学級講師
・公営住宅監理員、改良住宅監理員

③ 附属機関に係る名称規制の弾力化
・都道府県児童福祉審議会
・都道府県環境審議会
・都道府県職業能力開発審議会

④ 行政機関又は施設に係る名称規制の弾力化
・身体障害者更生相談所

⑤ 職員に係る名称規制の廃止

・児童福祉司、身体障害者福祉司、知的障害者福祉司
　職員の資格、専任、配置基準等に係る必置規制の廃止
・公立図書館館長の司書資格規制の廃止
・医療監視員の資格規制の廃止
・計量に関する事務に従事する職員に対する計量教習所の受講を義務づける資格規制
⑥
・食品衛生監視員の必置規制
　職員の資格、専任、配置基準等に係る必置規制の緩和
⑦
・栄養指導員の必置規制

（改正対象法律）
図書館法、身体障害者福祉法、農業委員会等に関する法律、計量法等三八法律の改正

六　地方公共団体の行政体制の整備・確立

地方公共団体の行財政能力の一層の向上と行政体制の積極的な整備・確立を進めるため、次のような改正を行う。

①　自主的な市町村合併の推進
・住民発議制度の拡充
　全ての関係市町村で同一内容の直接請求が行われた場合には、各市町村長に対し合併協議会設置協議について議会への付議を義務付け
・都道府県知事による合併協議会設置の勧告
　知事が公益上必要と認める場合に関係市町村に合併協議会の設置の勧告をする場合には、関係市町村の意見を聴き、勧告したことを公表
・普通交付税の算定の特例（合併算定替）の期間の延長
　合併から一〇か年度（従来の二倍）は合併しなかった場合の普通交付税を全額保障。その後五年度間で激変緩和
・合併特例債の創設
　市町村建設計画に基づく次の事業で特に必要と認められるものは、一〇か年度に限り、地方債を充当でき、元利償還金の一部は、基準財政需要額に算入
　一体性の速やかな確立・均衡のある発展のための公共的施設の整備事業等
　地域住民の連帯の強化・旧市町村の区域の地域振興等のための基金の積立て
・地域審議会の設置
　合併前の関係市町村の協議により、旧市町村の区域ごとに、新市町村長の諮問により審議又は意見を述べる審議会（地域審議会）を置くことが可能
・市となるべき要件の特例
　市と市、市と町村の新設合併で要件を備えない場合でも市となることが可能
②　地方議会の活性化及び議員定数の見直し
・議案提出要件及び修正動議の発議要件を緩和する（現行八

分の一以上　→　一二分の一以上）。

・議員定数制度の見直し

　議員定数は条例で定めることとし、人口区分に応じた上限数を設定する。

　市町村については、市の議員に係る人口区分を大括り化するとともに、減数条例の制定状況を勘案した数を上限数とする。

③　中核市の指定要件の緩和

　中核市指定の要件のうち、人口三〇万以上五〇万未満の市について必要とされていた昼夜間人口比率の要件を廃止する（新たに、川越市、横須賀市、岡崎市、高槻市及び奈良市の五市が中核市の要件を満たすことになる。）。

④　特例市制度の創設

　二〇万以上の人口規模を有する市を当該市からの申し出に基づき指定することにより、権限をまとめて委譲するための必要な法制上の措置を講ずることとする（全国で五九市）。

（改正対象法律）

地方自治法、市町村の合併の特例に関する法律の改正

七　法律の施行期日

　次の事項等を除き、原則として平成一二年四月一日である。

①　施行期日を平成一二年四月一日より前にするもの

○公布の日

(1)　手続き関係

ア　国地方係争処理委員会委員の任命等（地方自治法）

イ　国立公園の管理等について、都道府県が処理する事務として行う場合の都道府県知事の申し出に関する事項等（自然公園法）

ウ　地方公共団体において保管する出土文化財の所有権を当該地方公共団体に帰属するものとする場合の申し出に関する事項関係（文化財保護法）

エ　交付金等の手続等（農業改良助長法）

(2)　市町村合併の推進に関する事項等（市町村合併特例法）

②　施行期日を平成一二年四月一日より後にするもの

○平成一四年四月一日

　国民年金の印紙検認事務の廃止等（国民年金法）

○平成一四年八月一日

　児童扶養手当に関する事務＜権限委譲に伴うもの＞（児童扶養手当法）

○平成一五年一月一日

　地方議会の議員定数等（地方自治法、市町村合併特例法）

（参考　地方公共団体の事務の新たな考え方）

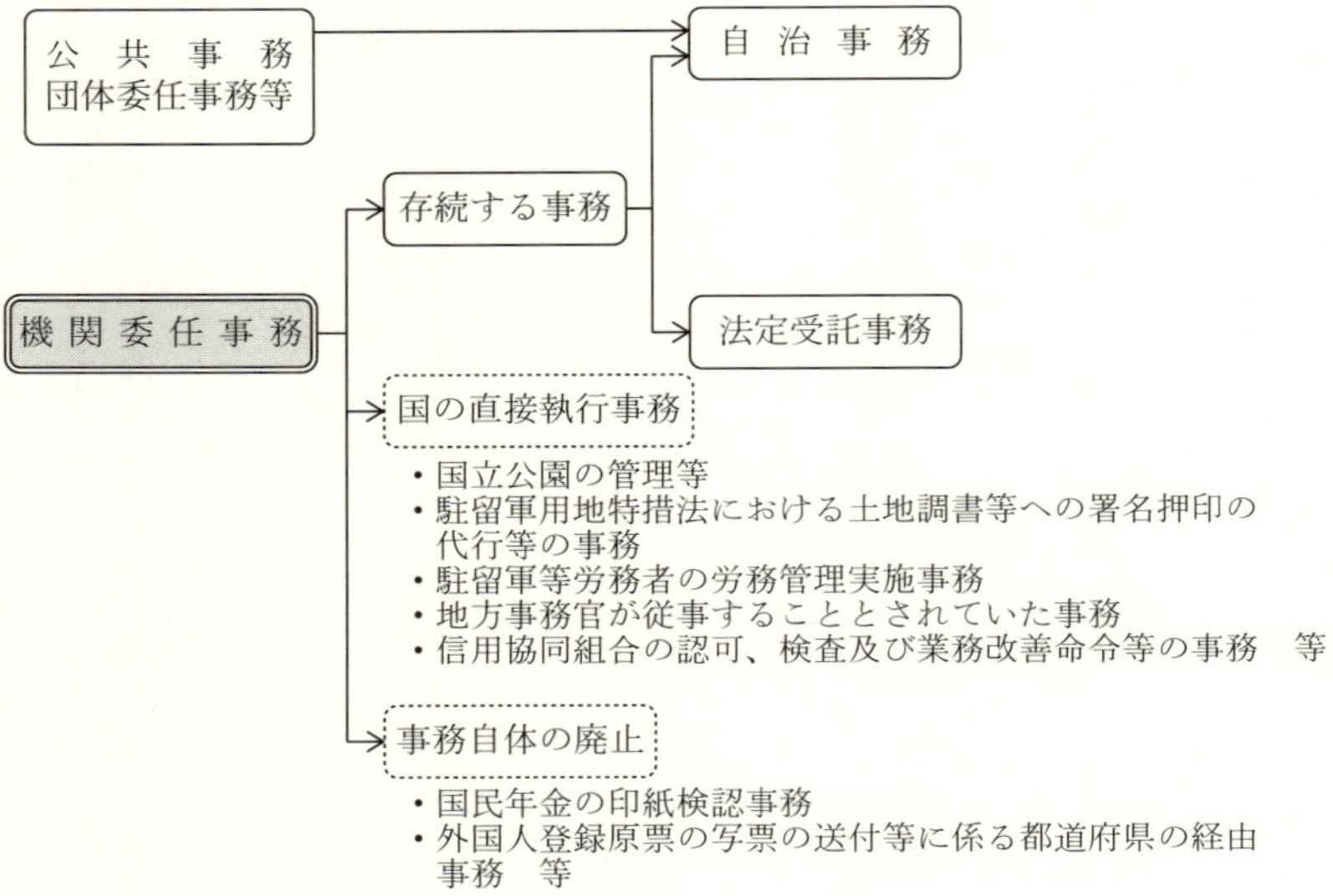

（参考　新たな事務区分の制度上の取扱い）

	機関委任事務		自治事務	法定受託事務
条例制定権	不可	⇒	法令に反しない限り可	法令に反しない限り可
地方議会の権限	・検閲、検査権等は、自治令で定める一定の事務（国の安全、個人の秘密に係るもの並びに地方労働委員会及び収用委員会の権限に属するもの）は対象外 ・100条調査権の対象外	⇒	原則及ぶ （地方労働委員会及び収用委員会の権限に属するものに限り対象外）	原則及ぶ （国の安全、個人の秘密に係るもの並びに地方労働委員会及び収用委員会の権限に属するものは対象外）
監査委員の権限	自治令で定める一定の事務は対象外	⇒		
行政不服審査	一般的に、国等への審査請求は可	⇒	原則国等への審査請求は不可	原則国等への審査請求が可
国等の関与	包括的指揮監督権 個別法に基づく関与	⇒	関与の新たなルール	

㉑地方分権の推進を図るための関係法律の整備等に関する法律（概要）

（参考　関与の基本類型等）

従前の関与について、機関委任事務に係る包括的な指揮監督権を廃止し、基本類型に沿った必要最小限のものとする。

（従前）

包括的な指揮監督権（地方自治法第150条、第151条）

廃　止

◎新たな事務区分ごとに関与の基本類型を地方自治法に規定
◎関与はできる限り基本類型に従う

自治事務	法定受託事務
○　助言又は勧告	○　助言又は勧告
○　資料の提出の要求	○　資料の提出の要求
○　協議	○　協議
○　是正の要求	○　同意
	○　許可、認可又は承認
	○　指示
	○　代執行

（参考　国と地方公共団体との間の係争処理の仕組み）

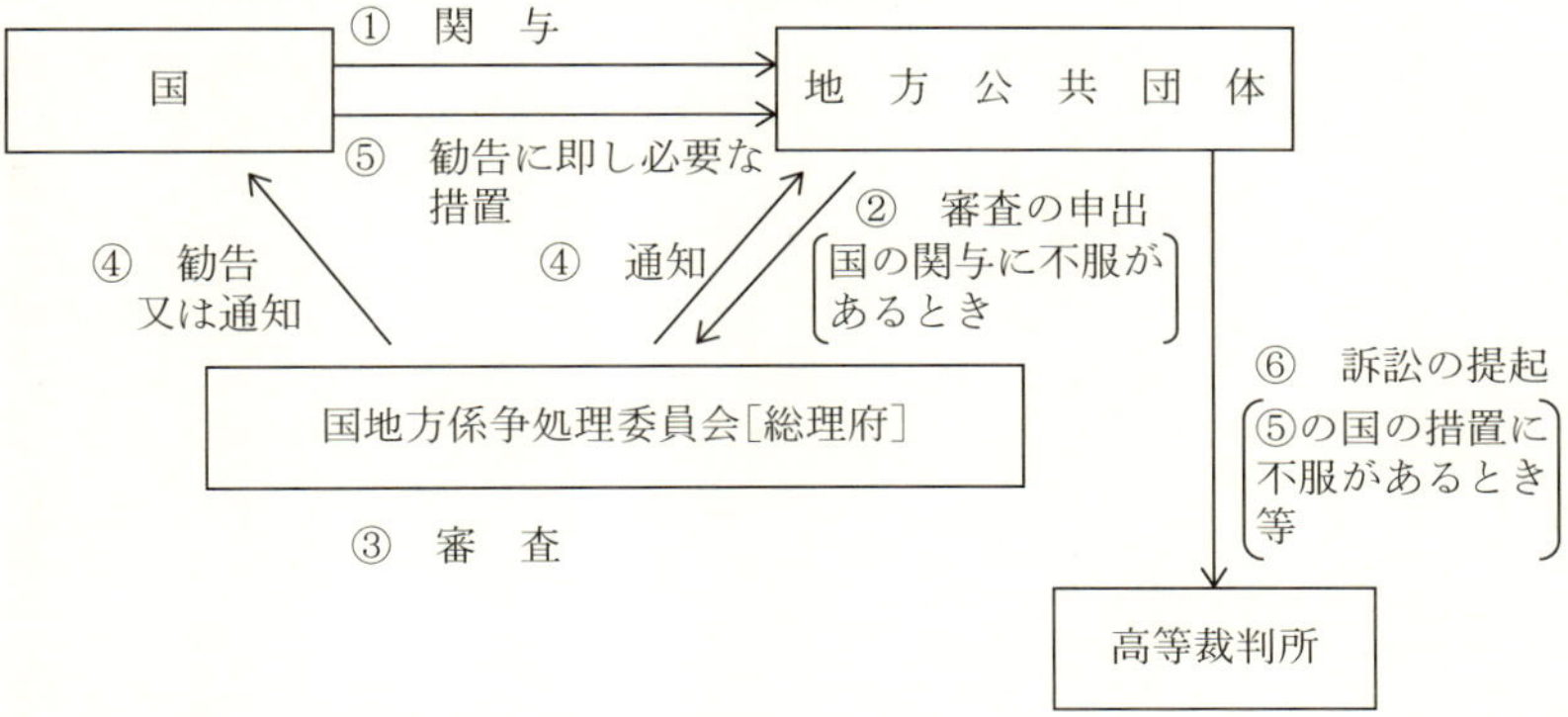

※　国地方係争処理委員会が勧告する場合
- 自治事務に関する関与が違法又は地方公共団体の自主性及び自立性を尊重する観点から不当であるとき
- 法定受託事務に関する関与が違法のとき

㉒地方分権推進委員会意見（概要）

（平成一二年八月八日
地方分権推進委員会）

地方分権推進委員会のこれまでの監視活動の結果、現時点において特に政府にお願いしたい点について、地方分権推進法第一〇条第二項に基づき、内閣総理大臣に対し意見を述べるもの。

Ⅰ　国庫補助負担金の整理合理化と当面の地方税源の充実確保策

1　国庫補助負担金の区分の明確化と整理合理化

○地方分権推進計画は、当委員会の第二次勧告を踏まえ、国庫負担金と国庫補助金の区分を明確にした上で、その区分に応じて、積極的に整理合理化を進めることとしたところ。
○今般政府は、国庫補助負担金の整理合理化の前提となる国庫負担金と国庫補助金の区分の取りまとめを行った。
○政府においてはこの国庫負担金と国庫補助金の区分を適切な方法で明記するとともに、関係法令等の整理を速やかに行うべき。
○また政府は、これらの区分に応じた整理合理化を平成一三年度予算編成から積極的に進め、制度的に検討すべきものを除いた国庫補助金を対象とした国庫補助金削減計画を策定し、一定期間、各年度の国庫補助金の削減率を定めることにより、国庫補助金の廃止・縮減を行うとともに、総件数についても縮減を図るべき。

2　維持管理費に係る国直轄事業負担金の見直し

○政府は、段階的縮減を含めた具体的見直しについて、積極的に取り組むべき。

3　国庫補助負担金の運用等についての改革措置

○各省庁はそれぞれ国庫補助負担金の運用等の実態を把握し、早急に具体的な改革措置を講じる仕組みとすべき。

4　法人事業税への外形標準課税の導入

○外形標準課税の導入は、応益課税としての税の性格の明確化、税負担の公平化、経済の活性化、経済構造改革にも資するものであることから、地方税のあり方として望ましい方向の改革であり、導入に当たっての諸課題について具体的検討を進め、景気の状況等を踏まえつつ、早期に導入を図ることが必要。
○なお、外形標準課税の導入は、地方税法を改正し、全ての都道府県において共通に実施することが適当。その際、各都道府県が法律に定められた標準税率に一定の範囲で税率を上乗せできる仕組みとすることが適当。

Ⅱ　法令における条例・規則への委任のあり方

○法令において、その具体的な内容等の一部を地方公共団体の規則等に委任しているものがあるが、機関委任事務制度の廃止に伴い、規則等に委任することの合理性を改めて検討すべきことを、当委員会より政府に対して問題提起したところ。

○問題提起を踏まえ、政府は、個別の法令により権利義務規制を行うための基本的な規範の定立を地方公共団体の法規に委任する場合にも、規則等ではなく条例に委任することを原則とし、例外を限定的とするとの考え方をとりまとめた。

○これらの基本的な考え方に基づいて、政府は平成一三年の通常国会に所要の法律案を提出することを基本として改正作業に取り組まれたい。

Ⅲ　個別法に関する諸点

1　廃棄物の処理及び清掃に関する法律の改正

○廃棄物の問題への処理にあたっては、廃棄物処理行政における国、都道府県、市町村のそれぞれの責任分担の明確化を行うことが必要で、政府は早急に廃棄物処理行政における抜本的な制度改正を行うべき。

2　漁港法の改正

○漁港の整備計画制度のあり方について、国は漁港等の整備に係る基本方針と長期の目標等を定め、個別の漁港の整備計画については漁港管理者である地方公共団体が定めることとするとの観点に立ち、今後適切な時期をみて制度を抜本的に見直すべき。

3　道路運送法の改正

○交通空白地帯において地方公共団体がバス事業を行う場合の許可制について、今後適切な時期を見て制度を抜本的に見直すべき。

㉓地方分権推進委員会最終報告
—分権型社会の創造：その道筋—（抄）

（平成一三年六月一四日　地方分権推進委員会）

第一章　第一次分権改革を回顧して

Ⅰ　分権改革の理念・目的

委員会は、内閣総理大臣に提出した最初の文書である「中間報告—分権型社会の創造—」（平成八年三月二九日。以下、「中間報告」という。）の第一章の「はじめに」の中で、次のように述べた。

この変革はわが国の政治・行政の基本構造をその大元から変革しようとするものであり、その波及効果は深く、広い。それは明治維新・戦後改革に次ぐ「第三の改革」というべきものの一環であって、数多くの関係法令の改正を要する世紀転換期の大事業である。したがって、それは一朝一夕に成し得る性格のものではない。相互に複雑に絡まり合っている諸制度の縫い目を一つ一つ慎重に解きほぐし、システムの変革に伴いがちな摩擦と苦痛の発生を最小限度に抑えながら、諸制度を新たなデザインに基づいて順序よく縫い直して、その装いを新たにしていくべき事業である。

この当初の課題認識は、通算六年間に及ぶ活動の幕を閉じようとしている現時点に立って考えても、的確なものであったと確信している。予期したとおり、分権改革は一朝一夕に成し得るものではなかった。委員会としては、現状において達成可能な最大限の改革を成し遂げたと自負しているところであるが、委員会が掲げてきた分権改革の究極目標に照らしてみれば、なお数多くの諸課題が将来の改革に託されている。

来し方を回顧してみれば、明治二一年に制定された市制町村制以来存続してきた機関委任事務制度を全面廃止した改革作業は、相互に複雑に絡まり合っている諸制度の縫い目を一つ一つ慎重に解きほぐし、諸制度を新たなデザインに基づいて順序よく縫い直していく性格のものであった。今後の行く末を展望するならば、地方税財源の充実確保方策を中核とする次の段階の分権改革の作業も、国の財政構造改革との関連においてこれまでの作業と同様の高度の複雑さを備え、同様の慎重な手順にしたがって実施すべき性格のものである。

では、分権改革はなぜこの時期に国政上の最重要課題として浮上したのか。この点については、同中間報告において、委員会が今次の分権改革を求められた社会的な背景・理由は、旧来の中央集権型行政システムが、変動する国際社会への対応、東京一極集中の是正、個性豊かな地域社会の形成、高齢社会・少子化社会への対応などの新しい時代の諸課題に迅速・的確に対応する能力を失ってきているところにあるとする認識を示した。

そこで、従来の中央省庁主導の縦割りの画一行政システムを住民主導の個性的で総合的な行政システムに切り替えること、「画一から多様へ」という時代の大きな流れに的確に対応することを今次の分権改革の基本目標に設定した。国、都道府県及び市区町村相互の関係を従来の上下・主従の関係から新たな対等・協力の関係に変えていくこと、さらにこれをとおして地域社会の自己決定・自己責任の自由の領域を徐々に拡大していくことこそ、委員会に課せられた主要な任務であると考えたところである。

Ⅱ　分権改革の方針・手法

この中間報告を提出したのち、委員会の作業はいよいよ地方分権推進法の規定に基づく勧告に向けた調査審議に移行したが、委員会はこの任務を遂行するに当たって、「現実的で実行可能な、着実な改革」を目指すことをその基本方針とした。

その結果採用された調査審議の具体的な手法が、地方公共団体の総意として地方六団体から数次にわたって提出された改革要望事項を調査審議の土台とすること、そしてまた地域づくり、くらしづくりの両部会に加え、行政関係検討グループ、補助金・税財源検討グループ、地方行政体制等検討グループを設置し、これら三検討グループの委員・専門委員・参与が個別の検討事項ごとに関係省庁の幹部職員とインフォーマルな小会議方式で率直に意見を交換するグループ・ヒアリング方式などであった。

結果から見れば、この基本方針と調査審議の手法には功罪両面があったと認めざるを得ない。まず、マイナスの側面から言えば、調査審議事項の範囲が地方公共団体の総意として提出された改革要望事項に限定されがちであったこと、勧告事項が関係省庁と合意に達した事項に限られたこと、グループ・ヒアリングの場での実質的な意見交換に関する情報が非公開とされたことなどである。しかしながら、その反面、委員会の五次にわたる勧告に盛り込まれた事項は、政府によって文字どおり最大限尊重され、地方分権推進計画および第二次地方分権推進計画に着実に盛り込まれた。しかも、このうちの第四次勧告までの四次にわたる勧告に対応する地方分権推進計画の記載事項は、その後さらに総計四七五本の関係法律を一括して改正する地方分権推進一括法として法制化され、平成一二年四月一日から施行されている。この種の行政改革に係る諮問機関の成果として、これは異例ともいえる成功例であったと確信している。

この功罪両面をどのように評価するかは歴史の審判に委ねるほかないが、委員会がこのような基本方針と調査審議の手法を採用せざるを得なかった最大の理由は、委員会に対し地方分権推進計画の作成に資する「具体的な指針」の勧告を求めると同時に、政府に対しては委員会の「勧告を尊重する義務」を課していたところの、地方分権推進法に定められた改革推進の仕組みそのものにあったと考える。

Ⅲ　分権改革の主要な成果

上記のような改革の方針・手法が採用された結果として、今次の分権改革の成果にどのような影響が生じたのか。

地方自治を拡充する方策には、団体自治の拡充方策と住民自治の拡充方策とがある。

ここでいう団体自治の拡充方策とは、国、都道府県及び市区町村相互の関係を改善して地方公共団体による自己決定・自己責任の自由の領域を拡充する方策であり、住民自治の拡充方策とは、地域住民と地方議会・首長など地域住民の代表機関との関係を改善して地域住民による自己決定・自己責任の自由の領域を拡充する方策である。

また、このうちの前者の団体自治の拡充方策には、事務事業の移譲方策と広い意味での関与の縮小廃止方策とがある。

ここでいう事務事業の移譲方策とは、国の事務事業の一部の地方公共団体への移譲、または都道府県の事務事業の一部の市区町村への移譲を進めることによって、地方公共団体が所管する事務事業の範囲を拡充する方策であり、広い意味での関与の縮小廃止方策とは、地方公共団体が所管している事務事業の執行方法や執行体制に対する国による義務付け、枠付け、種々の関与などを、または市区町村が所管している事務事業の執行方法や執行体制に対する都道府県による枠付け、種々の関与などを縮小廃止することによって事務事業の執行方法や執行体制を地方公共団体の判断と責任において自由に取捨選択することのできる裁量領域を拡充する方策である。

今次の分権改革では、まず団体自治の拡充方策に取り組むとともに、事務事業の移譲方策よりも広い意味での関与の縮小廃止方策に改革の主眼が置かれる結果になった。

なかでも通達等による関与の縮小廃止、機関・職員・資格などにかかわる必置規制の緩和廃止、補助事業の整理縮小と補助要綱・補助要領による補助条件の緩和の三点については、きわめて具体的な改革が実現されたところである。

特に、これらのうち通達等による関与を縮小廃止するための基本方策として、住民による選挙で選ばれた知事や市町村長を国の下部機関とみて、国の事務を委任し執行させる仕組みである機関委任事務制度が全面廃止されたことのもつ意義は、きわめて大きい。従前の機関委任事務のうち、ごく例外的にこの機会に事務そのものを廃止したものや国の直接執行事務としたものを除いて、その他の従前の機関委任事務はすべて、自治事務か法定受託事務のいずれかに振り分けられたが、自治事務はもとより法定受託事務もまた「地方公共団体の事務」であることが明確にされた。そこで、平成一二年度以降は、地方公共団体には、「国の事務」は皆無となった。

しかも、この機会に廃止された通達等やこの機会に法定受託事務の処理基準に改定された通達等を除いて、その他の従前の通達等はこれ以降すべて、その性格が「技術的な助言」に改められたので、地方公共団体はこれらの通達等に拘束される必要はなくなった。これによって、地方公共団体の法令解釈権は大幅に拡大されることになった。

これに加え、国と地方公共団体の関係や都道府県と市区町村の関係を公正で透明なものにするために、地方分権推進一括法による改正後の新地方自治法には、関与の標準類型が定められると同時に、行政手続法に定められた行政手続に類似した関与の手続ルールが定められた。さらに、国と地方公共団体の関係や都道府県と市区町村の関係がもはやかつてのような上下・主従の関係でないことを明確にするために、処分その他公権力の行使に当たる関与の合法性をめぐってこれらの団体間に係争が発生したときには、どちらの側の法令解釈が妥当かを、最終的には訴訟で争い得る道を開いているのである。

Ⅳ　未完の分権改革

しかしながら、今次の分権改革の成果は、これを登山にたとえれば、まだようやくベース・キャンプを設営した段階に到達したにすぎないのである。委員会が中間報告以来掲げ続けてきた「分権型社会の創造」という究極目標に照らしてみれば、改革の前途の道筋は遼遠である。言い換えれば、今次の分権改革は第一次分権改革と呼ぶべきものであって、分権改革を完遂するためには、これに続いて第二次、第三次の分権改革を断行しなければならない。

では、次なる第二次分権改革の焦点はどこに当てられるべきなのであろうか。第一次分権改革の成果に対する地方公共団体関係者の評価から見ても、また地方分権推進一括法の国会審議に際して衆参両院でなされた附帯決議等から見ても、次の段階の改革の焦点は、地方税財源の充実確保方策とこれを実現するために必要な関連諸方策であると思われる。内閣総理大臣が、委員会に対して、地方税財源の充実確保方策を特に指定して引き続き検討するよう要請したのも、我々と共通の認識に立つものであったと了解している。

そこで、ここでは、この地方税財源問題をめぐるこれまでの経緯と委員会の基本姿勢について簡潔に言及するとともに、地方公共団体の関係者及び住民に対し、現状に関しての正確な認識と自治能力の実証と向上に向けた一層の努力を訴えるにとどめ、残された数多くの改革課題に関する委員会の所見については最後の第四章に譲ることとしたい。

V　地方税財源問題の経緯と委員会の基本姿勢

委員会は、既に第二次勧告（平成九年七月八日）の第四章において、地方税財源の充実確保に係る基本的な方向を示している。すなわち、地方公共団体に事務・権限の新設または委譲が行われた場合にはこれに伴い所要の財源措置が講じられるべきこと、国庫補助金については一定期間各年度の削減率を定めた削減計画を策定すべきこと、国庫補助負担金の廃止・縮減を行っても引き続き当該事務の実施が必要な場合には地方税等の地方一般財源の確保を図るべきこと、また地方公共団体の歳出規模と地方税収入の乖離を縮小するために地方税の充実確保を図るべきことである。さらに今後は、地方公共団体の財政面における自己決定・自己責任の拡充や地域住民の受益と負担の対応関係の明確化の観点から、国と地方公共団体との役割分担を踏まえつつ、中長期的に、国と地方の税源配分のあり方についても検討し、税源の偏在性が少なく、税収の安定性を備えた地方税体系を構築していく必要があることなどを勧告した。

しかしながら、地方公共団体への事務・権限の委譲が小規模にとどまったこと、政府の「財政構造改革の推進について」（平成九年六月三日閣議決定）に基づく国庫補助金の削減が期待に反して小規模なものにとどまったことなどの結果として、この後今日に至るまで、目に見えるような規模での地方税財源の充実は行われていない。

むしろ地方税収入は、景気の低迷により減少した。また国の景気回復政策として、国・地方を通ずる減税措置が講じられた。さらに景気の浮揚を図るため公共事業が拡大され、地方公共団体も協力を求められ、これに応じてきたために、国の財政と同様、地方公共団体の財政は、その深刻さの度合いを深める一方であった。

その後、政府の税制調査会においても地方税財源の充実確保について審議がなされ、同調査会の中期答申（平成一二年七月）においては、具体的な税目について充実の方向を示しつつ、具体的取組みの時期については財政構造改革の論議の一環として取り組むのが適当としている。

他方、この間に、市町村の自主的な合併を推進しようとする努力が全国各地で続けられてきており、地方分権時代の行政の主役である市町村においては、引き続き、自主的な合併の推進により、新しい時代の担い手としてふさわしい行政体制の整備に努めることが強く期待される。しかしながら、市町村関係者たちのなかには、分権型社会における地方財政の将来像が依然として不透明な現状の下では、合併の是非を決断しがたいとする声が少なくないのも事実であり、市町村の自主的な合併を積極的に推進するためにも、地方財政の将来像をめぐる具体的論議をできるだけ早期に始める必要がある。

そこで委員会は、先の第二次勧告以降の種々の状況の変化を踏まえ、第二次勧告のときとはアプローチの仕方を変え、今回は国庫補助負担金の廃止・削減という切り口からではなく、国と地方の税源配分のあり方の改革とこれに伴う国庫補助負担金・地方交付税のあり方の改革という切り口から地方税財源の充実確保方策について再検討してみることにした。しかし、アプローチの仕方こそ変えているが、地方公共団体の税制面の自己決定・自己責任の拡充や地域住民の受益と負担の関係の明確化の観点から地方公共団体の歳出規模と地方税収入の乖離の縮小をめざすという委員会の目的意識は、第二次勧告以来一貫して変わっていない。

地方税財源問題についての一年弱の調査審議に基づく委員会の提言については第三章に譲るが、あらかじめここで、この提言に当たっての委員会の基本姿勢について明らかにしておきたい。

まず第一に、地方分権の推進を専らの任務としている委員会としては、また国・地方を通ずる財政構造改革という極めて複雑かつ総合的な課題について多角的に調査審議する権能を十分には持ち合わせていない委員会としては、国と地方を通ずる増減税の要否及び是非について発言することは差し控えなければならない。それ故に、委員会としては、国と地方を通じて国民の租税負担率に制度的変更を加えないとの仮定に基づき歳入中立を前提とし、地方税財源の充実確保方策を再検討することにした。

そこで第二に、委員会がこのたび第三章で提言している地方税財源の充実確保方策は、地方公共団体の歳入・歳出総額の増額を目的としたものではなく、その歳入の構造を変え、その質の転換を図り、地方公共団体の財政面の自由度を高めることを目的としている。いいかえれば、第一次分権改革で提起した自己決定・自己責任の原理を行政面のみならず財政面の領域にまで推し広げていくことこそが目的である。

しかしながら第三に、この提言は、委員会の任務である地方分権の推進を図るという観点から構想したものではあるが、委員会としては、国と地方公共団体の関係の構造を改革することなしに国と地方を通ずる財政再建はあり得ないと認識している。この提言は、国と地方を通ずる財政構造改革の難しさを十分に念頭におきながらもわれわれなりに衆知を結集したものであり、国と地方を通ずる財政再建に矛盾するどころか、むしろこれに寄与する最善の方策であると信じるものである。これが財政構造改革に向けた議論に一つの道筋をつけることになれば幸いである。

Ⅵ　地方公共団体の関係者及び住民への訴え

委員会は、中間報告の「まえがき」の末尾で、次のように訴えた。

全国三、二〇〇有余の地方公共団体は、国への「従属と依存の意識」を克服し、これまで以上に行政の公正性と透明性の向上、住民参画の拡大に努めるとともに、新たな分権型社会の創造をめざして、創意工夫に満ちた地域づくりとくらしづくりの個性的な構想を積極的に提示してほしい。そして、国の関係省庁においては、地方分権推進法制定の趣旨に鑑み、時代の流れを先取りして、この機会に地方公共団体に対する「指揮監督と保護後見の意識」を払拭し、国と地方公共団体の間に対等・協力の新しい関係を構築するという建設的な方向に、その広い視野と深い識見を生かしてほしい。

委員会の任期を終了するこの機会に、地方公共団体の関係者、更にはその住民に改めて強く訴えておきたいことが五点ある。

まず第一に、地方公共団体関係者の意識改革を徹底して、第一次分権改革の成果を最大限に活用し、地方公共団体の自治能力を実証してみせてほしい。特に、これまでの通達等は、かつては訓令であったものも含めてすべて、その性格を「技術的な助言」に一変させられているのであるから、この機会にこれまで通達等に専ら依存してきた事務事業の執行方法や執行体制をすべての分野にわたって総点検し、これらを地域社会の諸条件によりよく適合し、地域住民に対する行政サービスの質を向上させ得るような別途の執行方法や執行体制に改める余地がないものかどうか、真剣に再検討してほしい。

第二に、地域住民による自己決定・自己責任の原理を貫徹していくことは、この国の旧来の中央地方関係の構造をその大元から改革することを意味しているのであって、それは、国の側のみならず、地方公共団体の側にも少なからぬ痛みを伴わざるを得ない事柄である。無論、構造改革を推進するに当たってはこの種の苦痛の発生を最小限度に抑えるべく最大限の配慮がなされるべきことは当然であるが、この痛みを皆無にする方策などあり得ない。それは、この国のかたちを再構築し、われわれの社会を再活性化していく道筋において、関係当事者のそれぞれが受忍しなければならない苦痛である。地方公共団体関係者はこのことに深く思いを致し、自己決定・自己責任の覚悟を新たにして、中央地方関係の構造改革の推進に先導的に取り組んでほしい。

さらに第三に、分権改革の推進とは別途に、しかし不幸にしてこれと時を同じくして、国と地方公共団体の財政の危機的状況はその深刻さの度合いを深めてきている。したがって、地方公共団体の財政状況はこれから更に年を追うごとにその厳しさを増すものと見込まざるを得ない。国に救済を求めてみても、国にはもはやこれに応える余裕がないのである。したがって、かかる事態に立ち至ったことを慨嘆するのではなく、むしろこれを構造改革を推進する好機ととらえ直してほしい。地方公共団体はこの機会に、国への依存心を払拭し、自己責任・自己決定の時代にふさわしい自治の道を真剣に模索してほしい。そのためには、国に向けていた目を地域住民に向け直し、地方自治の運営の透明性を高め、地域住民に対する説明責任を果たしつつ、行政サービスの取捨選択の方途を地域住民に問いかけ、その判断に基づいて、歳出の徹底した削減を図るという地道な努力の積み重ねが必要である。とりわけ住民に身近な基礎的な地方公共団体である市町村における自主的な合併の推進は、こうした努力を結実させるための有力な選択肢であることを認識してほしい。

第四に、男女共同参画社会の実現に向けた更なる自覚的な努力を強く要望しておきたい。日本国憲法に謳われた「両性の平等」の原理は戦後五〇年の歳月を経て、ここにきてようやく開花し始めてきた観があり、また男女共同参画社会基本法（平成一一年法律第七八号）は、その前文で「男女共同参画社会の実現を二十一世紀の我が国社会を決定する最重要課題と位置付け」、第九条では「地方公共団体の責務」を明記している。旧来の性別役割分担の意識と生活習慣を克服し、伝統的な社会慣行を改めつつ、男女が共に地域社会を支え発展させていく営みに力を合わせていく必要性はますます高まっている。しかるに、地方議会議員に占める女性の比率は、徐々に上昇してきているとはいえ、いまだに国会議員のそれにさえ及ばない。更に多くの女性が地方公共団体の政策決定過程に直接関与し参画するようになることが望まれる。男女共同参画の実現なしに、分権型社会の創造は完成しないというべきである。

最後に、地方公共団体の男女を問わずすべての住民に対して訴えておきたいことがある。地方自治とは、元来、自分たちの地域を自分たちで治めることである。地域住民には、これまで以上に、地方公共団体の政策決定過程に積極的に参画し自分たちの意向を的確に反映させようとする主体的な姿勢が望まれる。また地方税の納税者として、地方公共団体の行政サービスの是非を受益と負担の均衡という観点から総合的に評価し、これを厳しく取捨選択する姿勢が期待される。自己決定・自己責任の原理に基づく分権型社会を創造していくためには、住民みずからの公共心の覚醒が求められるのである。そしてまた当面する少子高齢社会の諸課題に的確に対応していくためにも、行政の総合化を促進し、公私協働の仕組みを構築していくことが強く求められている。公共サービスの提供をあげて地方公共団体による行政サービスに依存する姿勢を改め、コミュニティで担い得るものはコミュニティが、NPOで担い得るものはNPOが担い、地方公共団体の関係者と住民が協働して本来の「公共社会」を創造してほしい。

第二章　第一次分権改革の完全実施を求めて
――その後の監視活動の結果報告と要請――

㉓地方分権推進委員会最終報告―分権型社会の創造：その道筋―（抄）

Ⅰ　監視活動について

地方分権推進一括法の施行後十分に監視活動に取り組む必要があることなどから、設置期間が延長され、委員会は、この延長された期間を活用して引き続き監視活動に取り組んできた。その際、次の点を中心にして監視活動を行ってきた。

①　一二年四月以降の国と地方公共団体の関係が、地方分権推進一括法に示された新たなルールに基づいて適切なものとなっているか。

②　第五次勧告を受けて平成一一年三月に策定された第二次地方分権推進計画に関して、そこに盛り込まれた施策が適切に実施されているか。

③　委員会が二度にわたり提出した意見に関して適切な措置がなされているか。

以下、昨年八月以降行ってきた監視活動の結果及びそれを踏まえて特に政府に要請したい事項について述べる。

1　機関委任事務制度の廃止に伴う国の対応措置等

(1)　通達等の取扱い

地方分権推進一括法の施行に伴い、国が地方公共団体に対して指揮監督を行う際の有力な手段となっていた通達等について、その取扱いの見直しがそれぞれの所管省庁において行われていた。委員会は、機関委任事務制度が廃止されたこと、関与の法定主義が明確化されたこと、などを踏まえ、従前の通達等の取扱いがどのように見直されるかについて注視してきた。そこで、通達等の取扱いについて、現実にどのような点が問題となっているかを、地方公共団体側から把握したところ、概ね以下の三点が明らかになった。

(ア)　機関委任事務制度廃止後における従前の通達等の取扱いの基本方針が所管省庁から示されていないため、実務担当者の間で戸惑いが生じている。

(イ)　従前の通達等に代わって、法定受託事務の処理基準が新たに発出される場合が考えられるが、具体的に明らかにならないため、地方公共団体において独自に基準を設けてよいのかがわからない。また、発出されるはずの処理基準が発出されないため、地方公共団体側の作業が滞っている。

(ウ)　従前の通達等の中には、今後拘束力のない助言として取扱われることとされているものがあるが、それにもかかわらず、法令に基づかない国の関与を介在させる規定や法令に基づかない事務の義務付けを行う規定等がその内容に含まれている例がある。

これらについては、(ア)に関しては、それぞれの所管省庁から取扱いの基本方針が別紙一に掲げる通知等により明示されている。また、(イ)に関しても、発出予定の処理基準の概要および発出予定時期について、平成一二年一〇月及び同一三年一月、五月の三回にわたり情報提供が行われている。(ウ)に関しては、所管省庁において既に対応が講じられたものもあるが、依然として改善がなされていない事項も残っている。

(2)　法定受託事務の処理基準の取扱い

委員会は、法定受託事務の処理基準についても、作成段階において所管省庁との意見交換を行い、その内容が勧告・地方分権推進計画の趣旨に沿って作成されることとなるよう努めてきた。その結果、法律又はこれに基づく政令に根拠を持たずに、地方公共団体に対して事前協議を義務付けたり、新たな事務を義務付けるなど、そのままでは勧告・地方分権推進計画の趣旨にそぐわないと考えられる場合には、所管省庁との間で調整を行い、修正された上、処理基準の発出がなされている。別紙二は調整がなされた主要な例である。

(3)　法律・政令による法定受託事務の新設及び自治事務に係る特別の関与の新設

地方分権推進一括法及びこれに関連する政令の制定・改廃が行われた以降において、法律又は政令により、法定受託事務の新設又は自治事務に係る特別の関与の新設が行われている例があることから、これらが勧告・地方分権推進計画に示されたメルクマールに則ったものとなっているかどうかの確認を行った。結果は別紙三のとおりであるが、大半はメルクマールに照らして妥当なものであったが、一部今後検討の余地もあるのではないかと考えられる事例が見られた。

2　第二次地方分権推進計画の措置状況

(1)　直轄事業・直轄公物の縮減の状況

国の直轄事業及び直轄公物の範囲については、全国的な見地から必要とされる基礎的又は広域的事業に限定することとし、これらの範囲については客観的な基準などにより明確化するとともに、当該基準に基づき、中央省庁等のスリム化の観点からも、その範囲の見直しが求められていた。

個別事業に関して、一級水系の指定の基準、河川及び道路の直轄管理区間の基準、港湾の直轄事業の実施基準の具体化、治山の直轄事業の基準の明確化及び採択基準の引き上げ、並びに砂防及び海岸の直轄事業の採択基準の引き上げを行うこと、また、一級水系や河川及び道路の直轄管理区間の点検と見直し、砂防、海岸、港湾、農業農村整備及び治山の直轄事業の点検と見直しを行うこと、さらに、一級水系から二級水系への変更や道路の指定区間の指定及び廃止、砂防及び治山の直轄事業範囲・直轄箇所の指定及び引継ぎにあたって関係地方公共団体からの意見を聴取することの明確化などが求められていた。

併せて、直轄公物の管理に際しての市町村等の参画の拡大のための措置を講ずることとされていた。

また、直轄事業及び直轄公物の範囲の基準の基本的事項等については法令に明示する措置を講ずることとされていた。

このうち、基準の見直し等に関しては、一級水系の指定、河川及び道路の直轄管理区間に関して、関係審議会の答申を経て、基準が示されるなどしているが、それらの基準の基本的事項等を法令に明示する点については、現在作業が行われているものの明示されるには至っていない。

また、河川及び道路の直轄管理区間等の点検と見直しについては、現在見直し作業中であり、どの程度縮減するかは明らかにされていない。

関係地方公共団体からの意見聴取手続については、その方針が明示されてはいるものの、道路及び砂防に関しては、法令化などによる制度的な明確化のための対応までは行われていない。

市町村等の参画の拡大については、河川については法律上の措置がなされたが、道路については国からの通知によりその方策が地方公共団体に示されているものの、法令化などによる制度的な明確化のための対応までは行われていない。

(2) 統合補助金の制度内容及び運用状況

統合補助金については、箇所付けしないことを基本として制度が構築され、運用がなされることが求められていた。所管省庁からのヒアリング及び事務局による実態調査を踏まえると、制度の面においては、第二次地方分権推進計画に沿った内容となっており、また運用の面においても、事業計画に従った補助金交付申請は申請どおり交付決定されており、交付決定後の事業箇所・内容等の変更も事業計画に適合している限り申請どおり認められている。また、変更手続が不要となる「軽微な変更の範囲」が拡大され、箇所間の流用が容易になっている。

別途地方六団体地方分権推進本部が調査したところによると、地方公共団体側からは、対象事業の一層の拡大、「軽微な変更」の更なる拡大、国側窓口の一本化の推進などが求められているとのことであった。

統合補助金は、平成一二年度が初年度であるので、制度内容・運用状況ともに今後改めて評価がなされるものと考えるが、第二次地方分権推進計画の趣旨を踏まえ、地方公共団体の要望に応えつつ、実施されていくべきものと考える。

(3) 地方道路整備臨時交付金の運用改善

国が箇所付けをしないことを基本とし、交付決定後の個別箇所間の流用は、整備計画の範囲内であれば申請どおり認めること、変更手続が極力不要となるよう、「軽微な変更」の範囲を拡大することが求められていた。

交付決定後の個別箇所間の流用は、整備計画の範囲内であれば申請どおり認められており、また、新たに要素事業の工事費の三割を越える変更であっても、交付金の額に変更を生じなければ、一部を除いて「軽微な変更」とされ、「軽微な変更」の範囲も拡大されている。

(4)　各種開発・整備計画の見直しの状況

国土総合開発計画等の見直しについては、国土審議会において検討しその結果を踏まえて結論を得るとされ、全国総合開発計画の対象となる事項の重点化、全国総合開発計画は地方公共団体が主体的に地域づくりを進める上での指針とすることの法制上の明示、計画策定過程における地方公共団体からの意見聴取の仕組みの法制化、国土総合開発法及び国土利用計画法の在り方についての総合的見直し、が求められている。

これらについては、昨年一一月にほぼ対応した国土審議会政策部会・土地政策審議会計画部会審議総括報告が出され、担当省庁は引き続き国土審議会において検討を進め、結論を得て法制化の作業を行っていくとのことである。

大都市圏整備計画等の見直しについては、関係都府県が計画に盛り込む内容の案を作成すること、及び計画作成に係る地方公共団体の事務の合理化、が求められている。

このうち事務の合理化については平成一一年から取り組まれており、また地方公共団体による計画に盛り込む内容の案の作成については、既に近畿圏基本整備計画について関係府県が作成した計画に盛り込む内容の案に基づき策定され、今年策定される首都圏整備計画についても関係都県が計画に盛り込む内容の案を作成することとされている。

条件不利地域振興計画の見直しについては、地方公共団体の自主的・主体的な取組みを促進するための方策の検討、計画作成を市町村が行う方向での検討、本省と地方支分部局での手続の重複の回避、複数省庁にまたがる場合の事務手続の簡素化、今後原則として法期限を設けること、が求められている。

このうち、過疎地域活性化特別措置法については第二次地方分権推進計画以降に終期が到来し、その後新たに制定された過疎地域自立促進特別措置法においては、市町村が計画策定することとされ、その他の項目についても必要な見直し等が進められている。

モデル型地域振興計画の見直しについては、新産業都市建設促進法・工業整備特別地域整備促進法の平成一二年度末の廃止を含めた抜本的見直し、本省と地方支分部局での手続重複の回避、複数省庁にまたがる場合の事務手続の簡素化、が求められている。

このうち、新産業都市建設促進法・工業整備特別地域整備促進法については国土審議会の答申が「一二年度末に廃止すべき」と結論付け、既に廃止されている。

3　意見（平成一二年八月八日）の措置状況

(1)　国庫補助負担金の整理合理化と当面の地方税源の充実確

保策

① 国庫補助負担金の区分の明確化と整理合理化

意見において示された区分に従って、この区分を適切な方法で明記すること、区分に応じた地方財政法等の規定等の整理が求められていた。

また、区分に応じた国庫補助負担金の整理合理化を平成一三年度予算から進めること、制度的に検討すべきものを除いた国庫補助金を対象とする国庫補助金削減計画の策定、また策定にあたって、制度的に検討すべき国庫補助金の範囲を必要最小限度のものとすべきこと、が求められていた。

このうち、区分に応じた地方財政法等の規定等の整理については、既に平成一三年通常国会において改正がなされているものの、区分を適切な方法により明記することについては、未だなされていない。

また、平成一三年度当初予算における国庫負担金は一六二、一七九億円で対前年比三・八％の増、国庫補助金は四一、二九〇億円で同〇・二％の増となっている。

削減計画に関しては、従来制度的に検討すべき補助金に分類されていたものの一部がその他補助金に移し替えられ、また、平成一三年度当初予算におけるその他補助金は対前年比一七・七％の減となっているが、求められている国庫補助金削減計画は未だ策定されてはいない。

② 維持管理費に係る国直轄事業負担金の見直し

段階的縮減を含めた見直し及び負担金の内容と見直しの状況についての積極的公開が求められていた。

段階的縮減を含めた見直しについては、国家公務員の退職手当が雇用保険法の失業給付に満たない場合にその差額分を特別の退職手当として給付する失業者退職手当等の財源に係る経費に関して、平成一三年度より地方公共団体の負担の対象から外す等の取組みが行われたところである。また、負担金の内容の公開については、地方公共団体との協議会等を通じて改善に向けての一定の取組みはなされているが、例えば、地方公共団体に対する積算通知の仕組みの構築といった取組みが十分に行われているとは見受けられない。

③ 国庫補助負担金の運用等についての改革措置

従来から行われている超過負担の解消のための共同実態調査に加えて、各省庁自らがそれぞれ所管する国庫補助負担金について早急に具体的な措置を講じる仕組みを構築することが求められていたが、この点についての取組みが行われているようには見受けられない。

④ 法人事業税への外形標準課税の導入

地方税として望ましい方向の改革であり、早期に導入を図ること、導入は地方税法を改正して全ての都道府県において共通して実施することが求められていた。昨年一一月には中小法人や雇用への影響にも配慮した実現可能な具体案として自治省案が示されたものの、未だ全国共通の外形標準課税の導入に至っていない。

(2) 法令による条例・規則への委任のあり方

地方自治法第一四条第二項の趣旨に照らし、地方公共団体が法令の委任を受けて、義務を課し又は権利を制限する内容を定めることとなる場合について、国の立法のあり方として、地方公共団体が「条例」という法形式で当該事項を定めることを前提とすべきとし、平成一三年通常国会に所要の改正法案を提出することが求められていた。このため、平成一三年三月に改正法案が提出されている。

なお、政府の取りまとめにおいて「別途検討するものとする」とされていた都道府県公安委員会の規則等への委任については、意見は「個別の法令により権利義務規制を行うための基本的な規範の定立を地方公共団体の法規に委任する場合には、規則等ではなく条例に委任することを原則とするとの考え方を十分に尊重すべきである。」としていた。

(3) 個別法に関する諸点

廃棄物の処理及び清掃に関する法律については、抜本的な制度改正を行い、廃棄物処理行政における国、都道府県及び市町村のそれぞれの責任分担の明確化を行うことが求められており、また漁港法については、国は漁港等の整備に係る基本方針と長期の目標及び事業量を定め、個別の漁港の整備計画については漁港管理者である地方公共団体が主体的に定めることとするよう制度を抜本的に見直すことが、さらに道路運送法については、交通空白地帯における地方公共団体によるバスの運行の法制度上の位置付けを明確にすべきことが求められていた。

漁港法については、意見の趣旨を踏まえた改正が今国会において審議されており、また道路運送法については、道路運送法及びタクシー業務適正化臨時措置法の一部を改正する法律の施行（平成一四年二月一日）に向け、包括許可制度を法制上明確に位置付けるための省令改正を行うこととなっているが、廃棄物の処理及び清掃に関する法律についてはその後特段の措置がなされていない。

4　市町村合併の推進についての意見（平成一二年一一月二七日）の措置状況

委員会の意見では、自主的合併の促進を基本としつつ、合併支援体制の整備、住民発議制度の拡充と住民投票制度の導入、合併推進についての指針への追加、財政上の措置、旧市町村等に関する対策、情報公開を通じた気運の醸成を求めていた。

これに対する政府の取組みとしては、合併支援体制として、総務大臣を本部長とする市町村合併支援本部を内閣に設置している。

住民発議制度の拡充と住民投票制度の導入については、改正法案を国会に提出している。

指針については、新たな指針において、都道府県が全庁的な支援体制を整備し、合併重点支援地域を指定することを要請するとともに、合併協議会設置勧告の基準を明示している。

財政上の措置としては、合併後の新たなまちづくりや公共料金の格差調整等についての包括的な特別交付税措置、合併移行経費に対する特別交付税措置を創設し、都道府県体制整備費補助金を創設している。さらに、合併後に地方税の不均一課税ができる期間の合併年度及びこれに続く五年度への延長、同期間における課税免除の特例の創設、合併後の事業所税の課税団体の指定の延期（最長五年間）、について改正法案を提出している。

旧市町村等対策としては、新たな指針において、合併後の支所・出張所、地域審議会及び郵便局の活用、「わがまちづくり支援事業」の活用、合併に伴う市町村議会議員の選挙区の特例規定の活用を明示している。また、「地方公共団体の特定の業務の郵政官署における取扱いに関する法律案」が国会に提出されている。

気運の醸成については、新たな指針において、合併に関する住民への積極的な情報提供を行うよう明示されている。また、「二一世紀の市町村合併を考える国民協議会」が民間主導で設立されている。

5　その他

（地方公共団体に対する補助的な事務処理の依頼）

地方公共団体が調査を行ったところによると、国が各種の実態調査などを行うにあたって、地方公共団体が補助的な事務処理を行うよう、通知、依頼文書等を通じて地方公共団体に依頼しているケースが、相当数あることが判明している。その形態としては、国が全国調査を行うにあたって、調査表の作成及び提出を地方公共団体に依頼するもの、あるいは、市町村への調査表の送付及びその後の取りまとめを都道府県に対して依頼するものなどがあり、またその根拠付けに関しては、地方自治法第二四五条の四の資料の提出要求を根拠として行うもの、国が地方公共団体と委託契約を締結した上で行うものなど、さまざまである。

このほか、計画上は廃止の扱いになっていたにもかかわらず、所管省庁において、当該事務について「協力連携事務」という独自の事務区分を設けるかのように、市町村の自主的・自発的な協力を前提に引き続き市町村に協力を求める動きがあったため、委員会の指摘に従って、調整を行った事例もあった。

地方公共団体に対する補助的な事務処理の依頼については、機関委任事務制度が廃止されたにもかかわらず、従前どおり国が地方公共団体をその手足として活用しているということも考えられるので、地方分権推進一括法の施行により国と地方公共団体が対等・協力の関係となったことに照らして妥当なものなのかどうか、引き続き調査・検討が行われるべきであると考える。

Ⅱ　監視活動に基づく要請

1　機関委任事務制度の廃止に伴う国の対応措置等について

(1)　通達等の取扱いについて

拘束力のない助言として取り扱うこととされているにもかかわらず、法令に基づかない国の関与を介在させる規定や法令に基づかない事務の義務付けを行う規定等が含まれている事例（別紙四参照）に関し、未だ所管省庁において改善がなされていないものについては、地方分権推進一括法の趣旨を踏まえて、削除等所要の措置を講じる必要がある。また、今回は地方公共団体から指摘がなかったものの、同様の問題を有するものが他にもあると考えられるので、随時所管省庁において適切な措置を講じていく必要がある。

さらに、今後新たに発出されることとなる助言や処理基準においても同様の問題が生ずる可能性があるので、法令に基づかない国の関与や事務の義務付け等が行われないよう引き続き監視を行っていくための仕組みを構築する必要がある。

(2)　法定受託事務の処理基準の取扱いについて

関係省庁が法定受託事務の処理基準を発出する旨を明示していたにもかかわらず、地方分権推進一括法施行から既に一年以上が経過して未だ発出されていないものも見られる。発出するとされていた処理基準が発出されないことは、地方公共団体の事務処理に支障を来たすこととなるので、該当する省庁においては早急に処理基準を発出すべきである。

(3)　法律・政令による法定受託事務の新設及び自治事務に係る特別の関与の新設について

委員会は、機関委任事務制度の廃止に当たり、地方公共団体の事務を新たに自治事務と法定受託事務に区分したが、その際原則自治事務とすることとし、法定受託事務については、その定義とメルクマールを定めた上で、これらの基準に合致するものについてのみ法定受託事務と整理してきた。また、自治事務に係る特別の関与についても、国がこのような関与を行うことができる場合は例外的なものに限定すべきであるとの考えに基づき、その類型を示した。

これらのメルクマールは政府が閣議決定した地方分権推進計画に掲載されているが、法令上の位置付けが行われていないこともあり、ともすると法定受託事務の新設や自治事務に係る特別の関与を極力抑制していこうとした本来の趣旨が貫徹されない恐れもなしとしない。したがって、今後とも適切な監視が行われていく必要がある。

2　第二次地方分権推進計画の措置状況について

(1)　直轄事業・直轄公物の縮減について

①　河川及び道路

一級水系並びに河川及び道路の直轄管理区間の点検と

見直しについては、「平成一二年度中を目途に関係地方公共団体との調整を進める」とした第二次地方分権推進計画の趣旨を尊重し、関係地方公共団体との調整を急ぐとともに、当該基準の基本的事項等については、早急に法令に明示する措置を講ずるべきである。

また、道路については、指定、廃止に際しての関係地方公共団体からの意見聴取手続について、第二次地方分権推進計画上は明示的に法令化するとはされていないが、制度的なものにするため、法令化について検討するとともに、直轄公物の管理に際しての地元市町村の参画の拡大についても、河川と同様に法令に明示することについても検討すべきである。

② 砂防

直轄事業範囲の指定及び地方公共団体への引継ぎに際しての関係地方公共団体からの意見聴取手続について、第二次地方分権推進計画上は明示的に法令化するとはされていないが、制度的なものにするため、法令化についても検討すべきである。

なお、直轄事業・直轄公物の縮減に伴う地方への委譲については、受け手となる地方公共団体から、適切な財源措置の必要性について強い要望が表明されてきた。この点については、地方分権推進計画において「国から地方公共団体への事務・権限の委譲が行われた場合には、地方公共団体が事務を自主的・自立的に執行できるよう、地方財政計画の策定等を通じて所要財源を明確にし、地方税・地方交付税等の必要な地方一般財源を確保する」こととされており、さらに第二次地方分権推進計画においても「直轄事業及び直轄公物の見直しに伴い、地方公共団体が担う事務事業が増大する場合、地方財政計画の策定等を通じて所要財源を明確にし、これに必要な地方税・地方交付税等の地方一般財源を確保する」こととされていたものであり、適切な財源措置が講ぜられるべきことは当然である。

(2) 各種開発・整備計画の見直しについて

① 国土総合開発計画等及び大都市圏整備計画・地方開発促進計画

第二次地方分権推進計画に対応した国土審議会政策部会・土地政策審議会計画部会審議総括報告（昨年一一月）の趣旨を十分に踏まえ、引き続き国土審議会において検討を進め、結論を得て法制化を図るべきである。

大都市圏整備計画及び地方開発促進計画についても、上記報告の趣旨を踏まえ、関係都府県が計画に盛り込む内容の案を作成し、国がこの案に基づいて必要な追加及び修正を行い、決定する仕組みとすべきである。

② 条件不利地域振興計画及びモデル型地域振興計画

条件不利地域振興計画については、各法律の終期において、引き続き第二次地方分権推進計画を踏まえ、当該立法の意義・必要性の再検討を行うべきである。特に山村振興法については、旧市町村の区域を単位とする山村振興計画について、計画の作成は市町村が行い、この計画に対する同意を要する協議は都道府県が行う方向で検討することとすべきである。

同様にモデル型地域振興計画についても、施策の開始後一定の期間を経過した後に当該施策の在り方を再検討すべきである。

3　意見（平成一二年八月八日）の措置状況について

(1)　国庫補助負担金の整理合理化と当面の地方税源の充実確保策について

①　国庫補助負担金の区分の明確化と整理合理化

国庫補助負担金の区分について、一部未調整とされていたものについては、委員会の意見において国庫補助金として判断しており、これに従って整理を終えるとともに、区分の結果について、速やかに適切な方法により明記すべきである。

また、区分に応じた国庫補助負担金の整理合理化を早急に進めるとともに、制度的に検討すべきものとされた補助金を除いた国庫補助金を対象として、一定期間、各年度の国庫補助金の削減率を定める国庫補助金削減計画を策定し、同計画を早期に実施すべきである。制度的に検討すべき国庫補助金の範囲については、引き続き必要最小限度のものとするよう努めるべきである。

②　維持管理費に係る国直轄事業負担金の見直し

維持管理費に係る国直轄事業負担金について、二度にわたる地方分権推進計画及び委員会意見において、再三にわたって、同種の地方公共団体の行う事業に対する国の負担との均衡、建設事業費と維持管理費の均衡、維持管理の形態、地域の受益と広域的効果等を総合的に勘案し、段階的縮減を含めた見直しを行うとしている点を十分に踏まえ、早急に見直しを行うべきである。

また、負担金に関する透明性を高めるため、負担金の内容、特にその積算内訳について積極的に公開していくべきである。

③　国庫補助負担金の運用等についての改革措置

超過負担の解消に向けて、補助金等適正化中央連絡会議などを活用して情報交換を行い、各省庁自らが、それぞれ所管する国庫補助負担金の運用等の実態を把握し、早急に具体的な改革措置を講じることのできるような実効性ある仕組みの構築を行うべきである。

(2)　法令による条例・規則への委任のあり方について

法律改正に続き、委員会意見において示した基本的な考え方に基づく所要の政令改正を速やかに行うべきである。

また、政府の取りまとめにおいて別途検討するものとするとされていた都道府県公安委員会の規則等への委任についても、個別の法令により権利義務規制を行うための基本的な規範の定立を地方公共団体の法規に委任する場合には、規則等ではなく条例に委任することを原則とするとの考え方を十分に尊重し、今後の検討を進めるべきである。

(3) 個別法に関する諸点について

廃棄物の処理及び清掃に関する法律については、処理施設の不足や不法投棄の多発など廃棄物処理が喫緊の行政課題となっている現状を直視し、廃棄物処理行政の抜本的な見直しを行い、国、都道府県、市町村のそれぞれの責任分担の明確化を図るべきであるとした委員会意見を踏まえ、早期の対応が必要である。

Ⅲ　今後の監視活動のあり方

以上指摘したとおり、現時点において十分に措置がなされていない事項があるので、これらの点については、今後政府による取組みを促していくための仕組みが必要である。

また、地方分権推進計画上、平成一三年度以降に措置されることが予定されていた事項（暫定法定受託事務の取扱い等）については、然るべき時期に政府による取組みを促していくことが必要である。

さらに、今後法律、政令、更には処理基準等が制定、あるいは改正される場合には、新たな法定受託事務や国の地方公共団体に対する関与等が設けられるケースが多々想定される。その場合には、累次の委員会の勧告や地方分権推進計画で示されている考え方が適切に尊重される必要があり、法定受託事務が創設される場合にそれがメルクマールに則っているかどうかなど、監視していくための体制が必要である。

従前の通達等の取扱いについても、今回地方公共団体側からの意見をもとに、所管省庁に対して改善を求めてきたが、今後も地方公共団体自身が適切な監視活動を行い、それをもとに問題点が提起される場合には、同様の働きかけを行っていくための体制が必要になる。

第三章　第二次分権改革の始動に向けて
――地方税財源充実確保方策についての提言――

Ⅰ　地方税財源充実確保の基本的視点

1　地方税源充実への取組みに関する基本的方向

(1) 地方税源については、地方分権を更に推進するため、既に第二次勧告等で述べたように、地方の歳出規模と地方税収との乖離の縮小、住民の受益と負担の対応関係の明確化などの観点から、その充実確保を図っていくべきである。

地方歳出と地方税収の乖離縮小のためには、歳入・歳出両面の見直しが必要であるが、歳入面に関しては、基本的に歳入の質を第一に考え、歳入面での自由度を増し、地方歳入中に占める一般財源、特に地方税収入の割合を高めることで受益と負担の関係を強化することができる。地方公共団体の施策の実施に必要な財源の相当部分は当該地域からの税収で賄い、財政力の弱い地域には一般的な財政調整制度で対応し、個別事業に係る国庫補助負担金は真に必要なものに限るという方向が、望ましい方向である。

(2)　歳入面での自由度を増す観点から、地方税収入の割合を高めていくことは、現在の国・地方を通ずる厳しい財政状況等を踏まえた観点に照らしても、必ずしも地方公共団体の歳入の量自体を増やすことを意味するものではない。国・地方を通じた現在の租税負担率に制度的変更を加えない前提で地方税源の充実を行うためには、国から地方への税源移譲により地方税源の充実を図っていく必要があり、その際には、税源移譲額に相当する国庫補助負担金や地方交付税の額を減額するなどにより、歳入中立を原則とすべきであると考える。

(3)　また、歳入面の見直しと併せて、歳出についても、国の関与の廃止・縮減や法令等による歳出や事務事業の義務付けの見直しを行い歳出の自由度を高めていくことが必要であり、これにより歳入・歳出両面の自由度を併せ増していくことが地方分権の実現にとって不可欠な要素である。

2　地方税源充実の理由と考慮すべき事項

(1)　このように地方の自主財源である地方税源の充実を必要とする背景としては、画一から多様へという流れの中で、自立性を高める方向での制度設計の選択が迫られていることが挙げられる。また、真の意味の地域社会の活性化も、こうした自立性を高める制度改革により促進されることになる。

(2)　わが国は、国・地方を通ずる長期債務残高が平成一三年度末で六六六兆円に達することが見込まれるなど、国・地方ともに極めて厳しい財政環境にあり、財政構造改革の実現が大きな課題となっている。また、わが国の置かれている経済環境を見た場合、右肩上がりの経済成長の終焉、少子高齢化の進行を考えれば、国全体の資源配分という観点からも、新たな国・地方間の財政関係の仕組みの構築が必要とされている。地方税源をより多くすることで、受益と負担の意識が高まり、その結果、国全体の資源配分も適正化されていくものと考えられる。

行政サービスの受益と負担の関係を明確化するほど、地域で求められる福祉水準をいかに効果的に達成できるかという自治体間の知恵の競争が活発化することになる。また税財政面の自己決定権の拡充及びその発揮により、住民の声が地域の行政サービスのあり方に反映されやすい仕組みができあがることにもなる。

(3)　他方で、障害者福祉、生活保護、義務教育など国がどこまで画一的に基準を定めるべきかという点について見直しの必要性はあるにせよ、そのコストについて社会全体で支えるべき分野もある。また、地域によっては、自主税源だけでは地域の最小限の行政水準さえ賄えない地方公共団体が出ることが予想されるため、地域社会の存立という理念にも配慮し、財政調整制度を活用していく必要がある。

(4)　なお、地方分権時代の行政の主役である地方公共団体の側においても、少子高齢社会を迎える中、合併及び行政改革の推進等により、新しい時代の地方自治の担い手としてふさわしい行政体制を整備することが併せて必要であることはもちろんである。また、地方行財政運営についても更なる厳しさが求められている。

3　地方税源の充実と財政構造改革

(1)　地方財政の急速な悪化は、個々の地方公共団体の財政事情については、個々の地方公共団体の財政運営の取組みによる場合もあるが、地方財政全体としては、国の経済政策の中で、公共事業の拡大や減税に対する協力を求められ、地方公共団体もこれに応じてきたことが主要な要因となっており、他の先進国において、地方公共団体がわが国のような規模で財政赤字と借金を背負っている例はない。

(2)　今回委員会で検討の対象とした地方税財源の確保方策の基本的目的は、地方の収入を増やすことではなく、収入の質の転換を図ることにある。収入の質の転換を図ることにより、住民に身近なところで歳出チェックがより厳しくなることもあって、国・地方を通じての歳出抑制効果が働き、国民全体の負担もむしろ軽減されることになる。したがって、税財源の地方分権は、国・地方を通ずる行財政全体の構造改革にとっても重要な要素であり、むしろ不可欠の手段だといえる。

その意味で、今後その具体策の検討に当たり、少なくとも地方税源充実の選択肢とそれに対応する留意事項などについて、財政構造改革の議論等との整合性も踏まえつつ、十分に検討しておく必要がある。

(3)　なお、国・地方を通ずる構造的財源不足の解消方策について、今後、財政構造改革の議論の中で検討していく必要があるが、今後二一世紀において地方公共団体が果たしていく役割の重要性等に鑑み、地方歳出と地方税収の乖離の縮小、今後の国と地方の役割分担のあり方、財政状況等を踏まえつつ、租税負担率を見直す際には地方税源への配分について特に重視していく必要があると考える。

II　地方税源の充実策

1　地方税充実確保の方向

(1)　地方税源充実は、税源の偏在性が少なく、税収の安定性を備えた地方税体系を構築していくという方向で考えるべきであり、特に税源移譲に伴う地方財源の偏在を抑制するためにも、地域的偏在の少ない地方税体系構築が必要である。

(2)　この場合、地方公共団体の自己決定、自己責任の拡充及びその発揮を税財政面において適切に担保していくためには、地方税の中でも特に基幹税目の更なる充実が不可欠である。

地方税の基幹税目の充実に当たっては、個々の税目の充実方策を検討することが必要であり、実際にそれらをどのように組み合わせどのようなタイミングで地方税源充実を図るのかが重要な課題である。

(3)　三三〇〇弱の地方公共団体のうち、不交付団体が数えるほどしかないということは、現在の地方自主財源の乏しさを象徴している。地方税源の充実により、地方公共団体の自主税財源比率を高めることは望ましいが、一方でその具体的目標数値を計数的に示していくのは困難でもある。また、不交付団体数の目標設定も困難ではあるが、少なくとも、できるだけ不交付団体の数が増加するような姿が望ましい。

(4)　以上のような観点を踏まえ、地方分権を更に推進するため、個別税目について次のような具体的充実の方向が必要であると考える。

(個人住民税)

個人住民税については、都道府県、市町村にとっての基幹税目として更なる充実を図るべきである。国・地方の個人所得課税のあり方については、国の所得税が所得再配分機能などを担う基幹税であることに留意しつつ、全体としての個人所得課税の税負担に変更を加えないとの前提の下で、税源移譲により、個人住民税の最低税率を引き上げることにより、個人所得課税に占める個人住民税の割合を相当程度高めていくことが望ましい。その際には個人住民税のより比例的な税率構造の構築と課税ベースの拡大により、広く住民が地域社会のコストを負担する仕組みとすべきである。また、均等割の水準についても、過大な負担とならないよう配慮しつつ、見直しを図る必要がある。

(地方消費税)

地方消費税については、今後の消費税のあり方の議論の中で、福祉をはじめとする幅広い財政需要を賄う税として、その位置付けを高め、その充実を基本に検討することが適当である。この場合、地方交付税原資として組み入れられている消費税の一定部分を地方消費税に組み替えることも検討すべきである。

(固定資産税)

固定資産税については、資産の保有と市町村の行政サービスとの間に存在する一般的な受益関係に着目して課税されるものであり、応益性という地方税の基本的性格を具現したものであるとともに、市町村財政を支える基幹税目であり、引き続きその安定的確保に努めていくべきである。

(法人事業税)

法人事業税については、税負担の公平性、税の性格の明確化、基幹税の安定化、経済の活性化等の観点から、外形標準課税の導入が必要であり、昨年一一月自治省から提示された具体案は、課税標準として法人の生み出す付加価値を的確に捉え、現在の所得課税に比べ、薄く、広く、公平な課税を図ろうとするものであって、現行の所得課税よりも優れている。今後、これまでの議論を参考にしつつ、外形標準課税の早期導入を図るべきである。

（個別間接税）

たばこ税などの個別間接税については、偏在が少なく地方税になじむ税源であり、国税からの税源移譲を含め、その充実を図るべきである。

（環境関連税制）

国・地方を通じた環境関連税制の検討に当たっては、地方公共団体が環境対策面において果たしている役割を踏まえた対応が必要であり、地域的環境問題はもとより、地球環境問題についても、地方公共団体が地球温暖化対策の面でも相当な役割を担っていること、流通・消費段階で課税される場合に、用途に応じた課税措置が可能となること、さらに消費者へのインセンティブ効果が期待されること等の観点から、地方税での対応も考えていくべきである。また、課税自主権の活用により、有効に対応できる分野もあると考えられる。

2　課税自主権の尊重と租税原則

(1)　地方税源の充実・確保のためには、法定税の充実を図るとともに、自主課税の努力が必要である。この自主課税については、法定外税のほか、超過課税などの活用についても幅広く検討していくべきである。

国・地方を通じ主要な税源は法定税目とされており、課税自主権の発揮のみで地方税源を量的に拡充することには限界もあるが、独自課税については、制度立案の過程で、納税者を含めた関係者の意見を聞き、受益と負担の関係をより意識する議論が行われるという意義も評価すべきである。地域の特色を踏まえた独自税源の充実が、地方公共団体の行政運営に対する住民の参加と関心を呼び起こす契機ともなる側面を考えれば、地方独自税源開拓の意義は大きい。

(2)　自主課税の実施に当たって、対象を法人等に限定して負担を求めるという傾向には留意が必要であり、また、独自課税を検討する場合にも、負担の公平等の租税原則等との関係を十分に踏まえ、納税義務者等に対する十分な説明を行い、理解を得るように努める必要があることは言うまでもない。

3　地方税務執行面の機能の充実

今後の地方税源充実を考えるに当たり、地方税務執行面のサポートを強化するための研修・執行機能の充実についても検討を行っていくべきである。

Ⅲ　地方税源充実に伴い発生する偏在問題

(1)　地方税源の充実を行う場合、地域ごとの税収の偏在は大きな問題となる。歳入中立の前提で税源移譲を行うこととすると、財政力の高い団体に帰属する税収分についてはそれ以外の団体に回る収入が減ることとなる結果、団体によっては、全体としての財源が減るということになる。もちろん個々の団体の増減は、歳入中立の下でも設定条件の置き方次第で異なってくる。

(2) 税源移譲による地方税の増収がある程度地域的に偏在するのは不可避であるが、できるだけ偏在の少ないものとする必要がある。税制面においては、偏在の少ない税目を中心に税源移譲を考えることが重要であり、また法人事業税の外形標準化により税収の偏在が緩和される効果も期待できる。

(3) また、財源面の格差については、従来の財政調整制度による対応に加え、税源移譲の規模によっては、さらに、新たな財政調整の仕組み、巨大都市の地方税財政制度のあり方などの検討も今後考える必要がある。

Ⅳ　地方税源充実に対応する国庫補助負担金、地方交付税等の改革

1　基本的考え方

税財政面での地方の自己決定権の拡充には、地方税源の充実を図る一方で、地方歳出に対する国の関与や法令等による歳出、事務事業の義務付けの廃止・縮小が必要であり、歳入・歳出の両面での自己決定権の拡充及びその発揮こそが真の意味での地方自治を可能ならしめるといえる。そして、地方税源充実に伴う国の地方への移転的支出の削減に当たっては、まず国の関与の強い特定財源である国庫補助負担金を対象にすべきである。

2　国庫補助負担金の改革の方向

(1) 国庫補助負担金を通じて、これまで、全国くまなくナショナルミニマムの行政水準を浸透させてきた効果は認められる。一方で、国庫補助負担金は、コスト意識の希薄さや責任の所在の不明確さなど様々な問題を発生させており、また、受益と負担の乖離により、中には必ずしも地域の行政需要に合致しないものも行われてきている。

(2) 国庫補助負担金は真に必要なものに限定し、それ以外のものは廃止することを原則とした上で、引き続き当該事務事業の実施が必要な場合には、所要の財源を地方一般財源に振り替えていくべきである。そのうち国庫補助金については、第二次勧告等に沿って整理合理化を行うべきである。国庫負担金については、国と地方の役割分担を整理する中で、対象となる分野の限定、あるいは事業の重点化を図っていく必要があり、大幅な整理も視野に入れるべきである。

国庫補助負担金の内容の改善として、包括交付金化、統合補助金の大幅拡充などについても広く検討すべきである。

(3) 国庫補助負担金の抜本的な整理合理化により、各種補助金関連業務の縮減、簡素化等が図られ、国・地方を通じた行政のスリム化にも大きな効果をもたらすことが想定される。

3　地方交付税の改革の方向

(1)　税源移譲による歳入中立の前提の下での地方税の充実に伴い、地方交付税の総額は減少することが見込まれるが、地域間の税源の偏在により、財政力の格差が拡大する可能性があることから、財政力の格差を是正するという地方交付税制度の役割は依然として重要であると考えられる。

(2)　これまで地方交付税は、国で定めた一定水準の行政サービスを国民が全国どこで生活しても享受できるようにし、その結果として地域社会の存立基盤を守ってきた。

その一方で、行政サービスと自己負担の間の緊張関係が損なわれ、地方歳出の拡大を招いているのではないかとの指摘がなされ、地方交付税を大きく縮小すべき、あるいは現行の地方交付税制度による財政調整は手厚すぎるものとなっているので、人口一人当たりの税収格差の是正のレベルに留めるべきではないかとの指摘が行われている。

これらの指摘に関しては、地方交付税の主要な機能は、国が法令や予算により定めた政策を財源的に担保することであり、この財政需要は必ずしも人口比例ではない以上、一人当たりの税収格差是正では不十分であるという問題がある。このため、地方交付税の総量の縮小や配分基準の簡素化の議論は、法令による歳出や事務事業の義務付け、補助負担金等による国の関与の廃止・縮小と一体として検討していかなければならない。

(3)　このような観点を踏まえ、社会経済情勢の変化に対応して、地方交付税の算定については、次のような見直しが必要であると考えられる。

・国による歳出や事務事業の義務付けの廃止・緩和を進めるとともに、地域の実情に即した地方公共団体の自主的・主体的な財政運営に資する方向で、基準財政需要額の算定方法のあり方の検討を行い、その一層の簡素化等の見直しを図るべきである。

・事業費補正による算定については、対象となる事業の範囲を見直し、特に必要なものに重点化していくべきである。

・行政運営の効率化・合理化の要請を的確に反映するよう見直しを図るべきである。

・地方の課税努力、税源涵養努力、独自税源充実の自助努力を更に促すような仕組みの検討を行うべきである。

(4)　また、地方交付税について、国の一般会計を通すことなく、国税収納整理資金から地方交付税特別会計に繰り入れる措置については、国の一般会計において主要税目の状況を一覧性ある形で示す必要がある等の観点から問題があるとの意見もあるが、地方の固有財源としての地方交付税の性格を明確化するために、この際検討を行うべきである。

4　地方債資金の円滑な調達

地方税源の充実確保によるこれからの税財政面での地方の自己決定権の拡充に伴い、地方公共団体が資金を安定的・円滑に調達できるよう、地方債の共同発行機関の重要性が増していくものと考えられるので、その問題についての検討が今後必要であると考えられる。

Ⅴ　今後の検討に当たって

地方税源の充実策については、現実的には、国・地方を通ずる財政構造改革の際に実施することになるものとも考えられるが、既に述べたとおり、少なくとも地方税源充実の選択肢とこれに対応する留意事項などについて、財政構造改革の議論等との整合性も踏まえつつ、十分に検討しておく必要がある。そしてその際には、国と地方の事務配分のあり方、国による地方への歳出や事務事業の義務付けのあり方も含めた地方行財政制度全般について、画一から多様へという時代の流れを踏まえつつ、地方分権推進の視点に立った具体的かつ専門的な検討を行う場が必要である。

第四章　分権改革の更なる飛躍を展望して

委員会が推進してきた今次の分権改革は、既に第一章で述べたように、第一次分権改革というべきものにとどまっている。この未完の分権改革をこれから更に完成に近づけていくためには、まだまだ数多くの改革課題が残っている。

これらを大きく分類すれば、以下の六項目に整理することができると考える。

Ⅰ　地方財政秩序の再構築

まず第一に、地方財政秩序を分権型社会にふさわしい新しい姿に再構築することである。

分権型社会にふさわしい新しい地方財政秩序を再構築していくためには、今回の委員会の提言に示されている基本的な方向、すなわち、自己決定・自己責任の原理を地方税財政の領域にまで推し広げて地方公共団体の財政運営の自由度を高めるとともに、地域住民から見てもその受益と負担の関係が分かりやすい税財政構造に改めることをもって、改革の大方針としなければならない。

このためには、現行の国税と地方税の税源配分を改め、地方公共団体の自主財源である地方税収入を充実し、その反面で国からの財政移転に依存した依存財源の規模をできるだけ縮減していかなければならない。その際、依存財源のなかでも、使途の特定された財源であるところの国庫補助負担金の縮減を優先し、ついで使途の特定されていない一般財源であるところの地方交付税の縮減を図る方途を探っていく必要がある。

地方公共団体は、自主財源である地方税収入についてその税率設定権を含む課税自主権を積極的に行使し、行政サービス水準と地域住民の地方税負担のバランスの当否を地域住民に問いかけていくべきである。わが国のこれまでの地方自治は、国の地方税法に定められた法定税をその標準税率で課税して得た地方税収入に、国から配分される地方交付税収入や国庫負担金収入、国に申請し交付を受けた国庫補助金収入などを追加した歳入の総額を、いかなる行政サービスに配分するかという「歳出の自治」にのみ専念してきた観があるが、これからの分権型社会の地方自治は、地域住民にどれだけの地方税負担を求めるのかという「歳入の自治」まで含むものでなければならない。

Ⅱ　地方公共団体の事務に対する法令による義務付け・枠付け等の緩和

ついで第二に、地方分権を実現するには、ある事務事業を実施するかしないかの選択それ自体を地方公共団体の自主的な判断に委ねることこそが最も重要であるため、地方公共団体の事務に対する国の個別法令による義務付け、枠付け等を大幅に緩和していくことである。

第一次分権改革の主要な成果の一つは、国の通達等による関与を大幅に緩和したことであるが、国の法令等（法律・政令・省令・告示）による事務の義務付け、事務事業の執行方法や執行体制に対する枠付けの緩和については、ほとんど全く手付かずに終わっている。地方公共団体の事務を文字どおりそれらしいものに変えていくためには、国の個別法令による事務の義務付け、事務事業の執行方法や執行体制に対する枠付け等を大幅に緩和する必要がある。

また、自主財源である地方税収入をこれまで以上に充実確保したとしても、その反面で国からの依存財源が縮減され、しかも国による事務の義務付けは従前どおりに続くことになれば、地方税収入はこれをすべて国から義務付けられている事務の執行経費に充当せざるを得ないことになりかねない。これでは、地方公共団体には単独事業を行う余裕がなく、独自の個性的な自治体政策を展開することは不可能になる。

さらに、国からの依存財源を縮減する方策の一環として地方交付税の大幅な減額を行おうとすれば、義務的経費の縮減を図らなければならない。そのためには、これに先立って国の法令による事務の義務付けや事務事業の執行方法や執行体制に対する枠付け等を大幅に緩和することが不可欠である。それには、全国どこでも一律に最低限度確保されるべきナショナル・ミニマムとは何かを、個別行政サービスごとに厳しく見直す必要がある。その判断基準はその時代時代の社会状況によって変わり得るものであり、不断の見直しが求められるものだからである。

Ⅲ　地方分権や市町村の合併の推進を踏まえた新たな地方自治の仕組みに関する検討

第三に、平成一七年三月までの時限法である市町村の合併の特例に関する法律（昭和四〇年法律第六号）に基づいて進められている市町村合併の帰趨を慎重に見極めながら、道州制論、連邦制論、廃県置藩論など、現行の都道府県と市区町村の二層の地方公共団体からなる現行制度を改める観点から各方面においてなされている新たな地方自治制度に関する様々な提言の当否について、改めて検討を深めることである。

委員会は当初、地方分権推進法の制定以前の段階において隆盛を極めていたいわゆる「受け皿論」をこの際は一時棚上げにし、当面は現行の地方自治制度を前提にして、この体制の下で可能なかぎりの分権を推進することを基本方針としていた。地方分権推進法の制定に至るまでの論議の過程で、その旨の合意が関係者の間に概ね成立していたと理解していたためであった。

しかしながら、市町村合併については分権改革と同時並行して推進すべしとする声が各方面で高まるばかりであった。そこで委員会としては、第一次勧告を提出した時点、すなわち機関委任事務制度の全面廃止が政府内で合意が得られる見通しが立った時点で、市町村合併問題を地方行政体制の整備及び確立方策の重要な一環として調査審議のそ上に載せることとし、第二次勧告において市町村の自主的な合併の積極的な促進方策を勧告したところである。

これから平成一七年三月までの間に市町村合併がどの程度まで進捗するのかによるが、その帰趨によっては基礎的地方公共団体である市町村のあり方にとどまらず、広域的地方公共団体としての都道府県のあり方の見直しも視野に入れた先に述べたような新たな地方自治制度に関する様々な提言がより現実性を帯びてくる可能性がある。そして、分権改革が次の第二次分権改革から更に第三次分権改革へと発展する段階になれば、地方自治制度の将来像を明確にする必要に迫られるのではないか。

Ⅳ　事務事業の移譲

第四に、ヨーロッパ先進諸国に普及しつつある「補完性（subsidiarity）の原理」を参考にしながら、市区町村、都道府県、国の相互間の事務事業の分担関係を見直し、事務事業の移譲を更に推進することである。

すでに第一章で述べたように、第一次分権改革では事務事業の移譲方策の側面ではあまり大きな成果を上げられなかった。しかしながら、ヨーロッパ評議会が制定したヨーロッパ地方自治憲章や国際自治体連合（ＩＵＬＡ）がその世界大会で決議した世界地方自治宣言では、事務事業を政府間で分担するに際しては、まず基礎自治体を最優先し、ついで広域自治体を優先し、国は広域自治体でも担うにふさわしくない事務事業のみを担うものとするという「補完性の原理」の考え方が謳われている。

わが国の事務事業の分担関係をこの「補完性の原理」に照らして再点検してみれば、国から都道府県へ、都道府県から市区町村へ移譲した方がふさわしい事務事業がまだまだ少なからず存在している一方、これまではともかく今後は、市区町村から都道府県へ、都道府県から国へ移譲した方が状況変化に適合している事務事業も存在しているのではないかと思われる。分権改革というと、事務事業の地域住民に身近なレベルへの移譲にのみ目を向けがちであるが、分権改革の真の目的は事務事業の分担関係を適正化することにあるのである。

Ⅴ　制度規制の緩和と住民自治の拡充方策

第五に、住民自治の拡充方策として、地方公共団体の組織の形態に対する地方自治法等による画一的な制度規制をどの程度まで緩和することが妥当なのか、真剣に議論することである。

地方六団体から委員会に提出された改革要望事項のなかには、地方公共団体の組織の形態に関する画一的な制度規制の緩和を求めるような趣旨のものは皆無に近かった。委員会もまた、団体自治を拡充することこそ住民自治を拡充するための先決要件であると考えてきた。その結果、第一次分権改革では住民自治の拡充を直接の目的にした勧告事項はごく少数にとどまった。

しかしながら、最近は、地方自治基本法の制定を提唱する動きや地方公共団体で自治基本条例の制定をめざす動きが一部に現れ始めている。この種の動きのなかには、米国に見られる自治憲章制度（Home Rule Charter System）に類似した発想、すなわち、地方議会議員の選挙制度及び定数、地方議会と首長の権限関係、執行機関のあり方など地方公共団体の組織の形態やその他の住民自治の仕組みを自由に選択する権能を地方公共団体に与えるべきだとする発想が窺われる。

わが国の地方分権が更に進展した状況においては、地方自治法等による画一的な制度規制の緩和を求める声は次第に強まるのではないか。第三次分権改革では、おそらく、住民自治の拡充方策が最も中心的な検討課題になるのではないかと見込まれる。

Ⅵ　「地方自治の本旨」の具体化

最後に、憲法第八章第九二条の「地方自治の本旨」の内容を具体化し、分権型社会の制度保障を確固たるものにする方策を構想することである。

憲法に第八章地方自治が新設されたことはまことに画期的なことであった。しかし、その限界面にも目を向けなければならない。何よりもまず、この第八章には第九二条ないし第九五条のわずか四か条しか設けられておらず、先のヨーロッパ地方自治憲章や世界地方自治宣言に定められている地方自治の諸原理に照らせば、そのごく一部しか定められていない。一例を挙げれば、この第八章には地方公共団体の税財政制度を規律する基本原則を定めた条項は皆無である。

しかも、その冒頭の第九二条では、「地方公共団体の組織及び運営に関する事項は、地方自治の本旨に基いて、法律でこれを定める」とされていることから、地方自治制度の制度設計はあげて国会の立法に委ねられているかのような誤解を招きかねない。もとより、これは正しい憲法解釈ではあり得ないのであって、この条項の元来の主旨を生かすべく、「地方自治の本旨に基いて」を重視する憲法解釈がさまざまに積み重ねられてきた。そしてまた、このたびの地方分権推進一括法で改正された新地方自治法の第一条の二においては、国として、地方公共団体に関する制度の策定及び施策の実施に当たって、地方公共団体の自主性及び自立性が十分に発揮されるようにしなければならない旨を定め、また第二条第一一項及び第一二項においては、地方公共団体に関する法令の規定は、国と地方公共団体との適切な役割分担を踏まえるべき旨を定めるなど、いわゆる立法原則及び解釈・運用原則が新たに織り込まれ、「地方自治の本旨」の意味内容を豊かにする方向でそれなりの努力が払われてきている。

　しかしながら、はたしてこれで万全なのであろうか。分権型社会の制度保障をより一層確固たるものにするには、この種の立法原則を更に一段と豊かに具体化していく必要があるのではないか。そうであれば、それはどのような立法形式によるべきなのであろうか。これこそ、将来の分権改革に託された究極の検討課題であろう。

Ⅱ 第一次地方分権改革後から第二次改革期関係

① 「事務・事業の在り方に関する意見」―自主・自立の地域社会をめざして―（概要）

（平成一四年一〇月三〇日 地方分権改革推進会議）

1 本意見の位置付け

○国と地方の役割分担に応じた事務事業の在り方についての意見。

○あわせて国庫補助負担事業の在り方について検討。関連する国庫補助負担金の在り方についても言及。

○各分野を聖域なく見直し。各省庁と合意した事項のみならず、合意に至らなかった事項を含め意見を提出。

2 改革の方向等

○補完性の原理」に基づく国と地方の役割の適正化

⇓ナショナル・ミニマムの達成から地域が選択する地域ごとの最適状態（ローカル・オプティマム）の実現へ

○地域における行政の総合化の推進

○地方の創意工夫の発揮と知恵とアイディアの地域間競争

○地方における自立的な財政運営が可能なシステムの形成

⇓受益と負担の関係が明確な仕組みを作ることが必要

○国の決定についての地方の参画の確保

○自主・自立の地域社会の形成

○分権型行政システムへの転換に向けた国と地方の意識改革が重要

3 今後の予定

○国の地方への関与の廃止・縮減と、それに基づく国庫補助負担事業の廃止・縮減の議論は、経済財政諮問会議を始めとする政府部内での議論へ。

○当会議の審議は次の段階に移行。本意見で示した国と地方の役割分担に基づき、国と地方の税財源配分の在り方について、基本方針二〇〇二を踏まえ三位一体で検討。地方行財政改革の推進等行政体制の整備についても検討。

4 分野別の見直し方針と具体的措置の提言

◎五分野別に、一三五項目の具体的措置を提言

社会保障

【地域における保健・医療・福祉の一層の総合化の推進の観点からの具体的措置】

○総合化等が可能な範囲の周知徹底【平成一四年度中に実施】

○総合化・統合化事例の集積と紹介【平成一五年度中に実施】
○教育・警察行政との連携・人事交流【逐次実施】
○児童虐待等についての市町村の役割の強化【平成一七年度までを目途に検討・結論】
〔幼保一元問題〕
○事例の紹介、厚生労働・文部科学省間協議の継続【逐次実施】
○幼稚園教諭・保育士の資格の一元化等【平成一五年度中に検討・一定の結論】
○幼稚園・保育所の制度の一元化【継続的検討】

【民間企業、NPO等の多様な主体の幅広い参画による共助社会の構築の観点からの具体的措置】
○公設民営に関する周知【平成一五年度に実施】
○民間主体の一層の事業参入【逐次実施】
○保育所の公設民営の促進【措置済み】
○公設民営型ケアハウスの整備促進【措置済み】
○水道事業に関する業務委託【措置済み】

【必置規制的なものの全般的、経常的な検証と見直しの観点からの具体的措置】
〔行政組織に関する必置規制の見直し〕
○児童相談所・児童福祉司を含めた児童福祉サービスの在り方についての検討【平成一六年を目途に結論・検討】
〔職員に関する必置規制の見直し〕
○任用資格の在り方の見直し【平成一八年度までを目途に実施】
○社会福祉主事に係る規定の在り方の見直し【平成一四年度を目途に検討・結論、平成一五年度を目途に実施】
○と畜検査員の在り方の見直し【平成一五年を目途に実施】
○保健所長の医師資格要件の廃止【平成一四年度中に検討開始】
〔審議会等に関する必置規制の見直し〕
○審議会等を目的別に区分の上、必置規制を全面的に見直し【平成一六年から平成一八年度までを目途に段階的に実施】

【知恵とアイディアの地域間競争を視野に入れた、国の関与の見直しによる地方の自主性・自立性の強化の観点からの具体的措置】
〔国が設定している各種最低基準等の見直し〕
○特別養護老人ホームのホテルコストの利用者負担【平成一五年度に実施】
○保育所の調理施設の見直し【平成一四年度中に実施、継続的検討】
○国が全国的に保障するサービス水準の全般的、経常的見直し【継続的検討】
○補助事業に係る統合等についての見直し【継続的検討】

① 「事務・事業の在り方に関する意見」―自主・自立の地域社会をめざして―（概要）

〔地方がより主体的に事務事業を行うための国の関与の見直し〕
○医療法人の理事長要件の緩和【措置済み】
○保育所に係る職員・施設基準の見直し【措置済み】
○児童扶養手当に関する見直し【措置済み】
○公立福祉施設の整備に対する負担規定の補助規定化【平成一八年度までを目途に実施】
○福祉事務所設置等の際の同意を要する協議の廃止【平成一八年度までを目途に実施】
○児童相談所の建築等に要する費用負担に関する同意を要する協議の廃止【平成一四年度中に実施】
○市町村の判断のみで給付可能な補装具の種目の追加【平成一五年度中に検討・結論】
○知的障害者地域生活援助事業の開始に関する厚生労働大臣の事前協議の廃止【措置済み】
〔住民により身近な行政主体への権限の移譲〕
○知事資格の養成施設の指定等の権限の移譲【平成一八年度までを目途に実施】
○障害児の施設入所決定事務の市町村への移譲【平成一八年度までを目途に検討・結論】
【社会保険分野における国・地方の関係に関する具体的措置】
○国民健康保険の保険者の在り方の見直し【平成一四年度中に検討・結論】
○介護保険の運営実績を踏まえた国の関与の在り方の見直し【逐次実施】
【地方支分部局と地方の新たな関係の構築の観点からの具体的措置】
○行政手続の地域での完結【逐次実施】
○雇用対策における積極的な情報交換等の推進【逐次実施】
○高齢者、障害者等地域性の強い施策にかかる職業紹介についての都道府県への開放【平成一四年度中に検討・結論】

教育・文化

【初等中等教育に関する国の関与の在り方に関する具体的措置】
○教科書採択地区の小規模化【一部措置済み、継続的検討】
○政令指定都市立の高等学校の設置認可の見直し【平成一五年度中に検討・結論】
○中核市立の幼稚園の設置認可の見直し【平成一五年度中に検討・結論】
○弾力化の下での多様な教育活動の事例紹介【平成一四年度から実施】
○基準の大綱化・弾力化の周知徹底【平成一四年度から実施】
○教育についての「評価と公開」等を踏まえた学習指導要領の一層の見直し【平成一四年度から検討】
【義務教育費国庫負担制度の見直しに関連する具体的措置】

○負担対象経費の見直し【平成一五年度から実施】
○客観的指標に基づく定額化、交付金化等国庫負担制度の見直し【平成一六年度、平成一八年度までを目途に見直し】
○義務教育費国庫負担金の一般財源化等【継続的検討】
○都道府県と政令指定都市間の県費負担教職員制度の見直し・学級編制の基準の設定権限の移譲【平成一五年度中に結論】
○市町村費による教職員配置【平成一四年度から実施】
〔機動的、弾力的な教員の人事・給与体系の構築〕
○円滑な人事交流を可能とする観点からの教員の給与体系の見直し【①平成一五・一六年度から実施・②平成一八年度から実施】
〔義務教育費国庫負担金の手続き簡素化に向けた検討〕
○事務手続きの一層の簡素合理化【平成一五年度から実施】
○事務手続きの電子化【平成一四年度から検討し、手続きの電子化の動向等を踏まえ見直し】
○国庫負担制度の見直しに伴う事務手続きの抜本的な簡素化【継続的検討】
【国・地方の役割分担に応じた財政的措置の在り方に関連する具体的措置】
○高校生に対する育英奨学金事業への国の関与の見直し【平成一六年度中に実施】
○法人化に伴う国立大学等と地方との連携【措置済み】
【総合行政の観点からの教育用施設の有効活用に関連する具体的措置】
○補助金等により整備された学校施設等の活用促進【平成一四年三月に措置済み】
○教育用施設の一層の有効活用【平成一四年度から実施】
【生涯学習、社会教育分野における国の関与の抜本的見直し等の観点からの具体的措置等】
○国の役割の特化【平成一五年度から実施】
○公立博物館や公民館の設置及び運営に関する基準の大綱化・弾力化【平成一四年度中に実施】
○埋蔵文化財発掘調査の費用負担に関する調整の円滑化の検討【継続的検討・実施】
【必置規制的なものの全般的、経常的な検証と見直しに関連する具体的措置】
○組織や人員に関する国の義務付けの全般的、経常的見直し【逐次実施・継続的検討】
○学校栄養職員、学校事務職員に関する国の関与の見直し【継続的検討】

公共事業

【補助事業等における国と地方の関係の明確化の観点からの具体的措置】
○公共事業再評価システムにおける補助金返還ルールの明確化と周知徹底【平成一四年度中に実施】

① 「事務・事業の在り方に関する意見」―自主・自立の地域社会をめざして―（概要）

○複数省庁が所管する公共事業における調整システムの明確化【平成一四年度中に着手】
○汚水処理に関する調整システムの明確化等【平成一四年度中に着手】
○同一法に基づく事業の地方公共団体における総合的な取組みの促進【平成一四年度中に着手】
○統合補助金の拡充、統合補助金の実態調査の実施と運用関与の改善、補助金等適正化法との関わりの点検と検討【逐次実施】

【事業主体としての国と地方の役割分担の明確化の観点からの具体的措置】

○河川・道路の直轄管理区間の指定基準の法令化【平成一四年度中に着手】
○地方公共団体と地方部局との定期的会議の開催【平成一四年度中に着手】
○地方整備局における公共事業に係る施策運営の共同点検等のための機関の設置【平成一四年度中に実施】
○直轄事業負担金を徴収する直轄事業の実施に係る地方公共団体との事前協議等【平成一四年度以降逐次実施】
○維持管理に係る直轄事業負担金の段階的縮減等【逐次実施】
○直轄事業負担金に係る事務費の在り方の見直し【逐次実施】

【社会資本の管理に係る国の関与の縮小の観点からの具体的措置】

○特定重要港湾の入港料に関する関与の見直し【平成一五年度中に着手】
○地方の有料道路料金に係る国の関与の見直し【継続的検討】
○地方自治法第二四四条の二に基づく公の施設の管理受託者の範囲の拡大【次期地方自治法改正の際に併せて実施】

【個別の公共事業分野における課題への対応】

○全国総合開発計画の簡素合理化等国土計画体系の抜本的見直し【平成一四年度中に検討、その結果を踏まえて実施】
○同意基本構想の廃止等制度の根本に立ち返った見直し【平成一四年度中を目途に検討、一定の結論】
○都市計画及び農地転用の制度改正の状況の速やかなフォローアップ等の実施【平成一六年度以降を目途に実施】
○特例市等への農地転用の権限移譲の在り方の検討【平成一六年度以降を目途に実施するフォローアップの結果に応じて検討】
○農地制度の見直し【平成一四年度中に検討、一定の結論】
○人口要件の引下げ等による特例市等の拡大による開発許可権限の移譲【平成一四年度中に検討に着手】
○三大都市圏の既成市街地、近郊整備地帯における都道府県と市町村の都市計画制度に係る役割分担の在り方、権限移

譲等の検討【平成一六年度以降を目途に実施するフォローアップの結果に応じて検討】
○河川に係る地方公共団体からの意見等への対応状況の公表【平成一四年度中に実施】
○河川整備基本方針の策定における都道府県の意見を適切に聴取、反映されるような仕組みの充実【平成一四年度中に実施】
○砂防指定地等の指定に係る実態調査【平成一四年度着手】
○砂防指定地又は地すべり防止区域の指定権限の都道府県への移譲の検討【平成一四年度中に着手する実態調査結果を踏まえ検討】
○砂防、地すべり、治山等の対策に係る都道府県段階での総合的な取組みの促進【随時実施】
○地域の実情に応じた道路整備に資する道路の構造に係る見直し【平成一五年度以降逐次実施】
○道路関係の統合補助金の拡大の検討、地方道路整備臨時交付金の運用の実態把握と改善【逐次実施】
○都道府県住宅建設五箇年計画に係る国の関与や内容等の見直し【平成一七年度までに検討】
○公営住宅等に係る補助制度の見直し【逐次実施】
○都市公園の設置基準、公園施設の種類を含む都市公園の設置及び管理の在り方など都市公園の制度の見直し【平成一四年度中に検討】
○下水道の費用負担の在り方や整備手法等の検討【逐次検討】
○下水道の維持管理の民間委託の促進方策の策定【平成一四年度中に実施】
○下水道施設基準の制定【平成一四年度以降実施】
○効率的・効果的な国際・国内海上輸送網の構築等の観点等のこれまでの方向を踏まえた取組み【逐次実施】
○農業農村整備における国の役割の重点化【平成一五年度以降逐次実施】
○農業農村整備に係る費用対効果分析の一層の高度化及び再評価、事後評価における費用対効果分析の実施【平成一五年度以降実施】
○既存の生産基盤施設に係る改修事業の性格を踏まえた事業実施の在り方【平成一五年度以降実施】
○地方公共団体がより自主性を発揮できるような民有林管理の検討【逐次実施】
○廃棄物処理に係る国の総合的な責任の明確化等【平成一四年度中に中央環境審で必要な検討を行い、その結果に基づき措置】
○産業廃棄物最終処分場や広域的不法投棄対策に係る国の関与の強化【平成一四年度中に中央環境審議会で必要な検討を行い、その結果に基づき措置】
○廃棄物をめぐる様々な問題に関係省庁で総合的に取り組む

体制の整備等【平成一四年度中に中央環境審議会で必要な検討を行い、その結果に基づき措置】

○国の基本方針と都道府県の計画との整合性をとり、県域を超えた問題への対応を図るために必要な措置【平成一四年度中に中央環境審議会で必要な検討を行い、その結果に基づき措置】

○地方住宅供給公社の在り方の検討【平成一四年度以降実施】

○地方道路公社の在り方【逐次検討】

産業振興

【時代の変化に沿った農林水産業振興政策の見直しの観点からの具体的措置】

○農林水産関係国庫補助負担事業の廃止・縮減等の見直し【平成一五年度以降逐次実施】

○協同農業普及事業の在り方の検討【平成一四年度中に検討、一定の結論】

○林業普及指導事業の在り方の検討【平成一四年度中を目途に検討、一定の結論】

○水産業改良普及制度の在り方の検討【平成一四年度中に検討に着手】

○農業委員会系統組織の活動・組織の在り方の検討【平成一四年度中を目途に検討、一定の結論】

○農地面積の小さい農業委員会の広域連携や設置の見直しの推進【平成一四年度以降逐次実施】

○農業委員定数等の組織の適正化等【平成一四年度以降逐次実施】

○食品安全基本法（仮称）の制定【平成一四年度中に検討、次期通常国会に所要の法案を提出】

【地域間の競争を促す国の中小企業政策等の在り方の観点からの具体的措置】

○全国的規模・視点で行われることが必要な政策、競争条件の整備等に国の役割を重点化【逐次実施】

○地方公共団体に対する中小企業関係補助事業の廃止・縮減等の見直し【平成一五年度以降逐次実施】

○小規模企業者等設備導入資金助成法に基づく債権の取扱いの明確化とその周知【措置済み】

○高度化融資に係る不良債権処理基準の整備等役割分担の明確化とその周知【措置済み】

○小規模企業設備貸与制度における貸し倒れのリスク等に対する、国と地方の適切な分担を踏まえた必要な措置【平成一四年度中に検討に着手】

○高圧ガス等の保安行政に係る権限移譲の検討【平成一四年度中に検討に着手】

治安その他

【警察制度についての具体的措置】

○政令定数制度等の在り方の検討【随時検討】

○警察内部組織の基準の弾力化【平成一四年度中を目途に政令改正】
○新たな治安事象に対する国と地方の警察機関の役割分担の検討【平成一四年度中に検討に着手】
○交通安全対策特別交付金制度の在り方の検討【随時検討】

【消防制度についての具体的措置】
○常備消防設置義務及び救急実施義務市町村の政令指定制度の抜本的見直し【平成一四年度中に消防審議会で検討し結論、次期法改正時に必要な措置】
○消防力の基準の見直し【平成一六年度を目途に見直し】
○地方公共団体と国との防災情報の共有化等や広域的な消防組織間の連携等に必要な事項の在り方【平成一四年度中に検討し、所要の措置】
○消防の広域再編の推進【逐次実施】
○地域の市町村以外の行政主体が消防・救急の事務を担うことができる仕組みの導入等【平成一四年度中に消防審議会で検討、逐次実施】
○緊急消防援助隊に対する国の役割分担の在り方【平成一四年度中に消防審議会で検討し、次期法改正時に必要な措置】
○市町村消防では実施困難な専門性、広域性を有する業務の在り方【平成一四年度中に消防審議会で検討し、次期法改正時に必要な措置】
○社会環境の変化等を踏まえた今後の消防団の在り方【平成一四年度中に検討、逐次実施】
○救急救命士の処置範囲の拡大（気管挿管・薬剤投与など）に係る国における制度の検討【平成一四年度中に検討し、所要の措置】

【その他の分野についての具体的措置】
○地方自治法上の法定局部数の廃止【次期地方自治法改正の際に併せて実施】
○ＣＡＴＶ許可権限の在り方の検討【逐次検討】

②「三位一体の改革についての意見」（概要）

（平成一五年六月六日 地方分権改革推進会議）

Ⅰ　本意見の位置付け

⑴　国と地方の役割分担に応じた税財源配分の在り方についての意見。

⑵　国庫補助負担金、地方交付税及び税源移譲を含む税源配分の在り方を三位一体で検討し、基本方針二〇〇二に示された課題に応える具体的改革方策を提言。

Ⅱ　三位一体の改革の基本的考え方

⑴　地方の歳出・歳入両面での国による関与を縮減し、住民が行政サービスの受益と負担の関係を選択することが可能な地方財政制度の構築が改革の目標。

⑵　このためには、地方公共団体における受益と負担の関係の明確化、地方歳出と地方税収の乖離のできる限りの縮小、国と地方の財政責任の明確化が必要。

⑶　地方公共団体の自立性の向上、国及び地方公共団体の財政の持続可能性の向上、地方公共団体間の格差への配慮が、改革の基本的方向。

⑷　三位一体の改革は、完結に長期間を要する改革であり、現状において国の関与の存在など種々の制約があっても、改革の目標・方向性は明確に示すとともに、その実施に当たっては均衡を失することなく段階的に行うことが必要。

Ⅲ　三位一体の改革の具体的内容

1　国庫補助負担金

⑴　基本的考え方

・国の関与を廃止・縮減し、地方公共団体の裁量を拡大するとともに、国と地方を通じたスリム化を実現。

⑵　国庫補助負担金の廃止・縮減

・「事務・事業の在り方に関する意見」のフォローアップ（本年五月七日、内閣総理大臣に提出）で示した重点事項に関連する国庫補助負担金については、中長期的に廃止・縮減等を行うべき。

・政府部内の検討の中で、基本方針二〇〇二に示されたように「改革と展望」の期間中に国庫補助負担金の数兆円の削減が実現することを強く期待。

・廃止される国庫補助負担金の対象事業で、引き続き地方公共団体が主体となって実施する必要があるものについては、移譲の所要額を精査の上、地方に税源移譲することが必要。

⑶　国庫補助負担金の交付金化・統合補助金化

・残存する国庫補助負担金については、その交付金化・統合補助金化を推進。

(4)　社会保障関係の国庫補助負担金の抑制
・現在検討が行われている社会保障制度の改革を進めることにより、社会保障関係の国と地方の公的負担の増加の抑制を図ることが必要。

2　地方交付税

(1)　基本的考え方
・基本方針二〇〇二に示された地方交付税改革の方向性（九割以上が交付団体の状況の大胆な是正、財源保障機能全般について見直し縮小していく、財政力格差是正の在り方を検討、地方の財源不足の早期解消と財源保障への依存体質からの脱却）と整合性を確保し、将来にわたり持続可能な財政調整制度を構築。

(2)　当面の改革
・地方歳出の徹底的な見直しを行い、地方財政計画の規模の縮減を図り、地方交付税の総額を抑制。
・地方交付税の仕組みについても、地方公共団体の自主的・自立的な財政運営を促進するため、留保財源率の引き上げ、算定の簡素化、事業費補正・段階補正の見直しを実施。

(3)　中長期的な改革の方向
・国の法令による義務付けや国庫補助負担金による関与の廃止・縮減の状況も勘案しつつ、国が地方の歳出を規定してそれを保障するという側面を極力少なくするとともに、税源移譲を含む税源配分の見直し等により地方税の充実が進むことを踏まえ、地方公共団体間の財政力格差を調整する機能を強く前面に出す方向で検討。
・地方交付税改革の議論を深めるためには、地方交付税の法定率分と法定率以外の部分を明確に区分するなど、国民にも分かりやすい形で議論することが重要。
・法定率分は、客観的、透明な方法で配分することにより、原則として水平的な財政調整のための財源と位置づけ。
・法定率以外の部分は、国による政策的な経費配分であることを明確化し、毎年の予算編成過程において内閣総理大臣の主導の下その取り扱いを検討。
・中長期的な地方交付税改革の在り方については、当会議のこのような議論を踏まえ、今後政府において積極的に検討が行われることを期待。
・なお、審議の過程では、①交付税率引き上げの代償措置としての赤字地方債や地方交付税特別会計の借入金は、その財源の性格は地方交付税と見なされるべきものであり、法定率分とそれ以外を区別する理由は全くない、②国は地方公共団体が標準的な行政水準を確保できるよう地方交付税制度を通じて財源保障を行う責務がある、などの異なる意見が出された。

(4)　水平的財政調整制度について
・地方分権改革がさらに進展した後の財政調整制度の将来

像として、地方公共団体間の水平的財政調整制度があり、今後の地方行政体制の見直しも視野に入れ、国の関与の廃止・縮減の状況も見極めつつ、地方共同税（仮称）も含め専門的な検討が進められることを期待。

3 税源移譲を含む税源配分の見直し

(1) 基本的考え方

・地方財政の自立と地方公共団体における受益と負担の関係の明確化を実現する上で、その中核をなすもの。

・地方公共団体は、配分された税源の下で必要となる税収を住民に向き合って確保することが求められる前提に立ち、税源移譲を含む税源配分の見直しに当たっては、個人住民税を重視しその充実を図るとともに、課税自主権が活用されやすい制度改革が検討されるべき。

(2) 国庫補助負担金の廃止と税源移譲

・廃止される国庫補助負担金の対象事業で、引き続き地方公共団体が主体となって実施する必要があるものについては、移譲の所要額を精査の上、地方に税源移譲することが必要。

・国庫補助負担金の廃止・縮減と具体的な税源配分の見直しのタイミングがずれる場合には、経過的な財源措置が必要。

(3) 地方分権改革の観点からの税源配分の見直し

・地方の基幹税たる個人住民税の応益性を徹底し広く負担を分かち合うとの観点から、均等割の課税対象の拡大とその税額の引き上げ、所得割の諸控除の見直しと課税ベースの拡大、税率のフラット化とそれに伴う所得税との調整を行うべき。

・地方消費税については、清算を行うことにより税収の偏在性が少なく、安定的な基幹税目の一つとして、今後とも大きな役割を果たすことを期待。

・地方公共団体が、自らの責任において実際に地方税の増減税が可能となるよう、それを妨げている制度の見直しなど課税自主権が活用されやすい制度改革が検討されるべき。

(4) 国・地方を通じた安定的な歳入構造の構築に向けて

・国・地方の危機的な財政状況を踏まえれば、国・地方を通じた歳出の徹底的な見直しが必要。この努力を踏まえても、国税、地方税とも増税を伴う税制改革が必要。

・この税制改革においては、国と地方の税源配分についてもその役割分担に応じた見直しが行われるべき。

4 地方債・その他

・市場公募の促進、発行条件の決定方式の見直しを進めるとともに、地方債を市場が適切に評価するため公会計制度の整備が必要。

・新発地方債の元利償還に対する交付税措置は、合併特例債等の真にやむを得ないものを除き廃止・縮減の方向で検討すべき。

・地方公共団体による償還計画の適切な管理が重要。また、事前協議制への移行に伴い、地方債の償還に係るセーフティ・ネットの有効性を検証し、必要があれば在り方を見直すべき。

・地方交付税特別会計における新規借り入れをできる限り抑制するとともに、平成一五年度末で約四八・五兆円と見込まれる借入残高の抜本的処理について検討に着手すべき。

③地方公共団体の行財政改革の推進等行政体制の整備についての意見―地方分権改革の一層の推進による自主・自立の地域社会をめざして―（概要）

（平成一六年五月一二日　地方分権改革推進会議）

◎地方分権改革が目指すのは、「地方にできることは地方に」の観点から、国と地方の役割分担を明確にし、地方の自己決定の範囲を拡大し、地方の自立性を高めること。

◎このため、国による過度の関与が地方の取組みの支障とならないよう、地方の自由度の拡大が必要。この下では、自主・自律的に政策をつくる住民自治の拡充や、自己責任が伴った効率的行財政運営に向けた改革が必要。

◎市町村合併の進展に伴い、現行の都道府県と市町村の在り方を含め、新しい行政体制を抜本的に検討する段階に到達。「道州制」についても国民的議論を期待。

Ⅰ　事務・事業の見直しや様々な方策による地方の自由度の拡大

1　事務・事業の見直し

○地域における行政の総合化の推進

・統合補助金化、地方支分部局への権限委任

③地方公共団体の行財政改革の推進等行政体制の整備についての意見―地方分権改革の一層の推進による自主・自立の地域社会をめざして―（概要）

・幼稚園・保育所の制度の一元化
○地方の自主的な行政運営の確立
・保健所長医師資格要件の廃止
・教育委員会の必置規制の弾力化
・農業委員会及び普及職員の必置規制の在り方
・地方の自主的な判断による見直し
○国の役割の明確化
・直轄事業に係る情報開示・事前協議、負担金の見直し
・中小企業政策における国の役割の重点化
・産業廃棄物処理に係る国の責任の明確化
・国の治安責任の明確化、地域の安全・安心の確保

2　自由度の拡大のための様々な方策

○市町村（基礎自治体）を重視した分権の推進
○特区的手法の活用による地方分権改革の推進
○法令面での地方の権限強化
・条例への授権範囲の拡大や、条例が一定の範囲内で政省令の内容の弾力化を図りうる仕組みづくり
○国の決定への地方の参画の確保

Ⅱ　地方公共団体の行財政運営の改革

1　住民自治の拡充と公私協働の推進

○議会の活性化
・情報公開、情報提供の推進や定数・報酬、組織制度・運営の在り方を地方で自主的に決定できる環境整備
○シティ・マネジャー制等の導入の検討
・地方公共団体が効率的・戦略的な組織体制を自主的に選択できるよう、憲法上の課題を含めて検討
○公私協働の推進
・NPOなど地域の多元的な主体による地域コミュニティを支える公共サービス提供

2　効率的行財政運営の推進

○「新しい行政手法（ニュー・パブリック・マネジメント）」の考え方とマネジメント・サイクルの推進
○民間との連携による効率的・効果的な公共サービスの提供（PFI、公設民営等）
○地方分権新時代にふさわしい公務員制度の見直し
・国家公務員制度に全面的に準拠する考え方から脱皮し、地方公共団体の判断で決定できる柔軟な制度へ
○電子自治体の実現
○公会計改革

Ⅲ　地方分権改革推進のための地方行政体制整備

1　地方分権改革の推進と新しい地方行政体制の方向

○中央政府の役割と地方公共団体の役割
・「国のかたち」の在り方を踏まえ、国と地方（基礎自治体と広域自治体）の役割を考えることが必要

○市町村（基礎自治体）への権限移譲の推進と都市の活性化
・地域経済の中核となる都市（政令指定都市、中核市等）の基盤強化
○市町村合併の推進（対応力と効率性の向上）

2　新たな広域行政体制の整備

○広域連合等の活用
・自立性の高い広域連合の成立等、都道府県レベルでの広域連携の実践を期待
○「道州制」をめぐる論点
・憲法上の課題を含め、国民的議論を期待。国の地方支分部局等の在り方も要検討
○北海道における取組み
・『道州制特区』の提案を通じ、「道州制」の議論の活発化を期待

④地方分権の推進に関する意見書『豊かな自治と新しい国のかたちを求めて』地方財政自立のための七つの提言（抄）

（平成一八年六月七日　地方六団体）

はじめに

「未完の改革」をもう一度動かすために

国会が全会一致で地方分権の推進を決議した平成五年（一九九三年）以来、平成七年（一九九五年）に地方分権推進法が施行され、その後六年間続いた「第一次分権改革」は、自治体を「国の下請け機関」とみなしてきた機関委任事務制度を廃止し、国と地方を法制度上、「上下・主従」から「対等・協力」の関係に変えた。さらに、地方の税財政に焦点を当てた平成一四年（二〇〇二年）からの「三位一体の改革」は、国から地方へ三兆円の税源移譲を実現した。

これらの改革は、明治の近代国家形成期から昭和の高度経済成長期までの時代に、この国の基本的なかたちとして機能してきた「国が決めて地方が従う」という中央集権の原理を、「自分たちの地域のことは自分たちで決める」という自治・分権の原理へ、歴史的に転換する貴重なステップだった。

しかし、権限と組織を頑なに守ろうとする中央省庁の壁は厚

④地方分権の推進に関する意見書『豊かな自治と新しい国のかたちを求めて』
地方財政自立のための七つの提言（抄）

く、「三位一体の改革」では、三兆円の税源移譲が実現したとはいうものの、そのための財源を生み出すために必要だった多くの国庫補助負担金の廃止は見送られ、国の強い関与を残したまま国の補助負担率を引き下げる手法が用いられ、地方の自由度の拡大という点では不十分だった。

また、国と地方が対等の立場で協議を行う「国と地方の協議の場」が設けられたことは大きな意味があったが、実際には十分に機能したとはいえない。

日本の地方分権はなお、「未完の改革」にとどまっており、多くの国民の共感を呼び起こし、それを支えに改革をもう一度動かさなければならない。

この一三年間の過程で得られた成果と経験を活かし、残された多くの課題を乗り越えるためには、国民に夢を与える分権型の国の仕組みと社会の将来像を示し、暮らしに必要な公共サービスを効率的・効果的に提供し、文化や産業などの地域の個性を活かしたまちづくりができ、住民から信頼される自治体の姿を描くことが必要である。

（略）

1　分権改革の推進方策と分権改革への地方の参画

【提言一】「新地方分権推進法」の制定～今、改めて、国民・国会の力で分権を

【提言二】「地方行財政会議」の設置～「国と地方の協議の場」の法定化

1　第一期改革を踏まえ、平成一九年度（二〇〇七年度）以降の第二期改革を、国民・国会の力で強力に推進するため、「（仮）新地方分権推進法」を制定する。

2　「（仮）新地方分権推進法」には、地方分権の基本理念、地方分権推進計画の策定、次のような内容の「（仮）地方行財政会議」の設置等を定める。

(1)　「（仮）地方行財政会議」の設置の趣旨

分権改革の推進を図るため、地方に関わる事項についての政府の政策立案及び執行に関して、政府と地方の代表者等が協議を行い、地方の意見を政府の政策立案及び執行に反映させる。

(2)　「（仮）地方行財政会議」の事務及び権限

以下の事項のうち重要なものについて、政府または地方からの申し出により協議を行い、政府は、会議において協議が整った事項については、その結果を尊重するよう努めるものとする。

①　国と地方の役割分担のあり方
②　国による関与・義務づけのあり方
③　地方が処理する事務の経費に係る国の補助負担金のあり方
④　地方税財政制度のあり方
⑤　地方への新たな事務または負担の義務づけとなる法令、

施策　等

3　「(仮)地方行財政会議」が法律により設置されるまでの間、現在の「国と地方の協議の場」を維持し、協議を継続的に行うこととする。

4　「(仮)新地方分権推進法」は議員立法によることも視野に入れ、制定する。

⑤地方分権改革推進委員会第一次勧告（概要）～生活者の視点に立つ「地方政府」の確立～

⑤地方分権改革推進委員会第一次勧告（概要）～生活者の視点に立つ「地方政府」の確立～

（平成20年5月28日 地方分権改革推進委員会）

第1章　国と地方の役割分担の基本的な考え方

(1)　「地方が主役の国づくり」に向けた今次分権改革の理念と課題

・地方政府の確立のための権限移譲　・完全自治体の実現
・行政の総合性の確保　・地方活性化　・自治を担う能力の向上

(2)　国と地方の役割分担の見直し

・住民に身近な行政は地方で担い、「国と地方の二重行政」を排除する観点から、現状の役割分担の類型（重複型・分担型・重層型・関与型・国専担型）に応じて国と地方の役割分担の区分けを見直し

(3)　広域自治体と基礎自治体の役割分担（基礎自治体優先の原則）

・市町村合併の進展等を踏まえ、都道府県から市町村へ権限移譲を推進

第2章　重点行政分野の抜本的見直し

○くらしづくり分野関係
…幼保一元化、教育、医療、生活保護、福祉　等

○まちづくり分野関係
…土地利用（都市計画、農地等）、道路、河川　等

〔別紙1参照〕

＜地方分権改革のスケジュール＞

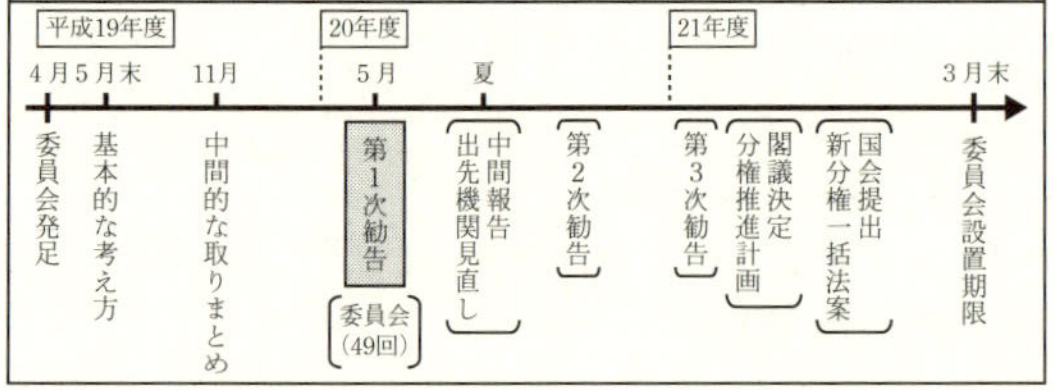

第3章　基礎自治体への権限移譲と自由度の拡大

(1)　基礎自治体への権限移譲の推進

・64法律、359の事務権限を都道府県から市町村へ移譲
まちづくり分野：宅地開発や商業施設等の開発行為の許可等（市へ）
福祉分野：特別養護老人ホーム、保育所等の設置認可・指導監督等（市へ）
産業安全分野：高圧ガスの製造・貯蔵・販売の許可等（市町村へ）　など

(2)　補助対象財産の財産処分（転用、譲渡等）の弾力化

・原則、10年経過後の財産処分は、国庫納付不要かつ届出・報告制へ
・10年経過前でも、災害や市町村合併等に伴う財産処分には十分配慮
⇒勧告後、速やかに実施（約300以上の国庫補助金等が対象）

第4章　現下の重要二課題について

(1)　道路特定財源の一般財源化

・一般財源化の検討にあたっては、税源移譲を含め地方税財源の充実強化と地方の道路整備の自由度の拡大方策について検討すべき

(2)　消費者行政の一元化

・消費生活センターの法的位置づけを明確化、地方自治体の取組に思い切った支援措置
・事故発生時の報告徴収、立入検査、改善命令を幅広く都道府県に権限移譲すべき

第5章　第2次勧告に向けた検討課題

(1)　国の出先機関の改革の基本方向〔別紙2参照〕

・二重行政の解消に向け、国と地方の役割分担の類型に沿って、個別の事務・権限を地方移譲、本府省移管等に仕分けし、国の出先機関の廃止・縮小を検討
・本年夏の中間報告後、第2次勧告へ

(2)　法制的な仕組みの横断的な見直し（義務付け・枠付け等）

・国の法令による義務付け・枠付けの廃止縮小に向け、各府省に対し網羅的な調査を実施。第2次勧告に向けて見直し作業を進める。
・広域連携の促進を含め、地方自治関係法制を見直し

（別紙１）

重点行政分野の抜本的見直し（主なもの）

くらしづくり分野関係

①　幼保一元化・子ども

- 認定こども園制度の一本化に向けた制度改革……………（20年度中に結論）
- 保育所入所要件「保育に欠ける」を見直し等………………（20年中に結論）
- 放課後児童対策事業の改善…………………………………（21年度から実施）

②　教育

- 教職員人事権の中核市への移譲、人事権者と給与負担者の一致の方向で検討…………………………………………………………（20年度中に結論）

③　医療

- 基準病床数の算定方法の見直し・国の同意の廃止……（23年度までに結論）
- 国民健康保険の運営に関し、都道府県単位による広域化等を推進……………………………………………………………………（21年度中に結論）

④　生活保護

- 国と地方の協議の場を設け、制度全般について総合的な検討に着手……………………………………（20年度中を目途に制度改正の方向性）

⑤　福祉・公営住宅

- 福祉施設の施設設備基準及び公営住宅の整備基準について、国は標準を示し、条例による決定を可能に

⑥　保健所

- 所長の資格要件の緩和…………………………………………（20年度中に結論）

⑦　労働

- 離職者訓練事業の民間委託訓練に関し、雇用・能力開発機構と都道府県の役割分担を明確にした上で都道府県への移譲を検討……………………………………………………………………（20年中に結論）

まちづくり分野関係

①　土地利用（都市計画、農地等）

- 都市計画に係る国・都道府県の関与の廃止・縮小等…（21年度を目途に抜本見直し）
- 平成20年度の農地制度の改革にあたって、農地の総量を確保する新たな仕組みを構築したうえで、農地転用に係る国の許可権限の移譲、協議の廃止
- 地球温暖化や森林の荒廃に対処しつつ、保安林の指定・解除に係る国の権限の移譲、協議の廃止

②　道路

- 一般国道の直轄区間の要件を見直し、主に地域内交通を分担する道路（同一都府県内に起終点がある区間等）を都道府県に移管

③　河川

- 都道府県内完結一級河川を原則として都道府県に移管

④　防災

- 地域防災計画の作成・修正に係る国との協議の廃止

⑤　交通・観光

- 港湾計画・公有水面埋立に係る国の関与の縮小……………………（20年度中に結論）
- 外客来訪促進計画に係る国との協議・同意の廃止

⑥　商工業

- 国の中小・ベンチャー企業育成施策は、全国的視点に立った事業に限定
- 商工団体の一元化を含め地域の商工団体のあり方…………………（20年度中に結論）

⑦　農業

- 農業委員会の選挙区等、組織運営の弾力化

⑧　環境

- 循環型社会形成推進交付金における協議会設置の義務付けの廃止

（注）・勧告事項は速やかに実施。時期を書いていない事項は、遅くとも地方分権改革推進計画で実施時期を明確化して実施。
　　・委員会は、平成20年度中に各府省の検討結果又は検討状況と結論の方向性の報告を求め、必要に応じ追加の勧告等を行う。

⑤地方分権改革推進委員会第一次勧告（概要）～生活者の視点に立つ「地方政府」の確立～

国の出先機関の改革の基本方向

（別紙２）

改革の観点

○国と地方の役割分担の抜本的見直し（住民に身近な行政は地方へ）　○行政の重複の徹底排除　○国と地方を通じた行政の簡素化・効率化

二重行政の問題を有する国の出先機関の事務・権限

個々の事務・権限の仕分け

仕分けの考え方	
○重複型 国と地方がそれぞれ処理することを許容	(例) 民間に対する助成・支援等 ⇒地方への一元化が基本
○分担型 法令上、国と地方がすでに一定の役割分担	(例) 直轄公共事業 地域的事業：原則として地方 広域的事業：直轄事業の範囲を極力限定 (例) 民間に対する許認可・監督等 ⇒複数の地方自治体にまたがる事案は、域外規制等による対応を検討
○関与型 地方への関与等	(例) 地方自治体の諸活動の調整 ⇒地方の自主性にゆだねることが基本
○国専担型 現在は主に国のみで実施	(例) 民間に対する許認可・監督等 ⇒地方の総合行政の確立等に資するものは地方移譲が基本

- 地方への移譲
- 廃止（民営化・独法化等を含む）
- 本府省等への移管
- 引き続き国の出先機関で処理
  - 二重行政の新たな拡大を阻止するため、所要の組織上の措置
    - 例　同一府省の他の出先機関への吸収
    - 例　府省を超えた総合的な出先機関への一元化
    - 例　都道府県単位機関からブロック機関への集約

当該国の出先機関の廃止・縮小

（事務・権限の地方移譲に伴う、職員の移行の仕組み等をあわせて検討）

○　以上の整理を本年夏に出先機関の中間的な報告として取りまとめ、各府省の見解を求めた上で結論を得て勧告（第２次）

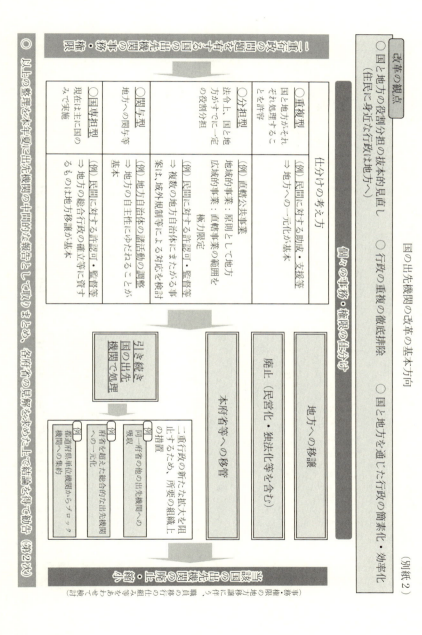

⑥地方分権改革推進委員会第二次勧告（概要）
～「地方政府」の確立に向けた地方の役割と自主性の拡大～

（平成20年12月8日
地方分権改革推進委員会）

第1章〔義務付け・枠付けの見直し〕

1　見直しの基本的考え方

○　自治行政権、自治立法権、自治財政権を有する「完全自治体」としての「地方政府」の確立
○　国の法令を「上書き」する範囲拡大を含む条例制定権の拡充
○　法制的観点から、地方自治体の自主性を強化し、自由度を拡大。自らの責任で行政を実施する仕組みの構築

2　見直しの方針

(1) 義務付け・枠付けの範囲設定
○　自治事務のうち、国の法令によって義務付け・枠付け(※)をし、条例で自主的に定める余地を認めていないもの（条項単位）→約1万条項

(2)見直しの具体的な方針
○メルクマール（判断基準）に該当しない条項については、

①廃止（単なる奨励にとどめることを含む。）
②手続、判断基準等の全部の条例委任又は条例補正（「上書き」）の許容
③手続、判断基準等の一部の条例委任又は条例補正（「上書き」）の許容

のいずれかの見直しが必要。その際、①から③の順序で見直すべき。

(3)義務付け・枠付けの存置を許容する場合等のメルクマールの設定
（別添1参照）

※「義務付け」とは、一定の課題に対処すべく、地方自治体に一定種類の活動を義務付けること。
「枠付け」とは、地方自治体の活動について手続、判断基準等の枠付けを行うこと。

3　メルクマール該当・非該当の判断

○　義務付け・枠付け条項全体（約1万条項）について、メルクマール該当・非該当の判断を別表で提示（別添2参照）

メルクマールに該当する条項・・・51.8%
メルクマールに該当しない条項・・・48.2%

○　全国知事会、全国市長会提言等に係るもの184条項のうち

メルクマールに該当する条項・・・8.3%
メルクマールに該当しない条項・・・91.7%

4　今後の進め方

○　メルクマールに該当しない条項については、2（2）の方針に従って見直しを行うべき。これまでの委員会審議等を踏まえれば、このうち、次に掲げるような形態のものについては特に問題

① 施設・公物設置管理の基準
② 協議、同意、許可・認可・承認
③ 計画等の策定及びその手続

○　これらを中心に、委員会として第3次勧告に向けて具体的に講ずべき措置を調査審議

⑥地方分権改革推進委員会第二次勧告（概要）～「地方政府」の確立に向けた地方の役割と自主性の拡大～

第２章〔国の出先機関の見直し〕

基本的考え方

○　国と地方の役割分担の見直し（住民に身近な行政は地方へ）
○「二重行政」の弊害の徹底排除
○　国と地方を通じた行政の簡素化・効率化
○　地域住民の目の届くものとする仕組み
○　地方再生、地域振興

事務・権限の見直し

第１次勧告で示し、中間報告で具体化した、
「国の出先機関の事務・権限の仕分けの考え方」

〔出先機関の事務・権限を、①重複型、②分担型、③関与型、④国専担型を基本に分類し、それぞれの分類ごとに仕分けの考え方を提示〕

・各府省から「仕分け」の見解を聴取
・関係府省からのヒアリング結果、全国知事会など関係者の意見等を考慮

⇩

対象機関の事務・権限を仕分け
・廃止（民営化、独立行政法人化を含む。）を検討するもの
・地方への移譲を検討するもの　等

【事務・権限の見直しの具体的内容】⇒別添３参照
・８府省15系統の116事項の事務・権限を見直し

事務・権限と組織の見直しに伴う人員・財源の取扱い

○　人員の移管等の取扱い
・仕事の地方への移譲に伴い、人材や必要な財源を地方に確保
・事務・権限の地方移譲に伴う職員の移行等
・事務・権限の廃止縮小、組織の統廃合等に伴う要員規模のスリム化

⇒ 円滑な実施をはかる仕組みの検討
・総合調整を行うための国と地方を通じた横断的組織（本部）の設置
・制度的な措置（退職金の負担、身分の取扱い、処遇上の取扱い等）等

○　財源の手当ての取扱い・・・必要な財源確保に向け、引き続き検討

経　緯

19.5 経済財政諮問会議が８府省15系統の国の出先機関の見直しを提案
19.6「骨太方針2007」－政府から委員会に検討要請
20.5 第１次勧告（基本方向を提示）⇒20.6「骨太方針2008」
20.8 中間報告（仕分けの考え方の具体化等）
⇒ 出先機関の事務・権限の「仕分け」について各府省の見解を聴取

組織の見直し

◇事務・権限の見直しに応じ、組織について見直し
①二重行政の弊害是正の観点からの組織の見直し
ア　府省を超えた総合的な出先機関への統廃合
（地方再生や地域振興の観点等から編成する総合的な出先機関）
イ　同一府省における出先機関の統廃合
ウ　府県単位機関のブロック単位機関への統廃合
※　社会情勢の変化により業務そのものが不要となるものは、組織を廃止
②二重行政の弊害がない場合には現行の組織を存続
◇地域との連携やガバナンスの確保の仕組み
○総合的な出先機関と地元自治体との協議機関の設置
・協議会を法律上明確に位置付け
・域内の都道府県知事、政令市市長と市長会・町村会の代表者で構成
・直轄公共事業の整備計画、次年度の事業計画、予算・決算の案等を付議
○公共事業の適正性、透明性を確保する仕組み
・個別事業の積算や明細の情報開示等

【組織の改革の方向性】⇒別添４参照

出先機関の改革の実現に向けて

○　勧告の方向に沿って、改革の実現に向けた工程表となる計画を20年度内に策定することと、推進のための体制づくりを、政府に要請
○　道路・河川の移管に係る国と都道府県との個別協議については、都道府県から要望があった区間等も含め、早急に結論を出すよう要請

別添１

義務付け•枠付けの存置を許容する場合等のメルクマール

義務付け・枠付けの存置を許容する場合のメルクマール

i　地方自治体が私有財産制度、法人制度等の私法秩序の根幹となる制度に関わる事務を処理する場合

ii　補助対象資産又は国有財産の処分に関する事務を処理する場合

iii　地方自治に関する基本的な準則（民主政治の基本に関わる事項その他の地方自治体の統治構造の根幹）に関する事務を処理する場合、及び他の地方自治体との比較を可能とすることが必要と認められる事務であって全国的に統一して定めることが必要とされる場合

iv　地方自治体相互間又は地方自治体と国その他の機関との協力に係る事務であって、全国的に統一して定めることが必要とされる場合

- a　地方自治体が他の地方自治体と水平的に共同して、又は地方自治体の主体的な判断で広域的に連携して事務を実施するために必要な仕組みを設定しているもの
- b　全国的な総量規制・管理のために必要な仕組みを設定しているもの
- c　地方自治体に義務付けられた保険に係る規定（保険と整合的な給付を含む）のうち、地方自治体以外の主体に対して義務付けられた保険と一体となって全国的な制度を構築しているもの
- d　指定・登録機関の指定・登録（地方自治体の事務そのものを行わせるものに限る）に係るもの
- e　国・地方自治体間、地方自治体相互間の情報連絡・意見聴取（協議・調整を除く）に係る規定のうち、都道府県に対して国への情報連絡を義務付けるもの、市町村に対して国・都道府県への情報連絡を義務付けるもの、また、都道府県に対して国の意見反映を義務付けるもの、市町村に対して国・都道府県の意見反映を義務付けるもの（民間事業者と同等の情報連絡を義務付けているものを除く）以外のもの
- f　地方自治体間の権限配分に関する相互間調整及び紛争解決のための裁定の手続に関するもの
- g　国・地方自治体間の同意（地方分権推進計画（平成10年５月）第２の４(1)カ(ア)ａ、ｂに該当するものに限る。）、及び許認可・承認（同計画第２の４(1)キ(ア)ａ～ｅに該当するものに限る。）に係る規定（第１次勧告の第２章重点行政分野の抜本的な見直しの勧告事項として盛り込まれた事項及びそれと同様の整理が必要な事項を除く。）

v　国民の生命、身体等への重大かつ明白な危険に対して国民を保護するための事務であって、全国的に統一して定めることが必要とされる場合

vi　広域的な被害のまん延を防止するための事務であって、全国的に統一して定めることが必要とされる場合

vii　国際的要請に係る事務であって、全国的に統一して定めることが必要とされる場合

「義務付け・枠付けの存置を許容する場合のメルクマール」非該当だが、残さざるを得ないと判断するもののメルクマール

ア　地方自治体による行政処分など公権力行使（これに準ずるものを含む）に当たっての私人保護（行政不服審査の一般ルール及びその特例、行政手続の一般ルール及びその特例、行政強制、行政罰、斡旋・調停・仲裁等の準司法手続、公権力行使に当たっての身分証携帯義務、刑事手続における人身拘束に当たっての人権擁護、個人情報保護に限る。）、地方自治体による事実証明（証明書、手帳交付）、及び地方自治体が設置する公物、付与剥奪する資格、規制する区域、徴収する税、保険料等の記録に係る規定

イ　全国的に通用する士業の試験、資格の付与剥奪、及び全国的な事業の許認可・届出受理、並びにこれらに伴う指導監督に係る規定

ウ　国民の生命、身体等への危険に対して国民を保護するための対人給付サービスの内容・方法等に係る規定のうち、金額、仕様等に関する定量的な基準、個別具体的な方法等を含まないもの（政省令、告示への委任規定を含む規定を除く。）

エ　義務教育に係る規定のうち、教育を受ける権利及び義務教育無償制度を直接に保障したもの

オ　必要不可欠であるが周辺地域に多大な環境負荷をもたらす施設の設置の許可等の手続・基準であって、全国的に統一して定めることが必要とされる場合の事務の処理に係る規定

カ　刑法で一般には禁止されている行為を特別に地方自治体に許容するための条件設定に係る規定

キ　計量、公共測量及び国土調査の精度の確保並びに住居表示に係る規定のうち、全国的に統一して定める必要のあるもの

別添２

義務付け・枠付け条項、及びそのメルクマール該当・非該当の判断

A　義務付け・枠付け条項合計（B＋C＋D）			
	B　メルクマール該当条項	C　メルクマール非該当条項	D　準用・適用・読替規定
計　10057	（B/B＋C）51.8% 4389	（C/B＋C）48.2% 4076	1592

（義務付け・枠付条項を含む法律：482法律）

（B　メルクマール該当条項数計の内訳）

義務付け・枠付けの存置を許容する場合のメルクマール該当条項													
i～vii純計（重複除）	i	ii	iii	iv							v	vi	vii
				a	b	c	d	e	f	g			
計　2315	763	19	590	183	1	72	142	276	14	62	397	36	27

非該当だが、残さざるを得ないと判断するもののメルクマール該当条項							
ア～キ純計（重複除）	ア	イ	ウ	エ	オ	カ	キ
計2076	1706	187	35	3	10	63	76

※　個々の条項が複数のメルクマールに該当することがあるため、i～vii純計（重複除）及びア～キ純計（重複除）は、個々のメルクマール該当条項の合計と一致しない。同様に、Bメルクマール該当条項は、i～vii純計（重複除）とア～キ純計（重複除）の合計と一致しない。

※　D準用・適用・読替規定：準用・適用・読替規定については、特段の必要がない限り、準用・適用・読替の対象となる条項においてメルクマール該当・非該当の判断を行っている。（例：「第B条　第A条の規定は○○場合に準用する。」→この場合、特段の必要がない限り、メルクマール該当・非該当の判断は第A条において行っており、第B条では行っていない。）

別添３

国の出先機関の抜本改革（機関別概要）

沖縄総合事務局 ⇒ 組織・定員のスリム化
○他の出先機関と共通の事務権限の見直し
○二級河川の直轄管理特例〔要件明確化〕

総合通信局 ⇒ 組織・定員のスリム化

法務局 ⇒ 組織・定員のスリム化

地方厚生局 ⇒ ブロック機関に集約した都道府県労働局と統合
○指定医療機関、養成施設、生活保護施設〔地方移譲〕
○健康食品の虚偽誇大広告規制〔地方移譲〕
○民生委員等の委嘱〔手続簡素化〕

都道府県労働局 ⇒ ブロック機関に集約し、地方厚生局と統合
○無料職業紹介事業〔地方の役割拡大〕
○個別労働紛争解決事業〔国と地方の連携強化〕

中央労働委員会地方事務所 ⇒ 廃止

地方農政局
⇒ 公共事業の実施機能以外は地方振興局（仮称）に統合
⇒ 公共事業の実施機能は地方工務局（仮称）統合
○ＪＡＳ品質表示の規制等〔地方移譲〕
○食の安全・信頼、食育等に関する広報啓発〔地方の役割拡大〕
○国営土地改良事業〔対象施設見直しの検討〕
○農林水産業に関する統計調査〔実査事務の地方移譲〕
○農地転用許可、農業振興地域等〔国と地方の役割分担の見直し等〕
○米穀の買入れ・売渡し業務〔実施主体の見直し〕

森林管理局 ⇒ 独法化後に残る事務・権限を担う組織を残す
○国有林野事業（人工林の整備等）〔一部独法化〕
○民有林直轄治山事業〔要件明確化〕

漁業調整事務所 ⇒ 組織・定員のスリム化

経済産業局 ⇒ 地方振興局（仮称）に統合
○消費者取引の適正化、製品安全〔地方移譲〕
○消費生活相談〔国と地方の連携強化〕
○省エネ指導、家電リサイクル、工業用水道〔地方移譲〕
○商工会議所〔地方移譲・手続簡素化〕
○中小・ベンチャー企業育成〔先端・モデル的なもの等に限定〕

地方整備局
⇒ 公共事業の実施機能以外は地方振興局（仮称）に統合
⇒ 公共事業の実施機能は地方工務局（仮称）に統合
○国道の整備・管理、一級河川の管理〔地方移管〕
○国営公園の管理〔地方移管〕
○直轄港湾事業〔拠点となる港湾施設の限定〕
○直轄砂防事業〔要件明確化〕
○都市計画、公営住宅、地方道、港湾管理等〔地方への関与縮小〕

北海道開発局
⇒ 公共事業の実施機能以外は地方振興局（仮称）に統合
⇒ 公共事業の実施機能は地方工務局（仮称）に統合
○他の出先機関と共通の事務権限の見直し
○道州制特区制度に基づく取組みの推進

地方運輸局 ⇒ 地方振興局（仮称）に統合
○自動車登録事務〔一部独法化〕
○自家用有償運送、運転代行業〔地方移譲〕
○自動車道事業〔地方移譲〕
○地域観光振興〔先端・モデル的なもの等に限定〕

地方航空局 ⇒ 組織・定員のスリム化

地方環境事務所 ⇒ 地方振興局（仮称）に統合
○環境教育・環境保全活動の推進〔地方の役割拡大〕
○家電リサイクル、オフロード排ガス規制〔地方移譲〕
○土壌汚染の指定調査機関〔地方移譲〕
○循環型社会形成推進協議会〔位置付けの見直し等〕

※　以上のほか、国家試験・統計調査の実施事務を横断的に見直し
※　「地方移譲」、「地方への関与縮小」等の具体的内容は、勧告別紙２を参照

⑥地方分権改革推進委員会第二次勧告（概要）～「地方政府」の確立に向けた地方の役割と自主性の拡大～

【参考】組織改革の方向性（イメージ）

別添４

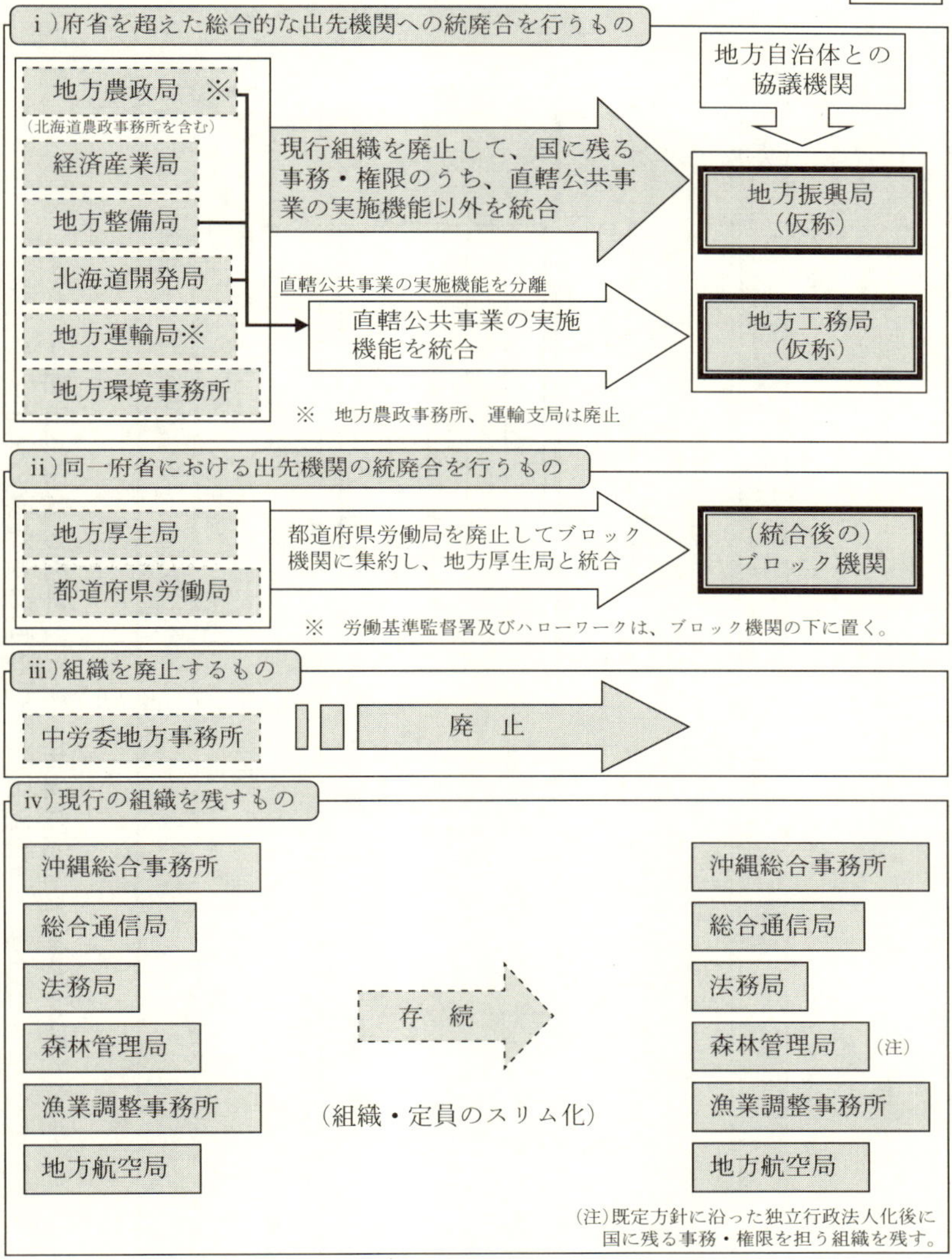

⑦地方分権改革推進委員会第三次勧告（概要）
～自主立法権の拡大による「地方政府」の実現へ～

（平成21年10月7日
地方分権改革推進委員会）

第１章　義務付け・枠付けの見直しと条例制定権の拡大

○　第２次勧告において見直し対象とされた義務付け・枠付け(※)に係る条項(約4,000条項)のうち、特に問題のある下記右の(a)(b)(c)の事項（３つの重点事項）について、個別の条項毎に具体的に講ずべき見直し措置を提示(892条項)

〈条例制定権の保障の範囲を「地方自治の本旨」の観点から設定するという意義を有する取組みでもあり、我が国の地方自治制度始まって以来の試み〉

	具体的に講ずべき措置を提示した条項数
(a)	142
(b)	166
(c)	584
計	892

全国知事会、全国市長会提言等の要望に係る条項は、106条項。このうち、103条項(97%)の条項について見直しを提示

※「義務付け」とは、地方自治体に一定の活動を義務付けることをいい、「枠付け」とは、地方自治体の活動について手続、基準等の枠付けを行うことをいう（今回の見直しは、自治事務についての法律の条項を対象としている。）。

(a)自治体の施設・公物に対する国の設置管理基準
→「廃止又は条例への委任」へ見直し
- 自治体の自由度の観点から条例への委任の仕方を類型化
  ①「従うべき基準」②「標準」③「参酌すべき基準」
- 「従うべき基準」及び「標準」は真に必要な場合に限定

(b)自治体の義務に対する国の関与（協議、同意、許可・認可・承認）
→「廃止又はより弱い形態の関与」へ見直し
※国の関与は、税財政上の特例措置が講じられる場合などに限定

(c)計画の策定及びその手続の自治体への義務付け
→「廃止又は単なる奨励(「できる」「努める」等)」へ見直し
※義務付けは、私人の権利・義務に関わる行政処分の根拠となる計画などに限定

○　３つの重点事項以外についても、第２次勧告に基づき、今後、具体的に見直し措置を講ずるよう要請

第２章　地方自治関係法制の見直し

○　教育委員会及び農業委員会について、必置規制を見直して選択制に引き続き委員会を存置するか、長の所管とするかは、地域の実情に応じ地方自治体が自主的に判断

○　地方自治体の財務会計制度について、透明性の向上と自己責任の拡大を図る観点から見直すべき

第３章　国と地方の協議の場の法制化

○　国と地方の双方の代表者が一堂に集まる機会をできるだけ速やかに設け、「国と地方の協議の場の法制化」について率直に意見を交換し、双方の合意を目視すべき

試案として、協議事項、構成員、会議の運営等について参考提示

⑧地方分権改革推進委員会第四次勧告（概要）～自治財政権の強化による「地方政府」の実現へ～

（平成21年11月9日
地方分権改革推進委員会）

はじめに

- 分権型社会にふさわしい「地方政府」には、自治財政権の確立、とりわけ地方税財源の充実確保が不可欠。このため、税源移譲、国庫補助負担金、地方交付税、地方債を一体的に検討するとともに、地域間の財政力格差を是正するための取組みが重要
- 国と地方を通じた巨額の累積債務残高と社会保障支出の今後の増大とを見すえ、次世代に向けた持続的発展を確保するため、いずれ消費税と地方消費税の在り方を中心に、国税と地方税を通じた税制全般の抜本的な改革の実施が不可避

I　当面の課題

- 現下の経済情勢及び新政権の政権公約等にかんがみ、特に重要な事項につき勧告

1　地方交付税の総額の確保及び法定率の引上げ
- 大幅な税収減の中、地域間の財政力格差拡大につながらないよう交付税の総額確保に配慮すべき。その際、法定率の引上げも考慮すべき

2　直轄事業負担金制度の改革
- 直轄事業の範囲限定、出先機関の縮減・廃止、直轄事業負担金制度の廃止、道路・河川の移管に伴う交付金創設、自治体との事前協議の仕組みの創設等について、ただちに工程表を作成し、速やかに取り組むべき

3　自治体への事務・権限の移譲と必要な財源等の確保
- 地方自治体への事務権限の移譲に当たり、執行に要する経費全額を税財源移譲により確実に措置

4　国庫補助負担金の一括交付金化に関しての留意点
- 地方が必要な事業の執行に支障が生じないよう必要な総額を確保する必要。交付基準も十分な検討が必要
- 義務付け・枠付け見直しの改革の趣旨に則し、国庫補助負担金制度を早急に見直すべき。施設・公物設置管理の基準に係る国庫補助負担金については、早急に交付基準を見直すべき

5　自動車関係諸税の暫定税率見直しに際しての留意点
- 地球温暖化対策における我が国の役割・責任、近い将来想定される環境税の導入と環境問題に係る地方自治体の役割、国・地方双方の貴重な税収入の減少への対応、特に地方税源の確保方策などについて、十分に考慮する必要

6　国と地方の事実上の協議の早急な開始
- 子ども手当の創設、高等学校等就学支援金の創設など地方自治体の行財政運営に大きな影響を与える可能性のある制度の創設や抜本的な見直しに、地方自治体の自主性・自立性が十分に確保されるよう万全な配慮を要請。できるだけ速やかに国と地方の事実上の協議を開始し、地方自治体の意見を聴取・反映してほしい

Ⅱ　中長期の課題

- 社会的・経済的に安定した時節の課題について、今から論議を深め、準備を整えることを強く期待

1　地方税制改革

(1)　地方税の充実と望ましい地方税体系の構築

- 地方の自己決定・自己責任には、地方税の充実が最も重要。応益性を有し、薄く広く負担を分かち合うもので、地域的な偏在性が少なく、税収が安定した税目が望ましい
- その際、①国と地方の税源配分５：５を当初目標、②地方消費税の充実が中心、③地方税充実の趣旨や必要性を自治体自ら住民に十分説明、④国・地方を通じた抜本的税制改革までの間にあっても上記の方向性に沿って検討

(2)　課税自主権の拡充

- 地方自治体は課税自主権の積極的な活用に努めるべき。そのためにも制度・運用の更なる見直しを進めるべき

2　国庫補助負担金の整理

- 存在意義の薄れたものは即刻廃止。自治体の事務として同化・定着・定型化しているものや人件費補助は一般財源化する等、一括交付金を含めさらなる整理を進めるべき（金額ベースだけでなく、件数ベースの目標も設定）

3　地方交付税

- 地方税の充実により、財政移転が果たす役割はおのずと縮小。しかしながら、偏在性の少ない税目でも、自治体間の財政力格差は拡大する方向であり、地方交付税の機能はより一層重要とならざるを得ない

(1)　財政調整機能の充実

- 国民への説明責任に配慮しつつ、地方六団体の「地方共有税」構想を土台にした制度改革を求める

(2)　財源保障機能の再検討

- マクロの財源保障の役割は、地方税の充実に伴っておのずと縮小
- 地方財政計画額と決算額との乖離の是正に取り組むべき

(3)　地方自治体にとっての予見可能性・説明責任の向上

- 普通交付税の透明性・予見可能性の向上を図るべき。可能な限り新型交付税の比重を高めるべき
- 法定率引上げにより財源不足額の解消・総額の安定化を図り、自治体の予見可能性を高めるべき
- 「国と地方の協議の場」での地方財政計画・地方交付税総額などの意見交換を早急に慣行化すべき
- 特別交付税を説明責任の向上のため見直すべき

4　地方債

- 起債自主権は歳入自主権の大きな柱。市場の信用に十分配慮しつつ、地方債発行に係る国の関与を見直すべき
- 地方公共団体金融機構の充実、自治体が共同で債券を発行する仕組みの更なる活用が図られるべき
- 元利償還に対する交付税措置の縮減を検討。ただし、財政力が弱い自治体の事業執行に配慮すべき

5　財政規律の確保

- 透明性の向上と自己責任の拡大を図るため、自治体の財務会計制度改革の方向性を、政府は国民に提示すべき。地方議会のチェック機能や監査委員の機能充実、外部監査機能の積極的な活用を図ることが肝要

おわりに

- 第４次勧告は委員会の最終勧告。今後、委員会は、これまでの４次にわたる勧告に対応する政府の取組状況を監視し、必要があれば政府に意見を述べる役割に移行
- ４次にわたる勧告で提言した事項を最大限尊重し、具体的な指針として速やかに地方分権改革推進計画を策定し、今後の改革の全体的な工程表を明らかにすることを政府に強く要請

※なお、交付税の法定率引上げ、国・地方の税源配分、地方共有税について意見が異なる委員一名から出された補足意見を勧告に添付している。

⑨地方分権改革推進計画（抄）

（平成二二年一二月閣議決定）

地域主権の確立は、鳩山内閣の「一丁目一番地」である重要課題であり、明治以来の中央集権体質から脱却し、この国の在り方を大きく転換する改革である。国と地方自治体の関係を、国が地方に優越する上下の関係から、対等の立場で対話のできる新たなパートナーシップの関係へと根本的に転換し、地域のことは地域に住む住民が責任を持って決めることのできる活気に満ちた地域社会をつくっていかなければならない。

このため、地域主権改革の第一弾として、義務付け・枠付けの見直しと条例制定権の拡大、国と地方の協議の場の法制化、今後の地域主権改革の推進体制について、以下のとおり所要の取組を推進することとする。

なお、本計画が定める取組のうち、法律の改正により措置すべき事項については、必要に応じて一括して所要の法律案を平成二二年通常国会に提出することを基本とする。

第1　義務付け・枠付けの見直しと条例制定権の拡大

地方分権改革推進委員会の第三次勧告（以下「第三次勧告」という。）を尊重し、地方自治体から要望のあった事項を中心に、別紙における「1　施設・公物設置管理の基準の見直し」、「2　協議、同意、許可・認可・承認の見直し」、「3　計画等の策定及びその手続の見直し」及び「4　その他の義務付け・枠付けの見直し」に掲げる事項について必要な法制上その他の措置を講ずるものとする。

「1　施設・公物設置管理の基準の見直し」において、施設・公物設置管理の基準を条例に委任する場合における条例制定に関する国の基準の類型は、第三次勧告に沿って、次のとおりとする。

①　従うべき基準

条例の内容を直接的に拘束する、必ず適合しなければならない基準であり、当該基準に従う範囲内で地域の実情に応じた内容を定める条例は許容されるものの、異なる内容を定めることは許されないもの

②　標準

法令の「標準」を通常よるべき基準としつつ、合理的な理由がある範囲内で、地域の実情に応じた「標準」と異なる内容を定めることが許容されるもの

③　参酌すべき基準

地方自治体が十分参酌した結果としてであれば、地域の実情に応じて、異なる内容を定めることが許容されるもの

なお、義務付け・枠付けの見直しに伴い、地方自治体においては、条例の制定・改正作業、国等による関与の見直しによる事務処理方法の変更及び計画策定業務の変更等への対処が必要となることから、地方自治体の円滑な事務処

理のために必要な情報提供を行うこととする。

第2　国と地方の協議の場の法制化

国と地方の協議の場については、法制化に向けて、地方とも連携・協議しつつ、政府内で検討し成案を得て法案を提出する。

第3　今後の地域主権改革の推進体制

本計画は、当内閣の地域主権改革の第一弾である。今後は、内閣総理大臣を議長とする地域主権戦略会議（平成二一年一一月一七日閣議決定）を中心に、地域主権改革の推進に資する諸課題について更に検討・具現化し、改革の実現に向けた工程を明らかにした上で、スピード感をもって改革を実行に移すものとする。

同会議については、内閣を助ける明確な権限と責任とを備えた体制とすることにより、地域主権改革をより一層政治主導の下で推進していくため、必要な法制上その他の措置を講ずることとする。

別紙　（略）

⑨地方分権改革推進計画（抄）

地方分権改革推進計画における「義務付け・枠付けの見直し」

＜地方要望分の見直し数＞

項目数ベース

全項目数A	見直し項目数B	実施率B／A
49	(29) 42	86%

※（　）は、見直しのうち、勧告どおり実施するものの数

条項数ベース

全条項数a	見直し条項数b	実施率b／a
104	(36) 70	67%

※（　）は、見直しのうち、勧告どおり実施するものの数

＜全体の見直し数＞

全体の見直し数　63項目121条項
（地方要望分以外でも21項目51条項）

＜主な項目の内容＞

公営住宅の整備基準、入居収入基準を、自治体の条例に委任
→（有効活用、政策的活用が可能に）

道路の構造基準を、自治体の条例に委任
→（地域の実情を踏まえた整備が可能に）

職業能力開発施設の運営基準を、自治体の条例に委任
→（民間委託等の運営の自由度が拡大）

保育所等の福祉施設の基準を、自治体の条例に委任
→（地域の実情に応じた整備・運営が可能に）
→（条例を縛る国の基準のあり方を更に検討）

へき地手当に関する学校指定基準・支給基準を、自治体の条例に委任
→（地域の実態を踏まえた支給が可能に）

漁港、港湾の区域指定に関する大臣協議を廃止（事後届出）
→（国の過剰な関与がなくなり事務が効率化）

自治体の計画策定（中小企業支援、環境関連等）に際しての国への協議・国の認可等を廃止等
→（地方の創意工夫が生かせる）

公立学校の学級編制基準の都道府県から市町村への権限移譲等
→（地域主権改革や教育条件整備全体の観点を踏まえ検討）

義務付け・枠付けの見直し（一覧表）

地方要望分	条項数	勧告実施	一部実施	検討	実施困難
内閣府					
①地域防災計画の大臣協議を事後報告	1	○			
②中心市街地活性化基本計画の大臣認定を廃止等	1	○			
文部科学省					
①学校の設置基準の条例委任	1		○		
②学級編制基準の市町村への条例委任等	25			○	
③へき地手当の基準の条例委任	3	○			
④認定こども園の基準（厚労省共管）の条例委任等	2		○		
⑤幼稚園の設置認可を事前届出	1	○			
厚生労働省					
①公共職業能力開発施設の職業訓練の基準の条例委任	2	○			
②児童自立支援施設の職員資格の制限を廃止	1	○			
③保育所等の福祉施設の基準の条例委任	18		○うち１条項は勧告実施		
④認定こども園の基準（文科省共管）の条例委任等	2		○		
⑤林業労働力確保計画の大臣協議（農水省共管）の廃止等	1	○			
⑥水道事業の大臣認可を事前報告	5		○うち１条項は実施困難		
⑦後期高齢者医療に関する知事協議の廃止	1				○
⑧国民健康保険に関する知事協議の廃止	1	○			
⑨医療計画の内容義務付けの見直し等	1		○		
農林水産省					
①協同農業普及事業実施方針の大臣協議の廃止	1	○			
②農振地域に関する方針・計画の大臣・知事協議の廃止等	2		○		
③林業労働力確保計画の大臣協議（厚労省共管）の廃止等	1	○			
④地域森林計画の大臣協議の廃止等	1				○
⑤森林病害虫関係の大臣協議の廃止等	2		○うち１条項は勧告実施		
⑥漁港区域の大臣認可を事後報告	1	○			
⑦農山漁村電気導入計画の策定義務の見直し	1	○			

⑨地方分権改革推進計画（抄）

経済産業省					
①商工組合設立認可等の大臣協議の廃止	1	○			
②企業立地促進等に関する計画の大臣協議の廃止等	1		○		
③地域産業資源に関する基本構想の大臣認定の廃止等	1	○			
④小規模企業者への貸付事業計画の義務付けの廃止	1	○			
国土交通省					
①道路の構造基準の条例委任	2	○			
②道路標識の基準の条例委任	1	○			
③河川施設の技術基準の条例委任	1	○			
④公営住宅の整備基準の条例委任	1	○			
⑤公営住宅の入居者資格基準の条例委任	1	○			
⑥土地利用基本計画の大臣協議を意見聴取	1		○		
⑦公有水面埋立地の用途外使用等の大臣協議の廃止	3				○
⑧都市計画決定の大臣協議の廃止等	1		○		
⑨都市計画決定の知事同意協議を協議	1	○			
⑩都市計画決定の農水大臣協議の廃止等	1				○
⑪道路の路線認定の大臣協議の廃止	1	○			
⑫河川工事の知事協議の廃止	1	○			
⑬海岸保全施設工事の大臣承認を同意協議	1	○			
⑭港湾区域の大臣・知事認可を事後報告	1		○		
⑮入港料に関する大臣協議の廃止	1		○		
⑯スーパー中枢港湾運営者認定の大臣同意を事後報告	1				○
⑰特定埠頭運営事業認定の大臣同意を事後報告	1	○			
⑱流域別下水道総合計画の大臣同意協議を協議	1	○			
⑲下水道の事業計画の大臣・知事認可を協議等	2	○			
環境省					
①自然環境保全特別地区指定の大臣協議を廃止等	1	○			
②ダイオキシン総量削減計画の大臣協議を廃止等	1	○			

③指定ばい煙総量削減計画の大臣協議を廃止等	1	○			
④ＮＯ$_x$等総量削減計画の大臣協議を廃止等	1		○		
⑤水質汚濁総量削減計画の大臣協議を廃止等	1				○
		見直し項目数 42項目（70条項）			
計49項目	104	29項目	13項目	1 項目	6 項目
		（36条項）	（34条項）	（25条項）	（9条項）

その他	条項数	勧告実施	一部実施	検討	実施困難
内閣府					
①中心市街地活性化基本計画の内容義務付けの見直し等	2	○			
総務省					
①財産区に関する知事協議の廃止	2	○			
②市町村の基本構想の策定義務の廃止	1	○			
③広域連合の広域計画の公表義務の廃止	1	○			
④消防広域化推進計画の策定義務の廃止等	2	○			
⑤職階制に適合する給料表に関する計画の廃止	1	○			
⑥辺地に関する総合整備計画の知事協議の廃止等	4	○			
⑦石油コンビナート等防災計画の内容義務付けの見直し	1	○			
⑧過疎地域の市町村計画の知事協議の廃止等	7	○			
⑨市町村合併の推進に関する構想の公表義務の廃止	1	○			
⑩内部組織の設置等に関する大臣・知事への届出の廃止	1	○			
⑪条例の制定・改廃等に関する大臣・知事への報告の廃止	3	○			
⑫公営企業に係る剰余金の積立義務・使途制限の廃止等	8	○			
文部科学省					
①学校運営協議会指定の都道府県教委協議の廃止	1	○			
②埋蔵文化財発掘の協議廃止	1	○			
③認定こども園の表示に関する基準の条例委任（厚労省共管）	1	○			

⑨地方分権改革推進計画（抄）

厚生労働省					
①指定知的障害児施設等の福祉施設の基準の条例委任	7	○			
経済産業省					
①協業組合設立認可等の大臣通知の廃止	1	○			
②企業立地促進等に関する計画の内容義務付けの見直し等	2		○		
③中小企業支援事業の実施計画の策定義務の廃止	1	○			
④地域産業資源に関する基本構想の策定義務の廃止等	3	○			
		見直し項目数 **21項目**（51条項）			
計21項目	51	**19項目**	**２項目**		
		（42条項）	（9条項）		

⑩地域主権戦略大綱（構成と概要）

（平成22年6月22日 閣議決定）

第1　地域主権改革の全体像

◆「地域主権改革」とは、「日本国憲法の理念の下に、住民に身近な行政は、地方公共団体が自主的かつ総合的に広く担うようにするとともに、地域住民が自らの判断と責任において地域の諸課題に取り組むことができるようにするための改革」

◆国と地方が対等なパートナーシップの関係にあることを踏まえ、地域の自主的判断を尊重しながら、国と地方が協働して「国のかたち」をつくる。「補完性の原則」に基づき、住民に身近な行政はできる限り地方公共団体にゆだねることを基本。その中でも住民に身近な基礎自治体を重視

◆戦略大綱は、地域主権改革を総合的かつ計画的に推進するため、当面講ずべき必要な法制上の措置その他の措置を定めるほか、今後おおむね2～3年を見据えた改革の取組方針を明らかにする。戦略大綱に基づく改革の取組の成果等を踏まえ、平成24年夏を目途に「地域主権推進大綱(仮称)」を策定

◆総理大臣を議長とする地域主権戦略会議を中心に、より一層の政治主導で集中的かつ迅速に改革を推進。適時に国と地方の協議の場を開催し、国と地方の実効ある協議を行い、改革の推進及び国と地方の政策の効果的・効率的な推進を図る。

第2　義務付け・枠付けの見直しと条例制定権の拡大

1　取組の意義等
2　これまでの取組と当面の具体的措置
3　今後の課題と進め方

第3　基礎自治体への権限移譲

1　基本的な考え方
2　具体的な措置
3　円滑な権限移譲の実現に向けて
4　今後の取組

第4　国の出先機関の原則廃止（抜本的な改革）

1　改革に取り組む基本姿勢
2　改革の枠組み

第5　ひも付き補助金の一括交付金化

1　趣旨
2　一括交付金の対象範囲
3　一括交付金の制度設計
4　導入のための手順

第6　地方税財源の充実確保

1　これまでの取組の実績と成果
2　今後の課題と進め方

第7　直轄事業負担金の廃止

第8　地方政府基本法の制定（地方自治法の抜本見直し）

1　地方公共団体の基本構造
2　議会制度
3　監査制度
4　財務会計制度

第9　自治体間連携・道州制

1　基本的考え方
2　今後の取組

第10　緑の分権改革の推進

1　基本的考え方
2　具体的取組

別紙1　義務付け・枠付けの見直しと条例制定権の拡大の具体的措置（第2次見直し）
別紙2　基礎自治体への権限移譲の具体的措置

（別紙一）「義務付け・枠付けの見直し（第二次見直し）」について

	項目ベース					条項ベース				
	検討対象	見直しを実施するもの			引き続き検討	検討対象	見直しを実施するもの			引き続き検討
			勧告どおり実施	勧告の一部実施				勧告どおり実施	勧告の一部実施	
内閣官房・内閣府	30	27 (90%)	23	4	3	77	64 (83%)	61	3	13
警察省	5	4 (80%)	3	1	1	8	7 (88%)	6	1	1
文部科学省	8	4 (50%)	3	1	4	11	4 (36%)	4	—	7
厚生労働省	43	38 (88%)	29	9	5	102	80 (78%)	64	16	22
農林水産省	62	46 (74%)	17	29	16	117	77 (66%)	52	25	40
経済産業省	6	4 (67%)	4	—	2	11	5 (45%)	5	—	6
国土交通省	169	147 (87%)	120	27	22	326	230 (71%)	208	22	96
環境省	47	38 (81%)	10	28	9	96	61 (64%)	34	27	35
計	370	308 (83%)	209	99	62	748	528 (71%)	434	94	220

（注）内閣府において集計したもの。

（別紙二）「基礎自治体への権限移譲」について

	項目ベース						条項ベース					
	検討対象	権限移譲等を行うもの			※	引き続き検討	検討対象	権限移譲等を行うもの			※	引き続き検討
			勧告どおり実施	勧告の一部実施					勧告どおり実施	勧告の一部実施		
内閣府	2	2 (100%)	2	0	－	0	9	9 (100%)	9	0	－	0
消費者庁	1	1 (100%)	1	0	－	0	5	5 (100%)	5	0	－	0
総務省	1	1 (100%)	1	0	－	0	2	2 (100%)	2	0	－	0
文部科学省	2	1 (50%)	0	1	1	0	7	1 (14%)	1	0	5	1
厚生労働省	25	20 (80%)	16	4	5	0	110	81 (74%)	60	21	29	0
農林水産省	3	1 (33%)	0	1	0	2	12	1 (8%)	1	0	0	11
経済産業省	9	5 (56%)	5	0	0	4	55	18 (33%)	18	0	0	37
国土交通省	31	22 (71%)	19	3	0	9	127	74 (58%)	70	4	0	53
環境省	8	6 (75%)	3	3	0	2	57	16 (28%)	9	7	0	41
計	82	59 (72%)	47	12	6	17	384	207 (54%)	175	32	34	143
追加分（外数）	－	3	3	0	－	－	－	10	10	0	－	－

（注１）内閣府において集計したもの。
（注２）「勧告どおり実施」には、勧告以上に実施するものも含まれる。
（注３）「※」は、一定の条件を満たせば権限移譲を行うもの。

⑪地域の自主性及び自立性を高めるための改革の推進を図るための関係法律の整備に関する法律（第一次一括法）（概要）

（平成23年5月2日 法律第37号）

1　改正内容

地方分権改革推進計画（H21.12.15　閣議決定）を踏まえ、関係法律の整備（42法律）を行う。

○　義務付け・枠付けの見直しと条例制定権の拡大（41法律）

地方自治体の自主性を強化し、自由度の拡大を図るため、義務付け・枠付けを見直し

【例】

(1)施設・公物設置管理の基準
- 児童福祉施設の設備及び運営に関する基準の条例委任
- 公営住宅の整備基準及び収入基準の条例委任
- 道路の構造の技術的基準の条例委任

(2)協議、同意、許可・認可・承認
- 市町村立幼稚園の設置廃止等に係る都道府県教育委員会の認可を届出へ
- 都道府県の三大都市圏等大都市等における都市計画決定に係る大臣同意協議の廃止

(3)計画等の策定及びその手続
- 中心市街地活性化基本計画の内容の一部の例示化

※1　政府は、施行の状況等を勘案し、児童福祉等に規定する基準等の在り方について検討を加え、必要があると認めるときは、その結果に基づいて必要な措置を講ずるものとする。

※2　政府は、地方分権改革推進委員会による勧告において、地方公共団体に対する自治事務の処理又はその方法の義務付けに関し、具体的に講ずべき措置が提示された事項及び見直し措置を講ずべきものとされた事項のうち、この法律において措置が講じられていないものについて、できるだけ速やかに、当該勧告に即した措置を講ずるものとする。

○　内閣府の所掌事務（改革（※）推進のための基本的政策に関する企画・立案、基本的政策に関する施策の実施を推進）の追加（内閣府設置法）

※　日本国憲法の国民主権の理念の下に、住民に身近な行政は、地方公共団体が自主的かつ総合的に広く担うようにするとともに、地域住民が自らの判断と責任において地域の諸課題に取り組むことができるようにするための改革

2　施行期日

①直ちに施行できるもの　→　公布の日（平成23年5月2日）
②政省令等の整備が必要なもの　→　公布の日から起算して3月を経過した日（平成23年8月2日）
③地方自治体の条例や体制整備が必要なもの　→　平成24年4月1日　等

⑫地域の自主性及び自立性を高めるための改革の推進を図るための関係法律の整備に関する法律（第二次一括法）（概要）

（平成23年8月30日 法律第105号）

1　改正内容

地域主権戦略大綱（H22.6.22 閣議決定）を踏まえ、関係法律の整備（188法律（＊））を行う。

① 基礎自治体への権限移譲（47法律）（都道府県の権限の市町村への移譲）

【例】
- 未熟児の訪問指導（保健所設置市まで→市町村まで）
- 区域区分、都市再開発方針等に係る都市計画決定（都道府県→指定都市）
- 家庭用品販売業者への立入検査（都道府県→市）
- 騒音、振動、悪臭に係る規制地域の指定（特例市まで→市まで）
- 理・美容所などの衛生措置基準の設定（都道府県→保健所設置市）

② 義務付け・枠付けの見直しと条例制定権の拡大（160法律）

【例】

⑴施設・公物設置管理の基準
- 公立高等学校の収容定員の基準の廃止
- 公園等のﾊﾞﾘｱﾌﾘｰ化構造基準の条例委任

⑵協議、同意、許可・認可・承認
- 地方債の発行に係る総務大臣・知事協議の一部見直し
- 福祉事務所設置の知事同意協議の同意を廃止
- 計量法の立入検査に係る県・市町村の協議を廃止

⑶計画等の策定及びその手続
- 構造改革特別区域計画の内容の例示化等
- 山村振興計画の策定義務の廃止

○自治体の国等への寄附に係る関与の廃止等

（＊）　①・②の重複19法律

2　施行期日

①直ちに施行できるもの　→　公布の日（平成23年8月30日）
②政省令等の整備が必要なもの　→　公布の日から起算して3月を経過した日（平成23年11月30日）
③地方自治体の条例や体制整備が必要なもの　→　平成24年4月1日（一部は平成25年4月1日）　等

⑬地域主権推進大綱（概要）

（平成24年11月30日 閣議決定）

【基本理念】
地域主権改革は、地域のことは地域に住む住民が責任を持って決められるようにするための改革。住民に身近な基礎自治体を地域における行政の中心的な役割を担うものとして位置付け、「補完性の原則」に基づき、国と地方が適切に役割を分担しながら、この国の在り方を転換するもの。

これまでの取組と成果等	今後の課題と進め方
第１　義務付け・枠付けの見直しと条例制定権拡大	
①　施設・公物設置管理の基準の条例委任等を盛り込んだ第１次・第２次一括法成立・施行（H23．４～）	①　地域の実情に合った地方独自の条例の基準等先行する自治体の情報提供を積極的に行う。
②　職員等の資格・定数の条例委任等を盛り込んだ第３次一括法案提出（H24．３）	②　第３次一括法案に盛り込まれた事項の実現を図る。 ③　地方分権改革推進委員会の第２次勧告のうち、これまでの見直しで対象とならなかった事項等について、地方からの見直し提案を受けて、現在、第４次見直しにおいて検討を進めている。 ④　今後の義務付け・枠付けの新設については、累次の勧告等に基づき、必要最小限にすることとし、所管府省、総務省においてチェックを行い、また、必要に応じて、地域主権戦略会議が意見を述べる。事前情報提供制度への適切な対応を図る。
第２　基礎自治体への権限移譲	
①　都道府県の権限を市町村に移譲するための第２	①　移譲事務の内容、留意点等を周知、助言するほか、所要の財源措置等

次一括法成立・施行（H23.　8～）	円滑な施行を図る。 ②　地方からの提案を受けて、現在、第４次見直しにおいて検討を進めている。 ③　第30次地方制度調査会における結論を踏まえ、都道府県から指定都市、中核市、特例市及び特別区への事務の移譲を図る。
第３　国の出先機関の原則廃止（抜本的な改革）	
アクション・プランの策定（H22.　12）	アクション・プランを基本としつつ、以下の方針で取組を推進。
①　出先機関の事務・権限のブロック単位での移譲については、法案化作業を実施。	①　「国の特定地方行政機関の事務等の移譲に関する法律案」及び「国の出先機関の事務・権限のブロック単位での移譲について」を閣議決定したところであり、引き続き基礎自治体等の理解を得るための取組等も進めつつ、出先機関の事務・権限のブロック単位での移譲を目指す。
②　地方公共団体が特に移譲を要望している事務・権限（直轄道路・直轄河川、ハローワーク関係）については、検討チームを設置し検討。	②　直轄道路・直轄河川は一都道府県で完結するものは原則移管することを基本とし、個別協議に基づく移管の早期実現に向け対象となり得る道路・河川を確認し積極的に取り組む。
③　ハローワークについて、国が行う無料職業紹介等と地方公共団体が行う相談業務等を一体的に実施する取組を進めるとともに、移管と実質的に同じ状況を作る「ハローワーク特区」（浦和、佐賀）を開始。	③　ハローワークについて、一体的取組と「ハローワーク特区」を進め、検証を行い、権限移譲を検討。
④　②③以外の一都道府県内で完結する事務・権限についても、検討チームを設置し検討。	④　一都道府県で完結する事務のうち関係府省が移譲できるとする事務と全国知事会が先行的に移管を求める事務を並行して検討。
第４　ひも付き補助金の一括交付金化	
・「地域自主戦略交付金」等の創設。	①　地方の自由度の拡大、効率的・効果的な財源の活用に向け、制度の推

H23年度　投資に係る補助金等につき都道府県向け９事業を対象。 H24年度　指定都市へ制度を導入。 対象事業を18事業に拡大。 （6,754億円（※沖縄振興一括交付金を含めると総額8,329億円））	進を図る。各年度の制度の検討に当たっては、地方の意見を十分把握。可能な限り早期の地方への情報提供。 ②　総額については、地方の安定的な財政運営や事業の着実な執行に配慮し、今後、対象事業が拡大される場合等を含め、所要額の適切な確保を図る。 ③　継続事業等に十分配慮しつつ、客観的指標に基づく配分を拡大。 〔客観的指標に基づく配分の割合：平成23年度対象事業分の２割 平成24年度拡大事業分の１割〕 ④　事務手続の改善、添付書類の簡素化等を進め、国と地方の負担軽減に努める。 ⑤　指定都市以外の市町村への導入等は、年度間変動等の課題を踏まえつつ、地方の意見を聞きながら、引き続き検討。
第５　地方税財源の充実確保	
①　社会保障・税一体改革 引上げ分の消費税収の地方分 H26. 4～　0.92% H27. 10～　1.54% ②　一般財源の総額の確保	①　平成24年度税制改正大綱及び社会保障・税一体改革の方向性に沿って、地方税財源の充実確保を推進。地方消費税の充実と併せて、地方法人課税の在り方を見直すことなどにより、税源の偏在性が小さく、税収が安定的な地方税体系を構築。 ②　地方交付税については、財源調整機能と財源保障機能が適切に発揮されるよう、地方税等と併せ地方の安定的な財政運営に必要となる一般財源総額を適切に確保。
第６　直轄事業負担金の廃止	
・　維持管理に係る負担金制度を廃止。	・国と地方の役割分担や今後の社会資本整備の在り方等とも整合性を確保しながら検討を行い、現行の直轄事業負担金制度の廃止とその後の在り

	方について、平成25年度までの間に結論を得る。
第7　地方自治制度の見直し	
①　議会制度や議会と長との関係等に関する改正地方自治法成立（H24．8） ②　第30次地方制度調査会（H23．8～）において大都市制度のあり方等について審議	・現在地方制度調査会で審議されている事項や地方行財政検討会議等において引き続き検討することとされた事項について検討を進める。
第8　自治体間連携等（道州制を含む）	
・　関西広域連合の設立や九州等における取組	・市町村や都道府県相互の自発的な連携等の具体的な取組が生まれてきたことも踏まえ、こうした連携等の形成に対する支援の在り方を検討。 ・「いわゆる「道州制」」については、様々な議論がなされている中で、地域の自主的判断を尊重しながら、その検討も射程に入れていく。
第9　緑の分権改革の推進（地域主権型社会を支える地域活性化の取組の推進）	
①　緑の分権改革モデル実証調査等を実施し、改革に取り組む団体数が順調に増加。 ②　定住自立圏構想の推進、過疎地域で主体的に行われるハード事業、ソフト事業に対する支援。 ③　自治体クラウドの取組の進捗	①　事業化モデルの全国展開に向けた支援を実施し、地域からの日本再生の実現につなげる。 ②　定住自立圏構想の取組を一層充実し、圏域全体で必要な生活機能の確保を図る。集落対策・過疎対策により条件不利地域の自立促進を図る。 ③　効率的で災害に強い電子自治体の実現を図る。

⑭地域の自主性及び自立性を高めるための改革の推進を図るための関係法律の整備に関する法律（第三次一括法）（概要）

⑭地域の自主性及び自立性を高めるための改革の推進を図るための関係法律の整備に関する法律（第三次一括法）（概要）

（平成25年6月14日
法　律　第　44　号）

1　義務付け・枠付けの見直しの経緯

◇地方公共団体に対する義務付け・枠付け等については、地方分権改革推進委員会の勧告を受けて、対象となる約4千条項について順次見直しを実施しているところであるが、第3次見直しに係る事項（衆議院解散に伴い、旧第3次一括法案は廃案）及び地方からの提案を受けた第4次見直しに係る事項について、関係法律の整備を行うもの。

- 第1次見直し－第1次一括法（平成23年4月成立）
- 第2次見直し－第2次一括法（平成23年8月成立）
- 第3次見直し－旧第3次一括法案（衆議院解散に伴い廃案）
- 第4次見直し－「義務付け・枠付けの第4次見直しについて」（平成25年3月閣議決定）

第3次一括法が成立
（平成25年6月7日）
74法律を一括改正

2　主な改正内容

(1)　第3次見直し関係

通知・届出・報告、公示・公告等

- 農用地利用規程の認定に際し公告義務を廃止
- 宅地造成工事規制区域の指定の大臣への報告義務を廃止

職員等の資格・定数等

- 消防長及び消防署長の資格の条例委任
- 私立学校審議会等の委員定数の廃止
- 児童福祉審議会、都道府県建築士審査会等の委員定数の上限の廃止

(2)　第4次見直し関係

地方からの提案等に係る事項

①義務付け・枠付けの見直し
- 地方独立行政法人の合併手続の円滑化等
- 地方青少年問題協議会の委員資格要件の廃止
- 鳥獣保護区における特別保護地区の再指定等に係る環境大臣の協議の届出化

②都道府県から基礎自治体への権限移譲
- 高度管理医療機器（コンタクトレンズ等）販売業等の許可等の権限を、保健所設置市及び特別区に移譲
- 市街地再開発事業における事業認可権限等を指定都市に移譲

等

3　施行期日

①直ちに施行できるもの → 公布の日（平成25年6月14日）
②政省令等の整備が必要なもの → 公布の日から起算して3月を経過した日（平成25年9月14日）
③地方自治体の条例や体制整備が必要なもの → 平成26年4月1日　等

⑮地域の自主性及び自立性を高めるための改革の推進を図るための関係法律の整備に関する法律（第四次一括法）（概要）

（平成26年6月4日　法律第51号）

1　第4次一括法について

地方分権改革推進委員会の勧告のうち、残された課題である国から地方公共団体への事務・権限の移譲等を推進するとともに、第30次地方制度調査会答申（平成25年6月25日）で示された都道府県から指定都市への事務・権限の移譲等を推進するため、「事務・権限の移譲等に関する見直し方針について」（平成25年12月20日閣議決定）を踏まえ、関係法律の整備を行うもの。

（63法律を一括改正）

（参考）
・第1次一括法（平成23年4月成立）― 地方に対する規制緩和
・第2次一括法（平成23年8月成立）― 地方に対する規制緩和、都道府県から基礎自治体への事務・権限の移譲
・第3次一括法（平成25年6月成立）― 地方に対する規制緩和、都道府県から基礎自治体への事務・権限の移譲

2　改正内容

国から地方公共団体への事務・権限の移譲等

【例】
・看護師など各種資格者の養成施設等の指定・監督等（10条等）
・商工会議所の定款変更の認可（38条）
・自家用有償旅客運送の登録・監査等（44条）

都道府県から指定都市への事務・権限の移譲等

【例】
・県費負担教職員の給与等の負担、県費負担教職員の定数の決定、市町村立小中学校等の学級編制基準の決定（5条等）
・病院の開設許可（17条）
・都市計画区域の整備、開発及び保全の方針（都市計画区域マスタープラン）に関する都市計画の決定（45条）

3　施行期日

平成27年4月1日（体制整備に特に時間を要するものについては個別に定める日）

⑯個性を活かし自立した地方をつくる～地方分権改革の総括と展望～（抄）

（平成二六年六月二四日　地方分権改革有識者会議）

はじめに

地方分権改革の起点となった衆議院及び参議院両院の「地方分権の推進に関する決議」から二〇年が経過し、第一次・第二次地方分権改革が進められてきた。その過程を振り返れば、改革は「一日にして成る」ような性格のものではなく、段階を追って積み上げていく、息の長い取組であることが改めて実感される。

これまでの地方分権改革では、国と地方との関係を、上下・主従の関係から対等・協力の新しい関係に転換するとの理念を掲げ、これまで機関委任事務制度の廃止や義務付け・枠付けの見直しなど数多くの具体の取組を行った結果、地方の法的な自主自立性が高まるなど、地方分権の基盤はおおむね構築されたといえる。

一方で、日本が成熟社会を迎えている中にあって、地域社会における諸課題は複雑化しており、それを画一的な方法で解くことはできず、それぞれの地域の実情に応じた柔軟な対応が求められている。

このような段階にある今、これからの地方分権改革は、既に構築された基盤の上に立って、全国共通的な改革から多様性に根ざした改革に進化していくことが求められている。例えるならば、基盤となる基本ソフト（ＯＳ）の上で、応用ソフト（アプリ）を自在に動かし、改革の実を挙げていく段階に来ているといえる。

国にあっては、以上のような認識に立って、政府が一丸となって引き続き地方分権改革を着実に推進していくべきである。

また、地方にあっては、まずは、これまでの制度改革の成果を住民へ還元するとともに、制度改革を提案する機能を充実させることにより、これからの地方分権改革の原動力になっていくことを期待したい。

さらに、住民にあっては、行政サービスの受け手にとどまることなく、地方分権改革の実を挙げていく上で能動的な行動をとることを期待したい。

この取りまとめは、このような基本的な考え方に立って、これまでの二〇年の国と地方の取組を振り返り、地方分権改革の今後の進むべき方向を明らかにするものである。

この取りまとめが、国、地方、何より改革の主役である住民の導きの星となり、新たな改革を進める助けとなれば幸いである。

地方分権改革有識者会議としては、関係各位のたゆまぬ努力に期待したい。

1　今求められる地方分権改革の全体像

地方分権改革は、衆議院及び参議院両院における「地方分権の推進に関する決議」から二〇年を超え、第一次・第二次地方分権改革を通じ、その成果が定着してきており、地方分権改革推進委員会で勧告された各般の課題についても、一通り検討を行った。

ここで改めて現在の我が国を取り巻く状況を概観すると、国際社会への積極的な貢献や経済連携の推進など、国際社会における我が国の役割や課題は増大している。また、今後、我が国の総人口の更なる減少が見込まれる中、少子高齢化により多様化し増大する行政ニーズに対応して、地方の足腰をより強くすることが求められている。さらに、東京一極集中の是正も進んでいるとは言い難い。このように、我が国は、二〇年前と比較して今なお厳しい課題を抱えている。

こうした状況の下、国は、国際社会における新たな課題に的確に対処するなど本来果たすべき役割を重点的に担う一方、地方は、多様な行政ニーズに主体的に対応することで、地域の元気をつくり、住民サービスの質を向上させる必要がある。

このため、国民がゆとりと豊かさを実感できるようにするという地方分権の原点に立ち返り、これまでの地方分権改革の成果を活かしつつ、引き続き、「個性を活かし自立した地方をつくる」地方分権改革を推進する重要性は、ますます高まっている。

もとより、地方分権改革は段階を追って地道に積み上げていくべき息の長い取組である。今、地方分権改革が新たな局面を迎えようとしている中、この改革を更に前に進めていくためには、まずはこれまでの地方分権改革が積み上げてきた成果や残された課題について総括を行った上で、今求められる改革の全体像を明らかにする必要がある。

(1)　これまでの改革の総括

第一次地方分権改革は、平成七年七月に成立した地方分権推進法に基づく地方分権推進委員会（委員長：諸井虔）の勧告事項を中心に、平成一一年七月に「地方分権の推進を図るための関係法律の整備等に関する法律」（地方分権一括法）が成立し、改革が具現化された。また、第二次地方分権改革は、平成一八年一二月に成立した地方分権改革推進法に基づく地方分権改革推進委員会（委員長：丹羽宇一郎）の勧告に基づき、第一次から第四次までの「地域の自主性及び自立性を高めるための改革の推進を図るための関係法律の整備に関する法律」（一括法）が成立した。

また、こうした国の取組に呼応して、地方においても、国の制度改革の成果を活かした取組や分権意識の高まりを受けた独自の取組が積み重ねられつつある（詳細については、巻末の「参考一　これまでの地方分権改革の概要」を参照）。

第一次・第二次地方分権改革を総括すると、以下のように取りまとめることができる。

第一に、国と地方の関係を上下・主従の関係から対等・協力の関係に変え、地方分権型行政システム（住民主導の個性的で総合的な行政システム）を確立するという地方分権改革の理念を構築した。

第二に、改革の推進手法については、二度にわたり法定の委員会を設置して、地方からの提言、要望等も背景としつつ、国が主導する形で、期間を区切って集中的な取組を実施することにより、相応の成果を生み出した。

第三に、上記の改革の理念とも関係するが、機関委任事務制度の廃止や国の関与に係る基本ルールの確立が行われるとともに、地方に対する事務・権限の移譲（以下「権限移譲」という。）や地方に対する規制緩和（義務付け・枠付けの見直し及び必置規制の見直しをいい、以下「規制緩和」という。）を網羅的に推進するなどにより、地方全体に共通する基盤となる制度を確立した。これにより、地方公共団体について、自治の担い手としての基礎固めが行われた。

第四に、改革の対象分野という視点からみると、これらの基盤となる制度の構築に重点的に取り組んだ結果、地方公共団体の法的な自主自立性の拡大はある程度進展した。一方で、住民自治の拡充、財政的な自主自立性等の分野においては踏み込み不足の感は否めなかった。

第五に、国民・住民との関係においては、地方分権の意義や改革の必要性などについて世論喚起を行う意義は大きかったが、いずれの委員会も時限設置であったことから、国・地方ともに国民・住民に対して継続的で分かりやすい情報発信の取組に欠けていた。

(2) 今求められる改革の位置付け ―個性と自立、新たなステージへ　地方分権改革の更なる展開―

「(1)これまでの改革の総括」に対応して、今求められる改革の位置付けを整理すると、以下のとおりである。

第一に、これまでの改革の理念はしっかりと継承し、更に発展させていくことが重要である。したがって、これからの改革は、地方分権を単に中央集権型行政システムの課題を解決するための手段と捉えるのではなく、日本の再生、豊かな国民生活の実現という理念を掲げて、「地方の元気なくして国の元気はない」との考え方に立って、取り組むべきである。また、地方分権改革は、個性を活かし自立した地方をつくることを目指すものであり、成熟社会を背景としたガバナンス・システムを構築するための基盤に当たるとの認識を十分に持つ必要がある。

第二に、改革の推進手法については、これまでの国が主導する短期集中型の改革スタイルから、地域における実情や課題に精通した地方の発意に根ざした息の長い取組を行う改革スタイルへの転換が望まれる。

このため、従来からの課題への取組に加え、地方から制度改革に関する提案を求める「提案募集方式」[1]は是非導入すべきである。また、政府としても、こうした地方からの提案を正面から受け止め、スピード感を持って検討を進めていくため、恒常的な推進体制を整備する必要がある。

第三に、機関委任事務制度の廃止や国の関与に係る基本ルールの確立など、これまでの改革により地方全体に共通する基盤となる制度がある程度確立したことを受けて、今後は、地方の「多様性」を重んじた取組を推進していくことが求められる。このような観点から、地方間の連携や補完などによるネットワークを積極的に活用するほか、地方ごとの多様な事情への対応が可能となる「手挙げ方式」[2]を導入すべきである。

第四に、改革の対象分野としては、権限移譲や規制緩和に加え、これまでの改革の残された課題である、真の住民自治の拡充、財政的な自主自立性の確立などに重点を置いて、当面の課題、中長期の課題といった時間軸も念頭に入れつつ、着実に取り組むべきである。これにより、住民と地方公共団体について、自治の担い手としての強化を図る必要がある。

第五に、国民・住民との関係については、今後は、これまでの改革で蓄積された成果をもとに、ソーシャルメディアなども駆使した情報発信を、継続的かつ効果的に展開すべきである。その際、住民に身近な地方公共団体が分かりやすく情報発信を行うことにより、住民が改革の成果を実感でき、地方分権に主体的に関わるようになることが望まれる。

なお、現在、道州制の議論が各界で進められているが、道州制は、国の在り方を根本から見直す大きな改革であることから、国民的な議論を要する課題である。いずれにしても、地方分権改革は、たゆまず着実に前に進めていかなければならない。

1　「提案募集方式」の内容については、(4)改革の進め方①「提案募集方式」の導入を参照。

2　「手挙げ方式」の内容については、(4)改革の進め方②「手挙げ方式」の導入を参照。

(3)　改革のミッションとビジョン

今後の地方分権改革については、地方分権改革有識者会議で整理したとおり、「個性を活かし自立した地方をつくる」というミッションを最大の目的とし、このミッションを通じて住民が享受できる豊かさを実現するビジョンを達成目標として進められなければならない。

その際、地方分権改革は、ともすれば国と地方の権限争いのように受け取られることもあるが、そのような次元ではなく、地方分権改革により住民がどのような豊かさを享受できるかが問われなければならない。

【ミッション～地方分権改革の目的】

地方分権改革で目指すべきミッションは、「個性を活かし自立した地方をつくる」ことである。そのためには、更なる権限移譲、規制緩和等を推進することが必要になる。

これに伴い、国は本来果たすべき役割を重点的に担うこととなり、住民に身近な行政はできる限り地方公共団体にゆだねることで、国・地方双方の機能の強化につながることとなる。

【ビジョン～ミッションを通じて住民が享受できる豊かさ】

「個性を活かし自立した地方をつくる」ことにより、住民が享受できる豊かさは、以下の三点から導かれる。

① 行政の質と効率を上げる

縦割りでない総合的な行政展開が可能となり、把握できる地域の情報の量も増加することで、政策の手立てが大きく広がり、更に住民ニーズに応えることが可能になることから、相乗効果で効果・効率が大きく向上する。

・地方公共団体が提供する住民サービスの質を上げる。
・地方公共団体がスピード感のある政策を実行する。
・地方公共団体が総合的なサービスを提供する。
・国と地方の重複業務が解消される。
・電子行政など総合行政を前提としたイノベーションの導入が促される。　など

② まちの特色・独自性を活かす

国による縛りや指図から脱して、自ら考え、地域にある可能性を最大限追い求めることにより、それぞれの地域に応じた最適な政策が繰り広げられる。

・地域の個性や地域資源が最大限活かされる。
・地域課題の解決に向けた独自の対応が可能となる。
・枠にはまらない独自の発想による施策が展開される。
・各地域がそれぞれを意識して競い合うことで、魅力ある施策が展開され、住民の豊かさが向上する。　など

③ 地域ぐるみで協働する

住民、ＮＰＯ、企業、教育機関、関係団体など多様性に富んだ地域の主体が互いの活動を認め、評価し合い、意識的に連携・協働することにより、地域社会が総体として活性化する。

・様々な活動主体が有機的に結びつけられる。
・住民と地方公共団体の信頼感が互いに増し、活動が強化される。
・地方公共団体の意思決定過程への住民等の参加が進む。
・多様な地域の人材が活躍する。
・地域間の更なるネットワークが形成され、効果を発揮する。
　など

【アプローチ～改革の推進体制】

現在、地方分権改革推進のため、政府に、内閣総理大臣を本部長とし、全閣僚を構成員とする地方分権改革推進本部を設置しており、この本部において、改革に関する政策が検討・決定される。

地方分権改革に関する課題を調査・審議し、整理された検討材料を本部に提供することにより、本部の政策決定に至る検討内容を充実させ、検討の効率を高められるよう、地方分権改革担当大臣の下で、地方分権改革有識者会議を開催している。

また、地方からの提案を正面から受け止め、改革を恒常的に推進するため、地方分権改革有識者会議において、専門部会を開催し、重要なテーマについて、専門性を確保しつつ、十分議論・検討を深めることとする。

【参考】これまでに開催された専門部会

・雇用対策部会（部会長：小早川光郎）
・地域交通部会（部会長：後藤春彦）
・農地・農村部会（部会長：柏木斉）

【ポイント～改革推進に当たっての重要事項】

地方分権改革を進めるに当たって、特に考慮すべき重要事項は、以下の四点である。

①　**住民の想いを大切にする**

・サービスの受益者にとどまらず、積極的な生活者・行動者である住民の想いを大切にする。
・住民は、自らの地域の歴史を踏まえ、これから生まれてくる世代が暮らす地域の将来やアイデンティティについて、積極的に提言することが期待される。
・多様な住民の想いを調整・共有するためにも、その前提として、地方における行政の在り方に対する住民の関心を高めていかなくてはならない。
・住民に身近なところで政策が決められ、住民に直に向き合ってサービスが提供される地方分権改革を進めることで、住民生活をどう豊かにするのかを意識する。

②　**基礎自治体の考え方を汲み取る**

・都道府県のみならず、住民に最も身近な市町村の意向に配慮しながら、改革を進める。国から都道府県への事務・権限の移譲等を検討する際にも、住民に最も近い基礎自治体である市町村の意向を十分受け止める。
・規模や人口動態、地域に根ざした産業・経済の発展形態など、一律には捉えきれない多様な地方の状況を踏まえる。

③　**地域の元気をつくる**

・日本全体の成長戦略に資するような改革を目指す。
・地域の人材の発想力・行動力を最大限発揮させ、地域の活性化に活かす。
・新たなもの、潜在的なものも含めて、地域資源を掘り起こし、磨き上げ、最大限活用する。
・地域が元気になり、生き生きとしたコミュニティが構成されることで、地域の防災力を大きく高めることにつながる。

④　**広域の連携を促進する**

・それぞれの地域課題に応じた圏域・関係者の広がりを念頭に置き、多様なネットワークを活用する。

・地域において、最適なサービス提供体制を追求するための地域間連携の取組を後押しする。
・特に防災や医療などについては、広域的又は緊急の対応が必要であり、常日頃から緊密な連携を図る。

(4) 改革の進め方

改革の進め方としては、まずは、第四次一括法の施行に向けて、移譲される事務・権限が円滑に執行できるよう、確実な財源措置を講ずるとともに、マニュアルの整備や技術的助言、研修や職員の派遣などの必要な支援を実施する。

その上で、「(2)今求められる改革の位置付け」で述べたとおり、今後の改革においては、従来からの課題への取組に加え、地方の発意に根ざした息の長い取組、地方の多様性を重んじた取組に軸足を置いて取り組む必要がある。

その際の重要な手法が「提案募集方式」と「手挙げ方式」であり、また、政府として、こうした手法が有効に機能するための推進体制を整備する必要がある。

また、改革が実践の段階に入り、その成果が蓄積されてきたことから、国民・住民が改革の成果を実感できるよう、分かりやすく効果的な情報発信を展開すべきである。

① 「提案募集方式」の導入

地方がイニシアチブを発揮しつつ、引き続き改革を推進するため、地方六団体の意見を尊重しつつも、個々の地方公共団体からの意見を広く取り上げ、改革を着実に推進するシステムとして、地方公共団体から全国的な制度改正の提案を募る方式（「提案募集方式」）を本年から導入する。

「提案募集方式」における提案の対象は、権限移譲又は規制緩和に関する提案とする。なお、国と地方の税財源配分や地方自治制度などのように本方式の対象とならない事項についても、所管府省を中心に、政府として適切に取り組む必要がある。

提案主体は、都道府県、市区町村、一部事務組合、広域連合、地方六団体、地方公共団体を構成員とする任意組織とする。

提案を受けた政府の対応としては、内閣府が、受け付けた提案について、その実現に向けて関係府省と調整を行う。内閣府は、提案が出そろった段階で全体を整理し、特に重要と考えられる提案については、地方分権改革有識者会議又は専門部会で、集中的に調査・審議を行い、実現に向けた検討を進める。その際、地方六団体からも意見を聴取する。提案に関する対応方針は、年末までに地方分権改革推進本部決定及び閣議決定を行い、所要の法律案を国会に提出する。また、提案に関する調整過程の公表を行うとともに、制度改正に係る情報発信に努める。

また、「提案募集方式」を運営するに当たり、以下の事項に留意する。

・提案の対象については、権限移譲及び規制緩和に関するものであれば、これまでの地方分権改革推進委員会の勧告事項にとらわれず、可能な限り広く対象とする。また、現行制度の見直しにとどまらず、制度の改廃を含めた抜本的な見直しに係る提案も対象とするとともに、権限移譲及び規制緩和に関連する運用改善等の提案も対象とする。

・提案の内容が一地方公共団体の事情によるものでなく一定程度の広がりを有する提案となるよう、複数の地方公共団体が共同で提案することを推奨する。

・提案主体である地方公共団体は、首長を含め関係部局間で十分な議論を重ね、制度改正による効果や現行制度の具体的な支障事例を明示して提案する。その際、提案主体は、経済団体、各種関係団体、NPO、職員グループなどからの意見も提案に反映するよう努める。

以上により、地方公共団体等からの提案に基づき具体の改革を推進する中にあって、地方分権改革有識者会議において、個々の制度改正事項の優先度や制度間・政策分野間の整合性等について十分な調査審議を行うとともに、改革のあるべき全体像・将来像についても、議論を行うべきである。

② 「手挙げ方式」の導入

各地方公共団体の規模や能力は多様であり、直面する課題も異なることから、制度改正に当たっても、個々の地方公共団体の発意に応じ選択的に権限移譲を行う「手挙げ方式」を導入すべきである。

従来、権限移譲に当たっては、国と地方の役割分担の明確化の観点から、全国一律に行うことを基本としてきた。今後もこうした考え方を基本とすべきであるが、一方で、地域特性や事務処理体制等に大きな差があることから、全国一律の移譲では改革が進みにくいものもある。

このような場合、「手挙げ方式」の導入は、特に国から地方への権限移譲において、新たな突破口となり得る。また、「手挙げ方式」による実績が積み上がっていくことで、他の地域へも波及し、全体として行政サービスの向上につながることが期待される。

なお、「手挙げ方式」を活用した結果、ある程度の広がりをもって移譲が進んだ場合には、事務・権限の性格等に応じ、国と地方の役割分担の明確化や住民の利便性の向上を図る観点から、全国一律の移譲に移行することを検討すべきである。

③ 政府の推進体制の整備

国において、上記のような地方の提案や発意を恒常的に受け止め、スピード感を持ってその実現に向けて取り組む推進体制を整備することが必要であり、既に常設のものとして設置・開催され、具体の成果を挙げている地方分権改革推進本部と地方分権改革有識者会議を活用すべきである。

また、地方分権改革有識者会議の下で開催される専門部会を有効に活用し、専門性を確保しつつ、十分に議論・検討を深めることとすべきである。

なお、地方分権改革は、内閣府の恒久的な事務として位置付けられており、内閣府としては、地方分権改革推進本部及び地方分権改革有識者会議の事務局として、改革を継続的かつ積極的に推進していくべきである。

④ 効果的な情報発信

これまでの地方分権改革を通じて、権限移譲や規制緩和など数多くの制度改正とその具体的な活用事例が積み重ねられてきている。これらの成果を効果的に情報発信することが重要であることから、ソーシャルメディアなど情報の受け手に直接働きかける媒体を活用しながら、地方の現場の優れた取組を発信するとともに、地方で活躍する職員等の間の活発な情報交換・ネットワーク化を進めるべきである。加えて、新たに全国シンポジウムを開催することなどにより、広く国民に改革の成果を実感してもらうことも重要である。

(5) 改革を担う主体の役割

今後、地方分権改革を推進する上で、これまでの改革の取組を顧みつつ、改めて、国、都道府県、市町村、住民それぞれの役割を整理すべきである。その際、地方分権改革が相当程度進展してきた中で、改革の成果を住民に実感を持って伝えることが重要になってきていること等を十分に踏まえて、それぞれの役割の在り方を検討すべきである。

以下のとおり、国、都道府県、市町村、住民の役割を整理したが、それぞれが個別に役割を果たすだけではなく、市町村間、都道府県間の水平方向の連携や垂直方向の連携など相互補完を活かすことが求められる。

また、地方分権改革を進めるためには、行政以外の民間企業、大学、ＮＰＯなどとの連携も重要である。地域において、このような各種主体と、どのようにネットワークを構築し、どのように意思決定を行うかを考えていくことも必要である。

① 国の役割

国は、法律に基づく制度の設計者として、地方からの提案等を尊重しつつ、全国制度の改革に関する企画・立案を担い、その実行を推進すべきである。

その際、これまでは規制緩和を中心とする法的な自主自立性に係る改革が中心であったことを考慮すると、引き続き規制緩和を着実に推進することに加えて、権限移譲、地方税財政、住民自治、地方議会等に関する制度改革についても、積極的に取り組む必要がある。

各行政分野の企画立案・事務の執行に当たる各府省においては、新たな制度を立案し、又は制度改正を行う場合、地方分権改革の理念及び累次の勧告等に基づき、適切な国、都道府県、市町村の役割分担を念頭に置いた制度設計を行い、また、地方分権改革推進委員会第三次勧告で示された義務付け・枠付けに関する「立法の原則」の徹底により、地方への義務付け・枠付けは必要最小限とするとともに、地方自治法の事前情報提供制度に基づき、地方に対する適切な情報提供に努めるべきである。

あわせて、制度改革を軌道に乗せ、その実効性を担保する観点から、国民や地方に対する情報発信に努めるとともに、国民が地方分権改革の成果を実感できるように取組を進めるべきである。

②　都道府県の役割

都道府県は、これまでの地方分権改革の成果を十分に活用するとともに、地域の実情を踏まえて独自の取組を進めることが求められる。その上で、改革の成果を地域における日々の行政に活かしていく立場から、自らが経験の中で必要性を認識している改革事項を積極的に提案し、主張することが求められる。改革により、どのような効果がもたらされ、住民の生活がどのように向上するのか、分かりやすく示していく姿勢が求められる。

あわせて、都道府県の取組が理解され、都道府県による対応が後押しされるよう、住民に対する情報発信に努めていくことが求められる。

特に、都道府県は、条例による事務処理特例制度を活用しつつ、市町村への事務・権限の移譲に積極的に取り組むことが必要である。また、同じく改革の成果を受け止め、活かしていく立場にある市町村が、前向きに改革に取り組めるよう、個別分野に係る助言や法務など専門的な観点からの相談対応、人材育成のための研修など、積極的な支援に努めていくことが求められる。

③　市町村の役割

市町村においても、地方分権改革の成果を活用し独自の取組を進めるとともに、改革事項を積極的に提案・主張し、住民に対する情報発信に努めていくことが求められるのは、都道府県と同様である。

特に、市町村は、住民自治を充実させ、住民が自ら地域の課題に当たることができるよう、仕組みの整備や意識啓発を図ることを通じて、住民の理解を高め、参加を促進する必要がある。加えて、市町村は、ＮＰＯ、公益法人・一般法人、教育機関、企業など地域における様々な主体と協働することを通じ、より効果的かつ質の高い行政サービスを提供することが可能となる。

④　住民の役割

今後の改革においては、住民は単なる行政サービスの受益者にとどまることなく、地方公共団体の政策形成に参画し、協働する主体であることが期待される。改革の推進に当たっては、住民自らが主体的に要望や意見を示す姿勢が望まれており、そのことが地方公共団体の提案の基礎となり、その提案が制度改革に結びつくことにより、更に豊かな住民生活につながっていくという好循環が生み出されることを期待したい。

その際、住民の意見を地域の政策課題に反映させる上で、地方議会の役割は重要である。

2 具体的な改革の目指すべき方向

(1) 国と地方の役割分担の見直し（権限移譲等）

今後は、人口減少社会を見据えつつ、運用の実情も踏まえて、国、都道府県、市町村のいずれが権限を執行することが適当かという観点から、その役割分担を見直すことが必要である。その際、補完性・近接性の原理に立って、「市町村優先の原則」によることとし、地方分権改革のビジョンに照らして、住民にとって最も成果が上がるよう、検討すべきである。

検討に当たり念頭に置くべきことは、現在、市町村は、約七割が人口五万人未満の団体で、規模の大きい約三割の団体に全人口の約八割が集中していることから、各団体の規模や能力は多様であり、直面する課題も異なることである。

したがって、全国一律の移譲を行う場合には、規模の小さな市町村は、必要に応じ、協議会、機関等の共同設置、事務の委託、一部事務組合、広域連合などの広域連携の仕組みを活用すべきである。また、市町村間の広域連携による対応だけでは困難な場合には、都道府県による補完が検討されるべきである。さらに、平成二六年の地方自治法の改正により新設された連携協約制度や事務の代替執行制度についても、柔軟な広域連携を推進するため、適切な活用が求められる。

また、全国一律の移譲が難しいなどの場合には、個々の地方公共団体の発意に応じ選択的に移譲する「手挙げ方式」を活用すべきである。ただし、地方公共団体の間で制度が異なることにより、住民に不利益が生じないように留意する必要がある。

条例による事務処理特例制度により都道府県から市町村に移譲されている権限には、農地転用の許可権限や病院開設の許可権限等、これまで関係府省が移譲に課題があるとしていたものも含まれているが、実際には特段の支障なく事務処理が行われている。これは、現行法令における都道府県と市町村の役割分担が想定している以上に、市町村の事務処理能力が向上していることを示している。したがって「市町村優先の原則」の下で、特に事務処理特例制度による移譲の実績が積み上がったものについては、法令による移譲を進めることが必要である。

また、国から都道府県に事務・権限を移譲する場合には、必要に応じ、広域連合など広域連携の仕組みも活用すべきである。

さらに、権限移譲に当たっては、移譲された事務・権限が円滑に執行できるよう、確実な財源措置を講じるとともに、マニュアルの整備や助言、研修や職員の派遣など必要な支援を行うべきである。

以上について、「提案募集方式」等を活用しながら、重点分野を明確にした上で、必要に応じて専門部会を活用し、検討を進めるべきである。

一方で、国民健康保険の財政運営等を都道府県に移行する動きのほか、東日本大震災を踏まえた大規模広域災害時の国の役割を強化する動きなどに見られるように、権限の内容や運用の実態等に鑑み、市町村から都道府県、都道府県から国への権限移管の可能性についても留意し、国、都道府県、市町村間の役割分担の適正化を図る必要がある。

(2)　地方に対する規制緩和の推進

義務付け・枠付けの見直しについては、メルクマールを設定し、各府省横断的に見直す方式により、相当程度の効果を挙げてきた。これまでの見直しにより地方公共団体の独自の取組事例の実績が増えていることを踏まえ、当面の取組として、先進的な取組事例について地方公共団体に広く周知・PRを行うことを通じて、見直しの効果を広く地方公共団体間で共有し、他の地方公共団体においても十分検討することにより、住民への制度改革の効果の還元を広げることが望まれる。もちろん、国民への周知・PRが重要であるのは言うまでもない。

今後の取組として、各府省横断的に見直す方式での義務付け・枠付けの見直しは一通り検討を終えたことから、「提案募集方式」等を活用し、例えば、課題となっている福祉施設の人員・設備・運営に関する「従うべき基準」[3]については、その設定の根拠等を検証しつつ、見直しを行うなど、重点分野を明確にしながら、必要に応じて専門部会を活用し、検討を進めるべきである。

また、地方分権改革推進委員会第三次勧告で示された義務付け・枠付けに関する「立法の原則」の徹底を図るとともに、各府省が新たな制度を立案する場合、地方への義務付け・枠付けを必要最小限にするという基本的な方針の下、引き続き関係府省において厳格なチェックを行うべきである。

3　条例の内容を直接的に拘束する、必ず適合しなければならない基準であり、当該基準に従う範囲内で地域の実情に応じた内容を定める条例は許容されるものの、異なる内容を定めることは許されないもの。

(3)　地方税財政の充実強化

地方は、社会保障、教育、経済活性化、生活インフラの整備、防災・減災等、住民に身近で総合的な行政主体として、幅広い役割を担っている。個性を活かし自立した地方をつくるためには、その基盤となる地方税財源の充実確保が必要不可欠である。

そのため、国と地方の税財源の配分を役割分担に見合った形で見直すとともに、地方消費税の充実など、税源の偏在性が小さく、税収が安定的な地方税体系を構築し、地方交付税については財源調整機能と財源保障機能が適切に発揮されるよう、所要の総額を安定的に確保することが必要である。また、地方財政の安定的かつ健全な運営のためには、現状のように特例的な借入金に依存しない財政体質の確立を目指すべきである。

上記の姿を念頭に置きつつ、当面は、以下の取組を推進すべきである。

・引き続き、地域における住民サービスが確実に提供されるとともに、地域の創意工夫により活力ある地域づくりが進められるよう、各年度において、地方の安定的な財政運営に必要な地方一般財源総額を確保すべきである。

・地方交付税については、本来の役割である財源調整機能と財源保障機能が適切に発揮されるよう、所要の総額を安定的に確保すべきである。国・地方とも巨額の財源不足が続く中にあって、一〇年以上にわたり臨時財政対策債の発行が続き、その累増が大きな課題になっていることから、国・地方ともに厳しい財政状況の中ではあるが、法定率の引上げを図り、臨時財政対策債に依存する現状から脱却する道筋を立てるべきである。

・社会保障・税一体改革を着実に推進することにより、地方における消費税収の増加を図り、安定的な社会保障財源の確保と地方財政の健全化の両立を図っていくべきである。

・国庫補助負担金等については、税源移譲に結びつく改革や交付金化等の取組により、一定程度地方の自由度が高まるとともに、補助金件数も着実に減少してきた。引き続き、自由度の拡大に資するよう、国庫補助負担金等の整理合理化や補助条件の見直し等を積極的に推進すべきである。なお、地方公共団体を介さずに国が直接民間等に交付している補助金であって地域振興等に資するものについては、地方公共団体が関わる仕組みに見直すなどの検討も行う必要がある。

・厳しい地方の財政状況を踏まえ、地域の元気づくりを通じた地方税収の確保や国の取組と基調を合わせた歳出改革などにより、地方財政の健全化と自立促進に努めるべきである。

(4) 重要な政策分野に関する改革

これまでの地方分権改革により、広く各行政分野にわたり制度改正が行われてきたところであるが、いまだ課題が残っており、また、地方からの提言等が多い行政分野については、重要な政策分野と位置付けて、重点的な検討を行うことが必要である。

以下に土地利用、社会資本整備、地域交通、社会保障、雇用・労働、教育の分野を取り上げたところであるが、それら以外の政策分野についても、地方からの提案等を踏まえつつ、改革を推進する。

なお、福祉と地域交通など、政策分野ごとに縦割りで議論するだけではなく、政策分野を横断的に議論することも重要であり、これにより新たなニーズや社会の変化に呼応して公共サービスの適正化を図ることにも留意すべきである。

① 土地利用

地方公共団体、とりわけ市町村が総合的なまちづくりを展開していく上で、都市計画や農業振興地域等の地域に密着した土地利用に関する各種規制、事務・権限等について、自由度を持った主体的な取組を可能とすることが重要である。

土地利用のうち都市計画分野については、各種事務・権限が自治事務化されたことに加え、市町村による都市計画の決定・変更権限が大きく増加するとともに、特に指定都市の権限は都道府県におおむね近い形になるなど地方分権改革は相当程度進んでいる。

土地利用のうち農地分野については、農業振興地域制度に係る事務は自治事務化などが行われたが、農地転用許可については、国の地方に対する権限移譲は一部にとどまり、依然として大規模な農地に係る転用の許可権限は国に留保されているなど、都市計画に関する取組と比較すると、地方分権改革は必ずしも十分進んでいるとはいえない状況にある。

当面の課題として、まず、都市計画分野に関しては、市町村による都市計画の決定権限が大きくなっている中、生活圏の広域化等に伴う市町村の区域を越える広域調整の必要性が指摘されており、その検討を行う必要がある。

また、農地分野に関しては、農地・農村部会における議論も踏まえ、農地転用に係る事務・権限について、単に農地確保の観点のみならず、総合的なまちづくりの観点からも捉えるべきであり、地方に移譲を進めるとともに、国の関与についても見直しを行うべきである。なお、当面は、地方の意見も踏まえつつ、平成二一年の農地法等の一部を改正する法律附則第一九条第四項に基づき、同法施行後五年（平成二六年）を目途として、地方分権の観点及び農地の確保の観点から、農地の確保のための施策の在り方等とともに、農地転用事務の実施主体や国の関与等の在り方について検討を行うべきである。

中長期的な課題として、土地利用に関する各種法体系を総合的に運営する観点から、都市計画法、農地法、農業振興地域の整備に関する法律、森林法等の法体系を一元化するなど、可能な限り住民に身近な市町村が権限と責任を担う方向で、政府部内で議論を行うことが望まれる。

なお、英国及びフランスの土地利用制度についての調査結果によると、土地利用制度について、我が国と歴史的な経緯や開発に対する基本的な考え方などに差はあるものの、特に都市と農村を区別せずに一体的に行っており、また、国が基本的な方針を定めた上で、地方公共団体が土地利用計画の策定や開発許可等において中心的な役割を果たしている。このような海外の事例も参考としながら、総合的な土地利用制度をめぐる国と地方の役割分担の在り方について、議論を行うべきである。

【参考】土地利用に関する地方分権改革の取組

ア　第一次地方分権改革

＜都市計画関係＞

・都市計画の決定等に関する事務について、原則として自治事務化
・用途地域（三大都市圏の既成市街地等を除く）等の都市計画決定権限を都道府県から市町村に移譲
・都道府県による区域区分（市街化区域と市街化調整区域の区分）義務化の原則を変更し、選択制を導入（三大都市圏の既成市街地等及び指定都市を除く）
・開発許可の技術基準について条例により強化又は緩和できるよう規定

＜農地・森林関係＞

・農業振興地域制度に係る事務について、自治事務化
・農地転用の許可権限につき、二ha超四ha以下の農地転用許可を国から都道府県に移譲（当分の間、農林水産大臣への協議が必要）
・二ha以下の農地転用許可事務について、自治事務化
・国有林等を除く保安林の指定・解除等の事務を国から都道府県に移譲

イ　第二次地方分権改革

＜都市計画関係＞

・三大都市圏の既成市街地等における用途地域等の都市計画決定権限を都道府県から市町村に移譲
・三大都市圏の既成市街地等における都道府県の都市計画決定に係る国土交通大臣との同意を要する協議を廃止
・市の都市計画決定に係る知事との同意を要する協議の同意を廃止
・区域区分等の都市計画決定権限を都道府県から指定都市に移譲
・都市計画区域の整備、開発及び保全の方針（マスタープラン）の都市計画決定権限を都道府県から指定都市に移譲

＜農地・森林関係＞

・都道府県が農業振興地域整備基本方針を策定する際、一部の項目を除き、農林水産大臣への協議を廃止
・市町村が農業振興地域整備計画を定める際、一部の項目を除き、都道府県への協議を廃止

【参考】地方分権改革推進委員会第一次勧告（未実施のもの）

・農地転用の許可権限（四ha超）を国から都道府県に移譲するとともに、国との協議を廃止（二ha超四ha以下）
・都道府県の許可権限（二ha以下）を市に移譲

②　社会資本整備

これまで社会資本整備分野に関しては、国の直轄事業につ

いて、道路・河川・港湾の直轄事業の基準の法令化がなされるなど、国と地方の役割分担の明確化が図られるとともに、維持管理に係る直轄事業負担金が廃止された。

また、従来は法令により全国一律に定めていた道路の構造の技術的基準、公営住宅の整備基準、都市公園の配置・規模等の基準、道路や公園等のバリアフリー構造基準などについて、主に「参酌すべき基準」[4]とされ、地方公共団体が条例により地域の実情や住民のニーズ等を反映し独自の基準を定める事例が現れている。

さらに、直轄道路・河川の権限移譲については、「地方分権改革推進要綱（第一次）」（平成二〇年六月二〇日地方分権改革推進本部決定）で、地方分権改革推進委員会第一次勧告の方向に沿って、引き続き国が管理する必要がある場合等を除き、原則として都道府県に移管するとされていたところ、その後調整が整わず課題として残っていたが、今回「事務・権限の移譲等に関する見直し方針について」（平成二五年一二月二〇日閣議決定）において、移譲の対象範囲、移譲後の位置付け、財源措置等に関する基本的な考え方が取りまとめられた。これを受けて、現在、国土交通省と地方公共団体の間において、関係する市町村の意見も十分に聴きつつ、権限移譲に向けた個別協議が進んでいるところである。個別協議が整ったものについては、着実に移譲を進めるとともに、個別協議の結果等も踏まえ、措置を講ずる必要性が確認された場合に、所要の財源措置を講ずるべきである。

なお、東日本大震災等の大規模災害の発生、社会資本の老朽化問題の顕在化等の社会資本を巡る状況変化等を踏まえ、直轄事業の対象について、地方管理道路・河川の直轄編入を含め、必要な見直しを行う。

4　条例制定に当たって参酌すべき基準であるが、これを十分参照した結果としてであれば、地域の実情に応じて、異なる内容を定めることは許容されているもの。

③　地域交通

これまで地域交通分野に関しては、民間事業者が中心的な役割を果たす一方、民間事業者ではカバーできない過疎地や移動制約者などの移動手段の確保の観点から、地方公共団体が一定の役割を担ってきた。また、地域交通分野における規制は、これまで道路運送法等により主に国が担っており、必ずしも地方分権の取組は行われていなかった。

そのような中、地域交通部会における調査審議を踏まえ、第四次一括法[5]により、これまで国の権限とされていた自家用有償旅客運送の登録等に関する事務・権限について、希望する市町村への移譲を基本とし、移譲を希望しない市町村の区域については、希望する都道府県にも移譲することとされた。この権限移譲は「手挙げ方式」の先駆けであり、今後、市町村が積極的に移譲を希望することができるよう、国としても必要な支援を行うことが重要である。

また、平成二六年の地域公共交通の活性化及び再生に関する法律の改正により、地域の総合行政を担う地方公共団体が、まちづくり等の地域戦略と一体で地域公共交通ネットワーク・サービスを提供できるよう、地域公共交通網に関する計画の策定主体と位置付けられた。

このように、地域交通分野においても、地方分権の進展が見られるところであり、地方公共団体としても、少子高齢化が進展する中、更に重要性を増す地域の移動手段の確保に向けて、まちづくり・福祉等とも一体的に取組を進めていくことが重要である。

5　過疎地域での輸送や福祉輸送といった、地域住民の生活維持に必要な輸送について、それらがバス・タクシー事業によっては提供されない場合に、市町村、NPO等が自家用車を用いて有償で運送する制度。

④ 社会保障

これまで社会保障分野に関しては、生活保護等を除き、福祉、医療等の多くの事務が自治事務化され、児童扶養手当の受給資格の認定等、障害児等に係る補装具の交付、日常生活用具の給付の事務等、未熟児の訪問指導の事務などについて都道府県から市町村への移譲がなされた。また、都道府県で社会保険関係業務に従事している地方事務官制度が廃止され、国と地方の役割分担の明確化が図られた。さらに、必置規制の見直しとして、福祉関係事務所の弾力的な名称の使用や設置形態が可能となり、事務所の統合が進むなどの成果が見られた。

また、従来は法令により全国一律に定めていた福祉施設の人員・設備・運営に関する基準について、地方公共団体が条例で定めることとし、地方公共団体が地域の実情や住民のニーズ等を反映した地方独自の基準の制定を行うことが可能となった。

しかし、福祉施設の面積や人員配置に関する基準等については、地方公共団体が条例を定めるに当たって国が定める基準は「従うべき基準」とされているため、条例で「従うべき基準」を下回る基準を定めることができないという点で、地方公共団体による地域の実情やニーズ等を反映した基準の制定を行う上での支障となっている。

また、保育所の居室面積の基準については、大都市部の土地事情等に配慮し、厚生労働大臣が指定する地域においては、平成二七年三月三一日までの特例として「標準」[6]とされている。これにより国が定めている基準を緩和した条例を定めた例は見られるものの、それを具体的に適用した例はまだ出ていないため、今後その実際の効果を適切に把握する必要がある。一方、国が定めている基準を強化した条例も定められていることから、地方公共団体においても特段の事情がなければ安易に基準を緩和することはなく、地方に基準を委ねても支障はないものと考えられる。このため、当面は、この「標準」の特例を延長すべきである。

その上で、今後速やかに、「従うべき基準」となっている福祉施設の面積や人員配置に関する基準等について見直しを行い、「参酌すべき基準」とするなど、地方の裁量の余地を広げることを目指すべきである。

また、地方分権改革推進委員会第一次勧告においては、社会福祉法人に対する指導監督等とともに、老人福祉施設・児童福祉施設に対する指導監督等も市まで移譲することとされていたが、実際に制度改正が行われたのは法人に対する指導監督等のみであった。この点について、事務執行の効率化等の観点から、地方の意見も十分に踏まえつつ、福祉施設の指導監督等の事務・権限を市へ移譲することについて検討することが必要である。

6　通常よるべき基準としつつ、合理的な理由がある範囲内で、地域の実情に応じた「標準」と異なる内容を定めることは許容されるもの。

⑤　雇用・労働

これまで雇用・労働分野に関しては、職業訓練指導員の免許の事務等が自治事務化されるとともに、都道府県で職業安定関係業務に従事している地方事務官制度が廃止され、国と地方の役割分担の明確化が図られた。

今後の展開としては、雇用対策部会における議論も踏まえ、ハローワークの求人情報について、極力地方の費用負担を抑えつつ地方公共団体にオンラインで提供する取組が本年九月から行われることとなっている。このことにより、地方公共団体が行う総合的な就労支援が実質的に大きく前進することが期待される。

また、当面の課題としては、国と地方公共団体による一体的実施[7]を引き続き全国的に推進するとともに、「ハローワーク特区」[8]の取組を進め、国と地方公共団体が一体となった雇用対策をこれまで以上に推進するとともに、その成果と課題を検証すべきである。

さらに、中長期的な課題としては、上記の検証結果等も踏まえ、また、ＩＬＯ第八八号条約との整合性等にも留意しつつ、ハローワークに関する事務・権限の地方公共団体への移譲について検討する。

7　希望する地方公共団体において、当該地方公共団体の主導の下、国が行う無料職業紹介等と地方公共団体が行う相談業務等を一体的に実施する取組。

8　ハローワークが移管されているのと実質的に同じ状況を作り、移管可能性の検証を行うための取組で、厚生労働大臣と知事が協定を結び、協定に定めた業務の範囲内で知事が労働局長に指示できるもの。

⑥　教育

これまで教育分野に関しては、公立の義務教育諸学校の学級編制基準の設定など学校教育に関する事務等が自治事務化されるとともに、文部大臣による教育長の任命承認制度を廃止し、市町村立小中学校等の学級編制等の事務について、都道府県教育委員会の許可制を事後届出制とする改正などが実施された。これを受けて、地方独自の少人数学級による教育の取組が拡大した。

また、市町村立小中学校等に関し、県費負担教職員の給与等の負担、定数の決定及び学級編制基準の決定の事務・権限について、第四次一括法により都道府県から指定都市に移譲することとされた。また、そのための財源として、個人住民税所得割の二％を都道府県から指定都市に移譲することが「平成二六年度税制改正の大綱」（平成二五年一二月二四日閣議決定）に盛り込まれている。

さらに、地方教育行政制度については、教育行政における責任の明確化等を図るため、平成二六年の地方教育行政の組織及び運営に関する法律の改正により、現行の教育委員長と教育長を一本化した、首長が直接任命する新教育長の設置、総合教育会議の設置、同会議が定める教育の振興に関する施策の大綱等が定められた。

当面の課題としては、県費負担教職員の給与等の負担、定数の決定及び学級編制基準の決定の事務・権限について、今回都道府県から指定都市に移譲されたことから、今後は都道府県から中核市への移譲に向けた検討を進める。

(5) 改革の成果を実感できる情報発信の展開

① 今後の取組の視点

地方分権改革は、これまでの取組により相当程度成果が現れており、国民が改革の成果を実感でき、また、地方が取組を進めるためのノウハウを把握できるような情報発信が求められている。

今後は、これまでの改革により蓄積された成果を活かした新しい情報発信を展開すべきであり、特に、地方分権改革の推進が内閣府の恒久的な事務に位置付けられていることを踏まえると、継続的に情報発信を行うことが重要である。

また、改革の成果を活用した優良な取組事例を中心として、国において情報発信を行うことはもとより、それぞれの地方公共団体が地域住民に対して分かりやすく情報発信することが大変重要である。

② 情報発信の方法

情報発信に当たっては、改革に携わっている関係者以外でも改革の全体像が理解できるよう、改革全体のイメージを示し、個々の情報をそれとの関係で整理して情報発信することが重要である。

また、国民や地方の多様なニーズに応えることができるよう、改革の全体像や経緯が簡潔に分かる情報や個別の改革事項について背景まで詳しく分かる情報など内容を充実させつつ、ソーシャルメディアなど情報の受け手に直接働きかける媒体も活用しながら情報発信することが求められる。

特に、ソーシャルメディアの活用により、各地における取組やアイデアを双方向で日常的に情報交換し、地方で活躍する職員等をネットワーク化することは、地方分権改革の推進力になる。

また、情報通信技術を用いた普及広報の取組のみならず、地方の現場に出向いて行う情報発信・意見交換も重要であり、地方分権改革有識者会議の地方開催や全国シンポジウムの開催など幅広い取組が求められる。

さらに、地方における改革の成果の活用及び地方独自の取組を促進する観点から、例えば、地方の取組を一覧形式にして公表するなど、地方公共団体のインセンティブが高まるような情報発信の方策も検討すべきである。

また、国民・住民向けの情報発信のみならず、地方公共団体の職員が、自主性・自立性を発揮する観点から自らの業務を主体的に見直す意識を高められるよう、職員の意識啓発を目的とした情報発信や研修も行うべきである。

3　改革の推進に当たり今後地方に期待すること

地方分権改革は究極的には住民生活の向上のための取組であり、地方分権改革を前進させるためには、住民の身近な存在である地方公共団体が、主体的にかつスピード感を持って取り組まなければならないし、積極的に問題提起を行っていかなければならない。

その意味で、地方公共団体は、自己決定権の拡大に伴う自己責任の拡大を十分に認識し、自立した地域社会の確立に向け、努力を重ねていくべきである。

(1)　改革成果の住民への還元

第一次・第二次地方分権改革を経て、地方の意識も変化し、地方公共団体における地方分権改革推進体制も充実してきている。地方分権改革は定着をみており、独自の取組も進んでいる。

他方、改革が長期間にわたっていることもあり、メディアにおける関心も低調になり、また、地方公共団体の間で取組に差が生じている面もある。多くの識者から指摘があるように、目に見える形で成果を住民に還元することが求められている。

地方分権改革で権限移譲や規制緩和が進んでも、地方公共団体が改革前と変わりない行政運営を行っていては、住民にとって成果が現れないこととなる。

このため、地方公共団体は、これまでの国の制度改革や移譲された事務・権限を最大限に活かすとともに、広域連携等の相互補完のネットワークを活用しながら、地域課題の解決に向け、独自の工夫を凝らし、地域を元気にしていくことが期待される。

また、住民が改革の意義を実感できるよう、改革の成果を評価した上で、可視化して、住民に分かりやすい情報発信に努めるべきである。

加えて、改革の成果を実現し、住民サービスの充実を図るためには、各地方公共団体における体制整備、専門的知識・技能を有する人材の育成、政策法務能力の強化、教育機関や企業との連携などが重要である。

(2) 住民自治の拡充

これまでの地方分権改革の議論の中では、総じて、団体自治の強化に焦点が当てられてきた。改革が進み、地方における自己決定権とそれに伴う自己責任が拡大する中にあっては、改革の内容を豊かにし、自立する地方の基盤を強化する住民自治の拡充が重要である。また、自治のルールとして、民主的な手続により地域の実情を反映した自主規範を定め、それにのっとって住民自治の充実を図るという視点も重要である。

住民の政策形成過程への参画、住民サービスの質の向上をねらいとする住民と行政の協働、住民による事業や政策の評価・チェックなど、住民自治に資する仕組みを大いに取り入れ、その進化を図っていくべきである。

自治会やまちづくり団体など、地域に密着したコミュニティ単位の集団による活動の活発化を促し、身近な暮らしに関わる部分から住民自治を高めていくべきである。

また、課題認識を共有する住民が結集し、自律的なガバナンスが働いているＮＰＯは、行政や企業など、従来型のセクターでは対応できない課題に、柔軟かつきめ細かに対応できる可能性を有することから、ＮＰＯが主導し、あるいは、ＮＰＯと行政が協働した形での地域課題の解決に向けた取組を、様々な分野で展開していくべきである。

地方議会は、住民自治の拡充のために、行政を監視・評価し、住民の意見を集約・代弁し、また、住民に対し説明するという期待される機能をより発揮していかなければならない。

条例制定過程での住民参画が一般的となる中、地方議会を含む地方公共団体と住民との対話の機会を活用し、住民の意図が政策に反映されるようにすることで、住民の参加意識が高まり、次なる課題に対する問題意識が醸成されるという好循環の形成を目指すべきである。

(3) 改革提案機能の充実

各地方公共団体が、行政分野ごとに、行政効果・効率を上げるための国・都道府県・市町村の間の役割分担の在り方、地方の自主自立性を更に高めるために必要な規制緩和の在り方などについて、その裏付けとなる支障事例等を分かりやすく整理することも含め、十分に深掘りして検討し、国に対して積極的に問題提起することで、初めて更なる地方分権改革の推進が可能となる。

その際、法制的な面や運用の実態を含め各行政分野について掘り下げた検討が必要となるため、各地方公共団体における専門性を有する人材の育成・任用、政策法務の面での取組強化が重要となる。

また、個々の地方公共団体による提案のみならず、引き続き、地方六団体、なかんずく執行機関を代表する全国知事会、全国市長会、全国町村会が、全体を取りまとめ、率先して改革議論を導く機能を担っていくべきである。加えて、各会の情報交換機能、相談助言機能、シンクタンク機能を強化すべきであり、更に掘り下げた検討が求められる。

おわりに

この「地方分権改革の総括と展望」は、地方分権改革有識者会議として、新藤義孝地方分権改革担当大臣、坂本哲志前内閣府副大臣、関口昌一内閣府副大臣、北村茂男前内閣府大臣政務官、伊藤忠彦内閣府大臣政務官の御参加を得つつ、平成二五年四月以降、一四回の会議を開催し、各議員の熱心な議論を経て、取りまとめたものである。調査審議の過程でヒアリングを行い有益な御示唆をいただいた学識経験者及び地方六団体の代表者の方々にも、この場を借りて厚く御礼申し上げたい。また、地方公共団体に対する調査に当たって、御協力いただいた各地方公共団体にも併せて御礼申し上げたい。

Ⅲ　市町村合併・行政改革関係

※市町村合併・行政改革に関しては、以下に掲載する資料のほか、前掲二六八、二八二、二九〇、二九五、三〇二、三一二、三三〇、三三一、三七三、三七七、三九八、四一〇、四一六等を参照されたい。

①市町村の合併に関する答申（抄）

（平成一〇年四月二四日　第二五次地方制度調査会）

第一　市町村の合併についての基本的な考え方

1　市町村の合併の今日における必要性

近年、次のような情勢を踏まえ、市町村の合併を求める声が高まっている。

第一に、地方分権の推進がいよいよ実行の段階に至り、この成果を十分に活かすためにも、自己決定・自己責任の原則の下、住民に身近なサービスの提供は地域の責任ある選択により決定されるべく、個々の市町村が自立することが求められている。

第二に、本格的な少子高齢社会が到来し、市町村が提供するサービスの内容が高度かつ多様になるとともにその水準を確保することが期待されている。

第三に、極めて厳しい財政状況の中で、今後の社会経済情勢の変化に適切かつ弾力的に対応するため、財政構造の改革とともに、効率的、効果的な行政の展開が求められている。

こうした要請に応えるためには、市町村が行財政基盤の強化、人材育成・確保等の体制整備、行政の効率化を図ることが重要であり、市町村の合併により対応することは有効な方策である。当調査会としては、自主的な市町村の合併を更に一層推進することが必要であると考える。

2　市町村の合併の効果

市町村の合併により、

①　各種の行政サービスの享受や公共施設の利用等が広域的に可能となり住民の利便性が向上すること、

②　専任の職員や組織の設置等が可能となり高度かつ多様な施策が展開できること、

③　行政サービスの内容が充実するとともに安定的に提供できること、

④　広域的な視点に立ったまちづくりの展開が可能になること、

⑤　行政組織の合理化や公共施設の広域的な配置の調整等により限られた資源の有効活用が図られること、

などの効果が期待され、市町村の合併の検討に当たっては、各地域の特性に応じた効果等が明らかにされることが重要である。

3 合併を進める上での障害、合併に消極的となる理由

市町村の合併に関しては、

① 合併の必要性やメリットが個別・具体の事例において明らかになりにくい場合があること、

② 合併後の市町村内の中心部と周辺部で地域格差が生じたり、歴史や文化への愛着や地域への連帯感が薄れるといった懸念があること、

③ 住民の意見の施策への反映やきめ細かなサービスの提供ができにくくなるという懸念があること、

④ 関係市町村間の行政サービスの水準や住民負担の格差の調整が難しいこと及び市町村によっては財政状況に著しい格差があること、

⑤ 合併に伴い新しい行財政需要が生ずることや一定期間経過後交付税が減少すること、

などの様々な障害や消極的となる要因があり、これらに対応することが必要である。

4 地域の実情に応じた市町村の在り方

大都市地域、地方都市とその周辺地域、中山間地域等、市町村が置かれている状況は多様であるため、それぞれの地域の実情に応じて市町村の在り方を考えることが重要である。

また、市町村は幅広い分野にわたる多くの事務事業を総合的に実施していることから、すべての地域を通じた市町村の適正規模を一律に論ずることは困難であり、市町村の数を初めから定めることは適当ではない。

なお、個別の事務事業についてサービスを適切に提供するという観点や効率性の面から望まれる市町村の規模、地域の実態に応じた市町村の在り方、地域の特性を考慮した合併の在り方等は、市町村が合併を検討する際の参考になると考えられ、国、都道府県がこうした情報を提供することが重要である。

5 市町村行政の広域的展開

交通・情報通信手段の発達、日常社会生活圏の拡大や地域間の連携・協力の促進等により、市町村行政の広域化が要請されている。これについては、広域連合等の活用とその充実を図り、広域的な行政需要に応えることが必要であるが、総合的な行政主体として、地域の課題を包括的に解決するという観点からは、市町村の合併により、意思決定、事業実施等を単一の団体が行うことが効果的である。

なお、市町村の合併の推進に当たっては、地域の一体感が高まっていることが重要であることから、市町村が連携し、広域行政の展開、公共施設の広域的利用や市町村間の職員の人事交流、住民活動の広域化の支援等を進めることも有効である。

自然的・社会的な条件等から合併を実現することが困難な地域については都道府県や広域行政制度による市町村行政の補完、代行、支援を引き続き検討する必要がある。

6　自主的な市町村の合併の推進

市町村の合併は、地域の在り方にかかわることであり、地域の将来やそのアイデンティティ、住民の生活に大きな影響を及ぼす事柄であることから、その推進に当たっては、市町村及びその住民が自主的に判断することが重要である。国、都道府県は合併を強制することのないよう留意すべきである。

市町村は、地域や行政の置かれている現状、今後の見通しを十分に認識し、地域の将来像を描くことが重要である。併せて、自治の担い手である住民に対しても的確な情報を提供し、合併の議論が活発になるよう努めることが必要である。その上で、市町村に期待される役割を適切に果たすためには、合併を含め、いかなる方策が望ましいのかを主体的に検討しなければならない。

また、合併協議会は、合併自体の是非も含め、合併に関し協議する場であるということを踏まえ、関係市町村が積極的にその活用を図ることが期待される。

都道府県は、広域的な地方公共団体として、地域全体の発展や住民生活の水準の確保という観点から、市町村の合併を自らの問題として考え、積極的に支援することが重要である。そして、市町村の合併の推進に伴い、都道府県の役割を広域的な機能に重点化することが期待される。なお、日常社会生活圏が都道府県の区域を越えて拡大していることなどに応じ、関係市町村において必要な連携や合併等の取組がみられる場合には、これに応えられるよう適切に対処すべきである。

また、国は、市町村の合併に関する地方公共団体の取組を支援すべきである。

第二　市町村の合併の推進のための方策

「市町村の合併の特例に関する法律」による特例措置が平成七年の改正により拡充されたところであるが、市町村の合併が更に一層推進されるよう、合併の障害の除去、合併後の市町村に対する支援、環境整備のための方策等について充実強化するとともに、特例制度や既存制度が効果的に活用されるための方策を早急に講じ、総合的に支援する必要がある。

1　住民発議制度の充実

住民発議制度の運用の実態を踏まえ、すべての合併前の市町村で住民発議が成立した場合に、合併前の市町村の長は合併協議会設置協議の議案を議会に付議する措置を講ずるべきである。なお、合併協議会においては、合併自体の是非も含め、自由かつ幅広い議論がなされることが望まれる。

2　合併前の市町村の区域を単位とする施策

住民の意見が施策に反映されにくくなるという懸念や行政サービスの水準が低下するのではないかという懸念に対処するため、次のような方策が講じられるよう努めるべきである。

①　合併前の市町村の区域を単位として、必要な地域に、有識者等から成る組織等を設置することなどにより、地域の

意見を反映させること。

② 支所・出張所の設置や行政サービスのネットワークの活用、合併前の市町村の特別職の活用等、既存制度の運用を多面的に行い、行政サービスの水準等を確保すること。

3 新市町村の振興のための計画（市町村建設計画）の充実

(1) 新市町村の振興のための計画は合併後の市町村のソフト・ハード両面にわたるまちづくり全般に関する総合的な方針であり、この計画において合併後の市町村の将来像が住民に明らかにされることが重要であるので、計画の作成に当たっては次のことに配慮すべきである。

① 合併後の市町村や市町村内の各地域が有する自然、歴史、文化等の特性を活かした計画であること。

② 市町村の現状のみならず、将来の見通しなどを織り込んだ地域の展望を示すこと。

③ 合併後に活力の低下が懸念される地域については、その実情に応じ、地域の活性化のための対策を講ずること。

④ 既存の公共施設等の活用やネットワーク化等を図るとともに、住民が日常の行政サービスを身近に受けられるよう努めること。

⑤ 住民が合併の内容や効果等についてよく理解できるよう、計画の内容をわかりやすく示したり、親しみやすい愛称を付したりするよう努めること。

(2) 合併後の情勢の変化に対応し、計画内容を変更できる措置を講ずるべきである。

4 財政措置の拡充

国は、自主的な市町村の合併を推進するため、合併の障害を除去するとともに、合併後の市町村のまちづくりを支援するなどの観点から、次のような財政措置を講ずることについて具体的に検討すべきである。

① 普通交付税の算定における合併算定替の拡充

② 新市町村の振興のための計画に基づく事業その他旧市町村の振興に係る財政措置の拡充

③ 行政の一体化のために必要となる経費や住民の一体感の醸成等に要する経費に対する財政措置

④ 合併前の市町村の公債費負担格差の縮減等の財政健全化に係る経費に対する財政措置

⑤ 住民の意向調査、合併協議会の運営等の合併準備に係る経費に対する財政措置

⑥ 都道府県の情報提供、助言や合併後の市町村に対する財政支援等に要する経費に対する財政措置

5 都道府県の役割の拡充

(1) 都道府県は、情報提供、助言、調整等に一層積極的に取り組むことが期待される。

(2) 都道府県が、広域的な地方公共団体として、それぞれの地域の現状及び将来像を踏まえ、自然、歴史、文化等の条件、各行政分野における市町村の連携、事務事業ごとに望

まれる市町村の規模等の視点を考慮し、市町村が合併を検討する際の参考や目安となる合併のパターンや各種の情報等を内容とする市町村の合併の推進についての要綱（市町村合併のすすめ）を作成し、提示することが有効である。その際、画一的な基準によるのではなく、幅広く意見を聴取しつつ、地域の実情を踏まえることが重要であり、要綱は多様な内容となることが想定される。

(3)　都道府県知事が必要と認めた場合に、関係市町村に対し合併協議会の設置を勧告し、合併についての検討・協議が幅広く行われるようすべきである。

(4)　新市町村の振興のための計画に基づく都道府県事業や都道府県による補助事業の重点的な実施、都道府県の各種計画における合併後の市町村の位置付けの見直しなどを通じ、合併後の市町村の円滑な行政運営に協力することが期待される。

6　国の役割の拡充

(1)　国は、気運の醸成の取組を更に一層工夫し、充実するとともに、情報の提供等に必要な調査、研究等に努めるべきである。

(2)　国は、都道府県が合併のパターンを作成する際の参考となる事務事業ごとに望まれる市町村の規模、地域の特性や目的による合併の類型、地域における連携を示す視点等の事項のほか、現下及び将来の市町村行政を取り巻く環境、市町村の合併の必要性、メリット・デメリット等の情報、各種制度を活用した効果的な施策、留意すべき事項等を明らかにした指針（ガイドライン）を作成し、地方公共団体等に提示すべきである。

(3)　合併後の市町村の発展に資するため、各種施策における配慮等関係省庁間の連携強化を図るべきである。

7　その他

(1)　市を含む新設合併の場合における人口等の市となるべき要件に関する特例等について検討すべきである。

(2)　市町村議会の議員に関する特例措置等についても検討すべきである。

(3)　住民投票制度については、市町村の存立にかかわる問題に住民の意思をより一層反映させることが適当であるという観点から導入を肯定する意見がある一方、合併についても代表民主制を基本とする地方自治制度との関係で慎重な意見もあることなどから、制度として導入するとの結論には至らなかった。今後、合併に関する住民投票については、住民投票制度全般の議論も踏まえ、検討すべきである。

②市町村合併の推進についての意見（概要）

（平成一二年一一月二七日）
（地方分権推進委員会）

平成一二年八月、内閣総理大臣から市町村合併の推進についてさらに検討を行うよう要請があったのを受け、地方分権推進委員会として検討を重ねた結果、意見として提出するもの。この意見を尊重し、政府が適切に対処されるよう要請するもの。

1　市町村合併の意義

○地方分権推進の成果を活かすため、合併により基礎的自治体の自立性と行財政基盤を充実強化

○日常社会生活圏や経済活動の広域化に対応した市町村の圏域拡大

○厳しい財政状況の下、自らの努力として簡素で効率的な地方行政体制の整備

○担税者、生活者としての国民の理解を得るため、徹底した行財政改革を実施するとともに、市町村合併の強力な推進

2　市町村合併の効果（合併のメリット）

○広域的視点に立ったまちづくりの展開や施策の広域的調整が可能に

○行政サービスの拡大等による住民の利便性の向上

○専門的知識を持った職員の採用・増強や専任の組織の設置が可能に

○行政組織の合理化、公共施設の広域的・効率的な配置が可能に

3　市町村合併の推進方策

○政府部内に「市町村合併支援本部」（仮称）を設置し、国民への啓発とともに関係省庁間の連携確保

○住民発議制度の拡充を図るとともに合併協議会設置の議案が否決された場合に協議会の設置を求める住民投票制度導入の検討

○合併推進に関する国の指針に、合併協議会設置にかかる知事の勧告の基準の盛り込み、知事を長とする全庁的な市町村合併支援体制の整備を要請

○合併後の財政需要に対する交付税措置の一層の充実、地方税の不均一課税の適用期間の延長

○地域審議会の活用など旧市町村等を単位とする多様な仕組みを検討

○住民が合併の是非について的確に判断できるよう市町村に対して行財政情報の公開の徹底を要請

③市町村合併支援プラン（抄）

（平成一三年八月三〇日 市町村合併支援本部決定）

※掲載資料は平成一四年八月三〇日改定後

第一　市町村合併支援の必要性

市町村合併支援本部（以下「支援本部」という。）については、総務大臣を本部長、各省庁の副大臣を本部員として、平成一三年三月二七日の閣議決定により設置されたものである。以後、第一回会合（平成一三年三月二八日）、第二回会合（平成一三年五月三〇日）、第三回会合（平成一三年八月三〇日）、第四回会合（平成一四年二月二一日）と議論を重ね、市町村合併の効果的な支援方策につき検討を進めてきた。

地方分権一括法が平成一二年四月から施行され、地方分権が現実の歩みを始めたところであるが、二一世紀は「地方の時代」、「市町村の時代」とも位置付けられるように、住民に身近な総合的な行政主体である市町村の行財政基盤を強化することが不可欠であり、市町村合併によって、その規模・能力を強化していくことは必須の課題である。

したがって、政府としては、地方分権の成果を活かし、基礎的自治体である市町村の行政サービスを維持・向上させていくために、行政改革大綱（平成一二年一二月一日閣議決定。以下「行革大綱」という。）に則り、市町村の合併の特例に関する法律（以下「合併特例法」という。）の期限である平成一七年三月までに十分な成果が挙げられるよう、自主的な市町村の合併を強力に促進する必要がある。

支援本部としては、地方分権推進委員会の「市町村合併の推進についての意見」（平成一二年一一月二七日）を踏まえ、市町村合併について、国民への啓発を進めるとともに、国の施策に関する関係省庁間の連携を図っていくことがその大きな使命である。

各省庁においては、この問題が内閣の重要課題であることを十分認識し、具体的かつ実効ある市町村合併の強力な推進に向け、平成一三年八月三〇日第三回会合において市町村合併支援プラン（以下「支援プラン」という。）を取りまとめたところである。

今回、第四回会合において、支援プランの拡充を行うことが決定されたことを受け、各省庁の連携の下、支援プランを拡充し、内容の充実を図ることにより、「経済財政運営と構造改革に関する基本方針二〇〇二」（平成一四年六月二五日閣議決定）に基づく「魅力ある都市・個性と工夫に満ちた地域社会」を推進し、もって自治体の自立に資するものとする。

第二　支援プラン策定の方針（略）

第三　支援プラン

1　市町村合併支援策

(1)　地方行財政上の支援策及びその拡充策

①行政支援策

○町村合併の市制要件の緩和

平成一六年三月三一日までの間、人口三万人以上に緩和する。

○「わがまちづくり支援事業」の活用

小学校区単位程度等の広がりの場において、住民の主体的な参加による地域づくりを進めるため、「わがまちづくり支援事業」を活用する。

○市町村合併が行われた場合の選挙権の特例

合併前に合併関係市町村間で住所を移したことにより、合併市町村の選挙権を有しない者について、選挙権の特例を設けることを検討する。

○市町村議会議員の選挙区の特例

合併特例法や公職選挙法による選挙区の特例に関する規定の活用について周知を図る。

○合併協議会に係る住民発議制度の拡充及び住民投票制度の導入

合併協議会の設置についての住民投票制度の導入、請求代表者等の合併協議会への参加等を図る。

○支所・出張所、地域審議会及び郵便局の活用

旧市町村における支所・出張所の機能の拡充、地域のメンバーの参加による地域審議会の活用等を図る。また、郵便局についても、住民の利便の増進等の観点から、住民票の写しの交付等の事務を取り扱うことができるようにするなど、その積極的活用を図る。

○政令指定都市の指定の弾力化

大規模な市町村合併が行われ、かつ、合併関係市町村及び関係都道府県の要望がある場合には、政令指定都市の弾力的な指定を検討する。

○補助施設の他用途転用の取扱い

合併前の旧市町村が国庫補助金等の交付を受けて取得し又は効用を増加した施設（補助施設）について、合併後の新市町村において類似施設が複数あることから、当該補助施設を他の公共又は公用施設に転用したとしても、類似施設の活用により当該補助施設に係る行政需要への対応が十分に可能な場合には、当該補助金等の所管省庁は、当該補助施設の有効活用を図るため、他の公共又は公用施設への転用に係る承認の判断に当たり、合併という事情について十分考慮するものとする。

○施設の統合整備に伴い廃止・転用する施設に充当された地方債の繰上償還の取扱い

合併による施設の統合整備に伴い、合併前の旧市町村が地方債を財源として建設した施設を廃止・転用する場合、当該地方債の繰上償還の要否の判断に当たっては、市町村合併の重要性にも十分配慮する。

②財政措置等による支援

○普通交付税の算定の特例

合併後一〇ヵ年度は合併しなかった場合の普通交付税額を全額保障し、その後五ヵ年度を激変緩和措置を講ずる。

○合併直後の臨時的経費に対する財政措置

行政の一体化に要する経費、行政水準・住民負担水準の格差是正に要する経費を普通交付税で措置する。

○合併市町村まちづくりのための建設事業に対する財政措置

合併後一〇ヵ年度は市町村建設計画に基づく特に必要な事業の経費に合併特例債を充当（九五％）し、元利償還金の七〇％を普通交付税で措置する。

○合併市町村振興のための基金造成に対する財政措置

旧市町村単位の地域振興・住民の一体感醸成のために行う基金造成に対し合併特例債を充当（九五％）し、元利償還金の七〇％を普通交付税で措置する。

○公営企業に係る財政措置

合併市町村における地方公営企業のうち上水道事業、下水道事業及び病院事業について、合併に伴う増嵩経費のうち特に必要と認められる経費に対する一般会計からの出資及び補助に要する経費に対して合併特例債を充当（一〇〇％）し、元利償還金の七〇％を普通交付税で措置する。

○合併前に市町村が行う建設事業に対する財政措置

合併重点支援地域において合併に関係する複数の市町村が連絡調整して一体的に実施する公共施設（原則として単独事業により整備するものを対象とするが、地域公共ネットワーク及び道路・街路については補助事業により整備するものを含む。）及び公用施設（法定協議会設置市町村において合併期日までに整備を行うことが必要不可欠な施設に限る。）の整備事業に要する経費に対して合併推進債を充当（九〇％）し、元利償還金の五〇％を普通交付税で措置する。

○新たなまちづくり等への財政措置

新たなまちづくり、公共料金格差是正、公債費負担格差是正、土地開発公社の経営健全化等の合併後の需要に対して包括的な特別交付税措置を講ずる。

○合併支援のための公債費負担の平準化措置

合併市町村における旧市町村間の公債費負担の平準化を図るために行う地方債の繰上償還に伴う補償金（貸し手の得べかりし利子収入）の支払に対して、特別交付税措置を講じる。

○合併準備経費に対する財政措置
合併協議会への負担金、合併に向けての啓発事業等の合併準備経費について特別交付税措置を講ずる。

○合併移行経費に対する財政措置
合併前に要する電算システム統一等の経費について特別交付税措置を講ずる。

○都道府県の行う合併推進事業に対する財政措置
都道府県の行う合併のための調査研究・気運醸成等に対する経費を普通交付税で措置する。

○都道府県が行う合併支援事業に対する財政措置
都道府県が行う合併市町村の一体化を促進するために必要な道路、街路、農道等（過疎地域自立促進特別措置法等の規定に基づき都道府県が整備を行う市町村道を含む。）の整備事業に要する経費に対して合併推進債を充当（九〇％）し、元利償還金の五〇％を普通交付税で措置する。

○都道府県の行う合併支援経費に対する財政措置
合併市町村の行う事業に対して都道府県が交付する補助金・交付金等について特別交付税措置を講ずる。

○税制上の特例措置
不均一課税をすることができる期間を三年から五年に延長し、同期間における課税免除の特例を創設するとともに、事業所税の課税団体の指定を最長五年延期できるよう特例措置を図る。

○市町村合併推進体制整備費補助金
都道府県の体制整備、並びに市町村の合併の準備経費及び合併に伴い必要な事業経費に対して国庫補助金を交付する。また、引き続き、地方行政構造改革推進事業として、市町村合併推進体制整備費補助金の充実を図る。

(2)　関係省庁の連携による支援策
支援本部は、当面次の分野に係る施策を講ずることにより、対象地域における総合的かつ計画的な整備を推進するものとする。また、支援策の実施に支障が生じることのないよう、施策の内容に応じ、必要な地方財政上の措置を行う。

①快適な暮らしを支える社会基盤の整備
ア　道路の整備
イ　公共交通の整備
ウ　市街地の整備
エ　住環境の整備
オ　公園・緑地の整備

②豊かな生活環境の創造
ア　廃棄物処理対策の推進
イ　上水道の整備

ウ　下水道の整備
エ　消防・防災・国土保全の推進
オ　情報通信の整備

③生涯にわたる保健・医療・福祉の充実
ア　介護保険への対応
イ　国民健康保険事業の安定的な運営の推進
ウ　高齢者の社会参加の促進

④次世代を担う教育の充実

⑤新世紀に適応した産業の振興
ア　農林水産業の振興
イ　商工業の振興

⑥連携・交流による開かれたまちづくり

(3)　具体的支援策

上記(2)の各分野における具体的な支援策は、当面次の通りとする。

①快適な暮らしを支える社会基盤の整備

ア　道路の整備

車社会の進展による道路交通の役割の拡大に伴い、公共施設等の拠点を連絡する道路や市街地の骨格を形成する都市計画道路などの幹線道路、身近な生活道路の整備充実を図る。

【施策】（※注　個別施策の説明は省略（以下同じ））
○市町村合併支援道路整備事業
○交流ふれあいトンネル・橋梁整備事業
○離島道路整備事業
○合併に伴う都道府県道認定要件の緩和措置
○案内標識設置に対する支援

イ　交通の利便性確保のための条件整備

交通不便地域の解消、利用者の利便性・快適性向上のため、生活交通路線の維持や港湾等の施設整備、交通拠点の整備等を行う。

【施策】
○公共交通活性化総合プログラムの策定
○都市再生交通拠点整備事業
○地方バス補助事業
○港湾改修費補助事業

ウ　市街地の整備

豊かな自然環境と都市的魅力を共有し、快適な生活環境を創出するため、その居住環境の維持増進に努める。

【施策】
○中心市街地活性化による市街地の整備

エ　住環境の整備

都市景観にも配慮し、地域の特性に適合した魅力ある居住環境の形成を目指す。

【施策】

○合併に伴う公共賃貸住宅の再編促進
○公営住宅の建替え等の促進
○公営住宅等関連事業推進事業における補助限度額に係る経過措置
○合併を視野に入れた住宅供給に係る関連公共施設等の整備に対する支援
○優良建築物等整備事業

オ　公園・緑地の整備
住民が身近に自然に親しむことができるまちづくりを進めるため、地域の特性を活かした公園・緑地の整備に努める。

【施策】
○合併記念公園の整備

②豊かな生活環境の創造

ア　廃棄物処理対策の推進
ごみの減量化・資源化を進め、良好な都市環境の形成を図り、住民が安全で快適な生活を送ることができるよう、廃棄物処理対策の推進に努める。

【施策】
○廃棄物処理施設整備事業
○ごみ焼却施設解体ダイオキシン類測定費補助事業

イ　上水道の整備
今後も増加すると予想される水の需要に対応するため、配水管網、浄・配水施設を整備し、上水の安定供給を図る。

【施策】
○水道検査施設等整備事業
○水道施設整備事業
○水道事業統合計画の策定の支援

ウ　下水道等の整備
都市化の進展や生活水準の向上による河川等の水質の汚濁を防止し、雨水被害の解消を図るため、下水道等の整備を推進する。

【施策】
○流域下水道の特例
○下水道と他の汚水処理施設との共同利用の促進
○農業集落排水施設等の整備の促進
○公共下水道等下水道の普及の促進

エ　消防・防災・国土保全の推進
災害の発生に速やかに対応し、国土を保全するために、消防・防災機能の強化、国土保全の推進に努める。

【施策】
○消防防災施設等整備
○消防広域再編の促進
○防災対策事業
○避難地等計画の策定

○補助河川事業
○補助ダム建設事業
○補助砂防事業、補助地すべり対策事業及び急傾斜地崩壊対策事業

オ　情報通信の整備

ＩＴ社会の到来に当たり、情報通信基盤の整備により、行政、医療、福祉、産業、文化等の日常生活に関わる分野において、ＩＴ化による地域振興策の推進を図る。

【施策】
○地域イントラネット基盤施設整備事業等
○情報通信システム整備促進事業
○新世代地域ケーブルテレビ施設整備事業
○合併予定市町村の総合行政ネットワークへの参加の特例
○登記情報交換システムの実施

③生涯にわたる保健・医療・福祉の充実

ア　介護保険への対応

今後とも進行する高齢化に対応するため、介護保険事業の健全かつ効率的な運営に努めるなど、その着実な実施を図る。

【施策】
○介護保険広域化支援

イ　国民健康保険事業の安定的な運営の推進

保険料（税）の適正な賦課や収納率の向上及び医療費の適正化等を図り、国民健康保険事業の安定的な運営に努める。

【施策】
○国民健康保険の広域化支援

ウ　高齢者の社会参加の促進

高齢者の積極的な社会参加の促進を図り、高齢者が生きがいを持って、快適に生活できる環境を整える。

【施策】
○シルバー人材センター支援

④次世代を担う教育の充実

学校施設の整備、学校規模の適正化、学校給食の充実等を図り、幼児・児童・生徒の教育環境の向上に努めるとともに、社会教育施設及び生涯学習施設の整備・充実を図り、年齢や学習意欲に応じた多様な学習機会を提供する。

【施策】
○教職員定数に関する激変緩和措置
○遠距離通学への対応
○公立学校施設整備
○学校給食施設整備
○廃校の有効活用

○社会教育施設情報化等設備整備

⑤新世紀に適応した産業の振興

ア　農林水産業の振興

地域特性を活かした活力ある農林水産業の振興のため、生産基盤の整備充実、生産性の向上を図る。

【施策】

○むらづくり維新森林・山村・都市共生事業
○地域用水環境整備事業
○地域用水機能増進事業
○市町村合併支援農道等整備事業
○広域営農団地農道整備事業
○一般農道整備事業
○農林漁業用揮発油税財源身替農道整備事業
○田園交流基盤整備事業
○中山間地域総合整備事業
○フォレスト・コミュニティ総合整備事業
○森林環境保全整備事業のうち森林管理道の整備
○農林漁業用揮発油税財源身替林道整備事業
○水産物供給基盤整備事業
○漁村総合整備事業
○農林漁業用揮発油税財源身替漁港関連道整備事業

イ　商工業の振興

個性ある地方の自立した発展と活性化を促進するため、中心市街地の商業等の活性化、企業の産業技術の高度化や企業の新分野への進出の促進による産業集積の活性化等を図る。

【施策】

○中心市街地活性化による商業の振興
○特定産業集積活性化
○市町村連携によるＩＣカードシステム
○商工会の活動の広域化の促進
○電源立地地域交付金の取扱いの保持

⑥連携・交流による開かれたまちづくり

新市町村が一体化することにより地域全体が魅力ある開かれたまちとなるよう、住民参加による新市町村内の連携や交流を促進する。また、農山漁村と都市のネットワークの構築によりそれぞれの良さを互いに享受しあうとともに、地域特性の再発見、住民の地域への誇りや愛着の醸成を図る。

【施策】

○農村振興総合整備事業
○漁村コミュニティ基盤整備事業
○まちづくり総合支援事業
○将来構想、振興計画の策定
○都市計画の決定・変更に対する支援
○ＧＩＳ基盤情報整備

○地籍活用ＧＩＳ推進事業
○地域間交流・連携の支援
○離島振興特別事業

２　市町村合併支援アドバイザー制度

市町村合併に伴い、合併市町村は、広域的観点に立ったまちづくりや施策展開を行う必要が生じ、また、広域的な調整、取組等を必要とする課題に対処しなければならなくなる。しかしながら、合併直後の市町村には、この需要に適切に対応したプランニングや組織づくりを行う人材やノウハウが不足しがちである。

このため、合併に伴い必要となる各種施策を効果的に展開することを目的として、都道府県が指定する合併重点支援地域を対象に、次に掲げる各省庁のアドバイザー制度を活用した市町村合併支援アドバイザー制度を創設する。

本制度においては、要請に応じて各省庁のアドバイザー制度の連携によるチーム派遣も可能なものとする。また、各省庁アドバイザーを市町村合併支援アドバイザーに委嘱する場合、総務省の協力を得て、各省庁アドバイザーに対して、市町村合併の研修・講習を必要に応じ実施することができる。

○市町村合併アドバイザー

市町村合併の推進を積極的に支援するため、都道府県、市町村又は民間団体の依頼に基づき、市町村合併施策を推進するための具体的な方策に関する提言、情報の提供等が行える豊富な知識と経験を有する者を派遣する。

○人材育成アドバイザー

地方公共団体の要請に応じ、研修講師や人材育成方策の構築、推進に関するアドバイザーとして適任の者を斡旋、紹介する。

○消防広域再編アドバイザー

消防の広域再編を積極的に支援するため、都道府県、市町村又は広域行政機構の依頼に基づき、消防の広域再編の推進に必要な分野について具体的な方策に関する助言、情報の提供等が行える豊富な知識と経験を有する者を派遣する。

○農村振興整備支援事業アドバイザー

住民参加による地域づくりとして農村振興総合整備事業等を実施する市町村、都道府県に対して、より地域に密着した地域づくりの構想及び各事業の実施を助言できる各種アドバイザーを紹介・派遣する。

○大都市地域リンケージプログラムアドバイザー

地域の多種多様な課題を解決するため、異種・同種の地域の特色を活かした連携・交流を進めようとする地方公共団体、民間団体等の要請に応じ、その連携・交流に関する取組の内容等を勘案して派遣が適当と認められる者を派遣する。

○地域振興アドバイザー

地域づくり活動を推進するため、地域づくり推進体制を整備する等の市町村の要請に応じ、地域づくりに関する知識・情報等を有する者のうちから適当と認められる者を派遣する。

3　市町村合併の広報・啓発

市町村合併においては、住民や市町村の主体的な取組が不可欠であり、そのメリットや必要性についてテーマをわかりやすく設定し、国民の理解を一層深めていくことが極めて重要である。したがって、下記の方法により、各省庁が連携・協力して市町村合併の広報・啓発に一層積極的に取り組むものとする。

(1)　全国四七都道府県リレーシンポジウム

平成一三年度においては、平成一三年八月から平成一四年二月に全国四七都道府県の合併重点支援地域等において、週末を中心にリレーシンポジウムを開催し、支援本部の本部員が政府を代表して参加した。

平成一四年度においては、平成一四年七月から九月を目途に全国四七都道府県において週末を中心にリレーシンポジウムを開催する。支援本部からは本部員等が政府を代表して参加し、合併特例法の期限を踏まえた実践的な合併論議を行う。

(2)　市町村合併支援強化シンポジウム

平成一三年度においては、一〇月を「市町村合併広報強化月間」とし、中間全体総括としての「市町村合併広報強化月間シンポジウム」を開催した。

平成一四年度においては、六月を「市町村合併の幕開けとなる月間」として、全国リレーシンポジウム」を開催し、約一二〇〇人の参加を得た。

(3)　市町村合併の広報・啓発（略）

4　市町村合併支援窓口

啓発資料の配布、閲覧等による一般住民への市町村合併の啓発とともに、支援プランに基づいた支援策の紹介やその具体化についての相談、又は、市町村合併の進展に伴う所管施策に関する不安、懸念等についての相談等に対応するため、各省庁が連携・協力して、下記の通りそれぞれ窓口を設置するものとする。

(1)～(3)　（略）

第四　都道府県の取組

都道府県においては、合併重点支援地域の指定を一層拡大するとともに、合併重点支援地域を対象として都道府県事業の優先採択・重点投資、権限移譲等を内容とする都道府県支援本部支援プランを策定又は拡充し、公表することが望まれる。

④今後の地方自治制度のあり方に関する答申（抄）

（平成一五年一一月一三日
第二七次地方制度調査会）

第一　基礎自治体のあり方

1　地方分権時代の基礎自治体の構築

(1)　地方分権時代の基礎自治体

機関委任事務制度の廃止等により国と地方との役割分担を明確にした地方分権一括法の施行で、我が国における地方分権改革は確かな一歩を踏み出した。

今後の我が国における行政は、国と地方の役割分担に係る「補完性の原理」の考え方に基づき、「基礎自治体優先の原則」をこれまで以上に実現していくことが必要である。

このためには、今後の基礎自治体は、住民に最も身近な総合的な行政主体として、これまで以上に自立性の高い行政主体となることが必要であり、これにふさわしい十分な権限と財政基盤を有し、高度化する行政事務に的確に対処できる専門的な職種を含む職員集団を有するものとする必要がある。これを踏まえると、一般的には、基礎自治体の規模・能力はさらに充実強化することが望ましい。

基礎自治体に対しては引き続き国として積極的な事務や権限の移譲を進めるべきである。都道府県も、条例による事務処理の特例の活用等により、規模・能力に応じて事務や権限を移譲するなど、可能な限り基礎自治体が住民に身近な事務を処理することができるようにしていくべきであり、少なくとも、福祉や教育、まちづくりなど住民に身近な事務については、原則として基礎自治体で処理できる体制を構築する必要がある。その結果、国民がこのような地方分権の担い手として十分な経営基盤を有する基礎自治体の住民となり、住民の自己実現を可能とするような豊かな地域社会を形成していくことができるようにすることが望ましい。

(2)　住民自治の充実

地方分権改革が目指すべき分権型社会においては、地域において自己決定と自己責任の原則が実現されるという観点から、団体自治ばかりではなく、住民自治が重視されなければならない。

基礎自治体は、その自主性を高めるため一般的に規模が大きくなることから、後述する地域自治組織を設置することができる途を開くなどさまざまな方策を検討して住民自治の充実を図る必要がある。また、地域における住民サービスを担うのは行政のみではないということが重要な視点であり、住民や、重要なパートナーとしてのコミュニティ組織、ＮＰＯその他民間セクターとも協働し、相互に連携して新しい公共空間を形成していくことを目指すべきである。

2　市町村をめぐる状況

(1)　市町村の役割の変化

我が国の近代的な市町村制度は、明治初期に、地域の公共事務及び法令に基づく事務の処理のため、以前から存在していたいわゆる「自然村」を基盤として、「行政村」を編成したことに由来する。その後、小学校事務の処理等のため三〇〇戸から五〇〇戸を標準として「明治の大合併」が行われ、中学校事務の処理のため人口八千以上を標準として「昭和の大合併」が行われた。

今後、基礎自治体は、一層厳しさを増す環境、住民ニーズの多様化の中で、住民との協働の下に、質的にも高度化し、量的にも増大する事務を適切かつ効率的に処理することが求められている。

(2)　市町村を取り巻く厳しい財政事情

近年我が国の財政は、税収が落ち込む中で、国・地方ともに巨額の債務残高を有するなど極めて厳しい状況にある。地方においても毎年巨額の財源不足を生じており、その借入金残高は平成一五年度末で約一九九兆円にのぼると見込まれている。

このような状況を踏まえると、今後地方財政全般にわたり歳出の抑制が求められ、各地方公共団体は、コスト意識を持って事務・事業に取り組み、地域における郵便局との連携をはじめ、多様なサービスの提供方法の検討など、より一層効果的かつ効率的な行財政運営を行うことが必要となる。こうした観点から、市町村の規模等に対応して行われてきた各種の財政措置等についても見直しを図ることが避けられない状況にある。

(3)　少子高齢化の進行

今後、国全体の人口が二〇〇六年をピークに減少する中で、全国的に高齢化がさらに進んだ地域社会が出現するものと見込まれる。また、このまま推移すると、二〇三〇年には人口五千未満の市町村が現在の約七〇〇団体から一、二〇〇団体近くに増加すると予想されている。

少子高齢化の進行への対応は、我が国の行政全般に関わる大きな課題であるが、特に小規模な市町村に与える影響は深刻であり、これまでのような行財政基盤を維持できない状態に陥ることが予想される。これにより、地方自治法第一条の二第一項に規定する住民福祉の増進を図るという基本的役割を担うことが困難となることを想定せざるを得ない。

(4)　市町村合併の位置づけ

このような状況の中で、今後の基礎自治体のあり方を展望すると、市町村の規模・能力の拡充を図る市町村合併を引き続き推進していくべきである。

現在全国の市町村の約半数において市町村の合併の特例

に関する法律（以下「合併特例法」という。）に基づく法定協議会が設置されており、当調査会としても市町村合併に向けての関係者の真摯な努力に敬意を表するとともに、大きな期待を寄せている。昭和四〇年の制定以来、一〇年毎に延長されてきた合併特例法の期限は平成一七年三月三一日までとされており、それまでにできる限り成果があがることが必要である。特に住民に対して合併による新しいまちづくりの可能性等合併に関するさまざまな具体的な情報を提供することが必要であり、住民自身が地域の基本的な課題として合併について真剣に考えることが重要である。国及び都道府県としても、さらにさまざまな方策を展開し、自主的合併が進展するように取組を進めていくことが肝要である。

現在進められている市町村合併は、「昭和の大合併」後の生活圏や経済圏の拡大等をはじめとする経済社会の変貌、著しい少子高齢化の進行等の状況も踏まえつつ、地方分権改革により明らかにされた地域において包括的な役割を担うにふさわしい行財政基盤を有する基礎自治体を形成するために、市町村を再編成するものと位置づけることができる。

また、国土の保全、水源のかん養、自然環境の保全等の機能を維持するため、自治体経営の単位を再編成し、都市と農山漁村が共生する新しい基礎自治体を形成する動きともとらえることができる。

3　合併特例法期限到来後における分権の担い手としての基礎自治体

(1)　平成一七年四月以降の合併推進の手法

①　現行の合併特例法の失効（平成一七年三月三一日）後は、新しい法律を制定し、一定期間さらに自主的な合併を促すこととする必要がある。この法律は、合併に関する障害を除去するための特例を中心に定め、現行法における合併特例債等のような財政支援措置はとらないこととすべきである。

なお、現行の合併特例法は延長しないことを前提に、平成一七年三月三一日までに関係市町村が当該市町村議会の議決を経て都道府県知事への合併の申請を終え、平成一八年三月三一日までに合併したものについては、合併特例法の規定を引き続き適用する旨の経過規定を置くことが適当である。

②　新法においては、自主的な合併を推進するため、必要に応じて都道府県が市町村合併に関する審議会等の意見を踏まえて市町村合併に関する構想を策定することとすべきである。

上記の構想は、現行の合併特例法の下で合併に至らなかったが、基礎自治体の規模・能力の充実を図るため、なお合併を行うことが期待される市町村を対象とすべきである。具体的には、生活圏域を踏まえた行政区域の形成を図るための合併、指定都市、中核市、特例市等を目指す合併、小規模な市町村に係る合併等がこの構想に定められるものとすべきである。

なお、都道府県が構想を策定するに当たっての小規模な市町村としては、おおむね人口一万未満を目安とすることとするが、地理的条件や人口密度、経済事情のほか、現行合併特例法の下で合併を行った経緯についても考慮することが必要である。

③　都道府県知事は構想に基づき、合併協議会の設置や合併に関する勧告、合併に取り組む市町村間のさまざまな合意形成に関するあっせん等により自主的な合併を進めることとすべきである。

なお、現行の合併特例法においても、合併の是非を含め合併に関するさまざまな協議を行う場である合併協議会の設置について、一定の場合に市町村長の請求や有権者の六分の一以上の署名による請求によって住民投票を行うこととされている。このような場合と同様、都道府県知事が合併協議会の設置を勧告したとき、一定の場合には市町村長が合併協議会の設置について議会に付議するか、あるいは住民投票を行うこととする制度を設けることを検討する必要がある。

(2)　市町村合併に関連する多様な方策

①　合併後の基礎自治体における地域自治組織制度の活用

合併後、総じて規模が大きくなる基礎自治体内において住民自治を強化する観点や、住民に身近なところで住民に身近な事務を住民の意向を踏まえつつ効果的に処理するという観点から、基礎自治体の事務のうち地域共同的な事務等を処理するため、下記4(1)の地域自治組織（仮称。以下同じ。）の制度を活用することが考えられる。

なお、合併に際して地域自治組織を活用するときは、合併後の一定期間、下記4(2)②の法人格を有する地域自治組織を旧市町村単位に設置することができる等の特例を設けることが適当である。

この制度を活用することにより、合併後の基礎自治体は、合併前の旧市町村のまとまりも活かした包括的な基礎自治体ともいうべき形態をとることが可能となる。併せて、地域自治組織に旧市町村の名称を冠することによって、合併前の名称を残すことも可能となる。

市町村は、前述のとおり、その自主的な判断により、基礎自治体内の地域自治組織を設置できることとするが、都道府県知事も合併に際して、一定の場合に小規模な市町村等を対象として、その市町村を単位とする地域自治組織を設置することを勧告することができるものとすべきである。

② 合併困難な市町村に対する特別の方策

ア 市町村合併については、地域の特性等を踏まえた上で推進していく必要があるが、例えば自らは他の市町村との合併を希望していてもさまざまな事情により合併協議が整わず、都道府県知事が上記の構想に位置づけて合併に関するあっせん等の調整を行ってもなお合併に至らないような事態が生じることがあり得る。

このような事態において、市町村が基礎自治体として必要な経営基盤を有しないという自らの判断により合併を求めた場合に、適正な住民サービス確保の観点から看過し得ないと認めるときは、都道府県が関わる手続によって市町村の合併を行う新たな仕組みを引き続き検討していく必要がある。

イ 合併に関する新たな法律の下でも当面合併に至ることが客観的に困難である市町村に対して、合併の進捗状況や市町村の具体的ニーズを踏まえ、基礎自治体のみによって構成される広域連合制度の充実等の広域連携の方策により対応することについて検討を進める必要がある。

ウ また、そのような状況にある市町村については、組織機構を簡素化した上で、法令による義務づけのない自治事務は一般的に処理するが、通常の基礎自治体に法令上義務づけられた事務については窓口サービス等その一部のみを処理し、都道府県にそれ以外の事務の処理を義務づける特例的団体の制度の導入についても引き続き検討する必要がある。この場合において、都道府県は当該事務を自ら処理することとするほか、近隣の基礎自治体に委託すること等も考えられる。

4 基礎自治体における住民自治充実や行政と住民との協働推進のための新しい仕組み

(1) 地域自治組織の制度化

基礎自治体には、その事務を適切かつ効率的に処理するとともに、住民に身近なところで住民に身近な事務を住民の意向を踏まえつつ効果的に処理するという観点が重要である。

また、本格的な少子高齢社会が到来しつつある今日、安全で住みやすい快適な地域づくりに資する地域のセーフティネットの構築が喫緊の課題となっている。このため、行政と住民が相互に連携し、ともに担い手となって地域の潜在力を十分に発揮する仕組みをつくっていくことも、これからの基礎自治体に求められる重要な機能のひとつである。

こうしたことから、基礎自治体内の一定の区域を単位とし、住民自治の強化や行政と住民との協働の推進などを目的とする組織として、地域自治組織を基礎自治体の判断によって設置できることとすべきである。

地域自治組織のタイプとしては、当調査会の「今後の地方自治制度のあり方についての中間報告」（平成一五年四月三〇日）で示したように、a）行政区的なタイプ（法人格を有しない。）とb）特別地方公共団体とするタイプ（法人格を有する。）が考えられるが、一般制度としては、基礎自治体としての一体性を損なうことのないようにするということにも配慮してa）行政区的なタイプを導入すべきである。ただし、市町村合併に際しては、合併前の旧市町村が果たしてきた役割を踏まえ、合併後の一定期間、従前のまとまりにも特に配慮すべき事情がある場合には、合併前の旧市町村単位にb）特別地方公共団体とするタイプを設置できることとすることが適当である。

なお、地域の状況がさまざまであることから、法律で定める事項は最小限にとどめ、地域の自主性を尊重し、地域において活用しやすいものとなるような制度とする必要がある。

(2)　地域自治組織の仕組み

地域自治組織は、区域内に住所を有する者が当然にその構成員となるものとし、具体的な仕組みは以下のとおりとすることが考えられる。

①　一般制度としての地域自治組織の仕組み

ア　基本的な機能と組織

一般制度としての地域自治組織は、住民に身近なところで住民に身近な基礎自治体の事務を処理する機能と住民の意向を反映させる機能、さらに行政と住民や地域の諸団体等が協働して担う地域づくりの場としての機能を有するものとし、基礎自治体の一部として事務を分掌するものとする。

地域自治組織の機関として、地域協議会（仮称。以下同じ。）及び地域自治組織の長を置くこととする。また、地域自治組織には事務所を置き、支所、出張所的な機能と地域協議会の庶務を処理する機能を担わせることとする。

なお、区域をはじめ各地域自治組織の基本的な事項は、基礎自治体の条例で定めることとするが、市町村合併に際して地域自治組織を設置する場合は、条例に代えて、あらかじめ合併協議によって定めることができることとする。

イ　地域協議会

(ア)　役割

地域協議会は、住民に基盤を置く機関として、住民及び地域に根ざした諸団体等の主体的な参加を求めつつ、多様な意見の調整を行い、協働の活動の要となる。また、地域協議会は、地域自治組織の区域に係る基礎自治体の事務に関し、基礎自治体の長その他の機関及び地域自治組織の長の諮問に応じて審議し、又は必要と認める事項につき、それらの機関に建議することができることとする。

なお、基礎自治体の判断により、地域自治組織の区域に係る基礎自治体の予算、基本構想、重要な施設の設置及び廃止等一定の事項については、基礎自治体の長に必ず地域協議会の意見を聴くよう求めることが考えられる。

(イ) 構成員の選任等

地域協議会の構成員は、基礎自治体の長が選任する。

(ア)で述べた地域協議会の役割から、構成員の選任に当たっては、自治会、町内会、ＰＴＡ、各種団体等地域を基盤とする多様な団体から推薦を受けた者や公募による住民の中から選ぶこととするなど、地域の意見が適切に反映される構成となるよう配慮する必要がある。

なお、地域協議会は、住民の主体的な参加を期待するものであることから、その構成員は、原則として無報酬とする。

ウ 地域自治組織の長

(ア) 役割

地域自治組織の長は、地域自治組織を代表し、地域協議会との緊密な連携の下、地域協議会によりとりまとめられた地域の意見を踏まえ、地域の実情に応じたきめ細かな事業・施策を実施する役割を担うものとする。

(イ) 選任

地域自治組織の長は、基礎自治体の長が選任する。

エ 財源

地域自治組織が、地域協議会の意見を尊重しつつ必要な事業が実施できるよう、必要な予算を確保するなど、基礎自治体において地域自治組織の財源について所要の措置を講じることが期待される。

② 合併に際して設置される地域自治組織（法人格を有する。）の仕組み

市町村合併に際しても、①の一般制度としての地域自治組織を設置することはできるが、合併後の一定期間、合併前の旧市町村のまとまりにも特に配慮すべき事情がある場合は、特別地方公共団体である地域自治組織（法人格を有する。）を設置できることとすることが適当である。

このタイプの地域自治組織についても、①の地域自治組織と同様の役割が期待されるところであり、その組織についても、①と同様、地域協議会と地域自治組織の長を置くほか、事務所を置くこととする。

①との相違点を中心とした制度の仕組みは以下のとお

りである。

ア　設置

合併協議により規約を定め、合併後の一定期間、合併前の旧市町村単位に設けることができることとする。

なお、法人格を有することから、設置に当たって都道府県知事が認可等所要の関与を行う必要がある。

イ　事務の考え方

地域自治組織は、法令により処理が義務づけられていない基礎自治体の事務のうち、その地域自治組織の区域に係る地域共同的な事務であって規約で定めるものを自らの事務として処理する。

また、地域自治組織の機関が基礎自治体の補助機関の地位を兼ねることなどにより、法令により基礎自治体が処理することが義務づけられている事務を地域自治組織において処理することもできるものとする。

ウ　組織等

地域協議会は、地域自治組織の予算等を決定するほか、必要と認める事項につき基礎自治体の長その他の機関に建議することができることとする。

地域協議会の構成員の選出方法は、地域の自主性を尊重する観点から、規約で定めることとする。なお、構成員は、①と同様、原則として無報酬とする。

地域自治組織の長は、基礎自治体の長が選任するものとする。

地域自治組織の事務局の職員は、基礎自治体からの派遣又は兼務を原則とし、必要な場合には、臨時の職員を採用できることとする。

エ　財源

基礎自治体の事務の一部を処理するための財源は、基礎自治体からの移転財源によることとし、基礎自治体は地域自治組織の円滑な事務運営のための財源を確保するよう配慮するものとする。

課税権と地方債の発行権限は有しないこととし、地方交付税の交付対象団体ともしないこととする。

なお、地域自治組織が上記の移転財源による財源見合いの事務以外の事務を実施することを認める場合には、何らかの住民の負担によることができることとすることを検討する必要がある。

③　指定都市への適用について

指定都市については、行政区その他の一定の区域（出張所単位等）をもって地域自治組織を設置することができることとする。

第２　大都市のあり方

１　大都市に関する制度の現状と課題

大都市に関する制度としては、昭和三一年には指定都市制度が、平成六年には中核市制度が、そして平成一一年には特例市制度が設けられ、今日に至っている。高次の都市機能が集積する都市地域においては、多様化する住民ニーズに即応して機動性の高い行政サービスの提供が求められており、大都市である基礎自治体に対する一層の権限の移譲をはじめとした権能の強化が求められている。

一方、大都市は一般に人口が稠密で、多様で高度な都市機能が集積し、その社会実態的機能が一般の都市以上に広くかつ大きく周辺地域に及んでいるため、周辺地域との一体的整備が不可欠であり、大都市に特有の行政サービスの提供とともに、大都市を含む広域的なネットワークによる行政課題への対応が求められている。

また、大都市地域においては、住民と行政との距離が大きいという指摘があり、また人口の集中や合併によって都市の規模が拡大するにつれ、このような傾向が一層助長される可能性も否定できない。個々の住民の意見を大都市経営に反映し、より多くの住民の行政への参画を促す仕組みが必要である。

2　今後における大都市制度のあり方

(1)　大都市に共通する課題

基礎自治体の権能の強化は重要な課題であり続けてきた。多くの国民が居住する大都市地域において、身近な行政を基礎自治体が担えるように制度改革を行っていくことは、地方分権の実を多くの国民が実感できる方途である。このような見地から、これまでも、中核市制度・特例市制度の創設、地方分権一括法等による市町村への権限の移譲などが行われてきたところであるが、引き続きこのような都市の規模・能力に応じた一層の事務権限の移譲を進める必要がある。特に、三大都市圏の既成市街地、近郊整備地帯における都市計画権限をはじめとした都道府県と市町村の都市計画制度に係る役割分担のあり方や農地転用のあり方については、その早急な見直しが必要である。また、義務教育、産業振興の分野を中心に一層の権限移譲が進められるべきである。

このほか、大都市をはじめとした市町村に共通の課題として、都道府県においては、条例による事務処理の特例の活用等により、基礎自治体の規模・能力に応じて権限を移譲するなど、可能な限り基礎自治体が住民に身近な事務を自立的に処理することができるようにしていくべきである。

条例による事務処理の特例は、都道府県の判断により都道府県の事務権限を基礎自治体に配分することを可能とする制度であるが、現行制度では基礎自治体の方から事務権限の移譲を求めることができないことから、基礎自治体が自らの判断により事務権限の移譲を都道府県に積極的に求めていくことができることとする必要がある。すなわち、都道府県知事の権限に属する事務の一部を処理することを求める基礎自治体は、都道府県に対し、事務処理の特例に係る条例の制定等を要請する旨の申出をすることができることとし、都道府県知事は、この申出を受けたときは、遅滞なくその申出を行った基礎自治体の長と協議しなければならない仕組みを導入することが適当である。

(2)　指定都市制度

指定都市は、一般の市町村よりも幅広い事務権限を有しているが、指定都市を含む大都市地域においても、環境保全、防災、交通ネットワークなど区域を越える広域的な取組を必要とする行政分野が存在している。また、沿革的には、当初制定された地方自治法に都道府県から独立した特別市の制度が設けられたが、実際には指定されることなく、昭和三一年の地方自治法改正により同制度は廃止され、これに代えて指定都市制度が創設されたという経緯がある。

このような状況や経緯を踏まえれば、指定都市については現行制度の大枠の中で、その権能を強化するという方向を目指すべきである。その上で、大都市圏全体で行政課題を解決することが求められる分野については、指定都市と周辺市町村との連携を強化するとともに、都道府県がこれに対応した調整の役割を果たすことが求められる。

また、現在、指定都市の人口は合計で二千万人を超えており、我が国人口の約六分の一を占める住民が各行政区に居住し、日常の行政サービスの多くを各行政区から受けている。住民サービスを充実するという観点からは、大都市における行政区がより住民に身近なものとなり、住民の意向が一層反映されるよう、地域内分権化を図る必要があると考えられる。このため、各指定都市における実情に応じ、前述の地域自治組織の活用を図ることが期待される。

(3)　中核市制度・特例市制度

中核市制度・特例市制度については、基礎自治体の規模・能力に応じた権能の充実強化に積極的な役割を果たしており、また、制度の定着をみているところである。基礎自治体への一層の権限の移譲を推進していく見地からは、その指定のあり方等についてさらなる要件の見直しを行っていくことも考えられるが、市町村合併が進展する中で、各都市の規模・能力が合併特例法の期限である平成一七年三月までの間に変動していく可能性が高いことを考えれば、少なくとも合併特例法の期限内においては、現行の中核市・特例市の指定要件を維持することとし、その後における要件緩和について、引き続き検討すべきである。

第３　広域自治体のあり方

１　変容を求められる都道府県のあり方

都道府県の制度は、戦前の広域的地方制度である府県制から地方自治法の体系へ、そして地方分権一括法による機関委任事務制度の廃止による自立した広域自治体へと変遷してきたが、現実の都道府県の姿を見ると、明治二一年に四七ある現在の都道府県の区域の原型が確立されて以来、その名称及び区域はほとんど変更されることなく今日に至っている。

近年においては、経済のグローバル化、産業構造の変化などを背景として、広域の圏域における戦略的かつ効果的な行政の展開が求められるようになっており、また市町村の規模・能力が拡大しつつある中にあって、広域自治体としての都道府県のあり方が改めて問われるようになってきている。

2 今後における広域自治体としての都道府県の役割

都道府県のあり方がこのように変容を求められる中で、都道府県が自立した広域自治体として、世界的な視野も持ちつつ積極果敢にその役割を果たしていくためには、高度なインフラの整備、経済活動の活性化、雇用の確保、国土の保全、広域防災対策、環境の保全、情報通信の高度化などの広域的な課題に対応する能力を高めていくことが求められる。都道府県には国から移譲される権限の受け皿としての役割が引き続き期待されており、土地利用、地域交通、産業振興、国土保全などを中心に、国から都道府県へ一層の事務権限の移譲が進められるべきである。さらに、都道府県には、行政サービスの広域的な提供を通じて、バランスのとれた公共サービスの維持に貢献してきた側面があり、このような役割も引き続き必要である。

基礎自治体との関係では、市町村合併の推進等により、今後は基礎自治体が自立的に事務を処理することになると考えられ、都道府県の役割は、規模・能力が拡大した市町村との連絡調整が主となり、これまで事務の規模又は性質から一般の市町村では処理することが適当でないものとして都道府県が担ってきた役割については、縮小していくと考えられる。

3 広域自治体のあり方（都道府県合併と道州制）

規模・能力や区域が拡大した基礎自治体との役割分担の下に広域自治体としての役割、機能が十分に発揮されるためには、まず、都道府県の区域の拡大が必要である。

また、国の役割を重点化し、その機能を地方公共団体に移譲するとともに、真の分権型社会にふさわしい自立性の高い圏域を形成していく観点から、現行の都道府県に代わる広域自治体として道又は州（仮称。以下同じ。）から構成される制度（以下「道州制」という。）の導入を検討する必要がある。

(1) 都道府県合併

現行地方自治法上、都道府県の廃置分合は、国の法律によってのみ行い得ることとなっており、都道府県の発意により合併手続に入ることができないことから、現行の手続に加えて、都道府県が自主的に合併する途を開くことを検討すべきである。

その方式としては、市町村合併の場合と同様に、都道府県の自主的合併の手続を整備することとし、関係都道府県が議会の議決を経て合併を申請し、国会の議決を経て合併を決定するといった規定を整備することが考えられる。

⑵　道州制

道州制の導入は、単なる都道府県の合併とか国から都道府県への権限移譲といった次元にとどまらない地方自治制度の大きな変革であり、国民的な意識の動向を見ながら、引き続き次期地方制度調査会において議論を進めることとするが、当調査会としては、今後議論すべき論点について、現時点では次のように考え方を整理することとした。

①　基本的考え方

道州制は、現行憲法の下で、広域自治体と基礎自治体との二層制を前提として構築することとし、その制度及び設置手続は法律で定める。

ア　現在の都道府県を廃止し、より自主性、自立性の高い広域自治体として道又は州を設置する。

イ　道州制の導入に伴い、国の役割は真に国が果たすべきものに重点化し、その多くの権限を地方に移譲する。

ウ　道州の長と議会の議員は公選とする。

エ　道州の区域については、原則として現在の都道府県の区域を越える広域的な単位とし、地理的、歴史的、文化的な諸条件を踏まえ、経済社会的な状況を勘案して定められるものとする。

②　役割と権限

道州制の導入に伴い、国の役割は真に国が果たすべきものに重点化され、その事務権限の相当部分を地方に移譲する。

すなわち、国は、現行地方自治法上、a）国際社会における国家としての存立にかかわる事務、b）全国的に統一して定めることが望ましい国民の諸活動又は地方自治に関する基本的な準則に関する事務、c）全国的な規模で又は全国的な視点に立って行わなければならない施策及び事業の実施などの役割を担うこととされているが、道州制が導入された後は、国の役割は重点化され、a）、b）のほかc）のうち限定された一部に縮小することとなる。

道州制の導入に伴い、国から地方に移譲される権限のうち基礎自治体に移譲できるものは原則として基礎自治体に移譲するものとする。これにより、基礎自治体は住民に最も身近な総合的な行政主体として、より一層大きな役割を担うこととなる。

道州は、規模・能力が拡大された基礎自治体を包括する広域自治体として、基礎自治体との適切な役割分担の下に圏域全体の視野に立った産業振興、雇用、国土保全、広域防災、環境保全、広域ネットワーク等の分野を担うものとする。

また、国の地方支分部局が持つ権限は、例外的なものを除いて、道州に移管する。その際、移管される国の事務権限について、かつての機関委任事務制度の手法が採られることのないようにすべきである。

道州制の導入に伴い、道州に対する国の関与、基礎自治体に対する道州の関与についてはいずれも必要最小限度とする。また、国、道州、基礎自治体相互間の新たな調整手続の整備を図る必要がある。

③　道州の区域及び設置

道州は、現行の都道府県よりも広い区域と権限を有することから、その区域は「国のかたち」と密接に関連する重要事項であり、法律により全国をいくつかのブロックに区分してその区域を定めるという考え方と、道州の区域は、関係都道府県が議会の議決を経て申請し、国会の議決を経て決定するという都道府県側のイニシアチブを重視する考え方とがある。

また、道州の設置については、全国一斉に道州に移行する方法と、一定の道州の要件に合致した場合には順次道州に移行する方法とが考えられる。いずれにしても、道州の仕組みや設置手続については、法律で定めることが必要である。

④　税財政制度

地方税財政制度については、道州の権限に応じて、自立性を高めることを原則とする。また、自立性の高い道州制を実現する観点から、自主財源である地方税を大幅に拡充することを基本とし、道州の規模、権限、経済力等を踏まえ、新たな財政調整の仕組みを検討するものとする。

⑤　連邦制との関係

道州制をめぐって、連邦制、すなわち、憲法において権限（行政権のみならず立法権（又は立法権及び司法権））が国と州とで明確に分割されている国家形態の導入を議論する向きもある。しかしながら、連邦制の下では、連邦政府と州政府の間の立法権の分割、地域代表としての上院（参議院）の創設、違憲立法審査権・立法権分割の審判者としての司法権のあり方など憲法の根幹部分の変更が必要となること、連邦制は歴史的・文化的・社会的に一体性、独立性の高い連邦構成単位の存在が前提となること、といった問題があり、我が国の成り立ちや国民意識の現状から見ると、連邦制を制度改革の選択肢とすることは適当ではないと考えられる。

⑥　検討事項

道州制の検討を行う際には、上記の観点のほか、a）現行憲法上は公選の長と公選の議員からなる議会を有することが地方公共団体の要件とされているが、広大な区域と大きな権限を有することとなる道州が、現行の地方公共団体と同じく、それぞれ住民の直接公選による二元代表制であることでよいか、b）道州制の導入に伴い、その議決機関、執行機関、補助機関のあり方をどうするか、c）首都圏、近畿圏、中部圏など、人口や経済集積等において他の圏域と著しく異なる圏域についても同じ制度としてよいか、d）道州制の導入に伴い、大都市圏域においては、現行の指定都市制度よりも道州との関係において独立性の高い大都市制度を考えるのかどうか、といった観点についても、併せて検討することが必要である。

なお、道州制の導入については、都道府県も住民に身近な行政を担っており、また、小規模な市町村を補完するような都道府県の機能が引き続き必要であり、従来の都道府県の役割が依然として大きいものであること、また一方で、道州制を議論する前に圏域的なテーマについては既存の制度である都道府県間の広域連合を活用する方法もあると考えられることなどを踏まえ、道州制の導入については慎重な検討を要するとする意見もある。

⑤地方公共団体における行政改革の推進のための新たな指針（抄）

（平成一七年三月二九日
総　　務　　省）

少子高齢化による人口減少時代を目前に控え、国地方を通じた厳しい財政状況の中で、今後の我が国は、地方公共団体が中心となって住民の負担と選択に基づき各々の地域にふさわしい公共サービスを提供する分権型社会システムに転換していく必要がある。

現在、市町村合併が推進され、その規模・能力は急速に拡大しつつあり、これに伴い広域自治体のあり方の見直しが求められるなど、地方公共団体の果たすべき役割が改めて問われている。また、NPO活動等の活発化など公共的サービスの提供は住民自らが担うという認識も広がりつつある。これまで行政が主として提供してきた公共サービスについても、今後は、地域において住民団体をはじめNPOや企業等の多様な主体が提供する多元的な仕組みを整えていく必要がある。これからの地方公共団体は、地域のさまざまな力を結集し、「新しい公共空間」を形成するための戦略本部となり、行政自らが担う役割を重点化していくことが求められている。

このような状況の中で、地方公共団体においては新しい視点に立って不断に行政改革に取り組み、その体制を刷新していくことが必要である。

これまでも、地方公共団体においては「地方自治・新時代に対応した地方公共団体の行政改革推進のための指針」（平成九年一一月一四日付け自治事務次官通知）等に基づき積極的に行政改革に取り組み、地方公務員の総数は平成七年以降純減し（一〇年間の累積で一九八、八九五人の純減）、国家公務員と比較した給与水準（ラスパイレス指数）も一〇〇を切ったところである（平成一六年四月一日現在で全国平均九七・九）。また、行政評価の取組、情報公開条例等や個人情報保護条例等の制定、事務・事業の民間委託等も着実に進展してきており、給与・旅費等に関する事務の集中化・アウトソーシングといった新たな取組や指定管理者制度の活用も見られるようになっている。

しかしながら、厳しい財政や地域経済の状況等を背景に、地方公共団体の行政改革の進捗状況に対する国民の視線は厳しい。特に、給与制度やその運用などについては、なお一部に不適正な事例も見受けられ、各方面の批判が向けられている。不適正な事例を漫然と放置していては、国民の地方分権に関する共感と理解は到底得られず、もとより早急に是正される必要がある。国・地方を問わず行政に携わる者は、国民の貴い負担により給与を得ているということを改めて肝に銘じる必要がある。

このような状況を踏まえると、各地方公共団体が今後行政改革を推進するに当たっては住民と協働し、首長のリーダーシップの下に、危機意識と改革意欲を首長と職員が共有して、取り組んでいくことが求められている。

また、議会においても、改革推進のためにその機能を十分に発揮することが重要である。

このため、平成一六年一二月二四日に閣議決定された「今後の行政改革の方針」を受け、以下に取組のための新たな指針を示し、これを参考として、各地方公共団体において、より積極的な行政改革の推進に努めるよう地方自治法第二五二条の一七の五に基づき助言するものである。

第一　計画的な行政改革の推進と説明責任の確保

1　行政改革大綱の見直しと集中改革プランの公表

(1)　行政改革大綱の見直し

行政組織運営全般について、計画策定（Plan）→実施（Do）→検証（Check）→見直し（Action）のサイクル（以下「ＰＤＣＡサイクル」という。）に基づき不断の点検を行いつつ、本指針を踏まえ、新たな行政改革大綱等の策定又は従来の行政改革大綱の見直しを行うこと。

(2)　集中改革プランの公表

行政改革大綱に基づき具体的な取組を集中的に実施するため、①から⑨までに掲げる事項（⑤及び⑥については都道府県に限る。）を中心に平成一七年度を起点とし、おおむね平成二一年度までの具体的な取組を住民にわかりやすく明示した計画（以下「集中改革プラン」という。）を平成一七年度中に公表すること。

その際、可能な限り目標の数値化や具体的かつ住民にわかりやすい指標を用いることとし、特に、定員管理の適正化計画については、退職者数及び採用者数の見込みを明示し、平成二二年四月一日における明確な数値目標を掲げること。

また、地方公営企業についても同様に、①、②、③、④及び⑧の事項に関する集中改革プランを公表すること。

なお、平成一七年度に合併を行う予定である市町村については、合併後の行政体制の整備の状況を見極めつつ適切に対応すること。

① 事務・事業の再編・整理、廃止・統合
② 民間委託等の推進（指定管理者制度の活用を含む。）
③ 定員管理の適正化
④ 手当の総点検をはじめとする給与の適正化（給料表の運用、退職手当、特殊勤務手当等諸手当の見直し等）
⑤ 市町村への権限移譲
⑥ 出先機関の見直し
⑦ 第三セクターの見直し
⑧ 経費節減等の財政効果
⑨ その他

2　説明責任の確保

(1)　行政改革大綱及び集中改革プラン（以下「行政改革大綱等」という。）の見直し又は策定にあたっては、PDCAサイクルの各過程において住民等の意見を反映するような仕組みを整えること。

(2)　行政改革大綱等の見直し又は策定の過程について、速やかにホームページや公報等を通じて住民等にわかりやすい形で公表すること。

(3)　行政改革大綱等に基づく成果については、特に、他団体と比較可能な指標に基づき公表するなど、住民等に分かりやすい形での公表に意を用いること。

なお、総務省では、地方公共団体の便宜に資するため、行政改革の成果についての公表の参考となるような手法も今後検討し、提供していくこととしていること。

第二　行政改革推進上の主要事項について

1　地方公共団体における行政の担うべき役割の重点化

(1)　民間委託等の推進

①　給与・旅費の計算、財務会計、人事管理事務等の総務事務や定型的業務を含めた事務・事業全般にわたり、民間委託等の推進の観点からの総点検を実施すること。

具体的には、類似団体の状況や民間の受託提案などを参考にしながら、組織の規模を踏まえ、メリットが生じるよう委託の可能性について検証すること。その際、企画と実施の切り分けや複数の組織にまたがる共通の事務の集約化、他団体との事務の共同実施、委託実施期間の複数年度化などの様々な手法による委託の可能性の検証を行うこと。

② その上で、事務・事業全般についての民間委託等の実施時期等を示した具体的かつ総合的な指針・計画を策定すること。

③ 委託の実施にあたっては、対象事業、選定基準、契約条項などの透明性を確保するとともに、個人情報の保護や守秘義務の確保に十分留意し、必要な措置を講じること。

④ 委託した事務・事業についての行政としての責任を果たし得るよう、適切に評価・管理を行うことができるような措置を講じること。

⑤ 民間委託等の実施状況については、事務・事業や施設区分ごとに、委託先、委託理由等を公表すること。

(2) 指定管理者制度の活用

① 現在直営で管理しているものを含め、すべての公の施設について、管理のあり方についての検証を行い、検証結果を公表すること。

② 特に、平成一五年九月の指定管理者制度の創設に係る地方自治法の改正前の管理委託制度により出資法人、公共団体又は公共的団体へ管理委託している公の施設については、平成一八年九月の指定管理者制度への移行期限までに、当該出資法人等を指定管理者に指定するか、新たに民間事業者等を指定管理者に指定するか、当該施設を廃止するか等、管理のあり方についての検証を行うこと。

③ 管理のあり方の検証に際しては、各施設ごとに、行政としての関与の必要性、存続すべきか廃止すべきか、存続する場合には管理主体をどうするかなどについて、民間事業者等を指定管理者とする場合との比較等も含め、その理由を明らかにした上で、住民等に対する説明責任を十分に果たすこと。

④ 公の施設の管理状況については、管理の主体や、管理主体が指定管理者となっていない場合にはその理由等の具体的な状況を公表すること。

(3) ＰＦＩ手法の適切な活用

特に次の事項に留意しつつ、ＰＦＩ事業の積極的な活用に努めること。

① 事業のリスク分担について、想定されるリスクをできる限り明確化した上で、リスクを最もよく管理できる者が当該リスクを分担するとの考え方に基づき、地方公共団体、ＰＦＩ事業者、金融機関等の間での適切なリスク分担に留意するとともに、事業の安定性の確保に留意すること。

② 民間資金等の活用による公共施設等の整備等の促進に

関する法律が、第三セクターの抱える諸課題等を考慮の上立法された経緯も踏まえ、ＰＦＩ事業者に対する安易な出資及び損失補償は、厳に慎むこと。

③　実施方針、選定結果、契約（直接協定も含む。）及び監視等の結果についてもすべて公開し、ＰＦＩ事業選定の手続、事業自体の透明性の確保を図ること。

(4)　地方独立行政法人制度の活用

地方独立行政法人制度の活用にあたっては、まず、対象となる事務・事業についてその廃止や民間譲渡の可能性を十分に検討すること。その上で、公の施設の指定管理者制度の活用等と比較検討し、地方公共団体が自ら実施するよりも地方独立行政法人を設立して行わせる方が効率的・効果的に行政サービスを提供できると判断される場合に活用を検討すること。

(5)　地方公営企業の経営健全化

特に次の事項に留意し、経営の総点検を行い、更なる経営健全化に積極的に取り組むこと。

①　まず、現在地方公営企業が供給しているサービス自体の必要性について検討すること。次に、サービス自体が必要な場合であっても、地方公営企業として実施する必要性について十分検討し、特に公共性の確保等の意義が薄れている場合には、民間への事業譲渡等について検討すること。

②　地方公営企業として事業を継続する場合であっても、公の施設の指定管理者制度、ＰＦＩ事業、民間委託等の民間的経営手法の導入を促進すること。

③　より一層計画性・透明性の高い企業経営を推進するため、中期経営計画の策定、業績評価の実施、積極的な情報開示に取り組むこと。

特に情報開示にあたっては、人件費、料金水準等について類似団体や民間企業の対応するデータを添えるなど、住民が理解、評価しやすいように工夫をこらすこと。

④　企業職員の給与については、その職務の性格や内容を踏まえつつ、国、地方公共団体の同種の職員、民間の同種の職種に従事する者との均衡にも留意し、当該地方公営企業の経営の状況その他の事情を考慮しながら、引き続き適正化に努めること。

また、定員管理については、事務・事業の見直し、民間委託等の推進等により、引き続き適正化に努めること。

(6)　第三セクターの抜本的な見直し

特に次の事項に留意し、更なる経営改革に積極的に取り組むこと。

①　外部の専門家を活用する等監査体制を強化するとともに、行政評価の視点も踏まえた点検評価の充実・強化を図ること。

②　事業内容、経営状況、公的支援等について、適宜適切

な議会への状況説明を行うとともに、住民に対する積極的かつわかりやすい情報公開に努めること。

③　統廃合、民間譲渡、完全民営化を含めた既存法人の見直しを一層積極的に進めるとともに、給与及び役職員数の見直し、組織機構のスリム化等を不断に行うこと。

④　経営状況が深刻であると判断される場合には、問題を先送りすることなく、経営悪化の原因を検証し、債権者等関係者とも十分協議しつつ、抜本的な経営改善策の検討を行うこと。その上で、経営の改善が極めて困難と判断されるものについては、法的整理の実施等について検討すること。この場合、地方公共団体は、出資の範囲内の負担、損失補償契約等に基づく負担を負うことが原則であり、過度の負担を負うことのないように留意すること。

(7)　地方公社の経営健全化

経済環境の変化への対応、経営の効率化、地方公共団体の財政運営のより一層の健全化等の観点から、土地開発公社をはじめとする地方公社の経営改善等について積極的に取り組むこと。

経営の改善が極めて困難と判断される地方公社については、法的整理も含め抜本的な見直しを検討すること。その際には、地方公共団体は、出資の範囲内の負担、損失補償契約等に基づく負担を負うことが原則であり、過度の負担を負うことのないように留意すること。

また、給与及び役職員数については、経営状況等を勘案しながら、引き続き適正化に努めること。

(8)　地域協働の推進

地域の課題やニーズに対応するとともに、簡素で効率的な行政を実現する観点から、住民や住民が参加する団体など多様な主体が公共的サービスの提供を行おうとする取組について、以下のように、それぞれの地域の実情に応じ、積極的に推進することが望ましいこと。

①　活動主体に対する援助や活動場所の提供、個々の活動主体による活動を支援・調整する役割を有する中間支援団体の設置、まちづくり協議会や地域自治区等の活用など、活動主体との積極的な連携・協力を図ること。

②　地域協働を実践するため、個々の職員の意識改革や勤務体制の整備などに積極的に取り組むこと。

(9)　市町村への権限移譲

都道府県においては、財源、人的体制に関し十分な措置を講じることを前提に、「条例による事務処理の特例」（地方自治法第二五二条の一七の二）を積極的に活用し、市町村に対する抜本的な事務権限の移譲を検討すること。

特に、市町村合併によって規模能力が拡大する団体については、人的にも財政的にもその体制が充実されることから、より積極的な権限移譲を行うこと。

⑽　出先機関の見直し
　都道府県の出先機関について、市町村合併による市町村の行財政能力の拡充等の状況を踏まえ、⑼を前提として抜本的にそのあり方を検討すること。都道府県の人口や市町村合併の中長期的な見通しのもとに、計画的かつ着実に出先機関の再編に取り組むこと。

2　行政ニーズへの迅速かつ的確な対応を可能とする組織

⑴　地方公共団体の組織については、平成一五年の地方自治法改正による都道府県の局部数の法定制度廃止の趣旨等も踏まえ、従来の国の行政機関との均衡に配慮した縦割り型組織にとらわれず、政策目標に基づき、効果的かつ効率的に事務・事業を処理し得る組織とする必要がある。

　そのため、政策、施策、事務・事業のまとまりや地域などに対応した部局、課室編成とするとともに、住民ニーズへの迅速な対応の観点や、スピーディーな意思決定・対応の観点から、個々の職員の責任と権限が明確化され、意思形成過程が簡素化されたフラットな組織編制とすることも有効であること。

　なお、その際、住民から見ても責任・権限の所在がわかりやすい構造、職名とすることにも留意すること。

⑵　政策、施策、事務・事業について、ＰＤＣＡサイクルをもとに不断に正当性の検証を行うことにより、組織編制も不断に見直しを行うこと。

3　定員管理及び給与の適正化等

⑴　定員管理の適正化
①　定員管理にあたっては、社会経済情勢の変化等を踏まえ、対応すべき行政需要の範囲、施策の内容及び手法を改めて見直しながら適正化に取り組むこと。とりわけ、抜本的な事務・事業の整理、組織の合理化、職員の適正配置に努めるとともに、積極的な民間委託等の推進、任期付職員制度の活用、ＩＣＴ化の推進、地域協働の取組などを通じて、極力職員数の抑制に取り組むこと。また、市町村合併に伴う定員管理や組織編成については、予算・人事管理等の総務管理業務や計画策定等の企画関連業務など同一又は類似の事務・事業の統合や、旅費・給与等に関する事務の集約化などにより、事務・事業の抜本的な見直しを計画的に行うとともに、適正な組織体制・人事配置となるよう、積極的・計画的な組織の合理化、一層の定員管理の適正化に努めること。都道府県にあっても、市町村合併の進展を踏まえ、積極的・計画的な組織の合理化、一層の定員管理の適正化に努めること。
②　現在五五～五七歳の年代（いわゆる「団塊の世代」）の職員の大量退職を迎えることから、退職者の補充をどの程度行うべきか十分に検討した上、様々な手法も活用しながら、計画的な職員数の抑制に取り組むこと。
③　定員管理の適正化を計画的に推進する観点から、全地

方公共団体において定員適正化計画の中で数値目標を掲げ、これを公表し、着実に実行すること。定員適正化計画を策定していない一部の市町村にあっては、早急にこれを策定するとともに、既に策定している団体にあっては、積極的に計画を見直すこと。

なお、定員適正化計画の策定・見直しに当たっては、以下の点を踏まえて行うこと。

ア　過去五年間の地方公共団体の総定員の状況は、各団体の努力により四・六％（平成一一年から平成一六年）純減している。今後は、市町村合併の進展、電子自治体や民間委託等の推進等を踏まえると、過去の実績を上回る総定員の純減を図る必要がある。各地方公共団体においては、このような観点からそれぞれの行財政運営の状況を踏まえ、明確な数値目標を設定すること。

イ　将来的な職員の年齢構成や分野別職員数等について詳細に分析すること。

ウ　定員モデルや類似団体別職員数を積極的に活用すること。

(2)　給与の適正化

①　地方公務員全般にわたり、その業務の性格や内容を踏まえつつ、住民の納得と支持が得られるよう、給与制度・運用・水準の適正化を強力に推進すること。

②　以下の点については、特に重点的な取組を行うこと。

ア　高齢層職員の昇給停止について、昇給停止年齢を国と同様に原則五五歳に引き下げる等の措置を講じていない団体においては、早急に措置を講じること。

イ　不適正な昇給運用がある場合には速やかに是正するとともに、退職時の特別昇給についても国に準じて廃止すること。

ウ　級別職務分類表に適合しない級への格付けその他実質的にこれと同一の結果となる不適正な給与制度・運用については必要な是正措置を講じること。

エ　退職手当については、国において最高支給率の引下げが行われているところであり、国に準じた措置を講じていない団体にあっては、早急に措置するとともに、引き続き国に準じた見直しを行うこと。

オ　特殊勤務手当等の諸手当の支給のあり方について総合的に点検し、制度の趣旨に合致しないものやその支出方法が不適切なものについては、早急に見直しを図ること。

カ　技能労務職員の給与については、国における同種の職員の給与を参考とし、また、その職務の性格や内容を踏まえつつ、民間の同種の職種に従事する者との均衡にも留意しながら、適正な給与制度・運用となるようにすること。

③　合併を行う市町村において、合併関係市町村に不適正な給与制度・運用・水準が存在する場合には、合併を機にこれを是正するとともに、合併後の市町村においても、住民への説明責任を果たしながら、給与制度・運用・水準の適正化を強力に推進すること。

④　厳しい地域経済を背景に、地方公務員の給与が地域民間賃金等の状況から乖離しているのではないかとの厳しい批判があることも踏まえ、給与改定に当たっては、地域の民間給与の状況をより的確に反映し決定できるよう、職員給与と民間給与の比較方法等を充実させるなど地域における公民較差をより一層精確に算定できるように取り組むこと。

また、人事委員会機能の強化をはじめとした地方公務員の給与のあり方の見直しに向けた取組等については、総務省において研究会を開催しており、その報告等を踏まえた対応を行う必要があるので留意されたいこと。

(3)　定員・給与等の状況の公表

①　定員・給与等の状況の公表については、平成一六年の地方公務員法の改正により、全地方公共団体に人事行政運営等の状況の公表に関する責務が課された趣旨も踏まえ、未だこれを公表していない団体にあっては、速やかに実施すること。

②　公表に当たっては、職種ごとに定員・給与等の状況を明らかにするとともに、他団体との比較や全国的な指標を示すよう意を用いるなど、住民等が理解しやすいような工夫を積極的に講じること。

(4)　福利厚生事業

職員に対する福利厚生事業については、住民の理解が得られるものとなるよう、点検・見直しを行い、適正に事業を実施すること。

また、人事行政運営等の状況の公表の一環として福利厚生事業の実施状況等を公表すること。

4　人材育成の推進

分権型社会の担い手にふさわしい人材を育成することが重要な課題であり、平成一六年六月の地方公務員法の改正により「研修に関する基本的な方針」を定めることについて法律上の責務とされたことを踏まえ、人材育成に関する基本方針を策定し、人材育成の観点に立った人事管理、職場風土や仕事の推進プロセスの改善等を行うことにより、総合的な人材育成に努めること。また、能力・実績を重視した新しい人事評価システムの導入が求められており、「今後の行政改革の方針」の趣旨も踏まえ、公正かつ客観的な人事評価システムの構築に引き続き積極的に取り組むこと。

5　公正の確保と透明性の向上

地方公共団体の自己決定権の拡大に伴い、住民等への説明責任を果たし、議会や住民等の監視のもとに公正の確保と透明性の向上を図ることが一層必要である。

このため、情報公開条例や行政手続条例の制定、パブリックコメント手続制度の積極的な活用などを行うとともに、外部監査制度の有効活用、議会における政策審議の充実などによって、議会や監査委員などによる監視機能の強化に積極的に取り組むこと。

6　電子自治体の推進

電子自治体の推進に当たっては、情報セキュリティの確保にも十分留意しながら、「今後の行政改革の方針」の趣旨を踏まえ、行政手続のオンライン化の推進、共同アウトソーシングの推進、公的個人認証サービス、住民基本台帳ネットワークシステム、住民基本台帳カード、総合行政ネットワーク（ＬＧＷＡＮ）などの利活用等に積極的に取り組むこと。

特に下記の事項に留意した上で、電子自治体を推進することにより、住民サービスの向上を図るとともに、業務改革を進めること。また、これにより、真に必要な業務に重点的に職員を配置するなどメリハリのある職員配置に努めること。

(1)　電子自治体業務の標準化・共同化により、業務・システム全体を最適化する観点から、ＩＣＴを活用した業務改革に取り組むとともに、電子自治体業務の共同処理センターの運用を民間に委託する「共同アウトソーシング」を推進する等、低廉なコストで高い水準の運用を実現するよう取り組むこと。

(2)　いわゆる旧式（レガシー）システムについては、業務・システムの最適化を図る中で、改善・刷新に取り組んでいくとともに、職員の能力開発や民間の専門的な能力・ノウハウの活用等により、情報システムの品質、コスト等に関する評価能力の向上を図り、情報システムの調達の適正化に努めること。

7　自主性・自律性の高い財政運営の確保

(1)　経費の節減合理化等財政の健全化

①　自らの財政状況を分析した上で、事務・事業の見直しを行うことにより、歳出全般の効率化と財源配分の重点化を図るとともに、財政健全化のための計画を策定するなど、自主的かつ主体的に財政構造の改善に努めること。

②　住民等に対し、財政状況が総合的に把握できるような情報を可能な限りわかりやすい方法で提供することが必要であり、歳入歳出の状況や各種の財政指標などの一般的なデータのほか、バランスシートや行政コスト計算書等も含め、積極的な公表を行うこと。

③　三位一体の改革における税源移譲の進展や税負担の公正確保の必要性等を踏まえ、地方税の徴収率の一層の向上に積極的に取り組むこと。また、その他の収入等についても、受益者負担の適正化や徴収率の向上等に努めるなど自主財源の確保に努めること。

(2)　補助金等の整理合理化

①　様々な団体等に対する補助金等については、行政として対応すべき必要性、費用対効果、経費負担のあり方等について検証し、整理合理化を推進すること。

②　終期の設定やPDCAサイクルに則った不断の見直しなど、住民等に対する説明責任を果たしながら計画的に廃止・縮減すること。

(3)　公共工事

①　公共工事については、地域の実情等も勘案しつつ、積極的にコスト構造の改革に取り組むこと。

②　公共工事の入札・契約に対する住民の信頼を確保するため、公共工事の入札及び契約の適正化の促進に関する法律及び「公共工事の入札及び契約の適正化を図るための措置に関する指針」（平成一三年三月九日閣議決定）により、公共工事の入札・契約について、情報の公開をはじめとする更なる適正化に資する取組を進めること。

(4)　公的施設

国又は特殊法人等が設置主体となる公的施設（会館、宿泊施設、会議場、結婚式場、健康増進施設、総合保養施設、勤労者リフレッシュ施設その他これらに準ずる施設を指し、特殊会社及び民営化が決定された法人が設置するものを除く。）については、新設及び増築を禁止することとされ、地方公共団体に対しても、この措置に準じて措置するよう要請するものとされているところであることから（平成一二年五月二六日閣議決定）、「民間と競合する公的施設の改革について」（平成一二年六月九日付け自治事務次官通知）を踏まえ、適切に対応すること。

8　地方議会

(1)　地方分権の進展に伴い、地方議会の果たすべき役割がますます増大しており、これを踏まえた議会運営が一層強く求められている。その一方で議員の定数や報酬に対する各方面からの批判があることにも留意する必要があり、住民等に対する説明責任を果たすよう努めること。

(2)　行政改革大綱等の進捗状況や、執行機関の行う行政評価の結果等について報告・説明を求めるなど、執行機関に対する監視機能を自ら高めていく取組を積極的に行うとともに、住民の多様な意見を把握し、集約・反映させるための取組を積極的に行うことが望ましいこと。

第三　総務省における推進方針

簡素で効率的・効果的な地方行政体制の整備については、もとより地方公共団体自らが、住民や議会等の監視のもとに推進していくべきものであることは言うまでもない。

総務省においては、簡素で効率的・効果的な地方行政体制の整備を積極的に推進する観点から、集中改革プラン及び改革の推進状況（地方公務員の定員・給与等の状況、民間委託等の実施状況、指定管理者制度の活用状況、行革に伴う財政効果など）について、必要に応じ、地方公共団体の行政運営に資するよう助言等を行うものであること。

また、国民に対する説明責任を果たす観点から、毎年度フォローアップを実施し、その結果を広く国民に公表するものであること。

なお、各都道府県においても同様に、市区町村の組織及び運営の合理化に資する観点から、都道府県内市区町村の集中改革プラン及び改革の推進状況についてフォローアップを実施し、これを公表するとともに、適切に助言等を行うこと。

Ⅳ　委員会設置根拠・名簿

①地方分権推進委員会

○地方分権推進法（抄）

（平成七年五月一九日 法律第九六号）

第一章　総則

（目的）

第一条　この法律は、国民がゆとりと豊かさを実感できる社会を実現することの緊要性にかんがみ、地方分権の推進について、基本理念並びに国及び地方公共団体の責務を明らかにするとともに、地方分権の推進に関する施策の基本となる事項を定め、並びに必要な体制を整備することにより、地方分権を総合的かつ計画的に推進することを目的とする。

（地方分権の推進に関する基本理念）

第二条　地方分権の推進は、国と地方公共団体とが共通の目的である国民福祉の増進に向かって相互に協力する関係にあることを踏まえつつ、各般の行政を展開する上で国及び地方公共団体が分担すべき役割を明確にし、地方公共団体の自主性及び自立性を高め、個性豊かで活力に満ちた地域社会の実現を図ることを基本として行われるものとする。

（国及び地方公共団体の責務）

第三条　国は、前条に定める地方分権の推進に関する基本理念にのっとり、地方分権の推進に関する施策を総合的に策定し、及びこれを実施する責務を有する。

2　地方公共団体は、国の地方分権の推進に関する施策の推進に呼応し、及び並行して、その行政運営の改善及び充実に係る施策を推進する責務を有する。

3　国及び地方公共団体は、地方分権の推進に伴い、国及び地方公共団体を通じた行政の簡素化及び効率化を推進する責務を有する。

第二章　地方分権の推進に関する基本方針

（国と地方公共団体との役割分担）

第四条　地方分権の推進は、国においては国際社会における国家としての存立にかかわる事務、全国的に統一して定めることが望ましい国民の諸活動若しくは地方自治に関する基本的な準則に関する事務又は全国的な規模で若しくは全国的な視点に立って行わなければならない施策及び事業の実施その他の国が本来果たすべき役割を重点的に担い、地方公共団体においては住民に身近な行政は住民に身近な地方公共団体において処理するとの観点から地域における行政の自主的かつ総合的な実施の役割を広く担うべきことを旨として、行われるものとする。

（地方分権の推進に関する国の施策）

第五条　国は、前条に定める国と地方公共団体との役割分担の在り方に即して、地方公共団体への権限の委譲を推進するとともに、地方公共団体に対する国の関与（地方公共団体又はその機関の事務の処理又は管理及び執行に関し、国の行政機関が、地方公共団体又はその機関に対し、許可、認可等の処分、届出の受理その他これらに類する一定の行為を行うことをいう。）、必置規制（国が、地方公共団体に対し、地方公共団体の行政機関若しくは施設、特別の資格若しくは職名を有する職員又は附属機関を設置しなければならないものとすることをいう。）、地方公共団体の執行機関が国の機関として行う事務及び地方公共団体に対する国の負担金、補助金等の支出金の地方自治の確立を図る観点からの整理及び合理化その他所要の措置を講ずるものとする。

（地方税財源の充実確保）

第六条　国は、地方公共団体が事務及び事業を自主的かつ自立的に執行できるよう、国と地方公共団体との役割分担に応じた地方税財源の充実確保を図るものとする。

（地方公共団体の行政体制の整備及び確立）

第七条　地方公共団体は、行政及び財政の改革を推進するとともに、行政の公正の確保と透明性の向上及び住民参加の充実のための措置その他の必要な措置を講ずることにより、地方分権の推進に応じた地方公共団体の行政体制の整備及び確立を図るものとする。

2　国は、前項の地方公共団体の行政体制の整備及び確立に資するため、地方公共団体に対し必要な支援を行うものとする。

第三章　地方分権推進計画

（地方分権推進計画）

第八条　政府は、地方分権の推進に関する施策の総合的かつ計画的な推進を図るため、前章に定める地方分権の推進に関する基本方針に即し、講ずべき必要な法制上又は財政上の措置その他の措置を定めた地方分権推進計画を作成しなければならない。

2　内閣総理大臣は、地方分権推進計画の案を作成し、閣議の決定を求めなければならない。

3　政府は、地方分権推進計画を作成したときは、これを国会に報告するとともに、その要旨を公表しなければならない。

第四章　地方分権推進委員会

（設置）

第九条　内閣府に、地方分権推進委員会（以下「委員会」という。）を置く。

（所掌事務）

第十条　委員会は、この法律に定める地方分権の推進に関する基本的事項について調査審議し、その結果に基づいて、第八条に定める地方分権推進計画の作成のための具体的な指針を内閣総理大臣に勧告する。

2　委員会は、地方分権推進計画に基づく施策の実施状況を監視し、その結果に基づき内閣総理大臣に必要な意見を述べる。

（国会への報告）

第十一条　内閣総理大臣は、前条第一項の勧告を受けたときは、これを国会に報告するものとする。

（組織）

第十二条　委員会は、委員七人をもって組織する。

（委員）

第十三条　委員は、優れた識見を有する者のうちから、両議院の同意を得て、内閣総理大臣が任命する。

2　前項の場合において、国会の閉会又は衆議院の解散のために両議院の同意を得ることができないときは、内閣総理大臣は、同項の規定にかかわらず、同項に定める資格を有する者のうちから、委員を任命することができる。

3　前項の場合においては、任命後最初の国会で両議院の事後の承認を得なければならない。この場合において、両議院の事後の承認が得られないときは、内閣総理大臣は、直ちにその委員を罷免しなければならない。

4　内閣総理大臣は、委員が破産の宣告を受け、又は禁錮以上の刑に処せられたときは、その委員を罷免しなければならない。

5　内閣総理大臣は、委員が心身の故障のため職務の執行ができないと認めるとき、又は委員に職務上の義務違反その他委員たるに適しない非行があると認めるときは、両議院の同意を得て、その委員を罷免することができる。

6　委員は、職務上知ることができた秘密を漏らしてはならない。その職を退いた後も同様とする。

7　委員は、非常勤とする。

（委員長）

第十四条　委員会に、委員長を置き、委員の互選によりこれを定める。

2　委員長は、会務を総理し、委員会を代表する。

3　委員長に事故があるときは、あらかじめその指名する委員が、その職務を代理する。

（資料の提出その他の協力等）

第十五条　委員会は、その所掌事務を遂行するため必要があると認めるときは、行政機関及び地方公共団体の長に対して、資料の提出、意見の開陳、説明その他の必要な協力を求めることができる。

2　委員会は、その所掌事務を遂行するため特に必要があると認めるときは、行政機関及び地方公共団体の業務の運営状況を調査し、又は委員にこれを調査させることができる。

3　委員会は、その所掌事務を遂行するため特に必要があると認めるときは、第一項に規定する者以外の者に対しても、必要な協力を依頼することができる。

（事務局）

第十六条　委員会の事務を処理させるため、委員会に事務局を置く。

2　事務局に、事務局長のほか、所要の職員を置く。

3　事務局長は、委員長の命を受けて、局務を掌理する。

（政令への委任）

第十七条　この法律に定めるもののほか、委員会に関し必要な事項は、政令で定める。

附　則（抄）

（この法律の失効）

3　この法律は、附則第一項の政令で定める日から起算して五年を経過した日にその効力を失う。

○地方分権推進法の施行期日を定める政令（抄）（平成七年六月三〇日 政令第二七九号）

地方分権推進法の施行期日は、平成七年七月三日とする。

○地方分権推進法の一部を改正する法律（抄）（平成一二年五月一九日 法律第七一号）

地方分権推進法（平成七年法律第九十六号）の一部を次のように改正する。

附則第三項中「五年」を「六年」に改める。

○地方分権推進委員会委員名簿（平成一〇年一一月一九日現在）

委員長	諸井　虔	太平洋セメント（株）取締役相談役、日本経営者団体連盟特別顧問
委員長代理	堀江　湛	杏林大学教授、慶應義塾大学名誉教授
委員	桑原　敬一	福岡市長、元全国市長会会長
〃	長州　一二	前神奈川県知事、元横浜国立大学教授
〃	西尾　勝	東京大学教授
〃	樋口　恵子	評論家、東京家政大学教授
〃	山本　壮一郎	元宮城県知事

［地域づくり部会］（平成一〇年一一月一九日現在）

委員	桑原　敬一	福岡市長、元全国市長会会長
〃	西尾　勝	東京大学教授
〃	山本　壮一郎	元宮城県知事
専門委員	伊藤　滋	慶應義塾大学大学院教授
〃	伊藤　元重	東京大学経済学部教授
〃	井上　義國	（社）関西経済連合会常任理事・ダイキン工業（株）特別顧問
〃	小幡　純子	上智大学法学部教授
〃	○川島　正英	（株）地域活性化研究所代表・

元朝日新聞社編集委員

〃　佐藤　康英　全日本自治団体労働組合副中央執行委員長
〃　鹿谷　崇義　（財）東京都新都市建設公社理事長・前東京都副知事
〃　鶴岡　俊彦　農林漁業金融公庫総裁
〃　◎成田　頼明　横浜国立大学名誉教授
〃　藤原　房子　生活評論家・前日本経済新聞社編集委員
〃　松田　幸一　元香川県町村会長・前詫間町長
〃　望月　薫雄　住宅金融公庫総裁
〃　持永　堯民　（財）地方財務協会理事長

※　平成八年五月六日まで京谷昭夫氏が専門委員として所属
※　平成九年一月二一日まで加藤富子氏が専門委員として所属
※　平成一〇年二月二四日まで榎本庸夫氏が専門委員として所属

［くらしづくり部会］（平成一〇年一一月一九日現在）

委員　長州　一二　前神奈川県知事、元横浜国立大学教授
〃　樋口　恵子　評論家、東京家政大学教授
専門委員　◎大森　彌　東京大学教養学部教授
〃　河野　光雄　経済評論家・元読売新聞社論説副委員長
〃　小林　勝彦　前北海道町村会長・前鷹栖町長
〃　坂本　龍彦　環境衛生金融公庫理事長
〃　神野　直彦　東京大学経済学部教授
〃　○袖井　孝子　お茶の水女子大学生活科学部教授
〃　千田　謙蔵　前横手市長
〃　西　謙次郎　西日本新聞社常務取締役
〃　三田　公一郎　足利商工会議所特別顧問・三田編織（株）代表取締役
〃　村上　忠行　連合総合政策局総合局長
〃　保田　博　日本輸出入銀行総裁

（注）　◎は部会長　○は部会長代理

［行政関係検討グループ］（平成一〇年一一月一九日現在）

委員　堀江　湛　杏林大学教授・慶應義塾大学名誉教授
〃　○西尾　勝　東京大学教授
専門委員　大森　彌　東京大学教養学部教授
〃　小幡　純子　上智大学法学部教授
〃　神野　直彦　東京大学経済学部教授
〃　成田　頼明　横浜国立大学名誉教授
参与　磯部　力　東京都立大学法学部教授
〃　小早川　光郎　東京大学大学院法学政治学研究科教授
〃　高橋　滋　一橋大学法学部教授
〃　藤田　宙靖　東北大学法学部教授
〃　武藤　博己　法政大学法学部教授
〃　森田　朗　東京大学大学院法学政治学研究科教授

［補助金・税財源検討グループ］（平成九年一〇月九日現在）

委員　堀江　湛　杏林大学教授
〃　山本　壮一郎　元宮城県知事
専門委員　伊藤　元重　東京大学経済学部教授
〃　大森　彌　東京大学教養学部教授
〃　川島　正英　（株）地域活性化研究所代表・元朝日新聞社編集委員
〃　河野　光雄　経済評論家・元読売新聞社論説副委員長
〃　○神野　直彦　東京大学経済学部教授
〃　成田　頼明　横浜国立大学名誉教授
〃　持永　堯民　（財）地方財務協会理事長
〃　保田　博　日本輸出入銀行総裁

［地方行政体制等検討グループ］（平成九年一〇月九日現在）

委員	○堀江　湛	杏林大学教授
〃	西尾　勝	東京大学教授
専門委員	大森　彌	東京大学教養学部教授
〃	河野　光雄	経済評論家・元読売新聞社論説副委員長
〃	小林　勝彦	前北海道町村会長・前鷹栖町長
〃	鹿谷　崇義	（財）東京都新都市建設公社理事長・前東京都副知事
〃	神野　直彦	東京大学経済学部教授
〃	成田　頼明	横浜国立大学名誉教授
〃	持永　堯民	（財）地方財務協会理事長
参与	磯部　力	東京都立大学法学部教授
〃	△森田　朗	東京大学大学院法学政治学研究科教授

（注）　○は座長、△は幹事

②地方分権改革推進会議

○内閣府設置法（抄）（平成一一年七月一六日法律第八九号）

第三十七条　（略）

2　前項に定めるもののほか、本府には、第四条第三項に規定する所掌事務の範囲内で、法律又は政令の定めるところにより、重要事項に関する調査審議、不服審査その他学識経験を有する者等の合議により処理することが適当な事務をつかさどらせるための合議制の機関（次項において「審議会等」という。）を置くことができる。

3　（略）

○内閣府本府組織令（抄）（平成一二年六月七日政令第二四五号）

（設置）

第四十条の二　法律の規定により置かれる審議会等のほか、本府に、次の審議会等を置く。

総合規制改革会議

地方分権改革推進会議

税制調査会

（地方分権改革推進会議）

第四十条の四　地方分権改革推進会議は、次に掲げる事務をつかさどる。
一　地方分権の一層の推進を図る観点から、内閣総理大臣の諮問に応じ、国と地方公共団体との役割分担に応じた事務及び事業の在り方並びに税財源の配分の在り方、地方公共団体の行財政改革の推進等行政体制の整備その他の地方制度に関する重要事項で緊急に検討すべきものを調査審議すること。
二　前号に規定する重要事項に関し、内閣総理大臣に意見を述べること。
2　前項に定めるもののほか、地方分権改革推進会議に関し必要な事項については、地方分権改革推進会議令（平成十三年政令第二百三十二号）の定めるところによる。

○地方分権改革推進会議令（抄）（平成一三年七月三日政令第二三二号）

（組織）
第一条　地方分権改革推進会議（以下「会議」という。）は、委員十一人以内で組織する。
2　会議に、専門の事項を調査させるため必要があるときは、専門委員を置くことができる。

（委員及び専門委員の任命等）
第二条　委員は、優れた識見を有する者のうちから、内閣総理大臣が任命する。
2　専門委員は、当該専門の事項に関し学識経験のある者のうちから、内閣総理大臣が任命する。
3　専門委員は、その者の任命に係る当該専門の事項に関する調査が終了したときは、解任されるものとする。
4　委員及び専門委員は、非常勤とする。

（議長）
第三条　会議に、議長を置き、委員の互選により選任する。
2　議長は、会務を総理し、会議を代表する。
3　議長に事故があるときは、あらかじめその指名する委員が、その職務を代理する。

（部会）
第四条　会議は、その定めるところにより、部会を置くことができる。
2　部会に属すべき委員及び専門委員は、議長が指名する。
3　部会に、部会長を置き、当該部会に属する委員の互選により選任する。
4　部会長は、当該部会の事務を掌理する。
5　部会長に事故があるときは、当該部会に属する委員のうちから部会長があらかじめ指名する者が、その職務を代理する。
6　会議は、その定めるところにより、部会の議決をもって会議の議決とすることができる。

（議事）

第五条　会議は、委員の過半数が出席しなければ、会議を開き、議決することができない。

2　会議の議事は、委員で会議に出席したものの過半数で決し、可否同数のときは、議長の決するところによる。

3　前二項の規定は、部会の議事について準用する。

（資料の提出等の要求）

第六条　会議は、その所掌事務を遂行するため必要があると認めるときは、関係行政機関の長に対し、地方分権推進委員会（平成七年七月三日に設置され、平成十三年七月二日に廃止されたものをいう。以下同じ。）の行った具体的な指針の勧告を受けて政府が作成した地方分権推進計画に基づく施策及び同委員会が内閣総理大臣に述べた意見を受けて講ぜられる施策の実施状況等に関して、資料の提出、意見の開陳、説明その他必要な協力を求めることができる。

2　内閣総理大臣は、会議からその所掌事務を遂行するため必要があるとして申出があったときは、関係行政機関の長に対し、会議への資料の提出、意見の開陳、説明その他必要な協力をすべきことを求めることができる。

（事務局）

第七条　会議に、その事務を処理させるため、事務局を置く。

2　事務局に、事務局長（関係のある他の職を占める者をもって充てられるものとする。）、事務局次長一人（関係のある他の職を占める者をもって充てられるものとする。）及び参事官五人以内（関係のある他の職を占める者をもって充てられるものとする。）のほか、所要の職員を置く。

3　事務局長は、議長の命を受けて、局務を掌理する。

4　事務局次長は、事務局長を助け、局務を整理する。

5　参事官は、命を受けて、局務を分掌し、又は局務に関する重要事項の調査審議に参画する。

（雑則）

第八条　この政令に定めるもののほか、議事の手続その他会議の運営に関し必要な事項は、議長が会議に諮って定める。

○地方分権改革推進会議委員名簿（平成一六年五月一二日現在）

議長　西室　泰三　株式会社東芝取締役会長

議長代理　水口　弘一　中小企業金融公庫総裁（小委員長）

委員　赤崎　義則　鹿児島市長

岩崎美紀子　筑波大学大学院人文社会科学研究科教授

神野　直彦　東京大学大学院経済学研究科長

竹内佐和子　株式会社投資工学センター代表取締役社長・東京大学大学院工学系研究科MOTコース教員

谷本　正憲　石川県知事

寺島　実郎　株式会社三井物産戦略研究所所長

森田　朗　東京大学大学院公共政策学連携研究部・公共政策学教育部（公共政策大学院）部長

吉田　和男　京都大学大学院経済学研究科教授

吉永みち子　ノンフィクション作家

③地方分権改革推進委員会

○地方分権改革推進法（抄）

（平成一八年一二月一五日　法律第一一一号）

第一章　総則

（目的）

第一条　この法律は、国民がゆとりと豊かさを実感し、安心して暮らすことのできる社会を実現することの緊要性にかんがみ、旧地方分権推進法（平成七年法律第九十六号）等に基づいて行われた地方分権の推進の成果を踏まえ、地方分権改革（この法律の規定に基づいて行われる地方分権に関する改革をいう。以下同じ。）の推進について、基本理念並びに国及び地方公共団体の責務を明らかにするとともに、地方分権改革の推進に関する施策の基本となる事項を定め、並びに必要な体制を整備することにより、地方分権改革を総合的かつ計画的に推進することを目的とする。

（地方分権改革の推進に関する基本理念）

第二条　地方分権改革の推進は、国及び地方公共団体が共通の目的である国民福祉の増進に向かって相互に協力する関係にあることを踏まえ、それぞれが分担すべき役割を明確にし、地方公共団体の自主性及び自立性を高めることによって、地方公共団体が自らの判断と責任において行政を運営することを促進し、もって個性豊かで活力に満ちた地域社会の実現を図ることを基本として行われるものとする。

（国及び地方公共団体の責務）

第三条　国は、前条に定める地方分権改革の推進に関する基本理念にのっとり、地方分権改革を集中的かつ一体的に推進するために必要な体制を整備するとともに、地方分権改革の推進に関する施策を総合的に策定し、及びこれを実施する責務を有する。

2　地方公共団体は、国の地方分権改革の推進に関する施策の推進に呼応し、及び並行して、その行政運営の改善及び充実に係る施策を推進する責務を有する。

3　国及び地方公共団体は、地方分権改革の推進に伴い、国及び地方公共団体を通じた行政の簡素化及び効率化を推進する責務を有する。

（国と地方公共団体との連絡等）

第四条　国は、地方分権改革の推進に関する施策の推進に当たっては、地方公共団体の立場を尊重し、これと密接に連絡するとともに、地方分権改革の推進に関する国民の関心と理解を深めるよう適切な措置を講ずるものとする。

第二章　地方分権改革の推進に関する基本方針

（地方分権改革の推進に関する国の施策）

第五条　国は、国際社会における国家としての存立にかかわる事務、全国的に統一して定めることが望ましい国民の諸活動若しくは地方自治に関する基本的な準則に関する事務又は全国的な規模で若しくは全国的な視点に立って行わなければならない施策及び事業の実施その他の国が本来果たすべき役割を重点的に担い、住民に身近な行政はできる限り地方公共団体にゆだねることを基本として、行政の各分野において地方公共団体との間で適切に役割を分担することとなるよう、地方公共団体への権限の移譲を推進するとともに、地方公共団体に対する事務の処理又はその方法の義務付け及び地方自治法（昭和二十二年法律第六十七号）第二百四十五条に規定する普通地方公共団体に対する国又は都道府県の関与の整理及び合理化その他所要の措置を講ずるものとする。

2　前項に規定する措置を講ずるに当たっては、地方公共団体の自主性及び自立性が十分に発揮されるようにしなければならない。

（財政上の措置の在り方の検討）

第六条　国は、地方公共団体が事務及び事業を自主的かつ自立的に執行できるよう、国と地方公共団体との役割分担に応じた地方税財源の充実確保等の観点から、前条第一項に規定する措置に応じ、地方公共団体に対する国の負担金、補助金等の支出金、地方交付税、国と地方公共団体の税源配分等の財政上の措置の在り方について検討を行うものとする。

（地方公共団体の行政体制の整備及び確立）

第七条　地方公共団体は、行政及び財政の改革を推進するのともに、行政の公正の確保及び透明性の向上並びに住民参加の充実のための措置その他の必要な措置を講ずることにより、地方分権改革の推進に応じた地方公共団体の行政体制の整備及び確立を図るものとする。

2　国は、前項の地方公共団体の行政体制の整備及び確立に資するため、地方公共団体に対し必要な支援を行うものとする。

第三章　地方分権改革推進計画

第八条　政府は、地方分権改革の推進に関する施策の総合的かつ計画的な推進を図るため、前章に定める地方分権改革の推進に関する基本方針に即し、講ずべき必要な法制上又は財政上の措置その他の措置を定めた地方分権改革推進計画を作成しなければならない。

2　内閣総理大臣は、地方分権改革推進計画の案を作成し、閣議の決定を求めなければならない。

3　政府は、地方分権改革推進計画を作成したときは、遅滞なく、これを国会に報告するとともに、その要旨を公表しなければならない。

第四章　地方分権改革推進委員会

（設置）

第九条　内閣府に、地方分権改革推進委員会（以下「委員会」という。）を置く。

（所掌事務等）

第十条　委員会は、この法律に定める地方分権改革の推進に関する基本的事項について調査審議し、その結果に基づいて、第八条に規定する地方分権改革推進計画の作成のための具体的な指針を内閣総理大臣に勧告するものとする。

2　委員会は、必要があると認めるときは、地方分権改革の推進に関する重要事項について、内閣総理大臣に意見を述べることができる。

3　内閣総理大臣は、第一項の勧告を受けたときは、これを国会に報告するものとする。

（組織）

第十一条　委員会は、委員七人をもって組織する。

2　委員は、非常勤とする。

（委員の任命）

第十二条　委員は、優れた識見を有する者のうちから、両議院の同意を得て、内閣総理大臣が任命する。

2　前項の場合において、国会の閉会又は衆議院の解散のために両議院の同意を得ることができないときは、内閣総理大臣は、同項の規定にかかわらず、同項に定める資格を有する者のうちから、委員を任命することができる。

3　前項の場合においては、任命後最初の国会で両議院の事後の承認を得なければならない。この場合において、両議院の事後の承認が得られないときは、内閣総理大臣は、直ちにその委員を罷免しなければならない。

（委員の罷免）

第十三条　内閣総理大臣は、委員が心身の故障のため職務の執行ができないと認めるとき、又は委員に職務上の義務違反その他委員たるに適しない非行があると認めるときは、両議院の同意を得て、その委員を罷免することができる。

（委員の秘密保持義務）

第十四条　委員は、職務上知ることができた秘密を漏らしてはならない。その職を退いた後も同様とする。

（委員長）

第十五条　委員会に委員長を置き、委員の互選によりこれを定める。

2　委員長は、会務を総理し、委員会を代表する。

3　委員長に事故があるときは、あらかじめその指名する委員が、その職務を代理する。

（資料の提出その他の協力等）

第十六条　委員会は、その所掌事務を遂行するため必要があると認めるときは、行政機関及び地方公共団体の長に対して、資料の提出、意見の表明、説明その他の必要な協力を求めることができる。

2　委員会は、その所掌事務を遂行するため特に必要があると認めるときは、行政機関及び地方公共団体の業務の運営状況を調査し、又は委員にこれを調査させることができる。

3　委員会は、その所掌事務を遂行するため特に必要があると認めるときは、第一項に規定する者以外の者に対しても、必要な協力を依頼することができる。

（事務局）

第十七条　委員会の事務を処理させるため、委員会に事務局を置く。

2　事務局に、事務局長のほか、所要の職員を置く。

3　事務局長は、委員長の命を受けて、局務を掌理する。

（政令への委任）

第十八条　この法律に定めるもののほか、委員会に関し必要な事項は、政令で定める。

附　則（抄）

（この法律の失効）

第四条　この法律は、附則第一条の政令で定める日から起算して三年を経過した日にその効力を失う。

○地方分権改革推進法の施行期日を定める政令（抄）（平成一九年三月三〇日政令第一〇一号）

地方分権改革推進法の施行期日は、平成十九年四月一日とする。

○地方分権改革推進委員会委員名簿（平成二一年一一月現在）

委員長　丹羽　宇一郎　伊藤忠商事株式会社取締役会長
委員長代理　西尾　勝　財団法人東京市政調査会理事長
委員　井伊　雅子　一橋大学国際・公共政策大学院教授
猪瀬　直樹　作家・東京都副知事
小早川　光郎　東京大学大学院法学政治学研究科教授
露木　順一　神奈川県開成町長
横尾　俊彦　佐賀県多久市長

※委員の発令は平成一九年四月一日。ただし、西尾委員の発令は一九年一一月二六日（委員長代理への指名は二〇年四月八日）

※増田寛也委員（平成一九年四月一日発令。発令時は岩手県知事。委員長代理への指名は四月二日）は、一九年八月三一日付けで委員を辞職

※地方分権改革推進委員会令（平成一九年政令第一〇二号）第一条に基づく専門委員として、齋藤　弘（平成二〇年一月三〇日から二一年二月二〇日まで。発令時は山形県知事）、松田隆利（平成二〇年一月三〇日から二二年三月三一日まで。二〇年七月一一日以降、国家公務員制度改革推進本部事務局次長）が任命された。

④地域主権戦略会議

○地域主権戦略会議の設置について

（平成二一年一一月一七日　閣議決定）
改正　平成二二年　一月　八日
〃　二二年一〇月　八日

1　地域のことは地域に住む住民が決める「地域主権」を早期に確立する観点から、「地域主権」に資する改革に関する施策を検討し、実施するとともに、地方分権改革推進委員会の勧告を踏まえた施策を実施するため、内閣府に地域主権戦略会議（以下「会議」という。）を設置する。

2　会議の構成員は、以下のとおりとする。ただし、議長は、必要があると認めるときは、構成員を追加し、又は関係者に出席を求めることができる。

議　長：内閣総理大臣
副議長：内閣府特命担当大臣（地域主権推進）
構成員：総務大臣
財務大臣
内閣官房長官
国家戦略担当大臣
内閣府特命担当大臣（行政刷新）
その他内閣総理大臣が指名する国務大臣
内閣総理大臣が指名する有識者

3　関係府省は、会議に対し、関係資料の提出等必要な協力を行うものとする。
4　会議の事務は、内閣府設置法第四条第一項の規定に基づき、内閣府が行う。
5　議長は、専門の事項を調査させるため必要があるときは、専門員を委嘱することができる。
6　前各号に定めるもののほか、会議の運営に関する事項その他必要な事項は、議長が定める。

○地域主権戦略会議有識者委員名簿（平成二四年一〇月二三日現在）

上田　清司　埼玉県知事
岡﨑　誠也　高知市長
北川　正恭　早稲田大学大学院公共経営研究科教授
北橋　健治　北九州市長
小早川　光郎　成蹊大学法科大学院教授
神野　直彦　東京大学名誉教授
田中　隆敏　御船町議会議員（前議長）
西村　美香　成蹊大学法学部教授
沼尾　波子　日本大学経済学部教授
中村　時広　愛媛県知事
三谷　哲央　三重県議会議員
三井　幸雄　旭川市議会議長
渡邊　廣吉　聖籠町長

⑤地方分権改革有識者会議

○地方分権改革有識者会議の開催について

（平成二五年四月五日 内閣府特命担当大臣（地方分権改革）決定）

1　趣　旨

地方分権改革の推進を目的として、地方分権改革の推進に関する施策についての調査及び審議に資するため、「地方分権改革有識者会議」（以下「会議」という。）を開催する。

2　構　成

(1)　会議は有識者（地方分権改革に関する学識者及び実務経験者をいう。）により構成し、内閣府特命担当大臣（地方分権改革）が開催する。

(2)　会議の座長は、内閣府特命担当大臣（地方分権改革）が指名する。

(3)　座長は、座長代理を指名することができる。

(4)　座長は、必要に応じ、関係者の出席を求めることができる。

(5)　会議の配布資料及び議事概要については、原則として、後日、内閣府のホームページにおいて公表する。

3　庶　務

会議の庶務は、地方分権改革推進室において処理する。

4　その他

前各項に定めるもののほか、会議の運営に関する事項その他必要な事項は、座長が定める。

○地方分権改革有識者会議委員名簿（平成二七年一月一五日現在）

柏木　斉　株式会社リクルートホールディングス取締役相談役
後藤　春彦　早稲田大学創造理工学部長
○小早川光郎　成蹊大学法科大学院教授
白石　勝也　松前町長
◎神野　直彦　東京大学名誉教授
勢一　智子　西南学院大学教授
谷口　尚子　東京工業大学准教授
平井　伸治　鳥取県知事
森　雅志　富山市長
（◎は座長、○は座長代理）

［雇用対策部会］（平成二五年七月一日現在）

岩村　正彦　東京大学大学院教授
鎌田　司　元共同通信社編集委員兼論説委員
◎小早川光郎　成蹊大学法科大学院教授
須藤　修　東京大学大学院情報学環長・学際情報学府長
谷口　尚子　東京工業大学准教授

［地域交通部会］（平成二五年七月二六日現在）

内田　明憲　読売新聞論説委員
加藤　博和　名古屋大学大学院准教授
◎後藤　春彦　早稲田大学創造理工学部長
勢一　智子　西南学院大学教授
山内　弘隆　一橋大学大学院教授

［農地・農村部会］（平成二六年七月一日現在）

小田切徳美　明治大学農学部教授
◎柏木　斉　株式会社リクルートホールディングス取締役相談役
小早川光郎　成蹊大学法科大学院教授
髙橋　寿一　横浜国立大学大学院教授
辻　琢也　一橋大学大学院教授
中井　検裕　東京工業大学大学院教授
人羅　格　毎日新聞論説委員

［提案募集検討専門部会］（平成二六年八月一日現在）

磯部　哲　慶應義塾大学法科大学院教授
伊藤　正次　首都大学東京大学院社会科学研究科教授
小早川光郎　成蹊大学法科大学院教授
勢一　智子　西南学院大学法学部教授
◎髙橋　滋　一橋大学大学院法学研究科教授
山本　隆司　東京大学大学院法学政治学研究科教授

（◎は部会長）

V　地方分権改革関係年表

年 月 日	地方分権の推進に関する動き	政治・行政の動き
昭和62年11月６日		竹下内閣発足
昭和63年５月18日	「地方公共団体への国の権限移譲等についての答申」（第21次地方制度調査会） ・多極分散型国土の形成に関連する権限移譲等	
平成元年６月３日		宇野内閣発足
８月10日		海部内閣発足
12月６日	「小規模町村のあり方についての答申」（第22次地方制度調査会）	
12月20日	「国と地方の関係等に関する答申」（臨時行政改革推進審議会（第２次行革審）） ・地方分権の新たな次元を目指し、これまでの官主導でどちらかと言えば中央集権型であった意思決定や資源配分のパターンを個人、地域等が主体的に参加し決定していくものに改め、自由で幅広い選択を可能にする社会の構築を進めるべき	
平成２年９月20日	「都区制度の改革に関する答申」（第22次地方制度調査会）	
11月７日	国会等の移転に関する決議（衆議院・参議院両院本会議）	
平成３年３月26日	地方自治法の一部を改正する法律成立（４月２日公布） ・職務執行命令訴訟制度の改正 ・長の罷免の廃止	

年 月 日	地方分権の推進に関する動き	政治・行政の動き
	・議会運営委員会等の設置 ・公の施設の管理委託制度の充実 等	
7月18日	府県政懇談会設置（全国知事会）（発足10月21日）	
11月5日		宮澤内閣発足
11月13日	「地方公共団体の連合制度について」（通称「成田試案」）（第23次地方制度調査会専門小委員会）	
平成4年6月19日	「国際化対応・国民生活重視の行政改革に関する第3次答申」（臨時行政改革推進審議会（第3次行革審）） ・地方分権特例制度（パイロット自治体）の導入	
12月8日	「地方分権特例制度について」（閣議決定）	
12月10日	国会等の移転に関する法律成立（12月24日公布） ・地方分権の総合的かつ計画的な推進（第4条）	
平成5年4月19日	「広域連合及び中核市に関する答申」（第23次地方制度調査会）	
6月3日	地方分権の推進に関する決議（衆議院本会議）	
6月4日	地方分権の推進に関する決議（参議院本会議） ・地方分権を積極的に推進するための法制定をはじめ、抜本的な施策を総力をあげて断行していくべき	
6月11日	地方自治法の一部を改正する法律成立（6月18日公布） ・地方六団体の意見具申権	

年 月 日	地方分権の推進に関する動き	政治・行政の動き
８月９日		細川内閣発足
10月27日	最終答申（臨時行政改革推進審議会（第３次行革審）） ・規制緩和と地方分権を２つの柱 ・１年程度を目処にした地方分権推進に関する大綱の策定 ・地方分権推進に関する基本的な法律の制定 ・市町村の自主的合併の推進	
11月８日	地方分権推進委員会設置（地方自治確立対策協議会（地方六団体））	
平成６年２月15日	「今後における行政改革の推進方策について」（中期行革大綱）（閣議決定） ・平成６年度内を目処にした国・地方の関係等の改革に関する大綱方針の策定 ・大綱方針の策定後、地方分権推進に関する法律の成立を目指す ・広域連合制度及び中核市制度の導入のための法律案を今国会に提出 ・市町村合併のための方策を検討	
３月４日	細川内閣総理大臣施政方針演説 ・大綱方針を、年内を目途に策定	
４月28日	第24次地方制度調査会設置 ・「地方分権の推進」「市町村合併に関する制度」等について諮問 ・地方分権の推進については、大綱方針に反映できるよう年内に中間報告するよう要請	羽田内閣発足
５月24日	行政改革推進本部に地方分権部会設置	
６月22日	地方自治法の一部を改正する法律成立（６月29日公布） ・中核市、広域連合制度の創設	

年 月 日	地方分権の推進に関する動き	政治・行政の動き
6月30日		村山内閣発足
9月26日	「地方分権の推進に関する意見書―新時代の地方自治―」を国会・内閣に提出（地方六団体） ・地方公共団体と国の役割の基本的考え方 ・地方分権推進計画の作成 ・地方分権推進委員会の設置 ・１年程度を目処にした地方分権の推進に関する法律の制定	
11月18日	行政改革推進本部・地方分権部会本部専門員意見	
11月22日	「地方分権の推進に関する答申」（第24次地方制度調査会） ・国と地方公共団体の役割分担の基本的考え方 ・機関委任の概念の廃止 ・地方分権を推進する法律の制定 ・地方分権推進委員会の設置　等 「市町村の自主的な合併の推進に関する答申」（第24次地方制度調査会） ・市町村の自主的な合併を推進 ・国や都道府県は、合併の意義や手続、その効果等を情報提供 ・合併協議会の設置に係る住民発議制度の創設 ・議員の定数・在任の特例制度の延長等 ・合併市町村のまちづくり推進を図る観点から積極的な財政措置、都道府県の合併支援事業への財政措置の充実　等	
12月25日	「地方分権の推進に関する大綱方針」	

年 月 日	地方分権の推進に関する動き	政治・行政の動き
	（地方分権大綱）（閣議決定） ・地方分権に関する委員会の設置 ・地方分権の推進に関する法律案の次期通常国会への提出 ・市町村の自主的な合併を支援　等	
平成７年２月28日	地方分権推進法案国会提出	
３月17日	市町村の合併の特例に関する法律の一部を改正する法律成立（３月29日公布） ・自主的な市町村の合併を推進 ・合併協議会設置に係る住民発議制度の創設 ・議員の定数・在任特例の拡充 ・合併算定替の拡充 ・合併まちづくり分の地方債措置を拡充 ・期限10年延長　　等	
５月15日	地方分権推進法成立（５月19日公布） ・地方分権の推進は、国及び地方公共団体が分担すべき役割を明確にし、地方公共団体の自主性・自立性を高め、個性豊かで活力に満ちた地域社会を実現することを基本 ・政府は、地方分権推進施策の総合的かつ計画的な推進を図るため、地方分権推進計画を作成 ・地方分権推進計画の作成のための具体的な指針を内閣総理大臣に勧告するため、地方分権推進委員会を設置	
７月３日	地方分権推進法施行	
	地方分権推進委員会発足	

年 月 日	地方分権の推進に関する動き	政治・行政の動き
8月10日	地方分権推進本部設置（地方自治確立対策協議会（地方六団体））	
10月11日	くらしづくり部会発足	
10月12日	地域づくり部会発足	
10月19日	「地方分権推進に当たっての基本的考え方」及び「行政分野別課題審議に当たって留意すべき事項」の公表（地方分権推進委員会） ・機関委任事務の制度の廃止を基本として検討すべきであるとの意見があることを踏まえ検討 ・引き続き国の事務として残らざるを得ないものについては、機関委任事務制度を廃止した場合の問題点、新たな事務処理方法等についても検討 ・当面、現行の市町村・都道府県の二層制を前提とした地方分権の推進	
11月27日	１日地方分権委員会（広島市）（全国19箇所で開催	
12月22日	「機関委任事務制度を廃止した場合の従前の機関委任事務の取扱いについて（検討試案）」（地方分権推進委員会） ・機関委任事務制度の廃止 ・事務自体の廃止 ・原則として自治事務に移行 ・国政事務として残さざるを得ないものについての事務処理方法（法定受託事務）	
平成８年１月11日		橋本内閣発足
３月29日	「中間報告―分権型社会の創造―」（地方分権推進委員会）	

年 月 日	地方分権の推進に関する動き	政治・行政の動き
	・機関委任事務そのものを廃止する決断をすべき	
４月25日	行政関係検討グループ発足	
４月16日	「地方分権の推進に伴う地方行政体制の整備・確立についての専門小委員会報告」（第24次地方制度調査会専門小委員会）	
５月９日	補助金・税財源検討グループ発足	
12月20日	「第１次勧告―分権型社会の創造―」（地方分権推進委員会） ・機関委任事務制度の廃止とそれに伴う従前の機関委任事務の取扱い ・国・地方公共団体の関係ルール（国の関与の一般原則と類型） ・個別行政分野での権限委譲　等 「国庫補助負担金・税財源に関する中間とりまとめ」（地方分権推進委員会） ・国と地方の財政関係の基本的な見直しの方向 ・国と地方の経費負担のあり方　等	
12月25日	「行政改革プログラム」（閣議決定） ・第１次勧告を最大限に尊重し、速やかに地方分権推進計画作成作業に着手 ・平成９年前半に予定される勧告と併せ、平成10年の通常国会が終了するまでの間に地方分権推進計画を作成	
平成９年１月23日	地方行政体制等検討グループ発足	
２月20日	地方分権推進委員会第１次勧告指摘事項の前倒し措置の決定	

年 月 日	地方分権の推進に関する動き	政治・行政の動き
2月24日	「監査制度の改革に関する答申」（第25次地方制度調査会）	
5月28日	地方自治法の一部を改正する法律成立（6月4日公布） ・外部監査制度の導入	
7月8日	「第2次勧告―分権型社会の創造―」（地方分権推進委員会） ・機関委任事務制度の廃止に伴う従前の機関委任事務の取扱い ・国・地方公共団体の関係ルール（国の関与の手続等） ・必置規制・地方出先機関 ・国庫補助負担金・税財源 ・都道府県と市町村の新しい関係 ・地方公共団体の行政体制　等	
7月15日	「地方分権推進委員会の第2次勧告に関する対処方針」（閣議決定）	
9月2日	「第3次勧告―分権型社会の創造―」（地方分権推進委員会） ・地方事務官 ・「日米地位協定の実施に伴う土地等の使用等に関する特別措置法」に基づく土地等の使用又は収用に関する事務等の事務区分	
10月9日	「第4次勧告―分権型社会の創造―」（地方分権推進委員会） ・機関委任事務制度の廃止に伴う従前の機関　委任事務の取扱い ・国の関与の基準と従前の団体（委任）事務の取扱い ・国と地方公共団体との間の係争処理の仕組み ・市町村の規模等に応じた権限委譲	

年 月 日	地方分権の推進に関する動き	政治・行政の動き
10月21日	「地方分権推進委員会第3次勧告及び第4次勧告に関する対処方針」（閣議決定）	
12月24日	「機関委任事務制度の廃止後における地方公共団体の事務のあり方等についての大綱」（自治省）	
平成10年4月24日	「市町村の合併に関する答申」（第25次地方制度調査会） ・すべての合併前の市町村で住民発議が成立した場合に、合併前の市町村の長は合併協議会設置協議の議案を議会に付議する措置を講じるなどの住民発議制度の充実 ・合併前の市町村の区域を単位として、有識者等から成る組織を設置し、地域の意見を反映 ・市町村建設計画の充実 ・合併算定替の拡充、市町村建設計画に基づく事業等に対する財政措置の拡充 ・合併協議会の設置勧告などの都道府県の役割の拡充	
4月30日	地方自治法等の一部を改正する法律成立（5月8日公布） （地方自治法） ・特別区を基礎的な地方公共団体と位置づけ ・都から特別区への事務の移譲　等	
5月29日	「地方分権推進計画」（閣議決定）	
7月30日		小渕内閣発足
11月19日	「第5次勧告―分権型社会の創造―」（地方分権推進委員会） ・公共事業のあり方の見直し（直轄	

年 月 日	地方分権の推進に関する動き	政治・行政の動き
	事業等の見直し、補助事業の見直し） ・国が策定又は関与する各種開発・整備計画の見直し等	
12月１日	「地方分権推進委員会第５次勧告に関する対処方針」（閣議決定）	
12月11日	市町村の合併の特例に関する法律の一部を改正する法律成立（12月18日公布） ・市となる人口要件を５万から４万に緩和	
平成11年３月26日	「地方分権推進一括法案」（閣議決定） 「第２次地方分権推進計画」（閣議決定） ・公共事業の在り方の見直し ・非公共事業等の在り方の見直し ・国が策定又は関与する各種開発・整備計画の見直し	
３月29日	地方分権推進一括法案国会提出	
５月13日	衆議院本会議で趣旨説明 衆議院行政改革に関する特別委員会に付託	
６月11日	衆議院本会議で可決	
６月14日	参議院本会議で趣旨説明 参議院行財政改革・税制等に関する特別委員会に付託	
７月８日	参議院本会議で可決、成立（７月16日公布） （地方自治法） ・機関委任事務制度の廃止と自治事	

年 月 日	地方分権の推進に関する動き	政治・行政の動き
	務・法定受託事務の創設 ・地方公共団体に対する国又は都道府県の関与のルール、関与についての係争処理制度の創設 ・都道府県と市町村の新しい関係 ・地方行政体制の整備　等 （合併特例法） ・合併協議会設置に関する住民発議制度の拡充 ・地域審議会制度の創設 ・合併算定替（地方交付税の額の算定の特例）の期間延長 ・合併特例債の創設等の諸措置	
8月6日	「市町村の合併の推進についての指針」（自治省） ・都道府県に「市町村の合併の推進についての要綱」の作成を要請 ・要綱には、市町村の合併パターンについて、市町村の組合せを分かりやすく地図上に示すことが適当 ・「合併後の人口規模等に着目した市町村合併の類型」を提示	
平成12年2月14日	地方分権推進体制の維持に関する緊急要望（地方自治確立対策協議会（地方六団体））	
4月1日	地方分権推進一括法施行	
4月5日		森内閣発足
4月14日	地方分権推進法改正法案国会提出	
5月12日	地方分権推進法改正法成立（5月19日公布） ・有効期間の1年延長	
7月27日	与党行財政改革推進協議会 ・「基礎的自治体の強化の観点で、	

年 月 日	地方分権の推進に関する動き	政治・行政の動き
	市町村合併後の自治体数を1000を目標とするとの決定」を年内実施可能性を検討すべき当面の事項に	
8月8日	「地方分権推進委員会意見―分権型社会の創造―」（地方分権推進委員会） ・国庫補助負担金の整理合理化と当面の地方財源の充実確保策 ・法令における条例・規則への委任のあり方 ・個別法に関する諸点	
10月25日	「地方分権時代の住民自治制度のあり方及び地方税財源の充実確保に関する答申」（第26次地方制度調査会） ・市町村合併については、更なる積極的な取組支援のため、税財政面において必要な措置を検討すべき	
11月27日	「市町村合併の推進についての意見―分権型社会の創造―」（地方分権推進委員会） ・政府部内への「市町村合併支援本部」（仮称）の設置 ・住民発議制度の拡充と住民投票制度の導入	
11月30日	市町村の合併の特例に関する法律の一部を改正する法律成立（12月6日公布） ・市となる人口要件を4万から3万に緩和	
12月1日	「行政改革大綱」（閣議決定） ・与党行財政改革推進協議会「市町村合併後の自治体数を1000を目標とする」の方針を踏まえ、自主的な市町村合併を積極的に推進	

年 月 日	地方分権の推進に関する動き	政治・行政の動き
平成13年３月27日	市町村合併支援本部設置（閣議決定）	
４月26日		小泉内閣発足
６月14日	「最終報告―分権型社会の創造：その道筋―」（地方分権推進委員会） ・第一次分権改革を回顧して ・第一次分権改革の完全実施を求めて ・第二次分権改革の始動に向けて ・分権改革の更なる飛躍を展望して	
７月２日	地方分権推進委員会設置期限	
７月３日	地方分権改革推進会議発足	
７月９日	小泉内閣総理大臣から地方分権改革推進会議に諮問	
８月30日	「市町村合併支援プラン」策定（市町村合併支援本部決定） ・政令指定都市の弾力的な指定を検討（人口70万に事実上引下げ）	
12月12日	「中間論点整理」（地方分権改革推進会議）	
平成14年３月28日	地方自治法等の一部を改正する法律成立（３月30日公布） （地方自治法） ・直接請求の要件緩和 ・住民訴訟制度の充実 ・中核市の指定要件の緩和　等 （合併特例法） ・合併協議会における住民発議制度の拡充と住民投票制度の導入　等	
６月17日	「事務・事業の在り方に関する中間報告－自主・自立の地域社会をめざして－」（地方分権改革推進会議）	

年 月 日	地方分権の推進に関する動き	政治・行政の動き
6月25日	「経済財政運営と構造改革に関する基本方針2002」（閣議決定） ・国庫補助負担金、交付税、税源移譲を含む税源配分のあり方を三位一体で検討し、改革工程を含む改革案を、今後1年以内を目途に結論（三位一体改革を初めて決定） 国と地方の事務事業のあり方、国庫補助負担金の廃止等に関する原案作成に係る総理指示	
10月30日	「事務・事業の在り方に関する意見－自主・自立の地域社会をめざして－」（地方分権改革推進会議） ・補完性の原理に基づく国と地方の役割の適正化 ・5分野別に、135項目の具体的措置を提言 ・国の地方への関与の廃止・縮減と、それに基づく国庫補助負担事業の廃止・縮減の議論は、諮問会議を始めとする政府部内での議論へ	
11月1日	「今後の基礎的自治体のあり方について」（通称「西尾私案」）（第27次地方制度調査会専門小委員会） ・市並みの事務処理を目指し、例えば人口○○未満の団体の解消を目標 ・一定の人口規模未満の団体には、事務配分特例方式（都道府県による垂直補完）、内部団体移行方式（他の基礎的自治体への編入による水平補完）などを検討 ・合併で形成された新しい基礎的自	

年 月 日	地方分権の推進に関する動き	政治・行政の動き
	治体には、旧市町村単位に創設される自治組織を検討	
平成15年4月30日	「今後の地方自治制度のあり方についての中間報告」（第27次地方制度調査会）	
5月7日	「事務・事業の在り方に関する意見のフォローアップ結果」を総理に報告（地方分権改革推進会議）	
6月6日	「三位一体の改革についての意見」（地方分権改革推進会議） ・国庫補助金の数兆円の削減の実現を強く期待、所要額を精査のうえ地方に税源移譲、交付金化・統合補助金化を推進 ・地方交付税の総額抑制、留保財減率の引上げ、事業費補正の見直し ・税源配分を含む税源配分の見直しに当たっては、個人住民税を重視し充実、課税自主権が活用されやすい制度改革が検討されるべき	
同日	地方自治法の一部を改正する法律成立（6月13日公布） ・指定管理者制度の導入 ・都道府県の局部数の法定制度廃止	
6月27日	「経済財政運営と構造改革に関する基本方針2003」（閣議決定） ・国庫補助負担金については、概ね4兆円程度を目途に廃止、縮減等の改革 ・国・地方を通じた行財政改革を進め「効率的で小さな政府」実現	
7月2日	地方独立行政法人法成立（7月16日公布）	

年 月 日	地方分権の推進に関する動き	政治・行政の動き
11月13日	「今後の地方自治制度のあり方に関する答申」（第27次地方制度調査会） ・平成17年４月以降の新法を制定し、一定期間さらに自主的合併を促す ・現行の合併特例債等の財政支援措置はとらない ・都道府県による合併推進構想の作成、知事による勧告 ・合併困難な市町村に対する特別方策として、都道府県が関わる手続により合併を行う仕組みや窓口サービス等法令上義務づけられた事務の一部のみを処理し、それ以外の事務は都道府県にその処理を義務づける特例的団体の制度の導入を引き続き検討	
平成16年５月12日	「行財政改革の推進等行政体制の整備についての意見－地方分権改革の一層の推進による自主・自立の地域社会をめざして－」（最終意見）（地方分権改革推進会議） ・地方の自由度の拡大（事務・事業の見直し、自由度の拡大のための様々な方策） ・行財政運営の改革（住民自治の拡充と公私協働の推進、効率的行財政運営の推進） ・地方行政体制の整備（市町村への権限移譲の推進と都市の活性化、広域連合等の活用） 「事務・事業の在り方に関する意見のフォローアップ結果」を総理に報告（地方分権改革推進会議）	

年 月 日	地方分権の推進に関する動き	政治・行政の動き
5月19日	合併三法（市町村の合併の特例等に関する法律（合併新法）、市町村の合併の特例に関する法律の一部を改正する法律（旧合併特例法）、地方自治法の一部を改正する法律）成立（5月26日公布） （合併新法） ・合併特例区制度の創設 ・都道府県による合併推進構想の作成、知事による勧告　等 （旧合併特例法） ・平成17年3月までの申請に係る経過措置　等 （地方自治法） ・地域自治区の創設 ・都道府県の自主的合併手続等整備 ・議会の定例会の招集回数の自由化 ・条例による事務処理特例拡充　等	
6月4日	「経済財政運営と構造改革に関する基本方針2004」（閣議決定） ・3兆円の税源移譲を目指し、地方に改革の具体案の取りまとめ要請	
7月2日	地方分権改革推進会議設置期限	
8月24日	「国庫補助負担金等に関する改革案～地方分権推進のための『三位一体の改革』～」を政府に提出（地方六団体）	
11月26日	三位一体改革について政府・与党合意 ・平成17・18年で3兆円の補助金の廃止・縮減（税源移譲に結びつく改革2.4兆円を決定、3兆円規模の税源移譲を目指す	
12月24日	「三位一体改革について」（閣議決定）	

年 月 日	地方分権の推進に関する動き	政治・行政の動き
	・三位一体改革の全体像 「今後の行政改革の方針」（閣議決定） ・市町村合併の推進 ・地方行革の推進	
平成17年３月29日	「地方公共団体における行政改革の推進のための新たな指針」（総務省） ・行政改革大綱の見直しと集中改革プランの公表	
６月21日	「経済財政運営と構造改革に関する基本方針2005」（閣議決定） ・平成18年度までに三位一体改革を確実に実現するための取組みを決定	
７月19日	「国庫補助負担金等に関する改革案⑵〜３兆円の税源移譲を確実なものとするために〜」を政府に提出（地方六団体）	
８月31日	「新市町村合併支援プラン」策定（市町村合併支援本部決定）	
11月30日	三位一体改革について政府・与党合意 ・税源移譲に結びつく補助金改革（0.6兆円）を決定	
12月６日	「平成18年度予算編成の基本方針」（閣議決定） ・国庫補助負担金は平成18年度までに４兆円を上回る廃止・縮減等の改革 ・税源移譲は３兆円規模とし、平成18年度税制改正において、所得税から個人住民税への恒久措置として実施。平成18年度予算においては、税源移譲額の全額を所得譲与	

年 月 日	地方分権の推進に関する動き	政治・行政の動き
	税により措置 ・地方交付税は、累次の「基本方針」に基づき、国の歳出の見直しと歩調を合わせ地方歳出を見直し、抑制する等の改革を実施	
12月9日	「地方の自主性・自律性の拡大及び地方議会のあり方に関する答申」（第28次地方制度調査会） ・地方自治制度の弾力化（現行の副知事・助役、出納長・収入役の制度の廃止、吏員区分の廃止、行政委員会のあり方の見直し、財務制度の見直し） ・法令・制度における地方公共団体の意見反映の拡充 ・中核市の面積要件の廃止	
平成18年1月12日	地方分権21世紀ビジョン懇談会設置（総務省）	
2月28日	「道州制のあり方に関する答申」（第28次地方制度調査会）	
4月28日	「中間取りまとめ」（地方分権21世紀ビジョン懇談会）	
5月31日	地方自治法の一部を改正する法律成立（6月7日公布） ・中核市要件の緩和 ・地方六団体への情報提供制度導入 ・出納長・収入役制度の廃止　等	
6月7日	「地方分権の推進に関する意見書『豊かな自治と新しい国のかたちを求めて』地方財政自立のための7つの提言」（地方六団体）を内閣と国会へ提出 ・税源移譲に対応する財源は、三位	

年月日	地方分権の推進に関する動き	政治・行政の動き
	一体の改革と同じく、国庫補助金の廃止（一般財源化）による ・補助率の引下げによることなく国庫補助金そのものを廃止すべき ・国庫補助負担金の総件数の半分を廃止すべき	
7月3日	「地方分権21世紀ビジョン懇談会報告書」（地方分権21世紀ビジョン懇談会） ・新分権一括法案を第29次地方制度調査会で今秋までに検討開始 ・新分権一括法案の3年以内の提出	
7月7日	「経済財政運営と構造改革に関する基本方針2006」（閣議決定） ・地方分権に向けて国と地方の役割分担の見直しを進め、国の関与等の廃止・縮小を図ることを決定	
8月31日	「地方公共団体における行政改革の更なる推進のための指針」（総務省）	
9月26日		第1次安倍内閣発足
12月8日	地方分権改革推進法成立（12月15日公布）	
平成19年1月26日	道州制ビジョン懇談会発足（内閣官房副長官決裁）	
4月1日	地方分権改革推進委員会発足	
5月29日	地方分権改革推進本部設置（閣議決定）	
5月30日	「地方分権改革推進にあたっての基本的な考え方—地方が主役の国づくり—」（地方分権改革推進委員会） ・地方分権改革の目指すべき方向性 ・基本原則	

年月日	地方分権の推進に関する動き	政治・行政の動き
	・調査審議の方針 ・政府及び地方自治体に望むこと	
9月26日		福田内閣発足
11月16日	「中間的な取りまとめ」（地方分権改革推進委員会） ・地方分権改革における基本姿勢の明確化 ・今後の検討の方向性（法制的な仕組みの見直し（義務付け・枠付けの存置を許容する場合のメルクマールの提示）、個別行政分野・事務事業の抜本的見直し・検討）等	
平成20年3月24日	「道州制ビジョン懇談会中間報告」（道州制ビジョン懇談会）	
5月28日	「第1次勧告～生活者の視点に立つ「地方政府」の確立～」（地方分権改革推進委員会） ・国と地方の役割分担の基本的な考え方 ・重点行政分野の見直し（道路・河川の都道府県への移譲等37項目） ・（都道府県から）基礎自治体への権限移譲（64法律359事務を主に市へ移譲）	
6月20日	「地方分権改革推進要綱（第1次）」（地方分権改革推進本部） ・第1次勧告への対処方針	
8月1日	「国の出先機関の見直しに関する中間報告」（地方分権改革推進委員会）	
9月16日	「道路・河川の移管に伴う財源等の取扱いに関する意見」（地方分権改革推進委員会）	

年月日	地方分権の推進に関する動き	政治・行政の動き
9月24日		麻生内閣発足
12月8日	「第2次勧告～「地方政府」の確立に向けた地方の役割と自主性の拡大～」（地方分権改革推進委員会） ・義務付け・枠付けの見直し（関連条項約1万の洗い出しと、見直すべき対象約4,000条項につき見直し方針を提示） ・出先機関改革（8府省15系統について、116事項の事務・権限の見直し、9系統の出先機関を廃止し、地方振興局（仮称）や地方公務局（仮称）へ統合等）	
12月16日	「地方分権改革推進委員会決議」（地方分権改革推進委員会） ・出先機関職員削減数の目標設定等について政府に要請	
平成21年3月24日	「出先機関改革に係る工程表」（地方分権改革推進本部） ・出先機関改革に関する地方分権改革推進計画（改革大綱）を21年中に策定	
4月24日	「国直轄事業負担金に関する意見」（地方分権改革推進委員会）	
6月5日	「義務付け・枠付けの見直しに係る第3次勧告に向けた中間報告」（地方分権改革推進委員会）	
6月16日	「今後の基礎自治体及び監査・議会制度のあり方に関する答申」（第29次地方制度調査会） ・全国的な合併推進運動を平成22年3月までで一区切り	
9月16日		鳩山内閣発足

年 月 日	地方分権の推進に関する動き	政治・行政の動き
10月７日	「第３次勧告～自治立法権の拡大による「地方政府」の実現へ～」（地方分権改革推進委員会） ・義務付け・枠付けの見直しと条例制定権の拡大（３つの重点事項（約900条項）について具体的に講ずべき措置を提示） ・地方自治関係法制の見直し（教育委員会と農業委員会の設置の選択制、財務会計制度の透明化） ・国と地方の協議の場の法制化	
11月９日	「第４次勧告～自治財政権の強化による「地方政府」の実現へ～」（地方分権改革推進委員会） ・地方税財政 ・当面の課題（直轄事業負担金制度の改革（直轄事業負担金制度廃止等の工程表作成）、国庫補助負担金の一括交付金化　等） ・中長期の課題（地方交付税（財政調整機能の充実、財源保障機能の再検討等））等	
11月17日	地域主権戦略会議設置（閣議決定） ・地方分権推進本部廃止	
12月15日	「地方分権改革推進計画」（閣議決定） ・義務付け・枠付けの見直しと条例制定権の拡大 ・国と地方の協議の場の法制化 ・今後の地域主権改革の推進体制	
平成22年１月20日	地方行財政検討会議発足（総務省）	
３月26日	市町村の合併の特例等に関する法律の一部を改正する法律成立（３月31日公布）	

年 月 日	地方分権の推進に関する動き	政治・行政の動き
	・目的を「合併の推進」から「合併の円滑化」に ・国・都道府県による積極的な関与の規定を削除 ・合併推進のための方策を削除 ・市となるべき人口要件（人口３万）特例の廃止、合併補正の廃止等	
３月29日	地域主権改革関連３法案（第１次一括法案、国と地方の協議の場法案、地方自治法の一部を改正する法律案）国会提出	
３月31日	地方分権改革推進委員会設置期限 市町村合併支援本部廃止	
６月８日		菅内閣発足
６月22日	「地域主権戦略大綱」（閣議決定） ・義務付け、枠付けの見直しと条例制定権の拡大 ・基礎自治体への権限移譲 ・国の出先機関の原則廃止（自己仕分け、広域性を有する事務・権限の地方移譲、「アクション・プラン」を年内目途に策定） ・ひも付き補助金の一括交付金化 ・地方政府基本法の制定（地方自治法の抜本見直し） ・自治体連携・道州制	
６月22日	「地方自治法の抜本改正に向けての基本的な考え方」（総務省） ・現行の二元代表制を基本とし、地方公共団体の判断でこれと異なる基本構造を選択できることとする	
12月28日	「アクション・プラン～出先機関の原	

年 月 日	地方分権の推進に関する動き	政治・行政の動き
	則廃止に向けて～」（閣議決定）	
平成23年１月26日	「地方自治法抜本改正についての考え方（平成22年）」（総務省） ・地方公共団体による基本構造の選択肢のモデル ・長と議会のあり方の見直し（再議制度、長の専決処分　等）	
４月５日	第２次一括法案国会提出	
４月28日	地域主権改革関連３法成立（５月２日公布） （地方自治法） ・議員定数の法定上限の撤廃 ・議決事件の対象の拡大 ・機関等の共同設置制度の改正　等	
８月26日	第２次一括法成立（８月30日公布）	
９月２日		野田内閣発足
11月29日	「義務付け・枠付けの更なる見直しについて」（閣議決定）	
12月15日	「地方自治法改正案に関する意見」（第30次地方制度調査会）	
平成24年３月９日	旧第３次一括法案、地方自治法の一部を改正する法律案国会提出	
８月29日	地方自治法の一部を改正する法律成立（９月５日公布） ・通年会期の選択制度の導入 ・再議制度の改正 ・直接請求の要件緩和 ・国等による違法確認訴訟制度の創設　等	
11月15日	「国の特定地方行政機関の事務等の移譲に関する法律案」（閣議決定）	

年 月 日	地方分権の推進に関する動き	政治・行政の動き
	「国の出先機関の事務・権限のブロック単位での移譲について」（閣議決定）	
11月30日	「地域主権推進大綱」（閣議決定）	
12月10日	個性を活かし自立した地方をつくる　～地方分権改革の総括と展望（中間取りまとめ）～（地方分権改革有識者会議）	
12月26日		第２次安倍内閣発足
平成25年３月８日	地方分権改革推進本部設置（閣議決定） ・地域主権戦略会議廃止	
３月12日	「義務付け・枠付けの第４次見直しについて」（閣議決定）	
４月５日	地方分権改革有識者会議設置（内閣府特命担当（地方分権改革）決定）	
４月12日	新第３次一括法案国会提出	
６月７日	新第３次一括法成立（６月14日公布）	
６月25日	大都市制度の改革及び基礎自治体の行政サービス提供体制に関する答申（第30次地方制度調査会）	
12月20日	「事務・権限の移譲等に関する見直し方針について」（閣議決定）	
平成26年３月14日	第４次一括法案国会提出	
３月18日	地方自治法の一部を改正する法律案国会提出	
４月30日	「地方分権改革に関する提案募集の実施方針」（地方分権改革推進本部決定）	

年 月 日	地方分権の推進に関する動き	政治・行政の動き
5月23日	地方自治法の一部を改正する法律成立（5月30日公布） ・指定都市制度の改革（総合区の創設、指定都市都道府県調整会議の設置） ・中核市制度・特例市制度の統合 ・連携協約制度の導入　等	
5月28日	第4次一括法成立（6月4日公布）	
6月24日	個性を活かし自立した地方をつくる　～地方分権改革の総括と展望～（地方分権改革有識者会議）	
平成27年1月30日	「平成26年の地方からの提案等に関する対応方針」（閣議決定）	

地方分権　20年のあゆみ

平成27年３月31日　第１刷発行

編　集　地方自治制度研究会

発　行　株式会社　ぎょうせい

〒136－8575　東京都江東区新木場１－18－11
電　話　編集　03（6892）6508
営業　03（6892）6666
フリーコール　0120－953－431

（検印省略）

URL:http://gyosei.jp

印刷　ぎょうせいデジタル株式会社

※乱丁本・落丁本はおとりかえいたします。

ISBN978-4-324-09968-1（5108142-00-000）〔略号：分権20年〕